VdN

THEODOR FONTANE

Wanderungen durch England und Schottland

Zweiter Band

Herausgegeben
von
Hans-Heinrich Reuter

Verlag der Nation Berlin

Da Hans-Heinrich Reuter kurz vor Abschluß der Arbeit an dieser Ausgabe verstarb, hat sich Regine Otto dankenswerterweise bereit erklärt, die Anmerkungen zum zweiten Band zu verfassen. Auch hat sie zusammen mit Frau Rita Reuter die in demselben Band enthaltenen Register bearbeitet sowie die Korrekturen für beide Bände gelesen.

Reise nach Schottland

1858

Das schottische Hochland und seine Bewohner

Die schottischen Hochlande (the Highlands of Scotland) bilden die tausendfach ausgezackte Felsenkrone, die das aufrecht und majestätisch im Weltmeer dastehende England auf seinem königlichen Haupte trägt. Den Mittelpunkt dieses Hochlandes bilden die Grampians, eine granitne Felsmasse, die sich von Norden her in südöstlicher Richtung durchs Land zieht und von ihren höchsten Punkten aus die Brandung zweier Meere überblickt, der Nordsee im Osten und des Atlantischen Ozeans im Westen. Diese Hochlande, ein Stück Land, nicht viel umfangreicher als unsere Provinz Brandenburg und mit kaum mehr Bewohnern als unsere Stadt Berlin,[1] sind über die ganze Welt hin berühmt geworden durch die poetische Glorifizierung, die sie erfahren haben, Land und Leute sowohl wie Sitte und Geschichte.

Ich spreche zuerst von dem Lande selbst, d.h. von dem *Landschaftlichen* des Hochlands. Die Schönheit seiner Küsten und Inseln, seiner Seen und Berge ist unbestreitbar groß, aber doch vielleicht nicht *so* groß, wie mancher versucht sein könnte, aus Walter Scottschen Schilderungen herzuleiten. Nicht als ob diese Schilderungen der Wahrheit selbst entbehrten, gegenteils, sie zeichnen sich fast immer durch eine daguerreotypische Treue aus, die neben so vielem anderen zur Bewunderung hinreißen muß; aber es bleibt beim Leser selbst jener verzeihliche Irrtum nicht aus, der die Schilde-

1 Ich habe hierbei nur die *eigentlichen* Hochlande im Auge, d.h. das Land *nördlich* vom Clyde und Tay. Die volkreichen Grafschaften zwischen Forth und Tay (Fifeshire, Kinross und Stirlingshire) bilden eine Art Übergangsland.

rung mit dem Geschilderten unwissentlich verwechselt und die Makellosigkeit, den Schwung und imposanten Vollklang der poetischen Beschreibung auf das beschriebene Objekt überträgt.

Die Hochlande, wie sich von selbst versteht, wechseln vielfach in ihrem Charakter und gewähren eine ganze Reihe der verschiedensten Landschaftsbilder. Sprech ich zunächst von den Gegensätzen der Ost- und der Westküste. Die Ostküste ist angeschwemmtes Land, flach, zum Teil fruchtbar, nicht reizlos, aber doch ohne besondere landschaftliche Schönheit und im großen und ganzen von ähnlichem Charakter, wie ihn die südbaltische Küste zeigt. Die schottische Ostküste steht auf gutem Fuß mit dem Meere und empfängt mehr von ihm, als sie ihm gibt. Beide leben miteinander wie gute Grenznachbarn, wohl einmal Streit, aber kein ewiger Krieg. Wie anders die *West*küste! Hier tobt der Kampf seit Jahrtausenden. Das bloße Anbranden des Atlantischen Ozeans ist ein steter Versuch zum Sturm, Feind steht hier gegen Feind, rastlos greifen die Wellen an, um Bresche in die Mauer zu legen, als lebte immer noch die Hoffnung in ihnen, die alte Felsenburg niederbrechen zu können. Aber ewig unbezwungen steht diese da; an Hunderten von Inseln und Halbinseln, die einen von Granit, die andern von Basalt, wie Wellenbrecher weit ins Meer [sich] hineinstreckend, bricht sich die Macht des Ozeans in jenen hundert Einzelkämpfen, die er draußen bei den Außenwerken, bei den detachierten Forts der Grampian-Festung zu führen hat. Wenn die Ostküste den südbaltischen Ländern gleicht, so gleicht der Westen Schottlands den norwegischen Felsenufern. Derselbe Ozean, zum Teil dasselbe Gestein und dieselben Felsenbuchten in ihm, die *Fjorde*. An Masse, an Grandiosität überragen die norwegischen Felsenküsten die schottischen bei weitem; an grotesken Bildungen aber, an Mannigfaltigkeit der Formationen, die da so leicht sich einstellen, wo die Natur voll übermütiger Laune sich im Bizarren und Verwunderlichen zu gefallen scheint, an diesem Reiz des Grotesken ist die schottische Küste der norwegischen überlegen.

Wir wenden uns jetzt dem Inlande, dem Stock der Grampians, zu und betrachten die verschiedenen Bilder, die teils das Gebirge selbst, teils die Ausläufer desselben im Süden und Norden bieten.

Die Südabhänge sieht man nirgends schöner als vom Stirlinger Schlosse aus. An keiner andern Stelle der Welt hab ich mich von dem Hauch, ich möchte sagen von den weichen Händen der Romantik so direkt umschmeichelt gefühlt wie auf jenem Mauerrande von Stirling Castle, von dem aus man das Schönheitspanorama des schottischen Hoch- und Niederlandes zugleich überblickt. Vierzehn Schlachtfelder, darunter Falkirk und Bannockburn, erkennt und zählt das Auge ringsum; rechts und links neben dem Felsen, auf dem wir stehen, liegen kleinere Felsblöcke wie Riesensphinxe oder wie Wegweiser ins Hochland hinein; dieses selbst aber zieht sich blaudämmernd am nördlichen Horizonte hin und weckt jenes wunderbare Gefühl in uns, das jeder an sich selbst erfahren hat und das uns glauben macht, die Berge riefen und winkten uns. Und zwischen diesen Bergen und dem Schloßfelsen, auf dem wir stehen, welche Landschaft, welcher Garten, welche paradiesische Stille! Fruchtfelder aller Art und Farbe wechseln ab mit dem Grün der Wiesen, und die Art der Ackerbestellung, die sich nicht im Ziehen gradliniger Streifen, sondern – sei's Laune, sei's Notwendigkeit – in einer bunten, wechselvollen Musterung des Bodens gefällt, schafft hier einen phantastischen Teppich, der alle Linien zu verspotten scheint und doch die Linie der Schönheit trifft. Dieser Teppich zwischen Schloß Stirling und den Hochlandsbergen führt den Namen der Grafschaft Menteith. Wem es vergönnt wird, vom Wallrande des Stirlinger Schlosses aus in diese Grafschaft hinabzublicken – wenn über den Hochlandsbergen der Ball der untergehenden Sonne wie eine Feuerkugel hängt und auf dem Schloßhof das Pfeiferkorps eines Hochlandsregiments eine Abendmusik zu spielen beginnt –, wem *das* vergönnt wird, der nimmt das lieblichste Bild mit heim, das ihm die schottische Landschaft an irgendwelcher Stelle gewähren kann.

Aber diesem südlichen Vorlande der Grampian-Kette entsprechen die andern Ausläufer nicht, am wenigsten die nördlichen. Diese Nordabhänge der Grampians überschaut man am besten von Inverness aus. Wir stehen auf demselben Schloßhügel, auf dem einst das Schloß des Macbeth stand, dasselbe Schloß, in dem er den König Duncan ermordete. Der Ness-Fluß fließt unten vorbei, und rechts hin dehnt sich die mächtige Fläche des Moray-Busens. Wie anders ist der romantische Zauber, der über *dieser* Landschaft liegt. Ein Ton stiller, rührender Klage durchklingt das Ganze wie das Gefühl eines scheidenden Frühlings, eines kurzen Glücks. Fruchtbare Täler, in denen das Korn reift, dehnen vereinzelt ihre langen, goldgelben Streifen auch hier, aber die Fülle, der Segen ist nur ein Gast an dieser Stelle, ängstlich, schüchtern und immer bereit, den eingeborenen Gewalten das Feld zu räumen: dem Sturm und der Öde. Nur die hohen Berge, die eisig abwehrend auf die Fruchtbarkeit herabblicken, und unmittelbar zu seiten uns die grauen, trotzig den Nacken hebenden Wellen des Moray-Busens sind hier die Herren und Regierer und breiten sich aus mit der ruhigen Sicherheit des Zuhauseseins. Die Natur kommt hier niemals über ein Herbstgefühl hinaus, und man sieht sich um, als müßten Sommerfäden kommen und still und geschäftig an uns vorüberziehen.

Fülle und Segen sind nur ein Gast an den *Nord*abhängen der Grampians; wie aber ist das Leben auf jenem Kamm des Gebirges selbst, auf jenem sechs Meilen breiten Felsplateau, das, halben Weges zwischen Stirling und Inverness gelegen, das nördliche Schottland von Ost nach West durchzieht? Dies Plateau ist eine Wüste. Ich habe nie Einsameres durchschritten. Und doch machten wir die Fahrt zur guten Jahreszeit, an einem heiteren Tage. Das Leben war über diese Gründe wenigstens hinweggeflogen und hatte seinen Lichtstrahl auf sie fallen lassen. Uns zur Linken schäumte der Garry-Fluß, rechts von den hohen Berglehnen sickerte das Schneewasser herab, an den Wasserrinnen entlang leuchtete das Grün und Rot des Heidekrauts, und aus den moosigen Steinen flog von Zeit zu Zeit ein Bergvogel oder auch ein

Volk Hühner auf. Wie muß es hier sein, wenn der Sommer seine warme Hand von diesen Feldern nimmt und der Wind das schwache Lebensflämmchen ausbläst, das hier still und geschäftig wirkt? So fragt ich, und als ob die Grampians mich verstanden hätten, gaben sie Antwort auf meine Frage. Wolken zogen über den Himmel hin, und das warme Blau verwandelte sich in ein schwüles Grau, der Garry hörte auf zu schäumen, Moos und Heidekraut verschwanden, auch das Wasser schwieg, das von den Bergen gekommen war – wir hatten den großen Kirchhof dieser stillen Gegenden erreicht. Ein meilenlanges Blachfeld lag vor uns, über das der Tod – wenn nicht ein Schlimmerer – im Grimme hinweggezogen schien, mit zorniger Hand die Häupter der Felsenzacken abbrechend, wie der Sturm die Ähren von den Halmen bricht, und sie ausstreuend weit über das Feld hin. Es graute uns, als wir an diesem Saatfeld des Schreckens vorüberkamen, und die Eindrücke jener Stunden sind meinem Herzen lebendig geblieben.

Wir haben uns bis hierher mit Land und Landschaft beschäftigt, wir wenden uns nun dem Volke, seiner Geschichte und seinem Charakter zu, vergleichen das Jetzt und das Sonst und schließen mit einem Blick in die Zukunft.

Der Kern der Bevölkerung besteht aus den alten Pikten, demselben Volksstamm, der in den römischen Schriftstellern den Namen der Kaledonier führt. In der Mitte des Landes, um Loch Ness, Loch Oich und Loch Lochy herum, im Herzen der Grafschaft Inverness, dort, wo Glen Urquhart und Glen Moriston auf den Kaledonischen Kanal ausmünden, befinden sich noch die Überreste der alten Pikten, und es ist möglich, daß in den Adern der dort lebenden Clans noch ziemlich unvermischtes kaledonisches Blut fließt. Ringsherum aber um diesen Mittelpunkt des Landes haben sich die ursprünglichen Bewohner der Hochlande, die Pikten, mit allen möglichen Elementen des nordwestlichen Europas gekreuzt. Von Südschottland aus, d. h. aus den Grafschaften Berwick und Lothian, die schon vor der normannischen Eroberung Englands, also vor dem Nordwärts-Gedrängtwerden der besiegten

Angelsachsen, eine angelsächsische Bevölkerung hatten, von diesen schönen Grafschaften aus, sag ich, zogen die Angelsachsen immer weiter dem Norden zu, nahmen aber begreiflicherweise nur von dem langen, fruchtbaren Küstenstrich Besitz, der sich zwischen Edinburgh und Aberdeen erstreckt, und vermieden eine Ausdehnung ins Innere des Landes hinein, wo man meist schlechtes, unfruchtbares Heideland mit Blut und Mühe hätte erkaufen müssen.

In derselben Weise und fast um dieselbe Zeit, in der sich die Angelsachsen, zum Teil auch die Dänen, der flachen Ostküste bemächtigten, machten sich die Norweger zu Herren und Meistern des Nordens und Westens. Nicht nur die drei großen Inselgruppen, die Orkneys, die Shetlands und die Hebriden, wurden norwegischer Besitz, sondern auch große Teile des schottischen Festlands, besonders Sutherland und die Westküste von Inverness, gerieten in die Hände skandinavischer Seekönige. Der allernördlichste Teil von Schottland kam auf diese Weise zu dem überraschenden Namen Sutherland, d. h. Süderland, weil es eben von einem Volke besucht und erobert wurde, das, aus noch nördlicheren Regionen kommend, ein volles Recht hatte, von einem Süderland zu sprechen.

Alle diese Eroberungen und Kolonisierungen in Ost, in Nord und Nordwest erfolgten etwa ums Jahr 1000 herum, teils früher, teils später; die Hauptbeimischung fremden Blutes aber erhielt das alte Piktentum bereits fünf Jahrhunderte früher von *Irland* aus. Die Skoten, ein ursprünglich *irischer* Stamm, übersiedelten in das alte Piktenland, nahmen vom Südwesten Besitz und drangen sowohl in die fruchtbaren Ebenen des jetzigen Südschottlands wie in die Täler und Schluchten des Hochlands vor. Die alten piktisch-kaledonischen Ureinwohner, in Wahrheit nur zurückgedrängt und keineswegs vernichtet, verloren nichtsdestoweniger ihren Namen in der Geschichte, und aus dem alten Piktenlande wurde nunmehr ein Skotenland, d. h. Schottland, das schließlich der gemeinschaftliche Name für das Hoch- und Niederland wurde. Schon etwa um 1200 bestand die *gebirgige* Hälfte dieses Skotenlandes aus denselben Elementen, aus denen es noch jetzt besteht: aus piktischen Ureinwohnern in der Mitte des Gebirges und aus Angelsachsen, Dänen, Norwegern, vorzüglich aber aus Pikto-Skoten, die sich um jenen Kern herumgruppierten. Nur die Mischung, nur die Zahlenverhältnisse sind seitdem andere geworden; das skandinavische Element hat mit Mühe sein Terrain behauptet; das angelsächsische und skotische Element aber, oder mit andern Worten, England und Irland sind immer mehr und immer siegreicher vorgedrungen. Jetzt noch, nachdem ein Jahrtausend an der Mischung dieser Elemente gearbeitet hat, an Einzelzügen die dänische oder irische oder echt piktische Abstammung nachweisen zu wollen ist mißlich und führt zu Untersuchungen, die kaum die Grenze der Wahrscheinlichkeitsrechnung innehalten.

Die *Geschichte* der Hochlande ist kurz erzählt. So bedeutend, so lehrreich, so poetisch die Kämpfe waren, die *Süd*schottland als englisches Grenzland mit den drei Eduards und später mit den Königen aus dem Hause Tudor zu führen hatte, so gleichgültig, so historisch unbedeutend stehen die Kämpfe da, die etwa von den Tagen des Robert Bruce ab bis zu den Tagen des Montrose hin, also in einem Zeitraume von drei Jahrhunderten, von den schottischen Clans geführt wurden. Es waren Kämpfe der Clans untereinander, am liebsten Raubzüge in die südlich und östlich gelegenen fruchtbaren Landstriche der Sassenachs (wie man die Angelsachsen nannte), und nur ausnahmsweise Lehn- und Kriegsdienste unter den Fahnen des Königs.

Dem Wortlaut des Gesetzes nach waren die Clans heerespflichtig, so gut wie die Douglas und Hamiltons, wie die Elliots und Buccleuchs; aber ohne alle Teilnahme für die Interessen des «Edinburgher Königs», wie man im Hochland die Herrscher aus dem Hause Stuart zu nennen pflegte, und viel zu unangreifbar in ihren Felsenburgen, um wenigstens aus Furcht oder Politik dem Rufe des Königs zu gehorsamen, entzogen sie sich ihrer Pflicht und machten ihr Erscheinen von ihrer Laune und von dem Berechnen ihres eignen Vorteils abhängig. Bei einzelnen Gelegenheiten fochten sie mit Auszeichnung unter dem königlichen Banner, wie z. B. in der Unglücksschlacht bei Floddenfield, wo der Graf von Caithness, der Häuptling der Sinclairs, mit dreihundert seiner Clansleute an der Seite des Königs fiel; aber solche Fälle von Loyalität waren Ausnahmen; in der Regel hielten sie sich daheim und wurden, was kaum minder bemerkenswert ist, in den Kriegsreihen der *süd*schottischen Barone nicht einmal vermißt. Man gewärtigte nichts Gutes von ihnen. Man fürchtete sie als Raubgesindel viel mehr, wie man sie als Soldaten respektierte, und hatte zu dem Mut und vor allem zu der Treue und Ausdauer, durch die sie sich in einer späteren Zeit so ruhmreich auszeichneten, nicht das geringste Vertrauen.

Erst mit dem Auftreten Montroses gewannen die Dinge ein völlig verändertes Ansehen, und ein Jahrhundert voll Glanz und Ruhm brach für die Clans an. Die Hochlande, die bis dahin, politisch genommen, ein so gleichgültiger Fleck Erde gewesen waren wie etwa Finnland oder der Küstenstrich zwischen Bergen und Drontheim, kamen plötzlich zu einer historisch-politischen Bedeutung und wurden die Felsenfestung, in die sich das Stuarttum, diese Verkörperung von Absolutismus und Katholizismus, zurückzog und von wo aus es seine Ausfälle zur Wiedereroberung eines verlorenen Reiches machte. Ob die Sache, für die damals die Hochlande eintraten, eine unbedingt hohe und reine war, ob, wenn sie rein war, die Herzen und Hände es gleichfalls waren, die für diese Sache fochten, das alles mag unentschieden bleiben; ja es mag zugegeben werden, daß selbstsüchtige Motive den Ausschlag gaben und daß die Häuptlinge aus Trotz, aus Ehrgeiz und Eitelkeit, nicht aber aus Loyalität und Vasallentreue ihre Clansleute aufs Schlachtfeld trieben.

So waren die *Häuptlinge*, aber so waren nicht die Clansleute selbst, und es bleibt als eine Tatsache bestehen, daß Mut, Treue und Selbstverleugnung des sogenannten «gemeinen Mannes» sich selten glänzender bewährt haben als in *diesen* Kämpfen. Wieviel davon auf den Clangeist überhaupt und wieviel auf das Einzelindividuum kommt, ist freilich schwer zu bestimmen und bleibe dahingestellt. Ich übergehe die Zeit des Montrose, ebenso die Zeit seines großen Nachfolgers, des Graham von Claverhouse, Grafen von Dundee, und verweile nur wenige Minuten noch bei jenem letzten Stuart-Aufstande, dessen anziehende Geschichte durch Walter Scotts «Waverley»-Roman so allgemeines Eigentum der gebildeten Welt geworden ist. Mit wenig tausend schlecht bewaffneter Hochländer, ohne ein einziges Geschütz, stieg Prinz Charlie (der Sohn des Prätendenten) ins Niederland hinab, schlug die englischen Regimenter, Truppen, die sich in Frankreich und Flandern ausgezeichnet hatten, und drang siegreich vor bis in das Herz von England. Aber glorreicher als diese Tage beinah rätselhaften Sieges waren die Tage des *Unglücks:* bei Culloden geschlagen und nahezu vernichtet, stellte sich ein übriggebliebener Rest des Hochlandsheeres aufs neue unter die Fahnen des Prinzen und erklärte sich bereit, zu fechten und zu sterben. Der Prinz, die Nutzlosigkeit ferneren Blutvergießens einsehend, lehnte ab. 30000 Pfund Sterling waren auf seinen Kopf gesetzt; Hunderte wußten, wo er sich verbarg, aber nicht einer hatte Lust, das Blutgeld zu verdienen. Der Prinz entkam, die Sieger wateten in Blut, und der Clangeist wurde gebrochen. Wüst, wild, roh hatte er begonnen, seine Sterbestunde aber sah ihn im Dienst einer Idee und opferfreudig einstehen für das Höchste, dessen das Menschenherz fähig ist: für Liebe und Treue.

Soviel über die Geschichte der schottischen Hochlande. Shakespeares «Macbeth» und ein halbes Dutzend der anziehendsten Romane haben den Ruhm dieser Geschichte über die Welt getragen, aber die poetische Verherrlichung dieser mit Blut geschriebenen Blätter darf uns doch schließlich über die, *historisch* genommen, relative Bedeutungslosigkeit derselben nicht täuschen. Die Geschichte der Clans hat auf den großen Tafeln der *Welt*geschichte nie Platz gefunden und wird ihn nicht finden, denn diese Taten haben niemals entscheidend, ja kaum wahrnehmbar in den Gang der Weltereignisse eingegriffen.

Nur die fast vergeßne, allerfrühste und zum Teil in Dunkel gehüllte *Kirchen*geschichte dieser Hochlande macht eine Ausnahme und leiht diesem nördlichen Insel- und Gebirgsland eine Bedeutung, die von wenigen gekannt ist und über die es mir deshalb gestattet sein mag hier ein paar Worte zu sagen. Die Hochlande, namentlich die Westküste derselben, zählen nämlich mit zu denjenigen Punkten des nordwestlichen Europas, wohin die Leuchte des Christentums zuerst getragen wurde; nur Irland, das Land des heiligen Patrick, ist den Hochlanden um etwa ein Vierteljahrhundert voraus. Diese christliche Frühgeschichte des alten Piktenreiches ist in kurzem die folgende:

Ums Jahr 560 verließ der Mönch Columban (gälisch Callum oder Malcolm) mit zwölf Gefährten die irische Küste und segelte in einem offnen Boot nach Schottland hinüber. Er und seine Genossen waren Schüler St. Patricks, mit dem sie in Dearmach, d. h. «nahe den Eichen», gelebt hatten. Die Schlichtheit und der heilige Eifer des irischen Apostels war auch auf seine Jünger übergegangen, zumal auf Columban. Sie wählten die Insel Iona oder Icolmkill, dicht an der schottischen Westküste, als Aufenthaltsort, weil sie nah genug dem Festlande lag, um von ihr aus ihr Missionswerk beginnen zu können, und zu gleicher Zeit die Möglichkeit jener völligen Zurückgezogenheit bot, die den Grund- und Lehrsätzen ihres Meisters entsprach. Auf der Insel angelangt, zogen sie sich, wie der Geschichtschreiber Adamnan berichtet, in einen Kreis aufrecht stehender Steine, also mutmaßlich in einen ehemaligen Druidentempel, zurück und sammelten dann Zweige, um mit Hülfe von Reisigbündeln ein allererstes Hospiz zu errichten. Ihre Wohnplätze waren bloße Wigwams, und selbst ihre Kirchen, etwa unseren Blockhäusern entsprechend, waren aus Eichenstämmen zusammengefügt. Sie nannten sich «Culdees», was nach Meinung der Gälen «zurückgezogene Leute» bedeutet. In derselben Weise wie ihr Meister St. Patrick zählten sie sich zur griechisch-orientalischen und nicht zur römischen Kirche, zu der sie eine durchaus gegnerische Stellung einnahmen. St. Columban starb 595. Erst zwei Jahre später

(597) betrat der heilige Augustin, als Apostel *Roms*, die südenglische Küste, um die heidnischen Angelsachsen seiner Lehre zu unterwerfen, und begann nun von Süden her das *römische* Christentum nordwärts zu tragen, während die Nachfolger Columbans ihr *griechisches* Christentum von Norden nach Süden trugen. Im Lauf der Jahrhunderte erfolgte endlich der Zusammenstoß, in dem die Culdees völlig unterlagen. Diese Niederlage erfolgte aber nicht vor Anfang oder Mitte des 13. Jahrhunderts. Die Erinnerung an diese einst so mächtige und so segensreiche Sekte lebt noch bis heute im schottischen Volke fort, und in Abercrombies Kirchengeschichte heißt es von derselben: «Nur das Seelenheil ihrer Mitmenschen lag ihnen am Herzen. Sie wirkten mehr durch Beispiel als durch Wort. Die Schlichtheit ihrer Kleidung, ihrer Haltung und ihres ganzen Auftretens war ihre Beredsamkeit. Sie halfen überall und beanspruchten nie Lohn. Bevorzugung, Streit, Spaltung, Kabale und Intrige kannten sie nicht. Demütig, einsiedlerisch, arm, keusch, nüchtern und nur voll heiligen Eifers, so lebten sie ihre Tage.»

So waren die Culdees, deren Lehre fast sieben Jahrhunderte lang die nordischen Reiche beherrschte. Denn nicht nur die Pikten Nordschottlands, auch die skandinavischen Küstenvölker wurden im Laufe der Jahrhunderte teilweise zur Lehre Columbans bekehrt, und der Umstand, daß diese Bekehrungen von den Inseln und dem Festlande des alten Piktenreiches, d.h. also vom schottischen Hochland aus stattfanden, sicherte diesem nördlichen, von Wind und Wellen umtobten Berg- und Heideland auf Jahrhunderte hin eine *historische* Bedeutung, die es seitdem trotz allem romantischen Zauber der Stuart-Aufstände nicht wiedergewonnen hat. Die Hochlande, besonders aber die Insel Iona, die Columban und seine zwölf Gefährten zuerst betreten hatten, wurden zu einem Mittelpunkt der christlichen Welt im Nordwesten Europas, Iona oder Icolmkill wurde Wallfahrtsort und Begräbnisplatz vieler Könige des Nordens, und die Sage bildete sich im Volke aus, daß beim Untergang der Welt durch Wasserfluten *Iona* wie ein gesegnetes Blatt auf der Sündflut schwimmen werde. Nach den Angaben des um 1590 lebenden Dechanten Munro wurden auf dieser geheiligten Hochlandsinsel neben zahlreichen irischen und norwegischen Königen auch achtundvierzig Könige des alten Piktenreichs bestattet. Die beiden letzten Hochlandskönige, die hier begraben wurden, waren Duncan, der von Macbeth ermordet wurde, und schließlich Macbeth selbst. Mit ihm schließt die lange Reihe ab. Noch zu Shakespeares Zeiten war Iona oder Icolmkill als Begräbnisplatz der alten Schottenkönige wohlbekannt, denn auf die Frage Rosses: «Wo ist der Leichnam Duncans?» antwortet Macduff:

«Fort gen Westen,
Nach Icolmkill, dem Beinhaus seiner Ahnen.»

Noch einmal, das alte Piktenreich der schottischen Hochlande war in der zweiten Hälfte des ersten Jahrtausends unsrer Zeitrechnung ein Mittelpunkt der christlichen Welt Nordeuropas, aber es stieg von dieser hohen Stellung in demselben Augenblick herab, wo die Lehre Columbans im Kampf mit dem römisch-katholischen Christentume unterlag. Iona und die Hochlande waren nun nicht länger ein *Mittel*punkt, sondern lagen umgekehrt an der äußersten Peripherie der römischen Welt. Drei Jahrhunderte lang hatte der Katholizismus Zeit, in den Hochlanden Wurzel zu fassen, und die letzten Spuren der Culdees waren längst verdrängt, als in der Mitte des 16. Jahrhunderts die große reformatorische Bewegung, die durch Europa zog, auch an die Berge des Hochlandes klopfte. Anglikanismus und Puritanismus verlangten gleichzeitig Eingang und gewannen Terrain, ohne daß in diesen doch sonst so kriegsbereiten Landesteilen Kämpfe vorausgegangen wären, wie sie in England und Südschottland so zahlreich, so erbittert und so blutig stattfanden. Die Hochlandskämpfe jener Epoche hatten stets einen politischen und wenig oder gar nicht einen religiösen Charakter.

Wie sich die Dinge, kirchlich genommen, im Lauf des 16. und 17. Jahrhunderts in den Hochlanden gestalteten, so sind sie seitdem im wesentlichen geblieben: Katholiken, Anglikaner und Presbyterianer leben friedlich neben- und untereinander. Am zahlreichsten sind die Presbyterianer, die nicht nur in den Handelsstädten der Ostküste vorwiegen, sondern außerdem auch zwei der wichtigsten Grafschaften des eigentlichen Hochlands beherrschen, nämlich Argyle im Westen und Sutherland im Norden. Diese beiden Grafschaften sind dadurch besonders interessant, daß sie, solang es einen Puritanismus und einen Whiggismus gibt, *immer* puritanisch und immer *whiggistisch* waren, an den Stuart-Aufständen sich *nie* beteiligten und gegenteils die immer bereiten Werkzeuge zur Bekämpfung dieser Aufstände abgaben.

Am wenigsten zahlreich im Hochland sind die Anglikaner, die Anhänger der bischöflichen Kirche. Nur um Dunkeld herum, also auf jenen paar Quadratmeilen Landes, wo die Namen Schloß Dunsinan, Birnam-Wald und Palast von Scone zusammentreffen, befinden sich zehn- oder zwanzigtausend Anglikaner, außerdem in Rossshire und Inverness. Die Zahl der Katholiken, nicht so groß, wie sie gemeinhin geglaubt wird, hält die Mitte zwischen beiden. Sie finden sich vorzugsweise an der Westküste, auf den Hebriden, in Aberdeen- und Banffshire und zumal in jenen Glens, d. h. in jenen Gebirgstälern, die von Nord und Süd her auf die lange Strecke des Kaledonischen Kanales einmünden. Die tapfersten jener Clans, die unter dem Prätendenten fochten, die MacIntosh und Macphersons, die MacDonalds und MacDonnells, *waren* Katholiken und sind es großenteils noch *jetzt*.

Die Aufzählung dieser vier berühmten Clansnamen mag nunmehr als ein Übergang dienen, um an dieser Stelle von dem eigentümlichsten Zuge des Hochschottentums, von dem Clangeist und dem Clanwesen, zu erzählen.

Dies Clanwesen ist uralt und reicht bis weit in die Piktenzeit zurück. Es war aller Wahrscheinlichkeit nach nichts Eingeführtes, nichts Entlehntes, sondern etwas, das sich aus dem zerklüfteten Terrain eines nördlich gelegenen, unfruchtbaren und wenig bevölkerten Landes fast mit Naturnotwendigkeit ergab. Hören wir, was Oberst Stuart in seinem schätzenswerten Geschichtswerke über die Entstehung des Clanwesens sagt: Das Hochland, so schreibt er, bestand aus Felsmassen und viele Meilen langen, unfruchtbaren Heideplateaus; nur in der Nähe der Seen, die von großen und kleinen Bergwassern gespeist wurden, befanden sich zum Teil fruchtbare Täler, Glens geheißen. Jedes dieser Täler, deren Bewohner wegen der abgeschiednen, schwer zugänglichen Lage derselben wenig allgemeinen, d.h. nach außen gehenden Verkehr hatten, war der Wohnsitz und das Eigentum eines Stammes, der Weide für sein Vieh, Holz zu jeglichem Behuf, Moos und Torf als Brennmittel und meist ein ausreichendes Jagdgebiet hatte. Auch ein paar Handwerker gehörten ihnen zu. Diese Stämme wurden daher nicht versucht, ihre Wohnung zu verändern, Fremde zu sich zu locken oder einen allgemeinern Verkehr, auch nur untereinander, zu befördern. Man hatte, was man brauchte, und hatte wiederum nicht so viel, daß die Habgier anderer hätte rege werden können. So lebte man in Vereinzelung, blieb in ihr und bildete einen Familienstaat, d. h. eine in zahllose Vetterschaften verzweigte Familie, deren Mitglieder alle, drei oder fünf Jahrhunderte rückwärts, in einem gemeinschaftlichen Stammvater zusammentrafen. Die Häuptlingschaft war erblich und ging ohne nennenswerte Ausnahmen vom Vater auf den ältesten Sohn über. Dem Häuptling, gleichviel ob jung ob alt (also ganz im Geist und Sinn einer erblichen Monarchie), erwies der Stamm eine *kindliche* Ergebenheit, und selbst der Name Clan, der im Gälischen (Klaan) «*Kinder*» bedeutet, drückte dies Verhältnis aus. Alle waren in der Tat Verwandte, entferntere oder nähere, und ein herzliches Verhältnis und eine gegenseitige Zuneigung wurde ausgebildet, wie man sie in anderen, nach Tausenden zählenden Gemeinschaften kaum jemals gekannt hat. Der Häuptling, laird oder chieftain geheißen, stand zum ganzen Clan im Verhältnis eines Gutsherrn, Anführers und Richters. Er konnte die jungen Leute auffordern, ihn auf der Jagd zu begleiten oder unter seinem Banner zu fechten. Seine Brüder, Neffen und Vettern standen ihm natürlich zunächst und erhielten Landesanteile auf Widerruf, aber diese nah verwandtschaftlichen Beziehungen zum chieftain überdauerten selten eine Generation, und die Söhne und Enkel derer, die heute noch wirkliche Vettern waren, traten über kurz oder lang besitzlos unter die Gemeinen zurück. Dieser Wechsel des Besitzes war so gewöhnlich, daß die Clansleute dadurch in ihrem Glauben an die ursprüngliche Verwandtschaft mit dem chieftain nur bestärkt wurden, denn von Generation zu Generation sahen die ärmeren Clansleute Familien zu sich herabsteigen, deren unmittelbare Vorfahren noch zu den nächsten Anverwandten des Häuptlings, also zum Clan-*Adel*, gehört hatten. Der Häuptling wohnte in der Regel unter seinen Angehörigen. Sein Schloß war der Ort, wo Belohnungen verteilt und Auszeichnungen verliehen wurden. Er selbst unterschied sich weniger durch besonderen Glanz im Hauswesen als vielmehr durch zahlreicheres Gefolge und die größere Anzahl seiner Gäste. Was seine Angehörigen ihm von ihrem Eigentum darbrachten, wurde freigebig zu ihrem Unterhalt wieder aufgewendet. Jeder Clansmann war im Schlosse willkommen und wurde nach seinem Range mit einer Höflichkeit und einem Zartgefühl behandelt, wovon man anderwärts kein Beispiel findet. Diese Behandlung hob die Clansleute in ihrer eignen Achtung und knüpfte das Band zwischen ihnen und ihrem Häuptlinge noch fester. Achtung seines Ansehns und Dankbarkeit für seinen Schutz waren die natürlichen Folgen seiner patriarchalischen Herrschaft und schufen und befestigten jene unerschütterliche Treue, wovon die oftgenannten Stuart-Aufstände so glänzende Beweise geliefert haben.

Wir haben bis hierher die Lichtseite des Bildes gesehn; aber der Clangeist, den Oberst Stuart mit so viel Wärme und Vorliebe geschildert hat, hatte durchaus auch eine Nachtseite, die sich aus Unwissenheit und Aberglauben, aus Raubsucht und Blutdurst zusammensetzte. Derselbe Clangeist, der Bilder rührendster Liebe und Treue schuf, wenn es galt, für den Clan oder für den chieftain einzutreten, schuf ebensooft und vielleicht öfter Taten unerhörter Roheit und Wildheit. Dieselben MacGregors oder MacDougalls, die heute dreimal ihr Leben in die Schanze schlugen, um ihrem chieftain die

Henry V. in Hochlandstracht

Adlerfeder wiederzuerobern, die er im Kampf von seiner Hochlandsmütze verloren hatte, wurden morgen zum frechsten und blutigsten Raubgesindel, das ohne Not und zur bloßen Erhöhung wilder Lust die Frauen und Kinder ihrer Gegner niedermetzelte und verbrannte. Ihre Gewissen waren eigens organisiert, eng und feinfühlig nach der einen Seite hin, aber unendlich weit nach der andern. Noch am Ende des 17. Jahrhunderts kam es vor, daß ein Häuptling der Lochiels einem englischen Offizier die Kehle abbiß wie ein Panther, der an den Hals einer Gazelle springt, und hinterher versicherte, nie einen bessern Bissen genossen zu haben. Ein chieftain der MacLeans setzte seine junge Gemahlin, weil er ihrer überdrüssig war, auf eine Sandbank aus, die jedesmal zur Flutzeit von den Wellen des Ozeans überschäumt wurde, und ein Häuptling der MacDonalds, im geheim beleidigt über eine vermeintliche Schmach, lud einen Häuptling der MacDonnells zu Tisch und überraschte seinen Gast durch das abgeschlagene Haupt von dessen eignem Sohne, das er als Tafelverzierung auf den Tisch gestellt hatte. Das sind wenige charakteristische Beispiele aus einem langen Verzeichnis voll Blut und Mord. Wer den Kaledonischen Kanal entlang und dann an den Basaltküsten Westschottlands vorbei bis Inverary und an den Loch Lomond fährt, der vernimmt Geschichten wie die beispielsweis gegebenen auf Schritt und Tritt, und viel, viel öfter wird er den Auswüchsen und Überschreitungen eines romantisch-chevaleresken Geistes begegnen als diesem selbst. Nur weniges wird ihn in Klang und Charakter an jenen MacDonald erinnern, der mit seinem Bruder um die Wette schwamm, um zuerst *seine* Hand als Zeichen der Herrschaft auf die vor ihnen auftauchende Insel zu legen, und der, als er gewahr wurde, daß sein Bruder der bessere Schwimmer sei, sich rasch entschlossen die linke Hand abhieb, um die blutige mit der Rechten ans nahe Ufer zu werfen.

Blut überall, aber selten vergossen im Impuls eines tiefen Gefühls, einer hohen Idee, jene letzten Kämpfe abgerechnet, die wie berufen schienen, alte Schuld und altes Unrecht vergessen zu machen und eine poetische Glorie auch über das auszugießen, was rückwärts lag.

Das Jahr 1745, die Niederwerfung des letzten Stuart-Aufstandes, entschied auch über die schottischen Clans. Die Clanverhältnisse, die bis dahin zu Recht, d. h. unter Sanktion der Regierung, bestanden hatten, wurden aufgehoben, die Clangerichtsbarkeit fiel, die alten Bande wurden gelöst, und was übrigblieb, war nichts anderes mehr als das Verhältnis eines Lords zu seinen Pächtern und Hintersassen. Die englische Regierung, ihre Kraft fühlend und der ewigen Hochlandsinsurrektionen, die so viel Blut gekostet und so viel Sorgen gemacht hatten, aufs gründlichste satt und überdrüssig, war endlich entschlossen, die Wiederkehr solcher Aufstände ein für allemal unmöglich zu machen, und *jedes* Mittel galt. Man verfuhr mit den Hochlanden wie mit einer eroberten Provinz. Das bloße Wort «Die Clanverfassung ist aufgehoben» hätte nichts gefruchtet; man kannte den Clangeist und seine Aufsässigkeit zu gut und zu lange, um sich von dem Wortlaut auch des besten Gesetzes irgend etwas zu versprechen. Wie ein wildes Tier, das gezähmt werden soll, mußte ihm zuerst die Vorstellung von der dauernd überlegenen Macht dessen beigebracht werden, der da bändigen wollte. Der Sieg bei Culloden und die rasche Verfolgung der fliehenden Clans war nur der Anfang einer Niedermetzelung, die jetzt systematisch begann; wie siebzig Jahre früher nach dem Monmouth-Aufstand mischte sich auch jetzt wieder ein Geist der Rache und Wiedervergeltung in die Handhabung der Kriegsgesetze; die Hinrichtungen erfolgten summarisch, und Feuer und Schwert trafen den Schuldigen und Unschuldigen zugleich. Drei der chieftains, die sich am Aufstand beteiligt hatten, darunter der fünfundsiebzigjährige Lord Lovat, wurden auf Tower Hill enthauptet; andere Häuptlinge, die kompromittiert waren, flohen und irrten als Verbannte in den Ländern des Kontinents umher. Die großen Güterkonfiskationen begannen, und englische Lords, bewährte Freunde des Hannoverschen Königshauses, traten die Erbschaft derer an, denen nichts geblieben war als das Leben im Exil. Aber man ging weiter: das ganze Hochland wurde aufgebrochen wie ein Festungstor; man war der Belagerungen müde und wollte in Zukunft freien Einzug haben; englische Garnisonen wurden ins Land gelegt und Fahr- und Verbindungsstraßen über die Grampians gezogen. Aber auch dies genügte den Siegern nicht: Lord Chatham legte dem Hause einen Plan vor, wonach aus den unruhigen Elementen der Hochlande eigene Hochlandsregimenter gebildet werden sollten, und so entstanden jene berühmten Truppen, die nun bald unter den Fahnen Englands in Indien, in Spanien, in Flandern ebenso tapfer und ruhmwürdig streiten sollten, wie sie fünfzig Jahre früher *gegen* diese Fahnen gestritten hatten. Was aber endlich den Ausschlag gab und mehr als alles andere den Clangeist brach, das war die halb zwangsweise Übersiedlung der Clansleute aus der Mitte des Landes an die Küste. Auf diese Weise entfernte man die letzte Möglichkeit des Widerstandes und schuf jene Einsamkeit, die jetzt in den Glens und Tälern von Perthshire und Invernessshire herrscht.

Die whiggistische Aristokratie, die anstelle der alten, am Hause Stuart hängenden chieftains nunmehr diese Berg- und Heidedistrikte besaß, kam teils aus Anhänglichkeit gegen das herrschende Königshaus, teils in Erwägung eigenen Vorteils den Plänen der Regierung gern entgegen, und den armen Kätnern und Tagelöhnern das Haus und den Acker kündigend, den sie bis dahin pachtweis besessen hatten, trieb man sie dahin, wohin man sie haben *wollte*, entweder als Handlanger und Tagarbeiter in die großen Städte oder, noch besser, über das Wasser, nach Amerika. Das Kernstück des ehemaligen alten Piktenreiches, das Grampian-Plateau, das alte Macbeth-Land zwischen Perth und Inverness, ist jetzt nahezu entvölkert, ist nur noch ein Schatten dessen, was es in alten Tagen war; die fruchtbareren Täler sind Weideplätze für die Schafherden der großen Landbesitzer geworden; die Heidestrecken liegen wüster denn zuvor, und der einzelne Clansmann ist zum Wildhüter eines fremden Herrn herabgesunken, der im August mit seinen Freunden hier erscheint und auf der Jagd nach Birk- und Schneehühnern die Stille und Einsamkeit dieser Plateaus auf kurze Wochen unterbricht. Der Clangeist ist hin, seine Kraft ist längst gebrochen, aber die alte Wahrheit: «Viel später als die Dinge selbst stirbt der *Name* der Dinge», diese alte Wahrheit, sag ich, bewährt sich auch hier. Die Clanverfassung ist hin, die Clans selbst bedeuten nichts mehr, und doch gibt es noch Clans, d.h. Täler, Inseln, Schluchten, in denen die Träger eines alten gälischen Namens wenn auch nicht ausschließlich, so doch besonders und vorzugsweise anzutreffen sind. In ähnlicher Weise wie es in Preußen Landesteile gibt, in denen sich vorzugsweise die Zietens, die Kleists, die Borks zusammenfinden, so finden sich in gewissen Gegenden Schottlands noch immer die MacLeans oder Mackenzies, die MacNabs oder die MacDougalls zusammen, und in diesem politisch-harmlosen Sinne unterscheidet man noch immer gegen vierzig Clans. Die berühmtesten unter diesen sind etwa die folgenden: die Campbells und die MacLeans in der Grafschaft Argyle; die MacGregors in Dumbarton und Stirlingshire; die Stuarts und Robertsons in Perthshire; die Forbes und Gordons in Aberdeen; die Mackenzies und Munroes in Rossshire; die MacIntosh, Macphersons und Frazers, die Camerons, MacDonalds und MacDonnells sämtlich in Invernessshire; die Sinclairs in Caithness und die Sutherlands in Sutherland.

Die vierzig Clans, die wenigstens nominell noch existieren, teilen sich ihrer Abstammung nach in drei große Gruppen, und zwar in Clans irischer, altpiktischer und norwegischer Deszendenz. Auch ihr Kostüm, sobald sie in nationaler Tracht erscheinen, hält diesen Grundunterschied noch fest: in den Tartans der irischen Clans prävaliert das *Grün*, in den altpiktischen das *Rot* und in den Clans, die von norwegischer Abstammung sind, die *gelbe* Farbe. Die Berührung dieses Punktes führt mich auf das hochländische Kostüm überhaupt. Zwei Fragen drängen sich einem sofort dabei auf: zuerst, *existiert* dieses Kostüm noch? Und wenn es noch existiert, wie nimmt es sich aus? Der erste Punkt ist rasch erledigt. Kilt und Plaid werden allerdings noch getragen, aber doch sehr vereinzelt nur. In den Dörfern begegnet man gelegentlich ein paar Jungen, die ein kümmerlich aussehendes, bis ans Knie reichendes Stück Tartanzeug statt der Beinkleider tragen; die Männer aber haben fast überall das Beinkleid adoptiert und erscheinen nur noch ausnahmsweise in ihrem nationalen Kostüm. In Edinburgh, Stirling und Perth, wo Hochlandsregimenter in Garnison liegen, sieht man mehr von altschottischer Tracht, mehr nackte Knie und mehr karierte Strumpfmuster als zwischen Blair Athol und Inverness, wo man doch mitten im Hochland ist.

Die Hochlandstracht, wie ich sagte, tritt nur noch vereinzelt auf, aber man begegnet ihr doch, und so entsteht die zweite Frage: Wie nimmt sie sich aus? Die Antwort darauf lautet: Gut und schlecht, je nachdem; ja man könnte behaupten, sie kennt nur die Extreme und ist entweder abscheulich oder vom höchsten malerischen Reiz. Einem solchen hochländischen *Normal*kostüm, an dem das Auge des Fremden, er mag wollen oder nicht, mit einer Art kindlicher Bewunderung hängt, war ich zuerst in Stirling begegnet. Es war ein Gentleman vom Clan der Campbells, in einem grün und blau karierten Tartan-Kilt, der fest und leichtfüßig zugleich und voll jener Elastizität, die dem schottischen Gange eigen ist, den steilen Hügel hinaufstieg, auf dem Schloß Stirling liegt. Acht Tage später sah ich einen Cameron mit rotgewürfeltem Kilt in den Straßen von Inverness; es war ein reicher Farmer aus der Umgegend, ohne Eleganz der Erscheinung, aber ein Bild männlicher Kraft.

Alles dies indessen sollte verschwinden gegen zwei Gestalten, denen ich später an der Westküste begegnete, und zwar am sogenannten Crinan-Kanal, wo die von Staffa und Iona kommenden Dampfer mit den großen Glasgow-steamern zusammentreffen und ihre Passagiere austauschen. Wir standen auf der Schiff- oder Landungsbrücke, an der der steamer lag, und harrten, bald die Landschaft, bald das Treiben musternd, geduldig der Dinge, die da kommen würden, als die Landungsbrücke plötzlich unter dem Taktschritt zweier vom Ufer her heranschreitenden Gestalten zu vibrieren anfing und uns veranlaßte, nach rückwärts zu sehen. Zwei junge Männer, in voller Hochlandstracht, schritten ruhig durch den Menschenwirrwarr hin. Der ältere von ihnen war ein Häuptling, das bewies die Adlerfeder, die in der Agraffe seiner Mütze steckte. Beide waren über sechs Fuß hoch, und die Jagdflinte, die leicht auf ihren Schultern hing, nahm sich aus wie ein bloßes Spielzeug. Es waren Londoner Gardeoffiziere, aber geborne Hochschotten, die vor acht oder vierzehn Tagen die Residenz im Süden verlassen hatten, um die Jagdzeit, die shooting season, in ihrer Heimat, dem Hochland, zu verbringen. Der jüngere von beiden trug die Hochlandstracht nur, wie man ein Phantasiekostüm trägt. Aus jenem graugelben Sommerzeug, das jeder kennt, der einem Trupp reisender Engländer irgendwo in der Welt begegnet ist, hatte er sich einen Kilt und eine Jacke machen lassen, und nichts an ihm war wirklich schottisch als die dunkelblaue, halb phrygische Mütze und der kurze, buntkarierte Strumpf. An jedem andern Punkt der Welt wäre er eine imposante Erscheinung gewesen, neben seinem Freunde, dem Häuptling, aber nahm er sich aus wie dessen Milchbruder, ebenso groß, ebenso breit, ebenso frisch, aber – rasselos. Der Häuptling war brünett, leuchtend und schritt ohne ein direktes Zeichen der Überhebung durch das Gedränge der Kommenden und Gehenden hin, als habe er nicht das geringste mit ihnen gemein. Er trug eine weite schwarze Samtjacke und viel *Gelb* in dem gewürfelten Tartan, war also von dänischer Abstammung, wahrscheinlich ein MacLean. Um den Leib trug er jene eigentümliche schottische Jagdtasche, die fast die Form einer Geldkatze hat, aber aus feinem Otterfell besteht und sechs lange Geißbärte wie ebenso viele Siegeszeichen über den Kilt herabfallen läßt. Das kurze schottische Schwert hatte er daheim gelassen, aber das Fangmesser mit einem großen Amethyst oben am Griff steckte nach Landessitte im rechten Strumpf und bewies, neben der Adlerfeder, wer der Ankömmling sei. Nie hab ich eine schönere Erscheinung gesehen; selbst die Royal Blues, die man mitunter in den Hallen und Korridoren von St. James und Buckingham Palace auf und ab schreiten sieht und die mir in ihren Helmen und

Stulpenstiefeln, das blanke Schwert in den linken Arm gelehnt, so oft wie herabgestiegene Kriegsgötter erschienen waren, verschwanden in der Erinnerung neben diesem Häuptling der MacLeans. Die Natur hatte ihn schön, elastisch und makellos gebildet, aber ihren ganz besonderen Zauber zog die Erscheinung doch aus dem Reichtum und Reiz jener Hochlandstracht, die in diesem *einen* Falle wenigstens alles übertraf, was mir an Kleidsamkeit des Kostüms je vorgekommen war. Die Fracks und Überröcke der umherstehenden Passagiere, uns selbst mit eingerechnet, nahmen sich unsagbar kläglich daneben aus, und wie wir den beiden Gestalten bewundernden Auges nachsahen, war es uns, als sähen wir einen Gold- und Silberfasan durch das Grau und Schwarz eines gewöhnlichen Hühnerhofs hinschreiten.

So *kann* also ein Hochländer aussehen, wenn er nebenher ein Häuptling und ein Kapitän in der Coldstream-Garde ist, aber man würde unrecht tun, aus solchem Einzelfall auf die allgemeine Kleidsamkeit des Kilt und Plaid, der nackten Knie und der karierten Strümpfe zu schließen. Es ist ein Kostüm wie ein samtnes Schleppenkleid, das reich und neu sein muß, um schön zu sein.

Gleichviel, binnen kurzem wird die Zeit gekommen sein, die keinen Vergleich mehr gestattet zwischen dem ärmlichen Tartanlappen, der sich als Kilt um die fröstelnden Glieder eines verarmten MacGregor legt, und zwischen dem schimmernden Hochlandskostüm eines Häuptlings der MacDonalds oder MacLeans. Die Hochlande sind tot; der Clangeist ist gebrochen, die Glens ihrer alten Bewohner beraubt; fremdes Leben hält seinen Einzug, die alte Sitte stirbt hin und mit der nationalen Sitte natürlich auch die nationale Tracht. Man fängt bereits an, Gesellschaften zu gründen, um als Kuriosität das wenige zu hegen und zu pflegen, was noch da ist; man will nicht völlig ersterben lassen, was so viel zum Ruhme und zur poetischen Verherrlichung des Vaterlandes beigetragen hat. Es steht dahin, ob diese Bemühungen von dauerndem Erfolg gekrönt sein werden; aber was immer auch ihr Resultat sein möge, das *wahre* Fortleben, das Leben in

Lied und in Gesang, das Leben im Herzen und in der Erinnerung der Menschen, *dies* Fortleben ist dem schottischen Hochlande für alle Zeit gesichert. Seine historische Aufgabe, wenn das alte Land der Clans jemals eine solche hatte, hat es längst erfüllt; es schien, über seine Zeit hinaus, nur aufbewahrt zu sein, um in der Fülle seiner Anomalien den benachbarten Kulturstaaten eine neue und unerschöpfliche Quelle der Poesie zu bieten. Der Romantik des Rittertums hat sich die Romantik der Clans längst zugesellt, und

«Was ewig im Gesang soll leben,
Muß im Leben untergehn.»

Jenseit des Tweed

Bilder und Briefe aus Schottland

Seinem lieben Freunde und Reisegefährten

Bernhard von Lepel

Eine Reise an der Seite eines Freundes ist eine Freundschaftsprobe, wie die Ehe eine Liebesprobe ist. Wir haben sie bestanden. Wem anders könnt ich dieses Buch zueignen als Dir, dem besten, dem nachsichtigsten aller Reisegefährten. Freilich, je mehr ich empfunden habe, wie gut sich's mit Dir wandert, desto lebhafter ist auch die Rückerinnerung an einen alten Pakt in mir geworden, an ein gegenseitiges, halb verjährtes Versprechen, an das diese Zeilen Dich leise mahnen mögen.

Entsinnst Du Dich des Silvestertages 1846? Wie gestern stehen die Stunden vor meiner Seele, wo wir durch die winterstille märkische Heide fuhren und endlich vor dem Gutshaus Deines Vaters hielten. Den alten Herrn fesselte damals schwere Krankheit auf dem fernen Rügen, Todesahnung hatte sein Herz beschlichen, und die Weisung war an Dich gekommen, in alten Schränken nach alten Familienpapieren zu suchen. Es galt ein Testament, die Bestellung seines Hauses; das führte uns hinaus. Wie ein verzaubertes Schloß im Märchen lag das alte, graue Steinhaus da, eine hohe Schneemauer um sich her und überragt von den halb dunklen, halb glitzernden Edeltannen des Gartens. Stille draußen und drinnen. Auf unser wiederholtes Klopfen und Klingeln erschien ein alter Diener, verwöhnt und mürrisch, wie alle alten Diener sind. Zogernd, mit sauersüßem Gesicht, fand er sich endlich in Deine Autorität. Wir öffneten die Fensterläden, schafften Luft und Licht in den halb spukhaft gewordenen Räumen und fanden endlich, was wir suchten – die Papiere. Inzwischen war es wohnlicher geworden in dem großen Garten-

Jenseit des Tweed.

Bilder und Briefe

aus

Schottland.

Von

Th. Fontane.

Berlin.
Verlag von Julius Springer.
1860.

saal, ein Feuer prasselte im Kamin, statt des Staubes breitete sich ein Tischtuch über die Tafel, und das frugale Mahl, das angerichtet war, adelte sich selbst durch die Flasche alten Rheinweins, die auf dem Tische stand. Wir setzten uns, und plaudernd von diesem und jenem, lief mein Auge an den roten Samttapeten hin und musterte die Bilderschätze, die in langer Reihe daran hingen. Ich sah zum ersten Male den schönen Kopf der Beatrice Cenci und vor allem den Stolz Eures Hauses, das Wert- und Prachtstück der Sammlung – das Modell des Moses von Buonarrotis eigener Hand. Meine Fragen drängten sich, und Deine Lippen – nicht Freunde sonst von vielem Reden – flossen über bei der Erinnerung an schöne italische Tage. Wir füllten die Gläser bis zum Rand und stießen an auf ein Reisebündnis und ein gemeinschaftliches «jenseits der Alpen».

Der Wunsch jener Stunde ist uns bis heute versagt geblieben. Nicht Deine Hand hat mich den kapitolinischen Hügel hinauf- oder in die Campagna hinausgeführt, sondern umgekehrt, die meinige übernahm Führerdienste, wenn wir in alten Douglas-Schlössern umherforschten oder die Stelle suchten, wo Fitzjames und Roderick Dhu miteinander gekämpft. Aber die alten Zusagen bleiben in Kraft, und während ich Dir dies Buch überreiche, das die Bilder zwischen dem Tweed und dem Moray-Busen noch einmal vor Dir entrollen soll, sprech ich zugleich die Hoffnung aus, daß auch der Tag kommen möge, wo wir, wie auf Edinburgh-Castle, so auf Castell St. Elmo *gemeinschaftlich* stehen. Welche Wege aber auch die heiteren Reisegötter in Zukunft uns führen mögen, vor allem mög uns gute Kameradschaft auf dem *Lebenswege* beschieden sein, den wir, seit zwanzig Jahren nun, in Leid und Freude zusammen gehn.

Th. F.

Von London bis Edinburgh

Geschlagen, gestoßen, gepreßt, gepufft,
Zehn Meilen die Stunde ging's durch die Luft.
Altes Lied (Die Hexen von Inverness)

«Nach Schottland also!» Die Koffer waren gepackt, die Billetts gelöst, und als der Spätzug sich endlich in Bewegung setzte und majestätisch aus der Halle des King's Cross-Bahnhofes hinausglitt, überlief es mich ähnlich wie vierzehn Jahre früher, wo es zum ersten Male für mich hieß: «Nach England!»

Ähnlich sag ich, denn vierzehn Jahre sind eine lange Zeit und nehmen uns viel von Begeisterung und Fähigkeit zur Freude. Wie steht jener Tag noch klar vor meiner Seele, der damals über meine Reise entschied. Ich war Soldat und auf Königswache. Der Offizier hatte seine liebe Not mit uns, denn wir waren zwanzig Freiwillige oder mehr, und jeder, der Soldat gewesen ist, weiß, was es mit solchen Volontärwachen auf sich hat. An Disziplin war Mangel, aber Überfluß an guter Laune, und während die einen über Tisch und Bänke sprangen, spielten die anderen Dreikart oder gaben sich durch Vortrag von Hauptmanns- und Kompagnieanekdoten ein möglichst martialisches Ansehen. Es war ein kostbarer Maitag; begierig nach frischer Luft, hatte ich eben draußen in der Säulenhalle Platz genommen und blickte, den ungewohnten Helm hin und her schiebend, auf den schönen, breiten Opernplatz, der sonnenbeschienen vor mir lag. Da weckte mich ein leiser Schlag auf die Schulter. Als ich aufblickte, stand ein Freund vor mir, sonnenverbrannt, in Reisekleidern, jener Glücklichen einer, an die sich das beatus ille des Dichters richtet. Er lachte über den «Grenadier», der ihm noch neu an mir war, und fragte dann kurz: «Willst du mit nach England? Ich reise morgen abend.» – «Aber Urlaub!» – «Das ist deine Sache.» Das Gespräch gedieh nicht weiter; der Posten draußen rief uns mit lauter Stimme an die Gewehre. Wir traten an. Ablösung vor. Fünf Minuten später schilderte ich schon vor dem Gouvernementsgebäude in der Wallstraße. Niemals wohl hat der alte Müffling eine Schildwacht vor seiner Tür gehabt, der das Herz so hoch geschlagen hätte wie mir an jenem Nachmittage.

Voll so hoch schlug mir das Herz jetzt nicht, aber es schlug doch freudig und dankbar zugleich, als mein diesmaliger Reisegefährte dem hinter uns verschwindenden London ein Lebewohl zuwinkte und mit Genugtuung die Worte wiederholte: «Nach Schottland also.»

Wir fuhren dritter Klasse, halb ersparungs-, halb beobachtungshalber, und hatten trotz einiger Unbequemlichkeiten nicht Ursach, unsere Wahl zu bereuen. Der bis auf den letzten Platz besetzte, durch keine Zwischenwände geschiedene Wagen glich einem Auswandrerschiff. Die Mittelbank, auf der wir saßen, zog genau die Grenzlinie zwischen zwei verschiedenen Elementen, aus denen unsere Reisegesellschaft bestand, zwischen armen Engländern und sparsamen Schotten. Denn der Engländer fährt nur dritter Klasse, wenn er *muß*, der Schotte, wenn er *kann*. Nachdem die ersten Tunnel und Überbrückungen passiert waren, schwand die gegenseitige Zurückhaltung rasch, und der Austausch jener kleinen Dienste und Bequemlichkeiten begann, wie er nicht auszubleiben pflegt, wo sich 40 oder 50 Menschen, wenn nicht zu gemeinsamer Gefahr, so doch zu gemeinsamer Strapaze zusammengepfercht finden. Dick zusammengefaltete Tücher wurden den Damen angeboten, um die Ecken und Kanten minder scharf, das Holz der Bänke minder hart zu machen, und über das Öffnen und Schließen der Fenster kamen die Erkältungsgeneigten mit den Ventilationsbedürftigen zu einem gefälligen Kompromiß. Vor uns saßen die Engländer. Da waren zunächst zwei arme Frauen mit ihren Kindern, vier oder fünf an der Zahl. Sie hatten die Doppelbank am äußersten Rande des Wagens inne und hausten darin wie in einer Privatkajüte. Milch wurde gewärmt, die Brust gegeben (mit jener Unbefangenheit, die den englischen Frauen der unteren Stände eigentümlich ist), und die Flaggen, die dann und wann zum Fenster hinaus wehten, waren im Einklang mit all dem übrigen. Vor ihnen saßen zwei junge Leute, augenscheinlich aus guter Familie, Schüler, die eine Ferienreise nach Schottland machten und unter Lachen behilflich waren, wenn die Kinderstube in ihrem Rücken diese oder jene Dienstleistung wünschenswert machte. Neben ihnen eine alte Lady in Trauer. Freundlich, aber abgehärmt, schmucklos, aber sauber und in wahrem Rigorismus selbst die hölzerne Rückenlehne ihres Sitzes verschmähend, so saß sie da, ersichtlich die Frau eines Offiziers, der, an der Dschamna vielleicht oder im Pandschab gefallen, ihr einen geachteten Namen und nichts weiter hinterlassen hatte.

Heitrer, farbenreicher sah es in der zweiten Wagenhälfte aus, der wir den Rücken zukehrten. Das schottische Element bewährte sich in seinem pittoresken Reiz. Keine nacktbeinigen Kiltträger waren zugegen, aber die blauwollene schottische Mütze mit ihren lang herabhängenden Seidenbändern (eine Tracht, deren Karikatur wir nur in unseren deutschen Städten kennen) saß malerisch auf den Köpfen der jungen Männer; Plaids in allen Mustern und Farben dienten diesem als Mantel und jenem als Kissen, während grau und weiß karierte Tücher sich überallhin ausspannten und dem Ganzen den Charakter eines romantischen Feldlagers gaben.

So ging es dahin. Die bekannten Bilder englischer Landschaft zogen an uns vorüber. Die Sonne war längst unter, auch das Abendrot schwand jetzt, und nur jenes zauberhafte, dunkle Blau lag noch in breiten Streifen am Himmel, das in diesem Lande so gern und so schön einen klaren Tag beschließt. Ohne Aufenthalt brausten wir durch ein halbes Dutzend Stationsplätze hindurch; erst in Peterborough (einer Kathedralenstadt, 15 deutsche Meilen von London) machten wir halt, um einen anderen Zug abzuwarten. Inzwischen war es Nacht geworden, und jeder schickte sich an, der Ruhe zu pflegen, so gut es die Wände und Bänke irgend erlaubten. Die Schüler lagen schnarchend auf harter Diele, die Kinder schliefen, die Flaggen waren eingezogen; nur die alte Lady saß noch immer aufrecht, fest entschlossen, stärker zu sein als Schlaf und Ermattung.

Die Geschwindigkeit, mit der wir fuhren, wuchs jetzt: 40 englische Meilen die Stunde. Man überantwortete sich seinem Gott und schlief ein. Dann und wann hielt der Zug, und unbekannte, wenigstens unverstandene Worte trafen das Ohr, endlich aber schüttelte das in Traum und Halbschlaf lang herbeiersehnte: «York, York, fifteen minutes» den Schlaf von aller Augen, und halb schiebend, halb geschoben, fanden wir uns endlich an einer langen Tafel wieder, auf der die Zugehörigkeiten eines englischen Frühstücks serviert waren. «Tea», «coffee», «sodawater» klang es hier fordernd durcheinander. 15 Minuten sind wenig Zeit für hundert Gäste und drei verschlafene Kellner. Meine Tasse Tee war erst halb geleert, als die Glocke draußen schon wieder lärmte. «Das war also York!» rief ich dem Freunde zu, mich neben ihm in die Ecke drückend. «So gehen uns die Wünsche unsrer Jugend in Erfüllung. Statt des Doms ein Bahnhof und statt des Platzes, drauf Percy starb, eine Restauration mit doppelten Preisen.»

Als wir Newcastle erreichten, dämmerte bereits der Morgen; zu unserer Linken lag die Stadt, schwarz und finster, wie aufgebaut aus Kohlenblöcken. Eine Stunde später waren wir an der schottischen Grenze. «Berwick, Berwick!» riefen die Schaffner und gönnten uns Zeit, einen Umblick zu halten. Der ganze Platz macht immer noch den Eindruck einer Grenzlokalität, auch jetzt noch, wo der alte, halb zerfallene Wartturm nichts mehr bedeutet als eine Mahnung an Zeiten, die nicht mehr sind. Der Tweed geht hier ins Meer, und sein Bett, das mehr einer weiten Felskluft als einer Flachlandsrinne gleicht, unterstützt die Vorstellung, daß wir hier an einem *Grenzfluß* stehen.

Die Morgensonne lacht freundlich, während wir die schottische Landschaft durchfliegen. Die Felder, die Art der Bestellung, das Seltenerwerden der Hecken, alles weicht ab von dem in England Üblichen und ruft uns (wie vieles andere noch, auf das wir stoßen werden) die Bilder deutscher Heimat mehr und mehr ins Gedächtnis zurück. Bei Dunbar gesellt sich noch ein anderer Gruß aus der Heimat hinzu, wir haben uns der Küste bis auf wenige tausend Schritt genähert, und

Dunbar Castle

Edinburgh

das *deutsche* Meer liegt leise schäumend zu unserer Rechten. Hier wendet sich die Bahn, die bis dahin ununterbrochen nordwärts lief, plötzlich nach Westen, und ungefähr die Linie innehaltend, die ihr der schöne Meerbusen des Forth vorschreibt, führt sie uns nach einer kurzen halben Stunde durch eine bald im Morgennebel, bald im Sonnenglanze daliegende Landschaft dem ersten Ziel unserer Reise entgegen. Villen und Parks, chaussierte Wege und Brücken, Häuser, Menschen und immer wachsender Verkehr verkünden uns, daß wir einer großen Stadt, einem Mittelpunkt weiter Bezirke uns nähern, und ehe wir noch Zeit gefunden haben, uns in dem immer bunter werdenden Bilde zurechtzufinden, läßt der Zug in seinem Fluge nach, und die 10 Stock hohen Steinhäuser Edinburghs tauchen grau und majestätisch vor uns auf.

Johnston's Hotel
Erster Gang in die Stadt

«Waterloo Place, any hotel you like», Waterloo-Platz, ins erste beste Hotel! Mit diesem Zuruf vertrauten wir uns der Führung unsres cab-Kutschers an und harrten der Dinge, die da kommen würden. Ich lieb es bei solchen und ähnlichen Gelegenheiten, mich dem blinden Zufall zu überlassen, und habe die Erfahrung für mich, daß man mindestens nicht schlechter dabei fährt, als wenn man unschlüssig hin und her schwankt und hinterher den Ärger hat, doch nicht das Rechte getroffen zu haben. Wer die Wahl hat, hat die Qual.

Unser cab hielt nach fünf Minuten schon vor Johnston's Hotel, Waterloo Place, und es wäre unbillig, dem Kutscher nachzureden, daß er seine diskretionäre Gewalt absonderlich mißbraucht hätte. Johnston's Hotel gehört zu jener Klasse von Gasthäusern, die unter dem Namen der «Commercial and Temperance Hotels» in allen Ländern, wo das angelsächsische Element herrscht, eine Art von Notorität erlangt haben. Der *Temperanz*seite dieser Etablissements leg ich herzlich wenig Gewicht bei; es ist diese zur Schau gestellte Mäßig-

Edinburgh
vom Castle Ramparte aus gesehen

keit derselben halb Lüge, halb Karikatur und in bestem Falle Lockung und Aushängeschild; was aber diesen Gasthäusern in dem kostspieligen, aufgesteiften, selbstquälerischen England eine Bedeutung gibt, das ist der Umstand, daß sie in ihrer ausgesprochenen Einfachheit die Kehrseite jenes modernen Prachtbaus sein wollen, der unter dem Namen «Hotel» so viele erträumte Reize und so viele prosaische Wirklichkeiten umschließt. Es ist Affektation oder Selbsttäuschung, wenn wir auf Reisen plötzlich glauben, ohne Eleganz, ohne zehn Gänge und ohne gräfliche Nachbarschaft nicht leben zu können; was uns aber wirklich not tut, das ist ein unprätentiöses, freundliches Entgegenkommen und eine angemessene Bewirtung um unseres Geldes, nicht aber bloß – um Gottes willen. Der alte Satz mag fortbestehen, daß die großen Hotels die besten sind. Aber ein anderer Satz stellt sich ihm gleichberechtigt an die Seite, und zwar der, daß die vornehmen Gasthäuser nicht die angenehmsten sind.

In Johnston's Hotel hatten wir vollkommen das süße Gefühl der Hingehörigkeit statt des bloßen Geduldetseins; sonst fehlte freilich manches. – Die beblümten Teppiche auf Flur und Treppen hatten längst ihren Blumenfrühling hinter sich, und die altmodischen Bettstände mit ihren verschossenen Quasten und Damastgardinen standen unheimlich da wie in alten Schlössern aufgekaufte Paradebetten, in denen Lords und Häuptlinge von Geschlecht zu Geschlecht das Zeitliche gesegnet hatten. Das sind nicht Bilder, die den Schlaf leicht und die Träume heiter machen, wenn wir sie auch im Einklang finden mit all den Lieblingsvorstellungen, die wir von Jugend auf an den Namen Schottland geknüpft haben. Aber jedenfalls rechten wir nicht darüber und erinnern uns gern der Wahrheit, daß man überall schläft, wenn man nur müde ist. Weniger freilich als der leise Schauer, der uns angesichts dieser blutroten Bettvorhänge überläuft, will uns der Fettbrodem gefallen, der, aus der Küche aufsteigend, alle Etagen des Hauses durchdringt, und nur widerwillig erinnern wir uns des korrespondierenden Satzes: man ißt überall, wenn man nur hungrig ist.

Aber wir sind wirklich hungrig, und nachdem wir die Übernächtigkeit aus den Augen gewaschen und in Eil unsre Toilette gemacht haben, suchen wir das Frühstückszimmer auf, das sich hoch und breit und behaglich durch die halbe erste Etage zieht. Hier weht ein andrer Geist, die Ventilation ist trefflich, und kein gelegentlicher Zugwind plaudert vorschnell die Geheimnisse der Küche aus. Das schöne schottische Weizenbrot lacht uns an, und bald sitzen wir vor einer wohlbesetzten Tafel, auf der uns, neben den üblichen Erfordernissen eines englischen Frühstücks, Haferbrötchen und Dundee-Marmelade daran mahnen, daß wir auf schottischem Grund und Boden sind. Ein alter Kellner von viel über sechzig trippelt freundlich und geschäftig um uns herum, befriedigt seine Neugier durch Vorlegung eines Fremdenbuchs und erzählt uns plauderhaft von den Geschicken seines Lebens. Französische Säbel, unter die sein Hinterkopf während des spanischen Krieges geriet, haben seiner Laufbahn und seinem Verstand ein rasches und bescheidenes Ziel gesetzt, aber was er bei Astorga an Hirn verloren hat, ist seinem Herzen zugute gekommen, und er spricht mit Vorliebe von den «Frenchmen», unbekümmert darum, ob sie vor 40 Jahren ihm die Beförderungsleiter abgebrochen haben oder nicht. Nun aber treibt er uns zur Eil und mahnt uns, aufzubrechen, um die Stadt, auf die er stolz ist, in ihrer besten Beleuchtung, d.h. unter leis bewölktem Himmel zu sehn. Wir folgen seinem Rat und biegen nach rechts hin in die Neustadt ein.

Waterloo Place und Princes Street bilden eine einzige grade Linie, von der Edinburgh in ähnlicher Weise durchschnitten wird wie etwa Paris von der Rue Rivoli. Die große Mittelader der schottischen Hauptstadt sondert sich gleich auf den ersten Blick in drei Teile von ziemlich gleicher Größe, in zwei Flügel und ein Zentrum. Der eine Flügel heißt Waterloo Place, der andere West Princes Street; die halb boulevard-, halb platzartige Erweiterung aber, die zwischen beiden liegt, führt den Namen der eigentlichen Princes Street. Dieser platzartigen Erweiterung gehen wir jetzt entgegen und nehmen in der Mitte derselben unseren Stand, genau da, wo sich das im gotischen Stil ausgeführte, turmartige Monument Walter Scotts bis zu einer Höhe von 200 Fuß erhebt. Hier halten wir Umschau. Hinter uns die Neustadt mit ihrer Fülle nobler und moderner Bauten, links die pittoresken Felspartien der Salisbury Crags, rechts die langen Straßen der Stadt mit ihren Kirchen und Palästen. So nach allen Seiten hin in Anspruch genommen – wird unser Auge doch immer wieder nach vorn hin gerichtet, wo sich, nur durch eine flußbettartige Vertiefung von uns getrennt, die berühmte High Street der Altstadt Edinburgh samt ihren Ausläufern und Seitenstraßen erhebt. Parallellaufend mit Princes Street, zeigt die gegenüberliegende Altstadtstraße doch dadurch einen völlig verschiedenen Charakter von jener, daß sie nicht flach und gradlinig sich hin erstreckt, sondern, dem natürlichen Zuge und selbst den Kapricen des Hügels folgend, auf dem sie steht, einen malerischen und abwechslungsreichen Anblick gewährt. Der Hügel steigt langsam an, läuft dann, wie seine Kräfte sparend, in horizontaler Linie weiter, bis er plötzlich, zu einem letzten Sprunge sich zusammenraffend, kegelartig in die Höhe schießt und nun den Weg überschaut, den er eben zurückgelegt. Auf dem langsam ansteigenden Teile der Berglinie erhebt sich Canongate; unmittelbar vor uns von dem gradlinigen First des Hügels grüßt High Street selbst zu uns herüber; zur Rechten aber, die Situation vom Felsen aus beherrschend, ragt Edinburgh Castle mit seinen Wällen und Kanonen in die Luft.

Jeder ehrliche Schotte hält diesen Punkt für den schönsten in der Welt, eine Ansicht, worüber er sich mit den Bewohnern von Neapel und Palermo und noch mehr mit jenen auseinandersetzen mag, die, aus tristeren Gegenden nach dem Süden pilgernd, jene schönen Punkte unter dem Vorteil des Kontrastes und mit verklärendem, feiertäglichem Auge sehn. Der Freund an meiner Seite war jener Glücklichen einer; er enthielt sich aber weislich des Vergleichs und entwand sich dem Pressenden meiner Frage durch das bekannte: jedes in seiner Art.

Lassen wir also das Paralleleziehen und das ängstliche Forschen nach einem Mehr oder Weniger; freuen wir uns der Schönheit, die unbestritten vor uns liegt. Diese Schönheit beschreiben zu wollen wäre eitles Unterfangen, aber die Frage läßt sich wenigstens beantworten, aus welchen Elementen sich diese Schönheit auferbaut. Es ist nicht die *Lage* allein, die diese Eindrücke schafft, es sind ebensosehr die *Dinge*, die sich diese Lage zunutze gemacht und sich, derselben entsprechend, auf ihr errichtet haben. Die Solidität des Materials wie des Baustils steht ebenso untereinander wie mit der ganzen Örtlichkeit im Einklang und gibt dem Ganzen jenen *großstädtischen* Charakter, den ich, mehr noch wie ihre Schönheit, als den eigentlichen und frappantesten Zug dieser Stadt hervorheben möchte. Auf grauen Felsen steigen graue, acht Stock hohe Felsenhäuser in die Luft, phantastisch schnörkelt sich, einer silbergrauen Brautkrone nicht unähnlich, der Turm von St. Giles über die Häuser empor, und gemeinschaftlich über dem Ganzen liegt jener graue Nebelschleier, der den Zauber dieser nordischen Schönheitsstadt vollendet. Der Reiz der Farbe fehlt, aber man vermißt ihn nicht, ja erschrecken würd es uns, den vollendeten Karton, der vor uns liegt, in einen Buntfarbendruck verwandelt zu sehen. Das Grau dieser Häuser entspricht jenem unbestimmten Farbenton, der uns inmitten alter Dome so oft entzückt und zur Andacht gestimmt hat.

Nicht die *Farbe* würde die Wirkung der vor uns liegenden Altstadt von Edinburgh erhöhn, aber was die Farbe nicht vermöchte, das vermag das Zauberspiel von *Schatten und Licht*. Allabendlich, wenn die Nebel sich dunkler zu färben beginnen und die grauschwarze Steinwand der Häuser mit den grauschwarzen Nebeln allmählich in eins zusammenfließt, blitzen plötzlich Lichter aus diesem Chaos heraus, und immer heller, zahlreicher werdend, durchleuchten sie endlich die aus Nacht und Nebel gewobene Hülle, die nun wieder von ihrem dunklen Hintergrunde sich loslösend, wie ein durchsichtiger Schleier um die immer schwärzer werdenden Häuser schwebt. Wenn dann vom Schloß herab durch die still gewordene Nacht die Hornsignale in langen Tönen ziehn, beschleicht es uns, als ob das Ganze eine Zauberschöpfung sei, die ein Klang ins Dasein rief und die verschwinden muß, sobald der letzte Ton erstirbt.

Holyrood Palace

Dieser so berühmt gewordene Palast liegt unmittelbar vor der Stadt in einem weiten, mehrfach geöffneten Talkessel, der von verschiedenen Hügeln, vom Calton Hill im Norden, von den Salisbury Crags im Osten und Süden und von dem hoch gelegenen Alt-Edinburgh im Westen, begrenzt und gebildet wird. Da, wo die letzten Häuser von Canongate (siehe das vorige Kapitel) ins Tal hinuntersteigen, erhebt sich, kaum durch die Breite eines Marktplatzes von ihnen getrennt und die vor ihm liegende Hügelstraße hinaufblickend, der Palast von Holyrood. Vom Mittelpunkt der Stadt aus ihn zu erreichen, lassen sich zwei Wege einschlagen, der eine durch die Altstadt (High Street und Canongate), der andere parallel damit durch Princes Street und Waterloo Place an einer Reihe hübscher Gartenanlagen hin, die sich, bereits außerhalb der Stadt, am Fuße des Calton Hill entlangziehen. Da ich noch oft Gelegenheit haben werde, den Leser auf dem erstgenannten Wege durch High Street und Canongate zu geleiten, so wählen wir heut den Weg am Fuß des Calton Hill entlang, der uns, auf einem kleinen Umwege durch die Regent Road, nach dem Palaste führt. Hübsche Landschaftsbilder breiten sich vor uns aus, sobald wir Waterloo Place im Rücken haben; nichts Besonderes aber fesselt unsren Blick, mit Ausnahme eines seltsamen Steinackers unmittelbar zu unsrer Rechten, von dem wir nicht wissen, ob er mehr einem Friedhof oder einem Schutthaufen gleicht. Auf unsre Frage erhalten wir folgende Antwort. Als Terrain geschafft werden mußte für das schottische Eisenbahnnetz, das in Edinburgh seinen Zentralpunkt hat, entschied man sich begreiflicherweise für Ankauf jener flußbettartigen, die Altstadt von der Neustadt trennenden Vertiefung, die ich im vorigen Kapitel beschrieben habe. In dieser Vertiefung, feucht und ungesund wie sie war, stand eine alte Kirche mit ihrem Gottesacker drum herum. Die Schiene brauchte Platz, der schottische Unternehmungsgeist war stärker als die schottische Kirchlichkeit, und binnen kurzem war der alte Bau ein Trümmerhaufen. Man wußte nicht, was damit zu machen, oder konnte sich nicht einigen über den Verkauf, kurzum, die ehemalige Kirche samt ihren tausend Grabsteinen wurde wie Schutt vor die Stadt gefahren und dort auf einem nunmehr umzäunten Felde abgeladen. Da liegen nun hoch aufgeschichtet die Trümmer von Sockel und Kapitäl, von Kreuz und Leichenstein, das Ganze eine seltsame Ruhestatt, darauf man einen alt gewordenen Kirchhof begraben hat.

Unmittelbar hinter diesem Acker halten wir uns rechts und biegen in eine aus ärmlichen und zerstreuten Häusern bestehende Straße ein, die uns innerhalb weniger Minuten vor das Portal des Palastes führt. Ehe wir dasselbe erreichen, werden wir durch einen jungen Schotten, der uns begleitet, auf das *Badehaus der Maria Stuart* aufmerksam gemacht. Wiewohl sein Finger eine ganz bestimmte Richtung angibt, so fragen wir doch «wo?». Aber die halb erschrockene Frage ändert nichts, und die Fingerspitze deutet unverrückt auf ein kleines, halb backofenartiges Eckhaus, das wir eher für das Waschhaus einer armen Frau als für das Badehaus einer Königin halten würden. Es ist so niedrig, daß man die Hand auf die untersten Dachziegel legen kann, und ein etwas vorspringender klumphafter Giebel, der dem Ganzen das Ansehen gibt, als ob ein dicker Mann auf den Schultern eines dünnen säße, ist nicht angetan, der Erscheinung einen gesteigerten Reiz zu leihen. Kopfschüttelnd darüber, daß so viel Schönheit hinter solchen Mauern heimisch gewesen sein soll, schreiten wir weiter, erreichen nach kaum hundert Schritten eine platzartige Auffahrt, machen linksum und stehen in Front des Palastes.

Der Palast ist ein Viereck von mäßigen Proportionen, ziemlich niedrig, an den beiden hausartig vorspringenden Frontecken von je vier Spitztürmen flankiert; das Ganze ohne Stil, ohne Schönheit, ohne Stattlichkeit, aber doch nicht geradezu häßlich und unverkennbar mit jenen Zügen ausgestattet, die eine Physiognomie interessant machen. Dies ist *Holyrood Palace*. Neben demselben, aber etwas zurück gelegen, so daß beide Baulichkeiten nur an einer einzigen Ecke statt mit ihren vollen Seiten zusammentreffen, erhebt sich eine Ruine: die *Royal Chapel von Holyrood*, das einzige Überbleibsel jener reichen und stolzen Abtei, die hier mit ihren Klosterhöfen, ihrer Kapelle und ihren Gärten weite Morgen Landes bedeckte. Lange bevor es einen Holyrood *Palace* gab, gab es eine Holyrood-*Abtei*. David I. von Schottland, der fromme Gründer der Abteien von Melrose und Kelso, gründete auch diese Abtei von Holyrood (um 1150), und erst 350 Jahre später begannen *neben* derselben sich jene schlichten Mauern und Türmchen zu erheben, die in ihrer damaligen äußerst begrenzten Ausdehnung kaum den Namen eines Palastes beanspruchen konnten. Es war ein Schwalbennest, das sich, wie Schutz suchend, an die stattliche alte Abtei anklebte. Seitdem ist diese zu einer Ruine geworden, während der Palast ihr mit der Hälfte ihres Raumes zugleich das Ganze ihres Ruhmes genommen hat. Die *Abtei* hat längst aufgehört, eine Pilgerstätte zu sein, der *Palast* ist es geworden, und die wenigsten unter den Tausenden, die dieser Stätte zuströmen, haben eine Ahnung davon, daß Wand an Wand mit dem Palaste von Holyrood noch eine gleichnamige Abtei ihrer harrt.

Wir besuchen diese zunächst. Die uns zugekehrte Front, ein Turm und ein Portal, sind verhältnismäßig gut erhalten und geben am deutlichsten Zeugnis für die nicht gewöhnliche Schönheit des Kapellenbaues, der sich einstens hier erhob. Eintretend haben wir einen nach allen vier Seiten hin geschlossenen Raum vor uns, das Dach ist eingestürzt, und der Fußboden gleicht einem Kirchhof: ein Rasenstück, aus dem sich zahlreiche Grabsteine erheben. Umschau haltend, wächst das Interesse, solange wir unsere Aufmerksamkeit auf die Fülle des Details richten, das entweder durch Alter und Eigentümlichkeit oder, bei Schöpfungen einer späteren

Holyrood Chapel in Edinburgh

Epoche, durch Schönheit imponiert. Von dem Augenblick an aber, wo wir Miene machen, uns in dem Ganzen zu orientieren, sind wir verloren und bezahlen unsere Wißbegier mit immer wachsender Unruhe. Wir fordern etwas, was uns die Dinge nicht mehr gewähren können. Vielfach zerstört und geschädigt, teilweis niedergerissen, um den Neubauten des *Palastes* Platz zu machen, schließlich (vor etwa 100 Jahren) unter die Hände eines pietät- und kenntnislosen Architekten geraten, gleicht das Ganze nur noch einem willkürlich zusammengesetzten Scherbenmosaik. Der Kitt hat alles tun müssen. Nicht die Frage «paßt es» hat den Architekten beschäftigt, sondern immer nur die Frage «klebt es». Die Grabsteine ringsumher tragen manchen berühmten Namen, aber doch nicht berühmt genug, um einer besonderen Erwähnung wert zu sein. Nur *einen* Stein, am äußersten Ende der Kapelle, kündigt unser Führer mit gehobener Stimme an, *den* Stein, auf dem Maria Stuart und Darnley knieten, als der Bischof von Brechin ihre segenslose Ehe segnete. Man sagt, daß die Königin bei dieser Gelegenheit ein schwarzes Kleid trug, dasselbe, das sie am Begräbnistage ihres ersten Gemahls getragen hatte.

Die beiden Namen aber, die wir eben vernommen, mahnen uns daran, daß auch wir nicht nach der Kapelle von Holyrood, sondern nach dem *Palaste* gleichen Namens unsere Wallfahrt angetreten haben, und an der Flanke desselben hin denselben Weg zurück nehmend, auf dem wir in die Kapelle eintraten, werfen wir jetzt von der platzartigen Auffahrt her nochmals einen Blick auf den Palast, zumal auf die berühmt gewordenen Stockwerke und Türmchen an der Nordwestecke, und treten dann ein.

Das Portal, unter dem wir uns zunächst befinden, zeigt durchaus nichts Stattliches oder Schloßartiges, es ist ein gepflasterter Torweg, dessen Überbau von rohen Säulen getragen wird. Zur Linken befindet sich eine Pförtner-, zur Rechten eine Wachtstube; Gewehre der Mannschaften hängen an den Wänden, und die Schmucklosigkeit des Ganzen erinnert an einen Kaserneneingang, der vierzehn Tage vorher auf

Lord Darnley

Regimentsbefehl geweißt worden ist. Wir passieren diesen Torweg und haben jetzt den geräumigen, nach allen Seiten hin geschlossenen Hof des Palastes vor uns. Die Zimmer im rechten Flügel heißen die «Queen's apartments». Die Königin, um die es sich dabei handelt, ist nicht Queen Mary, sondern Queen Victoria. Alljährlich, wenn die Königin nach Balmoral geht, um die Sommermonate auf dieser reizenden Besitzung (zwischen Inverness und Aberdeen) zu verbringen, pflegt sie auf der Durchreise eine Nacht in Holyrood Palace zu verbringen. Ich habe diese Queen's apartments gewissenhaft in Augenschein genommen, führe aber meine Leser absichtlich nicht treppauf in den Flügeln des Gebäudes umher, sondern halte sie, um ihnen das Bild des Ganzen so wenig wie möglich zu verwirren, unter dem frischgeweißten Torweg fest und erzähl ihnen lieber, was von jenen apartments mit hohen Fenstern und herabgelassenen Rouleaux zu wissen not tut. Alle dahin gehörigen Zimmer sind modern, moderne Bilder, zum Teil kein Dutzend Jahre alt, hängen an den Wänden, geblümter Zitz zieht sich sorglich über Stühle und Ottomanen, und die nicht sonderlich interessante Inspektion schließt man mit der beruhigenden Gewißheit, daß kein Rizzio in diesen Räumen ermordet worden sei.

Um diesen ermordeten Rizzio handelt es sich nun aber mal; die ganze Berühmtheit dieses Ortes knüpft sich an jenen baufälligen alten Nordwestturm, der der Zeuge jener Ermordung war. Diesem Nordwestturm gilt jetzt unser Besuch; aus dem Torweg tretend, biegen wir links kurz um, schreiten an der Rückseite des Frontflügels entlang und treten da, wo der linke Flügel auf den Frontflügel stößt, durch eine Ecktür ein. Die Räumlichkeiten dieses Turmes liegen in drei Etagen: Hochparterre die Zimmer Darnleys und eine Gemäldegalerie; eine Treppe hoch die Zimmer Maria Stuarts; zwei Treppen hoch niedrige Zimmerchen, in denen einige Damen vom Haushalt der Königin (vielleicht die sogenannten «vier Marien») gewohnt haben mögen.

Über diese vier Marien möchte ich hier ein paar Worte einschalten. Sie waren die Töchter aus vornehmen schottischen Familien, standen im selben Alter wie die Königin, hatten schon in Frankreich die nächste Umgebung derselben ausgemacht und waren mit ihr nach Schottland zurückgekehrt. Ihre Namen waren Mary Fleming, Mary Beaton, Mary Livingstone und Mary Seaton. Die letztere stand ihr besonders nah und war ihre einzige Gesellschafterin während ihrer Gefangenschaft in Schloß Lochleven.

Die Idee, eine Königin Maria mit vier Marien zu umgeben, wie man einen Edelstein mit vier ihm verwandten Steinen umgibt, scheint schon zu Lebzeiten Marias die Poeten des Landes vielfach angeregt zu haben, und so existieren mehrere alte Balladen, in denen diese vier Marien eine Rolle spielen. Die vier oben angeführten *Familiennamen* werden dabei nicht immer festgehalten, und so führt z. B. die schönste und ergreifendste der Marien-Balladen die Überschrift «Maria Hamilton».

Wir kehren nach dieser Abschweifung zu unserm Nordwestturme zurück. Das erste, was wir in Augenschein nehmen, ist die Gemäldegalerie. Diese ist ein Unikum, und insofern ganz an ihrem Platze hier, als sie ein heiteres Gegengewicht gegen die Schrecknisse dieses Ortes bildet. Sie enthält hundertundzehn Porträts der schottischen Könige von Fergus I. (330 vor Christo) bis auf Karl Stuart. Der Künstler, der sie schuf, hieß Jakob de Witt, ein Vlamänder. Der Kontrakt, durch den er sich zur Herstellung dieser Porträts verpflichtete, existiert noch; er ist aus dem Jahre 1684 und lautet dahin: «Jakob de Witt verpflichtet sich zur Lieferung von 110 Porträts in zwei Jahren sowie auch zur Beschaffung der dazu nötigen Farben und Leinwand; das Gouvernement andererseits zahlt besagtem de Witt jährlich 120 Lstr. und macht sich verbindlich, ihm die nötigen *Originale* zu liefern.» Sehr komisch ist die Kostüm- und Familienähnlichkeit aller, so daß es niemandem auffallen würde, wenn man die Nummern durcheinanderwerfen und die Namen hinterher durchs Los bestimmen wollte! Englische Dragoner zerhieben während des Stuart-Aufstandes (1745) ein Dutzend dieser Porträts, wogegen nicht viel zu sagen ist; das aber muß überraschen, daß man sich hinterher die Mühe gegeben hat, diese zersäbelten Kunstschätze zu restaurieren. Der Saal, in dem sich diese Porträtgalerie befindet, ist dadurch interessant, daß der Prätendent oder «Prinz Charlie», wie ihn die Schotten zu nennen pflegen, während seiner kurzen Residenz in Holyrood einen prächtigen Ball in demselben gab. Hier tanzten jene Gestalten, die W. Scott in seinem «Waverley» auf viele Jahrhunderte hin der Vergessenheit entrissen hat: Fergus und Flora MacIvor, der alte Bradwardine und seine reizende Tochter.

In gleicher Höhe mit der Gemäldegalerie befinden sich die Zimmer Lord Darnleys. Alte Bilder und Tapeten hängen an den Wänden, aber nichts, was unsere Aufmerksamkeit in Anspruch nehmen könnte; nur das Schlafzimmer wird dadurch interessant, daß es an einen halbversteckten Treppenturm grenzt, dessen spiralförmige Steintreppe damals eine geheime Verbindung nach unten und nach oben unterhielt. Nach oben führte diese Vertraulichkeitstreppe in die Gemächer der Königin, nach unten auf die Straße. Personen, die im Palast nicht gesehen werden sollten, machten mit Hilfe dieser Treppe ihren Besuch bei Lord Darnley; auch die Verschwörer gegen Rizzio stiegen am Abend des 9. März hier hinauf. Nachdem sie einig geworden, sammelten sie sich draußen auf den obersten Stufen der einen und den untersten Stufen der andern Treppe (der Raum ist so eng, daß an Flur und Treppenabsatz gar nicht zu denken ist), um nun Mann hinter Mann, nicht unähnlich wie man eine Sturmleiter erklimmt, in die Zimmer der Königin vorzudringen. Wir hatten vor, denselben Weg zu machen und wanden uns die Spirale hinauf, auf der an jenem Märzabend Darnley und seine Freunde hinangestiegen waren. Es ward uns ein wenig unheimlich dabei, und dies Gefühl wuchs noch, als wir plötzlich vor einer kleinen, kaum mannsbreiten Tür standen und vergeblich auf die rostige Klinke drückten, um zu öffnen. Lord Ruthven und seine Leute würden durch einen kräftigen Fußtritt das unerwartete Hindernis rasch aus dem Wege geräumt haben, wir aber fanden uns veranlaßt, kehrtzumachen und auf dem eigentlichen Treppenaufgang nunmehr unser Glück zu versuchen.

Die sogenannten «Queen Mary's apartments», also die Zimmer der Königin Maria, befinden sich unmittelbar über den Zimmern Lord Darnleys und umfassen vier Räume von verschiedener Größe. Wir treten zuerst in das Audienzzimmer, dem es seinerzeit an Eleganz und Farbenfrische nicht gefehlt haben mag; Gobelintapeten, Holzgetäfel an Wand und Decke und in der Mitte des Zimmers eine Art Staatsbett, in dem Karl I. bei seinem letzten Besuche in Schottland geschlafen haben soll. Hundert Jahre später ruhte Prinz Charlie (nach dem Siege von Prestonpans) auf diesen Kissen aus, schwerlich träumend, daß er sieben Monate später schon ein gehetzter Flüchtling sein und sein Besieger (der Herzog von Cumberland) auf ebenjenen Kissen schlafen werde. Vielleicht, daß das Bett vor hundert Jahren einladender war als jetzt; wie es da vor mir stand, weckte es nur die Empfindung, daß ich mir ein angenehmeres Lager gesucht und selbst ein Biwak auf schottischer Heide vorgezogen haben würde. Was diesem Audienzzimmer eine größere Bedeutung leiht als die Gardinen und die historischen Erinnerungen dieses Betts, ist der Umstand, daß die vielfachen Begegnungen zwischen *John Knox und der Königin* an dieser Stelle stattfanden. Hier war es, wo sie unter Zorn und Tränen ausrief: «Was kümmert Euch meine Heirat? Wer gibt Euch das Recht zu dieser Sprache? Wer und was seid Ihr in diesem Lande?» Und wo der Mann im Genfer Käppchen, ungeblendet durch Schönheit und unerschüttert durch Macht, standhaft erwiderte: «Ich bin ein Untertan dieses Landes, geboren darin; und ob ich auch kein Graf oder Herr bin, doch bin ich ein nützliches Glied dieser Gemeinschaft.»

Aus dem Audienzzimmer treten wir in das Schlafzimmer, dasselbe, an dessen wurmstichiger Tür wir von außen gepocht hatten. Das Zimmer ist ein Quadrat, aber durch Fenster, Türen, Kamin und Nischen so vielfach unterbrochen, daß es mehr den Eindruck eines Vielecks als eines Vierecks macht. Die Einrichtung ist so ziemlich dieselbe wie die des Audienz-

Jean Cnoxe,
né en Ecosse, il fut joindre
Calvin à Geneve, et mourut
en Ecosse en 1572 agé de 67 ans.
a Paris par E. Desrochers ruë du foin pres la rue S. Jacque.

John Knox

zimmers, aber hundert Kleinigkeiten, die durch die Hand der schönen Frau gingen, ihr dienten oder sie erfreuten, finden sich hier zusammen und machen dies Zimmer zu dem interessantesten, das man vielleicht irgendwo betreten kann. Das Bett mit seinen Scharlachbehängen, seinen Schnüren und Quasten ist wohlerhalten, und auf den Polstern und Decken liegt der zwei Hand breite Rest von einer jener wollnen Decken, die nach englisch-französischer Sitte schon damals statt des Federbetts dienten. Es ist bekannt, wie leicht solche Dinge ins Lächerliche umschlagen, aber die ganze Umgebung ist der Art, daß Frivolität nicht aufkommen kann und sich bescheidet, anderen Gedanken das Feld zu räumen. Die Gobelins, die an den Wänden hängen, stellen den Fall des Phaëton dar; man kann darin nicht gut, wie einige gewollt haben, ein sinniges Spiel des Zufalls erkennen, da der Fall der schönen Königin sicherlich keine Vergleichungspunkte mit dem des Phaëton bietet. Sie strebte nie zu hoch, im allgemeinen nicht hoch genug; als sie dem Bothwell die Hand reichte, entschlug sie sich ihrer Würde als Königin und als Frau, *das* stürzte sie. – Unter den Kleinigkeiten, deren das Zimmer so viele besitzt, sind Stickereien von der Hand der Königin Elisabeth, die diese der Maria Stuart für deren eben geborenen Sohn, den späteren Jakob VI., zum Geschenk machte; daneben Handarbeiten Maria Stuarts selbst, Körbchen, Kästchen, Necessaires usw.

Von diesem Schlafzimmer aus führen zwei Türen nach rechts und links hin in zwei angrenzende kleine Räume, von denen der eine den Namen eines Ankleidezimmers (dressing-room), der andere den eines Eßzimmers (supping-room) führt. Der dressing-room hat kein Blatt in der Geschichte; desto mehr Blätter gehören dem supping-room. Wir werfen noch einen Blick auf die mehrerwähnte wurmstichige kleine Tür, die wir jetzt kaum fußbreit zur Rechten haben, und treten nunmehr in den unmittelbar daneben gelegenen supping-room ein. Wir sehen darin allerhand Rüstungsstücke (Brustharnisch, Schwert, Sporen), die dem Lord Darnley gehört haben sollen; an anderer Stelle befindet sich ein Marmorblock und ein auf Stein gemaltes kleines Altarbild. Dinge, die einstens der Hauskapelle der Königin zugehörten und nun wie in einem Kuriositätenladen in diesem «supping-room» eine Stelle gefunden haben. So unpassend wie möglich. Dies Zimmer müßte kahl und leer sein, nackte, graue Wände, nichts weiter. Hier empfing Rizzio die ersten Dolchstiche. Was den Eintretenden mit ganz besondrem Schauder erfaßt, das ist die überraschende Kleinheit und Enge dieses Gemachs. Es ist nur 10 Fuß lang und 9 Fuß breit. *Man war hier auf Dolche angewiesen.* In diesem Zimmer befanden sich am Abend des 9. März 1565 sieben Personen: Maria Stuart; ihr Halbbruder Lord Robert Stuart; Arthur Erskine, Hauptmann von der Garde; ein Kammerherr; eine Hofdame; die Gräfin von Argyle und Rizzio. Rechnet man den Tisch hinzu, an dem sie saßen, so muß das Zimmer gefüllt gewesen sein. Aber die draußen Stehenden waren entschlossen, Platz zu schaffen. Zuerst erschien Darnley, setzte sich neben die Königin und schlang seinen Arm um ihren Leib, um sie nach Möglichkeit auf ihrem Sitze festzuhalten. Dann trat Lord Ruthven ein, hager, blaß, todkrank, das Haupt unbedeckt, aber sein Leib in Eisen gekleidet; mit ihm kamen Kerr von Falkonside und George Douglas; Bewaffnete und Fackelträger schlossen den Ausgang. «*Es gilt nicht Euch, hohe Frau*», rief Ruthven, «*nur jenem Schuft da.*» Rizzio sprang auf und barg sich hinter der Königin. Es war jetzt unmöglich, ihn zu treffen; der enge Raum des Zimmers war abgesperrt, eine lebendige Hecke, dahinter der Sänger. «Gebt ihn heraus!» schrie Kerr von Falkonside und legte sein Pistol auf die Königin an. Die geängstigte, aber entschlossene Frau folgte ihm mit den Augen. Diesen Moment benutzte Douglas; über die Schulter der Königin hinweg traf er jetzt den dahinter geborgenen Sänger. Rizzio sank zusammen; man zog ihn hervor, zerrte ihn durch das Schlaf- und Audienzzimmer; draußen an der Treppenstufe ließ man ihn liegen. Sechsundfünfzig Dolchstiche hatten ihr Werk getan. Lord Ruthven schritt in das Zimmer der Königin zurück und forderte einen Becher Wein. Er war so matt, daß er sich mühsam aufrecht hielt; eine

Maria Stuart im Alter von 17 Jahren

Woche später war er nicht mehr. Der Tod schien nur gewartet zu haben, um nicht zwischen ihn und diesen Mord zu treten.

All das stand vor unsrer Seele, als wir uns in dem elenden Zimmerchen umsahen. Wir verließen es wieder, ohne ein Wort zu sprechen. Als wir bis an die Treppe gekommen waren, rief uns einer der Aufseher nach: «Wait a moment, gentlemen, you didn't see the blood yet.» (Warten Sie einen

Augenblick, meine Herren, Sie haben das Blut noch nicht gesehen.) In der Tat standen wir auf dem Punkt, an dem Blute Rizzios ohne weitere Teilnahme vorbeizugehen. Wir hielten an und sahen nun den großen braungrauen Fleck, das sichtbare Zeichen der Schrecknisse jenes Abends. Zu sagen, daß wir viel dabei empfunden hätten, wäre Lüge. Diese Dinge dürfen einem nicht in Substanz auf den Leib rücken. Die roten Flecke, die das Gewissen der Lady Macbeth sieht, wo sie *nicht* sind, werden ewig ihr Grauen für uns behalten; aber es ist vorbei damit, wenn man uns das Blut tischbreit auf die Diele malt. Auch die Vorstellung kann nicht retten, daß es vielleicht das *echte* sei.

Von Holyrood bis Edinburgh Castle

Aus Holyrood Palace heraustretend und den mehrerwähnten Platz passierend, der unmittelbar vor dem Palaste liegt, treten wir jetzt in den untern Teil jener hügelansteigenden, malerisch gelegenen Straße ein, deren Profillinien ich im zweiten Kapitel bereits beschrieben habe. Der untere Teil der Straße, am Hügelhang gelegen, heißt Canongate; der obere Teil, den *Rücken* des Hügels einnehmend, ist High Street.

Canongate, so geheißen, weil die Chorherren (canons) von Holyrood die ersten Häuser hier aufführten, war vor drei Jahrhunderten der Lieblingssitz der Reichen und Vornehmen des Landes. Die unmittelbare Nähe des Palastes machte es, daß man diesem faubourg (denn das war Canongate damals) selbst den Vorzug vor der stattlicheren High Street gab. Lange Zeit hindurch blieben diese Dinge unverändert, und noch in der Mitte des vorigen Jahrhunderts hatten Herzöge, Grafen und Lords ihre Paläste hier. Wenn man sich *jetzt* in dieser Straße umsieht, so kann man freilich ein gewisses Staunen nicht unterdrücken, daß z. B. noch um 1750 herum fünfundzwanzig Grafen (der Lords und Barone zu geschweigen) ihre Paläste hier gehabt haben sollen. Unscheinbare

Häuser zu beiden Seiten der Straße führen noch jetzt den Namen alter und berühmter Geschlechter und beweisen im innigsten Zusammenhange mit den Taten, die hier geschahen, welch Zustand verhältnismäßiger Roheit und Unkultur hier noch herrschte, als das übrige Westeuropa bereits unter dem Einfluß der wiedererwachten Künste war. Geschmack und Komfort fanden hier sehr spät eine Stätte. Als Schottland während des 16. Jahrhunderts in die nächste politische Beziehung zu Frankreich trat, waren die Zustände des Landes noch so arm und hoffnungslos, um in der Bevölkerung desselben nicht einmal den Gedanken an Mitbewerbung oder Nacheiferung aufkommen zu lassen. Den Rest tat der Puritanismus; was noch von Schätzen und Vorbildern guten Geschmacks übrig war, das brannte er nieder oder entkleidete es seiner Schönheit. Abgeschiedenheit, Armut und das ausschließlich aufs Innerliche gerichtete religiöse Leben des schottischen Volks vereinigten sich dahin, der Kunst und ihrem nie fehlenden Gefolge, dem Komfort und dem Luxus, die Niederlassung, das Bürgerrecht in diesem Lande zu erschweren. Das Haus blieb hier ein bloßer Steinbau mit kleinen Türen und dürftigen Fenstern, eine Schutzwehr gegen Wind und Wetter, ein Kastell, fest, eng, warm, aber – schmucklos.

Wer geneigt sein könnte, einen Zweifel hiergegen zu erheben, der sehe sich um in Canongate. Kein englischer Fisch- und Gemüsehändler würde jetzt Raum, geschweige Komfort genug in einem jener grauen Steinhäuser finden, drin noch vor 100 Jahren die Träger berühmter Namen sich's wohl sein ließen.

Nur einige Häuser zeichnen sich auch jetzt noch durch ihre Geräumigkeit oder durch jene Apartheiten in der Bauart aus, die uns sofort mutmaßen lassen, daß es nicht alltägliche Dinge gewesen sein können, die sich darin zugetragen haben. Da haben wir zunächst zur Linken «Queensberry House». Die ehemalige Wohnung der Herzöge gleichen Namens ist seit 50 Jahren und mehr zu einem Hospital und Armenhaus geworden, eine Umwandlung, der man es lassen muß, daß sie im Einklang steht mit dem spukhaften Mauerwerk und der finstren Geschichte, die sich daran knüpft. Diese Geschichte ist folgende. Es war am 1. Mai 1707, an demselben Tage, an dem die Union zwischen England und Schottland, die bis dahin nur als Personalunion bestanden hatte, durch Abgeordnete beider Länder zum Abschluß gebracht wurde. Die glückliche Beendigung der dahin abzielenden Schritte war das Werk und Verdienst des schottischen Herzogs von Queensberry. Der Herzog verließ früh das Haus, um beim Abschluß der Verhandlungen zu präsidieren. Ganz Edinburgh war auf den Straßen. Auch die Dienerschaft von Queensberry House hatte das herzogliche Palais verlassen; niemand war im Hause zurückgeblieben als des Herzogs ältester Sohn, wahnsinnig in seiner Zelle, und ein Küchenjunge hinterm Herd. Gegen Mittag waren die Verhandlungen geschlossen, Kanonenschüsse vom alten Schloß her rollten über die Stadt hin. Alles strömte heim, auch die Dienerschaft von Queensberry House. Was fanden sie vor? Die Eisenstäbe der Zelle waren zerbrochen; in der Küche stand der Wahnsinnige und drehte den Spieß; an dem Spieß steckte der Küchenjunge. Das Grausige dieser Geschichte wächst noch durch den leisen Beisatz von Komischem, der unser Gefühl in einen gewissen Zwiespalt und uns vor uns selber fast unter die Anklage der Frivolität bringt.

Hundert Schritte aufwärts von Queensberry House haben wir Moray House an derselben Seite der Straße. Die blanken Fenster und die geputzten Messinggriffe sagen uns hier, daß noch Bewohner hinter diesen sauber gehaltenen Wänden leben, die wenn nicht an Rang und Reichtum, so doch an Sitte und vornehmer Gewöhnung jenen königlichen Morays verwandt sein müssen, die vor zwei Jahrhunderten hier heimisch waren und dem Hause seinen Namen gaben. Im Vorübergehen gewahren wir an den Fenstern des ersten Stocks einen schmucklosen eisernen Balkon.

Die Geschichte, die sich daran knüpft, erzähl ich in einem späteren Kapitel.

Zwischen Queensberry House und Moray House, an der

andern Seite der Straße, liegt die alte Kirche von Canongate. Die Kirche ist häßlich und interesselos, und selbst die Grabsteine, die nach allen vier Seiten hin sie umlagern, weisen keinen einzigen Namen von Bedeutung auf. Um den Namen Adam Smiths scheint diese Begräbnisstätte durch einen Zufall oder eine Laune gekommen zu sein. Das Grab des Schöpfers der Nationalökonomie befindet sich seitab in einiger Entfernung vom Kirchhof. Kirchlicher Rigorismus kann dabei nicht maßgebend gewesen sein, da Adam Smith auch in kirchlichen Dingen durchaus jene Harmlosigkeit zeigte, die ihm in allen Lebensbeziehungen eigen war. Von dieser Harmlosigkeit sei es mir gestattet, hier einen anekdotischen Zug als Probe einzuschalten. Der Verfasser des «Reichtums der Nationen», der, beiläufig bemerkt, wie fast alle Nationalökonomen in der Verwaltung seiner eigenen Angelegenheiten hinter den bescheidensten Anforderungen zurückblieb, war unverheiratet, stand aber statt dessen unter der strengen Herrschaft einer Anverwandten, die ihm die Wirtschaft führte. Er hatte wenig Neigungen und Bedürfnisse, nur ein Stückchen Zucker liebte er dann und wann aus der Schale zu naschen. Diese Neigung zu befriedigen war aber nicht immer leicht, da die Zuckerschale unter der besonderen Aufsicht der Dame des Hauses stand. Er pflegte zu diesem Zwecke im Zimmer auf und ab zu gehen, die Anverwandte in ein Gespräch zu verwickeln und dabei abzuwarten, bis sie endlich der Schale den Rücken zukehrte; diesen Moment benutzte er dann, um seinen Überfall mit Mut und Geschicklichkeit auszuführen.

Unmittelbar neben der alten Kirche liegt das Gefängnis von Canongate, ein wenigstens um etwas bemerkenswerterer Bau, wenn auch nur seiner lateinischen Inschrift halber. Dieselbe lautet: «Sic itur ad astra», als ob der Weg durch das Canongate-Gefängnis eine besondere Anwartschaft auf den Himmel böte.

Niemand in Edinburgh hat mir diesen Widersinn erklären können. Vielleicht, daß das Gebäude in alten Zeiten einem völlig verschiedenen Zwecke gedient hat.

Wir haben jetzt Canongate passiert, d.h. haben den am Hügelabhang liegenden Teil der großen Verbindungsstraße zwischen Holyrood Palace und Edinburgh Castle hinter uns und treten jetzt da, wo die Straße den Hügelrücken erreicht hat und in horizontaler Linie sich fortzusetzen beginnt, in High Street ein. An dieser Stelle nimmt die eigentliche Altstadt Edinburgh ihren Anfang. Hier befand sich in früheren Jahren, wenn ich nicht irre, ein Tor, das die eigentliche Stadt von der Vorstadt schied, ähnlich wie sich Temple Bar noch jetzt zwischen City und Westminster, oder die Porte St-Martin zwischen der Stadt und dem faubourg erhebt. Gleich das erste Haus, das wir zur Rechten haben, wo Canongate sich plötzlich in die breitere High Street erweitert und dadurch eine Art Eckhaus bildet, ist ein Gebäude von hohem Interesse. In diesem Hause lebte John Knox. Und dies dieselbe High Street, so sagten wir uns, die der mutige Mann so oft und so freudig entlangschritt, um in der alten St. Giles-Kirche den Zorn Gottes auf die «Gottlosen» herabzurufen! – Und dies dasselbe Canongate, so setzten wir hinzu, das er zögernd hinabstieg, wenn es anderntags galt, die Drohworte von St. Giles vor der Königin in Holyrood Palace zu entschuldigen oder – zu wiederholen! Das Gebäude, wie es da ist, läßt an altem Ansehn nichts zu wünschen übrig, dennoch ist es, soviel ich weiß, eine Art Kunstprodukt, zu dessen Herstellung man im Lauf der letzten zehn Jahre geschritten ist. Man kam zu einer Art Kompromiß und behing sozusagen einen neu hergestellten Leib mit den alten Kleidern. Wie man von baufälligen Kirchen eine Reihe von Freskobildern loszulösen und diese Bilder dann neuaufgerichteten Wänden wieder anzufügen versteht, so hat man auch das alte Haus des John Knox einem unerläßlich gewordenen Umbau zu unterwerfen gewußt, ohne dadurch die Formen und Verhältnisse des Hauses zu zerstören oder gar gewisse Apartheiten und Ornamente desselben zu beseitigen. Die Weise, in der dabei von seiten der Bauverständigen verfahren wird, entgeht zwar niemals den Angriffen der antiquarischen Enthusiasten, aber wer könnte ihnen genügen? Hier in London hab ich vor kurzem den Beauchamp-Turm[1] (im Tower) nach einem ähnlichen Prinzip, wie oben beschrieben, restaurieren sehen. Die von außen wahrnehmbaren Sehenswürdigkeiten des John-Knoxschen Hauses bestehen aus drei Dingen: erstens aus dem kleinen Eckfenster im ersten Stock, von wo herab der Reformator häufig zu dem unten versammelten Volk gesprochen haben soll; zweitens aus einer Inschrift, die da lautet: «Love God above all and your neighbour as yourself» (Liebe Gott über alles und deinen Nächsten wie dich selbst), und drittens aus einer bunt bemalten kleinen Holzpuppe, die sich unmittelbar neben jenem Eckfenster befindet und den Reformator selber, wie er zum Volke predigt, darstellen soll. Diese Puppe, wahrscheinlich nicht älter als 50 Jahre, ist das Produkt guten Willens und wenig Geschmacks. Sie hat nur das Gute, daß sie das Haus in unverkennbarer Weise markiert und dem Fremden ein Führer oder Fingerzeig wird, ohne dessen Hilfe das ziemlich unscheinbare Haus unter einer Masse ähnlicher Baulichkeiten verschwinden würde.

High Street weiter hinaufgehend, haben wir jetzt, zumal wenn wir uns auf der rechten Seite der Straße halten, einen Überblick über die drei Kirchen, die den Weg von Canongate bis Edinburgh Castle in drei fast gleiche Teile teilen und, ohne selber besonders schön zu sein, nicht wenig zu dem malerischen Effekt der ganzen Straße beitragen. Vom Monumente Walter Scotts aus (siehe das zweite Kapitel), wo High

[1] Der Beauchamp-Turm ist unter den vielen Türmen und Plätzen, die im Tower gezeigt werden, so ziemlich der interessanteste. Er diente während des 16. Jahrhunderts (unter den Tudors) als Staatsgefängnis. Im Jahre 1852, als ich ihn zuerst sah, war er noch wohlerhalten und allem Anschein nach durchaus intakt; das Hauptzimmer mit seinen zahlreichen in den Kalk gekratzten Sprüchen und Wappenbildern (Inschriften von den Dudleys, den Pooles etc.) machte den Eindruck völliger Echtheit. Seitdem hat man das Innere des Turms ganz umgebaut und in die Mörtelbekleidung der neuen Wände *basreliefartig* alle die alten, mit mehr oder mindrer Sorgfalt losgelösten Stücke eingefügt. Gegen das Prinzip, das diesem Verfahren zugrunde liegt, läßt sich gewiß nichts Erhebliches sagen, aber das «wie», die Art der Ausführung, hätte allerdings eine sorglichere und pietätsvollere sein können. Man hat die *historische Patina hinweggeputzt*, ohne welche diese Dinge aufhören, sie selbst zu sein.

Street und Canongate im Profile vor uns liegen und eine Seiten-Vue gestatten, ist dieser Effekt freilich am größten, aber auch en face die Straße hinansteigend, sobald wir nur die *eine* Linie vermeiden, auf der die erste Kirche (Tron Church) die beiden andren deckt, genießen wir eines prächtigen Anblicks.

Wir befinden uns jetzt in gleicher Höhe mit Tron Church, haben diese alte, nichts Besonderes bietende Kirche unmittelbar zu unserer Linken und blicken nun, die Strecke bis zur St. Giles-Kirche hin überschauend, in den schönsten und historisch berühmtesten Teil von High Street hinein. Die Dinge unterscheiden sich hier wesentlich von dem, was wir in Canongate gesehen. Die Häuser, die sich zu beiden Seiten der Straße erheben, sind ebenso alt oder noch älter als dort; die Leute, die drin leben, haben ebenso wenig oder noch weniger irgend etwas gemein mit jener Aristokratie, die hier wie dort einst ihre Paläste hatte; Schmutz, Armut und Hökerkram haben hier wie dort ihre Wohnung aufgeschlagen. Aber was den Unterschied macht, das ist das Massenhafte der Bauart, der wir hier begegnen. Die grauen Quaderhäuser mit breiten, vielfenstrigen Fronten steigen sechs und sieben Stock hoch in die Luft und geben der ganzen Straße das Ansehn einer Reihe von Palästen. Daß diese Paläste räuchrig und schmucklos, zum Teil schmutzig und halb verfallen sind, reicht nicht aus, der Straße diesen ihren Charakter zu nehmen. Die Häuser von Canongate gleichen vernachlässigten Sommerresidenzen, in denen der Adel früherer Jahrhunderte seinen temporären Aufenthalt nahm, hier auf dem Rücken des Hügels aber haben wir wirkliche Schlösser; hoch, fest, imposant. Diesen Charakter des Schloßartigen hat die Straße in so hohem Maße, daß die stattlichen Neubauten Bank, Börse, Rathaus, Parlament), die man hier und dort zu beiden Seiten der Straße aufgeführt hat, nicht imstande gewesen sind, den imponierenden Eindruck des Ganzen zu steigern – gegenteils. Ich komme später auf diesen Punkt zurück.

Die einzelnen Häuser, selbst die besten, zu beschreiben ist

Das Haus von John Knox in Edinburgh

nicht möglich. Was über sie zu sagen ist, das ist gesagt. Eines gleicht dem andern. Grau, steinern, schmucklos steigen sie in die Luft, unmalerisch einzeln, aber pittoresk als Ganzes und immer wirksam durch Masse und Proportion. Was ihnen bei genauerem Einblick einen aparten Zug verleiht, das sind die sogenannten «Engen», jene wunderlichen Kreuzungsprodukte von Hof, Mauergang und Sackgasse, die unter dem Namen der «closes von Edinburgh» in ganz England eine Art von Notorität erlangt haben. Diese «closes», wie schon aus meiner obigen Umschreibung hervorgeht, sind nicht geradezu etwas Neues und Besondres. Neben jenem Mischlingscharakter, der sie allerdings eigentümlicher erscheinen läßt, als sie sind, verdanken sie ihren Ruf wohl zumeist dem Umstande, daß es in ganz England wenig alte Städte gibt, d. h. Städte, die sich noch in ihrem ehemaligen alten Aufzuge der Welt präsentieren. In unseren alten deutschen Städten ist an solchen closes kein Mangel; unsre «Höfe» in Wien, Augsburg, Leipzig, Danzig sind im wesentlichen dasselbe. Noch ähnlicher sind ihnen die «courts» in den alten Stadtteilen Londons: besonders am Strand, um Drury Lane herum und in Fleet Street. Die letztere Straße ist so reich daran, daß man sie der High Street von Edinburgh fast an die Seite setzen könnte. Aber was diesen closes, weit über ihren eigentlichen Anspruch hinaus, wenigstens den Schein von etwas Besonderem leiht, das ist ihre ganz aparte Enge. Man passiert zuerst einen schmalen, überwölbten, leider oft als Rinnstein dienenden Gang, der sich durch die ganze Tiefe des Hauses zieht, etwa wie ein Festungstor durch die ganze Tiefe der Mauer läuft. Hat man, nach vorsorglicher Applizierung eines Taschentuches, diesen im Dunkeln fließenden Schleichbach hinter sich, so steht man auf einem mal stein-, mal fliesenbedeckten Hofe, der bei der Höhe der Häuser, die ihn dicht umschließen, mehr einem Rauchfang als einem Hofe gleicht. Treppen münden hier aus, unbeschreiblicher Schutt und Hausrat liegt in den Winkeln umher, und durch alle Etagen hindurch hängt Wäsche an Stöcken und Stangen zum Fenster hinaus. Wieviel Tage die letztere braucht, um hier ohne Luft und Licht zu trocknen, hätt ich gern erfahren. Das sind die closes von Edinburgh. Sie zu betreten ist mißlich; aber von der Straße aus durch den dunklen schmalen Gang hindurch in den Hof und sein Getreibe hineinzublicken verlohnt sich doch der Mühe. Neben manchem bloß Pikanten bietet sich auch Malerisches und durch Reiz und Schönheit Fesselndes dar. Ich entsinne mich einzelner Häuser, in denen der schmale Gang des Vorderhauses sich über den Hof fort noch durch die ganze Tiefe des Hinterhauses zog. In einem anderen Falle lief neben dem letzteren eine offene, als Garten benutzte Passage her. Dieser Gartenstreifen, kaum vier Fuß breit, hatte nach vorn hin eine Gittertür; ein dahinterstehender Rosenstrauch reichte seine Rosen durch die Eisenstäbe hindurch in den Hof hinein, über Gitter und Strauch aber schwebte ein Stück Himmel, auf dessen blauem Hintergrunde sich das bunte Leben von Princes Street wie ein camera-obscura-Bild auf und ab bewegte.

Auf dem Wege von Tron Church bis St. Giles haben wir das eigentliche High Street-Leben um uns her. Wenig Fuhrwerk auf dem Straßendamme, aber desto mehr Verkehr auf dem Trottoir und dem Bürgersteige. In den Mittagsstunden und beim Dunkelwerden, wenn «Feierabend» begonnen hat, gesellt sich zu diesem Tages- und Geschäftsverkehr noch eine andere Art von öffentlichem Leben, das, soweit ich es kenne, in dem nördlichen Europa nichts Gleiches hat und durchaus an das Treiben italienischer Städte erinnert. Die Buntheit, die Heiterkeit des Südens fehlt, aber das Stehen und Schwatzen vor den Türen ist allgemein und geht rasch in jenes stille, behagliche Auf und Ab, in jene mußevolle Bewegung über, die kein Ziel verfolgt und sich selber Zweck ist. Die armen Leute von Edinburgh gehen allabendlich auf ihrer High Street *spazieren*. Das klingt nicht viel, ist aber eine große Sache und gibt jedenfalls der ganzen Straße einen Charakter, der uns durch seine Neuheit völlig frappiert. Unsre nordischen Straßen haben aufgehört, Versammlungsplätze zu sein, sie dienen ausschließlich dem Verkehr und gleichen abgesteckten Rennbahnen, auf denen nur *gelaufen* wird.

Aber selbst die Buntheit des Südens sollten wir nicht lange vermissen, als wir High Street entlangschritten. An allen Ecken standen Hochlandssöhne mit Kilt und Plaid, nicht genau in die Farben ihrer Clans gekleidet, aber immer noch bunt genug, um das Bild zu beleben. Es waren Werbeunteroffiziere von den Highlanders, «Kameraden von der hohen Nummer», was in England einen stolzen Klang hat, wo die Nummern 72. und 93. auf den Hochlandsschultern zweier berühmter Regimenter stehen. Vieles ist gegen die Hochlandstracht im allgemeinen gesagt und geschrieben worden, und gewiß mit Recht, aber malerisch ist und bleibt sie. Selbst das Zwitterkostüm der Hochlands-*Regimenter*, die oben den abgeschnittenen roten Frack der Engländer adoptiert, nach unten hin aber den Kilt und die Nacktbeinigkeit in aller Integrität bewahrt haben, ist immer noch eine Schöpfung von relativer Geschmacksfülle. Unter allen Umständen fehlt – die Hose, dieser Triumph des Praktischen über die Schönheit. Kurz vorher, eh wir nach Schottland aufbrachen, hatten wir in London die Straßen und Plätze besucht, auf denen der *englische* Werbeunteroffizier sein Wesen treibt. Es war uns somit eine vortreffliche Gelegenheit zum Vergleich gegeben. Der Vergleich fiel sehr zugunsten Schottlands aus. In beiden Fällen, hier wie dort, war das Bierhaus Station und Sammelplatz; aber der echte Hochländer, der, wie das Sprichwort sagt, sich schon die Muttermilch mit Whisky verdünnt, scheint dem Werbegeschäft besser gewachsen zu sein. Er bleibt nüchtern. Breakfast und Lunch (zweites Frühstück) waren längst vorüber, doch unangefochten, fest, gradlinig, gravitätisch schritten ein paar Sergeanten vom Sutherland-Regimente auf und ab, uns musternd und dann grüßend, als wir an ihnen vorübergingen. Sie hatten in meinem Gefährten den «alten Offizier» herauserkannt. Dasselbe passierte uns in Stirling ein paar Tage später. Das Ganze gab ein schönes Bild; auf dem dunklen Hintergrunde hoben sich die bunten Trachten trefflich ab, gegenüber stiegen die grauen Häuser turmartig in die Luft, und aus der Ferne, nur leise von Nebel umhüllt, grüßte Edinburgh Castle.

Dieser Gruß mahnt uns zur Eile. Zunächst erreichen wir die Börse, die sogenannten Exchange Buildings. Vor derselben, den Rücken gegen das Gebäude, machen wir halt, um Umschau zu halten. Wir blicken zunächst gegenüber auf die linke Seite der Straße. High Street buchtet sich hier, nach Süden hin, platzartig aus; die St. Giles-Kirche indes, die sich inmitten dieser Ausbuchtung (Parlaments-Square geheißen) erhebt und mit einer ihrer Seitenfronten bis in High Street vorspringt, stellt dadurch die unterbrochene Straßenlinie wieder her. Wir befinden uns angesichts dieses Platzes im Mittelpunkte von High Street und in mehr als einer Beziehung am wichtigsten Punkte Edinburghs überhaupt. Den ehrwürdigen Bau, in dem Knox predigte, unmittelbar vor uns, übersehen wir zu gleicher Zeit die Mehrzahl der Gebäude, die sich hakenförmig um diese Kirche herum gruppieren: das Rathaus, das Parlamentsgebäude und die Gerichtshöfe. Alle diese Häuser, einschließlich des Börsengebäudes, an das wir lehnen, sind entweder neu oder doch neuerlichst so gründlich repariert, daß sie den Eindruck von Neubauten machen. Es soll damit kein Tadel ausgesprochen sein, um so weniger, als die Änderungen, die vorgenommen wurden, aus Verkehrs- und Gesundheitsrücksichten dringend geboten erschienen. Auch wär es unbillig, in Abrede zu stellen, daß der Platz, wie er da ist, immer noch den Eindruck des Stattlichen, des Großstädtischen macht. Das alles sei zugegeben. Aber andrerseits freilich trägt dieses Rathaus, das z. B. den athenischen Tempel des Erechtheus kopiert, ein völlig fremdes Element in die alte High Street von Edinburgh hinein und erzeugt notwendig den Wunsch in uns, daß es auf eine kurze halbe Stunde wieder so sein möchte wie vordem. Da war alles aus einem Guß; eckig, winklig, verbaut, aber malerisch. Links vor uns an der Nordostecke der Kirche erhob sich das Wahrzeichen der Stadt, das «City-Kreuz», während rechts an der Nordwestecke das alte Tolbooth-Gefängnis mit seinen Erkern und Türmen aufwuchs und die High Street beinah absperrte. Nichts von Säulen und Pilastern zog sich damals an den Steinfassaden der alten Gerichts- und Parlamentsgebäude entlang, und statt der ängstlichen Sauberkeit des frisch abgeputzten St. Giles präsentierte sich der alte Bau im Schmuck seiner Buden und Kramläden, die sich eng und niedrig unter die gotischen Fenster gekauert oder in voller Breite zwischen den Strebepfeilern etabliert hatten. Das Mittelalter hatte doch recht, und unsere Purifikation, wo immer sie sich breitmacht, hat oft herzlich wenig von dem guten Geschmack an sich, den sie in großen Buchstaben auf ihre Fahne schreibt. Die alten Kirchen wuchsen wie aus dem Leben des Volks hervor, und deutungsreich war es, wenn Bürger und Händler am Mauerwerk ihrer Kirche ihr Nest zu bauen liebten. Es war eine Verwachsenheit da, die jetzt fehlt. Kalt, sauber, sonntäglich erheben sich unsere Kirchen neben uns, und wir sehen uns in ein festtägliches Verhältnis zu jenen Plätzen gebracht, wo sonst der Umgang, die Liebe, die Vertraulichkeit, auch wohl die Ungeniertheit des alltäglichen Lebens war.

Mit der St. Giles-Kirche und ihrer Umgebung haben wir den Höhepunkt des Interesses erreicht, das uns die High Street gewähren kann. Weiter hinauf werden die Häuser wieder baufälliger und kümmerlicher, und die paar Ausnahmen, die uns begegnen, bieten nicht Stoff genug, um bei ihnen zu verweilen. Wir befinden uns jetzt in gleicher Höhe mit der dritten und letzten der High Street-Kirchen (der sogenannten Assembly Hall, in der alljährlich die General-Synode sich zu versammeln pflegt), biegen aber, anstatt den kahlen Wänden einer neugebauten schottischen Kirche einen bloßen Anstandsbesuch zu machen, lieber in die gegenüber gelegene Gasse und ein dicht daran anstoßendes Gärtchen ein, um der Poetenwohnung Allan Ramsays, dieses nordischen Hans Sachs, einen Blick zu gönnen. Aber auch nur einen Blick; die Stille, die Abgeschlossenheit, die Lieblichkeit des Orts, die uns zu einer andern Zeit gewiß auf längere Minuten gefesselt hätte, hält uns heute nicht, denn immer näher hören wir militärische Musik die Wege und Windungen des Hügels heraufkommen. Die Neugier treibt uns zu sehen, was es gibt. In demselben Augenblick, wo wir den Platz erreichen (Esplanade genannt), der vor dem Mauer- und Festungswerk von

Edinburgh Castle sich ausdehnt, erscheinen auch, Musik vorauf, die ersten Sektionen eines englischen Regiments zu unsrer Rechten und marschieren, den Platz in seiner Breite überschreitend, dem geöffneten Festungstore zu. Es sind dies die Sussex-Milizen unter Führung ihres Obersten, des Herzogs von Richmond. Bis vor wenig Tagen in Dover garnisoniert, hat eine vielleicht unerwünschte Ordre sie aus dem Süden Englands plötzlich nach Edinburgh geführt. Edinburgh Castle tritt an die Stelle von Dover Castle, Scharen von Volk, jung und alt, Weiber und Kinder, folgen ihnen nach, um an den «southrons» (d.h. die Südlichen) ihren Witz und ihre Malice zu üben. Auch wir schließen uns dem Zuge an, und während das «Britische Grenadiere» lustig weiterklingt und die Schloßwache ins Gewehr tritt, ziehen wir durch allerhand Tor- und Gitterwerk lachend mit ein in *Schloß Edinburgh.*

Edinburgh Castle

Wer kennte nicht das Edwin-Landseersche Bild Der Frieden? Grasbewachsene Dünenhügel ziehen sich am Strand hin; glatt wie ein Spiegel dehnt sich die Meeresfläche; Kinder spielen, Schafe weiden umher; eines der Schafe aber naht sich der Öffnung einer rostigen, halb im Grase versteckten Kanone und nagt die Halme ab, die ihm friedlich daraus entgegenblühn. An dieses Bild mußt ich denken, als ich oben auf Edinburgh Castle stand. Alles ringsum atmete Frieden; selbst die Halbmondbatterie, die ein Dutzend Geschütze oder mehr aus dem Wall- und Mauerwerk hervorstreckt, erschien mir so friedlich wie jene rostige Kanone im Grase. Die ganze Burg, mit ihren kriegerischen Prätentionen, ein gutherziger Polterer und nichts mehr! Mit einer Art Staunen hört ich, daß im Jahre 1570 noch eine wirkliche Belagerung dieser Felsenfestung stattgefunden hat. Philipp le Grange, ein Anhänger Maria Stuarts, hielt sich hier 33 Tage lang gegen die vereinigten Anstrengungen einer englisch-schottischen Belagerungsarmee. Dreiunddreißig Minuten würden jetzt ausreichen, sämtliches Mauerwerk dieser Festung in einen Schutthaufen zu verwandeln. Daß im Jahre 1745 Prince Charlie keinen Angriff auf Edinburgh Castle unternahm und die Burg in den Händen der englischen Besatzung ließ, während die Stadt in *seinen* Händen war, darf auf keinen Fall als ein Beweis für die Festigkeit des Platzes gedeutet werden. Die Sache war die, daß die nacktbeinigen Hochländer viel Mut, aber keine Kanonen hatten und daß es nutzlos gewesen wäre, mit dem Kopf gegen die Wand zu laufen. Edinburgh Castle, so scheinbar gebieterisch seine Lage ist, hat nichts mehr zu gebieten, seitdem eine Höhe von 300 Fuß aufgehört hat, eine Unerreichbarkeit für Kugel und Wurfgeschoß zu sein. Daher fallen alle historischen Erinnerungen, die sich an die Verteidigung oder Eroberung dieser Felsenfestung knüpfen, in das 14. und 15. Jahrhundert, Zeiten, in denen man jenseit des Tweed noch keine Geschütze kannte. Die interessanteste dieser Erzählungen ist eine Überrumpelung der Festung durch Randolph, Grafen von Murray, die 1313, also kurze Zeit vor der Schlacht von Bannockburn, stattfand. Sie wurde nach dem Erfahrungssatz ausgeführt, daß man da angreifen muß, wo sich der Feind am sichersten fühlt. Murray und 30 auserlesene Leute kletterten in einer Nebelnacht die senkrechte, für unersteiglich gehaltene Südwand des Felsens empor. Ihr Führer bei diesem Wagstück war ein alter Soldat, der, auf dem Schloß geboren und großgezogen, in jungen Jahren die Wachsamkeit seines strengen Vaters oftmals getäuscht und, die Südwand des Felsens hinab- und hinaufkletternd, die Nächte bei seiner unten in der Stadt wohnenden Geliebten zugebracht hatte. Ich nahm Gelegenheit, mir auf diese Erzählung hin ein paar Tage später die ganze Felsenlokalität von unten her anzusehn. Wenn nicht die Liebe dem Glauben darin gleichkäme, daß sie Berge versetzen, also am Ende auch erklettern kann, so würde man billigerweise die Wahrheit der ganzen Geschichte bezweifeln müssen. Es geht wirklich senkrecht in die Höh, an manchen Stellen *mehr* denn senkrecht. Der vielbesungene Schwimmer zwischen Sestos und Abydos erscheint im Vergleich mit diesem Schotten wie ein Usurpator, der Kränze trägt, die ihm nicht gebühren.

Schottland besitzt laut der Unionsakte 4 Festungen: Edinburgh Castle, Stirling Castle, Blackness und Dumbarton. Sie gleichen sich wie Brüder untereinander und sind alle, um sie durch ein einziges Wort zu bezeichnen, verkleinerte, niedrig gelegene, mehr burg- als festungsartige *Königsteins*. Für den, der in London war, vergleich ich sie in mancher Beziehung noch besser mit dem Tower. Edinburgh Castle insbesondere rechtfertigt diesen Vergleich. Beiden gemeinschaftlich ist unter andern der Umstand, daß sie als Aufbewahrungsplätze für die sogenannten «Regalien» (Kronjuwelen) dienen. Wir ließen uns in das Zimmer führen, wo der schottische Königsschmuck gezeigt wird, empfanden aber angesichts desselben womöglich noch weniger als beim Anblick der verschiedenen Kronen und Zepter, die im Tower zu London gezeigt werden. Pflichtschuldigst sieht man sich solche Dinge an, hört mit halbem Ohr die hergeleierten Erklärungsworte, bezahlt den üblichen sixpence und ist froh, wenn man aus dem Zimmer mit seinem großen sechseckigen Glaskasten wieder heraus ist. Ich legte mir die Frage vor: Woher diese Indifferenz? Der Hauptgrund scheint mir der zu sein, daß diese Dinge in ihrer Allgemeinverwendetheit den Reiz des Besonderen, sozusagen des Persönlichen verlieren. Alles Reliquienwesen müssen wir auf eine ganz bestimmte Person zurückführen können. «Dies ist das Gebetbuch Jane Greys, dies der Eisenhut des Großen Kurfürsten, dies die Tabaksdose des Alten Fritz», *das* hat ein Interesse; die Person selbst steht wie aus dem Grabe auf, trägt wieder die Sache oder stellt sich hinter dieselbe und gibt ihr dadurch ihren Reiz und Wert. Was soll aber vor unser geistiges Auge treten, wenn wir hören, «das ist das Reichsschwert von Schottland!» Nichts. Alle die sieben Jakobs, die sich herzudrängen, selbst wenn wir was von ihnen wissen, verwirren uns nur, und wir sind schließlich froh, diesem wirren Getriebe entkommen zu können.

Die meisten Gebäude, die sich auf Edinburgh Castle vorfinden, sind, wie beim Londoner Tower, von modernem

Datum. Während der Tower indes neben seinen Baracken, Speichern und Munitionshäusern noch ein Dutzend wirkliche Sehenswürdigkeiten: Traitor's Gate, den Bell Tower, den Beauchamp-Turm, den Blutturm, die Kapelle St. Peter ad Vincula und vor allem den erinnerungsreichen, teilweis intakt erhaltenen White Tower aufweist, reduzieren sich die historisch interessanten Baulichkeiten von Edinburgh Castle eigentlich auf zwei Punkte: auf eine kleine, schmucklose, bis in die Pikten-Zeit zurückreichende Kapelle, in der jetzt die zur englischen Episkopalkirche gehörigen Soldaten der Besatzung ihre Kinder taufen lassen, und auf ein anderes an der Südostecke des Hügels gelegenes, unscheinbares Wohnhaus, in dem Maria Stuart, drei Monate nach der Ermordung Rizzios, den späteren König Jakob VI. gebar. Zwei Zimmer sind es, die in diesem Wohnhaus gezeigt werden: eine Art Vorsaal oder Wachtstube, mit langen Tischen und Bänken darin, und daran anstoßend das closet der Königin selbst. In jenem Vorsaal befinden sich zwei Bildnisse, das eine davon Maria Stuart darstellend. Wiewohl eine Kopie en miniature nach diesem Ölfarbenbildnis (Bruststück) existiert, die erweislich schon über 150 Jahre alt ist, so glaub ich dennoch nicht an die Echtheit dieses Porträts. Weder ist es den beiden unzweifelhaft beglaubigten Bildnissen der Königin irgendwie ähnlich, noch deutet die Technik auf irgendeinen Maler des 16. Jahrhunderts, von dem es bekannt geworden wäre, daß er damals in England oder gar in Schottland gelebt hätte.

Es ist vielleicht am Ort, hier einiges über die ziemlich zahlreich vorhandenen Porträts der Königin einzuschalten. Die Kunstausstellung in Manchester enthielt deren *sieben*, meist Miniaturen nach den verschiedensten Ölbildern, nach vorgeblichen Originalen, die zum Teil gar nicht mehr vorhanden sind. Sind diese Porträts wirklich alle echt, d. h. bei Lebzeiten der Königin und angesichts derselben gemacht, so muß man es aufgeben, sich eine Vorstellung davon zu machen, wie sie denn eigentlich ausgesehen habe. Im großen und ganzen herrscht kaum irgendeine Ähnlichkeit zwischen all den Porträtköpfen, Miniatur- wie Ölbild, die ich von ihr

Dumbarton Castle am Clyde

kenne. – Von Ölbildern habe ich fünf gesehen: *eines* im Schlosse zu Hampton Court, *eines* dem Grafen von Morton gehörig, *eines* in Windsor Castle, *eines* in Edinburgh Castle und *eines* in Abbotsford; das letztere, bloß das abgeschlagene Haupt der Königin darstellend, zeigt in einer Ecke den Namen eines italienischen Malers, in der anderen die Ortsangabe «Fotheringhay»; trotz alledem bezweifle ich aufs entschiedenste, daß das Ganze etwas anderes sei als eine Schöpfung freier Phantasie. – Das Porträt in Edinburgh Castle ist sehr wahrscheinlich das Bildnis einer ganz anderen Person, und nur die drei erstgenannten Bilder, das in Hampton Court, das in Windsor Castle und das dem Grafen Morton zugehörige, sind echt und, soviel ich weiß, ziemlich unangefochten in ihrer Echtheit. Auf dem ersteren Bilde ist sie in der Schwesterntracht jenes französischen Klosters, in dem sie bekanntlich erzogen wurde, abgebildet; auf dem anderen Bilde (dem Graf Mortonschen) als Königin, reich geschmückt, mit jener Haube und zumal mit jener aufrecht stehenden hohen Halskrause, die jeder unter dem Namen «Maria-Stuart-Kragen» kennt. Zwischen beiden Bildern herrscht eine gewisse Ähnlichkeit, nicht gerade in den Zügen, aber darin, daß beide Leben und Wahrheit verraten und nichts haben von jener Puppenkopfmanier, der es genügt, einem erfundenen Schönheitsideal einen möglichst schönen Teint gegeben zu haben.

Wir kehren jetzt in die Zimmer zurück, die die einzigen in Schloß Edinburgh sind, die noch an die Königin Maria erinnern. Aus dem Vorsaal oder der Wachtstube treten wir in das closet der Königin. Dies Zimmerchen mit seinem braunen Wandgetäfel macht noch jetzt den Eindruck einer gewissen Eleganz, wenigstens des Niedlichen und Wohnlichen, wobei man freilich von der fast erdrückenden Kleinheit des Raumes absehen muß. Es gleicht durchaus einer braungetäfelten, altmodischen Schiffskajüte. Besonders wertgehalten scheint der Raum nicht zu werden. An der Stelle, wo das Bett der Königin stand, befindet sich jetzt ein kleiner Tisch, auf dem Beschreibungen und Ansichten von Schloß Edinburgh feilgeboten werden. Wie sich von selbst versteht, hat ein Zimmerchen von dieser Ausdehnung nur *ein* Fenster. Aus diesem Fenster wurde Jakob VI., den die Gegner Marias schon damals in ihre Gewalt zu bekommen trachteten, wenige Tage nach seiner Geburt in einem Korbe herabgelassen und unten am Fuße des Berges von Anhängern der Königin in Empfang genommen. Der Felsen ist hier vollkommen steil. Schwindelnd sah ich aus dem Fenster in die Tiefe hinunter. Die Königin muß starke Nerven gehabt haben, daß sie nicht vor dem Gedanken erschrak, ihr Kind diese grauenhafte Luftreise machen zu lassen. Daß der junge Prinz sie glücklich machte und wohlbehalten unten ankam, mag nachträglich wie ein Zeichen gedeutet werden, daß er, im Gegensatz zu den Geschicken seiner Familie, in der von jeher ein früher und unnatürlicher Tod die Regel war, *bestimmt war, zu leben.*

Ich habe Edinburgh Castle mehrfach mit dem Tower verglichen und es gegen den letzteren zurückgestellt. Gewiß mit Recht. Aber eines hat es voraus, das ist die Schönheit seiner Lage. Auch vom Tower, zumal von den kleinen Ecktürmen des White Towers aus, genießt man einer reizenden Aussicht auf die City, das Themsetreiben und die gegenüberliegenden Surrey-Ufer, aber auch der eingefleischteste «cockney» – und wäre er aus dem vorschriftsmäßigen Bezirk, innerhalb dessen man die Glocken von Bow Church hört – würde schwerlich den Mut haben, die Toweraussicht mit jenem Panorama zu vergleichen, das man von Edinburgh Castle aus vor Augen hat. Zur Rechten stehen der Calton Hill und die Salisbury Crags wie ein paar Wächter unmittelbar vor den Toren der Stadt, linkshin dehnt sich eine lachende Landschaft aus; unten, den Fuß des Hügels mit einer Kurve fast umschreibend, ziehen sich die Linien der Glasgow-Eisenbahn, vor uns aber steigt die Neustadt mit ihren Plätzen und Palästen, mit ihren Kirchen und Statuen auf, bis endlich die dünner werdenden Linien sich in Villen und Gärten und freies Feld verlieren. An klaren Tagen wächst der Zauber dieses Bildes mit der Ausdehnung und dem Reichtum der Landschaft. Dann sehen wir jenseits der Gärten und Felder den blauen Wasserstreifen des Firth of Forth, die kleinen Felseninseln darin und blicken selbst über das blaue Band hin fort bis weit in die fruchtbaren und erinnerungsreichen Täler der Grafschaft Fife hinein.

Wir standen auf der Halbmondbatterie und freuten uns des herrlichen Anblicks; Freund B., wie gewöhnlich, nahm sein Skizzenbuch aus der Tasche, um, seinem Gedächtnis bescheiden mißtrauend, das schöne Bild in Linien und Strichen festzuhalten. Neben uns, auf dem Wallrand, stand ein schottischer Matrose, ein altes Inventarstück des Schlosses, der an Königin-Geburtstag etc. die Salutschüsse abzufeuern hat, und sah von Zeit zu Zeit neugierig in das Skizzenbuch, drin allmählich ein niedliches Bildchen entstand. Als die Sache halb getan war, marschierte vom andern Ende der Bastion her eine Schildwacht auf uns zu, um uns, nachdem sie vorher mit andern Milizsoldaten, die harmlos umherlungerten, ein Gespräch gehabt hatte, das Zeichnen zu untersagen. «Dergleichen sei verboten.» Der Unverstand lag klar zutage; gewöhnt aber, gegen Schildwachtsermahnungen keine lange Opposition zu machen, klappte Freund B. sein Buch zu und schickte sich an, den Platz zu räumen. Nur der alte Matrose war indigniert. Nonsense! diese «young hands» (etwa soviel wie unser «diese Gelbschnäbel») sind kaum zwei Stunden hier und wollen Ordres geben; Unsinn, wissen nichts vom Dienst etc. Das Komische war, daß sein schottischer Patriotismus diese southrons wie Eindringlinge, wie Feinde behandelte, als ob ein Königreich *Großbritannien* gar nicht existiere und das siegreiche England nur wieder mal erschienen sei, um eine Besatzung in die eroberte schottische Hauptstadt zu legen. Diesem Gefühl eines Gegensatzes zwischen Sieger und Besiegten bin ich auf meinen Wanderungen durch Schottland außerordentlich oft begegnet. Die Engländer kennen diesen Spezialpatriotismus ihrer nördlichen Nachbarn sehr wohl und lachen darüber; die Schotten aber, anstatt einzustimmen in die Heiterkeit, werden durch die gute Laune der southrons (in die sich allerdings ein gut Teil Überlegenheit mischt) nur noch gereizter in ihrem Gefühl.

Unsrem Matrosen indes war ein völliger Triumph über die

«young hands» vorbehalten. Gleich nachdem wir die Bastion verlassen hatten, wandten wir uns an den wachthabenden Offizier, der eben von Posten zu Posten ging, um den ziemlich verlegen dreinschauenden Milizen die «Instruktion für Edinburgh Castle» vorzulesen. Das war just unser Mann. Auf unsre Beschwerde antwortete er mit vieler Artigkeit, daß er selber nicht wisse, was erlaubt und verboten sei, daß er indes höheren Orts anfragen und uns den Bescheid in wenigen Minuten zugehen lassen werde. Er kam dann selbst, um uns sein Bedauern auszusprechen, daß wir unter dem mißverstandenen Diensteifer der Schildwacht zu leiden gehabt hätten. Das Regiment käme von Dover, wo sie bis jetzt in Garnison gewesen wären; die Schildwacht habe ohne Not die strengen Instruktionen von *Dover* Castle auf *Edinburgh* Castle übertragen. Dieser kleine Vorfall interessierte uns nach mehr denn einer Seite hin, besonders auch deshalb, weil also, den Worten des Offiziers nach zu schließen, in betreff der *Kanal*-Befestigungen «strengere Instruktionen» vorzuliegen scheinen als mit Rücksicht auf den minder exponierten Norden. Daß es übrigens hinsichtlich der Festungen an *beiden* Seiten des Kanals noch irgend etwas zu verraten geben sollte, darf billig bezweifelt werden. Ich glaube, man kennt Dover Castle in Paris so gut wie in London.

Wir nahmen jetzt unseren Stand auf der Halbmondbatterie wieder ein; die arme Schildwacht schlich verlegen um uns her, bis wir sie durch einige Gemütlichkeitsfragen von unsrer versöhnlichen Gesinnung überzeugt hatten. Die Skizze war längst beendet, als wir noch immer an der Brüstung standen und, hinausschauend, das zauberhafte Bild vor uns in seiner stets wechselnden Beleuchtung auf uns wirken ließen. Endlich rollten die Abendnebel langsam vom Meere auf die Stadt zu; immer dichter legten sich die Schleier über Land und Stadt, bis diese endlich, schwarz in grau, wie ein Schatten im Schatten verschwand.

High Street und Canongate

Ich habe in einem früheren Kapitel bereits den Leser durch Canongate und High Street geführt, vor allem in der Absicht, die Erscheinung und das Treiben der alten Straße als ein Totalbild auf ihn wirken zu lassen. Wir sind dabei, um unsern Gang von Holyrood Palace bis Edinburgh Castle nicht allzu oft zu unterbrechen, an verschiedenen Plätzen von historischem Interesse vorübergegangen und wollen deshalb in diesem Kapitel eine Art Nachlese halten. Wir beginnen mit

1. Moray House

Auf der langen Linie von Holyrood Palace bis Edinburgh Castle ist kein Haus besser erhalten und wohnlicher in seiner Erscheinung als Moray House. Höhere und auch jetzt noch imponierendere Gebäude ziehen sich in Menge zu beiden Seiten der High Street entlang, aber sie gleichen einer meistbietend verkauften alten Wanduhr, deren Gehäuse jetzt als Wandschrank für arme Leute dient, während Moray House, um im Vergleich zu bleiben, der Rokokopendüle im Zimmer des Sammlers entspricht.

Moray House ist ungefähr 200 Jahre alt; es besteht aus einem Hause und einem Nebengebäude, jenes für die Herrschaft, dieses für die Dienstleute. Beide liegen in gleicher Linie, haben beide den Blick auf Canongate hinaus, aber keinen Ausgang auf die Straße. Die Türen befinden sich seitwärts und münden auf den gemeinschaftlichen hofartigen Zwischenraum, der zwischen den beiden Häusern liegt. Dieser hofartige Zwischenraum hat nach vorn hin eine Feldsteinmauer und in der Mitte derselben eine torartige Einfahrt. Es ist vorzugsweise diese Einfahrt, die dem ganzen Hause einen besonderen Charakter leiht; sie besteht nämlich aus ziemlich niedrigen, nur wenig über die Mauer erhobenen Steinpfeilern, auf denen sich unverhältnismäßig hohe Obelisken erheben, in ihrer völligen Zuspitzung unseren alten schindelgedeckten Kirchturmspitzen, wie wir ihnen so oft in den Dörfern der Mark begegnen, nicht unähnlich. Über die Mauer hinweg hat man einen teilweisen Einblick in die kostbaren Gärten, die sich hinter dem Hause ausdehnen, Anlagen, die jetzt freilich durch größere Schöpfungen der Art vielfach übertroffen sind, früher aber eine Sehenswürdigkeit von Edinburgh bildeten.

Was indessen dem alten Moray House seine eigentliche Bedeutung gibt, knüpft sich weder an seine Gärten noch an seine Obelisken, sondern an den eisernen Balkon, der sich an den vier Fenstern der Beletage entlangzieht. Die Geschichte, die sich hier zutrug, ist folgende.

Die puritanische Sache hatte triumphiert, die Königlichen unter Montrose waren geschlagen. Auf denselben Heiden, auf denen wenige Jahre zuvor der siegreiche Montrose den puritanischen Grafen von Argyle gejagt hatte, jagten jetzt die Leute Argyles den umherirrenden Montrose. Argyle selbst war in Edinburgh, jeder Tag konnte die Nachricht bringen vom Tode oder von der Gefangennehmung seines Gegners; der Sieg war da, und Freude und Hochzeit sollte diesen Sieg beschließen. Die Häuser Moray und Argyle, seit langer Zeit befreundet und derselben Sache dienend, kamen überein, die alten Bande durch ein neues, engeres Band zu befestigen.

Es war am 11. Mai 1650, als Archibald, ältester Sohn des Grafen von Argyle, mit seiner Braut, der Tochter des Grafen von Moray, zum Altare trat. Die Hochzeit wurde in Moray House gefeiert; Festlichkeit folgte auf Festlichkeit; die ganze Stadt nahm teil an der Freude beider Häuser. Die Festlichkeiten waren eben auf ihrer Höhe, als die Nachricht durch die Stadt lief, Montrose sei gefangen und werde eingebracht. Fast gleichzeitig mit der Nachricht kam er selbst. Man hatte ihn in Leith auf eine abgetriebene alte Mähre gesetzt, um ihn in diesem erniedrigenden Aufzuge durch die Straßen Edinburghs zu führen. Er hielt jetzt am Eingange von Canongate. Dem Haß des Pöbels aber genügte dieser Aufzug nicht, und eine Art Schlitten wurde herbeigeschafft, um ihn auf demselben durch die Stadt zu schleifen. Unter Hohn und Jubel ging es Canongate hinauf. Als der Zug sich Moray House näherte, das noch in hochzeitlichem Schmucke stand, erschienen die Morays und die Argyles auf den Balkonen ihrer Fenster, um sich am Unglück des gefallenen Feindes zu weiden. Argyle murmelte Verwünschungen. Ruhig, beinahe heiter blickte Montrose zu den dichtbesetzten Balkonen auf; dem alten Argyle starb die Verwünschung auf der Lippe, seine Lady aber bog sich weit hinaus über die Brüstung und spie hinunter nach dem verhaßten Feind.

Das war 1650. Fünfunddreißig Jahre später kam wieder ein Zug die alte Straße von Edinburgh hinauf und nahm seinen Weg an Moray House vorbei. Die Royalisten hatten darauf bestanden, daß *dieser* Weg gewählt werde und kein anderer. An der Spitze des Zuges, neben sich den Mann mit dem Beil, schritt Archibald Graf von Argyle, derselbe, dessen Hochzeitstag (ohne sein Verschulden) in einen Tag der Rache verkehrt worden war. Sein Vater hatte längst vor ihm das Haupt auf den Block gelegt. Die alte Kirche von St. Giles umschließt die Leiber von Freund und Feind; Moray House aber steht da wie eine Mahnung gegen den Übermut der *Partei* und als ein Erinnerungszeichen an den Wechsel ihrer Siege.

2. City Cross und Old Tolbooth

City Cross und Old Tolbooth, in einem früheren Kapitel bereits flüchtig genannt, befanden sich mitten in High Street und erhoben sich rechts und links an den beiden Ecken der Nordfront von St. Giles. Old Tolbooth war zu gleicher Zeit der nächste Nachbar des Parlamentsgebäudes, das sich, wenn auch verändert, noch diesen Augenblick im Rücken der alten, oftgenannten Kirche (St. Giles) erhebt. Zwischen diesen vier Plätzen: Parlament, Old Tolbooth, City-Kreuz und St. Giles, herrschte ein innerlicher Zusammenhang, der dieselben in der Vorstellung des Volks fast noch näher brachte, als es durch ihre äußere Lage ohnedies geschah. Sie waren in den politischen Kämpfen des Landes die rasch aufeinander folgenden Stufen *einer* Leiter, der Leiter vom Leben zum Tod. Das Parlament sprach und verurteilte, die alten Mauern der Tolbooth nahmen den Verurteilten auf, und am Fuß des City-Kreuzes fiel wenig Wochen später sein Haupt, um in den Familiengewölben von St. Giles die letzte Ruhestatt und nach hundert Jahren vielleicht ein Marmorbild über dem Grabe zu finden. Ich spreche zuerst vom City Cross.

Es bestand aus einem Postament, das eine zwanzig Fuß hohe Säule trug, die letztere wiederum mit einer Steinfigur geschmückt, die das «schottische Einhorn» darstellen sollte. Die Säule existiert noch (auf einem Landgut in der Nähe Edinburghs), Einhorn und Postament aber sind zerstört. Das letztere galt seinerzeit als eine Kuriosität und glich mehr einem hausartigen Unterbau als einem bloßen Sockel. Es war in der Tat ein achteckiger, abgestutzter, mit einer etwas vorspringenden Brüstung gekrönter Turm, der nur dadurch wieder seinen Turmcharakter verlor, daß sein Durchmesser seiner Höhe gleichkam oder sie noch übertraf. Dieser weite Durchmesser schuf um die Stelle herum, wo die Säule in den Unterbau eingelassen war, eine geräumige Plattform, die zu den mannigfachsten Zwecken benutzt wurde. Es war eine Art Schaubühne, auf der sich vor versammeltem Volk das öffentliche Leben der Stadt und bei mehr als einer Gelegenheit das des ganzen Landes abspielte. Hier erschienen die City-Herolde, um unter Trompetenschall öffentliche Erlasse und Anrufe zu verkünden, hier verlasen die puritanischen Lords ihren Protest gegen die schwächlichen Proklamationen König Karls, hier fielen die Häupter Montroses und der beiden Argyles, und hier endlich, unter dem Schwerterkreuzen seiner Hochländer, erschien Prinz Charlie an der Brüstung, um von der Edinburgher Bevölkerung tausendstimmig begrüßt und zum Herrn des Landes ausgerufen zu werden. Auch Geister, echt oder unecht, bedienten sich dieser Plattform, um, versteht sich zu üblicher Geisterstunde, von hier aus warnend oder ermutigend zum Volke zu sprechen. Als Jakob IV. (ich spreche in einem späteren Kapitel ausführlich darüber) im Jahre 1513 zu seinem stolzen, aber unüberlegten Kriegszuge gegen England sich anschickte, sprach, während der König in Holyrood sein letztes Nachtlager nahm, eine Geisterstimme von dieser Plattform aus in die Nacht hinein, warnte und nannte zugleich die Namen aller derer, die fallen würden, wenn seine Stimme ungehört verhallen sollte. Der erste Name war der des Königs selbst.

Aber nicht immer ging es hier gespenstisch her, und nicht immer hingen so böse Tage über Schottland wie damals, als das Blut der Argyles das Blut des beschimpften Montrose sühnen mußte; auch zu Lust und Heiterkeit, zu Gasterei und Trinkgelagen versammelten sich hier die guten Bürger von Edinburgh, und die Chronik der Stadt erzählt von manchem Festmahl, das die Würdenträger der Stadt hier ihren Gästen und – sich selber gaben. Auch politische Zweckessen gab es damals schon. Die Loyalität der nordischen Hauptstadt schien während der ersten Hälfte des vorigen Jahrhunderts in London gerechten Bedenken zu unterliegen, und das schlechte Gewissen des Edinburgher Magistrats trieb diesen dazu, die Geburtstage der beiden ersten George mit ganz besondrem Pomp zu feiern. Eine Loyalität von gestern überschlägt sich immer in ihren Schaustellungen. Eins dieser ostensiblen Gastmähler, das wie gewöhnlich auf der Plattform des City-Kreuzes stattfand, wurde durch einen heftigen Gewitterschauer unterbrochen. Alles floh und suchte Schutz. Als die halbdurchnäßten Magistrate zu ihren Plätzen zurückkehrten, fanden sie natürlich Wasser statt Wein in ihren Gläsern. Das war zu gut, als daß der Witz der Jakobiten nicht hätte davon profitieren sollen. Eine Stuartsche Dame ließ am andern Tage folgende Verse zirkulieren:

Einstens zu Kana, als bei Tisch
Sich's um den fehlenden Wein gehandelt,
Hat der König des Himmels frisch
Alles Wasser in Wein verwandelt.

Gestern, als zu Braunschweigs[1] Ehr
Zechten unsre City-Prasser,
Sprach der Himmel: «Nimmermehr!»,
Wandelnd ihren Wein in Wasser.

Walter Scott, der in seiner epischen Dichtung «Marmion» eine Beschreibung des City-Kreuzes gegeben und das alte Wahrzeichen dadurch für immer der Vergessenheit entrissen hat, hat einen ähnlichen und noch größeren Dienst dem alten Bau geleistet, der sich an der Südwestecke von St. Giles erhebt. Einen seiner berühmtesten Romane hat er nach dem alten Tolbooth-Gefängnis benannt, dem er dabei seine populärere Bezeichnung ließ: *Das Herz von Midlothian.* Woher dieser Name stammt, vermag ich nicht zu sagen. Die Grafschaft, in der Edinburgh liegt, heißt bekanntlich «Midlothian», das alte Tolbooth-Gefängnis ist aber keineswegs der Mittelpunkt oder das Herz derselben. Vielleicht mahnt der Ausdruck an Zeiten, wo Kerker und Schafott noch Haushaltsworte und nur allzuoft die Achse, das Herz waren, um das sich das Leben drehte. Dieser alte Bau, von dem jetzt, wie vom City Cross, keine Spur mehr existiert, stand bis zum Jahre 1817 mitten in High Street und erschwerte, die ganze Breite der Straße beinah einnehmend, die Kommunikation aufs äußerste. Dies führte endlich zu seiner Abtragung. Die Kommunikation, der man heutzutage so leicht geneigt ist noch größere Opfer zu bringen, hat dadurch gewonnen, das

[1] Das Haus Braunschweig, in der Fülle seiner unpoetischen Eigenschaften, gab damals, wie in Schottland so auch in England, beständig Stoff zu Epigrammen. In London errichtete die Gemeinde von Bloomsbury (der Stadtteil, der das Britische Museum umgibt) eine neue Kirche. Man ging in der Loyalität so weit, Georg I. im Kostüm eines römischen Imperators oben auf die Turmspitze zu stellen. Dort steht er noch als der Schutzheilige von Bloomsbury. Man knüpfte an diese Geschmacklosigkeit folgendes Epigramm:

Unser Heinrich der Achte, vom Papste verletzt,
Hat sich selbst an die Spitze der Kirche gesetzt,
Doch unser Georg hat's höher gebracht,
Man hat ihn zur Spitze des Turmes gemacht.

Malerische des Platzes aber außerordentlich verloren. Als City Cross und Tolbooth noch standen, allerhand Buden sich an die Pfeiler von St. Giles und allerhand Kramläden an die Mauern des alten Gefängnisses lehnten, wird es hier sehr eng, sehr verworren, vielleicht auch sehr schmutzig gewesen sein, das Ganze aber muß einen fesselnderen Anblick gewährt haben als die jetzt breite Straße, an der, so hübsch sie ist, doch ihre Erinnerungen unbedingt das Hübscheste sind.

Old Tolbooth verdiente sein Beiwort «old» mit Fug und Recht. Schon zu Zeiten Maria Stuarts war es ein alter Bau. Seine früheste Bestimmung war wahrscheinlich die einer städtischen Burg, um, in den Zeiten schottischen Raubrittertums, die damals aus einer einzigen Straße bestehende Stadt gegen Überfälle der Hochländer von Norden und der mosstrooper und borderer (Grenzer) von Süden her zu schützen. 1561 erweitert und umgebaut, diente es von da ab bis zum Jahre 1640, wo das alte, in veränderter Gestalt noch jetzt existierende Parlamentshaus gebaut wurde, als Sessionsgebäude für die Sitzungen des Parlaments und der Gerichtshöfe. Von 1640 an sank es zu einem bloßen Gefängnis herab. Sein Äußeres muß etwas Unheimliches und durchaus die Miene von Gefangenwärter und Nachrichter gehabt haben. Alle Beschreibungen stimmen darin überein. Sein einziger Schmuck waren die Buden und Kramläden («krames» genannt), die zerfallen und bettelhaft, aber doch heiter und farbenbunt den alten Griesegram umlagerten. Er selber stand inmitten derselben da, grau und verräuchert, aus kleinen vergitterten Fenstern trübselig in die Welt blickend. An jeder Seite erhoben sich ein paar Treppentürme, die das zwingerhafte Aussehen des Hauses noch unterstützten, ohne seiner Schönheit irgendwie Vorschub zu leisten. Das gegenwärtig lebende Geschlecht scheint wenig oder nichts mehr von den Äußerlichkeiten des alten Baus zu wissen; man muß zu alten Bildern seine Zuflucht nehmen, wenn man sich orientieren will. Aber wenn sich auch niemand mehr kümmert um die Stelle, wo er stand, oder um die Zahl und Form seiner Türme, so lebt doch sein Name und seine Geschichte im Gedächtnis der Edinburgher fort. Diese Geschichte, wie sich von selbst versteht, ist mit Blut geschrieben, aber sie hat doch auch heitere Blätter, und bei diesen wollen wir einen Augenblick verweilen.

Old Tolbooth war immer berühmt durch die Leichtigkeit, mit der man ihm entwischen konnte. In Zeiten, wo man das Blutgeschäft im großen treibt, ist man nicht ängstlich mit Rücksicht auf den einzelnen. Findet er sich nicht selber wieder, so findet sich doch ein anderer. Der Laxheit im Verurteilen entspricht die Leichtigkeit im Entkommen. Graf Schlabrendorff (um aus moderner Blutzeit ein Beispiel zu geben) entging der Guillotine, weil seine Stiefel nicht gewichst waren.[1] Was unsern «Kerker von Edinburgh» angeht, so hatte jeder, der List und guten Willen genug besaß, mindestens eine Chance, trotz Schloß und Riegel, trotz Ketten und Gitterfenster, ihm glücklich zu entkommen. War der Gefangene aber gar reich oder vornehm, so steigerte sich diese Chance bis zur Wahrscheinlichkeit. Wenn trotzdem einzelne Grafen und Herren von Old Tolbooth aus aufs Schafott geführt wurden, so hatte das seinen Grund darin, daß ihre ganze Sache darniederlag, daß die Freunde tot, die Anhänger zersprengt waren und daß sie, als die Führer einer geschlagenen Partei, dem Tod wie ihrem Schicksal oft wie ihrer Erlösung entgegengingen. Dies letztere gilt zumal vom Herzoge von Argyle, der hier ruhig seinen Tod erwartete.

Die Geschichten dieser Befreiungen lesen sich gut, doch paßt im ganzen auf dieselben, was von den Lustspielmotiven aller Länder und Literaturen gilt: es sind immer dieselben. Was in einem Fall die Horcher an der Tür, die Wandschränke, die Briefverwechselungen sind, das sind im andern Fall die betrunken gemachten Schließer, die Frauenkleider,

[1] Schlabrendorff war im Gefängnis; die Hinrichtungen erfolgten jeden Morgen nach der Zellennummer. Als er abgeholt werden sollte (der Karren hielt bereits vor der Tür, um die gewöhnliche Morgenladung zu empfangen), suchte er vergebens nach seinen Stiefeln. «Ich muß doch am Ende ein Paar Stiefel anhaben; nehmt mich morgen statt heute.» Dem Schließer leuchtete das ein. Am andern Morgen standen andere Nummern auf dem Zettel, und Schlabrendorff war vergessen und – gerettet.

die ausgestopften Puppen und vor allem die Särge, die Waschkörbe und Bücherkisten, in denen der Held der Geschichte, womöglich von seinen eignen Schergen, hinausgetragen wird. Nur eines scheint mir eine wirkliche Eigentümlichkeit des Platzes gewesen zu sein, der *Schutz* nämlich, den er zu verschiedenen Zeiten politisch Verfolgten gewährt hat. Old Tolbooth wurde wider Wissen und Willen zu einem Sanktuarium. Personen, die, wenn sie unfreiwillig die Schwelle dieses Gefängnisses passiert hätten, *aus* demselben gewiß nur wieder geschritten wären, um straßenabwärts neben oder auf dem Postament des City-Kreuzes das Schafott zu besteigen, lebten hier unerkannt und ungestört, weil sie den Mut gehabt hatten, sich im Rachen des Löwen einzuquartieren. Robert Ferguson, bekannt durch seine hervorragende Teilnahme am Rye House-Komplott (gegen Karl II.), lebte hier wochenlang in der Zelle eines befreundeten Schuldgefangenen, und im Einklange damit fanden hier 1746 mehrere Anhänger des Prätendenten Schutz und endliche Rettung, während englische Soldaten die Spur der in die Acht Erklärten bis weit ins Hochland hinein verfolgten. Daß solche Dinge möglich waren, zeigt am besten, wie es damals mit der Rechtspflege und vor allem mit der Gefängnisverwaltung stand. Old Tolbooth war wie ein Hospital nach der Schlacht, wo man auch Freund und Feind ohne Auswahl durcheinanderwirft, davon ausgehend, daß jeder traurig genug daran ist, dem das Los zufällt, an solchem Orte leben oder sterben zu müssen. Ein Eindringling wird nicht vermutet.

1817 wurde Old Tolbooth niedergerissen. Edinburgh verlor damit eine seiner vorzüglichsten Sehenswürdigkeiten. Wenig oder nichts mehr existiert von dem alten Bau; selbst die Stelle, wo er stand, ist bei den großen Veränderungen, die die Straße erlitten hat, nicht mehr mit vollster Genauigkeit anzugeben. Nur das alte Portal mit Tür und Vorlegeschloß ist noch vorhanden. Es wurde beim Abtragen des Gebäudes von seiten der Stadt an Walter Scott geschenkt, der nicht zögerte, seiner romantischen Musterkarte, gemeinhin Abbotsford geheißen, auch diese Probe steinerner Romantik einzuverleiben. Dort hab ich es später gesehen. Es macht indes in dieser Verpflanzung nur den Eindruck, den ein einzelner probeweis aufgestellter Spitzbogen in den «gotischen Höfen» des Kristallpalastes macht. Auch solche Dinge haben ein Leben; aus ihrem feuchten alten Boden gerissen, vertrocknen sie wie die zwischen Papier gelegte Pflanze.

3. «Straßenfegen»
oder hie Douglas, hie Hamilton

Unmittelbar im Rücken von High Street und Canongate, und zwar parallel mit beiden, läuft eine andere alte Straße Edinburghs, «Cowgate» geheißen. Durch eine Menge schmaler kleiner Gassen hängt sie vielfach mit jener Hauptverkehrsader der Altstadt zusammen. Wenn schon High Street und Canongate von ihrem ehemaligen Glanze nichts weiter zeigen als jene vielstöckigen Steinhäuser, die in der Nähe ebenso unelegant und wenig einladend sind als malerisch aus der Ferne, so gilt das doppelt und dreifach von Cowgate. Es ist eine alte, enge, schmutzige Straße und nichts weiter. Und doch erhoben sich auch hier Paläste und Herrensitze, als Edinburgh noch nicht daran dachte, eine schöne Stadt sein zu wollen, und seine Häuser hinbaute, wo Platz war oder wo Höhe oder Tiefe, je nach Bedürfnis, den Bauherrn dazu einlud. Unter den Herrensitzen in Cowgate waren zwei von besonderem Belang, der eine den Erzbischöfen von Glasgow, der andere den Bischöfen von Dunkeld gehörig. Beide Häuser lagen ziemlich einander gegenüber, die Straße war schmal, und an hellen Tagen konnte man sich in die Fenster sehen.

Der 12. April 1520 war ein solcher heller Tag; man sah sich in die Fenster, aber man hätte sich lieber in die Herzen gesehen. Im erzbischöflichen Palast war seit gestern der Graf *von Arran* abgetreten, das Haupt der Hamiltons. Es handelte sich bei der Minderjährigkeit des Königs (Jakob V.) um die Einsetzung einer Regentschaft, und die Frage mußte heute noch entschieden werden, wer statt seiner regieren solle. Der Graf von Arran und der Erzbischof von Glasgow waren übereingekommen, sich in die Regierung zu teilen. Sie hatten zu dem Zweck ihren Anhang in die Stadt gezogen, und aller Ecken und Enden standen die *Hamiltons* und reizten und erschreckten durch ihre waffenklirrende Anmaßung die guten Bürger von Edinburgh.

Graf *Angus*, das Haupt der Douglas, war nicht gewillt, die Partie ohne Gegenzug verloren zu geben. Er war ein Douglas, das hieß: die Vormundschaft gebührte *ihm*. Alles, wozu er sein Herz bestimmen konnte, war das: dem Beschluß der großen Ratsversammlung Gehorsam zu leisten, aber dieser Beschluß sollte ein freier sein, nicht zustande gebracht unter den gleisnerischen Worten des Erzbischofs oder unter der drohenden Haltung der stündlich in den Straßen wachsenden Zahl der Hamiltons. Die Gefahr wuchs mit jeder Stunde; Graf Angus wollte sich vergewissern, was die Hamiltons vorhätten, ob Beratung oder Gewalt, und von wenigen Anhängern gefolgt, kam er jetzt eine der schmalen Gassen herab, die von High Street bergab nach Cowgate führen, hielt sich links und trat in das Haus des Bischofs von Dunkeld. Der damalige Bischof von Dunkeld war Gawain Douglas, ein Onkel und Parteigenosse des Angus. Sie hatten ein kurzes Gespräch miteinander, worin Angus dem Bischof seine Befürchtungen mitteilte, dann trat dieser aus seinem Hause, schritt dem gegenüber gelegenen Palaste seines Kirchenfürsten zu und fragte den an langer Tafel sitzenden Erzbischof: «Erzbischof Beaton, was habt Ihr vor?» – «*Auf mein Gewissen*», erwiderte dieser, «*ich weiß von nichts*.» Dabei schlug er mit der Hand an die Brust, um seine Aussage zu bekräftigen. Unter dem priesterlichen Kleide aber trug er einen Harnisch, den er Kampfes wegen bereits angelegt hatte. Gawain Douglas hörte und verstand den Klang und antwortete kurz: «Euer Gewissen klingt hohl.» Er kehrte über die Straße zurück, wo Graf Angus seiner wartete. Nachdem er erzählt hatte, was ihm begegnet war, setzte er hinzu: «Du siehst, Angus, es gilt Kampf; raffe zusammen, was du an Leuten hast, und vor allem sei rasch.» Diese letzte Mahnung war nicht in den Wind gesprochen. In weniger als einer halben Stunde standen die Douglas, fest gegliedert, eine kompakte Masse, auf der High Street von Edinburgh zusammen und begannen in voller Breite *die Straße zu fegen*. Die Hamiltons, die truppweis und ohne Führer an den Straßenecken umherstanden, wurden leicht beiseite gedrückt und flohen, rechts hin, links hin, zumeist nach Cowgate hinein, wo Graf Arran und der Erzbischof eben den Haupttrupp der Hamiltons ordneten, um nun ihrerseits zum Angriff überzugehen. Wer High Street hatte, war Sieger. Die Hamiltons waren noch immer die stärkeren, aber das Terrain war gegen sie. Die Straße, um deren Besitz es sich handelte, war nicht anders zu erreichen als die krummen engen Gassen hinauf, die stark bergan von Cowgate bis High Street liefen. Bald hier, bald dort drangen die Hamiltons aus diesen Gassen vor, aber immer nur eine dünne Linie bildend, glichen sie einem vorgestreckten Arm, der von den Douglas Mal für Mal ohne Mühe abgehauen wurde. Endlich hatte man hügelabwärts eine unbesetzte Straße gefunden, und diese rasch benutzend, glückte es jetzt, in High Street einzuschwenken und nun ebenfalls mit *ganzer* Kraft zu einem kompakten Frontangriff überzugehen. Der Kampf schwankte geraume Zeit, und wer weiß, wem der Preis des Tages zugefallen wäre, wenn nicht schließlich die guten Bürger von Edinburgh den Ausschlag gegeben hätten. So alt wie in Schottland die Gegnerschaft zwischen dem Norden und Süden ist, so alt auch ist der Gegensatz zwischen dem Osten und Westen. Die ganze Westküste (nördlich vom Clyde) ist noch diesen Augenblick eine unkultivierte Fläche, damals galt sie als ein unbestrittener Sitz der Barbarei. Edinburgh und das Haus Douglas gehörten dem Osten an, und diese Gemeinschaft entschied jetzt den Kampf. Als die Edinburgher sahen, wie hart die Hamiltons andrängten, reichten sie aus den Fenstern des Erdgeschosses lange Speere zu den unten kämpfenden Douglas-Leuten hinab. Lauter Jubel war Antwort und Dank. Die neuen Waffen gingen rasch von Hand zu Hand, bis endlich die ersten Glieder ganz mit Speeren bewaffnet waren. Dagegen war kein Halten mehr. Die Douglas ihrerseits drangen jetzt vor und warfen mit leichter Mühe die Hamiltons vor sich nieder. Graf Arran und sein Sohn, Sir James Hamilton, retteten sich durch die Flucht; Sir Patrick Hamilton, ein Bruder des Grafen, wurde erschlagen, mit ihm ein Sohn Lord Montgomerys und noch viele andere Herren «von der Westküste». Beaton suchte Zuflucht in der Blackfriars-Abtei, würde aber am Altar ermordet worden sein, wenn nicht Gawain Douglas rechtzeitig erschienen wäre und seinen Kirchenfürsten gerettet hätte. Das war am 12. April 1520. Von dem Tage an war die erschütterte und fast gebrochene Macht des Hauses Douglas aufs neue gefestigt. Die Erinnerung an diesen Kampf aber hat sich in Edinburgh lebendig erhalten bis auf diesen Tag, und jeder erzählt gern vom «cleanse the causeway» oder dem Straßenfegen der Douglas.

4. Archibald Bell-the-Cat

In einer der Gassen, die von Cowgate nach High Street hinaufführen, stand auch das Haus von Archibald Douglas, genannt *Bell-the-Cat.* Ich habe vor, von ihm zu erzählen. Seinem Rang und Titel nach war er Graf von Angus, aber sein Zuname verdrängte bald jede andere Bezeichnung, und jedes Kind im Lande hieß ihn «Archibald Bell-the-Cat». Diesen Zunamen erhielt er bei folgender Gelegenheit.

König Jakob III. zog allerhand Günstlinge an seinen Hof, zum Teil Leute aus niederem Stande; eine Mignon-Wirtschaft, wie sie 150 Jahre später am Hofe Ludwigs XIII. herrschte, war in Schottland während der Regierungszeit jenes Stuarts bereits im vollsten Schwunge. Der Adel des Landes war endlich entschlossen, dieser Sache ein Ende zu machen und die Mignons wohl oder übel zu beseitigen. Der König sammelte grade damals ein Heer zum Zuge gegen England und beschied seine Barone in die Nähe von Melrose. Die mißgestimmten Lords fanden sich ein, weniger aber um dem Kriegsrufe des Königs Folge zu geben, als vielmehr um ihre eigenen, langgehegten Pläne auszuführen. Sie hielten zu dem Zweck eine letzte Versammlung in der Kirche zu *Lauder*, einem alten Burgflecken nahe am Tweed, und sprachen hier, da man in der Hauptsache längst einig war, nur die Mittel und Wege durch, wie gegen die Günstlinge am besten vorzuschreiten sei. Ihr Haß richtete sich besonders gegen Cochrane, Grafen von Mar. Allerhand Vorschläge wurden gemacht, rasch, blutig, rücksichtslos, aber man kam zu keinem Beschlusse, vielleicht weil die Furcht einiger noch größer war als ihr Haß. Da bat Lord Gray ums Wort, bog sich lächelnd über den Tisch und erzählte die alte Fabel von der Katze und den Mäusen. «Die Mäuse», so sprach er, «waren unzufrieden mit der Katze; sie sahen sich oft überrascht und noch öfter bedroht. Sie beschlossen endlich, um sicher zu gehen, der *Katze eine Glocke um den Hals zu hängen* (to tie a bell round the neck of the cat); nur schade», so schloß er, «es fand sich keine Maus, die das Wagstück unternommen hätte.» In diesem Augenblick erhob sich Graf Angus von seinem Platz und rief über den Tisch hin: «I will bell the cat!» Er war der Mann, zu halten, was er gesagt hatte. Nach kurzer Zeit schon erschien Cochrane und sein Gefolge am Tor der Kirche, begehrte Einlaß und trat unter die Versammlung. Er war prächtig gekleidet und trug eine schwere goldne Kette als Zeichen königlicher Huld. Angus schritt auf ihn zu, musterte spöttisch den kostbaren Anzug und riß ihm dann die Kette mit den Worten ab: «Dahin gehört ein Strick!» Cochrane begriff noch immer nicht, was um ihn her vorging, und erniedrigte sich vollends durch die feige Frage, ob das Scherz sei oder Ernst? Der nächste Tag brachte die Antwort darauf. Der König hatte sich umsonst gemüht, seinen Günstling zu retten. Ein halbes Dutzend Galgen war über Nacht errichtet worden, an dem höchsten hing Cochrane, Graf von Mar. Archibald Douglas aber hieß von dem Tage an: *Archibald Bell-the-Cat.*

Jakob III. selbst war endlich dem Zorn seiner Barone unterlegen; sein eigener Sohn hatte sich den Aufständischen zugesellt, und der Tag von Sauchieburn hatte dem «Fiedlerkönig», wie man ihn hieß, Thron und Leben gekostet. Jakob IV. herrschte jetzt, Ritterlichkeit stand wieder im Preise, der beste Ritter im Lande aber hieß – Bell-the-Cat. Er war nicht jung mehr, nah an Funfzig, als sich folgendes zutrug.

Einer der tapfersten Männer an Jakobs Hofe war Spens von Kilspindie. Der König gab eine Festlichkeit in Stirling Castle; beim Weine flogen die Worte hin und her. Man sprach auch von Bell-the-Cat, der zufällig oder absichtlich nicht zugegen war, da die wachsende Macht des Hauses Douglas allerhand Furcht und Neid erzeugt hatte, selbst im Herzen des Königs. Man sprach von der Kraft und dem Mut des Abwesenden; der König selbst fügte hinzu: «Kein besserer Mann denn Angus.» Spens von Kilspindie lächelte und sagte dann laut: «Wenn alles, was lang ist, auch tapfer ist, dann ist er der Tapferste.» Das wurde von guten Freunden dem Angus hinterbracht. Monate waren vorüber; die Sache schien vergessen. Eines Tages, als Angus auf die Jagd ritt, nur von einem einzigen Diener begleitet, begegnete er dem Spens nahe am Walde von Borthwick und rief ihm zu: «Du bist just so lang wie ich selber, Spens, laß uns sehen, wie es mit *deinem* Mute steht.» Spens antwortete: «Wenn es sein muß, so muß es sein.» Sie stiegen von den Pferden und drangen aufeinander ein; nachdem sie eine Zeitlang gekämpft, traf Angus den Spens in die Weiche. Der Hieb war tödlich; dem Diener Kilspindies aber rief er zu: «Sag meinem Vetter, dem König, daß alles ehrlich zugegangen sei.» Dann ritt er seines Weges, aber nicht westlich auf die Falkenjagd, sondern südlich nach seinem Schlosse Tantallon, das für uneinnehmbar galt.

Bell-the-Cat wurde alt, aber seine alten Tage sollten ihm Gram bringen. Er war gegen Siebzig oder drüber, als König Jakob seinen Unheilszug gegen England beschloß. Angus war unter denen, die den König beschworen, von diesem Zuge abzustehn. Mit wie wenig Erfolg, lehrt der Tag von Floddenfield. Noch am Abend vor der Schlacht trat Angus in das Zelt des Königs, um seine Befürchtungen und seine Ratschläge zu wiederholen. Der König wurde des Zuhörens endlich müde und rief dem alten Manne voll Bitterkeit zu: «Geh heim, Angus, wenn du dich fürchtest.» Bei diesen Worten brach der Alte in Tränen aus. Er erklärte, den Undank dieses Königs nicht länger tragen zu können, und verließ das Schlachtfeld, nachdem er seine Lehnsleute unter den Oberbefehl seiner Söhne gestellt hatte. Seine Befürchtungen waren nur allzu gerecht gewesen; am Abend des andern Tages lagen zweihundert Douglas auf dem Felde von Flodden, darunter die beiden Söhne Bell-the-Cats. Der alte Mann überlebte die Nachricht nur um wenige Monate; er starb in einem jetzt vergessenen Kloster, wohin er sich zurückgezogen hatte.

Archibald Bell-the-Cat lebt nur in Lied und Sage noch, selbst die Stelle, wo man ihn zur Ruhe gebracht, ist unbekannt, aber das alte Douglas-Schwert, das in seinen Händen zu neuem Ruhme kam, sei's im Kampfe gegen die Feinde seines Landes, sei's gegen die Kilspindies, die seiner eignen Ehre zu nahe traten, – dies alte Schwert ist noch vorhanden. Dasselbe war nahe daran, sechzig oder siebzig Jahre später in einem andern Zweikampf gebraucht zu werden, der, wenn er stattgefunden hätte, die Begegnung zwischen Bell-the-Cat und Kilspindie vergessen gemacht haben würde. Am Tage von Carberry Hill nämlich, als Lord Lindsay gegen Bothwell auftrat und den Gemahl der Königin als «*den Mörder Darnleys*» zum Zweikampf herausforderte, wurde dies alte Douglas-Schwert, damals in Händen des Grafen Morton, von letzterem an Lord Lindsay überreicht, um «mit der Klinge Bell-the-Cats» die Sache auszufechten. Der Zweikampf selbst unterblieb bekanntlich.

Die Klinge Bell-the-Cats, die man mit Recht als das *Erbschwert* der berühmtesten Familie Schottlands ansehen kann, befindet sich seit Jahrhunderten im Besitz des jedesmaligen Hauptes der Familie. Eine kurze Beschreibung dieses Schwertes mag gestattet sein. Es zeigt auf seiner Klinge unter allerhand Arabeskengeschnörkel zwei Hände, deren Zeigefinger von rechts und links auf ein in der Mitte befindliches Herz deuten. Darunter die Jahreszahl 1329. Die Inschrift besteht aus vier Reimpaaren, die sich ungefähr dahin übersetzen lassen:

Unter allen Lords in meinem Reich
War keiner doch dem Douglas gleich.

Drum trag du, wenn ich gestorben bin,
Mein Herz zum heiligen Grabe hin.

Dort mag es liegen tief und still,
Bis mein Erlöser es wecken will.

Ein beßrer Ritter bis diese Stund
An keines Königs Seite stund.[1]

1745, nach Ausbruch der Stuart-Insurrektion, stand die Familie in Gefahr, diese Reliquie durch ruchlose Hand einzubüßen. Einer der Anhänger des Prätendenten, vielleicht aus einem eifersüchtigen Gefühl gegen die Douglas, noch wahrscheinlicher aus einem Mangel an Gefühl überhaupt, entführte dies wertvolle Kuriosum aus der Rüstkammer von Douglas Castle, und es bedurfte langer Nachforschungen im Lager, bevor das alte Schwert seinem rechtmäßigen Eigentümer wieder zugestellt werden konnte. Es ist jetzt selbstverständlich im Besitz von *Lord Douglas.*

Westbow; Grassmarket; ein paar Kapitel aus der Lynchjustiz

Wir kommen von Canongate, steigen High Street hinan und haben Edinburgh Castle in nächster Nähe vor uns. Die letzte Querstraße, die sich, wenige hundert Schritt von Edinburgh Castle entfernt, nach links hin abschwenkt, heißt *Westbow.*

[1] Diese Schwertesworte sind es wohl, die dem zu früh verstorbenen Grafen von Strachwitz zu seinem Gedichte «Das Herz von Douglas» Veranlassung gegeben haben, eine der schönsten Balladen, die unsere gesamte Literatur aufzuweisen hat.

Westbow in Edinburgh. Verurteilte «Covenanter»

Sie war früher länger und hatte fast die Form eines lateinischen S. Neubauten aber haben ihr Kopf und Füße genommen und nur ein gebogenes Mittelstück übriggelassen. Das gegenwärtige Westbow besteht kaum aus einem Dutzend Häuser an jeder Seite; wer aber Alt-Edinburgh studieren will, der ist hier am rechten Platze. Die Häuser stammen noch aus einer Zeit, wo man das Holz als Baumaterial nicht verschmähte und die vier Steinwände mit Erkern und Giebeln, mit Treppen und Korridoren wie mit allerhand phantastischem Schnitzwerk umhing. Diese Erker und Giebelchen, die auf den Dächern sitzen, die oft wunderlichen hölzernen Vorbauten, die weit in die Straße hineinragen, mögen diesen Häusern mal ein buntes, heitres und belebtes Ansehen gegeben haben; jetzt aber, wo die Giebelchen nicht mehr wie Grenadiermützen auf einer glatten Stirn, sondern nur noch wie Schlafmützen auf dem Kopf eines eingenickten Alten sitzen, ist es mit aller Stattlichkeit längst vorbei, und nur wer Lust und Zeit hat, sich um die baulichen Details zu kümmern, mag hier und dort einem eleganten Zug, einem grotesken Schnitzwerk oder ein paar kecken Linien begegnen, die Anspruch haben auf seine Aufmerksamkeit.

Westbow, dessen hoch gelegener Teil nach High Street hinaus mündet, biegt hügelabwärts in den sogenannten *Grassmarket* ein, den man auch als eine bloße, beinah sackartige Erweiterung von Westbow ansehn kann. Er hat an mehreren Stellen kleine Ausgänge; sie sind aber äußerst schmal, und nur einer, gegenüber der Stelle, wo Westbow einmündet, gleicht einer wirklichen Straße. Diese Straße führt den Namen *Westport*, weil sie unmittelbar am ehemaligen Westtor gelegen war, und hat eine traurige Zelebrität erlangt als Schauplatz jener langen Reihe von Verbrechen, die sich an die Namen Hare und Burke knüpfen.

Die Lokalität ist allerdings wie geschaffen für allerhand lichtscheue Untat, und wenn irgendwo in der Welt die «Pechkappe» ihre Rolle spielen konnte, so war es hier. Es war an einem Sonntagnachmittag, als ich diese unheimlichen Gassen passierte, ein paar kleine Kapellenglocken durchrissen die

Luft, einzelne Leute huschten in die Kirche; in den seitabwärts gelegenen Höfen und Winkeln aber war alles still; ein bißchen Sonnenschein, spärlich zugemessen wie ein Sonntagsgericht, fiel in die Gassen hinein, weniger um sie zu verschönen, als vielmehr um ihre Häßlichkeit zu zeigen. Ich guckte in einige dieser Winkelgassen hinein, der Wochenschmutz war in irgendeinen Winkel *zusammengekehrt, nicht weggenommen.* So kam mir das ganze Leben dieses Platzes vor: alles beiseite gekehrt auf ein paar Stunden, aber doch immer da und immer bereit, sich wieder als sich selbst zu bewähren.

Alle diese Gassen, die unmittelbar am Südabhang des Hügels, also im Rücken desselben und versteckt vor den Blicken gäng und geber Edinburgh-Besucher, liegen, sind durchweg von niedrigem und abstoßendem Charakter und zählen mit zu dem Schlimmsten, was ich der Art gesehen habe. Die verrufensten Quartiere Londons sind, im Vergleich damit, wohnliche und einladende Plätze, was seinen Grund vorwiegend darin hat, daß diese Edinburgher Häuser alt und baufällig, die Londoner Armenquartiere hingegen *verhältnismäßig* neu, die Straßen breit und mit Abzugskanälen versehen sind. Man kann freilich nicht leugnen, daß auch selbst diesem Teile Alt-Edinburghs noch ein gewisser malerischer Reiz anhaftet und daß es nicht ohne Interesse ist, vom Grassmarket aus in Cowgate oder Westport hineinzublicken; aber das bunte Bild, das man hat, wird so sehr auf Kosten der andern Sinne erkauft, daß es einem nicht schwerfällt, von den Bildern dieses Guckkastens wieder hinwegzutreten. Der einzige Ort, wo wir noch einen Augenblick zu verweilen haben, ist der Grassmarket selbst. Die Häuser sind hier besser, geräumiger, saubrer, erinnern an die soliden Bauten in High Street und mögen vor zwei-, dreihundert Jahren eine Zierde Alt-Edinburghs gewesen sein. Das «Castle» überragt nach Norden hin diesen Platz, blickt dominierend auf denselben herab. Ziemlich in der Mitte des Platzes befindet sich ein mit weißen Steinen ausgelegtes Kreuz, um die Stelle zu bezeichnen, wo in «guten alten Zeiten» der Galgen stand. Er hatte eine Zeitlang eine gefährliche Konkurrenz mit dem

«City Cross» zu bestehen, wo, wie ich an andrer Stelle erzählt habe, die Häupter Montroses, Huntlys und der beiden Argyles fielen, aber vielleicht gerade der Umstand, daß in verhältnismäßig kurzer Zeit soviel edles Blut auf die Steine von High Street floß, brachte zwischen den beiden Rivalen ein für allemal einen Kompromiß zustande, und während das City Cross für die Parteihäupter des Adels blieb, fiel der Rest des Publikums dem Grassmarket zu. Es war eine aristokratische Teilung zwischen *Schwert* und *Strick*.

Der Grassmarket und das Steinkreuz in der Mitte wissen viel zu erzählen, ich greife indes aus der Fülle ihrer Überlieferungen nur eine heraus, die im Gedächtnis der Edinburgher fortlebt bis auf diesen Tag, vielleicht weil man stolz ist auf den ganzen Vorgang und auf den Mut, die Independenz und das starre Rechtsgefühl, das sich darin ausspricht. Man hört die Geschichte mit einer Miene vortragen, als sollte einem gesagt werden: «So waren wir, und so würden wir nötigenfalls wieder sein.» Hauptmann Porteous, der Sohn eines Edinburgher Schneiders, hatte sich zu einer Art von Beherrscher und Tyrannen seiner Mitbürger gemacht. Das Polizeiwesen war ihm anvertraut worden, und die Edinburgher Milizen, ein halb verlachtes, halb gefürchtetes Invalidenkorps, standen unter seinem Befehl. Er brachte etwas Zug in die Truppe und etwas Ordnung in die ganze Stadt, verfuhr dabei aber mit einer Strenge und Rücksichtslosigkeit, die ihn zum Gegenstand allgemeinen Hasses machte. Eine Hinrichtung sollte stattfinden, und Hauptmann Porteous mit seinen Stadtsoldaten hatte Ordre, auf dem Grassmarket zu erscheinen. Der Hinzurichtende war ein junger Bursche, der sich durch seine Bravheit und Herzhaftigkeit die Zuneigung des gemeinen Mannes in hohem Grade erworben hatte. Das machte Vorkehrungen nötig. Er hieß Wilson und hatte die Flucht seines Mitschuldigen dadurch möglich gemacht, daß er, als man ihn und seinen Komplizen aus der Gerichtssitzung, unter Bedeckung von vier Stadtsoldaten, ins Gefängnis zurückführen wollte, die beiden neben ihm gehenden Invaliden mit den Armen, einen dritten aber mit den Zähnen gepackt hatte. Die Selbstaufopferung, die in dem Ganzen lag, hatte das Volk aufs höchste für Wilson eingenommen, und man war unzufrieden, daß er nichtsdestoweniger nach der Strenge des Gesetzes hingerichtet werden sollte. Der Tag kam. Wilson erschien, hielt sich tapfer, wurde aufgeknüpft, und alles schien vorüber. In diesem Augenblick aber sprang einer aus dem Volk aufs Schafott, schnitt den bereits Entseelten ab und machte Miene, den Leichnam unter dem Jubel des Volkes fortzutragen. Das war zu viel für Porteous. Er sprang dem Übeltäter nach, erschoß ihn auf der Stelle und kommandierte «Feuer», als er das wütend werdende Volk auf sich eindringen sah. Ein halbes Dutzend wurde getötet, viele waren verwundet; man stob auseinander. Der Vorfall machte ein ungeheures Aufsehen; Hauptmann Porteous wurde eingezogen und endlich, angeklagt auf Mord und schnöden Mißbrauch dienstlicher Gewalt, vom Gerichtshofe einstimmig zum Tode verurteilt. Der Tag der Hinrichtung wurde festgesetzt; das Volk jubelte; der Grassmarket hatte sich mit Tausenden gefüllt. Man wartete und wartete, die Stunde war längst vorüber, der Verurteilte erschien nicht, endlich hieß es, man habe ihn in London begnadigt. So war es in der Tat. Das Volk hörte die Nachricht scheinbar ruhig an und verlief sich dann. Das war in der Mittagsstunde. Um Mitternacht hörte man dumpfen Trommelschlag in High Street, und wo immer das Wirbeln gehört wurde, aus allen Höfen und Gassen kam das Volk herbei; in einer halben Stunde waren mehrere Tausend beisammen; immer mehr schlossen sich dem gespenstigen Tambour an, kein Wort wurde laut, jeder wußte, um was es sich handelte. Die Tore wurden geschlossen, die Stadtsoldaten entwaffnet und einige hundert Mann vor dem Eingang zu Edinburgh Castle aufgestellt, um jede Kommunikation mit der englischen Garnison des Schlosses unmöglich zu machen. Dann rückte man vor «Old Tolbooth», in dem, wie man wußte, Kapitän Porteous gefangen saß. Die schweren Türen leisteten Widerstand, man brannte sie nieder und drang ein: welcher Anblick, als man in das Zimmer des Unglücklichen trat. Halbniedergebrannte Lichter, leere und volle Weinflaschen, Speisen aller Art – man sah, der Unglückliche hatte ein Gastmahl gegeben, um seine Rettung zu feiern. Zu früh. Man zog ihn aus dem Kamin hervor, darin er sich versteckt hatte, und schleppte ihn durch High Street und Westbow auf den Grassmarket hinaus, wo man ihn am Vormittag desselben Tages vergebens erwartet hatte. Eins fehlte – der Strick. Man brach einen benachbarten Seilerladen auf, nahm, was man brauchte, und warf ein Goldstück auf den Tisch. Zehn Minuten später hatte Hauptmann Porteous aufgehört zu sein. – Es fehlt der Geschichte sicherlich nicht an lehrreichen Momenten; die Begnadigung par distance, wo der Begnadigende die Stimmung und, ich möchte sagen, die *öffentliche Moral* nicht kennt, die über dem Verurteilten zu Gerichte gesessen hat, haben schon öfters ähnliche Stürme des Unwillens heraufbeschworen. Das Volk glaubte sich in diesem Fall berechtigt, das ursprüngliche Urteil wiederherzustellen. Vor allem aber spielte das politische Element in diesem Vorgange eine Rolle. Es war in der Tat mehr ein Aufstand als ein Krawall. England, sein *hannöverscher* Hof und König, alles stand dem schottischen Volke fremd gegenüber, und diese Begnadigung erschien ihm wie ein Eingriff in die Rechte seiner Nationalität. So dachte hoch und niedrig, und was zu Anfang eine bloße Angelegenheit des Pöbels gewesen war, das erhob sich schließlich zu einer Volks- und Nationalsache. Vornehme Leute, Häupter der Stuartschen Partei, hatten die Hand mit im Spiel, und das Goldstück, das auf den Tisch des armen Seilers geworfen wurde, kam sicherlich nicht aus der Tasche eines Tagelöhners oder Handwerkers.

Einige Jahre später hatte Edinburgh einen andren Diktator; seine Herrschaft ruhte aber auf minder gefährdetem Fundament, indem er sich's zur Aufgabe machte, der Volksmeinung zu dienen, statt sich ihr zu widersetzen. Dieser Mann war Joseph Smith, ein Schuhflicker aus Canongate, der je nach der Laune seiner Verehrer (und ihrer waren viele) General Smith oder vertraulicher «der lahme Joseph» genannt wurde. Er war ein kleiner, unansehnlicher Mann, in seiner Erscheinung bloß den Spott herausfordernd, aber mutig genug, jede gute Sache durchzufechten, und klug genug, nur eine gute und gerechte Sache zur seinigen zu machen. Seine Klugheit, wenn ich so sagen darf, sein politischer Takt, war es, was ihn mehr denn ein Menschenalter hindurch eine Art Herrschaft üben ließ, indem er abwechselnd die Behörden unterstützte oder bekämpfte, je nachdem er das hausbackene Recht auf seiten derselben sah oder nicht. Er verfuhr dabei jahrelang mit so großem Geschick, daß die Stadtautoritäten ihn endlich wie ein unvermeidliches Schicksal hinnahmen, mit dem es gut sei, sich zu stellen, statt machtlos gegen dasselbe anzukämpfen. Wurden Maßregeln vorbereitet, so zog man zuvor das Gutachten von General Joseph Smith ein und ließ die Sache fallen, wenn er die Achseln zuckte und zu verstehen gab, daß er wahrscheinlich gezwungen sein würde, seine Trommel zu rühren. War er umgekehrt *persönlich* mit Maßregeln einverstanden, von denen er wußte, daß sie Anstoß erregen und Widerstand beim *Volke* finden würden, so begann nunmehr seine wichtige Tätigkeit als Unterhändler und Friedensstifter. Sein Verfahren dabei war immer dasselbe; er erschien auf einer Rampe, neben sich ein Oxhoft Edinburgher Bier (Ale), das der Magistrat liefern und zur Stelle schaffen mußte. Dann hielt er seine Rede, lud jeden ein zu trinken und schloß seine Ansprache mit den Worten: «Nun macht, daß ihr nach Hause kommt.»

Am gefürchtetsten war er, wenn es Bürger gegen Bürger galt. Bäcker und Schlächter hielt er in heilsamer Furcht. Aussaugungen, Bereicherungen (zumal in Zeiten der Not) auf Kosten des armen Volkes duldete er nicht, und einem Bäcker, der durch hohes Gewicht Kunden angelockt hatte, bis sich herausstellte, daß er mit falschen Stücken gewogen hatte, wurde ohne weiteres das Haus gestürmt. Nicht besser erging es einem Hauswirt, der seinen Mieter mitleidlos auf die Straße geworfen und dadurch den Selbstmord des armen Mannes verschuldet hatte. Lahm-Joseph rührte die Trommel, das Haus des Wirts wurde gestürmt, jeder bewegliche Gegenstand weggeschleppt und auf offenem Markt verbrannt. An ein Einschreiten der Behörden in solchem Falle war gar nicht zu denken. Einen entrüsteten Volkshaufen, dem man nicht das Recht überhaupt, sondern nur das Recht, sich Recht zu nehmen, bestreiten kann, läßt man allerorten am besten gewähren. Das Gefühl, zu Gericht zu sitzen, sichert vor Extravaganzen. Wenigstens scheinen die Edinburgher Magistrate von diesem oder einem ähnlichen Satze ausgegangen zu sein. Lahm-Josephs letzte Verhandlung mit den Stadtbehörden fand statt, als ein bourbonischer Prinz der Stadt seinen Besuch zugesagt und gerade *den* Tag im langen Jahre dafür festgesetzt hatte, an dem die unteren Volksklassen seit vielen, vielen Jahren daran gewöhnt waren, sich durch «Verbrennen des Papstes» einen heiteren Abend zu machen. Der Magistrat ließ Lahm-Joseph kommen, stellte ihm die Sache vor «von wegen des katholischen Prinzen», schob ihm ein Goldstück hin und appellierte an General Smiths Gefühl für Anstand und gute Sitte. Joseph steckte das Goldstück ein, gab dem Stadtschreiber recht und empfahl sich dann mit den Worten: «Aber brennen muß er doch.» Bald nachher segnete der Schuhflicker aus Canongate das Zeitliche, und die Diktatur über Edinburgh ist seitdem ein unbesetzter Posten geblieben.

Ziemlich in dieselbe Zeit, in der die Herrschaft Lahm-Josephs blühte, fällt auch die Geschichte der Lady Grange.

Lord und Lady Grange waren zwanzig Jahre verheiratet, als der Lord (bekannter unter dem Namen Mr. Erskine) seiner Gemahlin überdrüssig wurde und die Trennung von ihr durchsetzte. Wer der schuldige Teil war, ist zweifelhaft und ändert wenig in der Sache. Lady Grange lebte nunmehr wenige Häuser von ihrem Gatten entfernt und fiel diesem durch ein Benehmen lästig, das in der Tat unerträglicher Natur gewesen zu sein scheint. Zudem war sie in die politischen Geheimnisse ihres Gemahls eingeweiht und drohte vielfach, ihn als einen der gefährlichsten Jakobiten in London zu verraten. So standen die Dinge, als eines Abends zwanzig Hochländer, vom Clan der Frazers, deren Haupt der berüchtigte Lord Lovat[1] war, in der Wohnung der Lady Grange erschienen, sie knebelten, in einen Tragstuhl setzten und vor das Westtor trugen. Daselbst fand man Pferde. Nun begann eine Reise in Nachtmärschen; bei Tage in Gewahrsam, bei Nacht im Sattel. So ging es eine Woche lang, bis man über Stirling und Perth hinaus die Grafschaft Inverness erreicht hatte, wo Verfolgung nicht länger zu befürchten war. Man hielt sich nordwestlich und kam endlich ans Meer. Ein Boot lag schon bereit, Lady Grange wurde hineingetragen, und die Fahrt nach einem der kleinsten und unwirtbarsten Eilande begann. Man erreichte dasselbe und ließ die Lady in einem Steinhäuschen zurück; nur fünf Menschen lebten auf der Insel, eine einzige arme Fischerfamilie. Für Nahrungsmittel wurde von der Küste aus gesorgt. Als sie einmal an den Hochländer, der ihr wie ein Gefangenwärter beigegeben war, die Frage richtete, ob er sich des Dienstes nicht schäme, zu dem er mißbraucht würde, antwortete dieser im echten Clangeist: «Ich würde mich schämen; aber Lord Lovat *will*, daß ich tue, was ich tue, drum schäm ich mich nicht.» Auf dieser Insel lebte die Lady 13 Jahre, verwilderte zuletzt und starb, ohne das Festland von Schottland, geschweige Edinburgh wiedergesehen zu haben. Ihr Verschwinden hatte zu allerhand Gerüchten Veranlassung gegeben; die Gerüchte gewannen endlich Konsistenz, und die Sache war so gut wie bewiesen, aber niemand schritt ein, und Lord Grange handhabte nach wie vor in Würde und Strenge das Gesetz, das nicht den Mut hatte, seine Spitze auch gegen ihn selbst zu kehren. Ein oberster Richter war zur Selbsthilfe geschritten, hatte das Einschreiten von 20 Hochländern dem Einschreiten des Gesetzes vorgezogen; welche Furcht, welches Sichbeugen vor dem Gesetz war von denen zu erwarten, die *dort* lebten, wohin man die Lady Grange als zu einem unerreichbaren Punkt geschleppt hatte!

[1] Am 9. April 1747 auf Tower Hill enthauptet. Die letzte Hinrichtung mit dem Beil, die in England vorgekommen ist. Seitdem wird *nur* gehängt. Lord Lovat war nah an 80 Jahre alt.

Alt-Edinburgh wäre nicht, was es ist, wenn es nicht auch seine Spukhäuser hätte. Jeder, der einmal High Street hinaufgeschritten ist und geschwankt hat, ob er den über den Häusern hängenden Nebel wie eine verflüchtigte Stadt oder die graue Stadt wie einen soliden Niederschlag *aus* dem Nebel betrachten solle, muß ein Gefühl davon gehabt haben, daß dies eine Festung sei, in der die Gespensterarmee mutmaßlich noch einen letzten Widerstand versuchen würde, wenn der Rest der Welt auch längst den Entschluß gefaßt haben sollte, mit Hexen und Elfen, Brownies und Wichtelmännchen, Puck, Klopfgeist und Klabautermann ein für allemal zu brechen. Was von dem ganzen Lande gilt, gilt auch von seiner Hauptstadt; neben Puritanismus und Dampfmaschine ist der alte nationale Aberglauben in Kraft geblieben. Man begegnet ihm auf Schritt und Tritt. Natürlich ist man auch in Schottland vornehm genug geworden, um in Büchern und Zeitungsspalten über die Schnurren und Finsternisse des Mittelalters fort zu sein, aber man braucht nicht lange sich umzusehen, um wahrzunehmen, wie dünn die Decke ist, unter der die alten Lieblingsgestalten schlafen. Die Gespenster scheinen hier eine Art Landesprodukt zu sein. Und in der Tat, ich möchte *den* sehen, der nachts, an Scone und Dunsinan vorbei, das große Blach- und Steinfeld der Grafschaft Inverness durchreiten kann, *ohne* Gespenstern begegnet zu sein. Meilenweit kein Baum, kein Strauch; die Grampians rechts, ein Gebirgsbach links; nichts hörbar als das Rauschen des Wassers und der Hufschlag des eigenen Pferdes; über den Weg fallen wechselnd die Bergesschatten, und ein Schneehuhn fliegt auf. Wer solchen Ritt machen kann, ohne die Hexen Macbeths um eine Bergwand biegen zu sehen, der hat sich selbst sein Urteil gesprochen. Die Geisterwelt ist ihm verschlossen. Alle schottischen Dichter haben an dem Aberglauben ihres Volkes von ganzem Herzen teilgenommen. Burns, so könnte man einwenden, habe im «Tam O'Shanter» die Gespensterfurcht des Volks mit überlegnem Witze persifliert. Aber man weiß, was man von solchem Witze zu halten hat; er hält nur aus bei hellem Tage. Bei Nacht gleicht er dem Pfeifen und Singen auf einsamem Waldeswege. Walter Scott hatte eine Passion für Gespenstergeschichten und besaß neben der Lust daran auch ein besonderes Geschick, sie vorzutragen.[1]

Die Neustadt Edinburgh hat nicht das Vorrecht, Spukhäuser zu besitzen, sie hat nur Bildsäulen von Pitt, Lord Melville und Georg IV. und daneben Paläste, die noch zu jung sind, um Geisterherbergen sein zu können; aber *Alt*-Edinburgh, wie eingangs bereits gesagt, hat deren, und wir wollen einen Augenblick bei ihnen verweilen.

Es ist wahr, wir machen bei Aufzählung ihrer Insassen keine absolut neue Bekanntschaft; die nordischen Völker scheinen sich die Gestalten ihres Schreckens nach einem verwandten Bedürfnis und unter ähnlichen Eindrücken zurechtgemacht zu haben, aber wir finden doch bei vielem Gleichen mancherlei Nuancen und Abweichungen. Das Pferd mit der Feuermähne, der unsichtbare Kutschwagen, der lärmend auf die Rampe fährt, selbst der blasse Mann, der dann und wann seinen Kopf abnimmt, sollen uns nicht weiter beschäftigen; auch bei der großen Hand, die brennende Lichter auf den Tisch stellt oder bei dem Seitenstück derselben, den drei Paar Füßen, die schottisch tanzen und mit den Hacken zusammenschlagen, wollen wir uns nicht länger verweilen. Aber ein Haus in unmittelbarer Nähe von High Street, das bis auf diesen Tag verfallen und öde dasteht, hat doch Anspruch

[1] Eine Szene, die sich, beiläufig bemerkt, am reich besetzten Tische des Bankiers und Dichters Samuel Rogers zutrug, zeigt am besten das halb gläubige, halb ironische Verhältnis, in dem Walter Scott zu seinen Gespenstergeschichten stand. Er erzählte eine derselben mit dem größtmöglichsten Aufwand seiner Darstellungsgabe und hielt einen kurzen Augenblick die Gemüter seiner Zuhörer wie in einem Bann des Schrekkens. Aber auf Augenblicke nur; Rogers selbst erholte sich zuerst und rief seinen Gästen zu: «Nein, Scott, das ist zu arg; Unsinn von Anfang bis zu Ende»; worauf dieser lebhaft und selbst noch aufgeregt erwiderte: «Aber ich hab es von meiner Großmutter», rasch dann und unter lautem Lachen hinzufügend: «Freilich, die alte Frau log entsetzlich.»

darauf, hier seine Geschichte erzählt zu sehn. Auf mich hat sie Eindruck gemacht, weil sowenig Apparat darin sichtbar ist. Das Haus, das ich meine, steht auf einem Platze, der Lawn Market heißt. Die Bewohner, schlichte Leute, hatten sich Gäste geladen, ein paar Freunde und Verwandte. Es war am hellen, lichten Tag, die Wanduhr setzte eben ein, um zwölf zu schlagen, der Tisch war gedeckt, und im Kamin knisterte das Feuer. Jeder nahm seinen Sitz, und der Hausherr begann das Gebet zu sprechen. Als er bis an die Worte gekommen war: «Führe uns nicht in Versuchung», öffnete sich eine Stelle in der Wand, wo niemand zuvor eine Tür gesehen hatte, und eine Frauengestalt trat daraus hervor. Sie schüttelte den Kopf, wies auf eine Stelle am Boden und schritt halb abgewandt, wie im Bewußtsein ihrer Schuld, der Stelle zu, auf die sie zuvor gezeigt hatte. Alle Anwesenden, Gäste und Bewohner, flohen entsetzt aus dem Hause. Hundert Jahre und mehr sind seit jenem gestörten Mittagsmahle vergangen, ebensolange steht das Haus verschlossen und leer. Niemand bis jetzt hat sich gefunden, der Lust gehabt hätte, den Schlüssel im rostigen Schloß zu drehen und nachzusehen, ob der Tisch dort oben noch gedeckt sei oder nicht.

Eine andere Geschichte ist die vom Major Weir. Sie hat mehr historisches Fundament, mehr bestimmte Namen, mehr Lokalton; das mag der Grund sein, daß sie unter allen ähnlichen Geschichten die populärste geworden ist. Major Weir hatte bei Dunbar gefochten, er galt für tapfer, aber seine Tapferkeit war nichts im Vergleich zu seiner Frömmigkeit. Das puritanische Edinburgh verehrte ihn wie einen Heiligen. Er war unverheiratet und bewohnte ein Haus in Westbow. Mit ihm war seine Schwester Griseldis, gewöhnlich «die alte Grissel» genannt. Er kleidete sich schwarz, predigte in Versammlungen und beherrschte die Stadt durch seinen Einfluß. Nur eins fiel auf: er pflegte einen langen schwarzen Stab zu tragen; solang er diesen in Händen hielt, war er feurig, beredt, hinreißend, sowie er ihn hinwegtat, erschien er alt und hinfällig. Von diesem Stabe gingen Wundergeschichten um. Eines Tages erschien Major Weir vor dem obersten

Richter und erhob *Anklage gegen sich selbst*. Die Richter wollten nicht glauben und wiesen ihn ab. Er beharrte bei seiner Aussage und gab solche Details, daß man zu seiner Verhaftung schreiten mußte. Der Prozeß ward eingeleitet, unerhörte Dinge kamen ans Licht; Betrug, Mord, Unzucht und jede Form nächtlicher Orgien. Bei einer späteren Revision der Prozeßakten hat man alles ins Gebiet des Wahnsinns, der Fiktion und Übertreibung verweisen wollen. Das ist immer das bequemste. Die Zeitgenossen aber glaubten an die volle Wirklichkeit der Dinge und drängten sich mitleidslos um den Holzstoß herum, auf dem das Geschwisterpaar verbrannt werden sollte. Grissel Weir riß sich die Kleider vom Leibe, um, wie sie schrie, «in aller Schande zu sterben». Ihr Bruder stand stumm und regungslos am Pfahl; nur als ihm die Worte des letzten Gebetes vorgesprochen wurden, schüttelte er den Kopf und murmelte: «Wozu?» Die Flammen schlugen auf; erst als der schwarze Stab verbrannt war, der ihm zu Füßen lag, konnten sie an ihn. Das Haus in Westbow aber hat niemand mehr bewohnt. Vor 10 oder 15 Jahren wurde es niedergerissen. Solange es stand, lebte im Volk der Glaube an ein gespenstisches Treiben innerhalb seiner Mauern; Lichtschein flimmerte nachts aus den Fenstern der ersten Etage, gedämpfte Musik und wildes Tanzen, Gläserklingen und Lachen und Lebehoch. Dazwischen hörte man deutlich das Surren eines Spinnrads; denn Grissel Weir war eine berühmte Spinnerin gewesen, aber das Linnen brach, das aus ihrem Garn gewoben wurde.

Das dritte und letzte Spukhaus, von dem ich zu sprechen habe, steht in Canongate. Das alte Haus ist längst zerstört, aber der genius loci scheint geblieben. Die Geschichte, die sich an dies Haus knüpft, ist folgende. Gegen Mitternacht wurde bei einem Geistlichen, der weiter oberhalb in der Stadt wohnte, an Tür und Laden geklopft. Als er öffnete, sah er mehrere Männer draußen stehn, die ihm mitteilten, daß er sie begleiten möge, um einem Kranken die Sterbesakramente zu reichen. Er gehorchte. Als man High Street hinunter war, zwang man ihn, sich die Augen verbinden zu lassen;

dann schritt man weiter abwärts. Nachdem ihn seine Begleiter noch mehrere Minuten lang die Kreuz und Quer geführt hatten, geleiteten sie ihn die Steintreppe eines Hauses hinauf, öffneten eine Tür im ersten Stock und hießen ihn eintreten. Hier nahm man ihm die Binde ab. Er befand sich in einem geräumigen, wenig erleuchteten Zimmer, in dessen Mitte ein Himmelbett mit dunklen Gardinen stand, der eine Vorhang halb zurückgeschlagen. Zur Seite des Bettes saßen mehrere Männer; in demselben lag eine schöne junge Dame, eine Wöchnerin, wie man ihm sagte, erst wenig Stunden zuvor eines Kindleins genesen. Die Männer wiederholten jetzt die Aufforderung, die Worte zu sprechen, die gemeinhin am Bette eines Sterbenden gesprochen würden. Er antwortete, daß ihm der Zustand der Dame das nicht zu erfordern scheine, sie sei keine Sterbende, kaum eine Kranke; drohende Worte indes ließen ihm bald keine Wahl mehr, und zitternd, kaum seiner Sinne mächtig, sprach er die üblichen Gebete. Als er geendet hatte, verband man ihm abermals die Augen und führte ihn treppabwärts; ehe er die letzten Stufen erreicht hatte, hörte er einen Pistolenschuß. Vor seiner Wohnung angelangt, wurde ihm von seiten seiner Begleiter eine Börse mit Goldstücken aufgedrungen und kurz hinzugefügt, daß er zu schweigen habe, so lieb ihm sein Leben sei. Dann ließ man ihn allein. Er trat in sein Haus, legte sich wie im Fieber nieder und fiel endlich, nachdem er sich lange rastlos hin und her geworfen hatte, in einen tiefen Schlaf. Gegen Morgen erweckte ihn sein Diener mit der Nachricht, daß über Nacht in Canongate ein heftiges Feuer ausgebrochen sei; das ganze Haus sei zerstört und die Tochter des Lord Ravendale in den Flammen umgekommen. Für den Geistlichen war kein Zweifel, daß dies dasselbe Haus sei, in dem er die Nacht vorher die Sterbegebete gesprochen hatte; aber die Furcht hielt ihn ab, zu reden und als Kläger aufzutreten. Dennoch blieben die Vorgänge jener Nacht nicht ganz verschwiegen, und nachdem, ziemlich ein Menschenalter später, der Geistliche gestorben war, fehlte es nicht an Personen, die von der Geschichte wenigstens gerüchtweise Kenntnis hatten. Dies Gerücht fand später eine gespenstische Bestätigung. An derselben Stelle, wo das Haus in Canongate niedergebrannt war, hatte man bald nachher ein neues Gebäude errichtet. Viele Jahre waren seitdem vergangen, der Geistliche längst tot, das neue Haus war fast wieder ein altes geworden; da brach ein zweites Mal Feuer an derselben Stelle aus. Als die Flammen die höchste Höhe erreicht hatten, wurde der Tumult, der wie gewöhnlich in den benachbarten Straßen herrschte, plötzlich durch eine Erscheinung unterbrochen. Eine schöne Frauengestalt, in reiche Nachtgewänder gekleidet, erschien mitten in den Flammen und rief laut in die Stadt hinein:

«Einmal verbrannt, zweimal verbrannt,
Das *dritte* Mal brennen Stadt und Land.»

Der Eindruck dieser Worte war so mächtig, daß, wenn in späteren Jahren noch ein Feuer in der Nähe von Canongate ausbrach, die größten Anstrengungen gemacht wurden, das Umsichgreifen desselben zu verhindern, um nicht vielleicht jene furchtbare Prophezeiung in Erfüllung gehn zu sehen.

Ein besonderer Reiz dieser Erzählung und ihr charakteristisches Unterscheidungszeichen liegt in der *Erscheinung der Frauengestalt in den Flammen;* im übrigen erinnert dieselbe lebhaft an jene, wenn ich nicht irre, von Henrik Steffens herrührende, später von *Schelling* in Terzinen wiedererzählte Geschichte, die unter dem Namen «Die letzten Worte des Pfarrers zu Drottning» bei uns bekannt geworden ist. Die Hauptzüge sind in beiden Erzählungen dieselben, nur Lokalität und Farbe weichen ab.

Ein Abend in High Street

Ich habe schon in einem früheren Kapitel hervorgehoben, wie das Straßenleben Alt-Edinburghs etwas Südländisches hat. Man geht nicht vor die Tore, um sich im Freien, im Grünen zu vergnügen, man schlendert nur zwischen Canongate und Edinburgh Castle auf und ab, gesellt sich zu dieser oder jener Gruppe, lauscht einen Augenblick, spricht auch wohl und schreitet zur nächsten Ecke weiter, um dort ein ähnliches Treiben vorzufinden wie das, was man soeben verlassen hat. Die Gin-shops und Whisky-Läden (übrigens von ziemlich dürftigem Aussehen und nicht zu vergleichen mit ähnlichen Etablissements in London) laden überall zum Eintritt ein, und die Temperanzprediger, die sich allabendlich vor einem auf und ab gehenden Publikum, das die Stummelpfeife im Munde und die Hände in den Hosentaschen hat, hören lassen, scheinen mir nicht in der Lage, den verführerischen Eckläden eine erhebliche Konkurrenz zu machen. Wie dem aber auch sei, das *Straßenpredigertum* im allerweitesten Sinne, der öffentliche Bekehrungsversuch für diesen oder jenen moralischen oder kirchlichen Zweck, ist einer der hervorstechendsten Züge des Alt-Edinburgher Lebens, insonderheit der High Street. Wir werden gleich sehen, daß die Mäßigkeitsapostel dabei keine ausschließliche Herrschaft üben und sich's gefallen lassen müssen, mit den verschiedensten andern Elementen das Terrain zu teilen.

Es mochte 9 Uhr sein; wir stiegen, wie so oft, von Canongate her die malerische Hügelstraße hinan und erfreuten uns an dem auf und ab wogenden Treiben der Volksmenge. Als wir Tron Church beinah erreicht hatten, sahen wir fünfzig oder hundert Menschen an einer wenig erleuchteten Straßenecke stehen und vernahmen bald im Näherkommen die Töne einer pathetischen, beschwörenden Stimme. Wir drängten uns durch den ziemlich engen Kreis und standen einem blassen, hektisch und ärmlich aussehenden Manne gegenüber, der nicht müde wurde, zu Eintracht, Versöhnung und christlicher Liebe zu ermahnen. Wir folgten seinem Vortrage zehn Minuten lang, bis endlich der äußerste Mangel an Fortschritt und Entwicklung es unmöglich machte, noch länger auszuhalten. Er sprach im Sinne einer «Evangelischen Allianz», was man hätte hinnehmen können, wenn nur die Mahnung selbst etwas mehr als eine bloße Phrasenanhäufung gewesen wäre. Er zog seine Sätze ab wie ein Bankhalter seine Karten, mischte den Talon und begann von neuem. Die Sätze lagen anders, aber dieselben Karten. Wir sahen deutlich, daß der Mann längst fertig war und nur weitersprach, um das Volk, das noch einen Schlußtrumpf zu erwarten schien, nicht unbefriedigt nach Hause gehen zu lassen. Ich zweifle aber, daß dieser Schluß in anderer Form zur Erkenntnis der Aushaltenden gekommen ist als in der schließlichen Totalerschöpfung des Redners.

Wir schritten High Street weiter hinauf bis zur Stelle, wo Blair Street auf den kleinen Platz, der Tron Church umgibt, ausmündet. Hier, in halber Zurückgezogenheit, von der Straße aus sichtbar und doch nicht direkt von ihrem Lärm berührt, hatte ein dicker, alter Herr eine Kanzel, in Form eines Schulkatheders, bestiegen und predigte zu seinem Publikum. Das Auditorium war fast zahlreicher wie das, von dem wir eben kamen, aber minder aufmerksam; man kam und ging, sprach und kicherte; es war ersichtlich ein altes Lied, das man an dieser Stelle vernahm. Der alte Herr plädierte für Mäßigkeit. Kein Zweifel, er gab sich die größte Mühe, aber auf den Gesichtern war weder Zustimmung noch Erbauung zu lesen. Was er sprach, war weder gut noch schlecht, er malte mit grellen Farben das bekannte Doppelbild: Die wohlgekleidete Familie am Teetisch, daneben der Trunkenbold, der seine Frau schlägt, und ersetzte durch Stimmittel, was ihm an sonstigen Gaben gebrach; aber alles scheiterte, wenn nicht an der Verbrauchtheit der Mittel, so doch an der völligen Ungeeignetheit der Persönlichkeit. Der alte Herr glich einem behäbigen Farmer, jener wohlgenährten John-Bull-Type, die der «Punch» so oft zu bringen pflegt, und wenn er sich zu Port und Sherry auch nicht wie Hahnemann zum Kaffee verhielt (der ihn allen Patienten verbot, während ihm selber «nichts darüber ging»), so bestritt doch sein Erscheinen aufs äußerste, daß er bei Tee und Schmalbier alt geworden sei. Man konnte nicht umhin, sich seine Vergangenheit als eine lange Reihe von Diners vorzustellen, und die Feuerräder seiner Beredtsamkeit verpufften wirkungslos in der Luft. Mit uns verließen ein Dutzend Leute den Platz, darunter drei Soldaten: ein riesiger Dragoner mit zwei «young hands» von der Sussex-Miliz am Arm. Sie bogen vom Platz aus in High Street ein und verschwanden lachend in den Hof eines alten unsauberen Hauses, an dessen halberleuchteten Wänden zu lesen war: «Money lent here; highest prices paid for jewellery, watches» etc.

Die beste Probe von Straßenpredigertum war uns aber noch vorbehalten. Als wir ziemlich die Ecke erreicht hatten, wo sich High Street um die Kirche von St. Giles herum zu einem Platz erweitert, sahen wir die Straße durch eine gedrängt stehende Menschenmenge halb abgesperrt. Als wir in den Kreis traten, überraschte uns ein Doppelbild, zwei Figuren, von denen es schwer zu sagen war, welche mehr Anspruch hatte, unsere Aufmerksamkeit zu fesseln. Der eine, ein etwas pockennarbiger Mann von etwa 50 Jahren, balancierte auf einer breiten Fußbank und sprach mit lauter Stimme, nur innehaltend, wenn er den Hut abnahm, um sich den Schweiß der Arbeit von der Stirn zu wischen. Neben ihm, den Rücken an den Laternenpfosten gelehnt, stand ein Siebziger von fast patriarchalischem Ansehn. Er war blind und von noblen Gesichtszügen; sein weißes Haar, das bis auf die Schultern herabhing, bewegte sich leis im Winde; dazu spielte um seinen Mund jener leise Zug von Humor und List, dem man so oft an alten Judenköpfen zu begegnen pflegt. Beide Männer waren in der Tat Juden, aber jener Sekte zugehörig, die unter dem Namen der «Christ-Israeliten» in Amerika und England eine Art von Notorität erlangt hat. Die Kleidung beider Männer war gleich und trug dazu bei, den Reiz des Bildes zu erhöhen. Olivenfarbene Weste und Beinkleider, dunkelblaue Röcke mit großen Knöpfen, schwere Schuhe und weiße, niedrige Felbelhüte, dazu Berloques und allerhand Uhrbehang, der bei dem Mann auf der Fußbank wie ein Schlüsselbund klapperte, während er bei dem Alten in ruhigen Pendelschwingungen sich hin und her bewegte. Was war nun der Inhalt der mit immer wachsender Stimme herausgepolterten Rede? Nichts als Verteidigung seiner Sekte und seiner Person gegen die Angriffe einer in Leeds erscheinenden

Zeitung. Die «Leeds Times» (wie ich vermute, mit nur allzu großem Recht) hatte *funfzehn* Monate früher Gelegenheit genommen, den ganzen Christ-Israelitismus als eine großartige Prellerei und denselben John Wroe, der da eben vor uns stand, als einen Vater der Lüge abzukonterfeien, und dieser *eine* Zeitungsartikel hatte nun seit Jahresfrist ein Motiv abgeben müssen, um mit christ-israelitischen Traktätchen alle drei Königreiche durchreisen und zum tausendsten Male versichern zu können, daß John Wroe ein ehrenhafter Mann und der Christ-Israelitismus eine erhabene Sache sei. «Sie finden das alles in unserm Büchelchen (Handbewegung nach dem Blinden hin, der die Exemplare durch seine Finger gleiten läßt), Sie finden darin all und jedes, Stück ein penny; die letzten Exemplare, die wir haben, Stück für Stück ein penny.» Dann eine kleine Pause, um das Verkaufsresultat zu kontrollieren und dann aufs neue wieder ein Hinausschreien in die Welt, daß Christus gesagt habe: «Liebet eure Feinde»; daß der Redakteur der «Leeds Times» ein wahrer Judas sei, John Wroe ihm aber vergebe, da geschrieben stehe: «Segnet, die euch fluchen.» Eh eine Viertelstunde um war, war ein Dutzend Exemplare verkauft. Dann brach man auf, um die Fußbank an einen andern Platz zu tragen.

Für einen Fremden, der zum ersten Male High Street hinaufgeht, ist es freilich unterhaltend, einer Reihe solcher und ähnlicher Szenen zu begegnen; aber wenn die Frage nach dem Wert und der sittlichen Berechtigung derselben aufgeworfen wird, so möchte sich doch wenig zugunsten solchen Treibens sagen lassen. In England und Schottland existieren diese Dinge mal und müssen als die unvermeidliche Schattenseite von Rechten und Freiheiten hingenommen werden, deren helles, segensreiches Licht nur noch von Blinden bezweifelt wird. Aber die Schattenseiten hören um deshalb nicht auf zu sein, was sie sind. Nach meinem Gefühl geht ein blasphemischer Zug durch diese ganze Art von schaustellerischem Christentum. Ohne einem Kirchenmonopol das Wort reden und das Recht einer christlichen Ansprache an allerhand Examina binden zu wollen, erscheint es mir doch andrerseits mehr als fraglich, ob es wünschenswert sei, das Wort Gottes verzerrt, verworren, verfälscht, von zum Teil unsaubern Händen an allen Straßenecken verhökert und im Stile John Wroes ausgeboten zu sehen.

Ein Gang nach St. Anthony's Chapel

Holyrood Palace bildet nach Osten hin den äußersten Punkt der Stadt; unmittelbar dahinter erheben sich jene unwirtbaren, aber malerischen Felsmassen, die Salisbury Crags. Gemeinhin pflegen die Besucher Edinburghs die höchste Spitze derselben, den sogenannten «Arthurs-Sitz» zu besteigen, um sich von dort aus einer Aussicht zu erfreuen, die dem Panorama von Calton Hill oder von Edinburgh Castle vielleicht um so viel vorzuziehen ist, als «Arthurs-Sitz» die eben genannten Orte an Höhe übertrifft. Beinah lohnender aber ist es (wenigstens für uns, die wir das Panorama von Edinburgh Castle aus noch frisch im Gedächtnis haben), einen Gang *in* die Crags, statt *auf* dieselben zu machen, und so schicken wir uns denn an, dem landschaftlich schönsten Punkt derselben, den Trümmern von St. Anthony's Chapel, einen kurzen Abendbesuch abzustatten. Aus rohem Feldstein aufgeführt und so formlos geworden, daß das, was dasteht, ebensogut einem Hof- und Stallgebäude als einer ehemaligen Kirche angehören könnte, bilden die Trümmer dieser Kapelle an und für sich nicht den geringsten Gegenstand des Interesses; ebensowenig sind die Vorgänge, die sich an diesen Ort knüpfen, dazu angetan, einen Besuch desselben zu einer Pflicht zu machen. Aber das landschaftliche Bild, dessen man von ihm aus genießt, ist ganz eigentümlicher Natur, und wennschon weder groß noch lieblich, noch grotesk, so ist es doch im vollsten Maße das, was ich als die schottische Landschaft par excellence bezeichnen möchte. Worin ihr Charakter und ihr Reiz besteht, werd ich weiterhin versuchen dem Leser anschaulich zu machen.

Um St. Anthony's Chapel zu erreichen, schlagen wir von der Stadt aus denselben Weg ein, der uns in einem früheren Kapitel von Waterloo Place nach Holyrood Palace führte. Wir wählen diese Straße auch heute wieder, weil wir vorhaben, dem unmittelbar vor der Stadt gelegenen Calton Hill endlich unseren Besuch zu machen, nicht um der Aussicht willen, die er bietet, sondern bloß der Sehenswürdigkeiten halber, die diesem Hügel in direkter Weise angehören. Diese Sehenswürdigkeiten bestehen in einem halben Dutzend Monumente. Ich habe nicht vor, dieselben zu beschreiben oder zu kritisieren; sie sind Nachbildungen nach der Antike und können keinen besonderen Wert, wenigstens nicht das Verdienst originaler Erfindung beanspruchen; was ihnen aber in ihrer Gesamtheit eine gewisse Bedeutung gibt, das ist der Umstand, daß uns aus ihnen der Gedanke einer Ruhmeshalle des schottischen Volks entgegentritt. Da sehen wir zunächst einen (leider unvollendet gebliebenen) Tempelbau, der in Erinnerung an die Schlacht von Waterloo und die ausgezeichnete Mitwirkung der schottischen Regimenter errichtet wurde; da ist ein Monument Robert Burns' und zwei andere noch, von denen das eine dem Andenken Dugald Stewarts, das andere zu Ehren Professor Playfairs errichtet ist.

Die Mehrzahl meiner Leser wird hier die Frage aufwerfen, was es mit Dugald Stewart und Professor Playfair denn eigentlich auf sich habe? Wer sie gewesen seien und was sie getan hätten, um sich auf der Höhe von Calton Hill, und zwar von *Vaterlands* wegen, monumental verherrlicht zu sehen. Genau dieselbe Frage war ich gezwungen mir selbst zu stellen, der ich bis dahin doch den eitlen Glauben in mir großgezogen hatte, daß jeder monumentberechtigte Schotte mir aus Dichtung oder Geschichte wenigstens dem Namen nach bekannt sein müsse. Aber ich sollte während meines Aufenthalts in Schottland nur allzuoft an das Irrige dieser meiner Vorstellung erinnert werden. Die Sache ist die, daß wir im Auslande nur die romantische Hälfte Schottlands kennen und wenig oder nichts von der Kehrseite derselben. Dichtung und Romane lesend, sind wir mit unsern Sympathien in der Vergangenheit Schottlands steckengeblieben, während die Schotten selbst nichts Ernstlicheres zu tun hatten, als mit dieser Vergangenheit zu brechen und völlig neue, völlig abweichende Berühmtheiten zu etablieren. Sie haben, um einen Vergleich aus unserer eigenen Geschichte zu nehmen, den Alten Dessauers die ausschließliche Denkmalsberechtigung längst genommen und einen gleichen Anspruch, oder einen größeren noch, auf die Lessings und Winckelmanns, auf die Kants und Beuths ihres Landes übertragen. In Oban (an der Westküste) fand ich ein Buch im Gastzimmer, das den Titel führte: «Die Würdigsten unseres Volks». Ich blätterte eine halbe Stunde darin und suchte nach mir bekannten Namen, aber vergeblich. Wer waren die Würdigsten? Märtyrer und Reformatoren, Entdecker und Philantropen, Dichter, Künstler, Gelehrte, aber kein Archibald Bell-the-Cat mit «langem Schwert und kurzer Geduld», kein Douglas mit der Devise «stolz und treu», am wenigsten jener Hamiltons einer, die eine Locke Maria Stuarts bis diesen Augenblick wie eine Reliquie aufbewahren. Dies Auftreten zwei ganz entgegengesetzter Elemente, die nur darin zusammenfallen, daß jedes *nach seiner* Art zur nationalen Kraft und Bedeutung des Landes beigesteuert hat, läßt sich vielleicht nirgends so gut beobachten wie in Schottland, weil der Kontrast selten so schlagend hervortritt wie gerade hier. Während im Laufe der letzten 100 Jahre der ökonomische, puritanische und prosaische Sinn der Bevölkerung die Dinge innerlich zum besten gewandt und vor Wüstheit und unausbleiblichem Verfall gerettet hat, hat gleichzeitig die wüste Kraftepoche, die wenigstens dagewesen sein mußte, um poetisch verherrlicht werden zu können, dem Ganzen nach außen hin einen Glorienschein, ein Ansehen geliehen, das ihm die bloß respektable Seite des Volkscharakters nie erobert haben würde.[1]

Die Sonne war im Untergehen, als wir die Treppen, die

[1] Dugald Stewart gilt als Haupt der schottischen philosophischen Schule; Prof. Playfair – ein bedeutender Naturforscher.

zum Calton Hill hinaufführen, wieder hinunterstiegen und durch den Regent Road nach dem Palaste von Holyrood einschwenkten. Wir warfen dem alten Bau nur einen flüchtigen Blick zu und schritten rasch, an eingezäunten Obstgärten vorbei, den Felspartien zu, die, sich fast unmittelbar hinter Holyrood erhebend, eine steile Rückenlehne desselben bilden. Die Entfernung von Holyrood Chapel bis nach St. Anthony's Chapel mag kaum 10 Minuten Wegs betragen, das Terrain aber wird durch Hügelzüge und in den Weg gewälzte Felsblöcke so oft unterbrochen, daß man Holyrood nach wenig Minuten schon aus dem Gesicht verliert, um es von der Hügelkuppe St. Anthonys aus erst wieder zu erblicken. Als wir auf halbem Wege sein mochten und, die prächtige Felswand der Crags fast unmittelbar vor uns, eine Schlucht hinanstiegen, überraschte uns der Anblick eines Bildes von eigentümlichem Reiz. Etwa hundert Schritte vor uns weitete sich die Schlucht zu einem geräumigen Kessel aus, in dessen Mitte ein Granitblock lag, abgeschliffen und von derselben Form wie die Kiesel im Bach, aber ziemlich von den Umfängen eines deutschen Backofens. Vor demselben, zigeunerhaft zusammengekauert, lagen drei Kinder, während die älteste Schwester, ein Mädchen von 12 Jahren, schwarz und schlank aufgeschossen, einem jungen Schotten, der nachlässig an dem Stein lehnte, einen Trunk Wasser reichte. Es war schon dunkel, und ich konnte die Züge und Umrisse nicht mehr in aller Klarheit erkennen. Der junge Schotte trank, schüttete den Rest aus und reichte die Schale zurück. Das Mädchen trat jetzt beiseite, wo hinter einem Felsvorsprung ein Aschenfeuer zu glimmen schien, und kehrte im nächsten Moment mit einem brennenden Holzspan zurück, den sie dem jungen Schotten wie fragend entgegenhielt. Er nickte mit dem Kopfe, und seine kurze Pfeife zum Munde führend, leuchtete im nächsten Moment der hellodernde Span zwischen den beiden jugendlichen Gesichtern. Einen Augenblick nur, dann kehrte die frühere Dämmerung zurück und, den Kindern am Boden eine Münze zuwerfend, stieg der junge Schotte die Schlucht höher hinauf, dann und wann sich umsehend und die Mütze lüftend, deren lange seidene Bänder im Winde flatterten.

Als wir uns dem Stein noch mehr genähert hatten, sprangen die Kinder auf und liefen mit kleinen Blechschalen, in denen sich eben geschöpftes Quellwasser befand, auf uns zu und baten uns zu trinken. Wir waren ein wenig erhitzt und lehnten die Aufforderung ab, aber die Kleinen erwiderten rasch: was wir nur dächten, daß es ja Wasser aus dem *St. Antons*-Quell sei und daß solch Wasser gesund mache, aber nicht krank. Wir wagten es auf das Vertrauen der Kinder und den guten Ruf des Heiligen hin und ließen uns, nachdem wir unsere pennies geopfert, von den Wundern dieser Quelle geduldig erzählen. Wir sahen nun auch, daß der große Granitblock nicht von ungefähr dort lag, sondern in aller Sorglichkeit auf den Mund der Quelle gelegt war, nicht um diese zu verstopfen, sondern um den reinen Mund der Göttin gegen Unbill zu wahren. Ein roher Tempel, zu Schutz und Ehren der Göttin errichtet.

Eh wir den Platz verließen, begrüßten wir noch einen Alten, den Vater oder Großvater der Kinder, der hinter dem vorhin genannten Felseck lag und seine Finger an dem verglimmenden Feuer zu wärmen suchte. Er mußte geschlafen haben, sonst hätte uns wohl der neben ihm liegende Dudelsack mit ein paar Tönen willkommen geheißen. Wir wechselten ein paar Worte mit dem Alten und stiegen dann weiter aufwärts.

Als wir die Kuppe erreicht hatten, auf der sich die Trümmer der alten Kapelle befinden, hielten wir Umschau. Hinter uns, fast unsere Rückenlehne bildend, stiegen die Wände der Salisbury Crags in die Luft; rechtshin dehnten sich die Wellenlinien halb kahler, halb grasbewachsener Hügel; links, aus dem Talkessel hervor, schimmerten die Türme von Holyrood, nur kaum erkennbar noch, im Abenddämmer; vor uns aber, fast plötzlich ins Tal hinabsteigend, lief das Felsenvorland in jene fruchtbare Ebene aus, die sich als ein beinahe meilenbreiter Streifen zwischen den Crags und dem schönen Meerbusen des Forth dahinzieht. Die Abendnebel kamen jetzt leise vom Meere herauf und begruben rasch den letzten Rest von Leben, der noch unten im Tal geherrscht hatte. Immer seltener hörten wir einen Vogel in der Luft oder einen abgerissenen Klang des Liedes, das der alte Pfeifer am Quell zu unseren Ehren zu spielen schien. Endlich schwieg auch das; klanglose Öde ringsum. Aber in unsrem Rücken vernahmen wir lauter und lauter jetzt das Rauschen der Wasser, die von den Bergen kamen, ein dumpfes Murmeln, ein monotones Geriesel, nur dann und wann unterbrochen durch den hellklingenden Ton einzelner Tropfen, die abgesondert aus ihrer Höhe auf den Felsboden niederfielen.

Linlithgow

Schottland hat Schlösser, Hof und Hall
Und Burgen und Paläste,
Linlithgow aber schlägt sie all
Und ist das schönste, beste;
Ei, wenn im Mai die Knospe springt,
Wie lustig da die Amsel singt
In Garten, Park und Wald,
Der Hänfling zwitschert in der Näh,
Das Wasserhuhn taucht in den See, –
Säh ich dich wieder bald.

Walter Scotts «Marmion»

Einer der reizendsten Punkte in der Umgegend von Edinburgh ist Stadt und Schloß Linlithgow. Es liegt an der Eisenbahn, die nach Glasgow führt. Der eigentliche und alte Name des Städtchens war Lithgow; Lin ist Beiwort und bedeutet little, so daß das Wort nach der Analogie von Little Glasgow, also mit dem Ton auf der zweiten Silbe, Linlithgow ausgesprochen werden muß. Maria Stuart wurde hier am 5. Dezember 1542 geboren. Als ihr Vater (Jakob V.) auf seinem Todbette die Nachricht von ihrer Geburt empfing, murmelte er: «Mit einem Mädchen kam unser Geschlecht, und mit einem Mädchen wird es gehn.» Die düstre Prophezeiung traf nicht völlig ein; die Stuarts regierten noch 150 Jahre, und erst abermals 100 Jahre später erlosch das Geschlecht.

Wir verließen Edinburgh mit dem ersten Zuge und waren

Linlithgow Palace

etwa gegen 9 Uhr an Ort und Stelle. Die Morgennebel zogen noch in grauen Massen durchs Tal, aber sie sahen aus wie eine Armee auf dem Rückzug, kopfhängerisch; die Sonne mußte über kurz oder lang durchbrechen, und der Tau, der überall an den Blättern hing, verhieß einen klaren Tag. Der Bahnhof liegt am Ostende des Städtchens. Beim Aussteigen, wenn man nicht eine der Eisenbahnböschungen erklimmt, sieht man nichts von dem an der Westseite der Stadt gelegenen Palaste, und der Anblick, der sich einem unmittelbar bietet, ist so schlicht und anspruchslos wie möglich. Eine dem Bahnhof gegenüber gelegene Sägemühle, nach drei Seiten hin von Bäumen eingeschlossen und nur auf der uns zugekehrten Seite frei und offen, wie ein Bild in einem Rahmen daliegend, unterbricht mit ihren immer gleichen Takten die rings herrschende Stille, und die im Vordergrunde in voller Blüte stehenden Malven fügen noch den Reiz der Farbe zu allem übrigen und steigern den Eindruck jenes ländlichen Friedens, der dem müde gewordenen Städter so wohltut, wo immer er ihm begegnen mag.

Vom Bahnhof aus biegt man rechts in die Stadt ein, die eigentlich nur aus einer einzigen Straße besteht. Weder die einzelnen Häuser noch die Lage des Ganzen bieten irgend etwas Besonderes; es ist ein Städtchen, wie es ihrer Tausende gibt, und wenn irgend etwas an ihm geeignet ist, unser Interesse in Anspruch zu nehmen, so ist es der Umstand, daß diese Fachwerkhäuser, mal grün, mal gelb gestrichen, uns an die deutsche Heimat erinnern und nicht an die englischen Städte, die, bei vielen sonstigen Vorzügen, doch in ihrer Uniformität ermüdend wirken.

Durch zwei Dinge indes ist Linlithgow berühmt (ganz abgesehen von seinem Palast), und zwar durch seine Treue und seine Brunnen. *Wem* es treu gewesen ist, das ist jetzt schwer zu ermitteln. Seiner Brunnen aber darf es sich rühmen bis auf diesen Tag. Unter diesen ist ein figurenreicher, der dem Rathaus gegenübersteht und an ähnliche Arbeiten in Süddeutschland erinnert, der bemerkenswerteste. Er ist es wohl, der zu der zweiten Zeile in einem alten schottischen Reimspruch Veranlassung gegeben hat, der etwa lautet:

Glasgower Glocken und Falkirker Bohnen,
Lithgower Brunnen, um dran zu wohnen,
Stirlinger Hefen und Perther Bier,
Alle Tausend, so lob ich's mir.

In wenigen Minuten haben wir die Stadt von Osten nach Westen hin durchwandert und stehen jetzt nach rechts hin vor einer kleinen, kaum hügelartigen Erhöhung, auf der der Palast unmittelbar vor uns gelegen ist. Wenn das Sprichwort recht hat, das da sagt: «Große Fenster schmücken das Haus», so ist der Palast von Linlithgow so ungeschmückt wie möglich; die Fenster sind klein und nichtssagend, und es liegt kein wesentlicher Grund vor, warum man Anstand nehmen sollte, das Ganze für eine verräucherte chemische Fabrik oder für ein grau gewordenes Landarmenhaus zu halten. Aber es ist mit diesem Palast wie mit den Wohnungen orientalischer Völker; an die Stelle des neugierigen Fensters, das sich um das Draußen kümmert, tritt der verschwiegene Hof, drin die Schönheit nur sich selbst und dem Hause lebt. Das Innere vom Linlithgow-Palast läßt uns rasch vergessen, was der Außenseite fehlt. Ein tiefes, dunkles Portal durchschreitend, treten wir in den Schloßhof. Nach allen vier Seiten hin erhebt sich das Mauerwerk und umschließt einen Rasenplatz, in dessen Mitte sich abermals ein figurenreicher Brunnen befindet. Der Anblick muß etwas Zauberisches gehabt und an die maurischen Höfe Granadas erinnert haben, als hier das Wasser in monotoner Melodie noch niederplätscherte, wachthabende Hochländer um den Springbrunnen herum gelagert lagen und in ihre Tartan-Plaids gehüllt, die Mütze mit der Reiherfeder auf dem Kopf, die Sommernacht verschliefen und verplauderten.

Eine ins Detail gehende Beschreibung des Ortes würde hier zu weit führen, auch komm ich der Phantasie meiner Zuhörer vielleicht am besten zur Hilfe, wenn ich diesen Schloßhof von Linlithgow mit dem bekannten Hof der Heidelberger Schloßruine vergleiche. Es ist eine Verwandtschaft im ganzen da, ohne daß die einzelnen Teile eine solche rechtfertigen mögen. Auch darin sind beide verwandt, daß sie, durch ruchlose Hand in Brand gesteckt,[1] sich stärker erwiesen haben als die Zerstörungswut feindlicher Banden; beide zählen bis diesen Tag zu den wohlerhaltenen Ruinen. An zauberischer Lage, an Mannigfaltigkeit und buntem

[1] Der englische General Hawley und seine Dragoner waren vom Prätendenten («Prinz Charlie») und seinen Hochländern bei Falkirk geschlagen worden. Hawley zog sich nach Linlithgow zurück und quartierte sich selbst und seine Dragoner im dortigen Schlosse ein. Nur auf *eine* Nacht, denn die Hochländer rückten nach. Als die Dragoner am andern Morgen das Schloß verließen, warfen sie glimmende Asche auf die durch Zimmer und Säle gebreitete Streu. In wenigen Minuten stand das ganze Schloß in Flammen. Hawley (wie unser Führer uns erzählte) rief der Lady Gordon, der Dame vom Hause, zu: «Retten Sie sich, Mylady», worauf die schottische Dame lächelnd erwiderte: «Es eilt nicht, General; schlimmstenfalls aber werd ich mich vor *Eurem* Feuer so gut zu retten wissen, wie *Ihr* Euch vor dem *unsern* (bei Falkirk) gerettet habt.» Es ist sehr charakteristisch, mit welcher Vorliebe die Schotten solche und ähnliche Anekdoten zu erzählen lieben. Sie fühlen sich als die Schwächern und Unterdrückten und bewahren deshalb jeden kleinsten Zug dankbar im Gedächtnis, der schottischen Mut und Geistesgegenwart auf Kosten der Engländer verherrlicht.

Wechsel bleibt Linlithgow freilich weit hinter der deutschen Schloßruine zurück, hat aber andrerseits Geschlossenheit, Ernst und einen edleren, alle Überladenheit meidenden Stil vor dieser voraus.

Von den vier Flügeln des Palastes interessiert uns nur einer, der westliche. Hier konzentriert sich das Interesse, und fast jeder einzelne Raum hat seine Geschichte. Über einem weiten unheimlichen Kellergewölbe, das in den Regierungstagen Karls II. als Gefängnis und Hinrichtungsstätte diente (ein rostiger Eisenhaken an der Decke zeigt noch die Stelle, wo 160 Covenanter den Martyrtod starben), ziehen sich die Zimmer hin, die von den Stuarts des 16. Jahrhunderts wenigstens zeitweilig bewohnt wurden. Das Zimmer, in dem Königin Maria das Licht der Welt erblickte, befindet sich ziemlich genau in der Mitte des ersten Stockwerks und würde von den Räumen, die dasselbe nach rechts und links hin einschließen, in keiner Weise zu unterscheiden sein, wenn nicht Jakob VI., der bei Lebzeiten seiner Mutter sowenig zu ihrer Befreiung tat, nach dem Tode derselben die bequeme Laune gehabt hätte, das Zimmer, drin sie geboren wurde, durch Stiftung eines Prachtfensters kenntlich zu machen. Dies Prachtfenster hat natürlich längst aufgehört, ein solches zu *sein*, unterscheidet sich aber noch immer durch Sims und Einfassung von der langen Reihe aller übrigen. Innerhalb der vier Wände, die den Raum selbst umschließen, sieht man sich vergebens nach einem Zeichen um, das direkt oder wenigstens symbolisch an die Persönlichkeit erinnerte, die diesem Ort seine Weihe und Bedeutung gegeben hat. Die Wände sind kahl und kalt, herabgefallener Schutt, angefeuchtet vom Regen und festgestampft von Tausenden von Besuchern, hat den Fußboden zu einer bloßen elastischen Tenne gemacht; häßliches gelbes Unkraut wächst in den Winkeln und Mauerritzen, und selbst die Inschriften fehlen, womit ein Mischgefühl von Pietät und Eitelkeit das Mauerwerk berühmter Plätze so gern zu zieren und zu verunzieren liebt. Angesichts dieser Öde und Leere mußt ich jener Klosterruine in der Nähe von Oxford gedenken, die, der Sage nach, der Ort ist, wo Rosamunde Clifford, gemeinhin die schöne Rosamunde geheißen, ihren letzten Ruheplatz im Leben wie im Tode fand. Die ganze Stätte dort ist nur ein Grasplatz noch, um den sich, mal hoch, mal niedrig, eine Feldsteinmauer zieht; aber jene *eine* Stelle, von der es heißt, daß es die Zellenwand der schönen Rosamunde war, hat ihr entsprechendes Erinnerungszeichen gefunden, und durch Stein und Mörtel hindurch seine Wurzel schlagend, erhebt sich ein wilder Rosenstrauch hoch in die Luft.

Das Zimmer, in dem Maria Stuart geboren wurde, bietet nichts als seinen Namen. Anders verhält es sich mit dem Margareten-Turm, dem *Queen Margaret's Tower*, der sich in der Nordwestecke desselben Flügels erhebt. Wir steigen, um diesen Turm auf dem nächsten Wege zu erreichen, zunächst eine geräumige, ziemlich wohlerhaltene Treppe hinauf, die wir zur Linken haben. Diese Treppe führte früher aus den Zimmern des Hochparterre in die oberen Stockwerke. Dach und obere Stockwerke aber existieren seit lange nicht mehr, so daß die Treppe jetzt *ins Freie*, statt wie früher in höher gelegene Zimmerreihen führt. Im Heraustreten befindet man sich sofort wie auf dem Wallrand einer Festung, und die Deckenfläche der eben verlassenen Zimmer als Fußboden unter uns, sehen wir uns jetzt auf einer reizend gelegenen Bastion in der angenehmen Lage, einen Spaziergang machen zu können. Auf und ab schreitend, schicken wir uns wirklich bereits an, die warme feuchte Luft in langen Zügen einzuatmen, als die Stimme des Führers uns daran erinnert, daß wir um keines Spaziergangs willen dies alte Mauerwerk erklettert haben, sondern bloß, um mit Benutzung desselben auf bestem Wege an den Margareten-Turm zu gelangen. *Vor* diesem stehn wir nunmehr, die Mauern sind ziemlich dick, und durch eine schmale Seitentür treten wir jetzt in das erste Stockwerk desselben ein. Die hinaufführende, schmale Wendeltreppe hat der Stufen nicht allzu viele, und ohne sonderliche Anstrengung erreichen wir alsbald das oberste, laternenartige Gemach des Turmes, das den Namen *Queen Margaret's Bower* (Zimmerchen) führt. Die Aussicht von diesem Turm ist entzückend. Nach allen Seiten hin, aber sehr allmählich hebt sich das Terrain; breite, goldgelbe Haferfelder steigen die Hügel hinauf und verdünnen sich landeinwärts zu immer schmaleren Streifen. Hier und dort Hekken und Baumgruppen, die sich in Nebel und Ferne verlieren. Nach Süden hin die Stadt, die sich ziemlich dicht an den Palast lehnt; unmittelbar vor uns aber ein kleiner, inselreicher See, der sich rechtwinklig, nach Nord und West hin, um die Fronten des alten Schlosses legt. Wir standen wie geblendet; einzelne Möwen flogen vor uns auf, und mit Gekreisch bald diese, bald jene Insel umschwebend, glänzte das Weiß ihrer Flügel wunderbar über dem Graublau des Wassers.

Es würde sich verlohnen, den Margareten-Turm zu ersteigen, wenn er auch nichts böte als diese Aussicht. Es knüpfen sich aber auch historische Erinnerungen an denselben, die ein plastischeres Bild geben als das bloße «in diesem Zimmer wurde Maria Stuart geboren». Königin Margarete war die Schwester Heinrichs VIII. von England; Jakob IV. von Schottland war ihr Gemahl. Als dieser, übermütig und verblendet, ein Heer sammelte, um England mit Krieg zu überziehen, beschwor ihn Margarete, von diesem Unheilszuge abzustehen. Umsonst. Der Zug gegen England war beschlossen. Wie er begann und endete, erzähle ich im folgenden Kapitel *(Floddenfield)*. An dem Tage, wo Jakob aufbrach, erstieg die Königin den Nordwestturm, der seitdem ihren Namen trägt, und sah von seiner Höhe aus die endlosen Reihen des Heeres gen Süden ziehen. Jene Hügelreihe entlang, die südöstlich den Horizont umschreibt, bewegte sich der Zug, 50000 Mann, vorauf der König und seine Lords. Der Tag war hell, und ihre Rüstungen glänzten in der Sonne. Der Glanz des Aufzuges konnte das Herz Margaretens nicht betören; die Königin wußte, daß sie auszogen auf Nimmerwiederkehr. Die Erinnerung an diesen Tag aber haben Sage und Dichtung lebendig erhalten, und in den Steinquadern des kleinen achteckigen Turmgemachs befinden sich die Worte eingegraben:

Think of Queen Margaret, who in Lithgow's bower
All lonely sat and wept the weary hour.
Hier schwand in Tränen unserer Königin
Einsam und bang die Abschiedsstunde hin.

Floddenfield

Der Tag von Floddenfield ist in der schottischen Geschichte das düstere Gegenstück zu dem Glanztage von Bannockburn. Bannockburn ist auch bei uns ein gekannter und oft genannter Name geworden, von Floddenfield spricht niemand. Und doch sind die Momente, die dieser Unglücksschlacht teils vorausgingen, teils sie begleiteten, derart, daß sie an Interesse hinter dem Ruhmestage der schottischen Geschichte nicht zurückbleiben. Ich will versuchen, diese Momente hier in möglichster Kürze zusammenzustellen; vielleicht, daß sie den einen oder andern meiner Leser zu einer mehr künstlerischen Gestaltung anregen. W. Scott hat allerdings bereits in seinem schönen Gedichte «Marmion» diese Vorgänge wo nicht zum alleinigen Gegenstand, so doch zum Kern einer trefflichen epischen Dichtung gemacht. Die Vorgänge eignen sich aber meines Erachtens mehr zu *dramatischer* als epischer Behandlung.

Es wird nötig sein, bei der Schilderung, die ich vorhabe, bis zur Thronbesteigung Jakobs IV. zurückzugehen, jenes ritterlichen und trotz aller Fehler viel beklagten und viel gefeierten Königs, dessen Leben und Tod den Mittelpunkt dieses Kapitels bilden.

Der Tag von Sauchieburn (18. Juni 1488) hatte Jakob III., dem sogenannten Fiedlerkönig, Thron und Leben gekostet; sein eigener Sohn, damals erst 15 Jahre alt, hatte auf seiten des aufrührerischen Adels gegen den Vater gefochten und war ihm als Jakob IV. gefolgt. Diese Schlacht und die Szenen, die sie begleiteten, sind nicht ohne rührende Züge. So wird erzählt, daß der König ganz gegen seine Gewohnheit tapfer gekämpft habe; erst als er des Banners seines Sohnes in den

Reihen der Aufständischen ansichtig geworden sei, habe er allen weitern Widerstand aufgegeben und sei geflohen. Auf der Flucht, so wird weiter berichtet, scheute sein Pferd vor einer alten Frau, die mit einem Wassereimer auf dem Kopf an ihm vorüberging. Der König wurde abgeworfen und erschlagen, niemand weiß, von wem. Jakob IV. begab sich vom Schlachtfelde aus nach Linlithgow und bald darauf nach Stirling. Als er in die Kapelle trat, fand er daselbst die Mönche zu einem Trauergottesdienst versammelt und hörte die Litaneien, worin sie den Tod des Königs beklagten. Jakob IV. war tief ergriffen und unterzog sich peinlicher Buße, wozu, wie man erzählt, noch folgender Vorfall beigetragen haben soll: Wenige Tage nach der Schlacht erschien Sir Andrew Wood vor seinem jungen König, der, was nötig ist hierbei zu bemerken, in so völliger Entfremdung von seinem Vater großgezogen war, daß er kein deutliches Bild desselben in seiner Seele trug. Jakob IV., der noch immer an die Möglichkeit dachte, daß sein Vater *nicht* erschlagen sei, trat jetzt rasch an Sir Andrew Wood heran und begrüßte ihn, durch eine gewisse Ähnlichkeit der Züge getäuscht, halb freudig, halb beschämt mit den Worten: «Du bist mein Vater!», worauf der Alte unter Tränen erwiderte: «Nicht Euer Vater, Herr, aber Eures Vaters *treuster* Diener!» Diese Vorgänge übten einen tiefen Einfluß auf das Gemüt des Königs, und bald nach seiner Thronbesteigung legte er, zum Zeichen seiner Buße, einen breiten Eisengürtel an, dessen Gewicht er von Jahr zu Jahr vermehrte. Aber das Bewußtsein seiner Schuld begleitete ihn durchs Leben und zeigte sich in plötzlichen Trübsinnsanfällen, die ihn oft mitten in der Freude oder bei lustigen Gelagen heimzusuchen pflegten.

Des jungen Königs Herrschaft war unrechtmäßig erworben, aber unleugbare Herrschergaben, Kraft, Mut, Zuversicht, ließen bald vergessen, *wie* und *wodurch* sie gewonnen war. Die Macht der Krone und mit ihr das Ansehen des Gesetzes wuchs rasch im Lande auf Kosten eines übermächtigen Adels, besonders seit der Vermählung mit Margarete von England, die, in allen Kämpfen wenigstens, in denen es sich um Befestigung des königlichen Ansehens handelte, ihrem jungen Gemahl den Beistand und die Mitwirkung des englischen Hofes als wertvollsten Brautschatz zugeführt hatte. Dennoch blieb es auch dieser Heirat versagt, ein dauerndes gutes Einvernehmen zwischen den beiden Höfen zustande zu bringen. Die auf Feindschaft gestellten Traditionen beider Länder, das schlaue Intrigenspiel Frankreichs, vor allem aber die Ruhmsucht und Eitelkeit des jungen Königs selbst führten verhältnismäßig rasch zu jener Katastrophe, die mit der völligen Niederlage des Landes und dem Tode des Königs endete. *Diese Niederlage ist der Tag von Flodden.*

Es wird nötig sein, mit wenig Strichen die damalige Situation zu zeichnen. Es war die Zeit der «heiligen Ligue». Spanien, Deutschland, England rüsteten sich in den letzten Regierungsjahren Ludwigs XII. zur Bekämpfung Frankreichs, das zu allem übrigen auch unter dem Bannfluch des Papstes stand. Ludwigs Anstrengungen waren natürlich dahin gerichtet, auch seinerseits Bundesgenossen ins Feld zu stellen und namentlich England durch ein schnell anzuschürendes Zerwürfnis mit Schottland von dem kontinentalen Kriegsschauplatz fernzuhalten. Seine Bemühungen fanden bei König Jakob raschen Eingang, der teils nach landesüblicher Vorstellung in Frankreich seinen natürlichen Bundesgenossen sah, teils lüstern war nach Ruhm und Kriegeslorbeer. König Jakob war zum Kampf entschlossen und sehnte ihn herbei, aber hätte er auch die klarste Vorstellung von der Mißlichkeit und Gefahr dieses Kampfes gehabt, die *Art und Weise*, in der von Frankreich aus die Aufforderung zu Kampf und Beistand an ihn erging, würde über all seine Bedenken rasch den Sieg davongetragen haben. Ludwig XII. kannte genau den Punkt, der bei seinem königlichen Vetter berührt werden mußte, und von dem Augenblick an, wo Anna von Bretagne, die schöne Gemahlin Ludwigs, einen Brief an König Jakob geschrieben und unter Übersendung eines Türkisringes ihn beschworen hatte, *ihr Ritter zu sein*, war Schottland fester und zuverlässiger an das Interesse Frankreichs gekettet, als wenn die Wohlfahrt des Landes ein solches Bündnis vorgeschrieben hätte. Noch einmal, König Jakob war zum Kampf entschlossen, er träumte von einem neuen Tage von Bannockburn und schien vergessen zu wollen, daß es sich damals, zu König Roberts Tagen, um die Verteidigung und die Freiheit des Vaterlandes, nicht aber um einen Eroberungszug, einen Krieg nach außen, gehandelt hatte. Was aber der König übersah oder wenigstens nicht sehen wollte, wurde um so klarer von seinen Räten und den hervorragendsten Personen seiner Umgebung gesehen. Der alte Graf Angus, mit dem Zunamen «Bell-the-Cat» (s. S. 94) beschwor den König, seinen Frieden mit England zu machen; niemand aber war eindringlicher und beredter als die Königin selbst, die, als Schwester Heinrichs VIII., mit ihrem Herzen zwischen den streitenden Parteien stand. Inwieweit Queen Margaret um jene Geistererscheinungen gewußt hat, die dem Zuge des Königs unmittelbar vorausgingen und das ganze Land in Staunen und Schrecken versetzten, ist nie aufgeklärt worden. Welcher Art diese Erscheinungen waren, werde ich jetzt zu erzählen haben.

Der König hatte bereits seine Barone nach Boroughmoor, einem weiten Blachfeld bei Edinburgh, berufen und begab sich, während das Heer sich sammelte, auf kurze Zeit nach Linlithgow, um im dortigen Palast die letzten Tage vor dem Zuge gegen England zuzubringen. Die Bitten der Königin wiederholten sich hier, aber erfolglos, wie früher. Am Tage vor seinem Aufbruch trat der König, von den Lords seines Hofhalts begleitet, in die nahe am Palaste gelegene Kirche, um in einer der Seitenkapellen sein Gebet zu sprechen und den Beistand Gottes für seinen Kriegszug anzurufen. Es war um die Zeit des Abendgottesdienstes, und der Vespergesang im Schiff der Kirche schwieg eben, als eine wunderlich gekleidete Gestalt in dieselbe Kapelle trat, in der der König betete, und sich durch den Kreis der Lords und Hofbeamten hindurchdrängte.

Der Eintretende war unnatürlich groß, wohl sieben Fuß, dabei barhaupt und ganz in weiße Gewänder gekleidet. Langes rötliches Haar fiel ihm schlicht auf Nacken und Schulter herab, in der Rechten hielt er einen schweren Eichenstab, an den Füßen aber trug er dicksohlige Schuhe, wie jemand, der viel über Berge steigt. So haben ihn Sir David Lindsay und Sir John Inglis beschrieben, die neben dem König standen und zwischen die der seltsame Gast sich ohne Gruß oder Frage hineindrängte. Der König sah starr zu ihm auf, als der Pilger (denn das schien er seinem Aufzuge nach sein zu wollen) jetzt zu sprechen begann: «Mich sendet meine Mutter; steh ab, König, von dem, was du vorhast; nichts Gutes wartet deiner noch derer, die dich begleiten. Meide die Weiber und hüte dich vor ihrem Rat; wo nicht, bist du der Schande verfallen!» Er sprach diese Worte laut und eindringlich; als Sir David Lindsay sich ermannte und nach der Gestalt greifen wollte, die fast Arm an Arm mit ihm gestanden hatte, war sie wie ein Schemen verschwunden.

Es verlautet nichts darüber, wie der Eindruck war, den diese Erscheinung auf den König machte, und ob er mehr in ihr sah als die Erfindung einer von Eifersucht geplagten Königin. Gleichviel, die Dinge waren zu weit gediehen, um über Nacht geändert werden zu können, und am nächsten Morgen schon begab sich Jakob nach Boroughmoor, um daselbst über die inzwischen eingetroffenen Barone Musterung abzuhalten und seinen Zug gegen England anzutreten. Aber die Geisterwelt, einmal erschlossen, schien nicht ohne einen zweiten Versuch den Platz räumen und ihr Spiel verloren geben zu wollen.

Die Musterung über das Heer, wohl 50000 Mann stark, war abgenommen und der Marsch gegen Süden auf den nächsten Morgen festgesetzt. Die Truppen lagerten draußen auf dem Blachfeld, aber viele von den Lords und Clanführern waren in die Stadt gekommen, um die letzten Stunden vor dem Aufbruch beim Weine zu verplaudern. Mitternacht war bereits vorüber, und noch immer stand man plaudernd an den Ecken oder zog singend durch die Straßen. Endlich schwieg der Lärm, auch die letzten Nachzügler schienen die Stadt verlassen zu haben, und nur einzelne Bürger von Edinburgh, die sich bei ihren Freunden verspätet hatten, stiegen noch, von Canongate kommend, die dunkle High Street hinauf. Es waren ihrer drei, unter ihnen Sir Richard Lawson. Als sie in die Nähe der St. Giles-Kirche gekommen waren und auf dem Platze standen, wo sich das Wahrzeichen der Stadt, das alte City-Kreuz, auf seinem hohen, achteckigen Postamente erhob, hörten sie von der Brüstung her folgende Worte in die Nacht hineinrufen:

«Vernimm, König Jakob: zieh aus, zieh ein!
In vierzig Tagen bist du mein.
Ob Schwert dich trifft, ob Rosses Huf,
Du mußt gehorchen meinem Ruf.
Du bist gestrauchelt, ich hab dich gewiß,
Das Licht muß enden in Finsternis.»

Die Bürger waren stehengeblieben; einige andere, die von der entgegengesetzten Seite des Platzes gekommen waren und dieselben Worte in aller Deutlichkeit gehört hatten, hatten sich zu ihnen gesellt. Man sprach laut hin und her, was zu tun und was zu lassen sei, konnte sich aber nicht einigen. Nichtsdestoweniger lief die Nachricht von dieser abermaligen Erscheinung wie ein Lauffeuer durch die Stadt, und als der König am andern Morgen den Palast von Holyrood verließ, um ins Lager zu reiten und sich an die Spitze des seiner harrenden Heeres zu stellen, lag eine Wolke auf seiner Stirn, die nur allzu deutlich sagte, daß ihm der gespenstische Vorgang dieser Nacht kein Geheimnis geblieben war.

Angesichts des glänzenden Heeres indes, glänzender als irgendein anderes, das jemals Schottlands Grenze überschritt, mochte mit gutem Grund der Trübsinn weichen, der auf Augenblicke sein leicht bewegliches Gemüt beschlichen hatte, und lachend wie die Augustsonne, die auf die hundert Rüstungen seiner Heerführer fiel, begrüßte er jetzt die Seinen und gab den Befehl zum Aufbruch. Man hielt sich zunächst in westlicher Richtung. Als der lange, blinkende Zug über die Hügel zog, die in mäßiger Entfernung das schöne fruchtbare Tal von Linlithgow umschließen, stand Königin Margarete auf dem höchsten Turm des Palastes und sah dem blinkenden Zuge nach, von dem sie in ihrem Herzen wußte, daß er zum Tode und *nicht* zum Siege zog.

In kurzen Tagemärschen bewegte sich das Heer der Grenze zu und überschritt den Tweed. In den ersten Tagen des September nahm es seine Aufstellung auf den nach zwei Seiten hin steil abfallenden Hügeln von Flodden, an deren Südrand sich der Till-Fluß in ziemlicher Breite vorbeizog und die schon gut gewählte Stellung noch fester und schwerer zugänglich machte. Der König, der erfahren hatte, daß das englische Heer in raschen Märschen unter Führung des Grafen von Surrey heranziehe, glaubte bei der Sicherheit der gewählten Stellung das Spiel völlig in Händen zu haben und gab sich sorglos den Zerstreuungen des Augenblicks hin. Ganze Nächte verbrachte er außerhalb des Lagers, und man erzählt sich, daß Lady Heron, eine schöne, den Engländern ergebene Frau, ihn durch allerhand Verführungskünste auf ihrem Schlosse festgehalten und seine chevalereske Überspanntheit, allerhand Liebes- und Ritterdienste von ihm heischend, zu seinem Verderben benutzt habe. Von anderer Seite wird dies Verhältnis geleugnet; gleichviel, als er am Vormittag des 8. ins Lager zurückkehrte, mußte er gewahr werden, daß Graf Surrey inzwischen das unausführbar Gedachte ausgeführt und seine Stellung im Rücken des schottischen Heeres eingenommen hatte. Stromaufwärts hatte man eine Furt entdeckt und unter dem Schutz der Nacht den Till-Fluß überschritten.

Unter den älteren Heerführern gab sich angesichts dieses Flankenmarsches der Engländer eine gewisse Unruhe kund; die Ruhe aber, mit der der eben im Lager eintreffende König die Nachricht von der stattgehabten Überflügelung aufnahm, zeigte deutlich, daß er die vorteilhafte Stellung auf den Hügeln entweder aus bloßem Zufall oder in der Absicht gewählt hatte, um gegen Überfall und Überraschung, die seiner Natur zuwider waren, möglichst gesichert zu sein. Jetzt, wo er das englische Heer offen und kampfbereit vor sich sah, gab er aus freien Stücken und mit voller Freudigkeit den Befehl, die Hügel hinabzusteigen und sich auf der Ebene von Flodden den Engländern gegenüber aufzustellen, um so mehr, als sein eigenes Heer der Zahl nach das stärkere war.

Zu anderer Zeit und unter einem anderen Fürsten würde die Mehrheit der schottischen Barone einer solchen Aufforderung, deren Widersinnigkeit ins Auge sprang, schwerlich nachgekommen sein; die Liebe und das Ansehn aber, das der König um seiner ritterlichen Tapferkeit willen bei hoch und niedrig genoß, war so groß, daß man mit einer Art Enthusiasmus gehorchte. Der Sporn nationaler Eitelkeit kam hinzu, und Kampflust und Zuversicht schufen zuletzt einen Taumel, dem nur wenige nüchtern genug waren zu widerstehen. Einzelne Historiker haben die Beweggründe, die den König dazu trieben, eine sichere Position mit einer mindestens weniger sicheren zu vertauschen, in nichts weniger als einer überspannten Vorstellung von Ritterlichkeit finden wollen und sind der Ansicht gewesen, daß der geschickte Flankenmarsch der Engländer, der ihn in der Tat von aller Kommunikation mit Schottland abzuschneiden drohte, jeden anderen Ausweg unmöglich gemacht habe. Dem ganzen Charakter des Königs aber entspricht durchaus die Versicherung Pitscotties, der in seinem Geschichtswerke eigens hervorhebt, daß der König sich am Tage vor der Schlacht verschworen habe, nicht Wind nicht Wetter vor seinem Gegner voraushaben zu wollen, auch nicht auf die Gefahr hin, in diesem Kampfe unterzugehen.

Am Abend des 8. September standen sich beide Heere in Schlachtordnung gegenüber, auf den Hügeln von Flodden brannten noch einzelne Hütten, die man im Momente des Abmarsches in Brand gesteckt hatte. So kam die Nacht. Der König hatte sein Lager auf platter Erde genommen; im Halbkreis um ihn her lagerten die Grafen Home und Huntly, Lord Lennox, Lord Crawford, die Grafen Bothwell und Montrose und einige andere noch. Plaids von allen Farben deckten den Boden oder hüllten den einen oder anderen der Schläfer ein. Der König hielt sich wach und sah nach den Lagerfeuern der Engländer hinüber. Es mochte Mitternacht sein, als der alte Bell-the-Cat, das Haupt der Douglas, der so oft seine Warnerstimme erhoben hatte, in diesen Kreis halb wacher, halb schlafender Edelleute trat, und vor dem König sich niederlassend, ihn noch einmal beschwor, das Schicksal seines Landes nicht an den Ausgang des nächsten Tages zu knüpfen. Schottland habe nur dies *eine* Heer, es werde stark und unüberwindlich sein, wenn es die Verteidigung des eignen Landes gelte; aber dieser Angriffskrieg, der den Stolz und die Entrüstung eines stärkern Gegners wachgerufen habe, müsse und werde zum Verderben führen; selbst ein Sieg würde nur der erste Schritt zu einer um so größern Niederlage sein. «Laßt uns zurück», so schloß er, «die Englischen sind ermüdet vom Marsch, sie werden unsern Abzug nicht stören, und ehe die Sonne herauf ist, haben wir den Tweed im Rücken und wieder schottisch Land unter den Füßen. Da laß uns ihrer warten.» Der König erwiderte spöttisch: «Geh heim, Douglas, wenn du dich fürchtest!» und wandte sich ab, zum Zeichen, daß er dieser Ermahnungen überdrüssig sei. Bell-the-Cat erhob sich und rief dem König zu: «Du bist undankbar, Jakob, wie ihr's alle gewesen seid; ich mag keinem König dienen, der nur Furcht hört, wo Liebe spricht.»

Während dieses Gesprächs waren die Lords aufgesprungen und hatten sich um den König gestellt. Eine peinliche Stille trat ein, als Angus vor ihnen vorbei ins Freie schritt und ohne Gruß oder Abschied den Platz verließ. Auch der König schien betroffen. Aber die Verstimmung sollte nicht lange währen, denn kaum, daß Bell-the-Cat den Kreis verlassen und seine Richtung nach dem rechten Flügel hin, wo die Douglas standen, eingeschlagen hatte, so trat eine andere Gestalt in den Kreis ein, deren lachende Jugend und männlich schöne Erscheinung rasch den Eindruck verwischte, den die Worte Bell-the-Cats hervorgerufen hatten. Es war der Graf von Caithness. Vor länger als Jahresfrist vom König wegen Friedensbruchs in die Acht erklärt, war der Geächtete gezwungen worden, in den unzugänglichen Bergen seiner Grafschaft Zuflucht zu suchen. Dort, an der nördlichsten Spitze

Schottlands, wo er von der felsigen Küste aus die benachbarten Orkney-Inseln übersehen konnte, hatte er unter seinen Clansleuten gelebt, in den Hütten jener Sinclairs, die damals wie heut bekannt waren durch ihre Armut und Tapferkeit. Nur dann und wann hatte er sich in Städte und belebtere Gegenden gewagt, bis Thurso und selbst bis Inverness. Auf einem Markttage in Inverness war es, wo er zuerst von dem Zuge hörte, den König Jakob gegen England vorhabe, und sei es, daß sein altes Vasallengefühl wieder lebendig in ihm wurde oder daß er in seinem Herzen sehr wohl wußte, wie der Zorn des Königs am ehesten und besten zu besänftigen sei, gleichviel, sein Plan war rasch gemacht, und 300 Sinclairs um sich sammelnd, zog er gegen Süden, um sich dem Heere des Königs anzuschließen. Als er auf dem Boroughmoor von Edinburgh erschien, war der König schon ausgezogen, aber unbeirrt in seinem Vorhaben, folgte der Graf dem Heereszuge, erreichte Floddenfield in der Stunde der Entscheidung und trat jetzt an den König heran, in demselben Augenblick fast, wo Bell-the-Cat den König verlassen hatte. Er ließ sich auf ein Knie nieder und bat um Gnade. Der König, der zu keiner Zeit einem so ritterlichen Appell widerstanden haben würde, geriet unter dem Einfluß des Moments, wo jeder kleinste Vorfall, der die Worte Bell-the-Cats vergessen machen konnte, ihm doppelt willkommen sein mußte, in ein fast überschwengliches Gefühl des Dankes und der Freude. Er hob den Knienden auf, küßte ihn und belehnte ihn aufs neue nicht nur mit allem, was die Grafen von Caithness jemals besessen, sondern fügte noch Schenkungen und allerhand Gerechtsame dem alten Besitzstand hinzu. Auf der Stelle sollte der Freibrief ausgestellt werden. Da kein anderes Pergament im Lager war, so wurde eine Trommel geholt und auf das Fell derselben die Schenkungsurkunde niedergeschrieben. Die Familie der Grafen von Caithness besitzt diese Rolle bis diesen Tag, umwickelt mit allerhand Strängen und Schnüren, die man von derselben Trommel genommen hat.

Am Morgen des 9. September begann die Schlacht. Jegliche Art geschickten Manövrierens, jede Benutzung von Terrainvorteilen schien man für diesen Tag als unwürdige Fechterstückchen außer Spiel gelassen zu haben; es war, als ob beide Nationen übereingekommen seien, wie bei einem bloßen Faustkampfe feststellen zu wollen, wer den besten Schlag zu tun verstände. Die Schotten eröffneten den Kampf, und zwar auf ihrem linken Flügel. Hier standen die borderer (Grenzer), die Männer von Annandale und Liddesdale. In beständigen Grenzkämpfen geschult und gestählt, galt von ihrem Mute dasselbe, was von ihren Speeren galt: *beide waren um zwei Ellen länger als irgend sonstwo im Lande.* In wildem Anlauf sich auf den rechten Flügel der Engländer stürzend, durchbrachen sie ihn fast so rasch und glänzend, wie ein Reiterhaufen ein Viereck durchbricht. Weit über das Ziel hinausschießend und die Flucht der Engländer verfolgend, kehrten sie endlich um, um nach der Räubersitte ihres Landes das Lager zu brandschatzen und die Toten zu plündern.

Während so am linken Flügel kostbare Minuten versäumt wurden, fielen am rechten die Würfel der Entscheidung. Auch hier hatten die Schotten, fast ausschließlich Hochländer vom Clan der Campbells und Gordons, angegriffen, aber mit schlechtem Erfolg. Ihnen gegenüber hielt englische Reiterei unter Befehl von Sir Edward Stanley und Fußvolk, dessen vorderste Reihe aus Bogenschützen von Lancashire bestand. Dies war eine ausgezeichnete Truppe, in Schottland ebenso gefürchtet wie in England berühmt, wo man doch seit den Tagen Robin Hoods gewöhnt war, die höchsten Anforderungen an diese Kunst zu stellen. Ein Hagel von Pfeilen zerstreute, im Nu fast, die ohnehin wild und ungeordnet angreifenden Hochländer, und die nachrückende englische Reiterei säuberte alsbald das Feld. Als Sir Edward sein Werk getan und keinen Feind mehr vor sich sah, sammelte er die Seinen, und in schräger Linie über die schottische Schlachtreihe hinaus vordringend, faßte er jetzt das Zentrum des Feindes im Rücken.

Hier im Zentrum kämpfte man seit 5 Stunden Mann gegen Mann, nichts war gewonnen und nichts war verloren, kein Kommandowort wurde gegeben oder gehört, man schlug sich und stand in Blut. So stand der Kampf, als die vordersten Reihen Sir Edward Stanleys im Rücken des Feindes erschienen. Ohne ein Kommandowort abzuwarten, wechselten die zuhinterst stehenden Glieder der Schotten ruhig die Front und fochten weiter. Gedrängt von zwei Seiten, schien sich nichtsdestoweniger der Sieg auf die Seite der Schotten neigen zu wollen; Sir Edward Stanley zog sich in seine frühere Stellung zurück, und Graf Surrey, matt oder des Blutvergießens müde, ging auf eine kurze Strecke rückwärts, um zu mustern, was ihm geblieben sei. In diesem Moment scheinbaren Sieges, als der nach zwei Seiten hin abrückende Feind zum ersten Male Gelegenheit gab, von der Kampfesarbeit auszuruhn und statt auf die Feinde *vor* sich auf die Freunde *neben* sich zu blicken, in diesem Moment scheinbaren Sieges erkannten die Schotten, daß sie geschlagen seien. Was sie während des Kampfes nicht gesehen hatten, das sehen sie jetzt. Die vielen Tausende, die auf dem siegreich verteidigten Streifen Land gestanden hatten, waren zu ebenso vielen Hunderten zusammengeschmolzen. Alle Führer waren erschlagen, Crawford tot, Montrose tot; man suchte nach dem König, aber man suchte vergebens. Als die Sonne des nächsten Tages auf die Walstatt fiel, fanden die Engländer das Feld von dem Feinde verlassen, den sie gestern vergeblich bekämpft hatten. Keine Verfolgung fand statt; Graf Surrey wußte, daß die führerlosen Trümmer ohnehin auseinanderfallen würden.

Wo der König fiel, *wer* ihn fand und *wo* man ihn fand, darüber ist niemals Zuverlässiges bekannt geworden. So kam es, daß sich auf lange Zeit hinaus beim Volk der Glaube lebendig erhielt, König Jakob sei *nicht* gefallen, er lebe noch und habe das Kreuz genommen, um die große Schuld seines Lebens, die Auflehnung gegen seinen Vater, am heiligen Grabe abzubüßen.

Dieser Glaube fand Nahrung in dem Umstand, daß sich unter den Trophäen, die Graf Surrey nach London heimführte, jener Eisengürtel *nicht* vorfand, den der König, wie jeder Schotte wußte, seit 25 Jahren getragen und nie abgelegt hatte. Aber freilich andere Schätze führten die Sieger heim, die kaum minder deutlich sprachen und das entgegengesetzte Zeugnis ablegten. Des Königs Schwert und Dolchmesser waren gefunden worden, und vor allem jener verhängnisvolle Türkisenring, den ihm die Königin Anna als das Zeichen ihrer Huld und ihres Zutrauens gesandt hatte. Schwert und Dolch befinden sich bis diesen Augenblick im College of Heralds, d. h. in der Wappenkammer zu London.

Der Tag von Floddenfield war der eigentliche Sterbetag Schottlands; in den 90 Jahren, die noch zwischen diesem Tag und der Vereinigung beider Königreiche liegen, war das Land wenig mehr als eine eroberte Provinz, der man übereingekommen war den Schein und den Glauben an ihre Selbständigkeit zu lassen. Seine Macht und sein Ansehn waren gebrochen, und von der Trauer, die das ganze Land erfüllte, gibt am besten das Lied Kunde, das den Titel «The Flowers of the Forest» führt und nicht ohne Grund das Sterbelied Schottlands genannt worden ist. Es lautet wie folgt:

Ich hörte sie singen, wenn morgens sie gingen,
Die Herde zu melken, die draußen steht;
Nun hör ich ihr Wehe, wo immer ich gehe –
Die Blumen des Waldes sind abgemäht.

Vorüber das Necken an Wegen und Hecken,
Still eine neben der andern geht,
Sie können nicht scherzen mit Trauer im Herzen,
Und was sie sprechen, ist leises Gebet.

Kein Erntereigen; es schweigen die Geigen,
Kein Tänzer, der fröhlich im Tanze sich dreht.
Auf Märkten und Messen die Lust ist vergessen –
Die Blumen des Waldes sind abgemäht.

Kommt Dämmerstunde, nicht mehr in die Runde
Das Haschen und Pfänderspielen geht,

In stiller Kammer verbirgt sich ihr Jammer –
Die Blumen des Waldes sind abgemäht.

Dahin unsre Kränze! Wir zogen zur Grenze,
Wo Englands Banner im Winde geweht,
Unsre Blumen vom Walde, sie ruhn auf der Halde,
Die Blüte des Landes ist abgemäht.

Ich hörte sie singen, wenn morgens sie gingen,
Die Herde zu melken, die draußen steht;
Nun klingt ihre Klage von Tage zu Tage:
Die Blumen des Waldes sind abgemäht.

Von Edinburgh bis Stirling

Zwischen Edinburgh und Stirling existiert neben der Eisenbahn auch eine Dampfschiffverbindung. Wer Eile hat, wählt wie gewöhnlich den Schienenweg, wer Muße hat und frischer Luft und schöner Ufer sich freuen will, macht es wie wir und schlägt die Wasserstraße ein. Gegen Mittag verließen wir Edinburgh, um in Leith, dem bekannten Hafen von Edinburgh, an Bord zu gehen. Eigentlich nicht in Leith, sondern in Granton, einem etwas höher hinauf gelegenen Hafenplatz, der um seiner Wassertiefe sowohl wie um seiner bessern Dämme und Anlegeplätze willen dem schlecht instand gehaltenen Hafen von Leith siegreiche Konkurrenz zu machen droht. Um nach Leith oder Granton oder Newhaven (einem dritten Hafenplatz, der zwischen den beiden andern liegt) zu gelangen, mietet man entweder ein Fuhrwerk oder bedient sich der Verbindungsbahn, die zwischen Edinburgh und diesen drei Plätzen läuft. Die Bahn ist wenig über eine halbe deutsche Meile lang und gleicht einem Arm, der an seinem Endpunkt in drei einzelne Finger ausläuft: Ringfinger Leith, Mittelfinger Newhaven, Zeigefinger Granton.

Wir wählen diese Verbindungsbahn, um nach Granton zu gelangen, machen die Fahrt in etwa sieben Minuten, und ohne viel Suchen und Fragen uns dem Menschenstrom überlassend, der aus den Bahnhofsgebäuden heraus ins Freie drängt, geraten wir endlich, an allerhand Kais und Bassins, Werften und Hafendämmen vorbei, an den eigentlichen Granton Pier (Molo), an dem der «Rob Roy», der uns flußaufwärts tragen soll, bereitliegt und durch gelegentliches Zischen und Prusten – jeder hat seine Art – zu seiner Besteigung einladet. Wir wissen, wie es gemeint ist, steigen vom Kai aus verschiedene Treppen hinunter und wieder hinauf und machen es uns endlich auf dem Hinterdeck des steamers mit Hilfe von Bänken und Feldstühlen möglichst bequem. Zu rechter Zeit. Kaum daß wir eine gute Rückenlehne gefunden und die Plaids über unsere weit vorgestreckten Füße gebreitet haben, so folgt der stillen schwarzen Rauchwolke des Schornsteins das bekannte Brausen und Schnaufen, endlich das Rasseln und Schaufeln, und von der Wand des Bollwerks in eleganter Wendung sich loslösend, trägt uns jetzt bei hellem Sonnenlicht der steamer stromaufwärts.

Solche Fahrten flußauf- oder abwärts haben in den meisten Fällen einen verwandten Charakter, und die Bilder bleiben so ziemlich dieselben, ob die Flußmündung, um die es sich handelt, der Elbe oder der Oder, dem Mersey oder dem Forth angehört. Etwas freilich hat der Forth vor den eben genannten voraus, die Fülle historisch-romantischer Anknüpfungen nämlich, die mich bestimmen würden, die ganze Fahrt mit einer Rheinfahrt zu vergleichen, wenn wir nicht in unsern heimatlichen Marken einen Fluß hätten, der dem Leser das Charakteristische des Forth nach *dieser* Seite hin noch deutlicher wiederzugeben vermag, ich meine die *Havel*. Jedes Land und jede Provinz hat ihre *Männer*, aber manchem Fleck Erde wollen die Götter besonders wohl, und ihm die Rennbahn näher legend, die Gelegenheit zur Kraftentwicklung ihm beinahe aufzwingend, gönnen sie dem bevorzugten Landesteil eine gesteigerte Bedeutung. Ein solcher Fleck Erde ist das beinah inselförmige Stück Land, um das die Havel ihr blaues Band zieht. Es ist der gesunde Kern, daraus Preußen erwuchs, jenes Adlerland, das die linke Schwinge in den Rhein und die rechte in den Njemen taucht. Wohl ist es deutungsreich, daß genau inmitten dieser Havelinsel jenes Fehrbellin liegt, auf dessen Feldern die preußische Monarchie gegründet wurde. Und welch historischer Boden diese Insel überhaupt! Entlang an den Ufern des Flusses, der sie bildet, hatten (und haben noch) jene alten Familien ihre Sitze, die, von den Tagen der Quitzows an, mehr auf Charakter als auf Talent hielten und deren Zähigkeit und Selbstgefühl, die doch nur die Typen unseres eigenen Wesens sind, wir uns endlich gewöhnen sollten mehr mit Respekt als mit Eifersucht anzusehn. Auf dieser Havelinsel und jenem schmalen Streifen Land, der nach außen hin sie umgürtet, liegen die Städte und Schlösser, darin der Stamm der Hohenzollern immer neue Zweige trieb; liegen die Städte, darin drei Reformatoren der Kunst das Licht der Welt erblickten: Winckelmann, Schinkel und Schadow (von denen der zweitgenannte eine Kasernenstadt in eine Stadt der Schönheit umwandelte); liegen die Herrensitze, darin Zieten, Knesebeck und die Humboldts geboren wurden, *Zieten*, der liebenswürdigste und volkstümlichste aller Preußenhelden, und Knesebeck, der in winterlicher Einsamkeit den Gedanken ausbrütete, «die Macht Napoleons durch die Macht des Raumes zu besiegen».

Mit diesem Havelland, dem es, wie jeder Potsdam-Besucher wissen wird, auch keineswegs an Schönheit und malerischem Reiz gebricht, möcht ich die Ufer des Forth vergleichen, die jetzt, während wir im steamer den Fluß hinauffuhren, mit Dörfern und Villen, Städten und Burgen, vor allem aber mit dem Klang berühmter Namen zu uns herübergrüßten. Freilich nicht alle diese Namen, die wie ein bekannter Ton unser Ohr trafen, gehörten diesem Flußufer als ihrem eigensten Boden an, viele waren, zumal aus den nördlichen Grafschaften her, an diese bevorzugtere Stelle nur verpflanzt; aber jedenfalls doch zog ein gutes Stück der Landesgeschichte an uns vorüber, als wir, in lebhaftem Gespräch mit einem jungen Schotten, der leuchtenden Auges um sich sah, die Namen Morton und Moray, Bruce und Stuart, Keith und

Dundas, Abercromby und Elgin vernahmen. Mehr denn fünf Jahrhunderte umfaßten diese Namen, von jenem Tage von Bannockburn an, wo der Name Bruce das Fundament zu seinem Ruhme legte, bis zu jenem Tage von Abukir, wo Sir Ralph Abercromby siegte und fiel.

Die Ufer des Forth sind bunt und belebt, und namentlich zu Anfang der Fahrt, wo die weiten Entfernungen bis zum Ufer hin die Dörfer und Städte mehr gedrängt erscheinen lassen, als sie in Wahrheit sind, haben wir den Eindruck eines heiteren und ziemlich reichen Bildes. Dort aber, wo der Fluß sich zu verengen beginnt und die weiten Distanzen sichtbar werden, die zwischen den einzelnen Kirchtürmen liegen, erkennt man doch, daß man sich an einer nördlichen Küste befindet, die, jedem Wind und Wetter preisgegeben, in allem, was sie hervorbringt, nur einem Zwange nachgibt und den Menschen mehr duldet und hinnimmt, als ihn gebiert.

Wir hatten unsere Plätze in der Nähe des Steuerruders längst aufgegeben und schritten jetzt, nachdem wir bei Tisch einige Bekanntschaften angeknüpft hatten, auf dem Deck des steamers in ziemlich lebhaftem und oft wechselndem Gespräche auf und ab. Außer den hübschen Ufern, nach denen wir von Zeit zu Zeit hinübersahen, nahm vor allem ein blinder Fiedler, der neben dem großen Schornstein des Dampfschiffes saß, und ein englisches Ehepaar, dessen nicht allzu angenehme Bekanntschaft wir schon bei Tische gemacht hatten, unsere Aufmerksamkeit in Anspruch. Wir hatten noch keine Ahnung, daß Fiedler und Ehepaar bald in nähere, allerdings nicht freundschaftliche Beziehungen treten würden.

Das englische Ehepaar bestand aus einem grämlichen alten Herrn und einer jungen blassen Frau, die sehr hübsch gewesen wäre, wenn nicht etwas Stechendes in ihrem Auge und die fest zusammengepreßten blassen Lippen allzudeutlich verraten hätten, daß sie nicht gewohnt war, mit dem Zepter der Milde zu regieren. Ihr Gatte, wiewohl nicht ganz energielos im Ausdruck, schien dennoch, wie so viele Gatten vor und nach ihm, auf das Auskunftsmittel verfallen zu sein, die Linie eigener Anschauungen nur noch als Bekräftigungs-

und Unterstreichungslinie für die Ansichten seiner Frau zu verwenden. Die blasse Dame, die, wie man ihr lassen muß, das Ladyhafte mit vielem Geschick zur Schau stellte, hatte bei Tisch die Austernsauce «very bad» gefunden, worauf ihr Gemahl mit einem «very bad, indeed» geantwortet hatte; ja, bei Gelegenheit der schlecht gekorkten Flasche Porter hatte er sich in seiner Huldigung noch weiter verstiegen und dem «shocking» seiner Lady ein unumwundenes «shameful» hinzugefügt. Die Schotten, alt und jung, aus denen die Tisch- und Reisegesellschaft fast ausschließlich bestand, hatten diesem krittligen Wesen des englischen Ehepaares nicht ohne Verdrießlichkeit zugehört, weil sie jenen Ton der Überhebung darin zu finden glaubten, den Engländer so gern anstimmen. wenn sie den Tweed im Rücken haben. Einiges Gemurmel war am unteren Ende des Tisches bereits laut geworden; andere, die dem Ehepaar näher saßen, hatten durch Lächeln und Geflüster, zum Teil auch durch ein paar gälische, dem Engländer also unverständliche Worte ihrem Herzen Luft gemacht, als noch rechtzeitig die Tafel aufgehoben wurde und alles wieder treppauf stieg, um die Promenade oben auf Deck zu beginnen.

Der alte Fiedler saß noch immer an seinem Schornstein und sang Burnssche Lieder, scheinbar unbekümmert um das, was um ihn herum vorging. Er hörte aber mit dem scharfen Ohr, das Blinden eigen ist, sehr wohl die für seine künstlerische Reputation höchst unschmeichelhaften Worte des alten Engländers, Worte, unter denen «ear-splitting» (ohrzerreißend), «scandalous» und «shameful» noch durchaus nicht die schlimmsten waren. Er hörte auch, daß alle diese Worte nur der Baßwiderhall einer scharfen, wenn auch nur leisen Diskantstimme waren, und sein Schlacht- und Racheplan war gemacht. Vielleicht auch, daß einer der jungen Schotten die Hand im Spiele hatte. Wir waren just in gleicher Höhe mit dem Städtchen Alloa und ließen uns eben von Darnley erzählen, der hier die letzten Wochen, die seinem jähen Tode vorausgingen, zubrachte, als uns, die wir aufmerksam dem Vortrag folgten und über die Schiffswand hinaussahen, ein herzliches Gekicher und bald auch ein lautes Lachen in die Nähe des Schornsteins rief, wo ein Dutzend Schotten um den blinden Fiedler herumstanden. Eben machte er seine letzten Striche über die alte Geige, und wir bedauerten schon, zu spät gekommen zu sein, als ein allseitiges «da capo, da capo! Go on, Bobby, let us have it once more!» den Alten zu einem kurzen Präludium instigierte, dem nun rasch die Burnsschen Strophen folgten, die wir das erstemal überhört hatten. Er sang in rezitativischer Weise:

«Was kann ein jung Mädel, was soll ein jung Mädel,
Was kann ihr, was soll ihr ein ältlicher Mann?
Ich muß mich gedulden bei all seinen Gulden,
Womit er das Herz meiner *Mutter* gewann.»

Das Ehepaar ging in diesem Augenblick dicht an dem Fiedler vorbei, und der Umstand, daß kein Wort, keine Bemerkung über die Lippen beider kam, sagte dem Alten deutlich, daß die Rache, die er genommen, nicht wirkungslos geblieben sei. Er hielt einen Augenblick inne, aber das «go on, Bobby» der Umstehenden ließ ihm keine Wahl, und rasch hintereinander fort folgten nun die drei übrigen Strophen:

«Nichts hat er wie Sorgen vom Abend zum Morgen,
Er hustet, daß ich nicht schlafen kann;
Halbtaub seine Ohren, sein Blut wie gefroren,
Ach traurig die Nacht mit 'nem ältlichen Mann!

Er närgelt und brummelt, er quärgelt und mummelt,
Ich mach ihm nichts recht, und dann fährt er mich an,
Zu nichts ist er tüchtig, nur eifersüchtig
Ach ist er, weiß Gott, wie ein ältlicher Mann.

Meine Tanten und Paten, die ha'n mir geraten:
‹Du mußt ihn mehr ärgern, den alten Tropf.›
Bei meiner Seelen, tot will ich ihn quälen,
Und dann für den alten 'nen neuen Topf.»

Der Beifall wiederholte sich jetzt, überhaupt hätte dem Alten nichts Besseres passieren können als die Ungnade des englischen Ehepaares. Alle Börsen wurden jetzt gezogen, und in die Mütze des Blinden, in die bis dahin nur spärliche pennies gefallen waren, fielen jetzt allerhand Silbermünzen. Das Ehepaar selbst hatte inzwischen längst seinen Rückzug angetreten, und während die Lady auf den Polsterbänken der Kajüte zu schlafen vorgab, zog sich der hochrot gewordene Eheherr hinter die Wandschirmfläche einer aufgeschlagenen «Times»-Nummer zurück. Vor ihnen stand Sodawasser.

Natürlich trieb man den Scherz nicht weiter, aber auch wenn man gewollt hätte, es hätte sich verboten. Wir waren den Forth, der vor zwei Stunden noch in voller Breite eines Haffs vor uns gelegen hatte, jetzt so hoch hinaufgefahren, daß das Schiff, wie ein Wagen in einer schmalen Straße, nur eben noch lenken und umkehren konnte; der Meerbusen war zu einem Graben geworden. In einiger Entfernung ragte das schöne Stirling Castle malerisch in die Luft; ein an unsern «Rob Roy» anlegendes flaches Fährboot aber, darin Passagiere und Sachen rasch hineingeschafft wurden, ließ uns nicht Zeit zu müßiger Betrachtung vom Deck des steamers aus. Wir nahmen vielmehr Platz auf den teppichbelegten Ruderbänken des Boots, und die flachen Windungen des Forth noch eine Viertelstunde weiter hinauf verfolgend, hielten wir endlich an einem Erlengebüsch, das, unmittelbar vor der Stadt gelegen, noch einmal wie eine grüne Wand Stadt und Schloß unsern Blicken entzog.

Stirling Castle

Wir hielten alsbald vor dem von Menschen und Wagen umlagerten Hotel Royal, und nachdem wir, den Reisesack in der Hand, eine Viertelstunde lang geduldig gewartet und nur von Zeit zu Zeit unsere ergebene Anfrage «Can we have a doublebedded room?» wiederholt hatten, traf uns endlich ein gnädiges Kopfnicken Mr. Campbells, und eine Zimmernummer nennend, flog nunmehr einer der Kellner vor uns die breite, teppichbelegte Treppe hinauf, um, oben angelangt, mit einer auffordernden Handbewegung gegen uns in einem der Korridore zu verschwinden. Das große und saubere Zimmer, in das wir geführt wurden, lag nach hinten hinaus, was ein neuer Vorzug war, da die Front des Hauses keine Aussicht bietet, während die Hinterzimmer auf den alten, malerisch gelegenen Stadtteil hinaus blicken, der sich am Abhang des Hügels hinauf und hinunter zieht.

Das schöne Wetter mahnte, keine Zeit zu verlieren und die Stunden bis Sonnenuntergang noch zu einem ersten Ausfluge zu benutzen. Unser Gang führte uns zunächst durch die Stadt. *Stadt* Stirling liegt teils am Fuße, teils am Ostabhange jenes Felsenhügels, auf dessen höchster Spitze *Schloß* Stirling ragt. Die vom Hügel herabsteigenden Straßen und Gassen münden mehr oder minder senkrecht in die am Fuß des Hügels sich hinziehende High Street[1] ein, die jetzt, ohne schön oder irgendwie bemerkenswert zu sein, doch die Hügelstraßen an Ausdehnung und Wohnlichkeit übertrifft. Diese High Street entspricht mutatis mutandis der Princes Street von Edinburgh, während das Gewirr der hügelansteigenden Straßen und Gassen in Erscheinung, Lage und Fülle historischer Rückerinnerungen an die Altstadt von Edinburgh erinnert. Auch die Schloßhügel beider Städte sind in Höhe, Formation und Umgebung nahe verwandt, und ihre Linien unterscheiden sich nur insoweit, daß – um ein etwas kühnes, aber, wie ich hoffe, bezeichnendes Bild zu gebrauchen – das Edinburgher Schloß einem *liegenden*, das Stirlinger aber einem *sitzenden* Löwen gleicht. Beide erheben sich plötzlich und unvermittelt aus der Ebene und blicken, dem Hochlande zugewandt, wie Wächter landeinwärts; die *Rückenlinie* des wie schlafend daliegenden Edinburgher Hügels aber ist eine allmählich ansteigende, während Stirling Castle bereits, wie vor einem nahen Geräusch, in die Höhe gefahren ist und

[1] High Street hat im Englischen nie die Bedeutung von *hoch gelegener* Straße, sondern immer nur von *Haupt*-Straße.

Stirling Castle

mit halb senkrechter Rückenlinie erwartungsvoll dasitzt. Dieser Rückenlinie entsprechend sind natürlich auch die Straßen, die sich dieselbe hinaufziehen: die Edinburgher Straßen lang und allmählich sich verlaufend, die Stirlinger Straßen kurz und steil.

Von unserem Ausfluge durch die Stadt zurückkehrend, steigen wir jetzt durch ein Gewirr von Gassen, das endlich in eine breite, platzartige Straße ausläuft, den Hügel hinan und befinden uns alsbald angesichts von Stirling Castle auf einer mauerumkränzten Esplanade, die den Vorhof zum Schlosse selber bildet. Wir verweilen hier einen Augenblick, weniger um über die Mauereinfassung hinweg nach rechts und links hin in die schöne, lachende Landschaft hineinzublicken, als um den malerisch kostümierten Hochländern einen Blick zu gönnen, die vor und neben uns die ganze Szene beleben. Aus dem Schloßtor heraus treten einzelne und in Gruppen, teils um den Weg zur Stadt hin einzuschlagen, teils um seitabwärts auf einem großen, zur Esplanade gehörigen Rasenplatz an dem Spiele teilzunehmen, das bereits ein Dutzend Mitspieler zählt und in bestem Gange ist. Die ersteren, die mit pathetischem Schritt die Hügelstraße hinuntersteigen, sind in vollem Hochlandskostüm, und die Interimsjacken von weißem Tuch, die sie statt der roten Uniformen tragen, geben ihnen ein doppelt gefälliges Ansehen. Weniger sorglich gekleidet sind die Spieler auf dem Rasen; der Kilt ist abgelegt und die prosaische Hose an seine Stelle getreten; eine Leinwandjacke ersetzt den Rock, und nur der rot und weiß karierte Mützenstreifen gibt die Spielenden als Soldaten eines Hochlandsregiments zu erkennen. Wir treten näher, um dem Spiele zuzusehen, das uns durch seine Neuheit überrascht und von dem wir hören, daß es zu den nationalen Spielen des Landes gehört. Es ist ein Spiel, das zwischen dem Diskuswerfen des alten und dem Bocciaspiel des neuen Roms die Mitte hält, richtiger sich aus beiden zusammensetzt. Statt der Scheiben des einen und der Kugeln des andern Spiels nimmt man schwere Eisenringe, die etwas größer und schwerer sind als gewöhnliche Hufeisen und deren Zahl von der Zahl der

Stirling Castle

Mitspielenden abhängt. Ein guter Spieler eröffnet den Reigen, tritt an eine bestimmte Stelle und wirft den schweren Eisenring so weit er kann feldeinwärts. Nun folgen die andern, wobei jeder dem zuerst geworfenen Ringe so nah wie möglich zu kommen sucht. Würde es sich bloß um das *Treffen* des Ringes handeln, so hätten wir das Bocciaspiel in wenig veränderter Form, da aber der erste Ring mit Aufwand von Kraft auf eine weite Distanz hinausgeschleudert wird, so wird aus dem Geschicklichkeitsspiel zu gleicher Zeit ein Kraftspiel, in dem nur *der* siegt, der über beides verfügt. Das Spiel fesselte uns so, daß wir, selbst angesichts von Stirling Castle, ruhig am Rande des Rasenplatzes stehenblieben, Partei ergriffen für diesen und den und mit ungeschwächter Freude zusahen, wenn Mal auf Mal das blank geputzte Eisen durch die Luft flog und wie ein sich drehender Spiegel nach allen Seiten hin die Sonnenstrahlen ausstreute. Das Spiel fesselte uns, aber noch mehr erfreute uns die Stattlichkeit und die Heiterkeit der Leute, die hier ungezwungen, ohne Dressur und Überwachung, die Spiele ihres Landes spielten.

Wir sind sehr irre, wenn wir uns das englische Heerwesen als einen Mechanismus vorstellen, der den letzten Rest von Freiheit und Selbständigkeit aus den Individuen streicht. Das ist durchaus nicht der Fall. Auch der englische Soldat bleibt immer noch ein Engländer, und man hütet sich wohl, ihm von seinem Selbstgefühl mehr zu nehmen, als nötig ist. Armeen, die reich sind an verheirateten Leuten, werden immer von selbst dahin geführt werden, das Individuum zu respektieren und in dem Manne das zu sehen, was er ist, einen *Mann*.

Wir traten nun durch das ziemlich unscheinbare Burgtor in Stirling Castle hinein. Gleich zur Rechten war das Wachtlokal. Die Fenster standen offen, kein Posten vorm Gewehr schritt auf und ab, nur ein Sergeant vom berühmten 93. Regiment (die Sutherlands) saß mit übereinandergeschlagenen Knien auf einem Bänkchen, das zwischen dem Wachthaus und den Gewehren stand, und blätterte in einem Buch. Als wir näher kamen, sah er auf. Es war ein so schöner Mann, daß wir, ohne uns Rechenschaft zu geben von dem, was wir taten, a tempo stehenblieben und mit nicht mißzuverstehenden Zeichen der Bewunderung zu ihm hinaufblickten. Er bemerkte es, stand auf, lächelte uns einen Gruß zu, der zu sagen schien: Nur zu! Mir sind solche Huldigungen nichts Neues, und sah uns dann seinerseits freundlich und mit Teilnahme nach, bis wir weiter aufwärts hinter den verschiedenen Baulichkeiten des Schlosses verschwanden. Er hatte uns aller Wahrscheinlichkeit nach für Maler gehalten, und seit lange daran gewöhnt, von Künstlern und Dilettanten erst bewundert und dann gemalt zu werden, hatte er uns andeuten wollen, daß er nötigenfalls bereit sei, die Pflichten seines Amts mit denen eines Modells in Einklang zu bringen.

Stirling Castle, in derselben Weise wie der Londoner Tower oder Schloß Edinburgh, besteht aus einem bunt zusammengewürfelten Häuserhaufen, der allen möglichen Jahrhunderten und Baustilen angehört und dem nichts gemeinsam ist als der Fels, darauf er steht, und die Wallmauer, die ihn umzieht. Palast, Kapelle und Parlamentsgebäude drängen sich hier auf engstem Raum zusammen, unterbrochen halb und halb verbunden durch Kasernen, Waffen- und Munitionshäuser, von denen einzelne fünfhundert und andere nicht fünfzig Jahre zählen. Eine der Kasernen ist so gestellt, daß sie das ganze Areal des Felsens in fast zwei gleiche Teile teilt, und einen langen überwölbten Gang passierend, der durch die ganze Tiefe dieses Hauses sich hinzieht, erreichen wir am entgegengesetzten Ende den weit vorgeschobensten Punkt des Wallrandes, der nach drei Seiten hin eine entzückende Aussicht gestattet. Nur nach hinten zu verschließt uns der Kasernenbau, den wir soeben passiert haben, die Aussicht auf die Stadt. Das Bild, das sich von dieser Stelle aus vor dem Beschauer entrollt, ist ganz einzig in seiner Art und übertrifft an eigentümlichem Zauber jenes Panorama noch, das uns ein Blick von Edinburgh Castle gewährt.

Worin dies Plus an Reiz und Schönheit zu suchen, ist schwer zu sagen. Aber eine Vermutung sei wenigstens gestattet. Das schöne Bild, das sich einem vom Edinburgher

Schlosse aus bietet, zersplittert unsere Empfindung, statt sie auf einen Punkt, nach einer Richtung hin zu konzentrieren. Das Gefühl, um dessen Erweckung es sich beim Besuche solcher und ähnlicher Plätze handelt, ist das *romantische*, und selbst der größte Philister, der in Holyrood oder Edinburgh Castle eintritt, bringt ein gewisses Maß von gutem Willen mit, sich auf fünf Minuten poetisch anregen, romantisch stimmen zu lassen. Er wird seinen Zweck erreichen, seinen kleinen Hausbedarf befriedigen und sich um die größere oder geringere Intensität dessen, was auf ihn wirkt, nicht lange sorgen und kümmern. Ein feinerer Sinn aber, der auf diesem Gebiet wie ein sensibler Elektrometer ein Plus oder Minus zu unterscheiden weiß, wird, wenn er auf der Halbmondbatterie von Edinburgh Castle Posto faßt, zu keinem ungeteilten Genusse kommen. Das Bild, das sich vor seinem Auge entrollt, an *malerischer* Schönheit dem Bilde, das Stirling Castle bietet, vielleicht überlegen, wird ihm gleichzeitig eine Fülle von Dingen zeigen, die den romantischen Traum wenn auch nicht roh und plump zerstören, aber doch immerhin unterbrechen. Sein Empfinden wird zu keiner Einheit kommen. Die Neustadt von Edinburgh, die zu seinen Füßen liegt, die Säulen und Statuen, die zu ihm heraufblicken, die Omnibus, die Princes Street passieren, die Eisenbahnzüge, die landeinwärts, die Dampfboote, die stromaufwärts ziehen, alles das trägt einen fremd-modernen Klang in das alte Lied, und selbst die Altstadt, die sich oft mehr in allermodernsten Schmutz als in die Patina klassischer Traditionen kleidet, stimmt nicht völlig harmonisch in die alte Weise ein, die wir am liebsten in aller Reinheit und Simplizität vernehmen. *Diesen Klang gewährt uns Stirling Castle*, zum wenigsten an jener Stelle seines Wallrands, über die wir uns jetzt hinauslehnen und in die untergehende Sonne blicken, die wie ein feuriger, aber strahlenloser Ball über den Bergen des Hochlands hängt. Vor uns, in Schläge aller Formen und Größen geteilt, dehnen sich bis zum Gebirge hin die Fruchtfelder der schönen Grafschaft Menteith; nichts unterbricht die stille romantische Sprache des Platzes, auf dem wir stehen, wohl aber ist es, als antworte ein Echo aus all den Feldern und Bergen her, die dies jetzt wie verzaubert daliegende Schloß in weiten Kreisen umziehen.

Unmittelbar zu unserer Linken und Rechten steigen zwei kleinere Felsen neben dem eigentlichen Schloßfelsen auf, der eine der Ladies Rock (*rock* = Felsen), der andere der Mole Hill geheißen. Wie zwei Löwenjunge sitzen sie neben dem Alten, der ernst in die Ferne sieht. Auf dem Ladies Rock saßen einst die Damen des schottischen Hofes wie auf der Höhe eines Amphitheaters und sahen den Turnieren und Ritterspielen zu, die am Fuß des Hügels aufgeführt wurden; der rechts gelegene Mole Hill aber sah oft die düstere Kehrseite jener heiteren Bilder. Mancher siegte nur beim Turnier und empfing vom Ladiesfelsen her den Kranz seiner Dame, um früher oder später als ein Opfer rach- und eifersüchtiger Majestät auf dem Mole Hill zu sterben. Der Mole Hill war der Hinrichtungsplatz.

Und wie oft entschieden sich die Geschicke des Landes auf diesen Feldern, die Stirling Castle in kaum meilenweitem Kreise umziehen; *vierzehn* Schlachtfelder sind es, die man, den Wallrand umschreitend, wie einen dichtgeflochtenen Kranz um Stirling gelagert sieht. Nach Norden hin die Stirlinger Brücke und Sheriffmuir, nach Südosten hin Falkirk und Sauchieburn, vor allem aber im Süden jenes Feld von Bannockburn, das noch jetzt in Liedern klingt und jeden einzelnen mit stolzer Freude füllt.

Es bedurfte eines Entschlusses, sich von dem Wallrand loszureißen, der wie ein Zaubergürtel dieses Schloß umzog. Noch ein Blick über die Felder fort bis ins Hochland hinein, dann kehrten wir auf den Schloßhof zurück, um den Anblick der Sehenswürdigkeiten nicht zu versäumen, die Stirling Castle selber bietet.

Diese Sehenswürdigkeiten bestehen aus dem alten Palaste (einem ehemaligen Lieblingssitze der schottischen Könige), aus der Kapelle, die jetzt als Rüst- und Waffenkammer dient, und aus dem sogenannten «Douglaszimmer». Das letztere befindet sich in der Nordwestecke des Schlosses und führt seinen Namen in Erinnerung an William Douglas, der hier von König Jakob II. ermordet wurde. Lord William Douglas, dessen Haus ebendamals auf der Höhe seines Ruhmes stand, hatte mit den Lords Ross und Crawford eine Art Schutz- und Trutzbündnis geschlossen, dessen letzter Endzweck sich gegen den König richtete und mindestens die Macht und das Ansehen der Krone erschüttern sollte. König Jakob berief seinen übermütigen Vasallen nach Schloß Stirling, versprach ihm Sicherheit und frei Geleit und suchte ihn, als er wirklich erschien, von dem geschlossenen Bündnis abzuziehen. Als Douglas unerbittlich blieb, zog der König endlich den Dolch und stieß den Lord mit den Worten nieder: «Wenn nichts helfen will, so helfe dies.» Das Zimmer, in dem dieser Mord (der damals ein ganz ungewöhnliches Aufsehen gemacht zu haben scheint) begangen wurde, zeigt nichts mehr, was an so blutige Vorgänge erinnern könnte. Die Einrichtung, besonders allerhand Schnitzwerk und die Holzbekleidung an Wand und Decke, hat zwar die mittelalterlichen Formen beibehalten, aber alles sah so blink und blank aus, daß man auf den ersten Blick die Nachbildung erkennen konnte. Auch wird sie nicht geleugnet. Ungefähr da, wo Douglas den ersten Dolchstich empfing, stand jetzt ein kleiner Mahagonischreibtisch, an dem ein Bau- und Rechnungsführer seine Quittungen schrieb. Bis vor etwa sechzig Jahren war man in Zweifel darüber, ob das sogenannte Douglaszimmer denn auch wirklich Anspruch auf seinen Namen habe. Einige Geschichtskundige hatten sich nämlich immer geneigt gezeigt, den Schauplatz des Mordes an eine ganz andere Stelle des Kastells zu verlegen. Seit 1794 aber ist der Streit zugunsten der alten Tradition geschlichtet. Als in jenem Jahre der Garten umgegraben wurde, der sich noch jetzt an den Fenstern des Douglas-room entlangzieht, fand man acht Schritt von der Mauer entfernt ein Skelett, mit dessen Hilfe die Akten über diesen Gegenstand geschlossen wurden. Es heißt nämlich in alten schottischen Geschichtsbüchern ganz ausdrücklich, daß der Leichnam des Ermordeten aus dem Fenster geworfen und in einiger Entfernung von demselben von den

Dienern des Königs verscharrt wurde. Es muß auffallen, daß in einer Zeit, in der die Dolche von jedermann so lose in der Scheide steckten, gerade dieser Mord ein so nachhaltiges Aufsehen hervorgerufen hat. Es scheint aber, daß man, ganz abgesehen von der Macht des Mannes, der diesem königlichen Zorn zum Opfer fiel, sich selbst in jenen Zeiten von der Hand der Majestät anderer Dinge versah, zumal bei einer Begegnung, der die Zusicherung freien Geleits vorausgegangen war.

Die Welt verlor übrigens an diesem Douglas nicht viel, was folgender Vorfall bezeugen mag. Einige Jahre vor diesem seinem blutigen Ende hatte Lord Douglas einen gewissen Maclallan von Galloway gefangengenommen und ihn rechtswidrig eingekerkert. Jakob II., infolge davon, sandte Sir Patrick Gray, einen Onkel Maclallans, an Lord Douglas ab und gab ihm ein Handschreiben mit, worin die Freilassung Maclallans gefordert wurde. Douglas empfing den Sir Patrick mit übertriebener Ehrfurcht, bat die Verhandlung bis nach der Mahlzeit aufzuschieben und führte seinen Gast zu Tisch. Nach aufgehobener Tafel überreichte Sir Patrick seinen Brief. Lord Douglas überflog den Inhalt, den er längst kannte, und sagte dann: «Wie schade, Sir Patrick, Ihr kommt einen Augenblick zu spät.» Mit diesen Worten führte er seinen Gast an eins der Fenster, und auf den Hof hinunterzeigend, wo Maclallan bereits enthauptet lag, fügte er hinzu: «Nehmt Euren Neffen mit heim, Sir Patrick, es tut mir leid, daß ihm der Kopf fehlt.» Sir Patrick antwortete: «Wo der Kopf ist, mag auch sein Rumpf bleiben; aber gedenken sollt Ihr dieser Stunde.» So kam es auch. Sir Patrick, der im Nebenzimmer war, als König Jakob und der verwundete Lord Douglas miteinander rangen, sprang hinzu und half dem Lord zu einem raschen Ende.

An der Südseite des Kastells, also dem Douglaszimmer gegenüber, befindet sich der ehemalige Palast, ein reich verzierter alter Bau aus der Zeit Jakobs V. Vom Ladiesfelsen, oder besser hügelabwärts, vom Tal von Menteith aus gesehen, gewährte der alte Königsbau um seiner hohen Fenster und reichen, massigen Ornamentik willen einen prächtigen

Anblick, tritt man aber kritisch nah an ihn heran, so halten seine in der Ferne gemachten Zusagen nicht Wort, und man erkennt zum Teil als baren Ungeschmack, was in die Ferne hin nicht ohne Wirkung war.

Der dritte Punkt von Interesse ist die ehemalige Royal Chapel, jetzt eine Waffenkammer. Mr. Wood, der Büchsenmacher, ein lebhafter, kleiner Mann, der die untern Zimmer des Hauses bewohnt, führt uns mit großer Bereitwilligkeit treppauf.

Er ist bescheidener, als nötig wäre, und versichert uns vorweg, daß es mit den Schätzen seines Zeughauses nicht viel auf sich habe. Wir sind gezwungen, ihm zu widersprechen, denn gleich das erste, was er uns zeigt, ist die ziemlich wohlerhaltene Kanzel dieser ehemaligen Kapelle, die zwar wie ein alter Schrank, dessen man sich schämt, in eine dunkle Ecke geschoben ist, aber sich sofort ihren Platz wieder erobert, sobald man vernimmt, daß John Knox auf ihr gepredigt und, von ihr herabsteigend, vor Hof und Königin die Taufe des späteren Jakobs VI. vollzogen habe. Mr. Wood kann ersichtlich nicht recht begreifen, was uns an den wurmstichigen Holzkasten fesselt, und, wie es scheint, ein Freund der Ablenkungstheorie, holt er aus der nächsten Ecke eine Lochaber Axt herbei, die er jetzt mit den Worten auf den Boden stößt: «There is something from Bannockburn.» Diese Lochaber Äxte, deren im ganzen 42 auf dem Felde von Bannockburn gefunden wurden, sind jetzt als Raritäten über alle Waffenkammern Europas verbreitet. Schottland selbst besitzt ihrer zwei, von denen die eine jetzt vor uns steht. Ich sah diese alte, berühmt gewordene Waffe hier zum erstenmal. Sie hat nichts von einer Axt, sondern entspricht genau den gradlinigen *polnischen Sensen*, von denen sie sich nur durch einen Haken unterscheidet, der in halber Höhe des Senserückens aus demselben hervorwächst. Es muß überraschen, daß es zweimal in der Geschichte, unter Verhältnissen, die sich innerlich ebenso verwandt waren, wie sie äußerlich sich fernstanden, dieser Sensenwaffe vorbehalten war, eine Art Sinnbild jenes Schreckens zu werden, den Mut und Vaterlandsliebe in die Reihen eines sonst siegreichen Feindes trugen.

Als Freund B. und ich ein paar Worte in diesem Sinne wechselten, horchte Mr. Wood auf und sagte dann lächelnd: «Ah, deutsch; hab eine Frau von Deutschland, wird sich sehr freuen.» Mit diesen Worten lief er bis zur Treppe und rief hinunter: «Anne, please come upstairs, some gentlemen want to speak to you.» Antwort schallte zurück, und im nächsten Augenblick kam eine muntere Frau auf uns zu, blond, freundlich, gesprächig, aber freilich durchaus nicht angetan, den englischen Glauben zu widerlegen, daß die Einheit Deutschlands nur in einem Punkte vorhanden sei: in der Unschönheit seiner Bewohner. Sei dem, wie ihm sei, die liebenswürdige Freundlichkeit der Frau läßt uns nicht Zeit zu dem freilich gerechtfertigten Wunsche, daß deutscher Frauenreiz jenseits des Tweed etwas glänzender repräsentiert sein möchte, und nachdem wir die Lochaber Axt in die Ecke gestellt und an anderer Stelle den Fahnenstock des 42. Regiments (die Seide wurde bei Waterloo bis auf den letzten Fetzen zerschossen) in aller Ehrlichkeit angestaunt haben, treten wir mit Mistress Wood an das große Mittelfenster der ehemaligen Kapelle, wo wir, auf den schlanken Lafetten zweier indischen Kanonen Platz nehmend, nunmehr von Neuwied zu sprechen beginnen und zunächst der Frage begegnen, ob der Herzog von Nassau noch lebt. Wir geben die beruhigendste Auskunft und erhalten zum Dank die Antwort, daß Mr. Wood ein gutes Haus sei und sie glücklich mache, daß aber die Deutschen doch die besten wären, weil sie heiter seien und reden könnten. Wer weiß, wohin die Berührung so delikater Punkte noch geführt hätte, wenn nicht plötzlich eine Abteilung Hochländer mit Sang und Klang in den vor uns gelegenen Schloßhof eingerückt wäre und den sonderbarsten Zapfenstreich zum besten gegeben hätte, den ich all mein Lebtag gehört habe. Vorauf drei Dudelsackpfeifer, dann Pauke, Trommel und Pickelflöte, so marschierten sie auf, und während sich die Sutherlands und die MacGregors in ihren malerischen Kostümen um die Spielenden herum gruppierten, drückten wir, von plötzlicher Unruhe erfaßt, Mistress Wood die Hand, versprachen Deutschland zu grüßen und eilten auf den Hof. Zu spät: die Musik schwieg. Als wir aber den Schloßhügel hinunterstiegen und nur dann und wann zurückblickten auf das Turm- und Mauerwerk und zumal auf den malerisch daliegenden Palast, in dessen Fenstern das Abendrot verglomm, klang uns vom Schloßhof her noch ein zweites Lied nach und begleitete uns bergab. Die letzten Paukenschläge verhallten erst, als wir in die Straße am Fuß des Berges einbogen, unter deren Lichtern die beiden Gaslaternen des Royal Hotels als Sterne erster Größe brannten.

Loch Katrine
oder
Das Land der «Lady of the Lake»

Früh am andern Morgen hielt ein Wagen nach Art der alten Postkutschen vor unserm Hotel; drinnen Platz für vier und draußen (wenigstens dem Namen nach) für zwanzig. Wie und wo wir untergebracht wurden, ist mir ein Geheimnis geblieben; aber das Wetter war so schön, die vier Pferde so prächtig und der Kondukteur, der in scharlachrotem Rock unsere Verpackung besorgte, so gut gelaunt, daß wir nicht würdig gewesen wären, Loch Katrine und die Schluchten und Täler der MacGregors zu sehen, wenn wir hätten murren wollen, einen vollbezahlten Platz nur höchstens mit halber Fühlung unter uns zu haben. Als nun gar noch der Kutscher, dessen blauseidene Jacke und weißer Felbelhut uns ohnehin bereits imponiert hatten, statt auf den Bock des Wagens in den Sattel des rechten Handpferdes stieg, waren wir mehr als befriedigt, und auf guten Luftzug vertrauend, wenn es um uns her zu schwül werden sollte, fuhren wir an Stirling Castle vorbei in die lachende Landschaft hinein, selber lachend, als ginge es zum Oak- oder Derby-Day nach Epsom hinaus. Die Felder, die wir passierten, von Hecken und Baumgruppen unterbrochen, dehnten sich anmutig zu beiden Seiten des Weges;

aber dem Anblick nach, den wir tags zuvor von Stirling Castle aus gehabt hatten, hätten wir geglaubt, mehr erwarten zu dürfen. Es fehlten die besonderen Züge, und was, als Ganzes und aus der Vogelperspektive gesehen, einem reichen weiten Teppich von seltener Schönheit geglichen hatte, bot jetzt wenig, wo wir im Vorüberfahren die einzelnen Felder in nächster Nähe hatten.

Der erste Punkt, den wir erreichen, ist Bridge of Allan, ein kleines, dörfisches Charlottenburg, dessen überall angekündigtes «Hier sind Wohnungen zu vermieten» über die Bestimmung und Erwerbsquelle des Dörfchens keinen Zweifel läßt. Windgeschützt, am Fuße der Berge gelegen, ist es ein bevorzugter Sommeraufenthalt für solche Edinburgher, die aus Neigung oder Gesundheitsrücksicht die Nebelluft der Ostküste mit der reineren Luft des Hochlands vertauschen wollen.

Unser Wagen rollt, unaufgehalten durch die Holprigkeit des Steindamms, rasch durch Bridge of Allan hindurch, und an Dörfern und Landhäusern, wohlerhaltenen Herrensitzen und zerfallenen Schlössern vorbei, begrüßen wir endlich nach mehr als zweistündiger Fahrt das Dorf Callander, seinen Turm und seine Ulmenallee, vor allem aber sein Wirtshaus. Das Schild desselben zeigt uns natürlich einen Hochländer vom Clan der MacGregors, und selbst die bunt umherstehenden Post- und Gepäckkarren haben sich soviel wie möglich in die Farben dieses nachbarlichen Clans gehüllt. Unsere Fahrt aber in Luft und Sonnenbrand hat uns vor allem hungrig und durstig gemacht, und ohne irgendwelches Kümmern darum, ob hier im Zeichen Robin Hoods oder Rob Roys gegessen wird, halten wir uns an die Sache selbst und umlagern das Büffet. Glücklich, ein Glas Ale und einen Bissen Haferbrot erobert zu haben, folgen wir jetzt willig wieder der Mahnung des Kondukteurs, und mit Hilfe eines zurückbleibenden wohlbeleibten Farmers in unserem Komfort wesentlich verbessert, geht es nunmehr in wirkliche Hochlandslandschaft hinein.

Unmittelbar hinter Callander beginnt, auf eine Strecke

von etwa drei deutschen Meilen, jener schöne, berg- und seegeschmückte Landstrich, dem die Schotten in dankbarer Huldigung gegen den Dichter, der hier jeden Zollbreit Erde poetisch verherrlicht hat, den Beinamen «the country of the Lady of the Lake» gegeben haben. Um dieses Land zu verstehen und zu genießen, ist es nötig, mit dem Inhalt der gleichnamigen Dichtung einigermaßen vertraut zu sein. Es hat einen Sinn, wenn auf den Frühstückstischen in Stirling neben der neuesten Zeitung auch die Goldschnittexemplare der «Jungfrau vom See» in roten und grünen Einbänden reichlich umherliegen, und Leser und Leserinnen mögen es mir zugute halten, wenn ich hier auf Augenblicke unsere Weiterreise unterbreche, um zuvor ihnen und mir den Inhalt der schönen Dichtung ins Gedächtnis zurückzurufen.

«Die Jungfrau vom See»

Jakob V. war König, die Macht des Adels gebrochen und jedes Mitglied der Familie Douglas bei Todesstrafe verbannt. Nur einzelne der Hochlands-Clane, pochend auf die Sicherheit und Entfernung ihrer schwer zugänglichen, durch Paß und Schlucht verteidigten Täler, waren noch unbezwungen und machten ihre Stellung zum Hofe von ihrem Willen abhängig.

Zu diesen Clans, die noch ein eigenes, selbständiges Leben für sich in Anspruch nahmen, gehörten namentlich auch die MacGregors, die in den Tälern und Schluchten zwischen dem Loch Katrine und Loch Lomond wohnten. Auch die Seen von Achray und Vennachar gehörten mit zu ihrem Gebiet.

Bochastle, an der äußersten Spitze des Loch Vennachar, bezeichnete nach Südost hin den am weitesten vorgeschobenen Punkt ihres Gebiets; Landrick Height, am Nordufer desselben Sees, diente als Sammelplatz des Clans, wenn es Angriff oder Verteidigung galt, und der Felsenpaß der Trossachs, der, zum Loch Katrine führend, zugleich die Schutzmauer desselben bildete, war der Punkt, den die Clansleute

Loch Katrine mit Ellen-Eiland

zu besetzen pflegten, um gegen die Angriffe selbst eines übermächtigen Gegners gesichert zu sein. Die letzte Zufluchtsstätte des Clans aber, wenn selbst der Paß der Trossachs nicht länger Hilfe zu leisten vermochte, bildete eine Insel im Loch Katrine selber, jenes kleine Eiland am Südostende desselben, das den Namen Ellen Island, also Heleneninsel, führt. Mehr denn einmal zog sich ein geächteter Häuptling der MacGregors, Schutz suchend, in die Öde und Einsamkeit dieser Insel zurück, die bei den gewöhnlichen Kriegszügen mit den benachbarten Clans als regelmäßige Zufluchtsstätte der Greise, Weiber und Kinder diente.

Jagdeifer führte den König Jakob (der in der Dichtung als Ritter Fitzjames auftritt), seinen Gefährten weit voraus, in das Wald- und Bergrevier der MacGregors. Den See von Vennachar entlang und die Trossachs hindurch verfolgte er die Spur eines prächtigen Hirsches, bis sein überbürdetes Roß fast angesichts von Loch Katrine zusammenbrach. Der König stieß ins Horn, um seine Gefährten herbeizurufen, aber vergeblich. Die langgezogenen Töne indes waren auf dem Ellen-Eiland vernommen und fälschlich als die Klänge eines heimkehrenden Freundes gedeutet worden, und als der König, jetzt durch allerhand Waldgestrüpp sich durchschlagend, plötzlich die Südspitze des schönen Sees vor sich sah, gewahrte er einen leichten Kahn, der eben von der Insel her über den See kam. Auf dem Kahne stand ein Mädchen und führte das Ruder mit Kraft und Geschick. Schon glitt der Kahn in die schmale Bucht hinein und fuhr unter der Wucht eines letzten Ruderstoßes weit das Kiesufer hinauf, als das Mädchen, plötzlich einen Fremden statt des Freundes gewahrend, mit rascher Geistesgegenwart das Ruder in umgekehrter Richtung gegen das Ufer stieß und, die Kraft des ersten Stoßes brechend, wieder weit hinaus auf den See schoß.

Sie war gesichert vor jedem Überfall, und jetzt begann ein Gespräch zwischen dem Könige am Ufer und dem Mädchen im Boot; eine Unterredung, die alsbald dahin führte, daß der König ins Boot stieg und als ein Verirrter und Hilfebedürftiger nach Ellen-Eiland hinübergerudert wurde. Nur Frauen und Diener waren im Haus, die Männer abwesend auf Kundschaft oder Kampf. Auf duftigem Heidekraut, frisch gepflückt auf den Bergen, wurde dem Könige das Lager gemacht, der am andern Morgen, unerkannt, aber bezaubert von der Insel, dem patriarchalischen Haushalt und vor allem von dem Reiz und der Schönheit des Mädchens, die Insel verließ.

Dieses Mädchen war Ellen Douglas, die Tochter jenes stolzen Douglas, gegen den sich zumeist der Zorn des Königs und jene Ächtungsformel gerichtet hatte, die jeden Douglas bei Todesstrafe aus den Grenzen Schottlands verbannte. Die Verbannung war ausgesprochen worden, aber die Liebe, mit der der alte William Douglas an seinem Lande hing, hatte ihn allem königlichen Zorn und aller Gefahr zum Trotz im Lande festgehalten, und statt über See zu gehen, war er zu den MacGregors gegangen, um unter ihnen in Stille und Heimlichkeit die Luft des Vaterlandes weiteratmen zu können. Roderick Dhu, das Haupt der MacGregors und durch nahe Verwandtschaftsbande an das Haus der Douglas geknüpft, hatte den Verbannten und seine Tochter Ellen aufgenommen und beiden den besten Platz, den der Clan MacGregor besaß, die Insel im See, als Wohn- und Zufluchtsstätte angeboten. Sein Anerbieten war angenommen worden, und seit länger als zwölf Jahren war die Insel eine verschwiegene Residenz, darin neben Douglas und seiner Tochter auch Roderick Dhu und seine Mutter lebten. Roderick Dhu liebte seine schöne Muhme, aber Ellens Herz hing an dem jungen Malcolm Graham.

An demselben Morgen, an dem der König die Insel verlassen hatte, kehrten Roderick Dhu und der alte Douglas von einem Ausflug in die Trossachs und das Tal Glenfinlas heim. Roderick Dhu war in großer Aufregung; er hatte überall, wohin er gekommen war, von dem Zuge des Königs gehört und deutete ihn nicht als einen bloßen Jagdzug, sondern als eine Rekognoszierung, der bald ein Kriegszug folgen werde. Douglas' Erregung war kaum minder groß. Er glaubte seinen Aufenthalt verraten, *sich* die Ursache eines Unternehmens, das er ebensowenig bezweifelte wie Roderick Dhu selber, und klagte sich an, all dies Unheil auf seinen Gastfreund gebracht zu haben. Was immer die Ursache sein mochte, Roderick Dhu war entschlossen, das Äußerste zu wagen, und das «blutige Kreuz» durch alle Schluchten und Täler seines Clans sendend, rief er die MacGregors auf Landrick Height zusammen. Sie kamen all.

Der König, der nichts ahnte von dem Ungewitter, das sich den drei Seen entlang, an deren Ufern er gestern noch in tiefem Frieden gejagt hatte, gegen ihn zusammenzog, war inzwischen nach Stirling zurückgekehrt, voll von den Eindrücken, die das Eiland im See auf ihn gemacht hatte, vor allem aber voll Sehnsucht nach dem schönen Mädchen, das ihm wie die Beherrscherin einer märchenhaften Insel erschienen war. Es ließ ihm keine Ruhe, und ein halbes Dutzend Gefährten bis nach Bochastle mit sich führend, ritt er jetzt aufs neue, einsam, ein abenteuernder Ritter, in das Schluchtenland der MacGregors hinein, um das Mädchen vom See zu sehen und zu ersiegen. Er verstand sich auf Frauen und hielt sich seines Sieges gewiß.

Aber viel hatte sich seit gestern geändert. Die MacGregors lagen nicht mehr friedlich in ihren Hütten, sie lagerten wohlbewaffnet auf der Höhe von Landrick Height, und alle Engen und Pässe waren besetzt, um dem herannahenden Feinde, an dessen Existenz noch jeder glaubte, zu begegnen. Der König, der den See entlang, durch die Trossachs hindurch, ruhig seines Weges trottete, ahnte nicht, daß er dem ganzen Clan, der überall seinen Schritten folgte, als ein bloßer Kundschafter galt und daß Roderick Dhu beschlossen hatte, ihn auf dem Heimweg überfallen und töten zu lassen. Sehen wir, wie der König dieser Gefahr entging.

Er fand Ellen, aber er fand sie nicht geneigt, seinen Bitten Gehör zu geben. Wohlvertraut mit der Art der Frauen, stand er von einer Werbung ab, deren Erfolglosigkeit er rasch erkannte. Im Moment der Trennung warnte sie den König vor der ihm drohenden Gefahr, ein Wort, das, anfangs leicht hingenommen, dem Könige bald in seiner ganzen Bedeutung klarwerden sollte. Da, wo die Trossachs zum Loch Achray hinabsteigen, sah er sich umstellt, und wiewohl er den nächsten seiner Angreifer niederschlug, rettete ihn doch nur die Nähe und Dichte des Waldes.

Der nächsten Gefahr war er entgangen, aber unkundig des Landes, der Wälder, Heiden und Moore, durch die sein Fuß jetzt irrte, wie durfte er hoffen, sich unentdeckt durch ein vom Feinde hundertfach besetztes Land zu schlagen! Erschöpft von Hitze und Anstrengung, brach er endlich zusammen und beschloß, im Dickicht des Waldes die Nacht und die Rückkehr seiner Kräfte abzuwarten. Die Stunden vergingen, und die Sterne zogen endlich herauf, blaß und verschleiert, aber doch hell genug, dem Verirrten den Klippenrand oder auch die Sümpfe zu zeigen, die, unter Binsen versteckt, oft neben seinem Pfade lagen.

Es mochte Mitternacht sein, als er in die Nähe von Loch Achray kam und, um einen Felsenvorsprung biegend, plötzlich ein Wachfeuer sah, an dessen halb ausgebrannten Scheiten ein Hochländer lag. Als dieser seinerseits des Fremden ansichtig wurde, sprang er auf und forderte, auf den König eindringend, das Erkennungs- und Losungswort der MacGregors. Fitzjames war klug genug, nicht lange verhehlen zu wollen, was Tracht und Sprache doch nicht verhehlen konnten, und gab sich rundheraus als das zu erkennen, was er war, als Feind. Aber er kannte auch die Hochlandssitte, und pochend auf die Unverletzlichkeit des Gastrechts, ließ er sich am Feuer nieder und beantwortete die Frage: «Was führt dich her?» mit einem von Herzen kommenden: «Hunger und Durst.» Der Hochländer nahm Haferbrot und Rauchfleisch aus seiner Tasche und teilte, was er hatte. Dann warf er Reisig in das erlöschende Feuer, und sein Plaid von der Schulter lösend, schob er es seinem Gaste zu, der sich ohne weiteres darin einhüllte und zum Schlaf ausstreckte. Die beiden Feinde schliefen ruhig beieinander, bis die Morgensonne sie weckte. Man nahm einen Imbiß, dann wandte sich der Hochländer zu Fitzjames und sagte: «Das Land ist von den unsern besetzt, nirgends ein Ausweg für dich, es sei denn, ich führte dich und brächte dich bis Coilantogle Ford; da beginnt euer sächsisch Land, da magst du frei deines Weges ziehen.» Fitzjames stimmte zu, und bald schweigend, bald plaudernd schritten sie vorwärts. Der Hochländer sprach viel von dem alten Rechte der MacGregors, von den stolzen und übermütigen «Sassenachs», die ihnen die alten Jagd- und Weideplätze geraubt hätten; Fitzjames aber war unzugänglich für die schlichte Beredsamkeit seines Gefährten und blieb dabei, daß die MacGregors ein räuberisches Gesindel und Roderick Dhu nicht besser als der Rest seiner Clansleute sei. So kam man bis an die äußerste Spitze von Loch Vennachar, schritt noch ein paar hundert Schritt über blühende Wiesen am Teith entlang, bis man an einen Streifen binsenbewachsenes Moorland kam, sumpfig um die Regenzeit, aber jetzt glatt und hart wie eine Tenne. «Hier ist Coilantogle Ford», sagte der Hochländer, «dies ist sächsisch Land, dorthinüber liegen die Türme von Stirling, und ich bin – Roderick Dhu.»

Fitzjames zuckte einen Augenblick zusammen, weil ihm sein Herz sagte, was der nächste Augenblick bringen würde. «Wir haben Mahl und Lager geteilt», fuhr Roderick Dhu fort, «und ich habe das Gastrecht heiliggehalten; ich habe dich hierher geführt bis auf sächsisch Land, du stehst auf deinem Boden, und die heilige Hand des Gastrechts hält mich nicht länger. Zieh! und laß uns sehen, wo bessere Männer wachsen, hüben oder drüben!» Dabei warf er den runden Schild hin, den er zu tragen pflegte, um während des Kampfes vor seinem Gegner nichts vorauszuhaben, und stellte sich dem schweigend und unschlüssig dastehenden Feinde gegenüber. Fitzjames sah einen Augenblick ins Land hinein, nach Bochastle hin, wo hinter dem Tannenhügel, kaum tausend Schritt von dem Binsenplan entfernt, auf dem er eben stand, seine Genossen hielten und seiner Rückkehr harrten; aber im selben Augenblick von dem Stolz und der Kampflust neu belebt, die seinem ganzen Geschlechte eigen waren, rief er dem Häuptling mit der Miene der Überlegenheit zu: «So steh denn!» und drang auf ihn ein. Roderick Dhu war der Stärkere, aber großgezogen in rauher, kunstloser Schule, war er schlecht verwahrt gegen die Zauberkünste einer gut geführten Klinge. Rechts und links tropfte sein Blut aus tiefen Wunden, und endlich jetzt mit einem Meisterstoß schlug ihm Fitzjames die breite Hochlandsklinge aus der Hand. Roderick sank ins Knie, und die Waffe seines Siegers berührte fast schon seine Brust, als der erschöpfte Hochländer mit einer letzten Kraftanstrengung aufsprang und, dem Stoße ausweichend, wie eine Katze an den Hals seines Gegners sprang. Er packte mit der Rechten den Hals, mit der Linken den aufgehobenen Arm des Königs, und jetzt begann ein Ringen, in dem das Geschick des Sachsen der wilden Kraft des Hochländers unterlag. Keuchend lag jener am Boden, und Roderick, auf ihm kniend, zog eben sein Dolchmesser, um es dem Gegner in die Brust zu stoßen, als der Faustdruck, der den Besiegten am Boden hielt, plötzlich nachließ, und Roderick Dhu, erschöpft vom Blutverlust, matt und ohnmächtig zur Seite sank. Jetzt stieß der König ins Horn, und die Reiter, die hinter dem Waldeck von Bochastle hielten, sprengten herbei. Statt Ellen Douglas, die der König heimzuführen gehofft hatte, lag alsbald der Häuptling der MacGregors auf dem breiten Sattel des Pferdes und zog blaß und blutend, ein Gefangener, durch die Tore von Stirling ein.

Der Schluß der Dichtung löst rasch und mit freundlicher Hand den geschürzten Knoten und führt alles zu Glück und Freude hinaus. Der alte Douglas hat sich dem König gestellt, um auf sein altes Haupt allein die Blitze des königlichen Zorns zu lenken; aber sei es der Sieg über den stolzen MacGregor, oder seien es die bittenden Augen der schönen Ellen – das Herz des Königs ist zu Milde und Vergebung gestimmt. – Roderick Dhu kehrt heim zu seinem Clan; Malcolm Graham, geschmückt mit allen Zeichen königlicher Huld, führt Ellen zum Altar.

Der alte Douglas aber zieht wieder ein in Schloß Stirling, um zu stehen, wo er früher gestanden, der Nächste dem Throne und dem Herzen seines Königs.

Das ist das Märchen von der «Jungfrau vom See». Ellen-

Eiland aber ward öd und einsam, das Haus zerfiel, und seine Zauber leben nur fort im Lied und im Herzen des Volks.

So unter allerhand Gespräch über die «Jungfrau vom See», zu dem jeder aus der Vorratskammer seines Gedächtnisses wie zu einem Picknick beizusteuern bemüht war, hatten wir Bochastle erreicht, jenen an der Grenze gelegenen Punkt, wo die Reiter des Königs hielten, um bei der Entführung von Ellen Douglas behilflich zu sein, und sich schließlich begnügen mußten, den halbtoten Roderick Dhu auf den Sattel zu heben. Der nächste Punkt von Interesse war Coilantogle Ford. Als der Finger des Kondukteurs auf die ziemlich nahe am Wege gelegene Stelle wies, wo Roderick Dhu und Fitz-james gekämpft hatten, sprang alles im Wagen auf, mit einem Eifer und einer Raschheit, als fürchte jeder, daß ihm der Platz durch die Schaugier des andern entführt werden könnte. Der Platz an und für sich war unscheinbar genug, aber eben in seiner Unscheinbarkeit vom Dichter trefflich gewählt. Wir empfanden es an uns selbst, daß die beiden Gestalten um so deutlicher und lebensvoller vor uns hintraten, je leerer der Rahmen war, in den sie der Dichter gestellt hatte. Keine Staffage, die irgendwie gestört hätte; eine Wiese, ein Flußstreifen und still zur Rechten der See von Vennachar. Rasch ging es nun am Nordufer des Sees entlang, an Landrick Height vorbei, dem Musterungsplatz der MacGregors, bis wir die Ufer Loch Vennachars mit denen des nachbarlichen Loch Achray vertauschten.

Aber noch ehe wir die Ufer des Loch Achray zur Seite haben, hält unser Wagen aufs neue; wir haben die «Türkenbrücke», Bridge of Turk, erreicht, steigen ab und machen diesmal statt dem Wirtshaus selber nur seinem Schilde die Reverenz. Nach englischer Art befindet sich dasselbe nicht über der Eingangstür, sondern ist bildartig in einen Rahmen gespannt, der seinerseits auf einem Holzpfeiler steht; das Ganze einem vergrößerten Licht- oder Ofenschirm nicht unähnlich. Das Schild der Türkenbrücke beherbergt ein Doppelschild in seinem Rahmen, zu dem natürlich wie zu allem, auf das man hier stößt, die Scottsche Dichtung Stoff und

Veranlassung gegeben hat. Gleich im ersten Gesange der «Lady of the Lake» heißt es:

> And when the Brigg[1] of Turk was won,
> The headmost horseman rode alone,

Worte, von denen es nur seltsam gewesen wäre, wenn sie einem schottischen Gastwirt nicht den Gedanken nahegelegt hätten, die Türkenbrücke zu einer goldenen Brücke für sich selber zu machen. Wir sind verbunden, ihm besten Erfolg dabei zu wünschen; denn er hat sein Geld nicht gespart und sich's vielmehr angelegen sein lassen, ein wirkliches Bild zu seinem Wirtshausschilde zu machen, eine Gesinnung, an der sich viele unserer Gastwirte ein Muster nehmen könnten, denen doch die Malerateliers um einiges näher liegen als ihrem Kollegen an der Türkenbrücke.

Die Kehrseite des Bildes hat ein anderes Zeilenpaar aus dem ersten Gesange der Dichtung herausgegriffen, und den König darstellend, wie er nach stundenlang vergeblicher Jagd jetzt neben seinem zusammengestürzten Grauschimmel steht, trägt es die Unterschrift:

> Then through the dell his horn resounds,
> From vain pursuit to call the hounds.

Die Örtlichkeit aber dieses zweiten Bildes befindet sich bereits weit jenseits der Türkenbrücke und mahnt uns daran, daß noch ein Teil der Reise vor uns liegt. Und sei es nun, daß der zusammengestürzte Grauschimmel uns zur Milde stimmt oder daß die Worte des Kondukteurs mit ganz besonderer Wärme uns einen Spaziergang am Loch Achray empfehlen, gleichviel, wir pflücken uns einen Heidekrautbüschel am Wege, und «die blaue Blume» Schottlands an Hut und Mütze steckend, ziehen wir singend am Loch Achray entlang, dem berühmten Paß der Trossachs entgegen.

Was das Wort «Trossachs» meint, weiß eigentlich niemand.

[1] «Brigg», schottisch für bridge.

In den Reisebüchern steht, es bedeute «Borstenweg»; doch habe ich unterwegs ein halbes Dutzend Ableitungen und Erklärungen gehört, die mir um kein Haarbreit unzuverlässiger erschienen sind. Aber wie immer auch die Ansichten darüber geteilt sein mögen, was Trossachs bedeutet und was nicht, darüber sind alle Schotten einig, daß die Sache selber zu den schönsten und sehenswertesten Punkten ihres Landes zählt. Wie Oban an der Westküste, so sind auch die Trossachs seit etwa zehn Jahren eine Sehenswürdigkeit par excellence geworden und erfreuen sich, namentlich auch in London und dem südlichen England, eines Schönheitsrenommees, das fast zum Widerspruch auffordert. Die Trossachs sind unbedenklich ein glänzender Punkt, aber wenn nicht zu Nutz und Frommen einiger Hotelbesitzer, so doch mindestens aus an und für sich löblicher Begeisterung für den Dichter und Schilderer dieser Lokalität um einiges überschätzt worden. Der Irrtum, der dabei begangen worden ist und noch begangen wird, ist der, daß man die Schilderung mit dem Geschilderten verwechselt und die Unübertrefflichkeit jener auf die Sache selber übertragen hat. Es ist genauso, wie wenn man diejenigen Mädchen für die schönsten halten wollte, auf die zufällig die schönsten Lieder gedichtet worden sind.

Was aber sind nun die *Trossachs?* Sie sind ein Paß, eine Schlucht, ein Hohlweg, der sich an einem Flüßchen entlang zwischen den zwei Felsmassen des Ben A'an und Ben Venue hinzieht, die wie Wächter neben dem Loch Katrine stehen und, ihre Häupter in seinem Wasser spiegelnd, ihre breiten Rücken bis zum Loch Achray hin zurückstrecken. Wir haben hiernach zwei Partien zu unterscheiden, eine längere (die eigentlichen Trossachs), zwischen den beiden Felsrücken gelegen, und eine kürzere (Beal an Duine) zwischen den beiden Häuptern der Berge. Der Fahrweg durch die eigentlichen Trossachs folgt nicht dem Laufe des in der Tiefe schäumenden Flüßchens, sondern zieht sich in halber Höhe des nördlich gelegenen Felsrückens als eine völlige Kunststraße hin. Unmittelbar zur Rechten steigen die schweren Felsmassen des Ben A'an bald mehr, bald weniger steil in die Luft, während wir nach links hin eine doppelte Nachbarschaft haben, zunächst die abschüssige Tiefe, dann aber jenseits derselben die mächtigen Flanken des Ben Venue. Die Höhe dieser Bergwand ist sehr bedeutend, und die reichen Waldungen, die sie bis zur höchsten Spitze schmücken, tragen nicht wenig zur Schönheit des Bildes bei. Schichtenweis wechselt die Vegetation, und während Birken und Espen die Schlucht fast überdecken, grüßt von der Mitte des Berges her ein Eichenwald, aus dessen grünen Kronen allmählich die schwarzen Tannen aufschießen, um bis zur Höhe des Berges emporzuwachsen.

All dies ist sehr schön, aber doch durchaus nicht das, was die Modevorstellung der letzten fünfzehn Jahre daraus gemacht hat. Was diesen eigentlichen Trossachs fehlt, das ist der Stempel des Besonderen. Man sieht rechts und links, vor- und rückwärts, stimmt in die «Beautifuls», die mit der Regelmäßigkeit von Pendelschwingungen überall laut werden, nach bester Überzeugung ein, hat aber das Gefühl, sehr ähnliche landschaftliche Physiognomien schon oft gesehen zu haben, und wendet sich endlich von all der Herrlichkeit wie von einem Frauenkopfe ab, dessen Schönheit man gelten läßt, aber dessen Reiz man leugnen kann, weil die Art seiner Schönheit nichts ist als eine höhere Form der Alltäglichkeit.

So sind die Trossachs, aber so ist nicht jener Punkt, Beal an Duine geheißen, der sich angesichts von Loch Katrine zwischen den Häuptern der beiden Berge erhebt. Die Berge treten sich hier so nahe, daß ihre grünbekleideten Wände eine Riesenlaube bilden, die, nach hinten zu fast geschlossen, nach vorn hin wie durch einen grünumrankten Rahmen einen Durchblick auf den See gestattet. Das Ganze ist ein Kabinettstück landschaftlicher Schönheit, und Walter Scott wußte wohl, was er tat, als er an *diesem* Punkt den Kahn der Ellen Douglas landen und den König aus dem Gebüsch des Ufers hervortreten ließ. Die Lokalität scheint eine romantische Dichtung fast wie herauszufordern, und keine Jungfrau vom See kann hier ans Land springen, ohne auf Augenblicke für die Seejungfrau selber gehalten zu werden.

Es war die unromantischste Stunde von der Welt (2 Uhr nachmittags und alle Mann hungrig), als wir, den Bergpfad herabkommend, hier in das am Ufer liegende Dampfschiff stiegen, das die Fahrten über den See hin und zurück macht. Es heißt hier alles MacGregor: der nacktbeinige Junge, der seine Führerdienste uns aufdringt, die beiden Alten, die unser Gepäck an Bord des steamers bringen, und natürlich auch der steamer selber. Aber ein bißchen Absichtlichkeit und Spekulation auf hochlandsdurstige «Southrons» kann man hier schon ertragen; die Buchen am Fuße des Ben Venue strecken ihre Zweige weit in den See hinein, und unter dem Laubdach liegt unser steamer und spritzt von Zeit zu Zeit einen schillernden Wasserregen durch all das Blatt- und Zweigwerk hindurch. Jetzt das Zeichen mit der Glocke, und aus der schattigen Kühle hervor gleiten wir auf der glitzernden Wasserfläche zwischen den Laubwänden und nun, durch den grünen Rahmen des Felsentors hindurch, dem eigentlichen Loch Katrine zu. Gleich zu Anfang des Sees, dem rechten Ufer sich nähernd, liegt *Ellen-Eiland*. Jeder müht sich, die Stelle zu erkennen, wo das mit so viel dichterischem Aufwand geschilderte Haus des alten Douglas gestanden haben soll, aber nur Birken und junge Tannen überragen die unwirtbare Fläche.

Mit dem Moment, wo wir Ellen-Eiland passiert haben, ist das Interesse an Loch Katrine so ziemlich dahin. Die Fahrt über diesen vielbesungenen See ist wie ein Diner, das mit Champagner beginnt und nach längerem Verweilen bei schlichtem Rotwein endlich mit Zuckerwasser schließt. Glücklicherweise verhielt es sich, wenn wir von der Metapher absehen und statt dessen die alleräußerlichsten Fakten befragen, gerade umgekehrt; denn am reizlosen Nordufer des Sees harrte unser im «Gasthaus von Stronachlachar» ein wohlbesetzter Tisch, dessen große Taubenpastete nur noch in kümmerlichen Resten auf unsere Nachfolger kam. Hier, vom Nordufer des Sees aus, führt ein vielbenutzter Weg zum Ostufer des Loch Lomond hinüber, und jeder Tourist, der sich, wie viele tun, auf den Besuch der schottischen Seen zu

Loch Katrine

beschränken vorhat, tut am besten, die stage-coach zu besteigen, die, ähnlich bepackt wie unser Stirlinger Wagen, eben jetzt Miene macht, über Inversnaid usw. hinaus die Fahrt nach dem Loch Lomond zu machen. Wir aber, die wir uns Inverness und das Schlachtfeld von Culloden als unser Reiseziel gesetzt haben, kehren zu unserem «MacGregor» zurück, und das Land der «Lady of the Lake» noch einmal passierend, fahren wir mit dem letzten Schimmer der Abendröte wieder in Stirling ein.

Ein Sonntag in Perth

Ein Sonntag in Schottland ist für den Reisenden wie ein Gewitter bei einer Landpartie. Man regnet ein, man kann nicht weiter, die gute Laune ist hin. Mit den Sehenswürdigkeiten Stirlings waren wir fertig und erschraken vor dem Gedanken, vierundzwanzig Stunden auf ein altes «Times»-Exemplar und eine schweigsame Table d'hôte angewiesen zu sein. Glücklicherweise erbarmte sich unser ein Frühzug, der uns, trotzdem es in Schottland keine Sonntagszüge gibt, gegen zehn oder eilf Uhr vormittags nach dem alten, oft besungenen Perth führte.

Mit diesem Frühzug, der den Sonntag entheiligt, verhält es sich ähnlich wie mit dem Champagner auf der Tafel eines Türken, *er geht nämlich unter einem andern Namen.* Dieser Sonntagszug ist eigentlich ein Sonnabendszug. Das hat folgenden Zusammenhang. Die große Nordbahn, die England und Schottland von der Sohle bis zum Scheitel durchläuft, hat einen allabendlichen Schnellzug festgesetzt, versteht sich mit Ausnahme des Sonntags. Wer nun am *Sonnabendabend* in London einsteigt, um über Edinburgh nach Perth und Aberdeen zu fahren, ist begreiflicherweise im Einklang mit Sitte und Gesetz; selbst die Kirchlichkeit eines Schotten kann keinen Anstoß daran nehmen. Ist es doch nicht seine Schuld, daß der Schnellzug nicht noch schneller fährt und der Sonnabend

Perth

beim Sonntag borgen muß. Nur das Benutzen dieses Zuges, sobald er schottischen Grund und Boden berührt hat, ist natürlich verpönt; doch was wäre *Fremden* nicht erlaubt!

Wir waren nun also in Perth. Als wir aus dem Bahnhofsgebäude heraustraten und auf einen kahlen Platz blickten, auf dem sich Sonnenschein und Staubwolken um den Vorrang stritten, murmelte Freund B. vor sich hin: «Ein Sonntag in Perth scheint noch schlimmer als ein Sonntag in Stirling», worauf ich nichts Besseres zu erwidern wußte als:

«Schlimmer hier oder schlimmer dort,
Jedenfalls ein *andrer* Ort.»

Als sich die Staubwolke gelegt hatte, lasen wir an der Giebelseite eines Hauses «Mr. Pople's English Hotel», und da wir soeben von einem echtschottischen Mr. Campbell kamen, so wählten wir, schon des Kontrastes halber, das englische Gasthaus, das in nächster Nähe vor uns lag. Mr. Campbell und Mr. Pople verhielten sich zueinander wie ihre Namen, der eine schroff, selbstbewußt, kriegerisch, der andere still, friedlich, gemütlich. Unsere Frage nach einem Zimmer wurde rasch bejaht und Koffer und Reisesack in eine Mansardenstube gebracht, an der die Aussicht der einzige Luxus war. Nach wenigen Minuten schon saßen wir wieder unten auf der Steinbank vorm Hause, lachend, fragend und plaudernd mit Wirt und Wirtin. Da hörte man denn manches bittere Wort. Die beiden Leute waren aus dem Süden, aus Devonshire, das der *Garten Englands* heißt und das so milde Luft hat, daß noch um Weihnachten herum das Land im Schmuck von Myrte und Lorbeer steht. Sie fühlten sich nicht heimisch in Schottland. Klima und Menschen waren ihnen zu rauh und der schottische Sonntag zu streng. «So kann es nicht bleiben; die Schotten fühlen es selbst; sie haben sich eine Rute aufgebunden, als sie den Forbes Mackenzie nach London schickten. Sonntagsfeier ist gut, aber *schottische* Sonntagsfeier ist nicht gut und ruiniert das Geschäft.» Es interessierte uns höchlichst, diese Engländer über schottisches Leben genau so sprechen und aburteilen zu hören, wie wohl Deutsche zu sprechen pflegen, wenn sie nach England kommen. «Steifheit, Geschäftigkeit, Scheinheiligkeit» waren die Worte, die mehr denn einmal über die Lippen der guten Leute kamen, und besonders der jungen hübschen Frau sah man die Freude an, die sie empfand, sich einmal «ohne Gefahr» in unverhohlener Bitterkeit äußern zu können.

Inzwischen war ein Führer für uns geworben worden, der es trotz der Sonntagsfeier auf sich nahm, uns durch die Straßen der Stadt und hinterher auf den Kinnoull-Berg zu führen, einen Hügel, der sich am andern Ufer des Tay erhebt und der schönen Aussicht halber berühmt geworden ist, die er über die Stadt, die Flußwindungen und jenen weiten Talgrund gewährt, in dem, wenn auch nur teilweise sichtbar, Scone, Dunsinan und der Birnamwald liegen, Namen, die jedem Macbeth-Leser geläufig sind.

Perth heißt in Chroniken und Liedern das *alte* Perth, gelegentlich auch das *schöne* Perth. Zum Überfluß hat Walter Scott noch ein «Schönes Mädchen von Perth» geschrieben und, wie ich nicht bezweifle, auch in andern Lesern die Vorstellung erzeugt, daß die reizend geschilderte Stadt kaum minder schön sein könne als das schöne Mädchen selbst. Wer mit so gesteigerten Erwartungen Perth betritt, wird einer Enttäuschung schwerlich entgehen, zumal wenn er, wie wir, an einem Sonntag dort eintrifft und statt des Lebens und der Buntheit der Straßen jener Totenstille begegnet, die ihm eine unwillkommene Gelegenheit bietet, die Häuser in ihrer charakterlosen Dürftigkeit zu sehen. Aber eine *alte* Stadt ist Perth unbestritten. Schon 1210 ward es durch eine Überschwemmung zerstört, ein noch jetzt unvergessenes Ereignis, das in dem poetischen Reimwort fortlebt:

Shochie zum Ordie[1] spricht: «Sag an,
Wo ich dich wieder treffen kann?»
«Wir treffen uns wieder, hab acht,
Wo wir schon einmal uns trafen,

[1] Zwei Flüsse in der Nähe von Perth.

Zu Perth in der Nacht,
Wenn alle Menschen schlafen.»

Perth war vor der Thronbesteigung der Stuarts ein Lieblingsaufenthalt der schottischen Könige, wiewohl sie keinen Palast in der Stadt besaßen. Sie pflegten in einem reichen Zisterzienserkloster abzusteigen, dessen Reichtum und Gastlichkeit es unnötig erscheinen ließ, noch einen königlichen Palast herzurichten. Das Zeitalter der königlichen Prachtbauten, der Stadt-, Jagd- und Lustschlösser, war damals noch nicht angebrochen, und das arme Königtum nahm noch nicht Anstand, bei dem reichen Klerus zu Gast zu gehen. Mit der Thronbesteigung der Stuarts verlor Perth den Charakter einer jeweiligen königlichen Residenz. Die Königssitze wurden südlicher verlegt, und an die Stelle von Dunkeld, Scone und Perth traten Linlithgow, Stirling und Holyrood. Nur ausnahmsweise und auf kurze Zeit nahmen auch die Stuarts noch ihren Aufenthalt in Perth, und von den sechs Jakobs, die in fast ununterbrochener Reihenfolge das Land beherrschten (nur Maria Stuart schiebt sich zwischen Jakob V. und Jakob VI. ein), wurde Jakob I. wirklich in Perth ermordet, während der letzte (Jakob VI.) den Anschlägen auf sein Leben wie durch ein Wunder entging. Diese Anschläge bilden die sogenannte «Gowrie-Conspiracy», worauf ich weiter unten in aller Kürze zurückkomme.

Perth ist alt und hat eine schöne Lage am Tay, der, ungefähr 1 000 Fuß breit, der Längsseite der Stadt entlang fließt. Die beiden Hauptstraßen, High Street und South Street, laufen senkrecht auf den Fluß zu und sind in der Nähe desselben nicht ohne malerischen Reiz. Da, wo die Straßen, kaum 100 Schritt voneinander entfernt, auf den Kai stoßen, der sich am Tay hinzieht, konzentriert sich das wenige, was Perth von Sehenswürdigkeiten besitzt. Hier, zwischen den beiden Straßen, steht vor allem die alte, an historischen Erinnerungen überreiche Kirche von St. John, die, der landesüblichen Ermordungen an Altar und Altarstufen zu geschweigen, vor allem dadurch eine Berühmtheit erlangt hat, daß die schottische Bilderstürmerei (infolge einer John-Knoxschen Predigt) eben hier ihren Anfang nahm. Kaum hundert Schritt von der Kirche entfernt, da, wo High Street auf den Flußkai ausmündet und einen baumbepflanzten Platz bildet, steht eine Statue Walter Scotts, die die dankbare Stadt dem Dichter des «Schönen Mädchens von Perth» errichtet hat. Was wüßte die Welt von Perth, wenn jenes Buch Sir Walters ungeschrieben geblieben wäre! Mit Rücksicht auf diesen Umstand hätte die Statue wohl besser ausfallen dürfen; eigentlich ist nichts hübsch an ihr als ihre Aufstellung. Von schönen Linden eingefaßt, High Street vor sich und den schönen Strom im Rücken, vergißt man um des hübschen Bildes willen, das sie bietet, was dem Bildwerk selber fehlt. Rechts und links neben demselben stehen ein paar russische Kanonen, Trophäen von Sebastopol her und wahrscheinlich von jenem Hochlandsregimente erbeutet, das in Perth in Garnison liegt. Überall im Lande begegnet man diesen und ähnlichen Siegeszeichen – den einzigen Früchten eines teuer bezahlten Krieges.

Weiter flußabwärts, da, wo South Street auf den Tay stößt, erhob sich in *alten* Tagen Gowrie House, der Schauplatz jenes Mordversuchs, der unter dem Namen der Gowrie-Konspiration bekannt geworden ist. Das Haus ist seit ungefähr funfzig Jahren niedergerissen, und die Kommunalgebäude (Polizeiamt und Stockhaus), die sich jetzt an der Stelle desselben erheben, teilen in Erscheinung und Geschichte das Prosaische der ganzen Gattung. An Gowrie House erinnert nichts mehr als ein gegenüber gelegenes Bier- und Brandyhaus, das durch Abbildung der betreffenden Mordszene (im Stil unserer Jahrmarktsbilder) die Traditionen des Orts und die Vorteile des Geschäfts gleichzeitig im Auge behält. Es gibt immer noch Naturen, die sich am liebsten da zu Tische setzen, wo die Luft nach Blut riecht.

Die Geschichte der Gowrie-Verschwörung selbst ist die folgende. Jakob VI. (damals noch sehr jung) war von Lord Gowrie zu einer Jagdpartie geladen worden und auf Schloß Ruthven erschienen. Noch andere Lords waren zugegen:

Lord Mar, Lord Lindsay, Lord Glamis und deren Anhänger. Der König bemerkte bald, daß man mehr oder minder Schlimmes gegen ihn vorhabe, und machte Miene, das Schloß zu verlassen. Als er sich der Tür näherte, stellte sich Lord Glamis vor dieselbe und rief ihm zu, indem er ihm den Ausgang verwehrte: «Männer verstehen sich auf Kinder, aber nicht Kinder auf Männer.» Hierbei hatte der Angriff sein Bewenden. Jakob VI. indes war nicht der Mann, solche Beleidigung zu vergessen, und zwei Jahre später, vielleicht weil man des Lord Glamis nicht habhaft werden konnte oder weil man in Lord Gowrie den eigentlichen Urheber des ganzen Vorfalls sah, fiel das Haupt des letzteren auf dem Mole Hill bei Stirling Castle. Sechzehn Jahre später machten die Söhne Lord Gowries, die bis dahin in selbstgewählter oder erzwungener Verbannung (in Padua) gelebt hatten, den Versuch, den Tod ihres Vaters zu rächen. Sie drangen, instigiert durch andere Unzufriedene, auf den König ein, wurden aber entwaffnet und folgten ihrem Vater in den Tod.

Wir kehrten nun Gowrie House den Rücken, passierten die schöne Brücke, die über den Tay führt, und schritten zwischen Kreuzdornhecken und Roggenfeldern immer bergan, dem Kinnoull-Hügel zu, der sich, mit Laubholz und Tannen dicht bestanden, an der Ostseite der Stadt erhebt. Der Aufgang zum Hügel war der strengeren Sonntagsfeier halber mit einem Schlagbaum abgesperrt, was soviel heißt, als wir mußten einen Schilling bezahlen, um das Gewissen des wachthabenden Waldhüters zu beschwichtigen. Ziemlich erschöpft kamen wir oben an und nahmen auf einem großen Steintisch Platz, dessen Sandsteinplatte ein paar hundert eingekratzte Namen trug. Wie viel Federmesserklingen waren hier der Eitelkeit geopfert worden!

Das landschaftliche Bild, das sich uns bot, war hübsch genug, ohne etwas Besonderes zu sein. Das nach Norden hin liegende Macbeth-Land entzog sich, wenigstens in seinen Einzelheiten, noch durchaus unserem Auge, und wir waren auf die üblichen Führerversicherungen angewiesen: «Dort hinter jenem Hügel liegt Schloß Glamis, dort Schloß Dunsinan.» Unsere Mienen ließen dem unsrigen keinen Zweifel darüber, daß wir ziemlich enttäuscht waren, und bestimmten ihn rasch zu der Frage, ob wir noch geneigt seien, das Wallace-Schloß und die Wallace-Höhle zu sehen. Unser Ja wurde nach so trüben Erfahrungen natürlich an allerhand Bedingungen geknüpft, und erst nachdem uns mehrfach die Versicherung gegeben war, daß es nah sei, gaben wir unsern Tischplatz auf, um einer andern Kuppe des Hügels zuzuschreiten.

Hier fanden wir denn das ehemalige (überdies wenig beglaubigte) Wallace-Schloß, das jetzt als Bier- und Vorratskammer dient, wenn an schönen Sommertagen die «schönen Mädchen von Perth» auf den Kinnoull-Hügel hinausziehen, um daselbst mit ihren Brüdern und Bräutigams bei Reifen- und Zeckspiel den flüchtigen Reiz eines schottischen Sommers zu genießen. Was die Wallace-Höhle angeht, so mußten wir uns mit der Versicherung unseres Führers begnügen, daß sie vom Fuß des Berges aus trefflich zu sehen sei und daß er uns eigens hinabführen wolle, wenn wir seinen Worten mißtrauten. Wir erschraken vor diesem Anerbieten so sehr, daß wir durch ein stillschweigendes Übereinkommen diesen Punkt nicht wieder berührten und fest entschlossen schienen, jede fernere Enttäuschung ohne Murren zu tragen. Aber etwas wollten wir wenigstens von unsern Strapazen haben, und einzelne Feldsteinstücke aus dem alten Wallace-Schloß herausbrechend, dessen Felsenkeller jetzt nur noch dem Perther Bier zugute kommen, fingen wir an, zu allerhand Wurfexerzitien mit Fallberechnung zu schreiten. Weithin flogen die Steine, «eins, zwei, drei, vier», zählten wir in Sekundenpausen, dann schlug unten der Stein auf, und in den Tannen drunten schien es lebendig zu werden. Als hätten wir die heilige Mittagsruhe des Waldes unterbrochen, wurden allerhand Klagetöne laut, und ein Adler stieg auf, höher und höher, bis er endlich über unsern Häuptern schwebte und unser Spiel zu mustern schien. Dann, als wisse er, woran er sei, sank er mit ausgespannten Flügeln wieder in die Tiefe nieder, langsam und lautlos, wie er aufgestiegen war.

Wir traten nun unsern Rückweg an, machten im Schatten

einer Quelle Station, erlabten unsere Zunge, die fest am Gaumen klebte, durch einen frischen Trunk und saßen endlich wieder auf der Bank vor dem Gasthause, wo uns vier Stunden zuvor die junge Devonshire-Frau zu Mitwissern ihrer Geheimnisse und ihrer schottischen Antipathien gemacht hatte. Der Gang auf die Kinnoull-Hügel hatte uns nicht besonders befriedigt, aber hungrig hatte er uns gemacht, und das ist ein Segen, den man nicht unterschätzen soll. Eine halbe Stunde später meldete uns der Kellner: «If you please, gentlemen, dinner is ready», und wir traten nun in das kühle, luftige Eßzimmer, wo wir heute die einzigen Gäste waren. Alles atmete Gemütlichkeit, und selbst der Kossuth in Husarenuniform, der als Pendant neben dem Bildnis von Queen Victoria hing, konnte dem paradiesischen Behagen keinen Abbruch tun, das keinen Krieg und keine Gegensätze kennt.

Als das Dessert aufgetragen wurde, Orangen und eingemachte Früchte, vermehrte sich unsere Tischgesellschaft. Zwei Herren traten ein mit den sonnverbranntesten Gesichtern, die ich mein Lebtag gesehen habe, und beide insoweit in einer Art Mauserungszustand, als die alte Gesichtshaut noch wie Flaum und Schuppen auf ihrem Antlitz lag. Es waren Engländer, höchst harmlose Leute und, wie wir bald erfuhren, sogenannte fishing-gentlemen. Wie weit ihr eigentlicher Anspruch auf den «Gentleman» reichte, lassen wir ununtersucht, aber die Angelpassion stand unbestritten bei ihnen fest. Diese Passion, die immer in England zu Hause war, herrscht jetzt mehr denn je. Wer nicht reich genug ist, einen Wildpark zu halten oder weite Strecken Landes (namentlich in Schottland) als Jagdgrund zu benutzen, dem bietet sich wenig Gelegenheit zur Ausübung eines höheren Sports. Dies mag Ursache geworden sein, daß sich die der Nation eigentümliche Weidmannslust einen andern Ausweg gesucht und zur Verallgemeinerung der Angelpassion geführt hat. Die Eisenbahnen haben wahrscheinlich auch das ihrige dazu beigetragen, diese Neigung zu unterstützen. Gleichviel, alljährlich um die Sommerzeit begeben sich Hunderte, vielleicht Tausende von Engländern ins schottische Hochland, um daselbst vierzehn Tage oder vier Wochen lang eine Art Angelkampagne durchzumachen. Bei vielen ist es die bloße Passion, bei andern kommt Erwerb und Gewinnsucht mit ins Spiel. Der Fisch, um dessen Fang es sich dabei handelt, ist beinahe ausschließlich die Forelle, die, soviel ich weiß, in verschiedenen Arten, als Bach-, als See- und Lachsforelle, sich in den Bergwässern Schottlands findet. Die Mehrzahl der Jäger begibt sich an den schönen Loch Lomond, der am südlichsten gelegen ist und nebenher allerhand Komfort bietet. Die eigentlichen fishing-gentlemen aber verschmähen den Loch Lomond, wie ein Gemsjäger eine Hasenjagd verschmäht, und begeben sich über den Kamm der Grampians und den Kaledonischen Kanal hinaus bis hinauf zu dem stillen, tiefschwarzen See von Rossshire und Inverness, um dort im Norden des Landes ihre Angelschnüre auszuwerfen. Ein Stück Haferbrot, gedörrtes Fleisch und eine Flasche mit Whisky in ihrem Reisesack, so verbringen sie dort oben Tage und Nächte in dem flachen Fährboot, das abwechselnd am Ufer oder auf der Mitte des Sees liegt, und nur der Hochländer oder der Händler gesellt sich zu ihnen, der flußabwärts die Beute bis zum nächsten Hafen und von dort auf die Marktplätze der großen Städte führt. Die beiden Gentlemen, die an unserem Tische Platz genommen hatten, kamen aus Invernessshire, wo sie am Loch Ness und Loch Oich tagelang die Angelrute in der Hand gehabt und an guten Tagen *fünfundzwanzig Dutzend* Lachsforellen gefangen hatten, die kleineren am Ufer, die größeren in der Mitte des Sees. Ich multiplizierte im stillen 25 × 12 und kam zum erstenmal in meinem Leben zu der Betrachtung, daß auch das Angeln ein Vergnügen sein könne. Dreihundert Lachsforellen in zehn oder zwölf Stunden, das ist wie der Fischzug des Petrus, und es mag in der Tat ein Vergnügen gewähren, wenn fast von Minute zu Minute der schwimmende Kork auf der Oberfläche des Wassers zittert und im nächsten Augenblick der silberne Leib der Lachsforelle im Glanz der Sonne blinkt.

Um von *Perth* nach Inverness zu gelangen, kann man zwei Wege einschlagen, den einen über Forfar, Montrose und Aberdeen an der Küste entlang, den andern quer durchs Land hindurch über den Kamm der Grampians. Wer Eile hat oder die Bequemlichkeit liebt, wird den ersteren Weg wählen, der, obschon ein Umweg von 10 deutschen Meilen, mittels der eben beendigten Eisenbahn in verhältnismäßig kurzer Zeit zurückgelegt werden kann; wer umgekehrt eine Strapaze nicht scheut, wenn sie nur Lohn und Ausbeute verspricht, wird das Dach der stage-coach erklettern, die zweimal wöchentlich zwischen Perth und Inverness fährt. Touristen also, die etwas sehn und nicht bloß vorwärtskommen wollen, werden sich selbstverständlich des alten Kutschwagens bedienen, der montags und donnerstags auf dem Perther Marktplatz hält und den füllen und packen zu sehen selbst schon zu den Vergnügungen dieser Reise gehört.

Es mochte gegen 11 Uhr sein, als wir bei glühendem Sonnenbrand die angelegte Leiter hinaufstiegen und auf der hintersten Bank des Wagens Platz nahmen. Wir waren ziemlich die ersten und wiegten uns in der Vorstellung, durch Pünktlichkeit und Zusage eines Trinkgeldes uns einen komfortablen Platz gesichert zu haben. Eitle Träume; was wir auf der Tour von Stirling bis Loch Katrine erlebt hatten, war, wie wir bald merken sollten, ein kaum nennenswertes Vorspiel gewesen. Die vier Plätze der eigentlichen Chaise, die einen etwas höheren Preis zahlten, waren leer, aber die sechzehn Außenplätze, die sich vorn und hinten an den Wagen anklebten, waren besetzt bis auf den letzten Zoll. Auch dieser Ausdruck ist nichts mehr und nichts weniger als eine Beschönigung unserer eigentlichen Lage, da die Fahrgäste, die an den Flügeln der vier Bänke saßen, nur mit der einen Hälfte ihres Körpers auf sicherem Grund und Boden ruhten, während die andere Hälfte mit Hutschachteln und Reisesäcken um die Wette neben dem Wagen hin- und herschaukelte. Wie ich meinen Lesern nicht erst versichern darf, wäre dies Minimum von Reisekomfort auf einer Strecke von 25 deutschen Meilen unerträglich gewesen, wenn nicht von Station zu Station die Flügelmänner jeder Bank die Plätze getauscht und, zwischen links und rechts beständig wechselnd, die ausgeruhten Hälften wie eine immer frische Reserve ins Feuer geschickt hätten.

Ich hatte den rechten Flügel der letzten Bank inne, und wiewohl ich mich der Strapazen jenes Reisetages wie einer durchgemachten Kampagne entsinne, so muß ich doch der Wahrheit gemäß einräumen, daß mein und meiner Kameraden Position noch immer nicht zu den schlimmsten zählte. Sie war wenigstens luftig, und da man nach der Fallseite hin räumlich nicht behindert war, so konnte man sich's durch allerhand Balancier- und Schwebekunststücke relativ bequem machen. Wie anders dagegen die Mittelplätze! Die Sicherheit, dic sie boten, war teuer erkauft, und der wahre Reiz des Lebens hing hier wie überall «überm Abgrund der Gefahr».

Aber ich eile in meiner Darstellung voraus. Während ich schon die Schrecken und Gefahren des Weges schildere, halten wir noch auf dem Marktplatz von Perth, und jetzt erst, wo vom alten St.-Johannis-Turm die Mittagsstunde schlägt, knallt die Peitsche des Kutschers über die vier langgespannten Braunen hin, und unser Wagen rasselt durch Straße und Tor in die lachende Landschaft hinaus. Die nächste Station ist *Dunkeld*, ein alter Bischofssitz, etwa drei Meilen nördlich von Perth gelegen. Der breite, vom Tay durchflossene Talgrund, der sich zwischen beiden Städten ausdehnt, zählt mit zu den vorzüglichsten Schauplätzen schottischer Geschichte. Wir sind hier im eigentlichen *Macbeth-Land*, und während wir die Grafschaft Fife im Rücken, Schloß Glamis aber zur Seite lassen, fahren wir, unmittelbar an *Scone Palace* vorbei, jenem Stückchen Erde zu, das durch die zwei Namen Birnam-Wald und Schloß Dunsinan eine Berühmtheit über die Welt erlangt hat.

Scone Palace, der alte schottische Königssitz, von dem es am Schluß des «Macbeth» heißt:

Und uns gekrönt zu sehn mit unsrer Krone,
Erwarten wir euch im Palast zu *Scone*,

liegt kaum eine halbe Meile rechts von dem chaussierten Wege ab, den unsere Braunen jetzt rasch entlangtraben, und die Sehnsucht könnte über uns kommen, einem Platze von solchem Alter und so historischer Bedeutung einen kurzen Besuch zu machen. Aber der Scone-Palast, der zu *Shakespeares* Tagen noch in aller Wirklichkeit dastand, existiert nicht mehr, und die weißen Steinwände, die mit Mauerkrone und Normannenturm aus einer Gruppe alter Ulmen zu uns herübergrüßen, sind keine 50 Jahre alt und enthalten vielleicht keinen Stein mehr von dem alten Königshause, das einst hier stand. Der Scone-Palast unserer Tage ist ein Besitztum, ein Sommeraufenthalt der Grafen von Mansfield geworden, und der alte Stein, der hier einst lag und als Stuhl bei der Krönung schottischer Könige diente, ist nach London geschafft, wo er jetzt deutungsreich *unter* dem Sitz des englischen Thronsessels liegt.

Etwa zwei Meilen nördlich von Scone Palace, an derselben rechten Seite des Weges, liegen Dunsinan House und Dunsinan Hill, in deren Nähe sich die Ruinen des alten Macbeth-Schlosses befinden, das den Birnam-Wald auf sich zukommen sah. Dieser Birnam-Wald liegt links von der Straße, verbirgt sich aber unserem suchenden Auge hinter dem 1500 Fuß hohen *Birnam Hill*, der seine Felsmauer zwischen uns und den Wald schiebt.

Dieser Birnam Hill ist bereits wie ein Torwächter von Dunkeld anzusehen, und in demselben Augenblick, wo wir ihn passiert und, statt seiner selbst, seine reich bewaldeten Ausläufer zur Linken haben, hören wir auch schon den lauter werdenden Hufschlag der Pferde, der uns sagt, daß wir die elastische Tenne der Landstraße mit dem harten Straßenpflaster der Stadt vertauscht haben. Von beiden Seiten grüßen jetzt tausend Fuß hohe, mit Laubholz und Schwarztannen besetzte Bergwände in die Stadt hinein, und ehe wir uns noch in dem reizenden Bilde völlig zurechtgefunden

Scone, Marktkreuz und Schloßtor

haben, hält unsere Kutsche bereits vor dem ziemlich in der Mitte des Städtchens gelegenen «Birnam Hotel».

Die Frage «absteigen oder sitzen bleiben» schlägt jetzt an unser Ohr, aber drei Meilen sind erst gemacht und die engagierten Körperhälften noch bei verhältnismäßiger Kraft. So ergibt sich die Antwort von selbst. Kommt uns doch auch die Höhe unseres Sitzes zustatten, um mit größerer Muße und Leichtigkeit das reizende Bild dieser Talstadt überblicken zu können. Aus dem Grunde der Bergabhänge hervor grüßt die alte, bis in die Piktenzeit zurückreichende Kathedrale, fesselnder aber erscheint uns das Bild unmittelbar zu unseren Füßen, wo wir neben dem üblichen Durcheinander eines Gasthofs noch das bunte Treiben und die Vorbereitungen zu allerhand Jagdausflügen ins Hochland sehen. Denn Dunkeld ist Rendez-vous-Platz; hier finden sich von allen Seiten die Jagdliebhaber, die Freunde des Sport zusammen, um dann, die einzige Hochlandsstraße benutzend, die von Dunkeld aus über den Kamm der Grampians führt, auf den großen Jagdrevieren zwischen Balmoral und Inverness die Sommermonate bei «deer stalking» und «grouse shooting» zu verbringen.

An den Gasthof lehnt sich eine säulengetragene Veranda; das Gebälk ist in Grün versteckt und die eine Seite des Vorbaues mit aufgeschichteten Reisekoffern, wie ein Repositorium mit Foliobänden, gefüllt. In der Veranda steht ein junges Paar und reicht sich zum Abschied die Hand. Die zurückbleibende Dame, groß und schlank, trägt einen breiten italienischen Hut mit weißer Feder, und die allgemeine Teilnahme an der schönen Erscheinung bekundet sich durch die halb frageweis gesprochenen Sätze: «She is his sister» oder «she is his wife». Der Kondukteur indes, an den sich diese Worte richten, ist mit wichtigeren Dingen beschäftigt als mit der Beantwortung solcher Bagatellen, und sich durch ein «yes, sir», das jeder zu seinen Gunsten deuten mag, aller weiteren Fragestellung entziehend, gibt er zwei jungen Hochländern, von denen jeder einen Jagdhund an der Leine hält, ein Zeichen, das auch alsbald mit zustimmendem Kopfnicken er-

Dunkeld

widert wird. Inzwischen sind an beide Seiten unseres Wagens Leiter und Tritt gestellt worden, und ehe wir noch die Gefahr erkennen und energisch dagegen protestieren können, stehen beide Hochländer bereits mit ihren Jagdhunden unterm Arm auf der höchsten Leitersprosse, und die geängstigten Tiere wie zwei Scherbeutel unterm Arm hervorlangend, lassen sie sie jetzt auf das dichtverfahrene Defilee unserer Beine niederfallen. Ein Schrei der Entrüstung schallt über den Platz fort, auf dem wir halten, aber die im trockensten Ton gesprochenen Worte des Kondukteurs: «They are kind beasts, you may take them as foot-stools» stellen mit einem Schlage unsere gute Laune wieder her, um so mehr, als die Versicherung des Kondukteurs eine Wahrheit wird und die anfangs unruhigen Tiere sich wirklich wie eine Fußbank zu unsern Füßen legen.

Aber eine Überraschung drängt die andere. Auf derselben Leiter, auf der eben noch einer der Wildhüter stand, um seinen Überfall auszuführen, steht jetzt der Gentleman, dem die Hunde zugehören, und trotz der schönen Dame, die immer noch unter dem grünen Dach der Veranda verweilt, läuft jetzt ein nicht mißzuverstehendes Murren durch unsere Reihen. Es ist wahr, der Gentleman, der vor uns steht, hat das einnehmendste Gesicht von der Welt und lüftet seine schottische Mütze allerfreundlichst zum Gruß, aber wenn er noch viel freundlicher grüßte und dreinblickte, so können wir ihm nicht geben, was wir selbst nicht haben. Ich zeige auf mein rechtes Bein, das völlig in Lüften schwebt, und bemühe mich, ihm anzudeuten, daß dem Unmöglichen gegenüber auch der beste Wille zuschanden wird. Er nimmt meine Andeutungen freundlich auf, zeigt aber statt aller weiteren Erwiderung auf den Kondukteur hin, der eben den Deckel eines hinter uns befindlichen Wagenkastens auf- und zurückschlägt und, im nächsten Augenblicke in die Tiefe dieser Versenkung hinabsteigend, allerdings den Platz frei läßt, auf dem er selbst bis dahin gesessen hatte. Ehe noch unser Staunen vorüber, knallt die Peitsche und ziehen die Pferde an, und über das Pflaster Dunkelds hintrabend, rasselt und lärmt der aufgeklappte, wie ein Bedientenbrett dastehende Wagenkastendeckel und scheint unserer geängstigten Phantasie die Frage vorzulegen: Wann werd auch ich meinen Passagier finden?

Hinter Dunkeld zieht sich der Weg am rechten Ufer des Tay entlang und zeigt uns außer Landhäusern, die hier und da aus dem Grün hervorblicken, nichts, was unsere Aufmerksamkeit in Anspruch nehmen könnte. Etwa eine deutsche Meile hinter Dunkeld verlieren wir den Tay aus dem Auge, und statt seiner wird nunmehr der *Garry*-Fluß, der von den Grampians kommt, auf viele Meilen hin unser Begleiter. Seine Ufer sind nirgends lieblich, aber überall bedeutend und charakteristisch und gleich zu Anfang von imposanter Schönheit. Nachdem wir kaum tausend Schritt an der rechten Seite des Flusses bergan gefahren sind, passieren wir jenes Felsentor, das uns nunmehr zu dem berühmten Passe von Killiecrankie führt.

Der Paß von *Killiecrankie* hat eine dreifache Bedeutung, als Verbindungsstraße, als Punkt von hervorragender landschaftlicher Schönheit und drittens durch die blutige Schlacht, die hier am 27. Juli 1689 zwischen den Anhängern der Stuarts unter Claverhouse und den Truppen Wilhelms von Oranien geschlagen wurde. Das landschaftliche Bild, das der Paß bietet, erinnert sehr an die Trossachs. Diese haben den Ruf größerer Schönheit und werden jährlich von Tausenden um ihrer selbst willen besucht, während den Paß von Killiecrankie nur derjenige kennenlernt, den Neigung oder Geschäfte in den eigentlichen Norden Schottlands führen. Man passiert ihn, weil man ihn passieren *muß;* er ist Weg, nicht Ziel. Dies nicht wegzustreitende Faktum basiert aber auf einer Ungerechtigkeit. Der Killiecrankie-Paß ist imposanter als die Trossachs. Der Grund dafür scheint mir darin zu liegen, daß die Felswände sich noch näher und schroffer gegenüberstehen, daß der Garry, der ganz den Charakter eines lauten und reißenden Bergwassers hat, die romantische Szene mehr belebt als das unbedeutende Wässerchen, das die Trossachs mehr durchschleicht als durchschäumt, und daß drittens und letztens das Vorwiegen des Laubholzes über das Nadelholz den Wettstreit zugunsten des Killiecrankie-Passes entschei-det. Auch der blutige Kampf, der hier stattfand und von ungleich größerer Bedeutung war als ein halbes Dutzend Clanschlachten der Rinder und Schafe stehlenden MacGre-gors, sollte füglich diesem mehr nördlich gelegenen Punkte zugute kommen; aber die Schilderungen Walter Scotts, der es nun mal für gut befand, den Schauplatz seiner Dichtung an die Ufer des Loch Katrine zu verlegen, haben ein für alle-mal zugunsten der Trossachs entschieden, und solange die «Jungfrau vom See» begeisterte Verehrer an aller Welt Ecken und Enden haben wird, so lange wird auch der Killiecrankie-Paß darauf Verzicht leisten müssen, die Rechte seiner Erstgeburt gegen den bevorzugten jüngeren Bruder geltend zu machen.

Ich stand (versteht sich auf einem Fuße) aufrecht im Wa-gen, als wir den Paß hinauffuhren. Das ganze Bild war so reizend, daß ich begierig war, nichts von seiner Schönheit zu verlieren. Dann und wann entzog sich der unten schäu-mende Garry unserm Blick, und nur unser Ohr vernahm ihn; dann wieder sahen wir ihn in breiten Wasserfällen über das felsige Terrain wie über eine Steintreppe herniederschäumen. Als wir fast den Nordausgang des Passes erreicht hatten, legte der Kondukteur aus der Tiefe des Wagenkastens her seine Hand auf meine Schulter und rief, nach rechts hin mit dem Kopf nickend: «Look, there's the battlefield.» Da lag es denn halb vor, halb neben uns, nicht größer als eine Gemeinde-wiese oder der Spielplatz einer englischen Schule. Die Form des Platzes ist ein Oblong; an der einen Längsseite fuhren wir hin, die drei anderen Seiten waren dicht mit Laubholz umstanden. Ziemlich am nördlichsten Punkt der Wiese ge-wahrten wir einen Stein, aufrecht stehend und von der Größe eines gewöhnlichen Mauerpfostens. An dieser Stelle fiel der Sieger des Tages, William Graham, Herzog von Claverhouse und Marquis von Dundee. Über diesen Sieg und die Person des Siegers sei mir gestattet, hier folgendes einzuschalten.

Unter den Parteigängern, die nach der Entfernung Jakobs II. (1688) die Sache der Stuarts zur ihrigen machten, steht Graham von Claverhouse, Graf von *Dundee*, oder «bonnie Dundee», wie er in jakobitischen Liedern heißt, obenan. Was der große Montrose 40 Jahre früher in den Tagen Karls I. gewesen war, der Champion für Loyalität und Königtum gegen whiggistischen Puritanismus, das war jetzt bonnie Dundee nach der Vertreibung der Stuarts. Schon während der Regierungszeit Jakobs II. hatte er sich rücksichtslos auf die Seite des wenig geliebten Königs gestellt, und jetzt nach seinem Sturze war er der erste, der die Hochlands-Clane um sich sammelte und dem neuen Regiment in London den Krieg erklärte. Wie Montrose gehörte er zum Clan der *Grahams*, ein Name, an den sich während der zweiten Hälfte des 17. Jahrhunderts ebenso sicher die Vorstellung einer unerschütterlich royalistischen Gesinnung knüpfen durfte wie an den Namen Argyle die Überzeugung eines unveräußerlichen Puritanismus. Der Sieg schwankte damals funfzig Jahre lang zwischen den von tödlichem Haß erfüllten Parteien, und die Häupter beider fanden nur zu oft Gelegenheit, ihre Hingebung und Treue mit dem Tode zu besiegeln. An derselben Stelle, wo die Häupter der Argyles in der Treue gegen den Puritanismus fielen, fiel auch das Haupt des großen Montrose im Dienste des Königtums; bonnie Dundee aber, glücklicher als die Mehrzahl der Parteihäupter jener Epoche, starb den Heldentod auf dem Felde von Killiecrankie, in demselben Augenblick, als der Sieg zugunsten seiner Sache entschieden war. Als er mit erhobenem Arme vorsprengte, um die Fliehenden zu verfolgen, traf ihn eine Kugel in die Armhöhle und tötete ihn auf der Stelle. Der aufrecht stehende Stein, von dem ich sprach, bezeichnet den Ort, wo er fiel. Mit ihm lag vorläufig die Stuartsche Sache am Boden. Der Sieg, den er gewonnen, hörte auf, ein Sieg zu sein. Die Whigs triumphierten; ihr bitterster Feind, der ihnen bis dahin als unbesieglich und unverletzlich gegolten hatte, war nicht mehr. Der Glaube an seine Unverletzlichkeit (wie sich von selbst versteht, infolge eines Paktes mit dem Teufel) war damals allgemein verbreitet im schottischen Volke. Es hieß, daß kaltes Wasser zu dampfen und zu zischen beginne, sooft er seine Füße hineinstecke, und die Kugel, die ihn endlich getroffen, sei überhaupt keine Kugel, sondern ein silberner Knopf gewesen, den einer seiner Diener vom Rocke seines Herrn losgelöst und auf ihn abgeschossen habe. *Nur was von ihm selber kam, konnte an ihn.* Der Degen Dundees befindet sich im Besitze von Lord Woodhouselee; das Lederwams aber, das er bei Killiecrankie trug, wird zu Penicuik House in der Nähe von Edinburgh aufbewahrt. Das Gedächtnis an seine Siege lebt noch bis diesen Augenblick im schottischen Volke fort, und für allerhand bedenkliche Situationen, die einen Helfer wünschenswert machen, existiert die sprichwörtliche Redensart: «Nur eine halbe Stunde Dundee.»

Kurze Zeit nachdem wir die Nordspitze des Killiecrankie-Passes passiert hatten, erreichten wir Blair Atholl, ein Dorf mit etwa 300 Einwohnern, das nichtsdestoweniger auf allen Karten mit großen Buchstaben verzeichnet ist. Wir nähern uns nämlich jetzt dem großen Berg- und Heideterritorium der Grampians, das, ein paar hundert Quadratmeter groß, wie eine unwirtbare Fläche sich zwischen das fruchtbare Land des Tay- und des Moray-Busens hineinschiebt und, wie wir bald sehen werden, von solcher absoluten Öde und Kahlheit ist, daß das an seinem Südrande gelegene Dörfchen Blair zu einer unbestrittenen Residenz dieser Gegenden wird. Unter Blinden ist der Einäugige König. Wir wechseln hier die Pferde und – unsere Plätze, machen die erste Bekanntschaft des echten, unverfeinerten Haferbrotes (oat cake) und fahren nun weiter nordwärts immer am Garry-Fluß entlang, der noch bis zum Kamm der Grampians hin unser Begleiter bleibt. Die Zeichen menschlicher Kultur ersterben allmählich; kein Dorf mehr, das wir passieren, nur von Viertelmeile zu Viertelmeile begegnen wir einem Weiler hart am Wege, elenden Hütten, weniger dazu da, um darin zu wohnen, als um den Weg zu zeigen, der aus dieser Öde in bessere Gegenden führt. Aus Torf und Rasen bauen sich diese Wohnungen auf, und das Stroh- und Lehmhaus unserer ärmsten Gegenden kommt dieser Armut gegenüber wieder zu Ehren. Aber so kümmerlich die Reste sind, die sich einem hier bieten, es sind doch immer noch Reste, und der Wanderer, der hier des Weges kommt, erfreut sich dieser Zeichen, wie sich der verschlagene Schiffer der harten Brotrinde freut, die seinen Tag und vielleicht sein Leben fristet.

Der weit vorgeschobenste Punkt heißt Dalnacardoch Inn; nördlich von ihm beginnt die Grampian-Wüste. Ich habe nie Einsameres durchschritten. Und doch machten wir die Fahrt zur guten Jahreszeit, an einem heiteren Tage. Das Leben war über diese Gründe wenigstens hingeflogen und hatte seinen Lichtstrahl auf sie fallen lassen. Uns zur Linken schäumte der Garry, rechts von den hohen Berglehnen sickerte das Schneewasser herab, an den Wasserrinnen entlang leuchtete das Grün und Rot des Heidekrauts, und aus dem moosigen Gestein flog von Zeit zu Zeit ein Bergvogel oder auch ein Volk Hühner auf. Wie muß es hier sein, wenn der Sommer seine warme Hand von diesen Feldern nimmt und der Wind das schwache Lebensflämmchen ausbläst, das hier still und geschäftig wirkt? So fragt ich, und als ob die Grampians mich verstanden hätten, gaben sie Antwort auf meine Frage. Wolken zogen über den Himmel hin, und das warme Blau verwandelte sich in ein schwüles Grau, der Garry hörte auf zu schäumen, Moos und Heidekraut verschwanden, auch das Wasser schwieg, das von den Bergen gekommen war – wir hatten den großen Friedhof dieser stillen Gegenden erreicht. Ein meilenweites Blachfeld lag vor uns, über das der Tod – wenn nicht ein Schlimmerer – im Grimme hinweggegangen schien, mit zorniger Hand die Felsenzacken abreißend, wie der Sturm die Ähren von den Halmen reißt, und sie ausstreuend weit über das Feld hin. Es graute uns, als wir an diesem Saatfeld des Schreckens vorüberkamen, und das Gespräch stockte, das bis dahin so munter von allen Lippen geflossen war.

Wie einer, der einen finstern Traum gehabt und mit einem «Gott sei Dank» erwacht, weil eben alles ein Traum gewesen, so fiel es wie eine Last von uns, als, plötzlich fast, das Steinfeld sein Ende erreichte und nur noch das bequem zur Hand liegende Material gewesen zu sein schien, um ein *steinernes* Gasthaus mit *steinernen* Scheunen und einer hohen *steinernen* Mauer um beide herum daraus aufzuführen. Wie jubelten wir, als wir unter den blühenden Lindenbäumen dahinfuhren und aufspringend unsere Köpfe in die Blatt- und Blütenfülle hineinsteckten; keine Orangerie auf Terrassen und Freitreppen hatte uns je so herrlich gedünkt wie diese Lindenbäume, die das Wirtshaus Dalwhinnie umstanden. Mit einem Gefühl unverstellter Freude sahen wir über die hohe Gartenmauer in den Obst- und Küchengarten hinein, wo rot schillernde Kohlköpfe die Beete einfaßten und selbst ein paar Kirschen im Laub der Bäume steckten. Und nun das Haus selbst erst! Die alten Eckschränke mit Rokokoschnitzwerk und verschossenen Gardinen, das steinalte Mütterchen im Lehnstuhl, der Kamin, drin jahraus, jahrein das Feuer prasselt, als gäb es keinen Sommer hier, wie tut das alles wohl, und es hätte kaum noch des Einzugs der Prinzessin Friedrich Wilhelm in Berlin bedurft, der (den «Illustrated London News» entlehnt) in Buntfarbendruck an den Wänden hing, um uns, unter dem Vorteil des Kontrastes, den kurzen Aufenthalt in Dalwhinnie Inn zum Glanzpunkt des Tages zu machen. Es hat einen Sinn, wenn sich auf den schottischen Hochlandskarten die Hütten und Weiler dieses Plateaus mit einer größeren Gewissenhaftigkeit verzeichnet finden als die Städte und Dörfer südlicher Distrikte. Denn im Süden können wir eines Dorfes, einer Stadt entbehren; die allernächste schon läßt uns den Verlust kaum noch als solchen empfinden; aber das einsame Haus an unwirtbarer Küste, in der Einöde des Gebirges, läßt uns erkennen, was es mit einer Menschenwohnung auf sich hat.

Halben Wegs zwischen Dalnacardoch Inn und Dalwhinnie Inn, ziemlich genau da, wo man aus Perthshire in die Grafschaft *Inverness* eintritt (ein Wechsel, den man nur an den verschieden gefärbten Wegweisern wahrnimmt), befindet sich auch die Wasserscheide der Grampians, und an die Stelle des Garry, den wir stromaufwärts verfolgten, tritt nun der Spey-Fluß, der seinen Abfluß nach Norden hat und uns fast bis an die Tore von Inverness begleitet. Von Dalwhinnie Inn bis Inverness sind noch zehn bis zwölf deutsche Meilen. Je mehr wir uns Inverness nähern, oder mit andern Worten, je mehr wir von der Steinöde der Grampians loskommen, desto fruchtbarer wird wieder das Land. Es ist, als ob der Norden seinen alten Charakter verlöre und statt ein Sitz der Öde ein Sitz des Lebens und der Freude würde. Eine Niederung ist es und ein Küstenland, in das wir jetzt hineinfahren, und die natürlichen Segnungen, die ein flußdurchströmtes Küstenland bietet, machen sich auch an dieser Stelle geltend und fallen schwerer ins Gewicht als der Breitengrad, den wir, wie eine Stufe gegen Norden hin, eben hinansteigen.

Dalwhinnie Inn war nur erst ein Haus; eine Meile nördlicher haben wir schon eine Gruppe von Häusern, die Häuser werden zum Dorf und das Dorf endlich zu einem Städtchen. Wir haben New-town (Neustadt) erreicht und traben über das Pflaster des Städtchens hin, als wär es das einer Residenz. Und was ist es? Zwei Reihen Häuser, die zwischen gelben Haferfeldern liegen. Ohne Aufenthalt fahren wir hindurch und sind mit untergehender Sonne in Kingussie. Kingussie ist ein altes Hochlandsdorf, eine Art Hauptstadt der Macphersons, die hier herum ihre Sitze haben. Hier, in unmittelbarer Nähe, lebte auch James Macpherson, der Herausgeber des «Ossian», für dessen völlige Echtheit oder völlige Unechtheit ein halbes Jahrhundert lang so viele kritische Lanzen gebrochen worden sind.

Als wir vor Kingussie Inn hielten, sahen wir, daß Jahrmarkt im Dorfe war. Hochlandssöhne, zum Teil noch in die Farben ihrer Clans gekleidet, standen in Gruppen vor einer aufgestellten Drehorgel, an deren Hinterseite sich, wie auch auf unseren Jahrmärkten, eine bemalte Leinwand erhob. Allerhand Szenen aus dem Krimkrieg waren darauf abgebildet, zumal die Kavallerieattacke von Balaklawa und das Hochlandsregiment (Sir Colin Campbell), an dem sich der Angriff der russischen Reiterei brach. Dazu spielte der Leierkasten eine Arie aus Flotows «Martha», und die heiseren Kehlen der Umstehenden stimmten mit ein. Es mochten hundert oder hundertundfunfzig Menschen sein, die sich hier vergnügten, auf mein Gemüt aber übten sie die Wirkung, als hätt ich nie ein größeres Menschengedränge gesehen, so frisch und so stark noch waren die Eindrücke, die das öde Steinfeld der Grampians auf mich gemacht hatte.

Gern hätten wir uns in dieses Treiben hineinbegeben, aber eine andere Stimme machte sich geltend, die von gebieterischem Klange war. Es waren nun fast zwölf Stunden, daß wir im Englischen Hotel zu Perth unser Frühstück eingenommen hatten, und mit Ausnahme eines Stückchens oat cake und eines Glases Toddy (Whisky und Wasser) war den ganzen Tag über nichts über unsere Lippen gekommen.

Das erzeugte denn freilich Stimmungen, in denen einem ein Hammelschlegel aus dem Clan der Macphersons weit über die Art und die Bedeutung ihrer Volksfeste geht, zumal wenn man im Hochland reist und durchaus nicht weiß, was die nächste Stunde bringen wird und was nicht. Wir eilten in das Gasthaus hinein, dessen Flur und Eingänge mit allerhand Laubgewinden festlich geschmückt waren, und fanden uns ins Unvermeidliche, als wir unseren Imbiß, ein Stück Hammel mit einem Glase Bier, mit fünf Schilling bezahlen mußten.

Es war schon spät Abend und die Augustsonne längst unter, als wir mit jenem süßen Gefühl des Gekräftigtseins, das man auf Reisen von jeder Mahlzeit mitbringt, unsere Turmplätze wieder erkletterten und in die Sommernacht hineinfuhren. Die abendliche Kühle lief uns wie ein Bad wohltuend über den Rücken, und alles war heiter und gesprächig, als ein Feuerwerk eigener Art unsere Fahrt unterbrach. Aus der Achse des einen Vorderrades schoß und sprühte es hervor wie ein zischender Schwärmer. Ich hatte das Schauspiel gerade vor mir und rief dem Kutscher zu: «Stop, the wheel burns!» Jeder sah das Sprühfeuer, das hell in die Nacht hineinleuchtete. Der Wagen hielt, der Kondukteur sprang aus dem Wagenkasten, goß allerhand rätselhafte Flüssigkeiten, über die wir nie aufgeklärt worden sind, auf die Schraubenmutter und erklärte dann mit mehr Gleichmut als Wahrheit, daß alles in Ordnung sei. Aber es war *nicht* alles in Ordnung, und eine Fahrt begann, wie ich sie vorher nicht durchgemacht habe und auch nicht wieder durchzumachen wünsche. Zwischen Brennen und Löschen ging es vorwärts. Der Kondukteur nahm seinen Stand auf einem Wagentritt unmittelbar neben dem Feuerrade, und jedesmal, wenn die Funken wieder zu sprühen begannen, erschallte sein «stop!» Dann kurze Pause, etwas Gespräch, etwas Flüssigkeit, und wieder ging es weiter in die Nacht hinein. Unsere gute Laune hätte schwerlich ausgehalten, wenn wir nicht gewußt hätten, daß die nächste Station binnen einer guten halben Stunde erreicht werden mußte. In der Tat, wir kamen wohlbehalten an und hielten vor dem Wirtshaus von Aviemore. Inzwischen war es völlig Nacht geworden, und jeder kennt das komisch-romantische Treiben, das auf einsamen Posthöfen auf eine viertel oder halbe Stunde zu herrschen pflegt, wenn ein verspäteter Kutschwagen die Ruhe solcher Höfe unterbricht. Aus Verschlafenheit und Holzschuhen, aus Stalllaternen und Wichtigkeit setzt sich ein wunderliches Bild zusammen, das natürlich an Reiz und Interesse wächst, wenn «etwas vorgefallen ist», und jeder glaubt, durch *seinen* Rat und *seine* Laterne die Sache bessern zu können. Ein solches Bild hatten wir auf dem Wirtshaushof von Aviemore. Nachdem mit Hebebäumen und Schraubstöcken, mit Raten und Taten eine halbe Stunde vertrödelt, endlich aber mit Hilfe von aufgestreutem Schwefel die Frage «Feuer oder Nicht-Feuer» zugunsten von «Nicht-Feuer» beantwortet war, trieb uns der Kondukteur mit einem ermutigenden «all safe» wieder auf den Wagen, und aufs neue ging es in die Nacht hinein. Schlaftrunken saßen wir auf unsern Plätzen, gleichgültig dagegen, ob das Vorderrad abermals brennen oder ein Nicken nach der Fallseite hin uns aus dem Unkomfort unserer Lage, freilich auf Kosten gesunder Glieder, ein für allemal befreien werde. Nur als die Mitternachtsnebel neben uns über die Heide zogen und der Kondukteur, der bemerkt haben mochte, daß es mit unsereinem nicht ganz richtig sei, mir vertraulich ins Ohr flüsterte: «Look, Culloden Moor», rafft ich mich auf, um mit poetischem Grauen auf das Blachfeld zu blicken, das neben uns lag. Dann wieder siegte die Müdigkeit, bis das Gerassel auf dem Straßenpflaster uns weckte und wir alsbald beim Schimmer zweier Gaslaternen die Worte lasen: «Union Hotel». Wir waren in Inverness. Es war drei Uhr morgens.

Inverness

Die Strapazen am Tage vorher hatten uns einen langen und festen Schlaf eingetragen. Die Frühstücksstunde war längst vorüber, als wir im großen Speisesaal des Union Hotels zu Inverness erschienen, um unser Breakfast einzunehmen. An der langen Tafel, die nach englischer Sitte mit Silberkannen und anderem blinkendem Geschirr reichlich besetzt war, saßen einige der Herren, die am Tage vorher unsere Reisegesellschaft gebildet hatten. Wir kamen uns jetzt ein wenig näher, und statt der üblichen Redensarten, auf die sich während der Fahrt unsere Unterhaltung beschränkt hatte, brachten wir es jetzt zu einer wirklichen Konversation. Es waren fast ausschließlich englische Gardeoffiziere, junge Kavaliere aus reichen und vornehmen Familien, die von einem Jagdvergnügen etwas mehr verlangen als die bequeme Gelegenheit zu massenhaftem Niederschießen jener Gold- und Silberfasanen, die in den Parks der englischen Großen so dicht und so bunt wie die Gold- und Silbernüsse an einem Weihnachtsbaum zu sitzen pflegen. Die echte Weidmannslust gibt begreiflicherweise den weiten Heidestrecken des Hochlands den Vorzug, wo Geschick, Kraft und Mut dazugehören, den Hirsch zum Stehen zu bringen. Es waren feine, liebenswürdige Männer, besonders der schlanke Gentleman aus der Gasthofsveranda in Dunkeld, dessen zwei Jagdhunde auf viele Meilen hin unsere geduldigen Fußkissen abgegeben hatten. Sein Name war Sir John Metcalfe, ein Enkel jenes Sir Charles Metcalfe, der, nach der Abdankung Lord Bentincks, eine kurze Zeit hindurch als Generalgouverneur von Indien eine hervorragende Rolle spielte. Dies gab Veranlassung zu einem Gespräch über Indien, das uns um so lebhafter interessierte, als der junge Offizier selbst jahrelang im indischen Dienst gestanden hatte und erst seit kurzem von Delhi und Lucknow her wieder in London eingetroffen war.

Nach dem Frühstück machten wir zunächst einen Gang durch die Stadt. Man merkt hier allerdings, daß man sich im Hochland befindet. Zwar herrschen Frack und Überrock, Hose und Filzhut vor, aber die alte Hochlandstracht ist doch noch nicht insoweit aufgegeben, daß sie einem wie ein Kuriosum erschiene, wenn man ihr ausnahmsweise begegnet. Gleich neben dem Union Hotel befindet sich das große, im In- und Auslande berühmte Geschäft Mr. MacDougalls, dessen alle Etagen des Hauses füllenden Warenläger am besten zeigen, wie stark noch immer die Nachfrage nach Artikeln ist, die das schottische Hochland repräsentieren. Allen diesen Artikeln ist das gemeinsam, daß sie in den Clanfarben auftreten; im übrigen sind die Gegenstände, die sich in diese Farben kleiden, so verschieden wie möglich. Von der schweren Seidenrobe an bis herunter zum Zwirnwickel und Stahlfederhalter findet sich alles bei Mr. MacDougall zusammen, was nur irgend die Farbenmischung von rot und blau und grün ertragen kann. Plaids, Tartans, Mützen und Strümpfe füllen einen Saal, Quincailleriesachen einen andern; Waffen, Schmuck und allerhand Gerät einen dritten und vierten. Vieles davon geht sicherlich ins Ausland, aber die Plaids und Tartans, soweit sie nicht von Seide sind, bleiben wohl überwiegend im Lande. Wenn der Leser dabei ins Auge fassen will, daß Mr. MacDougall *jedem* Clan (deren immer noch über 50 existieren) seine Ehre gönnt, so wird ihm das am besten einen Begriff von der außerordentlichen Ausdehnung dieses Handelshauses geben.

Inverness ist überhaupt eine vorwärtskommende Stadt, «a thriving town», wie die Engländer sagen, und weist so viel von Handel und Wandel auf, wie an so nördlicher Stelle und bei so dünn gesäter Bevölkerung nur irgend erwartet werden kann. Etwas zu seiner Blüte hat wohl der Kaledonische Kanal beigetragen, der, bei Inverness beginnend, mit

Hilfe des Loch Ness und Loch Lochy, die Ostküste Schottlands mit der Westküste, also mit Glasgow, verbindet. Dennoch haben sich die Erwartungen, die man an das Zustandekommen dieses Kanals knüpfte, nicht völlig erfüllt. Der von Osten kommende Handel hat an der englisch-schottischen Ostküste eine Menge anderer Häfen und Stapelplätze, die mindestens nicht schlechter gelegen sind als Inverness und eine rasche *Eisenbahnverbindung* vor diesem voraushaben. Als der Kanal vorgeschlagen und ausgeführt wurde, wußte man freilich noch nichts von einer Konkurrenz, die so nah und so drohend bevorstand.

Nichtsdestoweniger ist Inverness der bedeutendste Punkt im ganzen Norden von Schottland (Aberdeen wird dem *Osten* zugerechnet) und heißt mit Recht die Hauptstadt des Hochlandes. Das immer spärlicher werdende Leben rafft sich hier noch einmal zusammen, schafft Komfort, Luxus und Geselligkeit und treibt Blüten der Wissenschaft und selbst der Kunst. Die Stadt hat drei Zeitungen, was bei einer Bevölkerung von 15000 Menschen zeigt, welch reges geistiges Leben an dieser Stelle noch tätig ist.

Die Sehenswürdigkeiten der Stadt reduzieren sich auf einen einzigen Punkt, auf den unmittelbar neben der Stadt gelegenen Hügel, wo jenes Schloß *Macbeths* stand, in dem König Duncan ermordet wurde. Von dem alten Schlosse existiert keine Spur mehr. Nachdem es durch die Jahrhunderte hin zahllose Änderungen und Erweiterungen über sich hatte ergehen lassen müssen, wurde es im Jahre 1746 von den Anhängern des Prätendenten in die Luft gesprengt. An der Stelle, wo es stand, befindet sich jetzt ein im Kastellstil gebautes Grafschafts- und Gerichtsgebäude, das nach drei oder vier Jahrhunderten das alte Macbeth-Schloß ziemlich gut veranschaulichen wird. Die Aussicht von diesem Schloßhügel aus ist sehr schön und doch wiederum noch anziehender und reizvoller, als sie schön ist. Ein romantischer Zauber liegt über dieser Landschaft, ein Zauber, gegen den sich auch der nicht verschließen kann, der keine Ahnung davon hat, daß jemals ein König Duncan lebte und ein Feldherr Macbeth,

Inverness
vom Westen her gesehen

der ihn ermordete. Ein Ton stiller, rührender Klage durchklingt das Ganze, wie das Gefühl eines scheidenden Frühlings, eines kurzen Glücks. Fruchtbare Täler, in denen das Korn reift, dehnen sich in gelben Streifen nach Ost und West hin; aber die Fülle, der Segen ist nur ein Gast hier, ängstlich, schüchtern, immer bereit, den eingebornen Gewalten das Feld zu räumen, dem Sturm und der Öde. Nur die hohen Berge, die von Norden her auf die Fruchtbarkeit herabblicken, und unmittelbar vor uns die mächtigen Wasserflächen des Moray-Busens sind hier die Herren und Regierer und breiten sich aus mit der stattlichen Sicherheit des Zuhauseseins. Die Natur nördlicher Gegenden kommt über ein Herbstgefühl nicht hinaus. Es war mir, als müßten die Sommerfäden still und geschäftig an mir vorüberziehen.

Kehrt man dem schönen Meerbusen, den wir eben überschauten, den Rücken zu, so haben wir zunächst die Stadt zu unsern Füßen. Jenseit derselben blicken wir in das Grampian-Land hinein, das wir am Tage zuvor in seiner ganzen Ausdehnung, aber auch in seiner ganzen Öde und Traurigkeit passiert haben. Dies breite mächtige Stück Land zwischen dem Busen des Tay und dem Moray-Busen ist das alte Herz des Landes, wo sich die Geschichte desselben abspielte zu einer Zeit, als Edinburgh noch ohne alle Bedeutung und das schöne fruchtbare Land im Süden der jetzigen Hauptstadt noch ein Landstrich von unbestimmtem politischen Charakter, mehr eine Republik von Wegelagerern als ein königlicher Besitz war. Das alte Grampian-Land ist deshalb zu gleicher Zeit auch das Land der alten schottischen Könige, zumal König *Macbeths*. Wir finden ihn bald im Süden, bald im Norden von Perth und Inverness, aber doch immer in nächster Nähe beider. Das Land um den Meerbusen des Tay herum war seine eigentliche Heimat; er tritt auf als Glamis und Than von Fife. Sein Sieg über die Dänen aber führt alsbald zu seiner Belehnung mit nördlich gelegenen Schlössern und Landstrichen. Er wird Than von Cawdor und kommt als solcher wahrscheinlich in Besitz des in der Nähe von Cawdor gelegenen Schlosses von Inverness, in dem dann die Er-

Inverness

mordung König Duncans stattfindet. Als König, so scheint es, gibt er seine nördlichen Besitzungen wieder auf und macht statt dessen das in seiner heimatlichen Grafschaft Perth gelegene Schloß von Dunsinan zu seiner Residenz. Hier unterliegt er dann seinem Geschick und dem Schwerte Macduffs, «der aus seiner Mutter Leibe geschnitten war».

Das Heidemoor von Forres, drauf die Hexen dem Macbeth mit ihrem verführerischen «hail Macbeth, who shall be king» erschienen, liegt fünf Meilen östlich von Inverness, am Meerbusen des Moray entlang. Wer in einem Dampfboote die Fahrt nach Aberdeen macht, kann, wenn er abends Inverness verließ, um Mitternacht rechts hinüberlugen nach der Hexenheide und einen Einblick tun in die unheimlich-gespenstische Welt, wo Moornebel und Mondlicht ihre Gestalten brauen.

Culloden Moor[1]

Drumossie Moor, Drumossie-Tag,
O bittrer Tag, o blut'ges Moor.
R. Burns

Von Inverness führt eine alte Fahrstraße in fast ununterbrochen östlicher Richtung an der Küste entlang. Die Namen der Städte und Schlösser, die diese Straße passiert, sagen einem am besten, daß man sich im eigentlichen *Macbeth-Land* befindet: erst Cawdor Castle, dann Forres, endlich Banff und Macduff.

Wir verfolgen diese Straße nicht ihrer ganzen Länge nach, begnügen uns vielmehr mit einem Besuch von Culloden Moor, jenem meilenlangen Blachfeld, das, fast unmittelbar vor den Toren von Inverness beginnend, von der oben genannten Fahrstraße durchschnitten wird.

Culloden Moor ist das berühmte Schlachtfeld, auf welchem die Stuarts, nachdem sie dreimal den Versuch ihrer Wiedererhebung gemacht hatten, endlich für immer unterlagen.

[1] Die Hochländer nennen Culloden Moor gewöhnlich Drumossie Moor.

Der Moray Firth
mit Fort George und Fort Rose

Ich verweile einen Augenblick bei den nötigsten historischen Fakten.

Prince Charlie, der vielbesungene Sohn des Prätendenten, war am 27. Juni 1745 in Schottland gelandet. Die Clane hatten sich beinahe ausnahmslos um ihn gesammelt. Am 10. September zog er in Perth, am 19. in Edinburgh ein und schlug zwei Tage später die ihm entgegenrückenden Engländer auf der Ebene von Prestonpans. Ganz Schottland war Sieg und Jubel. Anfang November begann der Zug gegen England. Man nahm Carlisle und war bereits bis Leicester vorgedrungen, als Uneinigkeit und Eifersüchtelei zwischen den Clanen, besonders aber die Nachricht von der Rückkehr des Herzogs von Cumberland, der bis dahin mit den *besten* englischen Regimentern in Deutschland gestanden hatte, dem Siegeszug ein Ende machte und zur Umkehr zwang. Anfang Januar passierten Prince Charlie und seine Clane die schottische Grenze auf dem Rückwege. Gehoben durch die Vorstellung, wieder heimatlichen Boden unter den Füßen zu haben, fochten sie noch einmal siegreich auf dem alten Schlachtfelde von Falkirk; dann neigte sich ihr Stern, rascher und plötzlicher noch, als er aufgegangen war.

Überlegene Streitkräfte schlossen sie ein, und durch die Grafschaften Perth und Inverness hin ging es jetzt in eiliger Flucht. Auf Culloden Moor machten sie einen letzten Stand. Es ist viel darüber hin und her gestritten worden, warum die Hochlandsarmee gerade hier ihre Aufstellung nahm, wo sie von Anfang an alle Chancen gegen sich hatte; die Sache ist aber die, daß die ganze Insurrektion bereits in ein Stadium getreten war, wo nichts so sehr fehlte als ruhige Anordnung und Überlegung. Man folgte den Eingebungen des Moments und floh und focht, wie es die Stimmung des Augenblicks mit sich führte. Noch andres kam hinzu. Die tapfersten und zuverlässigsten Clane, die sich um die Fahne des Prätendenten geschart hatten, die Frazers und MacDonalds, die Macphersons und MacIntosh, waren ebenhier zwischen Aberdeen und Inverness zu Hause und zeigten sich wenig geneigt, Weib und Kind dem nachrückenden Feinde ohne Schwert-

Das Culloden Moor
mit Blick über den Moray Firth

streich zu überlassen. So entspann sich die Schlacht. Der Ausgang derselben war von Anfang an wenig zweifelhaft; zwei Umstände aber vervollständigten die Niederlage der Hochländer. Zunächst das unerwartet frühzeitige Eintreffen des Herzogs von Cumberland, dann die Haltung der MacDonalds, die jede Teilnahme am Kampf ablehnten, weil ihnen die Ehrenstellung am rechten Flügel, die sie beanspruchten, versagt worden war. Dazu kam das Terrain, das, flach und hart wie eine Tenne, der überlegenen englischen Reiterei alle nur möglichen Chancen bot. Alle Tapferkeit der einzelnen Clane war umsonst. In wenigen Stunden war die Niederlage vollendet. Gegen 800 Hochländer lagen tot auf der Heide. Die dem Norden angehörigen Clane flohen über Inverness hinaus; die andern hielten sich südwestlich und trafen andern Tages mit der Abteilung zusammen, die Prince Charlie am Nairn-Fluß zur Verteidigung einer Furt zurückgelassen hatte. Es waren ihrer immer noch gegen 8000 und bereit, den Kampf aufs neue aufzunehmen. Prince Charlie selbst aber hatte seine Sache bereits verloren gegeben und entband die Clanführer ihres Eides. Er selbst nahm Abschied und eilte auf unwirtbaren Wegen dem Westen zu. Diese Flucht ist berühmt geworden. 30000 £ st. waren auf seinen Kopf gesetzt; Hunderte von Hochländern wußten, wo er sich verborgen hielt, aber nicht einer brach die Treue oder zeigte Lust, das Blutgeld zu verdienen. Der Prinz selbst entkam endlich von der Insel Skye aus. Die Niedermetzlung der einzelnen Clane begann nun und befleckte den Namen des Herzogs von Cumberland, der in seinen Kämpfen mit dem berühmten Marschall von Sachsen wenigstens Ehre, wenn auch nicht Sieg davongetragen hatte. Galgen und Rad räumten auf zwischen Aberdeen und Inverness, und jene Klage wurde lebendig, der Burns in seinem schönen Liede Ausdruck gegeben hat:

Die schöne Maid von Inverness,
Wie freudlos ihr der Tag vergeht.
Sie schafft und spinnt und webt, indes
Ihr dunkles Aug in Tränen steht.

Drumossie Moor, Drumossie-Tag,
O bittrer Tag, ob blut'ges Moor,
Wo kalt und starr mein Vater lag
Und ich der Brüder drei verlor.
Sie liegen tief in Sand und Blut,
Im ersten Grün die Gräber stehn,
Der beste Bursch daneben ruht,
Den Mädchenaugen je gesehn.
Weh Sieger dir, der nach der Schlacht
Noch die Geschlagnen niedertrat,
Du hast manch Herz betrübt gemacht,
Das dir doch nichts zuleide tat.

Ich habe bis hierher in kurzen Worten die *Schlacht* von Culloden beschrieben; ich führe nun den Leser auf das *Schlachtfeld* hinaus. Der Weg führt von Inverness zunächst zwischen Gärten und Ahornbäumen, dann zwischen Hecken und Hügeln hin, die hier und dort den Weg verengen und eine Art Schluchtenterrain bilden.

Wir mochten eine gute Viertelstunde gegangen sein, als sich plötzlich der Blick nach allen Seiten erweiterte und unser Führer, mit der vollen Hand ins Blaue deutend, ausrief: «There's Culloden Moor.» Ziemlich zu unseren Füßen und das Hügelterrain umzirkend, aus dem wir eben heraustraten, floß ein Bach, halb Graben, halb Bergwasser, und bezeichnete die Grenze zwischen dem diesseits gelegenen Gartenland von Inverness und der Öde des Moorlandes, das jenseits lag. Sogar die abschüssigen Wände des Baches selbst schienen an dieser Scheidung teilzunehmen; die eine Wand war dicht mit Disteln bestanden, die andere war kahl, und die Vergißmeinnicht am untersten Rande derselben gehörten mehr dem Wasser als dem Boden an. Wir passierten eine alte Feldsteinbrücke, die über den Bach führte, und standen nun auf Culloden Moor. Dies berühmt gewordene Moorland dehnt sich meilenweit in nordöstlicher Richtung aus und würde an sich selbst nicht verfehlen, durch seine Stille und Öde einen Eindruck auf den Reisenden zu machen, auch wenn man nicht wüßte, daß es ein Schlachtfeld und die Grabstätte so vieler tapferer Männer sei. Es erinnert in gewissem Sinne an das Steinfeld der Grampians, das ich in einem früheren Kapitel beschrieben habe. Freilich fehlen hier die Züge, die jenem Steinfeld den Charakter des Großartigen leihen; aber die absolute Öde dieses meilenlangen Moors, darauf nicht Baum und Strauch gedeiht, wirkt kaum minder ängstigend und bedrückend, auch ohne die Attribute eines besondern Schreckens. Es ist schwer zu sagen, was furchtbarer sei, die Einsamkeit auf einem stillen oder einem empörten Ozean.

Die große östliche Fahrstraße nach Forres, Banff und Macduff, wie bereits hervorgehoben, führt mitten durch dieses Moor hindurch. Sie führt nicht bloß mitten durch das Moor, sondern auch mitten durch das Schlachtfeld. Alle Punkte, an denen mit Erbitterung gekämpft wurde, liegen dicht am Wege. Zunächst in unmittelbarer Nähe der Brücke passieren wir einen Turm, der den Namen führt: The tower of the last encounter, d. h. Turm der letzten Begegnung. Die nördlichen Clane, die ihre Flucht über Inverness nahmen, setzten sich hier noch einmal zur Wehr. Aus welchem Grunde sie gerade diesen Punkt zur Wiederaufnahme des Kampfes wählten, ist schwer zu sagen, da das Terrain so ungünstig gewählt erscheint wie nur irgend möglich. Man fragt unwillkürlich: warum nicht jenseit der Brücke? Der Bach in ihrem Rücken konnte nur das Mißliche ihrer Lage steigern und tat es. Wahrscheinlich waren sie zu erschöpft, um den Wettlauf mit den verfolgenden Dragonern noch länger möglich machen zu können, und kämpften nur, weil Nichtkampf noch sicherer zum Verderben geführt hätte. Wenige entkamen, nur um die Botschaft von der Niederlage nach Rossshire und dem Norden zu bringen. Der Turm, der den Platz «der letzten Begegnung» bezeichnet, hat ohngefähr die Form einer holländischen Windmühle – wogegen nicht viel zu sagen wäre, wenn man nicht gleichzeitig auf die geschmacklose Idee gekommen wäre, den untern Dachrand mit 6 oder 8 hölzernen Kanonen zu garnieren, die nun nach allen Seiten hin ihre Zunge ins Land hineinstrecken. Ich wähle diesen Vergleich absichtlich, denn das Ganze nimmt sich aus wie Spott und Verhöhnung. Wo wirkliche Kanonen aufgeräumt haben, ist solche Spielerei nicht am Platz.

Wir haben dem armen Schuhflicker, der unten im Turm wohnt und sozusagen den Türhüter von Culloden Moor macht, unseren Besuch abgestattet und marschieren nun weiter feldeinwärts, bis wir eine Art Rondell, eine Oase, erreichen, die, etwa eine halbe Meile hinter dem Turm, die Öde des Moores wie eine Parkanlage unterbricht. Dies ist wenn nicht das eigentliche Schlachtfeld, so doch der Punkt, wo am heißesten gestritten und die Niederlage der Hochländer entschieden wurde. Geb ich eine Beschreibung dieses Platzes. Er ist nicht viel größer als der uns wohlbekannte «Große Stern», der auf halbem Wege zwischen Berlin und Charlottenburg liegt. Wie diesen Großen Stern die Charlottenburger Chaussee durchschneidet, so führt dort die große Fahrstraße mitten durch die Oase hindurch. Der Platz, wie er der Punkt war, an dem sich der Tag entschied, ist natürlich auch die Hauptbegräbnisstätte geworden und trägt völlig den Charakter eines verödeten und verfallenen Kirchhofes. Eine niedrige Feldsteinmauer umgibt die ganze Rundung, zu der sich an der einen Seite noch ein seichter Graben und eine Einfassung von Brombeersträuchern gesellt. Jeder Zug ist hier charakteristisch, und man kann diesen Platz, der Schlachtfeld und Kirchhof zugleich ist, nicht passieren, ohne sich das Bild für immer eingeprägt zu fühlen.

Ich bin über viele Schlachtfelder gegangen, aber keines hat einen so bestimmten Eindruck in mir zurückgelassen. Das macht, weil es ganz bestimmte Züge hat, die viel größeren und bedeutsameren Schlachtfeldern oftmals fehlen. Ich entsinne mich des Tages, als ich zum ersten Male über das Leipziger Schlachtfeld schritt. Wir kamen von Markkleeberg her und passierten das berühmt gewordene Plateau von Wachau. Im Dorfe selbst hatte sich ein alter Totengräber zu uns gesellt und machte nun unseren Führer. «Ich hab hier mit begraben helfen» – sprach er trocken vor sich hin –, «immer sechs Pferde und dreißig Mann, so war die Ordre. Es war schwere Arbeit. Dann kamen fünf schlechte Jahre für unser Dorf. Der Weizen schoß mannshoch in die Höh, aber *alle Körner waren verbrannt*. Dann wurd es besser; jetzt haben wir gute Zeit.» So erzählte damals der Totengräber, und seine Rede ist mir 20 Jahre lang im Gedächtnis geblieben; aber das Wachauer *Feld* hat kein bestimmtes Bild in mir zurückgelassen. Es ist ein Feld wie andere Felder. Der Pflug ist über den Boden hingegangen und hat alles hinweggenommen, was sichtbar und handgreiflich an jenen blutigen Oktobertag erinnern könnte. Nicht so auf Culloden Moor. Der Boden hatte hier keinen Wert, und so ließ man das Schlachtfeld fortbestehen. Wo doch kein Kornhalm aufgegangen wäre, war es keine Enthaltsamkeit, sich an den Gräbern der Toten nicht zu vergreifen. Sonst siegt das Ackerfeld über das Schlachtfeld; hier aber ist der grüne Rasen des Grabes Sieger geblieben.

Das Rondell, das die Steinmauer einfaßt, zerfällt in zwei sehr verschiedene Hälften. Rechts vom Wege haben wir den Kirchhof, links die Monumente. Der Kirchhof besteht aus vier deutlich erkennbaren Gräberreihen, die in der Ausdehnung eines mäßigen Gartenbeetes fast parallel nebeneinanderher laufen. Zu Kopf und Fuß stehen Ginsterbüsche. Hier wurden die Frazers, die MacIntosh, die Macphersons und die MacDonalds bestattet. Ob diese Angabe richtig ist, muß dahingestellt bleiben. Es sind dies nämlich die Namen jener vier Clane, die noch bis diesen Augenblick um Inverness herum ihre Sitze haben. Man darf daraus wohl mit einigem Rechte den Schluß ziehen, daß die Gräber in einer späteren Zeit von den Umwohnenden beliebig benannt worden sind, wenn man nicht, vielleicht unmittelbar nach der Schlacht, nur jene Stelle des Schlachtfeldes mit einer Steinmauer umgeben und zu einem Kirchhof hergerichtet hat, wo diejenigen im Blute lagen, die den Bestattern besonders nahestanden.

Die Monumente links vom Wege beschränken sich auf einen Haufen Steine. Sie *sollten* ein Monument werden, liegen aber jetzt nur da als ein Monument der Schmach, der

Roheit und des Betruges. Es hat damit folgende Bewandtnis. In der Mitte der vierziger Jahre trat in Inverness ein Komitee zusammen, das die Absicht aussprach, auf dem Schlachtfelde ein Culloden-Denkmal zu errichten. Die Idee fand Anklang; ziemlich bedeutende Summen wurden gezeichnet, Pläne eingesandt und Feldsteine in langen Wagenreihen bereits hinausgefahren, um vorweg Baumaterial und Fundament zu haben. Als die Begeisterung auf ihrer Höhe war, geschah, was in England nur allzuoft geschieht: Sekretär und Kassierer wurden unsichtbar. Jetzt erfolgte ein Umschlag in der Stimmung. Das Volk von Inverness, gleichviel, ob es beigesteuert hatte oder nicht, schickte sich an, wenigstens ein Culloden-*Fest* an Stelle des Culloden-*Denkmals* zu haben, und zog zu Tausenden auf das Schlachtfeld hinaus. Die ersten Stunden vergingen ohne Exzesse, und einige Redner suchten das Volk für die Idee zu begeistern, aus dem bereits vorhandenen Material eine Steinpyramide aufzuschichten. Man begann auch, aber eh noch irgendein Resultat gewonnen war, fing der Whisky an, seine Wirkung zu äußern. Der Steinhaufen, der schon dalag, wurde auseinandergerissen; dem Sekretär und Kassierer wurden Hochs gebracht, «weil sie gescheite Leute gewesen seien», die Gräber wurden zu Zech- und Tanzplätzen, und eine von Lärm, Übermut und Whisky berauschte Menge zog endlich wieder in die Stadt zurück. Wie jene wüste Nacht das intendierte Monument ließ, so ist es geblieben, ein Haufen Steine, teils noch aufgeschichtet daliegend, teils umhergestreut, das Ganze eine Stätte der Verwüstung. –

Wir schieden gern von dieser Hälfte des Friedhofs, die zu so viel unerfreulichen Betrachtungen Veranlassung gab, und setzten unsern Weg noch ein paar tausend Schritt bis über diese Stätte hinaus fort. An einem Granitblock von der Form eines Riesenkiesels machten wir halt. Dieser Stein, der zugleich die äußerste Grenze des Schlachtfeldes bezeichnet, heißt der Duke's Stone, «des Herzogs Stein». Er liegt hart am Wege wie ein Meilenstein. Als die Grampians noch jung waren, müssen längst verronnene Fluten diesen Felsblock losgelöst und, mit ihm spielend, ihn endlich an dieser Stelle niedergelegt haben. Der Stein ist beinah mannshoch und von solchem Umfang, daß 24 Personen mit Bequemlichkeit daran essen könnten. Es heißt, daß der Herzog von Cumberland von seiner Höhe aus die Bewegungen der Schlacht leitete. Es wird auch erzählt, daß er nach einem rasch gewonnenen Überblick, der ihm vielleicht die ganze Rat- und Hilflosigkeit der Gegner verraten haben mochte, den Wunsch äußerte, vor Beginn der Schlacht ein Frühstück einzunehmen. Seine Offiziere aber baten ihn aufs dringendste, vor jeder sorglosen Unterschätzung seiner Gegner auf der Hut zu sein, da diesen «Teufels von Hochländern» nie zu trauen sei. So begann denn die Schlacht unmittelbar, und eh zwei Stunden vorüber waren, war alles entschieden.

Wir erkletterten den Stein nicht ohne Mühe. Man sieht von seiner Höhe aus etwas weiter ins Land hinein und wird des Moray-Busens ansichtig, dessen blauer Streifen sich nordöstlich zieht; sonst verändert sich das landschaftliche Bild in nichts, da es eben nur kahle Fläche ist, was hier auf Meilen hinaus nach allen Seiten sich dehnt. –

Der Tag war grau, und der Himmel drohte mit Regen; so traten wir, nachdem wir den Herzog von Cumberland aus dem Felde geschlagen und auf seinem eigenen Stein das Frühstück eingenommen hatten, das ihm unterm Zwang der Umstände versagt geblieben war, unsern Rückzug an. Als wir die eingefriedigte Stelle wieder passierten, wo wir nunmehr zur Rechten den wirren Steinhaufen und zur Linken die Gräber hatten, kniete ich nieder, um einen vollen Ginsterbusch von dem Grabe der Frazers und einen Büschel Heidekraut von dem der Macphersons zu pflücken. Es waren Zweige von jener großglockigen Erika-Art, die in Holstein den schönen Namen der «Edelheide» führt. Aus beiden hab ich seitdem einen Kranz gewunden, zur Erinnerung an *Culloden Moor*.

Der Tag von Culloden hat noch ein Nachspiel. Fünfzig Jahre und mehr waren vergangen. Ein Prozeß fand statt. Es handelte sich um die weiten Besitzungen des Lords Glenmore, von dem es hieß, daß er unter Prince Charlie gefochten habe. Die eine Partei stützte ihren Erbanspruch auf die allgemeine Annahme, daß Lord Glenmore bei Culloden gefallen sei; die andere Partei forderte die Feststellung dieser Tatsache, d.h. den Beweis des Todes. Diesen Beweis anzutreten schien unmöglich.

So zog sich der Prozeß durch zwanzig Jahre hin. Endlich – zu einer Zeit, als niemand mehr an seine Erledigung glaubte – fand die Streitfrage rasch und unerwartet ihr Ende. Es war im Mai 1823, als vor dem englischen Oberhause (bekanntlich höchste Gerichtsbehörde) folgende denkwürdige Verhandlung geführt wurde. Der Lord-Oberrichter rekapitulierte die Sachlage, die ohnehin in dem dichtgedrängten Hause jedermann kannte, und schloß dann mit den Worten: «Es hat sich ein Zeuge gefunden, der den Tod Lord Glenmores beschwören will. Ich bitte den Zeugen in Eid zu nehmen.»

Ein steinalter Mann, aber noch rüstig und gekleidet in die rote Uniform der Chelsea-Pensionäre, erhob sich jetzt auf der dem Lord-Oberrichter zunächst befindlichen Bank und leistete den üblichen Zeugeneid auf die Bibel. Dann begann folgender Dialog:

LORD-OBERRICHTER: Ihr Name?

ZEUGE: Adam Graystone, Kapitän außer Diensten, früher bei Enniskillen Dragoner.

LORD-OBERRICHTER: Ihr Alter?

ZEUGE: 95 Jahre.

LORD-OBERRICHTER: Haben Sie Lord Glenmore gekannt?

ZEUGE: Ja, ich habe ihn gekannt.

LORD-OBERRICHTER: Wissen Sie, daß er tot ist?

ZEUGE: Ja, ich weiß, daß er tot ist.

LORD-OBERRICHTER: Wann und wo ist er gestorben?

ZEUGE: 1746, bei Culloden.

LORD-OBERRICHTER: Woher wissen Sie es?

ZEUGE: *Weil ich ihn selbst erstochen habe.*

So schloß die Sitzung. Wohl das letztemal, daß der Name «Culloden» von einem Manne genannt wurde, der jenen blutigen Tag noch miterlebt hatte.

Der letzte Hochlandshäuptling

(Unserem Culloden-Führer nacherzählt)

«Ich sehe, die Herren kennen ‹Waverley›, unseres Sir Walters bestes Buch; ei, da kennen Sie auch den Fergus MacIvor, den Bruder der schönen Flora und den Freund Prince Charlies selber. Nun, die Sache ist die: ein Fergus MacIvor hat nie gelebt, aber einen Fergus MacDonnell, den haben unsre Väter gut gekannt; auch Sir Walter hat ihn gekannt. Er nahm den Fergus MacDonnell, der sein Freund war, und machte ihn zum MacIvor, wie er im Buche steht. Jeder Zug nach dem Leben. Ich will erzählen, was jedes Kind hier von ihm weiß.

Glengarry – so nennen wir die Häuptlinge der MacDonnells, weil sie im Tal *Glengarry*[1] wohnen – Glengarry, sag ich, war Gardekapitän in London, aber es behagte ihm nicht im Rauch und Nebel da unten, und er kam wieder heim in die Berge. Jagen am Loch Oich und Loch Ness entlang, die Täler hinauf und hinunter, Glen Moriston heut und Glen Urquhart morgen, und dann mit Freunden niedersitzen in Glengarry Castle und von Jagd und Krieg und alten Zeiten sprechen, *das* war es, was ihm gefiel. Er war schon dreißig und darüber und noch unverheiratet. Er sagte, er tauge für keine Frau und keine Frau tauge für ihn; dabei sah er lachend zu seiner Schwester hinüber, und die Spitzen seines rotblonden Bartes kräuselnd, verschwor er sich hoch und teuer, daß sie das schönste Mädchen in den drei König-

[1] Man hat an den Hochlands-Häuptlingen (chieftains) gemeinhin drei Namen zu unterscheiden: den Clan- oder Familiennamen, den Adelsnamen und die spezielle Hochlandsbezeichnung für den letzteren. Der Häuptling der Campbells ist zunächst auch ein *Campbell*, sein Adelsname ist *Herzog von Argyle* und sein Hochlandsname *MacCallum Moore*. Der chieftain der Gordons ist Lord *Aberdeen* und der der Frazers Lord *Lovat*. Beide haben außerdem noch spezielle Hochlandsnamen. Außerdem sei mit Rücksicht auf die Wendung «die Lords und die Lairds» gleich hier bemerkt, daß man durch diese Bezeichnung den Niederlandsadel (die Lords) von dem Hochlandsadel (die Lairds) unterscheidet.

reichen sei. Dann füllten alle die Gläser, und die alten Jagdkumpane aus Rossshire und Sutherland und die jungen Offiziere aus London, die auf Besuch im Schlosse waren, alle stießen sie an und riefen mit ihm: ‹*Es lebe Barbara MacDonnell!*› –

Es war um 1811, und der Prinzregent kam nach Edinburgh. Die Lords und die Lairds versammelten sich in der Hauptstadt, und im alten Holyrood Palace, wo kein Freudenklang gehört worden war, seit Prince Charlie daselbst getanzt hatte, war wieder Empfang und Ball. Glengarry, der von London her dem Prinzen wohlbekannt war, war unter den Geladenen, und mit ihm geladen war Barbara, seine Schwester. Das war ein Drängen auf Flur und Treppe! Aber es bildete sich Spalier wie von selber, als die Geschwister in den Saal traten. Er trug in Huldigung gegen den Prinzen, der ihm immer ein gnädiger Herr gewesen war, die Uniform der Coldstream-Garden; Barbara aber trat ein für Schottland und trug die Farben ihres Clans. Sie war eine große prächtige Frau, keine blonde Puppe, schmal und schlank, sondern breit, voll, alabastern, mit kleinen Händen und großen Augen, und die Augen klar und dunkel wie das Wasser im Loch Ness. Und schön wie die Frau, so schön war ihr Kleid. Sie trug eine schwarze Sammetrobe, aus der ihr Nacken stolz hervorwuchs. Eine Tartanschärpe, an der linken Schulter durch eine Agraffe zusammengehalten, lief in voller Breite quer über die Brust hin, schürzte sich über der Hüfte zu einem bauschigen Knoten und fiel dann in zwei langen Streifen zur rechten Seite des Kleides herab. Kein Schmuck, weder an Hals noch Arm; nur ein Erika-Strauß, die *blaue Blume* Schottlands, wuchs aus der silbernen Agraffenschleife hervor, und ein Heideblumenkranz saß voll und rot auf dem glänzenden schwarzen Haar.

Der Ball begann. Der Prinz tanzte dreimal: er tanzte zweimal mit *Barbara MacDonnell*. Als das Fest vorüber war, stand er in der Mitte des Saales, und sich verbeugend, schritten die Gäste an ihm vorbei. Als Barbara vorüberkam, nahm sie den Strauß aus der Agraffe, überreichte ihn mit einem lächelnden ‹from the Highlands›, und kein Auge von ihm lassend, schritt sie, ohne dem Prinzen einen Augenblick den Rücken zugekehrt zu haben, unter wiederholten Verbeugungen aus dem Saal. Der Prinzregent war eitel und Kenner genug, um solchen Moment nicht leicht zu vergessen. Als er am andern Tage den Bruder sah, rief er ihn beiseit und sagte rasch: ‹Eure Schwester ist die schönste Dame, die ich all mein Lebtag gesehn; diese blaue Blume sollte woanders blühen als in Glengarry Castle.› Glengarry lächelte und schwieg.

Es war ein Jahr später, Ende September. Der Prinzregent hielt Hof in St. James; keine Lichter brannten in Holyrood, aber in *Inverness* war Ball. Alljährlich, wenn die erste Jagdzeit vorüber ist und das beginnende Winterleben Londons die Kavaliere wieder nach dem Süden ruft, beschließt noch ein gemeinschaftliches Mahl, natürlich in Inverness, die heiteren Weidmannswochen. Dem Mahle folgt ein Ball. Keine strenge Etikette, kein banges Anstandsbedenken steht als Türhüter vor dem Saal; man will heiter sein, man will nicht sehen, man will nicht wissen; jede Dame hat Zutritt, sie sei – Dame oder nicht. Das ist just ein Platz für Glengarry. Der letzte beim Wein, ist er jetzt der erste beim Tanz. Er hat ein Inverness-Mädchen im Arm und fliegt durch den Saal. ‹Die Dirne ist mein›, ruft Kapitän Lovat und legt seine Hand auf Glengarrys Schulter. ‹Euer ist nichts als Eure Torheit›, antwortet Glengarry und tanzt weiter. Andere legen sich ins Mittel, die Sache scheint vergessen. Den Lovat aber wurmt es (die Feindschaft ist alt zwischen den Frazers und den MacDonnells), und er schreibt eine Herausforderung, während sein Gegner noch tanzt. Die Nacht ist da, und Glengarry reitet heim. Ermüdet wirft er sich nieder und schläft im Nu. Nach einer Stunde weckt ihn sein Diener und überreicht ihm einen Brief. Der Brief lautet: ‹Kapitän MacDonnell hat die Wahl zwischen Pistolen oder – Reitpeitsche. Antwort erbeten. Lovat.› Glengarry springt aus dem Bett. Der Brief ist von Inverness datiert; also dorthin. Er sattelt selbst seinen Pony, dessen Kraft und Schnelle er kennt; in den Halfter steckt er seine Pistolen und ruft dem Boten zu: ‹Ich bringe die Antwort.› Von Glengarry Castle bis Inverness sind 10 Meilen. Der Tag dämmert, als Glengarry vor dem Gasthaus hält; kein Lovat da – also nach Lovat Castle. Mit der Sonne tritt Glengarry in das Schlafzimmer Kapitän Lovats und bietet ihm die Pistolen. Dieser kennt seinen Mann, zeigt auf einen Stuhl, steht auf und kleidet sich an. Lovat Castle hat einen weiten Park, an seinem west end fließt der Beauly-Fluß, dort ist eine Wiese und ein Eschenbaum; neben der Esche liegt ein Kahn. ‹Hier?› fragt Kapitän Lovat. ‹Hier!› antwortet Glengarry. Die Schüsse fallen, und Lovat ist nicht mehr.

Glengarry sieht, daß er den Gegner auf den Tod getroffen, löst den Kahn, fährt über den Fluß und eilt zu Fuß nach Inverness zurück. Am Abend desselben Tages ist er in Glengarry Castle. Er weiß, was kommen wird, und tut seine Schritte.

Der erste Tag vergeht, ein zweiter, endlich am Mittag des dritten Tages sieht er vom Schloß aus, daß Truppen über den Garry-Fluß kommen; etwa hundert Mann stark, umstellen sie sein Haus. Es sind Rotröcke vom Fort Augustus her; ein Besuch, den er seit drei Tagen erwartet hat. Leutnant Collingwood läßt sich melden, bedauert seinen Auftrag und überreicht den Verhaftsbefehl. Glengarry dankt, überfliegt die Ordre und sagt dann: ‹Es sei; – darf ich noch ans Fenster treten, um Abschied zu nehmen von meinem Tal?› Der junge Offizier verbeugt sich zustimmend. Glengarry tritt in die Nische, öffnet das Fenster, blickt scharf hinaus, als such er noch einen bestimmten Punkt, zieht dann ein rot und weißes Seidentuch aus der Tasche und weht damit dreimal, wie zum Abschied. ‹Wie schön dies Bild›, ruft er dem jungen Offizier zu und zeigt auf das Tal. Leutnant Collingwood tritt ans Fenster, blickt hinaus und – sieht, daß er gefangen ist. Hinter dem kleinen Trupp seiner Soldaten wachsen die Gestalten der MacDonnells zu Hunderten rasch aus dem Boden; wenige Minuten noch, und der Kreis hat sich geschlossen. ‹Sie sehen›, sagt Glengarry ruhig. ‹Sie sind in meiner Gewalt, nicht ich in der Ihrigen. Fern sei es von mir, das Recht des Stärkeren gegen Sie auszubeuten. Sie haben freien Abzug. Gehen Sie nach Fort Augustus zurück, und erzählen Sie, wie Sie den Glengarry gefunden.›

So geschah's. Aber auch Glengarry zögerte nicht. Mit Kurierpferden ging es nach London, und den Tag nach seiner Ankunft kniete er vor seinem fürstlichen Gönner. Der Prinzregent schwankte, aber der Brief Kapitän Lovats gab den Ausschlag. Leben und Freiheit waren wiedergewonnen. Mit der Gnade des Prinzen kehrte er wieder heim und – mit Grüßen an Barbara MacDonnell. Der Prinz hatte den Ball in Holyrood Palace nicht vergessen.

Glengarry war begnadigt; aber der tote Lovat schien doch von Zeit zu Zeit vor ihn hinzutreten, das abgeschossene Pistol in der niederhängenden Hand und zusammenbrechend unter dem Eschenbaum. Die Jagd reizte ihn nicht mehr, der Wein schmeckte nicht mehr, und in den rotblonden Bart mischte sich das Weiß der Sorge und durchwachter Nacht. Barbara saß ihm gegenüber, schön wie immer; aber sie war keine Labe mehr für sein Herz. War es ihm doch, als habe er den Lovat totgeschossen, nicht um der Dirne willen von Inverness, sondern aus Übermut, aus Stolz auf die Schönheit seiner Schwester. Barbara wußte wohl, was in ihm vorging. ‹Nimm eine Frau›, sagte sie ihm einst beim Frühmahl; ‹aber jung muß sie sein und still und blond.› Er schüttelte den Kopf; aber sie wäre keine Frau und am wenigsten Barbara MacDonnell gewesen, wenn sie nicht recht behalten hätte. Eh ein Jahr um war, war Glengarry ein Gatte, und seine Gattin war jung und still und blond. Zwei Kinder kamen: Töchter. Die eine war der Mutter Ebenbild und hieß Kathleen wie die Mutter selbst; die zweite aber war eine MacDonnell und hieß Barbara und saß und spielte auf dem Schoß der schönen Tante.

So vergingen die Jahre. Eine andere Zeit war gekommen: das alte Hochlandsleben starb hin; viele gingen über das große Wasser, und der erste Dampfer, die englisch-schottische Flagge hoch in der Luft, schaufelte still den Loch Ness entlang. Auch der alte Glengarry war an Bord, mit ihm seine Töchter, jungfräulich und halbe Kinder noch. Dem alten Herrn war es unheimlich; er sah hinab in die Glut der Öfen und in das Auf und Ab des Räderwerks, und sein altes Herz, dem der Tod in allen Gestalten nahegetreten war, ohne es zittern zu machen, sah jetzt mit wachsender Unruhe diesem Treiben zu. In demselben Augenblick geriet das Schiff auf eine Untiefe und saß fest. Der Kapitän ermahnte zur Ruhe, alles werde gut gehen; jeder glaubte ihm und harrte in Geduld. Nicht so Glengarry. Seine Töchter mit krampfhafter Gewalt erfassend, zog er beide auf den Radkasten hinauf. In diesem Augenblick löste sich das Schiff wieder und streifte dicht an einem Uferfelsen vorbei. Jede Gefahr war vorüber. Aber der alte Mann, nur von dem einen Gedanken nach Rettung erfüllt, umarmte jetzt beide Töchter, und sie fest an sich pressend, sprang er vom Radkasten aus ans Ufer. Der Sprung war gelungen, die Töchter unversehrt, aber der alte Herr selber war mit der Stirn auf ein Felsstück geschlagen. Man brachte ihn an Bord zurück; das Blut tropfte leise herab. ‹Gebt mir einen Spiegel›, bat er. Man brachte ihm, was er gefordert hatte, und er sah lächelnd hinein. ‹Eine Schmarre für einen Hochländer›, das war sein letztes Wort. Der steamer hißte eine schwarze Flagge auf; so brachte man ihn nach Glengarry Castle.

Seit jenem Tage gibt es keinen Häuptling mehr in Schottland; sie sind alle hinüber. Dieser und jener nennt sich noch so, aber – kein Glengarry.»

Der Kaledonische Kanal

Mit Inverness hatten wir den äußersten Punkt unseres Reiseziels erreicht. Die nördlicher gelegenen Grafschaften, Ross-shire, Sutherland und Caithness, entbehren keineswegs des Reizes landschaftlicher Schönheit, aber sie sind verhältnismäßig arm an Plätzen historischer Erinnerung oder romantischen Interesses und wiederholen selbst in landschaftlicher

Beziehung nur jene Bilder, die wir zwischen dem Firth of Forth und dem Moray-Busen bereits kennengelernt haben.

Wir geben jetzt den Norden Schottlands auf, und den Kaledonischen Kanal benutzend, der in südwestlicher Richtung das Land durchschneidet, fahren wir jetzt der Westküste zu, die an Fruchtbarkeit des Bodens, Lieblichkeit der Täler und fast mehr noch an historischen Traditionen hinter dem Osten zurückbleibt, an Großartigkeit der Formationen aber ihn weit übertrifft.

Der Kaledonische Kanal ist eine Anlage nach Art des berühmten Trollhätta-Kanals, der in ähnlicher Weise, wie der letztgenannte den Bottnischen Meerbusen mit dem Kattegat verbindet, so seinerseits die Verbindung zwischen der Nordsee und dem Atlantischen Ozean unterhält. Er ist 60 englische Meilen lang, wovon 37 Meilen auf natürliche Wasserstraßen (Seen und Flüsse), 23 aber auf den eigentlichen Kanal kommen. Ob er den Hoffnungen entspricht, die man seinerzeit an ihn geknüpft hat, ist eine Frage, die ich schon an anderer Stelle verneint habe. Der ziemlich in der Mitte gelegene Loch Oich (richtiger das Plateau, auf dem er liegt) bezeichnet die Wasserscheide zwischen der Nordsee und dem Atlantischen Ozean. Fahrzeuge, die von Inverness kommen, werden durch Schleusen bis zur Höhe des Loch Oich emporgehoben und auf dieselbe Weise nach der andern Seite hin herabgelassen.

Auf diesem Kaledonischen Kanal traten wir jetzt unsere Rückreise an. Der Himmel hing voll grauer Wolken, und der leise herabstäubende Regen mischte sich mit dem Wasserstaub des Dampfrohrs, als wir an Bord gingen. Die Kajüte hätte Schutz gewährt, aber jeder zog es vor, auf Deck zu bleiben, um den Anblick der schönen Seeufer nicht zu versäumen, denen wir jetzt entgegenfuhren. In etwa einer halben Stunde erreichten wir Loch Ness. Er ist der längste, wenn auch freilich nicht der größte unter den schottischen Seen; der Loch Lomond übertrifft ihn an Breite und imposanter Erscheinung. Was aber den Loch Ness mehr denn alles andere unfähig macht, mit dem schönen Loch Lomond zu konkurrieren, das ist seine Monotonie; er ist überall derselbe, und die hohen bewaldeten Bergabhänge, die im Schmuck des frischesten und schattierungsreichsten Grüns prangen, hören auf, von besonderem Interesse zu sein, wenn man sich zuletzt nicht verhehlen kann, daß jede neue Meile, die man macht, nur das Bild der eben zurückgelegten wiederholt. Diese Monotonie charakterisiert auch unvorteilhaft die historischen Überlieferungen, die sich an die hie und da hervorblickenden Schlösser, Häuser und Hütten knüpfen, die wie ein spärlicher Kranz die Ufer des Sees umflechten. Überall dieselbe Geschichte von einem «chief» oder Häuptling, der einen andern chief zu Gaste geladen und ihm den Kopf eines Vaters oder Sohnes als Tafelverzierung auf den Tisch gestellt hat; überall eine Clanschlacht, ein Waten in Blut, bis endlich einmal eine Erzählung voll rührender Gewalt oder eine ganz aparte Schreckensgeschichte den gewöhnlichen Schauerroman unterbricht. Es imponiert und prägt sich dem Gedächtnis ein, wenn ein Hochlandschief seinem englischen Gegner die Kehle abbeißt und hinterher versichert, nie einen bessern Bissen gehabt zu haben.

Der Vortrag solcher und ähnlicher Geschichten hat uns an Schloß Urquhart vorbei bis an die Stelle gebracht, wo sich von Südosten her der Foyersfluß in den See ergießt. Der Fluß bildet vor seiner Mündung einen wenigstens 60 Fuß hohen Wasserfall, und der steamer pflegt an einer benachbarten Stelle anzulegen, um den Reisenden zur Besichtigung dieser Fälle Gelegenheit zu geben. Wir waren ziemlich die ersten am Land und blickten umher, um des Wasserfalls ansichtig zu werden, dessen Brausen wir bereits vernahmen. Eine Frontansicht, vom Ufer des Sees aus, ist aber nicht möglich, da allerhand vorgeschobene, reich bewaldete Felsblöcke das Bild nach vorn hin verschließen. Es ist ein großer Felsentopf, in den sich der Strom zunächst ergießt, dessen Boden ein Loch hat und den Abfluß zum See hin gestattet. Wer also den Wasserfall sehen will, muß die Höhe des Berges erklimmen und sich dort aufstellen, wo die breite Wassermasse in den kochenden Topf hinunterstürzt. Als wir uns nach rechts und links hin vergeblich umgesehen hatten, trat ein halb erwachsenes Mädchen mit einer jüngeren Schwester an uns heran und erbot sich, uns auf nächstem Wege bis an den Rand des Wasserfalls zu führen. Wir nickten ihr zu und stiegen bergan. Sie war nicht hübsch, barfüßig, Gesicht und Arme sonnverbrannt und ein schlichtes blaues Achselkleid der beste Teil ihres Anzugs; aber die großen schwarzen Augen lachten voll Übermut und Schelmerei, und das nach hintenzu schlicht zusammengenommene Haar hing in einem einzigen langen Zopf über den braunen Nacken. Wie sie so vor uns herschritt, dann und wann innehaltend und sich umschauend, ob wir auch folgten, war es uns, als sei die Kleine der Waldgeist dieser Gegenden oder wenigstens eine seiner Dienerinnen. Nach etwa zehn Minuten hatten wir die Höhe des Berges erreicht und sahen nun von gut gewählter Stelle aus auf die breite Wassermasse, die, einen andern, dreißig Fuß hohen Fall bereits im Rücken, unmittelbar neben uns in den eigentlichen Felsentopf hinunterschäumte. Schotten behaupten, daß nur die Kaskaden von Tivoli schöner seien. Mag sein; wir aber, ohne damit der Schönheit der Szene zu nahe treten zu wollen, sahen öfter nach dem Mädchen im blauen Kittel, das jetzt auf einem Felsenvorsprung, umschäumt und umdonnert, lachenden Auges dastand, als auf die Wassermasse, die fast an ihren Füßen vorbei in den dunklen Schlot hinabstürzte. Die Staffage ging über die Landschaft. Die stille Betrachtung beider aber ward jetzt durch die Schiffsglocke unterbrochen, die über Baum und Felsen hinweg zu uns heraufdrang und mit ihren scharfen Klängen siegreich den tiefen Brausebaß des Wasserfalls durchschnitt. Eine Silbermünze dem schwarzen Kinde zuwerfend, gingen wir nun wieder, über das schlüpfrige Moos hin, bergab und hatten in wenigen Minuten den steamer erreicht.

Dieser Wasserfall, der wirklich schön und imposant ist, bildet den besten Teil nicht nur der Ufer des Loch Ness, sondern des Kaledonischen Kanals überhaupt. Die nächste Sehenswürdigkeit z. B., die sich «Fort Augustus» nennt, hat

Brücke zum Fort Augustus

wenig Anspruch darauf, mit dem «Fall of Foyers» an Interesse zu konkurrieren, und steht als *Festung* auf keiner höheren Stufe als die Blockhäuser in Nordamerika, die etwa um dieselbe Zeit (in der ersten Hälfte des vorigen Jahrhunderts) gegen die Überfälle der Sioux- und Chippeway-Indianer errichtet wurden. Waren doch auch die wilden Hochländer jener Epoche kaum etwas anderes als jene Indianerhorden, gleich arm, gleich roh, gleich kriegerisch, der Jagd und dem Whisky mit gleicher Ausschließlichkeit ergeben und voll gleichen Hasses gegen den Sachsen, «den weißen Mann». Fort Augustus hatte während der verschiedenen Jakobiten-Aufstände seine Bedeutung und hielt sich siegreich gegen die Aufständischen; jetzt ist es ein gleichgültiger Stationsort, ein Wachthaus, eine Duodezkaserne, wo sechs Gemeine und ein Unteroffizier ein friedliches und vergessenes Leben führen.

Loch Oich, der sehr klein ist, ist schnell passiert, und mit Hilfe von einigen Schleusen steigen wir jetzt in den Loch Lochy hinab. Dieser, etwa halb so groß wie der Loch Ness, gleicht dem letzteren in allem übrigen wie ein Ei dem andern. Schon von der Mitte des Sees aus gewahrt man den Ben Nevis, den höchsten Berg Schottlands, in aller Deutlichkeit und hat nun auf drei, vier Stunden hin den ernst, massig und unwirtlich daliegenden Felsenkegel desselben als beständigen Begleiter. Von der Südwestspitze Loch Lochys bis zur nächsten Meeresbucht (deren der Atlantische Ozean hier unzählige bildet) ist noch eine Strecke von zehn englischen Meilen. Man passiert keinen See mehr, sondern nur die gerade schmale Straße des Kanals, die durch eine ziemlich reizlose Landschaft läuft. Der Ben Nevis muß eben alles tun und erinnert an die Dome dieser oder jener alten Stadt, denen auch die Aufgabe zufällt, alle Schönheit für Stadt und Umgegend bestreiten zu müssen.

Am Ausfluß des Kanals in die Meeresbucht liegt Fort William, ein fester Platz, der zu ähnlichem Zweck erbaut wurde wie Fort Augustus und hinsichtlich seiner jetzigen Bedeutung zu denselben Betrachtungen Veranlassung gibt. Der Platz ist jetzt ungleich wichtiger als Hauptstationsort

Fort William

der Dampfschiffahrt zwischen Inverness und den Häfen der Westküste als durch seine Befestigungen, die sich, im Fall einer ernsten Probe, kaum noch als solche bewähren würden.

Zwischen dem letzten und vorletzten Schleusentor des Kanals hält der steamer, der die Bergfahrt zwischen Inverness und Fort William zu bestreiten hatte und deshalb den Namen des «Bergsohnes» (The Mountaineer) führt. Es erfolgt nur eine Umladung. Omnibusse führen Menschen und Gepäck auf nächstem Wege bis an den Hafendamm, an dessen hoher Wandung bereits ein anderer steamer liegt, größer, von mehr Tiefgang und stark genug, mit den Wellen des Ozeans sich siegreich herumzuschlagen.

Es ist hier, denk ich, der Ort, ein paar Worte über Mr. Hutcheson, den Besitzer aller dieser Dampfboote, zu sagen, dem die Hochlande und die Westküste von Schottland so viel von dem Aufschwunge verdanken, den sie in den letzten Jahren genommen haben. Das Entstehen neuer Städte und Ortschaften hängt damit zusammen. Wie es kaum eine Übertreibung sein dürfte, Heringsdorf und namentlich Misdroy als mittelbare Schöpfungen der Berlin–Stettiner Eisenbahn anzusehen, so ist das Städtchen Oban, das wir bald des näheren kennenlernen werden, eine Schöpfung der Dampfschiffahrtslinien, mit denen Mr. Hutcheson die Westküste, wie mit einem Netzwerk, umsponnen hat. Die Hauptlinie bleibt die zwischen Glasgow und Inverness. In den schönen Sommermonaten aber hat es bei dieser Hochlandstour, die selber wieder zu allerhand Abzweigungen, z. B. von Fort William aus, Veranlassung gibt, durchaus nicht sein Bewenden, und Oban wird zu einem Knotenpunkt, wo der von Süden kommende Reisende noch im letzten Augenblick sich entscheiden mag, ob er, statt des Kaledonischen Kanals, nicht lieber die *Westküste* zum Ziel und Schauplatz seines Ausfluges machen will. Entscheidet er sich dafür, so bleiben ihm außer allerhand Besuchen in die zunächst gelegenen Gegenden noch zwei größere Touren, die eine nach den Hebridischen Inseln, die andere nach Staffa und Iona, übrig. Man muß wissen, von welcher äußersten Unwirtbarkeit und

Ben Nevis und Eingang zum Caledonian Canal

Unzugänglichkeit diese schottischen Westküsten noch bis vor zwanzig Jahren gewesen sind, um die ganze Bedeutung der Verbindungsstraßen einzusehen, die Mr. Hutcheson hier geschaffen hat. Ein Besuch dieser, durch ihre grandiosen Basaltformationen berühmten Küsten war bis ganz vor kurzem nicht nur mit Schwierigkeiten, sondern mit unleugbaren Gefahren[1] verknüpft, während der Besuch aller dieser Plätze jetzt einer Rheinfahrt zwischen Köln und Straßburg gleicht, mit einigen Ausflügen in den Main oder die Mosel hinein. Hätten diese prächtigen Küsten ein milderes Klima oder wenigstens einen etwas längeren Sommer, binnen kurzem würde hier ein neues, reiches Leben aufblühen, reicher, wenn auch nicht poetischer, als es die Tage Ossians gesehen.

Es war in den ersten Nachmittagsstunden, als wir die schöne Bucht, die sich von Fort William aus nach Südwest dehnt, entlangschaufelten. Der allgemach unserem Blick entschwindende Ben Nevis und die immer breiter und fester sich heranwälzenden Wellen sagten uns, daß wir uns mehr und mehr aus der Bucht entfernten und *atlantisches* Wasser unter den Kiel bekamen. Die Zahl der Seekranken wuchs. Wie Verwundete einherschwankend, wurden sie rechts und links von der Ambulanz der Stewards und Kajütenjungen in Empfang genommen. So vergingen Stunden, bis wir gegen Abend uns wieder der Küste näherten und die Meeresstraße entlangfuhren, die sich in ziemlicher Breite zwischen dem Festland und der Insel Lismore hinzieht. Als wir an Inseln und Vorgebirgen vorbei, wie durch einen Irrgarten, uns in die schöne Bucht von Oban hineinwanden, hing der Ball der Sonne rotglühend über dem Ozean. Wenige Minuten später legten wir an, sprangen vom Radkasten aus ans Land und trabten mit einigen Schotten um die Wette den Kai entlang, um uns durch einen Sieg im Wettlauf ein Zimmer in dem stets überfüllten Caledonian Hotel zu sichern. Leider vergebens. Wir siegten nur, um doch zu spät zu kommen.

[1] Wer vor zwanzig Jahren die Insel Staffa besuchen wollte, mußte in offenen Booten die Reise machen, was auf dem Atlantischen Ozean seine bedenkliche Seite hat.

Das Caledonian Hotel war besetzt bis unters Dach. Da standen wir mit unsern Reisesäcken ziemlich ratlos und wischten uns den Schweiß von der Stirn. Andern, die nach uns kamen, ging es nicht besser; endlich rief eine heisere Stimme: «Let us try it at Mrs. MacKay's, some yards farther down; I know her well, kind people.» Einige schüttelten den Kopf, wir aber, die wir nicht in der Lage waren, zwischen den Tugenden und Untugenden Mistress MacKays abwägen zu können, folgten der Aufforderung des Heiseren und standen nach zwei Minuten vor der Haustür besagter Dame. Über dem Eingang hing ein Hochländer als Wirtshausschild, alle Fenster waren offen, und aus der halb offenen Küchentür kam uns der Fettbrodem einladend, aber etwas zudringlich entgegen. Dem Brodem folgte endlich Mrs. MacKay selber, eine Frau von fünfzig, halb Brunhild, halb Marketenderin. Groß, breit und stark stand sie vor uns, mit allen Abzeichen des Herdes, von dem sie kam; ihr einziger Schmuck ein Schnurrbart, an dem kleine Schweißtröpfchen hingen. Wir fragten nach einem Zimmer, erhielten eine halb bejahende Antwort und wurden endlich, nachdem wir verschiedene Höfe passiert hatten, in einem Hinterhause bei einer zimmervermietenden alten Waschfrau untergebracht. Unter uns war ein Pferdestall, der sich bald unangenehm bemerklich machte, während die Aussicht, das Panorama, auf das wir gerechnet hatten, sich auf die Brandmauer eines Nachbarhauses beschränkte. Das ist nun einmal so Herkommen in überfüllten Badeörtern, und wir waren nicht Neulinge genug, uns das Alltägliche verdrießen zu lassen. Hatten wir doch auch den «Salon» der Mrs. MacKay zu unserer Verfügung, wo wir bereits zum Tee und Abendimbiß erwartet wurden. Wir machten also unsern Weg zurück, drangen von hinten her ins Haus ein, belauschten wider Willen die Küchengeheimnisse (ein anderer Durchgang war nicht zu finden) und nahmen oben im Gastzimmer Platz, wo bereits das Tischtuch ausgebreitet lag, ein Tischtuch ganz wie Mrs. MacKay selber, groß, breit und dauerhaft und mit schwarzen Schnurrbärten an jedem Zipfel. Wir nahmen keinen Anstoß daran und auch an manchem andern nicht, das über den Tabagiecharakter unseres Hotels keinen weiteren Zweifel ließ; hatten wir doch das offene Fenster und vor dem Fenster die schöne Meeresbucht, die jetzt im vollen Glanze des Mondes uns wie zu Füßen lag.

Oban selbst zieht sich im Halbkreis an der Bucht entlang; unmittelbar im Rücken seiner weißen Häuser steigen bewaldete Felspartien in die Luft, hier und dort mit Villen geschmückt oder von Schlössern überragt. Was aber dieser Bucht eine besondere Schönheit gibt, das ist nicht der Reiz und die Weitgespanntheit ihrer Ufer, sondern umgekehrt der Blick von diesen Ufern aus aufs Meer. Zu der ewigen Schönheit des Ozeans gesellt sich hier ein so besonderer Reichtum von flachen Inseln und hohen Vorgebirgen, daß man zweifelhaft wird, wem denn eigentlich das Terrain gehört, dem Land oder dem Meer, und in den Bühnenraum eines Riesentheaters zu blicken glaubt, dessen ohnehin weitgedehnte Perspektive durch allerhand Seitenkulissen bis ins Unendliche zu wachsen scheint.

Wir genossen noch in stiller Andacht des herrlichen Schauspiels, als das oft gehörte «If you please, gentlemen, tea is ready» unsern Blick von der mondbeschienenen Bucht zurück in unser Zimmer lenkte, dessen Tisch inzwischen zu einer leidlich wohlbesetzten Tafel geworden war. Andere Gäste gesellten sich alsbald hinzu, gälisch sprechende Handwerker aus Oban selbst und verschiedene Fremde aus England und Südschottland, die gleich uns in diese Tabagie verschlagen waren. Unter den letzteren interessierte uns zumeist ein wohlbeleibter Handelsmann aus Newcastle, der durch die offenherzigsten Bekenntnisse bald der Mittelpunkt aller Unterhaltung wurde. Er sei ein wohlhabender Mann (a man of some means), so begann er, der in dreißig langen Jahren etwas vor sich gebracht und diesen Sommer den unglücklichen Entschluß gefaßt habe, seine Heimat wiederzusehen. Er sei nämlich mitten im Hochland zu Haus, in Glen Moriston, einem jener Täler, die von Norden her auf den Loch Ness ausmünden. Er habe so viel von Heimweh und Vaterlandsliebe hören müssen, immer im Tone des Vorwurfs, daß er es schließlich für Gewissenssache gehalten habe, dem Drängen seiner Freunde nachzugeben. Diese Nachgiebigkeit beklage er jetzt bitter. Er sei nun fünf Tage von Frau und Kindern fort und sehne sich weit mehr nach Newcastle zurück, als er sich all sein Lebtag nach Glen Moriston gesehnt habe. Diese kahlen Basaltküsten seien ihm über die Maßen langweilig; was er liebe, sei ein Kornfeld mit langen Ähren; von Malcolme Canmore und Robert Bruce wisse er nichts und wolle er auch nichts mehr lernen. Er werde morgen früh aufbrechen, aber nicht nach dem Loch Ness hin, sondern nach dear old Newcastle zurück, wo jedes Kind ihn kenne und wo er nicht fürchten müsse, alle Tage sechsmal geprellt zu werden.

Man sieht, der Philister gedeiht überall. Das war also ein geborener Hochschotte, einer aus jenen Clans, die wir uns gewöhnt haben mit jeder Mannestugend auszuschmücken, mindestens aber im Glorienschein unausrottbarer Vaterlandsliebe zu sehen. Freilich seine Jugend schien keine bevorzugte gewesen zu sein; er habe von Haferbrot und Whisky gelebt, so versicherte er mehr denn einmal. Als wir das Zuträgliche dieser Diät bezweifelten, nahm das Gespräch plötzlich eine andere Wendung, und er fing nun an für die Hochlandserziehung eine Lanze zu brechen. «Ich sehne mich nicht zurück nach Glen Moriston und noch weniger nach oat cake und Whisky; ich bin's jetzt besser gewöhnt; aber oat cake und Whisky geben Kraft und Zähigkeit und schaffen bessere Männer als Milchkaffee und saurer Wein.» Wir schlossen aus dieser letzteren Wendung, daß er uns (was einem ja in England immer passiert) für Franzosen halte, und nahmen Veranlassung, ihn über unsere Abstammung aufzuklären. «Deutsche also?» fuhr er jetzt fort. «Ja die Deutschen! Ich war in Hamburg; kind people those Germans and I like them, but I beg your pardon, sir, all effeminate.» Also «*alle verweichlicht!*», und die Hamburger an der Spitze, die doch halb englisch sind. Wir lachten herzlich, beklagten den versäumten Whisky unserer Jugend und gingen zu andern Dingen über.

Es war spät, als wir bei der mangelhaften Beleuchtung, die der untergehende Mond gab, vorsichtig über den Hof hintappten und im Putzzimmer der Waschfrau unsere Betten hergerichtet fanden. An den Wänden hingen zwei eingerahmte Bilder (Bombardement von Sebastopol und Schiffbruch), die an bekannter Stelle die Worte zeigten: «Verlag von Zawitz, Druck von Hesse in Berlin». Aber weder Sebastopol noch Zawitz noch Hesse hielten uns länger wach, selbst das Gestampfe und Gepruste der Pferde unter uns verhallte bald ungehört, und ein fester Reiseschlaf, ohne Traum und Sorge, kam über uns.

Der andere Morgen sah uns bei guter Zeit wieder an Bord des «Stork», eines Hutchesonschen steamers, der für diesen Tag einen seiner regelmäßigen Ausflüge nach Staffa und Iona vorhatte. Mr. Hutcheson selbst war an Bord, um, wie er oft tut, dem Komfort und Wohlbefinden der Reisenden nach Möglichkeit Vorschub zu leisten.

Die ersten Punkte von Interesse, die wir passieren, sind Dunolly Castle und Dunstaffnage Castle, zwei Schloßruinen in fast unmittelbarer Nähe von Oban selbst. Die Geschichte, die sich an diese Schlösser knüpft, zeigt deutlich, daß diese unwirtbaren Küsten nicht immer politisch bedeutungslos waren und trotz einer dünngesäten Bevölkerung (damals wie heut) mehr denn einmal mit eingriffen in die Geschicke des Landes. Robert Bruce, zu Anfang des dreizehnten Jahrhunderts, drang bis in diese Gegenden vor, um einen Widerstand zu brechen, der zu ernst war, um ihn unberücksichtigt zu lassen, und noch drei Jahrhunderte später hausten hier die Soldaten Cromwells und stürmten Schlösser und feste Plätze. In Dunolly Castle befindet sich eine Kuriosität aus der Zeit der erstgenannten Kämpfe, und zwar eine Brosche König Robert I. (Robert Bruce) selbst. Diese Brosche kam auf folgende Weise in die Hände der *MacDougalls*, der damaligen und heutigen Besitzer von Dunolly Castle. Robert Bruce, auf seinem Kriegszuge gegen die Westinseln, wurde von den MacDougalls angegriffen und zurückgedrängt. Er selbst deckte den Rückzug der Seinen. Drei von den Clansleuten der MacDougalls, ein Vater und seine zwei Söhne, erkannten den König und gelobten sich, ihn tot oder lebendig in ihre Hände zu bringen. Sie drangen an einer schmalen Stelle, die kein Entkommen zuließ, gemeinschaftlich auf ihn ein. Der älteste Sohn faßte den Zügel, ein Hieb des Königs aber trennte ihm den Arm vom Rumpf. Der jüngere Bruder hatte gleichzeitig den Fuß des Königs gepackt, um ihn mit aller Kraft aus dem Sattel zu wuchten, der rasch eingedrückte Sporn des Königs aber ließ das Roß wild anspringen, und der niederstürzende Angreifer fiel unter die Hufe des Pferdes. In diesem Augenblick griff der Alte nach dem Mantel König Roberts und war eben im Begriff, ihn selbst herabzuzerren, als dieser mit schneller Geistesgegenwart die Brosche öffnete, die den Mantel zusammenhielt, und sich mit Zurücklassung beider befreite. So kamen Mantel und Brosche in die Hände der MacDougalls; nur die letztere existiert noch.

Dunstaffnage Castle ist noch von größerer Bedeutung. Hier befand sich ursprünglich der schottische Krönungsstein, der später nach Scone und von dort aus, nach der Vereinigung beider Königreiche, nach der Westminsterabtei geschafft wurde. Über den eigentlichen Ursprung dieses Steins existierten und existieren noch allerhand Sagen und Legenden. Jakob (wohlverstanden, keiner der schottischen Könige, sondern der Sohn Isaaks) sollte darauf geschlafen und seinen Traum von der Himmelsleiter gehabt haben. Jetzt weiß man zur Genüge, daß das vorgebliche Kopfkissen des Patriarchen aus demselben Kalkstein besteht, den die nachbarlichen Felsen von Dunstaffnage Castle aufweisen, und daß mithin guter Grund vorliegt, den schottischen Königsstein als echt schottisches Landesprodukt anzusehen.

Unser steamer führt uns zunächst in westlicher Richtung über einen breiten Meerbusen hinüber, der das schottische Festland von der Insel Mull und der Halbinsel Morven trennt. Zwischen den beiden letzteren liegt eine schmale Wasserstraße, der Sund von Mull, in die wir eben auf dem Punkt stehen einzubiegen. Der Kapitän tritt freundlich an uns heran, um uns an der Südostspitze der Einfahrt eine nur hausgroße Insel zu zeigen, die den Namen *Lady's Rock* (Ladys-Felsen) führt. Auf diesem Felsen, der zur Flutzeit von den Wellen überschäumt wird, setzte ein Häuptling der MacLeans seine Gemahlin aus, um mit Hilfe der nächsten Flut sich ihrer auf immer entledigt zu sehen. Ihre Brüder indes erhielten Nachricht von diesem Akt raffinierter Bosheit und erschienen zeitig genug, um die Unglückliche zu retten. MacLean selbst wurde später von einem der Brüder auf offener Straße in Edinburgh ermordet.

Während der Kapitän uns diese Vorgänge mit der Ruhe eines Führers von Fach zum besten gibt, sind wir in den schmalen Sund hineingesteuert und haben nun Mull zur Linken, Morven zur Rechten. Wer seinen Ossian einigermaßen in Kopf und Herz mit sich umherträgt und der Könige und Helden gedenkt, die alle «Morven» ihre Heimat nannten, der wird sich einigermaßen enttäuscht fühlen, wenn er an diesem öden Küstensaum vorüberfährt, der sich weigert, einen Grashalm hervorzubringen, und doch so viele Helden gezeugt haben soll. Es gibt eine Armut des Bodens, die den Mut nicht mehr steigert, sondern ihn bricht. Und doch herrschte hier einst ein buntes, reiches Leben, nicht in Ossianischen Zeiten nur, deren wirkliches Bild sich unserer Kontrolle entzieht, sondern bis tief ins fünfzehnte Jahrhundert hinein, bis in die Zeit der Tudors und Stuarts. Häuptlinge hausten hier, die Bündnisse mit fremden Mächten schlossen und aufhoben, als sei dieses westliche Inselreich ein Reich wie Schottland selbst, und inmitten aller Roheit trieb das Leben hier Blüten, nach denen man jetzt vergeblich die kahlen Bergflächen Morvens oder die Basaltbauten der benachbarten Inselgruppen durchsuchen würde. Der Kreislauf des Bluts geht jetzt durch enger gezogene Kreise, alles drängt den großen Städten, den fruchtbaren Ebenen zu, und die Extremitäten werden blutlos und sterben ab.

Was von den Küsten Morvens gilt, gilt nicht minder von der Insel Mull, die sich baum- und strauchlos, nur selten durch eine Kastellruine unterbrochen, zu unserer Linken entlangzieht. Tobermory, ein Jahrmarktsflecken mit kaum 200

Einwohnern, bildet den Mittelpunkt aller Interessen. Wo jeder Weiler ein Dorf vertritt, wird ein Dorf zur Residenz. Auf der Höhe von Tobermory legt unser steamer auf Augenblicke bei, um einige Roßkämme und alte Jahrmarktsfrauen ans Land zu setzen; dann aber brechen wir mit gesteigerter Schnelle auf, umfahren rasch die Nordspitze der Insel, und nunmehr den Ozean vor uns, nehmen wir unsern Kurs in südwestlicher Richtung, jenen gleich unscheinbaren und doch gleich berühmten Inseln zu, *Staffa* und *Iona*.

Staffa

Es war um die Mittagsstunde, und die Sonne lag leuchtend auf dem wenig bewegten Ozean, als es auf Deck hieß: «Staffa in Sicht», und eine Viertelstunde später unser steamer beilegte, um die Boote auszusetzen. Staffa nämlich, wie alle diese Felseninseln, hat keinen Landungsplatz, und alle Schiffe, die Fahrten nach diesen Eilanden hin unternehmen, sind um der Brandung willen gezwungen, in ehrfurchtsvoller Entfernung Anker zu werfen.

Also die Boote wurden ausgesetzt. Wir drängten uns nicht herzu, um unter den ersten zu sein, und hatten dafür den Vorteil, die Fahrt in einer kleinen, eleganten Jolle und in der heitern Gesellschaft Mr. Hutchesons zu machen, dessen Verdienste um die schottische Dampfschiffahrt ich schon in einem früheren Kapitel hervorgehoben habe. Auf der Fahrt vom Schiff aus bis ans Ufer hatten wir Zeit vollauf, uns die Form und Struktur der Insel einzuprägen. Staffa (Staf-ö, Stab-Eiland) ist klein, von nichts weniger als frappanter Erscheinung und gleicht einer alten, eisenbeschlagenen Truhe, deren Schätze erst sichtbar werden, wenn man den Deckel aufschlägt. Dieser Unscheinbarkeit der Insel muß man es zuschreiben, daß dieselbe erst 1772 für die *Welt* entdeckt wurde; bis dahin war sie nur den Schifferleuten der benachbarten Eilande bekannt gewesen. Selbst 1773, also ein Jahr nach ihrer Entdeckung, zählte sie noch so wenig zu den

Sehenswürdigkeiten der schottischen Westküste, daß Doktor Johnson auf seiner berühmten Hebridenreise an ihr vorüberfuhr, ohne weitere Notiz von ihr zu nehmen.

Staffa ist kaum eine Viertelmeile lang, etwa 500 Schritt breit und 150 Fuß hoch. Das gibt eine Felsmasse, die auf der weiten Fläche des Ozeans so bescheiden daliegt wie ein Feldstein auf einem Ackerfeld, und wenn die Wellen an einem Sturmtage hochgehen, muß Staffa kaum zu sehen sein. Als wir uns näherten, erkannten wir deutlich die drei Schichten, aus denen es sich aufbaut. Tuffstein, der die Fläche des Ozeans wenig überragt, bildet das Fundament; auf demselben erheben sich die sechzig Fuß hohen Basaltsäulen, die dann wiederum eine formlose Felsmasse als kompaktes Dach und auf demselben eine dünne Erdschicht tragen. Die schlanken Basaltsäulen würden an jeder andern Stelle, auch wenn die Insel sonst nichts böte, ausreichend sein, sie zu einer Sehenswürdigkeit zu machen. Die Westinseln Schottlands aber weisen überall fast so großartige Basaltformationen auf, daß das Auge des Reisenden schnell die höchsten Ansprüche zu machen beginnt und entweder gewaltige Proportionen oder ein besonderes Maß an Schönheit verlangt. Diese Schönheit besitzt Staffa, aber nicht nach *außen* hin; es verbirgt sie in seinem Innern.

Wir hatten mittlerweile die Südspitze der Insel erreicht und fuhren zwischen zwei stumpfwinklig aufeinander gestellten Basalt-Molos in eine Art Wasservorhof ein, der die Auffahrt zur berühmten *Fingalshöhle* bildet. Hier entscheidet man sich, ob man durch das kaum noch zehn Schritt entfernte Felsenportal in die prächtig dahinterliegende Höhle einfahren und vom Boot aus die Schönheit derselben auf sich wirken lassen will oder ob man es vorzieht, auszusteigen und den Rundgang an den Wänden der Höhle hin *zu Fuß* zu machen. Man wählt gewöhnlich das letztere, weil es lohnender ist und viel mannigfachere Bilder gibt.

Wir sprangen also ans Ufer und sahen von einer Seitwärtsstellung aus durch das Portal hindurch in die Fingalshöhle hinein. Diese Höhle zu beschreiben wird jederzeit große

Schwierigkeiten haben; nichtsdestoweniger sei es versucht. Bevor ich beginne, rufe ich dem Leser die Naturbeschaffenheit Staffas und den Unterwühlungsprozeß ins Gedächtnis zurück, den unmittelbar nach Bildung der Insel selbst der Ozean mit ihr begonnen und bis diese Stunde fortgesetzt hat. Staffa, als Gott Vulkan sein Werk getan und zehn- oder hunderttausend Basaltsäulen an dieser Stelle ans Licht geschickt hatte, stand da wie ein festgeschnürtes Bündel steinerner Tannen. Der Ozean, der hier von Anbeginn der Tage sein Wesen getrieben und absolut geherrscht hatte, erzürnte über den Sendling aus der Unterwelt und begann mit überlegener Macht an ihm herumzuschlagen. Ganze und halbe Stücke wurden abgerissen und herausgespült, und so entstanden, je nach dem Grad und der Art der Zerstörung, jene Damm- und Höhlenformationen, die dieser Insel eigentümlich sind. Da, wo es den Wellen glückte, die steinernen Bündel in ihrer ganzen Höhe abzubrechen und Säule, Dach- und Erdwerk, alles in die Tiefe des Ozeans zu werfen, stehen wie in einem Walde, in dem der Orkan gehaust hat, nur noch basaltene Stümpfe da und bilden ein steinernes Parkett, ein Lütticher Pflaster, wie es an Struktur und Festigkeit kein zweites gibt; da aber, wo der Ozean weniger mit der Kraft eines niederreißenden, die Insel oben am Schopfe fassenden Arms, wohl aber mit der Gewalt eines horizontal abgefeuerten, ewig wiederholten Schusses verfuhr, da sind unter dem Einfluß eines nimmer rastenden Bohrers jene Höhlen entstanden, die sich an verschiedenen Stellen bis tief in den Felsen hineinziehen und unter denen die Fingalshöhle die größte und schönste ist.

Am Portal dieser Fingalshöhle befinden wir uns jetzt. Die Bündelbeschaffenheit des Basalts hat dieser 230 Fuß tiefen Aushöhlung ihre Apartheit und ihre Schönheit gegeben.

Ich schreite nun zur Beschreibung der Höhle selbst, die nach diesem Versuch einer populären Geognosie mir leichter werden wird. Ich habe nicht unabsichtlich den Eingang ein Portal genannt. Er ist in der Tat ein solches, ein Spitzbogentor, und dahinter das wunderbare Schiff einer gotischen

Kirche. Wer London und die Westminsterabtei kennt, den wird der gotisch-phantastische Bau, den die Natur hier gebildet hat, immer wieder an die Kapelle Heinrichs VII. erinnern. Der Basalt lieferte die Säulen, die freilich in ihrer Ineinandergefugtheit mehr den Eindruck einer Wandfläche als eines Pfeiler- oder Säulenganges machen würden, wenn nicht die Wellen, mit einer bewundernswerten Regelmäßigkeit, Nische neben Nische in der Basaltwand ausgehöhlt hätten. Dadurch ist, wenigstens scheinbar, eine Pfeilerreihe entstanden, indem alle konkaven Vertiefungen wie in einem dunklen Hintergrunde liegen, während die lichtbeschienenen Ecken, wie selbständig und losgelöst, sich pfeilerartig in den Vordergrund stellen. Auf diesen Pseudopfeilern ruht nun die Decke. Diese Decke, gotisch gewölbt in ihrer Grundanlage, ist es vor allem, was sofort mit einer nicht abzuweisenden Gewalt das Bild der berühmten Tudorkapelle vor das Auge des Beschauers ruft. Das Charakteristische dieses schönen Tudorbaues (schön trotz seiner Überladung) besteht in jenen reichen, trombenförmigen Ornamenten, die, wie elegant gewundene Riesentrichter, zehn Fuß hoch und mehr, von der Decke in das Schiff herniederhängen. Diese originellen Bildungen wiederholen sich hier in der Fingalshöhle; die Laune eines Künstlers und die Laune der Natur sind denselben Weg gegangen. Die im letzten und tiefsten allerdings ein Gesetz und eine Regelmäßigkeit bekundende Unregelmäßigkeit, mit der der hereinschäumende Ozean die Basaltsäulen höher oder tiefer abgebrochen hat, hat diese Trombenbildungen erzeugt. Vielleicht ließe sich die schraubenartige Bewegung daran studieren, mit der die Wellen ihre Skulpturarbeit hier ausgeführt haben müssen.

Wir standen noch immer am Portal und ließen das Schauspiel da drinnen auf uns wirken. Denn es war ein *Schauspiel.* Die Herren und Damen (erstere zum Teil in schottischen Kostümen), die vor uns das Schiff verlassen hatten, waren bereits bis weit in die Höhle hinein vorgedrungen und standen nun teils auf dem schmalen, basaltenen Steindamm, der etwa zehn oder fünfzehn Fuß hoch das ganze Innere umzieht, oder hatten sich als lebendige Statuen in die dunklen Nischen dieser Felskapelle gestellt. Die bunten Tartanfarben leuchteten wie Licht aus diesen Vertiefungen hervor, und das Ganze spiegelte sich in dem hellgrünen, meerestiefen Wasserstreifen, der den leise bewegten Boden dieses Kirchenschiffs bildete.

Mit dieser Schilderung schließe ich. Wir machten pflichtschuldigst unsern Rundgang an der Höhlenwandung entlang (eine Promenade, die selbst bei schönstem Wetter immer ihr Bedenkliches hat) und kehrten dann bis an den Eingang zurück. Die wenigen Minuten, die uns noch blieben, reichten aus, um den Bergrücken der Insel zu erklettern. Die Aussicht bot nichts Besonderes. Kümmerliches Gras bedeckte die dünne Erdschicht, die auf dem Basaltfelsen lag, und ein paar Dutzend Schafe, die von den Bewohnern der Nachbarinseln hier ausgesetzt werden, um sich während der Sommermonate ihre Weide zu suchen, nagten an dem gelblichen, halbverwelkten Grase. Die einzige Blume, die hier gedieh, war ein dürres, rötliches Maßlieb, das in langen Büscheln überall an den Abhängen hing, als gefiele es sich darin, von dem Seewinde, der hier niemals schweigt, zerzaust zu werden. Wir pflückten uns ein paar dieser Blumen; dann klang vom Schiff her die Glocke herüber, und wenige Minuten später stießen unsere Boote von dem basaltenen Molo des Wundereilands ab. Einige Enthusiasten schwenkten die Tücher. – Staffa lag hinter uns.

Iona oder Icolmkill

Kaum zwei deutsche Meilen von Staffa entfernt liegt die Insel Iona. Man sieht die Nordspitze derselben samt ihren Kloster- und Kirchenruinen bereits von der Fingalshöhle aus, ein Bild, das mit Hilfe des dunkeln Rahmens der Höhle, hinter dem man es erblickt, einen nicht leicht zu verwischenden Eindruck macht. Unser steamer umfuhr zunächst noch Staffa, um uns einen flüchtigen Einblick in die verschiedenen andern Aushöhlungen der Insel zu gönnen; dann steuerten wir südwärts und hatten in einer halben Stunde Iona erreicht.

Iona ist größer als Staffa, aber doch auch nur klein. Seine Länge beträgt etwas mehr als eine halbe, seine Breite kaum eine Viertelmeile. Die Ufer sind flach, sandig, unfruchtbar, und nur in der Mitte der Insel erheben sich ein paar kahle Felsen, die gegen vierhundert Fuß hoch sein mögen. Es fehlt diesem Eilande jeder landschaftliche Reiz, und nichts ist da, was an die Schönheitswunder Staffas auch nur erinnern könnte. Nichtsdestoweniger steht diese Insel als eine gleichberechtigte Sehenswürdigkeit neben dem nahe gelegenen Schwestereiland. Was ihr Leben und Bedeutung gibt, das sind ihre geschichtlichen Traditionen, die hier in einem Maße auftreten, das überall Bewunderung erregen würde, doppelt aber an einem Orte, der, weitab von den letzten Stätten der Kultur, nur ein geeigneter Platz für Seeadler- und Möwennester zu sein scheint. Und doch war diese Stätte ein halbes Jahrtausend lang unter den heiligen Plätzen des Landes der *heiligste.*

Iona ist der Punkt, von wo aus, in der Mitte des sechsten Jahrhunderts, die Christianisierung des bis dahin heidnischen Schottlands erfolgte.

Ums Jahr 560 verließ der Mönch Columba (gälisch: Callum oder Malcolm) mit zwölf Gefährten die irische Küste und segelte in einem offenen Boot nach Schottland hinüber. Er und seine Genossen waren Schüler St. Patricks, mit dem sie in *Dearmach*, d. h. «nahe den Eichen», gelebt hatten. Die Schlichtheit und der heilige Eifer des irischen Apostels war auch auf seine Jünger übergegangen, zumal auf Columba. Sie wählten die Insel Iona als Aufenthaltsort, weil sie nah genug der Küste lag, um von ihr aus ihr Missionswerk beginnen zu können, und zu gleicher Zeit die Möglichkeit jener völligen Zurückgezogenheit bot, die den Grund- und Lehrsätzen ihres Meisters entsprach. Auf der Insel angelangt, zogen sie sich, wie der Geschichtsschreiber Adamnan berichtet, in einen Kreis aufrecht stehender Steine, also mutmaßlich in einen ehemaligen Druidentempel, zurück und *sammelten dann Zweige, um mit Hilfe von Reisigbündeln ein allererstes Hospiz zu errichten.* Ihre Wohnplätze waren bloße Wigwams, und selbst ihre Kirchen, etwa unsern Blockhäusern entsprechend, waren aus Eichenstämmen zusammengefügt. Sie nannten sich «Culdees», was nach der Meinung der Gälen «zurückgezogene Leute» bedeutet. In derselben Weise wie ihr Meister St. Patrick zählten sie sich zur griechischen und nicht zur römischen Kirche, zu der sie mehr denn einmal eine feindliche Stellung einnahmen. St. Columba starb 595.

Erst zwei Jahre später (597) betrat der heilige Augustin, als Apostel *Roms*, die südenglische Küste, um die heidnischen Angelsachsen seiner Lehre zu unterwerfen, und begann nun von Süden her das *römische* Christentum nordwärts zu tragen, während die Nachfolger Columbas ihr griechisches Christentum von Norden nach Süden trugen. Im Lauf der Jahrhunderte erfolgte endlich der Zusammenstoß, in dem die Culdees völlig unterlagen. Diese Niederlage erfolgte aber nicht vor Anfang oder Mitte des dreizehnten Jahrhunderts. Etwa um dieselbe Zeit wurde auch Iona ein römischer Bischofssitz. Die *Glanztage der Insel waren nun vorüber.* Wohl wurden Klöster und Kathedralen errichtet, stattliche Bauten, die sich bis diesen Tag erhalten haben, aber die alte Bedeutung Ionas *als erste Pflanzstätte des Christentums im hohen Norden* war dahin. Die besondere Heiligkeit seines Bodens, an die Schottland und Skandinavien fünf Jahrhunderte lang geglaubt hatten, war ihm genommen; es war jetzt ein Bischofssitz wie viele andere noch. Seit der Mitte des dreizehnten Jahrhunderts gibt es keine Culdees mehr, aber die Erinnerung an diese einst so mächtige Sekte lebt bis heute noch im schottischen Volke fort, vielleicht deshalb, weil ihre gegnerische Stellung zur römischen Kirche ihr als Empfehlung dient.

In Abercrombys und Jamiesons Geschichtswerken heißt es von den Culdees wie folgt: «Nur das Seelenheil ihrer Mitmenschen lag ihnen am Herzen. Sie wirkten mehr durch Beispiel als durch Wort. Die Schlichtheit ihrer Kleidung, ihrer Haltung und ihres ganzen Auftretens war ihre Beredsamkeit. Sie halfen überall und beanspruchten nie Lohn; Bevorzugung, Streit, Spaltung, Kabale und Intrige kannten sie nicht. Demütig, einsiedlerisch, arm, keusch, nüchtern und voll heiligen Eifers, so lebten sie ihre Tage.»

Diese Vorbemerkungen werden uns beim Besuch Ionas zustatten kommen. – Der steamer wirft Anker, und wir rudern der Insel zu. Am flachen Ufer derselben ziehen sich etwa vierzig ärmliche Hütten hin, die den gälischen Namen «Baile Mor», d. h. die große Stadt, führen. Im selben Augenblick, wo wir aus dem Boot springen, sehen wir uns von einer Herde Kinder umringt, die Ionamuscheln und Ionasteinchen zum Verkauf anbieten und die nunmehr, solange wir den heiligen Boden der Insel unter unsern Füßen haben, unsere treu-zudringlichen Begleiter bleiben. Vergeblich suchen wir uns durch wiederholte Einkäufe sicherzustellen, vergeblich strecken wir beide Hände aus, um den jungen Hochländern ad oculos zu demonstrieren, daß wir selbst einen Handel beginnen und durch Konkurrenz sie gefährden könnten; alles scheitert, und schließlich gewöhnen wir uns an den Lärm dieser nacktbeinigen Meute, als wären es junge Jagdhunde, die blaffend, heulend und winselnd an uns emporspringen.

Das Dorf oder «die große Stadt» bietet nichts, aber unmittelbar im Norden derselben nehmen die Sehenswürdigkeiten Ionas ihren Anfang und ziehen sich in ununterbrochener Reihenfolge eine Viertelmeile lang am Ufer hin. Man kann drei Gruppen von Kapell- und Klosterruinen deutlich unterscheiden, zwei Gruppen, die den linken und rechten Flügel der ganzen Linie bilden, und zwischen beiden ein Zentrum. Dieses Zentrum, das wenn auch nicht mit seiner Kapellruine (St. Oran's Chapel), so doch jedenfalls mit seinem Kirchhof in das vorige Jahrtausend zurückreicht, ist bei weitem das Wichtigste unter allen Sehenswürdigkeiten der Insel; was die beiden Flügel bieten, ist verhältnismäßig unbedeutend. Ich spreche von ihnen zuerst.

Am *linken* Flügel, also dem Dorf zunächst, befinden sich

die Ruinen eines Nonnenklosters, das frühestens gegen Ende des dreizehnten Jahrhunderts errichtet sein kann, da die Lehre Columbas keine Nonnenklöster gestattete. Die Gebäude selbst sind Feldsteinbauten, ohne Schönheit und Interesse, nur bemerkenswert durch große Basaltblöcke, die sich im Mauerwerk vorfinden und keinen Zweifel darüber lassen, daß den kirchlichen Baumeistern jener Epoche das benachbarte *Staffa* wohlbekannt gewesen ist. Neben den Klostergebäuden befindet sich eine Kapelle, die als Begräbnisplatz für die vornehmen Frauen der benachbarten Küsten und Inseln diente.

Die kirchlichen Gebäude am *rechten* Flügel sind nicht zahlreicher, aber größer, zum Teil aus späterer Zeit und jedenfalls besser erhalten. Wie sich am linken Flügel ein Nonnenkloster befand, so hier ein Mönchskloster. Von den eigentlichen Klostergebäuden ist wenig mehr vorhanden[1], die dazugehörige Kirche aber zählt mit zu den besten Ruinen in Schottland und ist stattlich genug, um den Namen einer Kathedrale, den sie wirklich führte, zu rechtfertigen. Diese Kirche war nämlich nicht nur das vorzüglichste kirchliche Gebäude der *Abtei*, die hier stand, sondern überhaupt der ganzen bischöflichen Diözese «Iona», die ohngefähr um die Mitte des fünfzehnten Jahrhunderts von der Diözese *Sodor* (Insel Man) abgezweigt wurde. Diese Kathedrale, wie alle Gebäude, die sich hier vorfinden, ist aus gehauenem Feld-

[1] Ein puritanischer Volkshaufen zerstörte das Kloster im Jahre 1561; die Mönche flohen und begaben sich, wie es heißt, mit den Resten einer sehr kostbaren Bibliothek nach Douay und *Regensburg*. Wertvolle altchristliche Pergamente, auch lateinische Schriftsteller in Handschriften sollen sich im Kloster zu Iona befunden haben, und Gibbon unterhielt die Hoffnung, daß mit Hilfe dieser ehemaligen, wenn auch nun zerstreuten Klosterbibliothek vielleicht noch ein *vollständiger* Livius ediert werden könne. Diese und ähnliche Hoffnungen sind wohl, soweit sie an Iona knüpfen, seitdem geschwunden. Möglich, daß das Kloster der alten Culdees vor Anbruch dieses Jahrtausends derartige Schätze besessen hat, sie sind aber zur Zeit der dänisch-normannischen Kriegszüge sicher zerstört, d. h. verbrannt worden, da die Klostergebäude der ersten christlichen Zeit in Schottland (siehe oben) nur Blockhäuser waren.

stein aufgeführt und gehört zu jenen kirchlichen Bauten, an denen sich junge Archäologen und Architekten die Sporen verdienen können. Wessen Kritik und Konstruktionstalent hier nicht fehlgreift, der ist ein Meister. Eine wahre Musterkarte von Baustilen! Rund- und Spitzbogen, dünne und dicke Säulen, schwere und leichte Kapitäle, gotisch, normannisch, byzantinisch, alles durcheinander und hier und dort ein Giebelfeld, das einem als altsächsisch aufgeschwatzt werden soll. Ich verweile dabei nicht länger. – Die Seitenschiffe dieser Kathedrale dienten als Begräbnisplatz für die mächtigsten Clanhäuptlinge der schottischen Westküste, in derselben Weise wie vornehme Frauen in der Kapelle des *Nonnen*klosters beigesetzt wurden. Hier befinden sich unter andern die Grabsteine der MacLeods und MacLeans, zum Teil mit Porträtfiguren, die trotz aller Roheit des Machwerks doch eine gewisse künstlerische Befähigung, was das Charakteristische angeht, verraten. Der besterhaltene unter diesen Grabsteinen ist der des *MacLean von Ross*, eines Häuptlings auf der Insel Mull, dessen Tapferkeit im Lande sprichwörtlich wurde und seinen Nachkommen den Namen «Eisenschwertskinder» eingetragen hat. Auf dem Schilde dieses Häuptlings befindet sich die *Abbildung* eines *Schiffs*. Diese Schiffsabbildungen, die sich auf anderen Grabsteinen wiederholen, sind, wie mit Recht bemerkt worden ist, wichtiger und interessanter als die Porträtfiguren selbst. Sie zeigen uns genau, wie etwa gegen das Ende des fünfzehnten Jahrhunderts die Schiffe gewesen sind, deren man sich in dortigen Gegenden bediente. Vorder- und Hinterteil sind beinahe gleich geformt und laufen in ziemlich aufrecht stehende Kurven aus, wie viele der römischen Galeonen. Das Hinterteil hat ein gut konstruiertes Steuerruder, das Bugspriet fehlt. Das Segel besteht aus einem einzigen Stück Segeltuch, das in überaus einfacher Weise an einem Mittelmast befestigt ist. Vorkehrungen zum Rudern sind nicht zu bemerken. Diese Schiffe waren mutmaßlich klein, nur große Boote.

Wir wenden uns dem *Zentrum* zu. Die kirchlichen Gebäude am linken und rechten Flügel gehören sämtlich der *römisch-*

katholischen Zeit an, also einer Epoche, wo Iona bereits aufgehört hatte, ein Glanzpunkt, ein berühmter Wallfahrtsort, eine Art «Heiliges Grab des Westens» zu sein. Im Zentrum stoßen wir auf Überreste jener *vor*-römisch-katholischen Zeit, auf Kreuze und Grabsteine, die an die Zeit der Culdees und jene *besondere* Heiligkeit erinnern, die vom siebenten bis zum elften Jahrhundert hin diesem Boden eigen war. Es sind drei Dinge, die unsere besondere Aufmerksamkeit hier in Anspruch nehmen: eine Kapellruine (St. Oran's Chapel), zwei mit Relieffiguren überdeckte Kreuze und ein großer Kirchhof. St. Oran's Chapel diente wahrscheinlich als Grabkapelle. Sie ist sehr klein (60 Fuß lang und 26 breit), aus rotem Granit aufgeführt, mit niedrigen Rundbögen und aller Wahrscheinlichkeit nach zu Anfang des elften Jahrhunderts von den Norwegern errichtet. Die beiden Kreuze, die den Namen «MacLeans-Kreuz» und «St.-Martins-Kreuz» führen, sind die beiden einzigen Überbleibsel von den 360 Kreuzen, die bis in die zweite Hälfte des sechzehnten Jahrhunderts hier standen und auf Befehl einer hyperpuritanischen Synode ins Meer geworfen wurden. Das Meer scheint aber mitleidiger als die Synode gewesen zu sein und hat einige dieser Kreuze wieder ans Ufer geworfen, die sich teils noch als Bruchstücke auf der Insel vorfinden, teils von einzelnen Stadtbehörden (Inveraray und Campbletown), die mehr antiquarisch als puritanisch waren, gerettet worden sind. Das MacLeans- und St.-Martins-Kreuz scheinen gleich von Anfang an der Zerstörungswut entgangen zu sein. Ich versuche eine Beschreibung beider. Sie sind beide aus Glimmerschiefer gefertigt, sehr gefällig und selbst graziös in ihren Verhältnissen, und gleichen beide, weil die Schieferplatten, aus denen man sie gefertigt, nur dünn waren (kaum 6 Zoll dick), unsern modernen *gußeisernen* Grabkreuzen. Das St.-Martins-Kreuz ist 14, das MacLeans-Kreuz nur 11 Fuß hoch; beide stehen auf einem Piedestal von rotem Granit. Sie sind mit jener grüngelben Flechte, die man bei uns an Dachziegeln und alten Holzzäunen trifft, ganz überdeckt, wodurch das Erkennen der Reliefarbeit sehr erschwert wird. Die eine Seite des St.-

Martins-Kreuzes indes hat man neuerdings von diesem Flechtenüberzug gesäubert, und was man jetzt erkennt, ist folgendes: auf dem Oberstück sechs Löwen mit paarweis verschlungenen Schwänzen; in dem Rundstück, das die Mitte des Kreuzes einnimmt, die Jungfrau Maria mit dem Christkind und vier Engel um sie her; unterhalb, an dem Stammstück des Kreuzes, vier Reihen von Figuren, die sehr Mannigfaltiges darstellen: ein Abendmahl, eine Exhortation, ein Harfenspiel und mehreres andere noch. Noch weiter nach unten Äpfel, um die sich Schlangen winden.

Das MacLeans-Kreuz gilt für älter und soll, bald nach dem Erscheinen Columbas auf der Insel, an der Stelle eines heidnischen Denkmals errichtet worden sein, das er vorfand. Wieviel hiervon wahr oder erfunden ist, muß dahingestellt bleiben. Daß diese Kreuze indes *sehr alt* sind und der früheren Glanzzeit Ionas, ich möchte sagen, seiner *exklusiven* Epoche angehören, scheint mir unzweifelhaft. Alle diese Kreuze scheinen mehr den Charakter von Votivtafeln als von Grabkreuzen gehabt zu haben, und schon dieser Umstand allein, für den sich in der römisch-katholischen Zeit schwerlich ein Analogon findet, deutet auf eine frühe Vergangenheit.

Wir betreten nun die große Sehenswürdigkeit Ionas – seinen Kirchhof. Er führt den Namen «Reilig Ourain» oder St. Orans Begräbnisplatz. Eine Mauer schließt ihn ein, und der Tradition wie auch den aufgezeichneten Mitteilungen des Dechanten Monro nach, der um 1590 hier lebte, war dieser Kirchhof viele Jahrhunderte lang der Begräbnisplatz für die schottischen und norwegischen Könige. Monro schrieb um 1594 wie folgt: «Auf dieser Insel Icolmkill befindet sich auch ein Kirchhof, der von den Bewohnern ‹Reilig Ourain› genannt wird. Eine Steinmauer friedigt ihn ein. Innerhalb dieser Steinmauer stehen drei Grabhäuser, in Form einer Kapelle gebaut und jedes an einem seiner Giebel mit einer Marmor- oder Steintafel versehen, woran sich Inschriften befinden. An der Steintafel des einen Grabhauses steht mit lateinischen Buchstaben: ‹Tumulus Regum Scotiae› (Gruft der schottischen Könige). Innerhalb dieser Gruft, wie unsere schottischen und irischen Chronikenschreiber erzählen, wurden 48 gekrönte Könige Schottlands begraben. Das am Südende gelegene Grabhaus hat die Inschrift: ‹Tumulus Regum Hiberniae› (auch sprechen unsere Chroniken von vier irischen Königen, die hier begraben liegen), und die Tafel am dritten und letzten Grabhaus, das nach Norden hin liegt, zeigt die Worte: ‹Tumulus Regum Norwegiae›. Wie viele norwegische Könige hier bestattet wurden, darüber erzählen unsere Chroniken nichts, aber wir erfahren aus ihnen, daß König Coelus von Norwegen seine Edlen bat, sie möchten ihn auf Icolmkill bestatten, wenn er im Kampf gegen die Südschotten fallen sollte. Das spricht dafür, daß auch den skandinavischen Königen daran lag, auf der heiligen Insel ihren letzten Ruheplatz zu finden. – Außerhalb dieser drei Grabhäuser, aber innerhalb der Kirchhofsmauer liegen auch viele der vornehmsten Lords der Westküste; die MacLeans, die MacKinnons und die MacQuarries, weil jedermann in Schottland und auf den Inseln (d.h. auf den Hebriden) danach strebte, hier begraben zu werden.»

So schrieb Monro 1594. Seine Angaben bildeten das Fundament für alles, was die schottischen Geschichtsschreiber und Archäologen seitdem über Iona und seinen Reilig Ourain veröffentlicht haben. Es liegt kein Grund vor, seinen Angaben irgendwie zu mißtrauen; nur die Frage bleibt unerledigt, aus welcher Zeit die Giebelinschriften hergerührt haben, die er damals mit eigenen Augen an den drei Grabhäusern gelesen hat. Sie können alt gewesen sein, können aber auch ebensogut von der Hand eines Abts oder Mönchs hergerührt haben, der sozusagen Archäologie auf seine eigene Hand trieb und, sich an alte Traditionen und Chroniken anlehnend, vielleicht kaum fünfzig oder hundert Jahre vor Monro das Tumulus Regum Scotiae etc. an die Giebelfelder schrieb. *Jetzt* noch Licht über diese Streitfragen zu verbreiten ist mindestens schwer, wenn es nicht unmöglich ist. Die Tumuli selbst sind zerfallen, und die Grabsteine liegen verwittert da, nirgends eine Inschrift oder Jahreszahl, die Auskunft geben könnte. Ein *Beweis* also ist nicht mehr zu führen, daß 48 schottische Könige an dieser Stelle begraben liegen; die höchste Wahrscheinlichkeit indes spricht dafür. Man kann die Begräbnisplätze der schottischen Könige mit historischer Sicherheit bis zum Jahre 1073 zurückverfolgen, in welchem Jahre Malcolme Canmore, der Besieger und Nachfolger Macbeths, in der Kathedrale von Dunfermline beigesetzt wurde. Von 1073 an bis herab zu uns zeigt sich kaum eine Lücke; entweder existieren die Grabsteine noch (wie z. B. von Robert Bruce), oder der Platz der Bestattung ist durch gleichzeitige Geschichtsschreiber beglaubigt. Die Frage entsteht also: Wo wurden die schottischen Könige (die damals alle noch Hochlandskönige waren) *vor* 1073 beigesetzt? Die Tradition antwortet: *Auf Icolmkill* (Iona). Und sie wird recht haben. Iona war der heilige Boden, der Apostelsitz, von wo aus das Christentum unter die heidnischen Hochlandskönige getragen worden war (es hieß z. B., daß beim Untergang der Welt durch Wasserfluten Iona wie ein gesegnetes Blatt auf der Sündflut schwimmen werde), und es darf nicht überraschen, daß sie dort im Tode ruhen wollten, von wo ihnen das Licht und das Heil gekommen war. Daß es genau 48 Könige und nicht mehr und nicht weniger gewesen sind, *diesen* Beweis anzutreten, wird sich niemand berufen fühlen; die größte Wahrscheinlichkeit aber hat es für sich, daß, wie die Tradition berichtet, König Duncan und König Macbeth die beiden letzten waren, die hier – der Ermordete und der Mörder – im schwarzen Boot über das Wasser kamen, um in heiliger Erde die letzte Ruhe zu finden. Schon zu Shakespeares Zeit muß übrigens diese Tradition lebendig gewesen sein, denn es heißt in «Macbeth»:

ROSSE: Wo ist der Leichnam Duncans!
MACDUFF: Fort gen Westen,
Nach Icolmkill, dem *Beinhaus seiner Ahnen.*

Ob über diese mannigfachen Fragen, die sich an die Frühgeschichte Ionas knüpfen, jemals noch das klare Licht historischer Erkenntnis verbreitet werden wird, steht dahin. Solange diese Untersuchungen in Händen wohlmeinender Dilettanten bleiben, ist wenig zu hoffen. Ich habe mich so ausführlich über diesen interessanten Königskirchhof verbreitet, um dadurch vielleicht in Deutschland, *namentlich aber auch in Skandinavien*, die Lust anzuregen, *selbst* zu sehen und eine Lösung zu versuchen. Der Nordwesten Schottlands hat damals unbedingt unter normannischem Einfluß gestanden, und teils Historiker, die die Geschichte der normannischen Eroberungen zu ihrem Spezialstudium gemacht haben, mehr aber noch skandinavische Archäologen und Altertumsforscher (denen die Möglichkeit des Vergleichs gegeben ist) scheinen mir die einzigen zu sein, die vielleicht noch ergründen können, bis wie weit diese Schieferkreuze und die verwitterten Grabsteine im Tumulus Regum Scotiae zurückreichen.

Von Oban bis zum Loch Lomond
Rückkehr nach Edinburgh

Noch am selben Abend kehrten wir nach Oban zurück. Wer in Iona bleiben und die Grabsteine des Reilig Ourain einer mehr kritischen Durchsicht unterwerfen will, der findet in den Hütten der Schiffersleute ein notdürftiges Unterkommen, kann aber vor Ablauf von drei Tagen nicht nach Oban zurück, da die Hutchesonschen steamer nur zweimal wöchentlich die Fahrt nach Staffa und Iona machen.

Wir waren also wieder im Hinterhause der Mrs. MacKay (die uns, wie sich der Leser erinnern wird, bei einer Hintersassin von ihr, einer zimmervermietenden alten Waschfrau, untergebracht hatte) und waren just müde genug, um trotz des nachbarlichen Pferdestalls, dessen ich auch schon erwähnte, einen guten Schlaf zu tun. Das Erwachen war minder froh. «Get up, gentlemen, or you will miss the steamer!», so klang es draußen, während eine geschäftige Hand abwechselnd klopfte und an der Klinke rasselte. Mit Worten, die einem Morgengebet so unähnlich waren wie nur möglich, sprangen wir aus dem Bett, und kaum halb angezogen, griffen wir schon nach unsern Reisetaschen, um die zerstreut umherliegenden Garderobestücke so gut wie möglich unterzubringen. Wir waren noch nicht fertig damit, als wir vom Kai her das Läuten einer Schiffsglocke vernahmen und im selben Augenblick von draußen die wenig variierten Worte hörten: «Make haste, gentlemen, or you will miss the steamer!» Wer kennte nicht die nervöse Aufregung, in die man verfällt, wenn man beim Packen oder gar im Fiaker schon (die immer doppelt langsam fahren, wenn man doppelte Eile hat) von der Furcht beschlichen wird, den Zug zu versäumen und volle 24 Stunden an einem bereits absolvierten Ort zubringen zu müssen, der nun plötzlich mit einer Physiognomie vor uns tritt, als habe es seit Heinrich dem Städtebauer nie einen langweiligeren Platz gegeben! Dieser «panic» ergriff uns jetzt. Wir flogen in unsere Röcke und Überzieher hinein, rafften alles zusammen, was noch auf Tisch und Betten lag, stopften es in die Säcke und stürzten fort. An der Hoftür stand die Wirtin, *nicht* Mrs. MacKay, sondern die Hintersassin, die alte Waschfrau (keine Chamissosche), deren Putzstube hatte aushelfen müssen. Sie trat uns in den Weg, um die ungemütlichen Geldgeschäfte stehenden Fußes abzumachen. «Wieviel?» – «Fünfzehn Schillinge.» – Es war eine enorme Summe für zwei Nachtquartiere und weiter nichts; indes die Schiffsglocke, die eben wieder einsetzte, schnitt jede Unterhandlung ab, und die Schillinge und halben Kronenstücke liefen rasch aus meiner Hand in die Hand der Wirtin. Unerhört! Es reicht nicht, es fehlt ein sixpence! Die Silberstücke fallen in meine Börse zurück, und ein sovereign steigt statt ihrer aus den Tiefen der Ledertasche ans Licht. «Give me change!» rufe ich der Alten zu, die mit der Ruhe des Siegers vor mir steht. Sie nimmt den sovereign, steckt ihn ein und erwidert nicht ohne Anflug von Hohn: «I have no change, but I will send to the butcher.» Ein letzter Abschiedsgruß fällt unverschleiert von meinen Lippen; dann setzen wir uns, mit Zurücklassung eines unbeabsichtigten Fünf-Schilling-Trinkgelds, in Trab und erreichen das Schiff, das allerdings eben Miene macht, seine Brücke einzuziehen und vom Kai sich loszulösen. Halb ärgerlich noch nehmen wir Platz am Schornstein, um uns soviel wie möglich gegen die Morgenfrische zu schützen; dann aber fliegt a tempo das Lächeln wiederkehrender guter Laune über unsere Gesichter. Wir beginnen unser Herz und unsern Ärger auszuschütten, und im Aussprechen kommt der Trost. Es war kein Zweifel, die Hintersassin der Mrs. MacKay hatte mit uns eine Szene durchgespielt, deren praktische Brauchbarkeit sie längst erprobt haben mußte. Wie an der kurischen Küste ein Edelmann lebte, der falsche Feuer anzünden ließ, um an gescheiterten Schiffen sein Strandrecht zu üben, so war es bei der alten Waschfrau Geschäftsmaxime geworden, ihre Gäste so spät wie möglich zu wecken, um von der panischen Wirkung des «Make haste, gentlemen, or you will miss the steamer» den möglichsten Vorteil zu ziehen. Erst am Abend desselben Tages, als wir im Gasthaus zu Balloch einen Blick in unsere Reisesäcke taten, erkannten wir ganz, wie die Hintersassin uns mitgespielt hatte. An Morgenschuhen, Haarbürsten und Nachttüchern, die zurückgelassen waren, übte die Alte nun triumphierend ihr Strandrecht, und ein eben ausgepackter Lackstiefel, der ohne Halt und Gegenlehne auf dem Tisch stand, schien die Frage an mich zu richten: Wo ist der andere? Sie haben sich nicht wiedergesehen. Aber das waren die dunkeln Lose, die noch im Schoß der Zukunft ruhten, als wir, unsere Rücken am warmen Schornstein, aus der Bucht von Oban hinausfuhren.

Die Fahrt geht südlich und führt uns zunächst wieder an der Insel Mull und ihren Basaltformationen vorbei. An einer Stelle, wo nach meilenweiter Öde ein Grasplatz den Felscharakter dieser Küste unterbricht, deutet der Finger des Kapitäns auf ein ärmliches Häuschen, wo Sir Colin Campbell, der jetzige Lord Clyde, geboren wurde. Sein Vater, ein Zimmermann, starb erst letzten Winter zu Granton bei Edinburgh, neunzig Jahre alt. Nach etwa zweistündiger Fahrt haben wir die Höhe der Insel Jura erreicht und biegen nun scharf östlich ein, um den Crinankanal zu erreichen, der die lange Halbinsel Cantire an ihrem Oberende durchschneidet. Cantire, etwa zwölf deutsche Meilen lang, gleicht einem vorgestreckten Bein des schottischen Festlands, und wer den Kanal verschmäht (der genau der Weichenlinie dieses Beines entspricht), der ist gezwungen, vorausgesetzt, daß er nach Glasgow will, zwölf Meilen hinunter- und fast ebenso viele Meilen wieder hinaufzufahren. Der Unterschied, in Zahlen ausgedrückt, ist wie 1 zu 20. So benutzen denn alle kleineren Fahrzeuge, die von Norden kommen, diesen Kanal, und die Hutchesonschen Dampfschiffe, die vielleicht zu viel Tiefgang haben, helfen sich auf *die* Weise, daß an beiden Enden des Kanals eine Ausschiffung der Passagiere stattfindet. Ein drittes Boot, in Form eines überdeckten Elbkahns, unterhält die Kommunikation zwischen dem Außen- und Innensteamer, von denen der eine (der Außensteamer) die Fahrt nach Oban, der andere die Fahrt nach Glasgow macht.

Wir haben die *Außenseite* des Kanals erreicht, verlassen den Oban-steamer und machen in einer Art Treckschuite, an zum Teil hübsch gelegenen Landsitzen vorbei, die Kanalfahrt bis nach Lochgilphead hin (an der Innenseite der Halbinsel), wo der Glasgow-steamer eben anlegt, um seine Passagiere an Land zu setzen und uns statt ihrer einzunehmen. Auf der Landungsbrücke begegnen sich die beiden Menschenströme. Es ist dasselbe Leben und Treiben, das jeder kennt, der auf den großen Verwirrungsbahnhöfen von Mecheln, Bamberg, Magdeburg etc. ein Augenzeuge oder Mitspieler modernen Reisetrubels gewesen ist. Was mir nichtsdestoweniger die ganze Szene lebhaft im Gedächtnis erhalten hat, war die Erscheinung zweier Männer in Hochlandstracht, die, während wir von der Menschenmasse vor- und zurückgeschoben wurden, mit festem Schritt vom Kai zur Landungsbrücke herniederstiegen. Die Schönheit des schottischen Kostüms war mir nie so frappant entgegengetreten. Die Hochländer, echt und unecht, denen man in London oder im Süden Englands begegnet, lassen viel zu wünschen übrig. Es sind meist Bettler (echtes Londoner Vollblut aus Clerkenwell und St. Giles), die sich einen Kilt und Dudelsack gemietet haben, oder im günstigsten Falle südschottische Farmerssöhne, die dem Verlangen nicht widerstehen können, dem lang- und dünnbeinigen Londoner zu zeigen, was es mit einer national-schottischen Wade auf sich habe. Diese Londoner Eindrücke, die nicht allzu günstig für das Hochlandskostüm waren, änderten sich freilich bald, als ich nach Schottland kam; nie aber war mir das zugleich Malerische und Imposante dieser Tracht so überraschend entgegengetreten wie in diesem Augenblick, wo die Brücke, auf der wir standen, unter dem herniedersteigenden Taktschritt der zwei Hochlandssöhne zu vibrieren anfing. Der ältere von ihnen war ein Häuptling, das bewies die Adlerfeder, die in der Agraffe seiner Mütze steckte. Beide waren über sechs Fuß hoch, und die Jagdflinte, die auf ihren Schultern hing, nahm sich aus wie ein bloßes Spielzeug. Es waren Londoner Gardeoffiziere (der schottische Adel ist in den Garderegimentern stark vertreten), die vor acht oder vierzehn Tagen die Residenz verlassen hatten, um die Jagdzeit, die «shooting season», in ihrer Heimat, dem Hochland, zu verbringen. Der jüngere von beiden trug die Hochlandstracht nur, wie man ein Phantasiekostüm trägt. Aus jenem graugelben Sommerzeug, das jeder kennt, der einem halben Dutzend reisender Engländer irgendwo in der Welt begegnet ist, hatte er sich einen Kilt und eine Jacke machen lassen, und nichts an ihm war echt schottisch als die dunkelblaue Wollenmütze und der kurze, graukarierte Strumpf. An jeder andern Stelle der Welt wäre er ein schöner Mann gewesen, neben seinem Freunde, dem Häuptling, aber nahm er sich aus wie dessen Milchbruder; ebenso groß, ebenso breit, ebenso frisch, aber rasselos. Der Häuptling schritt, ohne ein direktes Zeichen der Überhebung, durch die Menschenwoge hin, als habe er nicht das geringste mit ihr gemein. Er trug eine weite schwarze Samtjacke und viel Gelb in dem gewürfelten Tartan, war also von *dänischer* Abstammung[1], wahrscheinlich ein MacLeod. Um den Leib

[1] Unter den *Tartans* (den buntgewürfelten schottischen Zeugen) unterscheidet man drei Hauptgruppen: die mit viel *Rot*, mit viel *Grün* und mit viel *Gelb*. *Rot* ist die Farbe der schottisch-britischen Clane, *Grün* die Farbe derer, die aus Irland stammen, und *Gelb* tragen diejenigen, die sich von den Dänen und Skandinaviern herleiten.

trug er jene eigentümlich schottische Jagdtasche, die fast die Form einer Geldkatze hat, und die sechs langen Geißbärte, die wie ebenso viele Siegeszeichen an dieser Tasche zu hängen pflegen, fielen malerisch über den faltenreichen Kilt. Das kurze schottische Schwert hatte er daheim gelassen, aber das Fangmesser, mit einem großen Amethyst oben am Griff, steckte nach Landessitte im rechten Strumpf und bewies neben der Adlerfeder, wer der Ankömmling sei. Nie habe ich eine schönere Erscheinung gesehen; selbst die wachthabenden Royal Blues, denen man in den Korridoren von St. James und Buckingham Palace begegnet und die mir in ihren Helmen und Stulpenstiefeln, den Pallasch nachlässig in den linken Arm gelehnt, so oft wie herabgestiegene Kriegsgötter erschienen waren, verschwanden in der Erinnerung neben dem Häuptling der MacLeods.

Nach einer halben Stunde waren wir glücklich an Bord des Glasgow-steamers. Die Fahrt geht von Lochgilphead aus wieder südlich, abwechselnd an flachen und felsigen Ufern vorbei, aber die gedeckte Tafel und die Mahnungen des Stewards rufen uns zunächst von Deck in den Salon und entziehen uns der Naturbetrachtung. Auch nachdem wir unsere alten Plätze auf der Galerie des steamers wieder eingenommen haben, kommen wir nicht mehr zu einem Festhalten all der Bilder, die an uns vorüberziehen. Die Schuld liegt nicht an dem Gebotenen, sondern an der Unmöglichkeit, die Fülle des Gebotenen aufzunehmen. Die Bilder sind prächtig, reich, grandios und in ihrer Belebtheit fesselnder und reizvoller als die Mehrheit dessen, was wir bisher gesehen; aber es geht im Fluge daran vorüber, und wir ertrinken fast im Stoff. Wir gleichen einem, der das Große Los gewonnen hat und dem es in purem Golde ausgezahlt werden soll; anfangs glitzerte es ihm entgegen, und er lacht und strahlt bei jedem neuen Stück, bald aber bittet er, es ihm tüten- und beutelweise zu liefern. Gold bleibt Gold, und Lust und Fähigkeit sind hin, um nach dem Rande zu gucken oder nachzusehen, welches Potentatenbild die Münze schmückt. Von Rothesay an (die schöne Insel Arran zur Rechten) wächst der Verkehr

Der Clyde
mit Dumbarton Castle im Hintergrund

von Minute zu Minute, bis wir Greenock erreichen, den Hafen Glasgows an der Mündung des Clyde. Von hier an beginnt ein Treiben, das ich nur mit der Einfahrt in die Themse vergleichen kann; selbst die Fahrt den Mersey hinauf bis Liverpool bietet nichts Ähnliches. Stadt drängt sich an Stadt; Hunderte von Schiffen und Dampfern steuern an uns vorüber oder wir an ihnen; die Flaggen aller Nationen sind um uns her; Leben, Fülle, Reichtum, wohin wir blicken, und die Wahrheit zu gestehen, ein Gefühl der Heimatlichkeit kommt wieder über uns. Diese Fahrt den Clydefluß hinauf gleicht einer Themsefahrt von Gravesend bis London, und wenn man auch der Themse und ihren Ufern freilich eine größere Wichtigkeit zugestehen muß, so haben die Ufer des Clyde die größere Schönheit voraus.

Spätnachmittags passierten wir Dumbarton, eine jener vier Felsenfestungen, die, nach dem Wortlaut der Unionsakte, als *feste* Punkte gehalten werden müssen. Die Sonne ging eben unter, und Felsen und Festung lagen wie ein Wolkenschloß da, um das breite, goldene Lichter spielen. Eine halbe Meile weiter aufwärts erreichten wir Bowling, den Hauptstationsort für alle Reisenden, die, von Glasgow oder dem Süden her, einen Ausflug nach dem Loch Lomond machen wollen. Unser steamer legte, aus besonderer Freundlichkeit gegen uns, an ebendieser Stelle an, und eine Viertelstunde später führte uns ein Abendzug bis an das Gasthaus von Balloch, am Südwestufer des Lomond-Sees.

Als wir im Gasthaus zu Balloch ankamen, war es bereits zu spät, um noch einen Ausflug auf den See hinaus machen zu können; wir hätten wenigstens Mondschein haben müssen, und der fehlte. So ließen wir denn Tische nach draußen bringen und nahmen unter einer Gruppe von Kastanienbäumen Platz, die uns just noch einen Blick auf Gärten und Wiesen und dahinter auf einen schmalen Streifen des Lomond-Sees gestatteten. Von Zeit zu Zeit trug der Abendwind eine weiche, kühle Luftwelle wie einen Gruß zu uns herüber. Wir waren unserer vier, seit sich von Bowling aus zwei Schotten, ein Mr. Tait und ein Mr. Henderson, zu uns gesellt

Bothwell Castle am Clyde

hatten. Mr. Tait war aus Melrose, wo er an einem Armen- und Rettungshause, wie es deren in England und Schottland so viele gibt, als geistlicher Direktor angestellt war. Die Salbung, mit der er sprach, ließ kaum einen Zweifel darüber, daß er ein Temperanzprediger sei. Mr. Henderson war noch jung und auf dem Punkt, über den Loch Lomond nach Aberdeen zurückzukehren, wo ihm ein Onkel gestorben war. Diesen Onkel zu beerben, reiste er jetzt nach dem Norden zurück. Die goldenen Aussichten machten ihn gesprächig, und er erzählte viel von seinem früheren Leben, das interessanter war, als ein Leben von 22 Jahren gewöhnlich zu sein pflegt. Er war mit in der Krim gewesen, bei Inkerman leicht verwundet worden und hatte dann während des tatenlosen, trübseligen Winters, der folgte, seinen älteren Kameraden von der Füsiliergarde Romane von Currer Bell und Geschichtskapitel aus Macaulay vorgelesen. Vorher war er in Indien gewesen. Das fällt in England nicht auf, und jeder darf von seinen Reisen erzählen, ohne deshalb der Eitelkeit bezichtigt zu werden. Es ist gleichgültig, ob man in Greenwich oder in Shanghai zu Mittag gegessen hat, und *weil* es gleichgültig ist, ergibt sich die vollste Unbefangenheit bei Sprecher und Hörer.

Beim Plaudern hatten wir die Abendkühle nicht beachtet, die jetzt anfing, uns frösteln zu machen. Ein Glas «Toddy» indes (Whisky-Punsch) stellte das Wohlbefinden rasch wieder her, und in der besten Laune oder, wie die Engländer zweideutig sagen, «in good spirits» zogen wir uns endlich in unsere Schlafzimmer zurück.

Der andere Morgen führte uns an Bord des «MacGregor» wieder zusammen, und um zehn Uhr früh begann die Fahrt über den schönen See. Der Loch Lomond ist der Nachbar des Loch Katrine. So befanden wir uns denn nach Verlauf von wenigen Wochen wieder an alter Stelle, d. h. in jenem vielbesungenen MacGregor-Lande, das wir von Stirling aus bereist hatten. Wieder sahen wir auf Schiff und Boot die wohlbekannten Clanfarben und hörten Geschichten von dem letzten Helden des Clan Alpine, von Rob Roy. «Dort steht die

Loch Lomond

Hütte, wo seine Flinte vorgezeigt wird; dort ist die Höhle, wo er sich verbarg», so erzählen sich die Passagiere und zeigen hier- und dorthin. – Der Loch Lomond ist eine schöne, noble Wasserfläche, und es kommt ihm zu, daß er «der König der Seen» heißt. Dies ist jedoch mehr sein Ehrentitel als sein Name; die eigentliche Bedeutung von Loch Lomond ist «der *inselreiche See*». Er ist groß und wasserreich, und die Inseln schwimmen auf ihm wie große Nymphäenblätter. Selbst die Berge an seinen Ufern scheinen ihn nicht gebieterisch einzudämmen, sondern gleichen Satelliten, die ihn umstehen und begleiten. Die Stellung dieser schönen Berge, die sich bis 3000 Fuß hoch erheben, ist nämlich derart, daß man immer in ihrem Kreistanze bleibt und sie jederzeit um sich hat wie den Mond, wenn man in einer klaren Nacht meilenweit durch die Felder fährt.

Nach etwa zwei Stunden hatten wir die Spitze des Sees erreicht. Die meisten Passagiere verließen uns (auch Mr. Henderson), um nach Loch Katrine oder dem Norden zu gehen; wir aber, die wir Perth- und Invernessshire kannten und nur erschienen waren, um dem Loch Lomond unsere besondern Honneurs zu machen, waren entschlossen, mit demselben Dampfboot, das uns gebracht hatte, nach Balloch und dem Süden zurückzukehren. Wir hatten ein paar Stunden Zeit, durchzogen die nachbarlichen Schluchten, bis wir müde waren, und warfen uns dann ins Farrenkraut nieder, wo junge Eschen und Hagedornbüsche eine Laube für uns bereitet hatten.

Nachmittags begann die Rückfahrt. Die Gesellschaft war steif und leblos, und wir waren endlich froh, mit einer irländischen Dame ins Gespräch zu geraten, die uns bald völlig in Anspruch nahm. Es war eine echte Tochter Erins: lebhaft, witzig, ungeniert, von bedenklicher Toilette und gleichgültig gegen die üblichen Formen englischer Sitte und englischen Anstands. Ihr Name war Miss Arabella Fitzpatrick; Karten führte sie nicht, aber sie war freundlich genug, auf ein abgerissenes Stückchen Papier uns obige Namen aufzuschreiben. In England wäre das mindestens «shocking» gewesen. «You are Germans?» begann sie, als wir auf der Schiffswand saßen und, der Höhle Rob Roys den Rücken zukehrend, wenig Lust bezeugten, uns den üblichen Ciceronevortrag zum zweiten Male halten zu lassen. Wir nickten. «Es sind noch mehr Deutsche an Bord», fuhr sie fort und zeigte auf eine Gruppe großer starker Männer, die in lebhaftem Gespräch neben dem Kajüteneingang standen. Sie hatte recht. Es zeigte sich bald, daß sie der deutschen Sprache einigermaßen mächtig war. Wir sprachen nun von der Schönheit des Sees, endlich auch von dem romantischen Charakter Irlands und fügten den aufrichtig gemeinten Wunsch hinzu, «die grüne Insel» mit nächstem bereisen zu können. Das gewann uns ihr Herz. Sie fing nun an, allerhand Beschreibungen und sonstige berühmte Stellen aus Thomas Moore zu zitieren, den sie auswendig zu kennen schien. Als sie endlich anhob:

«Erin, thy silent tear never shall cease,
Erin, thy languid smile ne'er shall increase»,

konnte ich dem Drange nicht widerstehen, in das wohlbekannte Lied miteinzustimmen, und so folgten denn, wie ein gesprochenes Duett, zwischen ihr und mir, die Schlußzeilen:

«Till, like the rainbow's light,
Thy various tints unite,
And form in heaven's sight
One arch of peace.»

Sie sah mich groß an und sagte dann: «You are a poet.» Ich lehnte die Ehre ab, zeigte aber auf meinen Reisegefährten und flüsterte vertraulich: «He is.» – «Gut denn», fuhr Miss Arabella fort, «so wird Ihr Freund es übernehmen, einen hübschen Reim, ein Erinnerungswort hier in mein Buch zu schreiben. Er muß begeistert sein, hier der Loch Lomond und hier – ich.» Sie lachte und gab ihm ihr Notizbuch. Ablehnung wäre wenig am Platze gewesen; so nahm Freund B. denn den Handschuh auf und schrieb in verbindlicher Weise:

Ich liebte immer den Thomas Moor,
Heut lieb ich ihn mehr noch denn zuvor.
Ich hab ihn gelesen hier und dort,
Hin reißt nur das *lebendige* Wort.

Die Zeilen waren mit deutschen Buchstaben geschrieben, die der Miss Arabella fremd waren. Sie reichte mir also das Büchelchen zurück und bat mich, ihr die Zeilen langsam vorzulesen. Ich tat es. «Ach», fuhr sie fort, «ein Impromptu! Es klingt sehr gut; bitte, übersetzen Sie es mir.» Ich wollte eben eine simple Prosaübersetzung beginnen, als mir's durch den Kopf schoß, wohl oder übel die Übersetzung in ein paar englischen Reimen zu versuchen. Es ging leichter, als ich dachte, und in nicht allzu langen Pausen deklamierte ich:

«I ever liked your Thomas Moore,
I like him more now than before.
The Irish harper's full accord
Sounds mightier in the *spoken* word.»

Sie hatte aufmerksam zugehört, lachte schelmisch und sprach dann rasch:

«Deceiver, deceive no longer me!
You are a poet as well as he.»

Der «he» war Freund B., auf den sie zeigte. Der letztere, begierig, sich für die Verlegenheiten zu revanchieren, die ich ihm bereitet hatte, stimmte mit ein, und das vorgehaltene Notizbuch ließ mir zuletzt keine Wahl mehr. Ich schrieb also folgendes oder wenigstens ähnliches:

Es hat geklippt, es hat geklappt,
Ich seh es wohl, ich bin ertappt;
Erst Dichter, Leugner dann – so geht's,
Ein Übel gebiert das andre stets.

Loch Lomond

Impromptuschreiber sind wie Kinder, die beim Spiel nicht müde werden, und wer weiß, wohin diese Vierzeiler geführt und wieviel Notizblätter sie noch gekostet hätten, wenn nicht eben jetzt der würdevolle Mr. Tait an uns herangetreten wäre, um über die alte Vogelflinte Rob Roys eine schätzenswerte Mitteilung zu machen. Die Impromptus (als wäre die Vogelflinte selber losgegangen) flogen davon wie ein aufgescheuchtes Volk Hühner.

Mr. Tait war salbungsvoll, aber gastfreundlich. Der Moment war nahe, wo wir scheiden mußten, und der würdige alte Herr wollte sich nicht von uns trennen, ohne uns vorher mit liebenswürdiger Dringlichkeit nach Melrose hin, und zwar zu einem «plain Scotch dinner» an seinem eigenen Tische, eingeladen zu haben. Wir sagten zu, hielten aber nicht Wort. Freund B. und ich pflegten uns später gegenseitig vorzuwerfen, daß wir den Besuch aus Furcht vor einem *Temperanz*-Diner unterlassen hätten, in Wahrheit aber trug «Melrose Abbey» die Schuld, deren wunderbar schöne Ruinen uns Mr. Tait, sein Rettungshaus und sein «plain Scotch dinner» vergessen ließen.

Gegen sieben Uhr waren wir wieder in Balloch, am Südufer des Sees. Eine Stunde später führte uns ein Schnellzug zunächst nach Bowling, dann ostwärts mit wachsender Raschheit nach Glasgow. Die Sonne war längst unter, als wir uns der reichen Hauptstadt des schottischen Westens näherten, aber die dunklen Häusermassen traten doch noch deutlich aus dem grauen Abendschimmer hervor. Die Frage entstand: bleiben oder nicht? Die Schilderungen, womit uns ein lokalpatriotischer Glasgower während der Fahrt unterhalten hatte, waren an Ohr und Herz meines Reisegefährten nicht spurlos vorübergegangen; ich meinesteils sehnte mich aber zurück nach Canongate und der High Street von Edinburgh. Statt aller weiteren Antwort zeigte ich nur auf einige der dreihundert Fuß hohen Fabrikschornsteine, deren eben mehrere, wie erstarrte Dampfsäulen, hoch in den Himmel stiegen. Der Schornstein ist das Wahrzeichen Glasgows. Dieser Hinweis genügte. Von einer Seite des Bahnhofs eilten wir rasch

Glasgow

nach der andern hinüber, wo der Edinburgher Zug bereits ungeduldig wartete und seine Ungeduld durch Murren und Zischen zu erkennen gab; dann ein lang anhaltender Pfiff, und an Falkirk und seinen Schlachtfeldern vorbei, ohne Gruß für Linlithgow, das wie ein Schattenbild neben uns verschwand, bogen wir nach kaum einstündiger Fahrt um den Schloßfelsen Edinburghs herum und sahen seine Häuser rechts und links emporsteigen, phantastisch nebelhaft wie immer, eine Wolkenstadt, aus der die Lichter blitzten.

Lochleven Castle

Die Fackeln längst erloschen, deren Glut
Lichtfurchen zog auf dieses Sees Flut;
Das Leben längst erloschen, hin der Klang,
Der hier im Echo von den Mauern sprang;
Die Mauern selbst zerbröckelt, öd der Turm
Und im Kamine heimisch nur der Sturm.

Michael Bruces «Lochleven»

Lochleven Castle, mit alleiniger Ausnahme von Holyrood Palace, steht obenan unter den schottischen Schlössern, die, mit in die Geschichte Maria Stuarts verwebt, durch eben

Maria Stuart

diese Verwebung auch ihrerseits berühmt geworden sind. Im Schlosse von Lochleven saß die schöne Königin fast ein Jahr lang gefangen, jenes letzte Jahr auf schottischem Grund und Boden, das ihrer unheilvollen Flucht nach England vorausging.

Was zur Auflehnung des schottischen Adels gegen die Königin und schließlich zu ihrer Gefangensetzung in Lochleven führte, war bekanntlich ihre Verheiratung mit Bothwell. An der Spitze der Unzufriedenen stand ihr Halbbruder, der Graf von Murray. Bei Carberry Hill stießen die feindlichen Parteien aufeinander; Bothwell, auf die Anklage hin, «der Mörder Darnleys» zu sein, wurde zum Zweikampf gefordert, lehnte aber schimpflich ab und floh; mit ihm das Heer der Königin. Diese selbst überlieferte sich den Siegern und wurde als Gefangene nach dem der Douglas-Familie zugehörigen Schlosse von Lochleven gebracht.

Dies Schloß von Lochleven zu sehen war seit vielen Jahren mein Wunsch gewesen, und ich hätte Edinburgh nicht verlassen mögen, ohne zuvor einen Ausflug nach diesem reizenden Punkt gemacht zu haben. Es ist eine Unsitte, die, wie überall, so auch in Schottland herrscht, dem Reisenden gleichsam eine bestimmte Reiseroute, eine bestimmte Reihenfolge von Sehenswürdigkeiten aufzudrängen. Irgendeine Eisenbahn- oder Dampfschiffahrt-Kompagnie findet es für gut, *diesen See*, *diesen Berg*, *diese Insel* als das Schönste und Sehenswerteste festzusetzen; regelmäßige Fahrten werden eingerichtet, bequeme Hotels wachsen wie Pilze aus der Erde, Stellwagen und Postillone, Bootsführer und Dudelsackpfeifer, alles tritt in den Dienst der Gesellschaft, und der Reisende, der ein Mensch ist und in möglichst kurzer Zeit mit möglichst wenig Geld das Möglichste sehen möchte, überläßt sich wie ein Gepäckstück diesen Entrepreneurs und bringt sich dadurch um den vielleicht höchsten Reiz des Reisens, um den Reiz, *das Besondere*, *das Verborgene*, *das Unalltägliche* gesehen zu haben. Eine kleine Schönheit, die wir für uns selber haben, ist uns lieber wie die große und allgemeine.

Den Entrepreneurs hat es bisher nicht beliebt, den Leven-

See, überhaupt die Grafschaft Fife, unter jene Punkte aufzunehmen, die gesehen werden *müssen;* es lag außerhalb des Weges, und wenige kümmerten sich darum. Das wird jetzt mutmaßlich anders werden. An demselben Tage, an dem wir aufbrachen, um unsern Besuch auf dem alten Schlosse abzustatten, wurde die Eisenbahn zwischen Edinburgh und Lochleven eröffnet, und ich hege keinen Zweifel, daß die betreffende Aktiengesellschaft Sorge tragen wird, den halbvergessenen Punkt wieder zu Ehren zu bringen und mit Hilfe der Romantik die Aktien steigen zu machen.

Wir brachen früh auf von Edinburgh. Ich werde dieses schönen Tages nicht leicht vergessen. Wenn es schon ein Glück war, die ersten zu sein, die auf einer bis dahin ziemlich beschwerlichen Tour die eben eröffnete Eisenbahn benützen konnten, so war dies günstige Ungefähr doch nur das Zeichen, das Vorspiel eines glücklichen Tages. Wer kennt nicht die Stimmung, die uns beschleicht, wenn wir zur Sommerszeit am Abhange eines Waldes ausruhen, hinausblicken auf eine sonnenbeschienene Wiese, hinaufblicken in den Himmel, daran dünne Wolken ziehen, und aus Wald und Feld her rätselhafte Laute vernehmen, als spräche die Natur? Ein Träumen kommt über uns; wir denken nichts Bestimmtes, wir fühlen nichts Bestimmtes, aber die süße Gewohnheit des Daseins zieht wie mit doppelter Süße durch unser Herz. Diese Stimmung war es, die mich den Tag über begleitete; die Klänge eines alten Liedes schmeichelten sich in mein Ohr.

Die Fahrt von Edinburgh bis zum Städtchen Kinross, in dessen unmittelbarer Nähe Lochleven gelegen ist, dauert auch jetzt noch drei bis vier Stunden, wiewohl die Entfernung in gerader Linie kaum fünf deutsche Meilen beträgt. Aber die Eisenbahn beschreibt die wunderlichsten Linien, und man springt vor und wieder zurück, wie ein Springer auf dem Schachbrett. Man fährt zunächst von Edinburgh bis Leith und passiert dann in einem Dampfboot den breiten Meerbusen des Forth. Im Hinüberfahren gewahrt man rechtshin das Dorf *Aberdour*. An den Namen desselben knüpft sich eine der schönsten und ältesten schottischen Balladen, die Ballade von «Sir Patrick Spens»:

Der König sitzt in Dunfermline-Schloß;
Er trinkt blutroten Wein:
Wer ist mein bester Segler,
Er muß in See hinein!

Höflinge, falsche Freunde des Sir Patrick, antworten dem Könige: «Wer anders könnt es sein als Sir Patrick.» Nun wird eine Fahrt beschlossen, ein Winter-Seezug (um die Sturmzeit) gegen die Dänen. Die Ehre verbietet dem Sir Patrick, das Kommando abzulehnen, und die ganze Flotte, wie erwartet, scheitert in der Nähe von Aberdour. Niemand wird gerettet.

Nun sitzen viel schöne Frauen
Bei Aberdour am Strand
Und stützen die weiße Stirne
Auf ihre weiße Hand.

Sie tragen goldene Kämme
Und starren hinaus aufs Meer,
Doch sie erharren keinen
Und sehen keinen mehr.

Wir sind glücklicher in unserer Fahrt als der arme Sir Patrick und erreichen wohlbehalten North Queen's Ferry, von wo uns die Eisenbahn zunächst nach dem alten Dunfermline führt. Dies ist dasselbe Dunfermline, wo der eben zitierte alte Balladenkönig den «blutroten Wein» trank. Es ist eine der ältesten Städte Schottlands und war lange Zeit vor Edinburgh und selbst vor Perth eine königliche Residenz. Malcolme Canmore, der Besieger und Nachfolger Macbeths, hatte hier ein Schloß, dessen Ruinen noch sichtbar sind. Von höchstem Interesse ist die alte Abtei, leider durch Um- und Neubauten sehr verunstaltet. Sie ist das Campo Santo der schottischen Könige von Malcolme Canmore (um 1070) bis etwa zur Thronbesteigung der Stuarts. Die Könige *vor* 1070 liegen auf der Insel Iona (dicht bei Staffa) in langer Reihe begraben; *Macbeth beschließt den Zug*. Die meisten Grabsteine in der Abtei von Dunfermline zeigen keine deutlichen Namen mehr, so daß es als ein besonderes Glück angesehen werden muß, das interessanteste der vorhandenen Königsgräber durch einen Zufall wohlerhalten zu finden. 1818, bei Hinwegschaffung eines Trümmerhaufens (der Jahrhunderte lang das darunter verborgene Grab beschützt hatte), entdeckte man den Grabstein des *Robert Bruce* mit der Jahreszahl 1329. Man öffnete und fand das Skelett des großen Königs (groß auch körperlich) in Blei gehüllt; selbst ein Teil seines Grabtuches war noch vorhanden. Die Stadt ist auch dadurch interessant, daß *Karl Stuart* in einem ihrer vielen Paläste geboren wurde.

Von Dunfermline aus zieht sich die Eisenbahn, statt direkt nach Kinross zu gehen, meilenweit östlich hin und läuft eine lange Strecke an der Meeresküste entlang. Das Land ist flach, aber nicht reizlos und gewinnt namentlich da, wo man des Loch Leven oder des Leven-Sees ansichtig wird, einen eigentümlichen Zauber. Überhaupt wird der Osten Schottlands ohne Not auf Kosten des Westens vernachlässigt. Was dieser an Großartigkeit der Formationen voraushat, ersetzt der Osten reichlich durch Lieblichkeit und Leben in der Landschaft und durch jenen Reiz, den ihm Sage und Geschichte verleihen.

Kinross ist eine anspruchslose kleine Stadt, unmittelbar am See gelegen. Ihr Reiz besteht in ihrer Stille und Abgeschiedenheit, worin sie's dem stillen Linlithgow noch zuvortut. Kein königlicher Palast, kein figurenreicher Brunnen geben dem Orte Bedeutung; er hat nur seinen See, seine Lachsforellen und sein zerfallenes Schloß. Ein solcher Ort hat natürlich *nur ein* Hotel und spart dem Reisenden die Wahl. Im Salutation Inn stiegen wir ab, was ungefähr sagen will, im Gasthof zum freundlichen Gruß. Die lachende Wirtin blieb hinter dem Versprechen ihres Hauses nicht zurück, und nachdem wir ein Mittagbrot von Lachsforellen bestellt hat-

Loch Leven

ten, die dem Leven-See eigentümlich sind und von jedem gegessen werden müssen, der Kinross besucht, brachen wir auf, um dem «Schloß im See» unseren Besuch zu machen. Die Mittagssonne stand am Himmel, als wir in das Boot stiegen, das für spärlich eintreffenden Besuch die Kommunikation zwischen dem Ufer und dem Schloß im See unterhält. Der See, der ungefähr eine Drittelquadratmeile umfassen mag, hat zwei kleine Inseln, die übrigens in ziemlicher Entfernung voneinander liegen. Auf der einen befinden sich die Trümmer eines alten Klosters, auf der andern das *Schloß von Lochleven.*

Diesem fuhren wir jetzt zu. Zwei Leute handhabten die Ruder, ohne sich besonders zu übereilen; der eine ein breitschulteriger Bootsknecht, der andere ein blasser, kränklich aussehender Mann, mit etwas Träumerischem im Auge. Er war der Besitzer des Boots, hieß Mr. Marshall und fungierte zugleich als Fremdenführer. Was diesen Mann weit über all die Hunderte von Führern erhebt, die ich kennengelernt habe, war seine unaffektierte Begeisterung für den See und das Inselschloß, dem wir jetzt zuruderten. Zunächst verhielt er sich schweigsam, weil er nicht wissen konnte, ob wir zu den frivolen oder den pietätsvollen Reisenden gehörten, und sein See und Schloß ihm viel zu heilig waren, um eine Profanierung derselben mutwillig herauszufordern; kaum aber, daß er aus meinen Fragen ein ungeheucheltes Interesse und ein gewisses Vertrautsein mit der Geschichte des Orts erkannt hatte, so floß ihm das Herz über, und zu den Ruderschlägen, die im Takte auf- und niedergingen, klangen jetzt die Versrhythmen aller derer, die je ein Lied zu Ehren Lochlevens gesungen haben. Unter all den Zitaten, mit denen er nicht sparsam war, vermißte ich nur eines, ein Zitat aus jener alten Ballade, die von dem Aufenthalt des Grafen Percy auf diesem Schloß spricht. Ich fragte den Rhapsoden von Kinross, ob er jenes alte Lied nicht kenne, und als er es verneinte, erzählte ich ihm, wie Graf Percy, der aus England fliehen gemußt, auf diesem Schloß Schutz gesucht und gefunden; wie William Douglas aber ihn verraten habe und wie alle Warnungen von Mary Douglas, die den Percy geliebt und das Benehmen ihres Bruders verabscheut habe, umsonst gewesen seien. Vergeblich habe sie ihn an den See geführt und ihm auf dem Grunde desselben, mit Hilfe eines Zauberrings, die Bilder seiner Zukunft und seines Todes gezeigt: den Marktplatz von York, das Schafott, den Lord-Oberrichter und das Beil in der Hand des Henkers. Allen Warnungen und Versicherungen gegenüber habe er immer nur geantwortet:

«Die Douglas waren immer treu,
Auch William Douglas muß es sein»

und habe endlich das Vertrauen in die Treue der Douglas mit seinem Leben bezahlt. Während ich sprach, konnte ich deutlich wahrnehmen, daß Mr. Marshalls Herz von zwei entgegengesetzten Gefühlen bewegt wurde: das erste war ein Gefühl der Zerknirschung darüber, daß es einem Fremden vorbehalten sein mußte, ihm neuen Stoff zur historischen Belebung seines Sees und Schlosses zuzutragen; die zweite Empfindung aber, die jener unmittelbar auf dem Fuße folgte und sie verdrängte, war die der Freude und des Dankes. Um der *Sache* willen, die ihm vor allem am Herzen lag, vergaß er rasch und gern, was er im ersten Augenblick als das Bittere einer persönlichen Niederlage empfunden hatte.

Während dieses Gespräches hatten wir die Insel erreicht. Sie war in alten Zeiten so klein, daß sie nur eben den Raum zur Erbauung eines Schlosses hergegeben hatte, das dann wirklich wie aus dem Wasser emporwuchs und von den Wellen des Sees bespült wurde. So war Lochleven Castle zu den Zeiten der Maria Stuart, so war es noch (wenn auch bereits in Trümmer zerfallen) während der ersten dreißig Jahre dieses Jahrhunderts.

Erst im Jahre 1831 hat eine Kanalanlage, die, ich weiß nicht zu welchem Zwecke, unternommen wurde, den schönen See um seinen Wasserreichtum gebracht und das Niveau desselben um mehr denn vier Fuß erniedrigt. Dadurch haben

Schloß und Eiland ihren früheren Charakter verloren, und allmählich sich abflachend, zieht sich jetzt ein breiter tannenbewachsener Gürtel um den alten Mittelpunkt herum.

Dieser ehemalige Mittelpunkt ist durch eine Feldsteinmauer, die ihn einfaßt, noch deutlich erkennbar; die einzelnen Baulichkeiten aber sind zerfallen, mit Ausnahme von zwei Türmen, einem runden und einem viereckigen. An diese beiden Türme knüpft sich jenes Bruchstück aus dem Leben Maria Stuarts, das die Überschrift trägt: *Schloß Lochleven.* In dem runden Turm, der der kleinere ist und nach Westen blickt, saß sie gefangen. Der Turm bestand aus einem Souterrain und drei Stockwerken, die sich noch alle sehr wohl unterscheiden lassen. Das Souterrain hat Walter Scott in seinem Romane «Der Abt» als eine Schmiedewerkstatt dargestellt, was, wie Mr. Marshall ernsthaft versicherte, zu den schlimmsten der poetischen Lizenzen gehöre, deren sich der große Dichter jemals schuldig gemacht habe. Es sei eben ein Keller gewesen und weiter nichts. – Die Wölbung über diesem Keller existiert noch, so daß es möglich wird, in dem darüber gelegenen Hochparterre-Raum einen Besuch zu machen. Dieser Raum war das Wohn- und Empfangszimmer der Königin; ich bedaure, seinen Umfang nicht ausgemessen zu haben, doch erschien es mir kaum größer als der durch seine Kleinheit ausgezeichnete supping-room im Palaste von Holyrood. Das Zimmer hat zwei Fenster, ein größeres und ein kleineres, mit deren Hilfe die Königin beständig allerhand Zeichen zwischen sich und ihren Anhängern am Westufer des Sees ausgetauscht haben soll. Das Deckengewölbe dieses ersten wie auch des zweiten und dritten Stockwerkes ist eingestürzt, so daß man, die Augen nach oben richtend, wie durch einen geräumigen Schornstein hinauf ins Blaue blickt. Die beiden oberen Stockwerke sind indes durch Fenster- und Kaminnischen noch deutlich markiert. Das Zimmer im zweiten Stockwerk, durch eine schmale Treppe mit dem sitting-room in Verbindung stehend, diente als Schlafzimmer der Königin; über demselben, also im dritten und letzten Stockwerk, befand sich eine Art Wachtlokal, da die mehrfach sich wiederholenden Fluchtversuche der Königin es nötig machten, beständig auf der Hut zu sein. Einmal war es ihr bereits geglückt, in der Verkleidung ihrer Waschfrau die Wächter zu täuschen und glücklich in das Boot zu gelangen, das bestimmt war, die wirkliche Wäscherin nach Kinross zurückzurudern; als man indessen abstieß und das Boot heftig zu schwanken begann, griff die Königin nach der Bootswand, um nicht das Gleichgewicht zu verlieren. In demselben Augenblick war alles verraten; – diese *weiße Hand* gehörte keiner Waschfrau von Kinross. Noch andere Versuche zu ihrer Befreiung hatten stattgefunden, so daß immer größere Strenge, immer peinlichere Überwachung nötig geworden war. Diese Quälereien indes führten schließlich zu einem Bruch in der Douglas-Familie selbst und dadurch mittelbar zur Befreiung der Königin. Ehe ich die Geschichte dieser Befreiung erzähle, führe ich meine Leser nach dem viereckigen Turm, der am Ostrande der Insel liegt und damals von der Familie Douglas bewohnt wurde. Es ist ein interessanter alter Bau, ohne einen andern Eingang als durch die Küche, woraus Mr. Marshall geschlossen hat, daß vornehmer Besuch in Trag- und Schwebesesseln *hinaufgewunden* worden sei, – eine Hypothese, für die ich nicht die Verantwortung übernehmen mag. An der vom Wasser bespülten Außenwand des Turmes lief aus Pfahl- und Plankenwerk ein Steg hin, an dem das Boot lag, das die Kommunikation zwischen Schloß und Ufer unterhielt. Dieser Steg aber war nicht anders als durch ein Gittertor zu erreichen, das in dem Winkel lag, wo die Schloßmauer auf den großen Turm stieß. Die Schlüssel zu diesem Gittertor waren in Händen der alten Lady Douglas. Diese saß am Abend des 2. Mai 1568 an der Familientafel, die Schlüssel, die sie immer bei sich führte, neben ihrem Teller auf den Tisch gelegt. Sie war seit einundzwanzig Jahren Witwe, führte aber immer noch das Regiment. Um den Tisch herum saßen ihre Kinder und Enkel, hinter ihrem Stuhl aber stand ein Page, kaum sechzehn Jahre alt, der ein illegitimer Sohn ihres ältesten Sohnes William war. Sie nannten ihn Willy Douglas und rechneten ihn mit zur Familie. Als es dunkel geworden war,

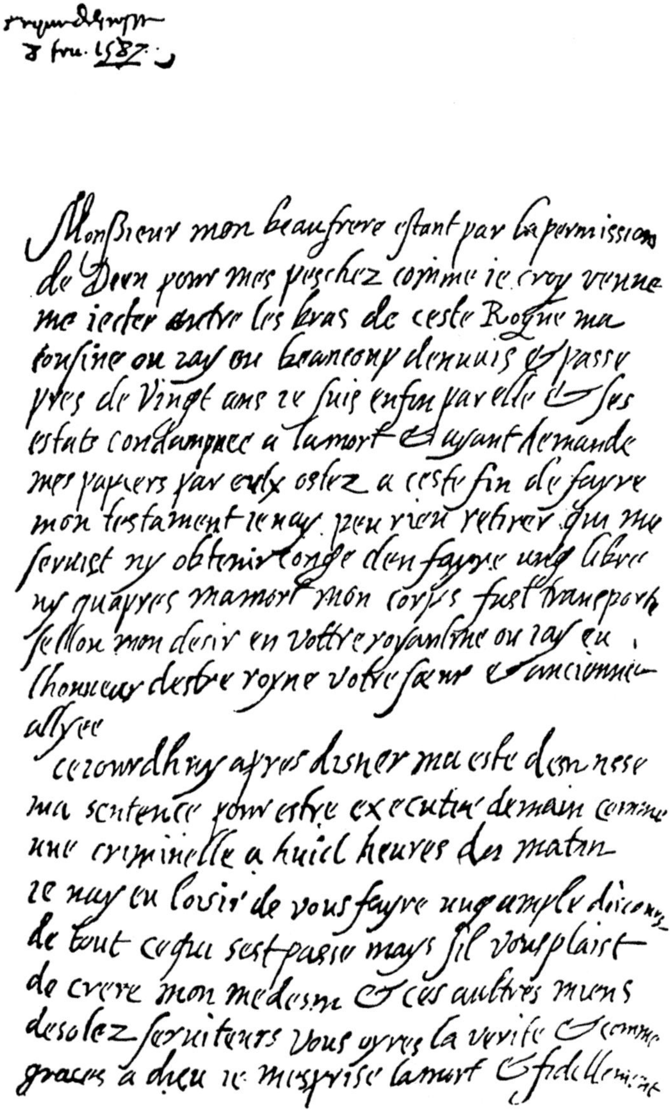
8 feu. 1587

Monsieur mon beau frere estant par la permission
de Dieu pour mes peschez comme ie croy venue
me iecter entre les bras de ceste Royne ma
cousine ou iay eu beaucoup dennuis & passe
pres de vingt ans ie suis enfin par elle & ses
estats condampnee a la mort & ayant demande
mes papiers par eulx ostez a ceste fin de fayre
mon testament ie nay peu rien retirer qui me
servist ny obtenir conge den fayre ung libre
ny quapres ma mort mon corps fust transporte
sellon mon desir en votre royaulme ou iay eu
lhonneur destre royne votre soeur & ancienne
allyee

ceiourdhuy apres disner ma este denoncee
ma sentence pour estre executee demain comme
une criminelle a huict heures du matin
ie nay eu loysir de vous fayre ung ample discours
de tout ce qui sest passe mays sil vous plaist
de croyre mon medesin & ces aultres miens
desolez serviteurs vous oyres la verite & comme
graces a dieu ie mesprise la mort & fidellement

Der letzte Brief Maria Stuarts

rötete ein Feuerschein den Himmel. Drei Personen im Schloß wußten, was es damit auf sich habe. Diese drei waren: die Königin, deren Freundin und Gesellschaftsdame Mary Seaton und – *Willy Douglas*. Er trat ans Fenster, wohl wissend, daß er dem Feuerschein begegnen würde, und rief dann wie bestürzt: «Feuer in Kinross!» Die alte Lady erhob sich von ihrem Platz und sah hinaus; alle anderen folgten. Diesen Augenblick benützte Willy, warf ein Tuch über die Schlüssel, um sie geräuschloser aufheben zu können, und verschwand im nächsten Moment. Als er hinaustrat, schritt vom runden Turm her die Gestalt Mary Seatons über den Schloßhof. Die Wache am Tor hatte sich täuschen lassen – es war die Königin. Im Nu war das Gittertor geöffnet und von außen wieder geschlossen; den Steg entlang eilend, sprangen beide ins Boot, und im nächsten Moment schon fielen die ersten Ruderschläge ins Wasser. Nach wenigen Minuten war alles entdeckt, aber das Gitter war geschlossen und kein anderes Boot zur Hand als eine Art Fährboot, das auf dem Schloßhof stand. Ein Vorsprung von einer Viertelstunde war gewonnen. Als man im Schlosse einstieg, um die Flüchtigen zu verfolgen, landeten sie bereits am Ostufer des Sees und wurden unter lautem Jubel von den dort harrenden Reitern Lord Seatons empfangen. Die Schlüssel aber warf Willy Douglas in den See; dort sind sie von im Sande spielenden Kindern zu Anfang dieses Jahrhunderts gefunden worden.

Diese Geschichte, dem Munde unseres Führers nacherzählt (der auch hier die Walter Scottsche Version verschmähte), vernahmen wir bruchstückweise, während wir in dem Wohn- und Eßzimmer der Lady Douglas auf und ab schritten und bald berechneten, wo die Alte gesessen haben müsse, bald an das Eckfenster traten, an dem Willy Douglas ausgerufen hatte: «Feuer in Kinross!» Die zur Küche führende Treppe hinuntersteigend, gelangten wir wieder ins Freie. Die Nachmittagssonne brannte auf dem grünen, mit Stein und Trümmern überdeckten Schloßhof; so setzten wir uns denn in den Schatten einer dicht am Ufer stehenden prächtigen alten Esche, um das Bild der beiden Türme von

Lochleven nochmals auf uns wirken zu lassen; dann sprangen wir ins Boot und fuhren in derselben Richtung zurück, die das flüchtige Paar in jener Nacht genommen hatte. Die Tage von Lochleven waren die letzten Tage Marys auf schottischem Grund und Boden. Am 2. Mai floh sie über den See, am 15. schon entschied sich ihr Schicksal an jenem Unglückstage von Langside. Willy Douglas bezahlte seine Liebe mit seinem Leben, die Königin aber floh und betrat in Carlisle den Boden *Englands*.

Melrose Abbey

Und willst du des Zaubers sicher sein,
So besuche Melros' bei Mondenschein;
Die goldne Sonne, des Tages Licht,
Sie passen zu seinen Trümmern nicht.
Wenn die Bögen und Nischen im Schatten stehn,
Die Ecken und Pfeiler wie Silber sehn,
Wenn das weiße, kalte, zitternde Licht
Um den Mittelturm seine Girlanden flicht,
Wenn die Strebepfeiler sich wechselnd reihn,
Halb Ebenholz, halb Elfenbein,
Wenn's schneeig auf allen Gräbern liegt
Und die weißen Figuren noch weißer umschmiegt,
Wenn das Rauschen des Tweed, weitab gehört,
Wie Summen die nächtige Stille stört, –
Ja, dann tritt ein; bei *Mondenschein*
Besuche Melros', und – *tu es allein.*

Wir konnten diesem guten Rate Walter Scotts (Gesang 2 in «The Lay of the last Minstrel») leider nicht nachkommen; denn es dämmerte kaum, als wir von Edinburgh aufbrachen, und schon um 10 Uhr vormittags trafen wir an Ort und Stelle ein. Das Städtchen Melrose, nur etwa vier deutsche Meilen von der englischen Grenze entfernt, liegt am Tweed, zum Teil an den Abhängen malerischer Hügel, die hier zu

Melrose Abbey

beiden Seiten den Fluß einfassen. Das Tweed-Tal gilt an dieser Stelle für außerordentlich fruchtbar, und um so mehr muß es überraschen, daß das Wort Melrose nicht «Honigrose» (wie man angesichts so üppiger Landschaft glauben sollte), sondern vielmehr «Kahlenberg» bedeutet. Die alte Schreibart war nämlich «Mullross», ein gälisches Wort, das etwa «unfruchtbares Vorgebirge» meint und sich auf der Insel Mull in richtiger Form erhalten hat, wo die südliche Felsenöde der Insel den Namen «Ross of Mull» oder Mullross führt. Vielleicht daß der alte Teil der Stadt auf einer eingeschobenen Sandscholle errichtet wurde.

Das Städtchen selbst ist im übrigen interesselos, und man passiert es ohne Verzug, um erst hinter demselben an dem Kirchhofstore haltzumachen, durch dessen Gitterstäbe man bereits die Abtei erblickt. *Melrose Abbey* ward zwischen 1136 und 1146 vom König David I. gegründet, also ungefähr um dieselbe Zeit, wo die Abtei von Holyrood errichtet wurde. Melrose war ein Zisterzienser-Kloster und größer, reicher, schöner als irgendeine andere Abtei im Lande. Drei große Feinde indes haben an der Zerstörung dieses Baudenkmals gearbeitet: der Krieg, das Puritanertum und der Vandalismus der letzten Jahrhunderte. Melrose Abbey wurde zu einem Steinbruch, dessen Wände und Pfeiler man zerschlug, um nachbarliche Stallgebäude aufzuführen. Aber auch unter den *Ruinen* des Landes ist sie die schönste geblieben.

Ein ziemlich breiter Kirchhof, mit alten Grabsteinen überdeckt, zieht sich an der Südfront der Ruine hin, und von dem südöstlichsten Punkt dieses Kirchhofs aus hat man den schönsten Überblick über dieselbe. Im Norden zwischen Hauptschiff und nördlichem Querschiff befanden sich die Klostergebäude; der Turm wuchs aus der Mitte des Kreuzes empor, und Chor und Oberschiff waren von ungewöhnlicher Länge. Turm und Dach sind eingestürzt, nur die Westseite des Turms erhebt sich noch 84 Fuß hoch; der Chor (der überhaupt am besten erhalten ist) und einzelne Seitenschiffe tragen noch ganz oder teilweise ihre alten Gewölbe. Das große Westschiff mit seinen acht Strebepfeilern und den Über-

Melrose Abbey

resten von ebenso vielen Seitenkapellen ist am völligsten seines alten Glanzes beraubt, besonders da, wo die Hand des Puritanismus nicht bloß niedergerissen, sondern in dem ihm eigentümlichen Nüchternheitsstil auch aufzubauen und zu restaurieren versucht hat. Die eine Hälfte des Westschiffs, und zwar die dem Turm zunächst gelegene, trägt nämlich einen Überbau aus dem Jahre 1618; aber es ist ein Rundbogen, wie wenn man einen Keller wölbt und nicht die Abtei von Melrose.

Kein Teil des Gebäudes, der nicht schwere Schädigungen erfahren hätte; vieles fehlt, einzelnes ist verunstaltet, nichtsdestoweniger bietet sich dem Auge, neben der Schönheit der Proportionen, noch eine solche Fülle wohlerhaltener Einzelnheiten dar, daß es weder eines besonderen Geschicks noch einer besonders lebhaften Phantasie bedarf, sich die Ruine wieder als ein Ganzes zu denken und aufzubauen. Ich mag nicht bei den Einzelnheiten verweilen, nicht die Portale und Nischen, die Simse und Friese beschreiben, selbst die besonders berühmten Fenster nicht, die sich in mächtiger Breite im Chor und über dem Südportal erheben; ich begnüge mich mit der Erklärung, daß diese Ruine zu jenen großartigen Schönheitswundern gehört, die, einmal gesehen und in sich aufgenommen, nicht wieder vergessen werden. Sie ist nicht nur unter den schottischen, sondern überhaupt unter allen Ruinen, die ich kennengelernt habe, durchaus die schönste und fesselndste. Worin ihr besonderer Zauber besteht, ist schwer zu sagen. Lage, Material (ein feinkörniger rotgrauer Sandstein), imposante Dimensionen, historische Erinnerungen und Reichtum und Eleganz des Details (wovon auch ein flüchtiger Blick schon überzeugen muß) wirken zusammen; den Ausschlag aber gibt wohl jene rätselhafte Schönheitslinie, die man an ihrer Wirkung eher erkennt, als Auge oder Urteil sie nachzuweisen vermögen.

Die Details des Baues sind von ungewöhnlicher Schönheit und Sauberkeit; diese aber in vollem Umfang zu würdigen, ist es nötig, unsern Kirchhofsplatz aufzugeben und in die Kirche selber einzutreten.

Man erkennt hier alsbald eine Ausbildung des Ornamentalen, wie sie, selbst in der höchsten Blütezeit der Gotik, nur ausnahmsweise gefunden wird. Mit feinem Sinn für noble Gesamtwirkung ist die quantitative, unerbittlich ins Auge fallende Überladung vermieden, und nur qualitativ begegnen wir einem äußersten Maß, das an Raffinement grenzen und vielleicht ein Zuviel sein würde, wenn es nicht mit jener Reserviertheit Hand in Hand ginge, die es in den Willen des *Beschauers* legt, ob er den Reichtum sehen will oder nicht. Unter diesen Detailarbeiten zeichnen sich vor allen die Kapitäle der Säulen aus. Es ist, als ob die Meister jener Epoche den Zweck verfolgt hätten, ein in Stein gebildetes Herbarium scoticum auf die Nachwelt kommen zu lassen. Alle möglichen Blumen und Blätter, Lilien, Distel, Eichenlaub, Kleeblatt und Raute, finden sich vor und sind mit so viel Studium und Sauberkeit ausgeführt, daß es z. B. möglich ist, einen Strohhalm durch die reichdurchbrochene Blumenarbeit, wie durch ein Gewebe von Maschen und Ringen, hindurchzuziehen. An jeder Stelle der Kirche laden diese Kapitäle zu sorglicher Betrachtung ein, ganz besonders aber im Nordostteil derselben, wo sich's der Steinmetz an einzelnen Stellen hat angelegen sein lassen, die krausen Blätter des schottischen

Grünkohls mit überraschender Treue nachzubilden. Dieser Grünkohl, gemeinhin Scotch kail genannt, muß entweder auf Melroser Grund und Boden in ganz besonderer Vortrefflichkeit gediehen sein oder irgendwelche mysteriöse Beziehungen zur Abtei gehabt haben, da noch ein altes Volks- und Spottlied existiert, worin es von den Melroser Mönchen heißt:

Und sie hatten vom besten schottischen Kohl
Alle Freitag auf ihrem Teller
Und taten an Braten und Bier sich wohl
Aus ihrer Nachbarn Keller.

Mehr aber als selbst die gelungensten Kapitälornamente der schönen Abteiruine nehmen die unscheinbaren, halb weggetretenen Grabsteine unsere Aufmerksamkeit in Anspruch, die sich im hohen Chor der Kirche, zum Teil in unmittelbarer Nähe des Altars befinden. An der wenig beglaubigten Gruft König Alexanders II. schreiten wir vorüber, jener Stelle zu, wo verschiedene Mitglieder der Familie *Douglas*, besonders Graf Jakob und Lord William Douglas, begraben liegen. Nicht die verwitterten Steine fesseln uns, aber die Männer, die unter ihnen ruhen. Wir treten zunächst an das Grab des Grafen Jakob.

Es ist dies derselbe Jakob, Graf von Douglas, der in der berühmten Chevy-Chase-Ballade die Ehre höchster Tapferkeit mit dem Grafen Percy von Northumberland teilt; zwei Namen, die fortleben und einen Zauberklang für Ohr und Herz behalten werden, solange noch ein Vogel im Walde singt und die Menschen sich freuen, wenn der Frühling kommt. Die alte Ballade (von der übrigens eine sehr abweichende *schottische* Version existiert, die den geschichtlichen Hergang um vieles genauer wiedergibt) erzählt bekanntlich von einem Jagdzug, den Graf Percy auf schottischem Grund und Boden unternahm, nur um den Grafen Douglas durch diesen Jagdzug, wie durch einen hingeworfenen Handschuh, zum Kampf herauszufordern. Graf Douglas war nicht der Mann, auf sich warten zu lassen. Aus dem Jagdzug wurde eine Schlacht. Beide Führer fielen; Douglas wurde von einem «verräterischen Pfeil» getroffen, Percy aber gleich darauf von dem Speere Lord Montgomerys durchbohrt. So das Gedicht, das man vergeblich versucht hat, mit den *historischen* Kämpfen jener Epoche, d.h. mit der Schlacht von Otterburn, die um dieselbe Zeit zwischen Douglas und Percy stattfand, in Einklang zu bringen. Die Ballade spricht aufs unzweideutigste von dem Tode *beider* Führer; der historische Percy aber, sooft er auch seinem schottischen Rivalen, dem Grafen Douglas, gegenüberstand, fiel nicht in der Schlacht von Otterburn, sondern erst 13 Jahre später bei Shrewsbury, wo er zufällig und ausnahmsweise nicht *gegen* einen Douglas, sondern umgekehrt an der *Seite* eines *Douglas* gegen Heinrich Monmouth kämpfte und unterlag. Die Chevy-Chase-Ballade und ihre Fiktionen haben nahezu den zugrunde liegenden *geschichtlichen* Hergang vergessen gemacht, und doch steht derselbe an innerlich-poetischer Macht kaum hinter der Erfindung der Dichtung selbst zurück. Die schottischen Geschichtsschreiber berichten über die Schlacht von Otterburn wie folgt: «Jakob Graf von Douglas und sein Bruder, der Graf von Murray, fielen an der Spitze von 3000 Mann in Northumberland ein und drangen, ohne Widerstand zu finden, bis Newcastle vor, wo Graf Percy Heißsporn in Verschanzung lag. Vor den Toren der Stadt kam es zu einem persönlichen Gefecht zwischen den beiden Rivalen, in welchem der Douglas das Glück hatte, seinem Gegner das Fähnchen von der Lanzenspitze abzureißen. Er hob sich sofort hoch im Sattel empor, wies auf das Fähnchen, das er in Händen hielt, und rief vor Freund und Feind laut über das Feld hin, daß er diese Beute nach Schottland heimtragen und auf dem Turmknauf seines Schlosses von Dalkeith befestigen wolle. Percy antwortete: «Das sollst du nun und nimmermehr.» Im Einklang mit diesem seinem Wort suchte Percy jetzt dem heimziehenden Douglas den Rückzug abzuschneiden und überfiel in selbiger Nacht noch das schottische Lager bei Otterburn, sieben Meilen nördlich von Newcastle. Der Mond stand am Himmel, und man focht mit Mut und Verzweiflung.

Endlich hoffte der Douglas, den Kampf zur Entscheidung bringen zu können, und mit einem Streitkolben bewaffnet, der so schwer war, daß wenige ihn schwingen konnten, stürmte er in den dicksten Knäuel der Engländer hinein. Nur drei Genossen waren mit ihm, sein Schloßkaplan und zwei Diener. Ehe der Rest der Schotten folgen konnte, war es um ihn geschehen; drei tiefe Wunden warfen ihn vom Pferde, neben ihm lagen die beiden Diener in ihrem Blute, und nur der Priester stand noch aufrecht und schützte seinen gefallenen Herrn vor Schimpf und Unbill. «Ich sterbe, wie alle Douglas gestorben sind», rief Graf Jakob dem Priester zu, «verheimliche meinen Tod; eine alte Prophezeiung sagt: dem toten Manne gehört das Feld.» So starb Douglas. Die Schotten erneuten den Angriff und machten die alte Prophezeiung wahr, mit der ihr Führer das Zeitliche gesegnet hatte. Ralph Percy, der Bruder des Percy Heißsporn, wurde von Lord Marischal und gleich darauf Heinrich Percy selbst vom Lord Montgomery gefangengenommen. Das war am 15. August 1388. Douglas fiel, aber nicht Percy; das ist der Unterschied zwischen der historischen Überlieferung und der Balladen-Version. Froissart, der diese Schlacht beschreibt, sagt von derselben folgendes: «Unter allen Kämpfen, groß und klein, deren ich bisher erwähnt habe, steht die Schlacht von Otterburn als die bestgekämpfte obenan; schwache Herzen und Feiglinge gab es nicht.» Die Leiche des Douglas aber trug man vom Schlachtfelde mit allen kriegerischen Ehren heim und setzte sie bei in der Abteikirche von Melrose. Abt und Mönche standen umher und zelebrierten die Messe und sangen die Litaneien.

Der andere Douglas, der im Chor von Melrose Abbey begraben liegt, ist William Douglas, bekannter unter dem Namen «der schwarze Lord von Liddisdale». Er besaß den Mut, der in seiner Familie erblich war, befleckte aber seinen Namen durch die Grausamkeit, mit der er seinen frühern Freund und Waffenbruder, Sir Alexander Ramsay, ermordete. Ramsay war durch königliche Ordre zum Sheriff von Teviotdale ernannt worden, ein Amt und eine Würde, das William

Douglas glaubte beanspruchen zu dürfen. Voll Rachedurst überfiel er den Ramsay in der Nähe von Hawick und nahm ihn gefangen. Roß und Mann führte er dann mit eigenen Händen heim und warf beide in den Turm seines Schlosses. Dort sollten sie verhungern. Man erzählt sich, daß der unglückliche Ramsay eine Woche lang sein Leben gefristet habe mit Hilfe von Futterkörnern, die aus einem über ihm befindlichen Kornboden durch allerhand kleine Ritzen und Spalten spärlich in seinen Kerker herabfielen. Das Herz des schwarzen Lords blieb unerweicht, und Ramsay starb; sein Mörder aber, eben unser Lord William Douglas, wurde wenige Wochen später auf der Jagd erschlagen. Sein Grabstein in Melrose verschweigt die dunkle Tat seines Lebens und seines Todes.

In der Nähe dieser beiden Douglas-Gräber befindet sich ein dritter Stein, unter dem das Herz König Roberts, bekannter unter dem Namen Robert Bruce, begraben liegt. Die in alten Historienbüchern überlieferte Geschichte, die sich an dieses Herz knüpft, ist abermals eine *Douglas*-Geschichte. Graf Strachwitz hat dieselbe in seiner schönsten Ballade, «Das Herz von Douglas» (an der alles schön ist, mit Ausnahme des Verwirrung stiftenden Titels), benutzt und verherrlicht. Ich gebe die Geschichte hier in aller Kürze. Robert Bruce, als er zu sterben kam, schickte Boten und ließ Lord Douglas an sein Sterbebett rufen. Er nahm Abschied von ihm und legte ihm die Verpflichtung auf, sein (des Königs) Herz gen Jerusalem zu tragen und in heiliger Erde beizusetzen. Der König starb, und Douglas brach auf. Seine Vasallen aus den Grafschaften Angus und Lothian folgten ihm; das Herz des Königs aber trug er in einer silbernen Kapsel. Immer glücklich in seinen Kämpfen mit den Sarazenen, fing er an, ihre Kriegskunst zu verachten und sich übermütig in jedes Abenteuer und jede Gefahr zu stürzen. Endlich von überlegener Macht auf allen Seiten eingeschlossen, warf er die Silberkapsel mitten in die Feinde hinein und rief: «Nun geh voran, Herz, wie du immer getan, und Douglas folgt dir oder stirbt.» Gleich darauf empfing er die Todeswunde. Die Überlebenden brachten seine Leiche heim und mit ihm die Silberkapsel mit dem Herzen des Königs. Graf Douglas ward beigesetzt in der Gruft seiner Väter; König Roberts Herz aber fand seine letzte Ruhe in Melrose-Abtei. So hat denn Robert Bruce, der Held und Liebling seines Volkes, ein *doppeltes* Grab gefunden. Unterm Altar in der alten Kathedrale von Dunfermline liegt König Roberts Leib, dreimal in Blei gehüllt, und trägt auf seinem Stein die Inschrift: «Hic jacet Robertus Rex». Sein Herz aber liegt in der Abteikirche zu Melrose, die besten jener Douglas' um sich her, auf deren Lehnsschwert, in Erinnerung an ihren berühmten, vielbesungenen Ahnherrn, bis diesen Tag die (schon an anderer Stelle zitierten) Worte stehen:

Unter allen Lords in meinem Reich
War keiner doch dem Douglas gleich.
Drum trag du, wenn ich gestorben bin,
Mein Herz zum heiligen Grabe hin.
Dort mag es liegen tief und still,
Bis mein Erlöser es wecken will.
Ein beßrer Ritter bis diese Stund'
An keines Königs Seite stund.

Außer den genannten vier Gräbern hat die Abtei keines, das durch Person oder Inschrift ein besonderes Interesse in Anspruch nehmen könnte; auf dem mehrgenannten Kirchhof aber, der sich an der Südfront der Abtei mit seinen Leichensteinen entlangzieht, begegnen wir einem, der folgende berühmt gewordene Worte trägt:

Erde gleißt auf Erden
In Gold und in Pracht;
Erde wird Erde,
Bevor es gedacht;
Erde türmt auf Erden
Schloß, Burg, Stein;
Erde spricht zu Erde:
Alles wird mein.

Abbotsford

Drei englische Meilen westlich von Melrose liegt Abbotsford, jene «Romanze in Stein und Mörtel», wie *Walter Scott* seinen selbsterrichteten Wohnsitz mit einem gewissen Selbstgefühle genannt hat. Der ganze Bau übernimmt wider Willen die Beweisführung, daß sich «eines nicht für alle schickt» und daß die Wiederbelebung des Vergangenen, das Ausschmükken einer modernen Schöpfung mit den reichen poetischen Details des Mittelalters, auf *einem Gebiete* bezaubern und hinreißen und auf dem andern zu einer bloßen Schnurre und Absonderlichkeit werden kann. Diese Romanze in Stein und Mörtel nimmt sich, um in *dem* Vergleiche zu bleiben, den der Dichter selbst gewollt hat, nur etwa aus, als habe er in einem seiner Schreibtischkästen hundert hübsche Stellen aus allen möglichen alten Balladen gesammelt, in der bestimmten Erwartung, durch Zusammenstellung solcher Bruchstücke eine eigentliche *Musterromanze* erzielen zu können. Es fehlt der Geistesblitz, der stark genug gewesen wäre, die widerstrebenden Elemente zu etwas Einheitlichem zusammenzuschmelzen. Wie man Gesellschaftsgedichte nach Endreimen macht und das Papier umklappt, um völlig außer Zusammenhang mit *dem* zu bleiben, der vor uns seine Zeile geschrieben hat, so ist Abbotsford einem halben Hundert Schlagwörtern zuliebe gebaut worden. Das alles soll seinem Erbauer kein Vorwurf sein; aber man bedauert allerdings, der Steinromanze gegenüber nicht den Ton der Liebe und Verehrung anschlagen zu können, an den sich die Lippen fast gewöhnt haben, wenn sie den Namen Sir Walters nennen.

Wir haben in Melrose ein zierliches, zweiräderiges Wägelchen gemietet, und vom Eisenbahnhotel aus, wo wir abgestiegen sind, geht es nun westlich die Straße nach Abbotsford hinaus. Der Weg, den wir passieren, hat ganz den Charakter der englischen und südschottischen Landschaft: Tal und Hügel in raschem Wechsel, Hecken und Baumgruppen, Wiesenflächen und Kieswege und ein Wasserstreifen, der in Schlangenwindungen das Ganze durchzieht. Nirgends frappante Schönheit, aber überall lachende Lieblichkeit und die milde Hand der Kultur, von der man sich wie von einem Westwind gestreichelt fühlt. Tausend Schritt hinter Melrose zweigt eine Art Feldweg nach «Chiefswood» ab, einem reizend gelegenen Häuschen, das zu Lebzeiten Sir Walter Scotts von dessen Schwiegersohn, Mr. Lockhart, bewohnt wurde. Walter Scott liebte es, wenigstens einmal in der Woche hier vorzusprechen und einen Nachmittag, oft auch länger bei Tochter und Schwiegersohn zu verbringen. Mr. Lockhart selbst hat in sehr anschaulicher Weise diese Besuche beschrieben. «Der wohlbekannte Hufschlag Sibylle Greys», so erzählt er, «und das Bellen von ‹Senf› und ‹Pfeffer› (seine zwei Lieblingshunde), vor allem dann sein lauter Jägergruß unter unserem Fenster ließen uns wissen, daß er die Last der Arbeit abgeschüttelt habe, um, wie er sich ausdrückte, in unserm Gasthause mal wieder nach Lust und Bequemlichkeit zu leben. Dann stieg er ab, und seine und unsere Hunde um sich her, nahm er zunächst unter einer alten Eiche Platz, die fast den ganzen Raum zwischen dem Bach und unsrem Hause überschattete. Hier war es, wo dann gemeinhin Tom Purdie, der Förster, zu ihm trat und in langem Vortrag auseinandersetzte, warum dieser oder jener Baum gefällt und diese oder jene Stelle bepflanzt werden müsse. Am andern Morgen nach dem Frühstück zog er sich in eins der obern Zimmer zurück, schrieb oder beendete ein Kapitel des ‹Piraten› und schickte es direkt zum Druck an seinen Freund und Verleger John Ballantyne. Dann begab er sich in die Plantage oder irgendwohin, wo er sicher sein konnte, einem halben Dutzend unserer Arbeiter zu begegnen, und begann sofort an ihrer Arbeit mit Axt, Säge und Grabscheit teilzunehmen. Gegen Mittag brach er auf, entweder um noch mit uns zu plaudern oder um in Abbotsford Gäste zu empfangen, an denen nie Mangel war.» –

Während uns unser Kutscher noch von «Chiefswood» und Sir Walter nach seiner besten Kenntnis unterhält, haben wir abermals eine Abzweigung des Weges erreicht, von wo aus man bereits die hübschen Ufer des Huntly-Bachs und dahinter die sogenannte «Reimer-Schlucht» (Rhymer's Glen) erkennt. Beide, Ufer und Schlucht, bezeichnen den Platz, wo «Thomas der Reimer» der Elfenkönigin begegnete, und das vielgesungene altschottische Lied, in welchem diese Begegnung beschrieben wird, hat einen Teil seiner Popularität auch auf den Schauplatz, der uns jetzt zur Seite liegt, übertragen. Die ersten Strophen dieser lieblichen Volksballade lauten wie folgt:

Der Reimer Thomas lag am Bach,
Am Kieselbach bei Huntly-Schloß,
Da sah er eine blonde Frau,
Die saß auf einem weißen Roß.

Sie saß auf einem weißen Roß,
Die Mähne war geflochten fein,
Und hell an jeder Flechte hing
Ein silberblankes Glöckelein.

Und Tom der Reimer zog den Hut
Und fiel ins Knie; – er grüßt und spricht:
«Du bist die Himmelskönigin
Und bist von dieser Erde nicht.»

Die blonde Frau, sie hält ihr Roß:
«Ich will dir sagen, wer ich bin,
Ich bin die Himmelsjungfrau nicht,
Ich bin die Elfenkönigin.

Nimm deine Harf und spiel und sing
Und laß dein bestes Lied erschalln,
Doch wenn du meine Lippe küßt,
Bist sieben Jahr du mir verfalln.»

Und Thomas drauf: «O Königin,
Zu dienen dir, es schreckt mich kaum»;
Er küßte sie, sie küßte ihn,
Ein Vogel sang im Eschenbaum.

«Nun bist du mein, nun zieh mit mir,
Nun bist du mein auf sieben Jahr»;
Sie ritten durch den grünen Wald,
Wie glücklich Tom der Reimer war.

Sie ritten durch den grünen Wald,
Bei Vogelsang, bei Sonnenschein,
Und wenn sie leis am Zügel zog,
So klangen all die Glöckelein.

So klingen auch die zierlichen Verschen. Wir aber, in begreiflicher Furcht vor einem ähnlichen, mehrjährigen Engagement von seiten der Feenkönigin, wenden dem verführerischen Platze den Rücken zu, und gleich darauf ein Zollhaus passierend, wo uns, wie auf vaterländischen Chausseen, ein gelbes Zettelchen als Quittung bürgerlicher Pflichterfüllung eingehändigt wird, fühlen wir uns plötzlich aus dem Bereich aller Feen und Geister wieder heraus, als läge der Schlagbaum wie eine schützende Grenzmauer zwischen uns und ihnen.

Unser Karren rollt weiter und hält erst wieder vor einer weit ausgedehnten Umzäunung, die uns die Welt wie mit Brettern verschließt. Wir steigen ab. Ein einfaches Gittertor öffnet sich und fällt wieder zu; der Rayon von Abbotsford, ein landschaftliches Bild von nicht gewöhnlicher Schönheit, liegt vor uns. Des schloßartigen Hauses mit seiner Fülle von Zinnen und Giebeln werden wir nicht sogleich ansichtig; «die Romanze in Stein und Mörtel» tritt uns erst entgegen, nachdem wir ein frei stehendes gotisches Portal passiert haben, das von einem alten Douglas-Schlosse herstammt und nach Art der römischen Triumphbögen wie ein selbständiger Torbau mitten in den Weg gestellt ist. Wir passieren also dies Portal und haben nun das berühmte Abbotsford in nächster Nähe vor uns. Wenn der Bau nicht *just* so sein sollte, wie er ist, so würde man sofort ausrufen müssen: Wie verbaut! Das Ganze löst sich in eine Unzahl von Teilen auf, und von einer Totalwirkung kann eigentlich keine Rede sein. Die

Abbotsford

Einzelnheiten drängen sich so vor, daß die Gesamtdimensionen verlorengehen und der Bau um vieles kleiner erscheint, als er in Wahrheit ist.

Das Material, aus dem er aufgeführt wurde, ist ein graublauer Basalt, der im Schottischen «Whinstone» heißt; alle Fenster- und Portaleinfassungen aber bestehen aus derbem Sandstein.

Die Lage des Hauses, halb umgeben vom Tweed (der hier eine Biegung macht) und überall von Hügelabhängen, von Baum- und Parkpartien eingeschlossen, ist anziehend und malerisch genug; dieser naturgeschaffenen Romantik sollte aber nachgeholfen werden, und so entstand jenes Kuriosum, zu dessen näherer Betrachtung wir jetzt schreiten. Zunächst die *Außenseite*. Im Prinzip ist zwischen ihr und dem Innern des Hauses nicht der geringste Unterschied, und der Sammel-Charakter, den das Ganze hat, tritt auch äußerlich so entschieden hervor, daß man gelegentlich glauben könnte, die Wände seien von Glas und der Kuriositätenkram, der etwa wie Tulaer Arbeit *äußerlich* in sie eingelassen ist, schimmre von innen durch die Glaswand hindurch. Man hat eine Empfindung wie in Häusern, wo Korridore, Waschkammern und Gesindestuben mit altmodischen Kupferstichen überfüllt sind, weil die Liebhaberei des Besitzers zu einer *Fülle* führte, die er schließlich nicht bewältigen konnte und die er doch wiederum zu hoch hielt, um sich ihrer ohne weiteres zu entäußern. Wie in den Wohnungen jener Landpastoren, die eine Eiersammlung und einen Glasschrank voll ausgestopfter Vögel haben, der Hausflur gemeinhin dazu benutzt wird, um einen Steinadler, einen Alligator oder eine Walfischrippe aufzustellen, so hat Sir Walter Scott alles *das* an die Außenwände seiner romantischen Burg verwiesen, was zu groß, zu massig, zu ungeschlacht gewesen wäre, um unter dem Nipp der Zimmerausschmückung zu erscheinen. Unter diesen Ornamenten im Riesenspielzeugcharakter befindet sich unter andern der *Torflügel* des Tolbooth-Gefängnisses in Edinburgh, das im Jahre 1817 niedergerissen wurde. Dies alte, eisenbeschlagene Stück Holz ist wie ein Reliefbild, und zwar in Mittelhöhe der Wand, in die Mauer eingelassen und zeigt dadurch, daß es eine Art eingerahmtes Bildwerk und keine Tür sein will. An einer andern Stelle der Mauer befindet sich ein Spitzbogen*portal* (ebenfalls blind), das aus denselben Steinen gebaut worden ist, die bis zum Jahre 1817 das wirkliche Portal des Tolbooth-Gefängnisses bildeten. Inschriften befinden sich zahlreich an jeder der vier Wandflächen, und die an der Ostseite, die da lautet: «Up with the sutors of Selkirk», teilt den schmalen Raum einer Sandsteinplatte mit einem darüber befindlichen, roh in den Stein gekratzten Schwert.

Alle diese Dinge, deren *Seltsamlichkeit* ich bereits zu Anfang dieses Aufsatzes betont habe und deren *Absichtlichkeit* keinen besonders günstigen Eindruck möglich macht, sind doch nicht *voll* so seltsamlich, wie sie dem erscheinen müssen, der all die Umstände und Veranlassungen nicht kennt, die den Ankauf oder die Überreichung solcher Kuriositäten begleiteten. Das Steinportal und der hölzerne Torflügel des niedergerissenen Edinburgher Tolbooth-Gefängnisses nehmen sich wunderlich genug aus; wenn man aber weiß, daß «Tolbooth-Gefängnis» nur der prosaische Name ist für das, was wir alle unter dem Namen «Das Herz von Midlothian» kennen (nie-

Abbotsford

mand weiß genau, warum das Gefängnis zu diesem poetischen Namen kam), so ändert sich dadurch die Sache ein wenig, und wir können nicht umhin, es sinnig und liebenswürdig zu finden, daß der Edinburgher Magistrat jene beiden Stücke, wie Bausteine oder zwei Reliefbilder, zur Ausschmückung des Ganzen beigesteuert hat. Eine Reihe von Geschichten und Anekdoten muß man stets gegenwärtig haben, um alle diese Schnurren nicht noch schnurriger zu finden, als sie ohnehin schon sind.

Auch das in Stein gekratzte Schwert mit der Umschrift: «Auf, ihr Schuster von Selkirk» ist keineswegs bedeutungslos. Die Schuster von *Selkirk* – der Name jener reizenden Stadt und Grafschaft, worin Sir Walter eine Zeitlang als Sheriff fungierte – zeichneten sich in der Unglücksschlacht von Flodden durch ihren Mut und ihre Hingebung aus, etwa wie die 400 Pforzheimer in der Schlacht bei Wimpfen. Im Volke hieß es damals, daß die Schlacht durch einen Verrat des Grafen Home verlorengegangen sei, und so entstand jenes

Volkslied «Die Schuster von Selkirk», das sich in den Scottschen Sammlungen vorfindet und folgendermaßen lautet:

Wir sind die Schuster von Selkirk,
Und Graf Home, ein Schelm bist du,
Wir halten's mit Blau und Scharlach
Und machen einsohlige Schuh.

Zum Teufel alles, was gelb ist,
Und gelb und grün dazu,
Aber Vivat für Blau und Scharlach
Und jeden einsohligen Schuh.

Wir fechten für Blau und Scharlach
Und den König und unsre Schuh,
Denn wir sind die Schuster von Selkirk,
Und Graf Home, ein Schelm bist du.

So das Lied. Hat man diese kleinen Züge und Beziehungen immer gegenwärtig, so wird man um einiges milder in der Beurteilung der ganzen Kollektion. Wir suchen nun einzutreten.

Der Eintritt in die «Kunstkammer», wie man Abbotsford vielleicht am richtigsten bezeichnet, geschieht durch ein vorspringendes Spitzbogenportal (diesmal nicht blind), das einem der Haupteingänge von Linlithgow Palace nachgebildet ist.

Wir befinden uns, gleich nach Passierung des Portals, zunächst in einem kleinen niedrigen Vorflur, dessen nüchterne Wände mit allerhand Abbildungen englischer Husaren bedeckt sind. Der älteste, jung verstorbene Sohn Sir Walters war Offizier im 10. Husarenregiment, was die Anwesenheit dieser zahllosen «Husaren auf Vorposten», «Husaren im Biwak» etc. erklären mag. Neben dem Vorflur gewahren wir, von der Größe eines mäßigen Wandschranks, eine Art Portierloge, in der ein alter Mann, ohne sich durch unser Erscheinen stören zu lassen, ruhig fortfährt, sein Frühstück zu verzehren und immer neue Schinkenschnitten abzuschneiden. Auf meine allerbescheidenste Anfrage, ob wir die Zimmer Sir Walters sehen könnten, antwortete er mit einem Knurrton, der, keiner toten oder lebenden Sprache direkt angehörig, unverkennbar ausdrückt, daß wir gefälligst warten möchten, bis er fertig sei. Dieser unkomplaisante alte Herr war zu Lebzeiten Sir Walters eine Art Förster und Waldhüter und, was mehr sagen will, ein besonderer Liebling seines Herrn gewesen. An der Hand dieses Alten begannen wir nun unsere Wanderung.

Aus dem Vorflur mit seinen Husarenbildern traten wir in die große «*Halle*», deren Fußboden aus einer Art Steinparkett von schwarzem und weißem hebridischen Marmor besteht, während die Wände mit alten, reich geschnitzten Eichenpaneelen aus Roslin Chapel und dem alten Königspalaste in Dunfermline bekleidet sind. Das Dach oder die Decke der Halle setzt sich aus Bögen von buntbemaltem Eichenholz zusammen. Zwischen diesen Bögen befinden sich die Wappenschilde der Scottschen Familie und aller derer, mit denen Walter Scott für gut fand verwandt sein zu wollen.

Am Fries der Halle laufen in langer Reihe andere Wappenschilde hin, die in bunten gotischen Buchstaben die gemeinschaftliche Inschrift tragen: «Dies sind die Wappen all der Clans und Häuptlinge, die in alter Zeit die schottischen Marken (das Grenzland) für den König wahrten und hielten. Sie waren treue Männer ihrer Zeit, und fest wie sie standen, so stand Gott zu ihnen.» Die verschiedenen Wappen gehören folgenden acht Familien an: den Douglasses, Kers, Scotts, Turnbulls, Maxwells, Chisholms, Elliots und Armstrongs – lauter Namen, die in den alten Balladen des Landes wie in den Dichtungen Walter Scotts vielfach genannt werden.

Aus der Halle treten wir in Walter Scotts *Studier- und Arbeitszimmer.* Die Mehrzahl seiner Romane wurde hier entweder komponiert oder niedergeschrieben. Das Zimmer macht durchaus den Eindruck des Wohnlichen und Behaglichen. Die Möblierung und Ausstattung ist gediegen, aber nicht reich und überladen. Der Arbeitstisch und ein lederüberzogener Armstuhl stehen noch an alter Stelle; einige

Walter Scotts Arbeitszimmer
in Abbotsford

Nachschlagebücher sind dicht zur Hand, und eine leichte Galerie von Gußeisen (tracery work) umläuft, in Mittelhöhe des Zimmers, drei Seiten desselben und erleichtert das Herabnehmen der Bücher.

Nischenartig abgezweigt von dem Studierzimmer und kaum so groß wie eine Schiffskoje, befindet sich neben demselben eine Art Kabinett, worin – in derselben Weise, wie man in Greenwich den besternten Rock Lord Nelsons aufhebt, den er trug, als ihn die Todeskugel aus dem Mastkorb des «Redoutable» traf – unter einem Glaskasten das letzte Sommerkostüm Sir Walters aufbewahrt wird. Es ist sehr elegant und zeigt, neben vielem andern, wie großes Gewicht der Verstorbene auf Äußerlichkeiten legte. Dies Kostüm besteht aus einem olivenbraunen Frack mit Stahlknöpfen, weiß und schwarz kariertem Beinkleid (das bekannte Plaidmuster), braunen Gamaschen, gestreifter Samtweste und grauem, langhaarigem Seidenhut. Die feierliche Empfindung, mit der ich diese Sachen betrachtete, wurde durch die profane Bemerkung «all newly washed», womit ein süffisanter Londoner Cockney sich selbst und das Maß seines Witzes beglaubigte, rasch unterbrochen, und wir verließen die Kabine ziemlich verstimmt, um nunmehr in das Bibliothekzimmer einzutreten.

Die Bibliothek ist ein sehr geräumiges und reich verziertes Zimmer, für dessen Dimensionen die 20000 (meist sehr schön gebundenen) Bände sprechen, die mit ihren goldbedruckten Lederrücken so sauber geordnet um einen her stehen, als befände man sich in der berühmten Leserotunde des Britischen Museums. Viele dieser Bände sind außerordentlich selten und kostbar; ein wesentlicher Bruchteil der ganzen Bibliothek besteht aus Werken über schottische Altertümer und Hexengeschichten. Über dem Kamin befindet sich das Porträt von Sir Walters ältestem Sohn, dem schon erwähnten Husarenoffizier; die Züge sind fein, aber weichlich, fast kränklich, und der kecke Husarenschnurrbart, den man bekanntlich ebensogut im Ausdruck des Auges wie über der Oberlippe haben kann, fehlt diesem feinen Gesichtchen an beiden Stellen gleich sehr. In einer der Ecken steht eine Silberurne auf einem Porphyrpostament, die Urne selbst ein Geschenk von Lord Byron. Außerdem befinden sich die Büsten Shakespeares und Sir Walters im Zimmer, die letztere (von der Hand Chantreys) natürlich erst *nach* seinem Tode aufgestellt.

Aus der Bibliothek treten wir in das Gesellschaftszimmer und aus diesem, das außer seinen Zederholzpaneelen und reichem Schnitzwerkmobiliar nichts Besonderes bietet, in die *Waffensammlung* oder *Rüstkammer*.

Diese Rüstkammer (armoury) besteht aus zwei Hälften, die durch eine Wand geschieden sind. Die breite, weit offenstehende Tür aber läßt beide Zimmer als eines erscheinen. Beide Räume sind sehr niedrig, die Decke (Holzwerk) im Tudorstil, und die Fenster mit Glasmalereien bedeckt. Hier, wie sich denken läßt, treffen wir auf den Kern, auf die Kuriosissima des Kuriosums. Die Wände sind mit Raritäten bedeckt, und jede Ecke ist benutzt. Unter den Gegenständen, die einer besonderen Notiznahme wert sind, nenne ich folgende: das Schwert, das Karl Stuart dem Marquis von Montrose überreichte; eine Pistole Grahams von Claverhouse, des bei Killiecrankie gefallenen Stuart-Parteigängers, von dem seine Feinde, die Puritaner, sagten, das Wasser beginne zu zischen, sooft er ein Bad nehme; ein eiserner Kasten, der in der Kapelle Maries von Guise (der Mutter Maria Stuarts) auf Edinburgh Castle gefunden wurde; ein Pulverhorn Jakobs VI.; die Pistolen Napoleons, die nach der Schlacht von Waterloo in seinem Wagen erbeutet wurden; ein Stutzen Andreas Hofers und die Flinte Rob Roys mit den eingravierten Anfangsbuchstaben seines gälischen Namens.

Aus der Rüstkammer treten wir in das angrenzende *Eßzimmer*, das statt allen andern Schmucks ein halbes Dutzend sehr wertvoller Gemälde enthält, und zwar Porträts von Lord Essex (dem Günstling der Elisabeth), Cromwell, Claverhouse, Karl II., Karl XII. von Schweden, Maria Stuart, Rob Roy etc.; außerdem mehrere Ahnenbilder der Familie Scott. Unter diesen zeichnet sich das Porträt eines Alten aus, der in der Familie unter dem Namen «Lang-Bart» fortlebt, weil er nach der Hinrichtung Karls I. gelobt hatte, seinen Bart nicht mehr scheren zu lassen. In diesem Zimmer starb Sir Walter. Es ist dasselbe, in dem sich auch, wie in einem Uhr- und Juwelierladen, ein sechseckiger großer Glaskasten befindet, der tischartig auf einem schweren Mahagonifuß ruht. In diesem Glaskasten präsentieren sich weitere Raritäten: ein Riechfläschchen der Maria Stuart, ein ledernes Geldtäschchen (nach Art eines modernen Portemonnaies) des Rob Roy, ein Paar goldene Sporen, die Prinz Charlie trug, verschiedene Miniaturporträts des Prätendenten und ein in grünen Samt gebundenes Album Napoleons I., ebenfalls bei Waterloo erbeutet. Bei all diesen Dingen genügt die Aufzählung; nur über das vorgebliche Porträt der Maria Stuart sei noch ein Wort gestattet. Es ist das abgeschlagene Haupt der unglücklichen Königin, das auf einer Metallschüssel ruht. In der rechten Ecke steht der Name «Fotheringhay», als sei der Maler bei der Hinrichtung zugegen gewesen und habe unmittelbar nach derselben und an Ort und Stelle dies Bild angefertigt. Das Ganze erscheint mir aber als eine grobe Täuschung; das Bild ist aller Wahrscheinlichkeit nach ein ganz modernes Produkt oder aber die Leistung eines italienischen Meisters, vielleicht der abgeschlagene Kopf der Beatrice Cenci, die man hinterher umgetauft und nolens volens zu einer Maria Stuart gemacht hat.

An der Tür des Eßzimmers verabschiedeten wir uns von unserem Wildhüter und traten wieder ins Freie. Wir atmeten auf in der frischen Luft und fühlten uns wie von einem leisen Drucke befreit. Welcher Art dieser Druck war, worin er seinen eigentlichen Grund hatte, ist schwer zu sagen. Ob es die schwüle Luft der Zimmer oder die geistige Atmosphäre der «Romanze in Stein und Mörtel» war, ich mag es nicht entscheiden; vielleicht wirkte beides zusammen. Als der Dichter selbst noch lebte, er, dem diese Dinge etwas bedeuteten, eine Herzenssache waren, belebten sie sich unter dem lebendigen Wort, das er ihnen entgegentrug, wie die alte Sage Fels und Baum unter dem Klang der Leier lebendig werden läßt; jetzt aber, wo diese Klänge schweigen, sind die Steine wieder

Stein, und selbst derjenige, der mit schottischer Dichtung und Geschichte wohlvertraut ist, schreitet durch diese Zimmer hin wie durch die Säle eines Wachsfigurenkabinetts.

Ich schied von der «Romanze in Stein und Mörtel» ohne besondere Gehobenheit der Stimmung, jedenfalls ohne alle Begeisterung; dennoch blick ich mit Freuden auf jenen stillen grauen Tag zurück. Die Fahrt nach Abbotsford war eine Pilgerfahrt, eine erfüllte Pflicht, ein Zug, zu dem das Herz drängte. Was wäre der Ruhm Schottlands ohne die Erscheinung Walter Scotts! Er hat die Lieder seines Landes gesammelt und die Geschichte desselben durch eigene Dichtungen unsterblich gemacht. Eine volle und reine Befriedigung gewährt es mir jetzt, das Zinnen- und Giebelhaus durchwandert zu haben, das *auch* eine Schöpfung seines dichterischen Genius war und das – wie weit es gegen andere Schöpfungen seines Geistes zurückstehen mag – doch immer die Stätte bleibt, *wo der Wunderbaum der Romantik* seine schönsten und vor allem seine *gesundesten* Blüten trieb.

Briefe

21. Juli 1858 bis 7. Dezember 1859;
16. Mai 1888

An Bernhard von Lepel

London, Mittwoch, 21. Juli 1858. 52 St. Augustine Road, Camden Town ... Mit meinem Entschluß bleibt es beim alten. Ich gehe nach Schottland statt nach Schlesien. Die Reise nach Salzbrunn hätte mich 300 Reichstaler gekostet; den Ausflug nach Schottland hoff ich mit 100 bis 120 Reichstaler machen zu können: eine Summe, die ich mir durch Briefe und Feuilletons hoffentlich zurückverdiene. Natürlich ist das keine *Brunnenkur*, und die Lungen haben nicht viel davon; eine Badereise indes unter so mannigfach erschwerten Umständen hätte mir auch kein Guts getan. Lange wird die ganze Geschichte hier wohl nicht mehr dauern, und durch den nächsten Winter hoff ich mich noch – auch ohne zuvor einen Riester über die Lungen gelegt zu haben – mit Hülfe von englischem Sodawasser durchzuschlagen. Wo nicht, so bleibt einem der Trost, pro patria gestorben zu sein. Schreibe dann an betreffender Stelle:

> Er focht die Frage ehrlich durch
> Von Schleswig-Holstein-Lauenburg,
> Bei Kälte, Schnee und Julihitze
> Er war der Mann stets bei der Spritze,
> Er schrieb und schrieb sich auf den Hund,
> Nun ist er dod und – ist gesund.

Ich erwarte nun unter allen Umständen, Dich bald zu Chefs in ehrenvoller Weise Erwähnung zu tun. Vielleicht so: «Er tat, was er konnte – nichts.» ...

Ich erwarte nun unter allen Umständen, Dich bald zu

sehn. Gib die schottische Reise nicht auf, Du kannst sie so gut nicht wieder machen. Sieh ein paar Taler dabei nicht an. Im übrigen seh ich nicht ein, warum Du nicht auch «Reisebriefe» schreiben willst, vielleicht für Spener oder Voß oder irgendein andres Blatt. Lübke wird Dir dabei den besten Rat geben können. Vor allem entschließ Dich rasch, damit die schönen Sommermonate nicht ungenützt vergehn. Dein Zimmer hier wird bereits eingerichtet. Wenn wir uns in *Edinburgh* treffen wollen, so gib alles genau an, damit wir uns nicht verfehlen. . . .

Das etwaige Rendezvous in Edinburgh darf aber nicht vor dem 2. oder 3. August stattfinden, da ich wahrscheinlich vorher auf ein paar Tage nach Oxford gehe, und zwar mit meiner Frau. Die steamer von Hamburg nach Edinburgh (Leith) gehen allwöchentlich *einmal.*

AM 2. AUGUST 1858 TRAF LEPEL IN LONDON EIN. VON DORT AUS REISTEN FONTANE UND ER AM 9. AUGUST NACH SCHOTTLAND. RÜCKKEHR NACH LONDON AM 24. AUGUST.

An die Mutter

London, 17. September 1858. 52 St. Augustine Road, Camden Town . . . Lepel traf Anfang August hier ein; einige Tage später traten wir unsre Reise nach Schottland an.

Es waren schöne Tage (16), und wenn ich – so Gott mich leben läßt – längst ein alter Krepel sein werde, der die «Vossische» liest und bei Odeums Kaffe trinkt, werd ich alten Staatshämorrhoidarien mit einem letzten Rest von Feuer – während sie ihre Sechserzigarre rauchen – von Edinburgh erzählen und von Stirling und Perth und von Inverness und dem Schlosse Macbeths, drin König Duncan ermordet wurde. Wenn dann die alten Jungen das Maul aufsperren und die letzten Haare, die ihnen Gott gelassen hat, sich in die Höhe sträuben, werd ich dieser schottischen Reise, an der Hand eines lieben und *nachsichtigen* Freundes, in Wehmut und Dankbarkeit gedenken: und mit größrer Dankbarkeit vielleicht als in diesem Augenblick, wo mich eine Reihe unerfüllter Wünsche mehr beschäftigen als das, was genossen ist und hinter mir liegt, und wo die Schwere englischer Luft aller Freude den rechten Lebensatem nimmt. ...

An Paul Heyse

Berlin, 28. November 1859. Tempelhofer Straße 51 ... Eins meiner Bücher über England (Theater, Presse, *Bilder*) wird Anfang nächsten Jahres bei Ebner erscheinen; für meine «Schottische Reise» aber, die jetzt beendet und in «Vossin», «Kreuz-Zeitung» und «Morgenblatt» zu gleichen Teilen erschienen ist, hab ich noch keinen Verleger. Kannst Du mir dabei behülflich sein? An Hertz mag ich mich nicht ohne weitres wenden, weil er mir (freilich vor sechs oder acht Jahren) zweimal etwas abgeschlagen hat und mich, glaub ich, noch für mittelmäßiger hält, als ich bin. Tu, was Du kannst.

An Paul Heyse

Berlin, 7. Dezember 1859. Tempelhofer Straße 51 ... Das Buch über Schottland könnte Hertz dreist nehmen; ich bin fest überzeugt, daß es nicht schlecht gehen würde; so was liest die Welt noch, und es liest sich wirklich gut. Wenn Du bloß kennst, was im «Morgenblatt» gestanden hat, so kennst Du nicht die besten und eigentümlichsten Kapitel. Das ganze Buch läuft wie ein Kommentar neben meinen schottischen Balladen, eignen und übersetzten, her und gehört halb mit dazu. Das Buch, das bei Ebner erscheinen wird, enthält ja «Studien» und ist was total andres. ...

Trotz Heyses Vermittlung nahm der Berliner Verleger Wilhelm Hertz «Jenseit des Tweed»

NICHT. DAS BUCH ERSCHIEN DANN IM JUNI 1860 IM BERLINER VERLAG JULIUS SPRINGER.

An Mathilde von Rohr

Berlin, 16. Mai 1888. Potsdamer Straße 134c ...Jetzt sind es dreißig Jahre, fast auf den Tag, daß ich mit Lepel die Reise machte, eine der schönsten in meinem Leben, jedenfalls die poetischste, poetischer als Schweiz, Frankreich, Italien und alles, was ich später sah. Das interessanteste Blatt für mich ist das mit dem Douglasschloß im Kinross-See, zu dem ich mit Lepel im Boot hinüberfuhr, und als wir zwei Stunden später, nach Besichtigung von Schloß und Insel, über denselben See hin die Rückfahrt machten und ich dabei an Rheinsberg und den Rheinsberger See dachte, stand es in meiner Seele fest, die Mark Brandenburg und ihre Schlösser und Seen beschreiben zu wollen. Was dann auch geschehn ist. ...

Studien über Theater und Kunst in England

1855 bis 1860

Die Londoner Theater

(Insonderheit mit Rücksicht auf Shakespeare)

Einleitung

Zu unsren mannigfachen Einbildungen über England gehört auch die, daß wir den Shakespeare *häufiger* und *besser* spielten als die Engländer selbst. Was die erstere Hälfte dieser Annahme angeht, so verweis ich auf die Tatsache, daß bis vor kurzem in Shadwell und Whitechapel (östliche Stadtteile Londons) Penny-Theater existierten, auf denen in ununterbrochener Reihenfolge Shakespearesche Stücke seit Shakespeares Zeiten gegeben wurden, und füge für diejenigen, die, nicht ganz ohne Grund, diese Penny-Theater nicht gelten lassen wollen, die vorläufige Notiz hinzu, daß Mr. Phelps, der Direktor des trefflichen Sadlers-Wells-Theaters, vor einigen Monaten das *dreißigste* Shakespeare-Stück auf seiner Bühne zur Aufführung brachte. Ob wir den Shakespeare *besser* spielen, das ist die Frage, die ich mir gestellt habe und worauf dieser Aufsatz die Antwort versuchen soll. So gewiß ich dabei nach meinem besten Wissen und Gewissen verfahren bin, so bemerk ich doch gleich im voraus, daß ich während des Verlaufs der Arbeit oft die Unzureichendheit meiner Kräfte empfunden und lebhaft bedauert habe, mit unseren heimischen Bühnenzuständen nicht inniger vertraut gewesen zu sein. Ich fühlte, daß die bloße Bekanntschaft mit der Berliner Bühne nicht ausreichend sei, um zwischen englischem und *deutschem Theater überhaupt* eine Parallele zu ziehen, und konnte mir in vielen Fällen nicht einmal verhehlen, daß ich selbst von den *Berliner* Shakespeare-Vorstellungen nur die Totaleindrücke mit nach Hause genommen und die Einzelzüge verloren hatte. Ein Eduard Devrient, der mit gründlicher literarischer Bildung und eingehender Shakespeare-Kenntnis zugleich eine Kenntnis so ziemlich aller deutschen Bühnen verbindet, wäre der Mann gewesen, sich einer Arbeit, wie ich sie jetzt biete, mit größerem Erfolg zu unterziehen, und nur der eine Umstand mag umgekehrt zu meinen Gunsten sprechen, daß ein mehrjähriger Aufenthalt hier am Ort mich mit dem, *was London bietet*, allerdings vertrauter gemacht hat, als das dem eifrigsten und sachkundigsten Beobachter bei einem Besuche von gewöhnlicher Zeitdauer möglich gewesen wäre.

Der Hochmut, mindestens das Gefühl der Überlegenheit, mit dem man sich bei uns daran gewöhnt hat, auf die englischen Bühnenzustände herabzusehen, ist meinem Erachten nach völlig unangebracht und hat nicht mehr Anspruch auf Geltung als die übliche Beurteilung der englischen Küche, deren ganzer Fehler auch darin besteht, daß sie *anders kocht*, als wir zu essen gewohnt sind. Die englische Bühne sollte schon deshalb gegen jede allzu rasche Verurteilung gesichert, vielmehr ein Gegenstand unseres aufmerksamen Studiums sein, weil es gar keine Frage ist, daß sie ihre Traditionen bis auf Shakespeare selbst zurückführen kann. Wo mögen wir nur den Mut hernehmen, über Auffassungen und Anordnungen ohne weiteres den Stab zu brechen, die *möglicherweise*, unter den Augen des Meisters, sich der Zustimmung desselben zu rühmen hatten! Die bloße Möglichkeit erheischt Vorsicht. ...

Das Astley-Theater

Wenn ein Berliner Kritiker seine Elßler- oder Taglioni Begeisterung bis zu dem bedenklichen Ausdruck steigerte: «Sie tanzt Goethe», so darf ich mich um so unbedenklicher dahin äußern, daß im Astley-Theater der *Shakespeare geritten wird.* Das ist nicht bildlich gesprochen, sondern die nackte Wahrheit. Das Astley-Theater ist ein Zirkus, und seine Bühnenaufführungen gehen immer Hand in Hand mit allerhand Szenen zu Pferde. Jetzt wird «Il Trovatore» in dieser Weise gegeben; während des letzten Winters aber waren (neben «Rob Roy») «Richard III.» und «Macbeth» die Kassen-

Aus England.

Studien und Briefe

über

Londoner Theater, Kunst und Presse.

Von

Th. Fontane.

Stuttgart.

Verlag von Ebner & Seubert.

1860.

stücke. Von solchen Aufführungen à cheval ist freilich in direkter Weise nichts zu lernen, aber sie zeigen die stoffliche Gewalt und das durch und durch dramatische Leben der Shakespeareschen Stücke.

Ein solcher gerittener Shakespeare ist übrigens ganz englisch und gar nicht so schlimm, wie es auf den ersten Blick erscheint. Es gab eine Zeit bei uns, wo man alles ins *Ballett* transponierte und sich wenig den Kopf darüber zerbrach, ob das Profanation einer Dichtung war oder nicht. So ist es hier mit dem Shakespeare zu Pferde. Es spricht sich ein nationaler Zug darin aus. Und man denke sich, wie es wirken muß, wenn Richard III. «ein Pferd, ein Pferd» schreit – «ein Königreich für ein Pferd» und in demselben Augenblick auch schon im Sattel eines pechschwarzen Hengstes sitzt, verfolgt von Richmond auf einer Schimmelstute. Die Sache hat natürlich ihr Lächerliches, aber es gewährt einem eine gewisse Befriedigung, daß auf *die* Weise alle jene Schlachtszenen, die man in der Heimat so lange als traurige Schatten hat einherschleichen sehen, zu wirklichem Leben erwachen und nachträglich die Schulden bezahlen, die königliche Hofbühnen jahrelang bei dem kampflustigen Shakespeare gemacht haben. – Das Astley-Theater, in Southwark, dem Südteil der Stadt, gelegen, existiert seit 1774 und war immer ein Zirkus. Philipp Astley, ein Dragoner, der in General Elliotts (des Verteidigers von Gibraltar) Regiment gedient hatte, erhielt bei seiner Rückkehr die Konzession. Der jetzige Direktor ist William Cooke.

Das Soho-Theater

Dean Street ist eine Querstraße von Oxford Street und gehört dem ehemaligen Quartier Latin, dem Studenten- und Künstlerviertel von London, an. Ob alle diese Straßen, deren Mittelpunkt der Soho Square ist, noch jetzt Anspruch auf diesen auszeichnenden Namen haben, möcht ich bezweifeln; wenigstens wies das Publikum keinen einzigen Kopf auf, den ich als das wahrscheinliche Besitztum eines Malers hätte bezeichnen können. Nur an Modellen war kein Mangel. Aber eben die Untergeordnetheit, respektive die «Zweifelhaftigkeit» des Publikums gab dieser Aufführung («Richard III.») einen besonderen Reiz. Vielleicht ist dieser Teil der Gesellschaft für jeden Fremden der interessanteste und lehrreichste. Der Adel gleicht sich überall; dasselbe gilt vom Pöbel; nur in der mittleren Schicht der Gesellschaft, und zwar da, wo eine starke Neigung nach unten anfängt, treten die Unterschiede der Nationalität in aller Frische und Lebendigkeit zutage.

Es mochte 7 Uhr sein, als ich im ersten Rang, zu einem äußerst zivilen Preise, meinen Platz einnahm. Mir blieb noch eine volle halbe Stunde, um Haus und Zuhörerschaft zu mustern. Die Damentoiletten um mich her bestanden, von Kopf zu Fuß, aus dem hier unvermeidlichen schwarzen Kamelot und machten mich lachen darüber, daß wenige Minuten zuvor die Aufschrift «dressboxes» (Logen, in denen man in Staatskleidern erscheinen muß) ein lebhaftes Bedenken hinsichtlich meiner eigenen Garderobe in mir angeregt hatte. Die Damenhände lagen in ihrer natürlichen Hülle, zum Teil mit etwas dunklem Farbenton, auf dem Rand des Balkons. Im Orchester war alles leer. Wenige Minuten vor halb acht nahm ein Klavierspieler Platz, und unter Begleitung von einem Baß, einem Cello und einer Geige zur Rechten und von Pauke, Trompete und türkischer Trommel zur Linken begann der Abend mit der Ouvertüre aus «Tancred». ...

Natürlich können wir, wie bereits hervorgehoben, aus einer solchen Soho-Aufführung nicht *direkt* etwas lernen. Es ist keiner deutschen Regie zuzumuten, nach einer ähnlichen Vorschrift «Richard III.» zuzuschneiden (wiewohl sich, einzelnes ins Auge gefaßt, auch darüber rechten ließe); aber mittelbar ist solcher Aufführung viel zu entnehmen. Vor allem lernen wir kennen, was wirkt, was das Volk und sein natürlicher Sinn fordern, und wenn wir solcher Forderung auch nicht ohne weiteres Konzessionen machen sollen, so soll sie uns doch zum Nachdenken, zur Prüfung anregen. Was ich meinerseits aus dieser Vorstellung mit heimnahm, war die Überzeugung von der *Shakespeareschen Popularität* gerade bei den unteren Schichten der Gesellschaft.

Das Standard-Theater

Es liegt im Ostteil der Stadt (Shoreditch, gegenüber dem Eastern Counties-Bahnhof) und steht, seinem Publikum wie seinen Bühnenkräften nach, unter allen Theatern, die ich hier zu besprechen gedenke, auf der niedrigsten Stufe. Taschenspieler, indische Jongleurs, Ballettkräfte dritten Ranges und ähnliche Elemente sind, neben einem Dutzend Spießgesellen, die sich Schauspieler nennen, auf dieser Bühne gewöhnlich zu Hause, und nur von Zeit zu Zeit unterbricht das Gastspiel einer Zelebrität die regelmäßige Aufführung von Farcen und Schauerstücken. Dann ist das Theater bis auf den letzten Platz gefüllt und führt dem Unternehmer den Beweis, daß Shakespeare auch in Kassenfüllungssachen den Wettlauf mit allermodernstem französischen Fabrikat nicht zu scheuen braucht. Gewöhnlich im April und Mai pflegt Mr. Phelps mit den besten Mitgliedern seiner Truppe im Standard-Theater zu spielen. Dann hört es natürlich auf, das eigentliche Standard-Theater zu sein, und ist vielmehr das Sadlers-Wells-Theater unter einem anderen Namen. Gewöhnlich indes ist es nur eine einzelne Größe, die sich zum Gastspiel meldet oder, wie man hier sagt, starring geht (d. h. «als Stern leuchtend», von star, der Stern). – Ich sah «Antonius und Kleopatra» in diesem Theater. Mr. Marston (Antonius) und Miss Glyn (Kleopatra) waren Gäste; jener schlecht, diese vortrefflich. Das Stück hielt sich durch sich selbst;[1]

[1] Ich kann mir nicht versagen, an dieser Stelle die treffenden Worte zu zitieren, die bei Gelegenheit der Berliner «Cymbeline»-Aufführung von kompetenter Seite geschrieben wurden: «Wir möchten nicht denjenigen unbedingt beistimmen, die Shakespeare am liebsten gar nicht vorgestellt als entstellt sehen möchten. Ein siebenmal um die Mauern Trojas geschleifter Hektor ist noch immer kein Thersites. Der Zipfel von Sauls Mantel, in Davids Hand, wird immer ein Stück vom Königspurpur des Gesalbten bleiben.»

wenn außerdem noch etwas zum Erfolg beitrug (immer mit Ausnahme der Miss Glyn, die eben eine bedeutende Künstlerin ist), so war es die völlig kunstlose Derbheit, die nichts Böses ahnende Dreistigkeit, das äußerste *Naturburschentum*, womit die Schauspieler an ihre Arbeit gingen. Man schrie und tobte prächtig drauflos, und ein Kind hinter den Kulissen, das den Keuchhusten hatte, akkompagnierte alle fünf Akte hindurch. Nur an den Effektstellen wurde sein Keuchen überschrien, und ich konnte zuletzt den Verdacht nicht unterdrücken, daß man es wie eine Art Stimmmesser hinter die Kulisse postiert hatte, um die Mitspielenden nolens volens auf einer gewissen Stimmhöhe zu erhalten. Das Ganze war nichts. Dennoch muß ich auf die Bemerkungen zurückkommen, womit ich meine Besprechung «Richards III.» im Soho-Theater geschlossen habe. Kann einem Arbeitsmann von den Werften und einem Grenadier von der schottischen Füsiliergarde (zwischen beiden saß ich) irgend etwas auf der Welt Gottes fremder und gleichgültiger sein als das Schicksal des Antonius und der Kleopatra? Sicherlich nicht. Und doch enthält das Stück die Elemente, die, bei richtiger Benutzung, zunächst in alleräußerlichster Weise den Arbeiter oder den Soldaten damit befreunden müssen. Die Sphinxe (die, beiläufig bemerkt, überall umherlagen wie Kiesel oder Hausgerät) beschäftigen entweder seine Einbildungskraft oder sind ihm liebe Bekannte vom Sydenham-Palast oder dem Britischen Museum her; die Trinkszene, wo er die Großwürdenträger Roms wie englische Matrosen umherstolpern und unter den Tisch fallen sieht, erinnert ihn an seine eigene Gebrechlichkeit und führt ihm die alten Triumvirn «menschlich näher»; die Koketterie Kleopatras, die den zürnenden Geliebten gefügig macht, mahnt ihn an die verschiedenen Niederlagen seiner eigenen Konsequenz und Mannhaftigkeit, und das Körbchen züngelnder Schlangen im fünften Akt, endlich der Giftwurm an der weißen Brust Kleopatras geben ihm ein Bild, das er so bald nicht wieder los wird und das, wenn irgendwas von geistigem Leben in ihm steckt, ihn andern Tages treibt, nach dem «Wie» und

«Wo» zu fragen. So ist die Brücke für ihn geschlagen, die ihn zur Kenntnis und (wenn die Götter ihm wohlwollen) zur Erkenntnis führt. Warum also ein solches Stück nicht aufführen? Warum sich damit entschuldigen, daß die große Menge keinen Sinn und kein Verständnis dafür habe? Es ist Aufgabe des Theaters, diesen Sinn zu wecken; das Verständnis wird dann folgen und mit dem Verständnis wiederum ein *feinerer Sinn.* Die Schwierigkeit ist nur die, nicht fehlzugreifen, wenn es sich um die Erweckung jenes Sinnes handelt. Was not tut, *das ist ein kühner Griff.* Wer ängstlich und zaghaft verfährt, macht sich und die Sache lächerlich; wer tapfer zufaßt, der hat's. Es ist deshalb sehr wohl möglich, daß Shakespeare noch mehr auf die Vorstadtbühnen als auf die königlichen Theater gehört. Dreist gespielt, mag er gelegentlich zu derb sein für Plüschsitze und hundertarmige Kronleuchter, und an unrechter Stelle mag komisch wirken, was auf Tragik berechnet ist; aber unter natürlichen Menschen schweigt wie von selbst ein überfeinerter Geschmack, und wir lernen teilnehmen an einer Freude, die uns an andrem Orte und unter andrer Umgebung versagt geblieben wäre.

Man spricht immer von einem «Volkstheater» und bildet sich ein, ein solches geschaffen zu haben, wenn man allerhand trivialen Unflat, scheußliche französische Marquis und edle Droschkenkutscher auf die Bühne bringt. Das aber ist so wenig ein Volkstheater, wie die Kavalleriepoesien eines alten Rittmeisters aus der Scherenberg-Schule ein Volkslied sind. Der echte Volksdichter ist zugleich ein *Lehrer* des Volks, und seine beste Kunst ist die, daß er lehrt ohne die Miene des Lehrers, daß er zu spielen und leicht zu unterhalten scheint, wo er bildet und die Samenkörner guter Gedanken und guter Taten streut. Das sind bekannte Sätze. Niemand bestreitet, daß Schiller in diesem Sinne ein echter Volksdichter gewesen sei; aber Shakespeare gilt noch immer als etwas Apartes bei uns, als caviar for the people. Ein Häuflein Gebildeter bildet sich ein, einzig und allein im Schoß des alleinseligmachenden Shakespeare Platz zu haben. Bei uns haben sie recht; aber auch *nur bei uns.* Woran liegt das? Es liegt daran, daß man bei uns den Shakespeare nur für die *Gebildeten spielt.* Das klingt sonderbar und ist dennoch klar und verständlich für jeden, der Gelegenheit gehabt hat, eine deutsche Aufführung des Shakespeare mit einer englischen zu vergleichen. Wir sind beständig darauf aus, abzutönen, die krassen Stellen wegzuschneiden, nirgends Anstoß zu geben, weder durch die äußersten Schrecken noch durch den äußersten Humor; wir sind in beständiger Furcht, was unsere Neunmalklugen dazu sagen werden, wir finden die Kampf- und Schlachtszenen und vieles andere noch absolut lächerlich, und Schauspieler und Zuschauer gratulieren sich gegenseitig, wenn der Waffen- und Trommellärm vorüber ist. Ich will nicht vom Standard-Theater sprechen, aber man muß im Charles Keanschen Prinzeß-Theater gewesen sein, um eine Vorstellung davon zu haben, was man hier aus dem Material zu machen versteht, das *uns eine Last* ist. Wir wissen alle, daß namentlich die historischen Stücke reich sind an Szenen, die unsere Direktionen in Verlegenheit und hinterher die Zuschauer in Langweile versetzen. Dieselben Szenen sind hier das Gaudium des Publikums. Diesen Zustand der Dinge muß man, soweit er berechtigt ist, bei uns wiederherzustellen suchen. Wir sind zu fein und haben nichts anderes von dieser Feinheit als Einbuße an künstlerischem Genuß. Shakespeare ist ein Volksdichter, ein Dichter für *alle* Schichten des Volks. Verlieren wir das nicht aus dem Auge, und sorgen wir dafür, daß unsere Hamlets nicht nur ihre Monologe deklamieren, sondern im fünften Akt mit dem französischen Rapier auch fechten können.

Das Surrey-Theater

Das *Surrey-Theater* liegt, wie Astleys, im Südteil der Stadt; daher sein Name. (Der Südteil von London nämlich oder, was dasselbe sagt, das London jenseits der Themse liegt in der Grafschaft *Surrey.*) Dies unter Direktion der Herren Shepherd und Creswick stehende Vorstadttheater zählt mit zu den besten Bühnen Londons. Es befriedigt namentlich dadurch, daß es mit kluger Geflissentlichkeit den bloßen Ruf eines Volkstheaters aufrechterhält und hinterher mehr bietet, als man erwarten konnte. Es ist groß, geräumig und zum Teil mit einer Pracht und einem Geschmack ausgestattet, zu dem das Publikum paßt wie ein Transtiefel auf ein Plüschsofa. Die Direktion indes scheint das Prinzip gescheiter Gastwirte zu befolgen, die da sagen: «Immer vom Besten», und sich nicht darum kümmern, ob die Majorität ihrer Gäste allenfalls auch mit Schlechterem zufrieden sein würde. Im allgemeinen führt sie krasse Produkte der französischen Schule (die auch hier vertreten ist) auf, und wenn diese Wahl auch unbestritten ihr Mißliches hat, so muß doch geltend gemacht werden, daß einmal das Neuigkeitsbedürfnis des Publikums durchaus befriedigt sein will und daß unter allen Umständen die Aufführungen selbst mit Aufwand von vielem und großem Talent geschehen. Dann und wann erscheint auch ein Shakespearesches Stück, um drei- oder sechsmal im Zeitraum von ein oder zwei Wochen gegeben zu werden, und verschwindet dann wieder auf Monate. «Othello», «Macbeth», «Hamlet» und «Heinrich IV.» pflegen sich in dieser Weise abzulösen. Ich sah «Othello» und «Heinrich IV.» (Erster Teil). In beiden Fällen wurde nicht das Höchste, aber sehr Gutes geleistet.

(Bereits im Oktober und Dezember 1855 hatte Fontane in zwei Aufzeichnungen – sie wurden erst 1924 erstmals veröffentlicht – seine Eindrücke von der Aufführung des «Othello» und des Ersten Teils von «Heinrich IV.» im Surrey-Theater festgehalten. In der Aufzeichnung über «Othello» vom 27. Oktober 1855 findet sich u. a. die folgende bemerkenswerte Passage:)

...Das Parterre wies ein Publikum auf, wie man es bei uns in *keinem* Theater zu sehen kriegt, wenigstens sicherlich in keinem Theater, das Künstler ersten Ranges zu seinen Mitgliedern zählt. Man könnte das alles loben; man könnte von einem wirklichen Volkstheater sprechen, von einer nationalen Volksbühne, die nicht nur dumme, erbärmliche Schnurren, sondern den leibhaftigen Shakespeare und teils die historischen Stücke des Altmeisters selbst, teils die vaterländischen Dramen seiner Schule bringt, – man könnte das alles loben und *muß* es sogar loben, aber man muß auch zugleich zum guten Teil an der Bildungsfähigkeit der Massen verzweifeln.

Es ist wahr, das Stück «Othello» ermangelte nicht, auch *dies* Parterrepublikum zu elektrisieren, aber diese Wirkung stellte sich wie halb und halb zum Trotze bei ihnen ein. Die Unsitte des beständigen Verkaufs von Früchten, Sodawasser, Eis – und auch Brandy vermutlich – kommt hinzu. Ein langer weißjackiger Kerl treibt sich zwischen den Bänken umher und überschreit mit seinem «Penny each!» die Klänge des Walzers, der heruntergefiedelt wird. Plötzlich rollt der Vorhang in die Höh. Das Parterre ist wie eine unruhige See; der Sturm des Zwischenakts ist vorüber, aber die Wellen gehen hoch, trotz alledem. Die erste Szene jedes neuen Aktes ist immer zur Hälfte verloren.

Ich suche hin und her, um mir diese Erscheinungen zu erklären, ja noch mehr, um sie zu rechtfertigen. Der Grund, daß es so ist, wie es ist, liegt wohl in dem mehr öffentlichen Leben der Nation. Man wird entweder durch diesen Lärm nicht gestört, oder wenn man gestört wird, so schadet's nicht viel. Oben auf der Galerie wurde während des zweiten Aktes gestohlen; man schrie, man hieb drauflos, man schmiß raus und verhaftete. Die Schauspieler spielten ruhig weiter, und im Parterre richtet' sich kein einziger Kopf nach oben, um die Ursache des Lärms kennenzulernen. Man ist an solche Szenen völlig gewöhnt. Es ist wie in den katholischen Kirchen Südeuropas oder wie in den hiesigen Gerichtshöfen ein beständiges Laufen und Rennen und Türenwerfen; aber wer beten will, betet doch, und die Jury fällt ihr Urteil, ungestört durch einige knarrende Stiefel.

Das *erklärt* diesen Lärm. Die zweite Frage ist: sollen wir uns daran gewöhnen? Ich bin in Verlegenheit, darauf zu antworten. Schon jetzt, wo ich diesen Trubel noch mit Ärger beobachte, kann ich doch andererseits nicht leugnen, daß die Stücke trotz alledem zu voller Wirksamkeit kommen, ja die Unterbrechungen erhalten einen frisch, und wenn man einzelnes dadurch einbüßt, wird man gleichzeitig befähigter, den Rest in seiner ganzen Schönheit zu genießen. Ich habe diese Erfahrung wie heut im «Othello» so neulich im «Hamlet» gemacht, wo die Haltung des Parterre eine sehr ähnliche war.

Wenn ich nicht irre, kannte das klassische Drama der Franzosen keine Zwischenakte; kurze Pausen bei offener Szene traten ein. Es ist gar kein Zweifel, daß dies Verfahren auf höherer Stufe steht; unzerstückelt gibt sich das Kunstwerk, und unzerstückelt verlangt es Sinn und Seele des Beschauers. Aber diese Ganzheit, diese Konzentration ist nicht jedermann Sache, und ich selber muß eingestehen, daß ich fünf Akte ohne ein Stück Kuchen oder eine Flasche Sodawasser kaum aushalten kann. Die Sache stellt sich vielleicht so: diese Mischung von Bierhaus und historischer Tragödie ist durchaus unideal und unkünstlerisch, aber – praktisch, in Erwägung der gemeinen Menschennatur.

Das Lyceum-Theater

Das *Lyceum-Theater* ist ein ziemlich stattliches Gebäude, mit einem säulengetragenen Portikus, an der Ecke von Strand und Wellington Street. Der Strand, annähernd wie Leicester Square und Haymarket, ist Fremdenquartier und weist deshalb mehr oder minder jenen kosmopolitischen Charakter auf, der überall da herrscht, wo Fremde aus allen Himmelsgegenden auf länger oder kürzer sich niederlassen. Diesen Charakter trägt keine Lokalität am Strand entschiedener zur Schau als das Lyceum-Theater; *es ist durchaus unenglisch.* Während der Saison (wie jetzt) fällt das nicht auf. Um diese Zeit singen die Italiener ihre «Trovatores» und «Traviatas» in dem hübsch dekorierten Hause mit dem sauber gemalten Vorhang, und jeder, der sich verführen läßt, für passable Musik einen ungeheuren Preis bei ungeheurer Hitze zu bezahlen, wird Haus, Musik, Künstler und Publikum – alles im schönsten Einklang finden. Anders ist es im Winter, wenigstens an den Abenden, wo Shakespeare gegeben wird. Da will alles nicht recht passen, und allerhand Theaterplunder, Baureste von Ballett- und Opernaufzügen, goldbesetzte Samtmäntel, kokette Frauenzimmer, die laut kichern und zu glauben scheinen, die Bühne sei nichts wie ein Sockel zur besseren Schaustellung aller ihrer Reize, – all dieser Jammer, sag ich, macht sich alsdann in störender Weise breit und widert denjenigen an, der um Hamlets und nicht um der ersten besten Blondine willen sein Billett gelöst hat.

Ich habe «Othello» und «Hamlet» in diesem Theater gesehen, von «Hamlet» nur den ersten Akt, weil ich es vor Verstimmung und selbst vor Langweile nicht länger aushalten konnte. Der Genuß, den ich diesen beiden Vorstellungen verdanke, ist begreiflicherweise gering gewesen, aber lehrreich waren sie mir im höchsten Grade. Sie gaben mir nämlich Gelegenheit, die Probe zu machen auf eine wenigstens subjektive Richtigkeit der Urteile, die ich bis dahin, zwischen kontinentalen und englischen Shakespeare-Aufführungen gewissenhaft abwägend, gefällt hatte. Ich leugne nämlich nicht, daß ich allmählich mißtrauisch gegen mein eigenes Urteil geworden war und anfing, die Befriedigung, ja zum Teil die Begeisterung, mit der ich den Vorstellungen im Sadlers-Wells-Theater folgte, aus anderen Ursachen herzuleiten als aus dem Wert derselben. Von der Stunde an, wo ich im Lyceum-Theater gewesen war, wußt ich, daß ich recht hatte, daß es nicht der Reiz des Fremdartigen und Abweichenden oder die Unvertrautheit mit den Schwächen und Maniertheiten der Schauspieler gewesen war, was mich im Sadlers-Wells-Theater so sehr zugunsten der ganzen Truppe gestimmt hatte, sondern daß diese kleine Musterbühne in der Tat über all das verfügte, was unseren Hoftheatern im großen und ganzen fehlt, und (noch wichtiger als das) daß sie denselben *negativ* überlegen sei durch Nichtbesitz all der großen und kleinen Unausstehlichkeiten, die teils der Affektation entsprießen, teils einem mangelnden Verständnis von dem, *worauf es eigentlich ankommt.* Mit jeder neuen Szene fühlte ich mehr und mehr: Das ist gerade so wie bei uns daheim – und die Schwächen, an denen wir laborieren, wurden mir niemals klarer aufgedeckt. Es wäre unbillig, wenn ich verschweigen wollte, daß das Lyceum-Theater diese Schwächen in einem Grade zur Schau stellte, wie es bei uns nicht wohl möglich ist; aber wenn uns die Häßlichkeit und Verwerflichkeit eines Fehlers gezeigt werden soll, eines Fehlers, der sich so eingebürgert hat, daß wir fast die Wahrnehmungsgabe dafür verloren haben, so kann nur noch die Steigerung, die Übertreibung desselben uns fühlbar machen, daß es überhaupt ein Fehler ist. Theaterfigur, Theaterstimme, Theater-«r» – das alles sind schlimme Dinge, wenn sie mehr sein wollen, als sie sind. Woran wir kranken, vor allem in den Mittel- und Nebenrollen, das ist die eitle Geltendmachung der *Person* und als Folge davon eine total mangelnde Hingebung an die Sache. Jeder ist selbst die Hauptsache und kennt weder Bescheidung noch Unterordnung. Ich danke es dem Lyceum-Theater, mir mit einem Schlag klargemacht zu haben, warum die Schlichtheit, ja die Unzulänglichkeit einer kleinen Bühne (Sadlers-Wells) mich befriedigen und mir mehr wert sein konnte als die Schaustellung von Glanz und Pracht und selbst von Talent. ...

Den «*Hamlet*»... konnte ich nicht ertragen und mußte nach dem ersten Akt das Haus verlassen. Das Erscheinen des Geistes, auch sein Sprechen, war nicht schlecht, aber doch gar nicht zu vergleichen mit dem, was das Sadlers-Wells-Theater leistet. Der Hamlet hatte jedenfalls nicht in Wittenberg studiert und war von keines Gedankens Blässe angekränkelt; wäre er ganz dumm gewesen, so hätte ich ihn vielleicht toleriert, aber in seiner schnöden Mittelmäßigkeit konnte ich ihn nicht aushalten. Dazu all der sich breitmachende Theaterplunder: blonde Pagen mit Ringellöckchen, rechts und links ins Parterre hineinkichernd, viel Gold- und Silberborten und all der Schaumschlag, der Ballettabhub, den ich weiter oben beschrieben habe. Das Tollste aber war Ophelia. Miss *Woolgar*, der Liebling des Publikums, malträtierte diese Rolle. *Nach* dem «Hamlet» wurde noch, laut Theaterzettel, ein Kassenstück gegeben, eine Farce, in der Miss Woolgar, wie ich weiß, die Hauptrolle spielt. Dagegen wäre nichts einzuwenden; aber wenn solche Publikumsfavoritin so weit geht, daß sie lacht und durch die Nase gähnt, während ihr Polonius Vorhaltungen macht, und dabei ins Parterre hineinsieht, als wollte sie sagen: Haltet nur aus, ich muß es ja auch aushalten, in zwei Stunden ist alles vorbei, und dann sollt ihr mich sehen, mit Silberflügeln und in Gaze; und ich sage euch, ein wahrer Engel von Kopf bis zu Fuß – so ist das wirklich mehr, als jemand ertragen kann, der bis dahin gewohnt war, die *Ophelias* wenigstens *anständig* erscheinen zu sehen.

Das Haymarket-Theater

Es steht unter der Leitung des vortrefflichen Schauspielers Buckstone und ist in gewissem Sinne die gute Kehrseite vom Lyceum-Theater. Noch entschiedener im Fremdenviertel gelegen als das letztere und ganz unbestreitbar ein Fremdentheater, zählt es doch anerkanntermaßen zu den besten Bühnen Londons. Das darf nicht wundernehmen. Es kann mir nicht in den Sinn gekommen sein, zu behaupten, daß die Berührung mit dem Fremden und das Akzeptieren kontinentaler Abweichungen und Eigentümlichkeiten *notwendig* zur Verschlechterung und Oberflächlichkeit führen muß; es beschwört nur die Gefahr herauf und schafft Klippen, die in der Regel *nicht* vermieden werden. Es ist damit wie mit dem Reisen: die meisten werden durch eine Reihe von Eindrücken mehr verwirrt als gebildet, aber es wird dadurch die alte Erfahrung nicht erschüttert, daß es unter Umständen gar kein besseres Bildungsmittel gibt. Die Berührung mit dem Fremden (und das Haymarket-Theater übernimmt den Beweis dafür) kann ebenso zum Wetteifer anspornen, wie es in anderen, leider häufigeren Fällen alle Selbständigkeit und Tüchtigkeit untergräbt und die bis dahin angespannten

Kräfte lax und schlaff macht. Mr. Buckstone hat sich zu helfen gewußt; er hat eine Art geteilter Wirtschaft eingeführt, und während er den guten Elementen, die z. B. von Paris aus herüberkamen, Einfluß auf die künstlerische Seite seiner Bestrebungen gestattete, hat er spanische Tänzer, Gliederverrenker und Wunderkinder und wie sie alle heißen mögen, die heutzutage ihr Unwesen auf der Bühne treiben, in die Zwischenakte eingepfercht oder ihnen eine Nachspielshalbestunde angewiesen.

Man kann nichts Abgerundeteres sehen als Sheridansche Komödien (wie die «Lästerschule» oder die «Nebenbuhler») im Haymarket-Theater. Shakespeare ist nicht heimisch auf dieser Bühne, *gastiert* aber von Zeit zu Zeit. Das Talent und die Neigung Mr. Buckstones sowie die Zusammensetzung der ganzen Truppe bringt es mit sich, daß man sich bei Auswahl unter den Shakespeareschen Stücken auf die Lustspiele beschränkt. Im vorigen Sommer wurde «Twelfth Night» gegeben; ich sah es zweimal, weil ich das erstemal einen schlechten Platz hatte und nur mangelhaft folgen konnte. Da man das Stück bei uns nicht gibt, so verbietet sich ein Vergleich, und über die Dichtung selbst zu sprechen ist hier wie überhaupt nicht Zweck dieses Aufsatzes. Nur wie ich weiterhin, bei Besprechung des «Sturmes» und der «Beiden Edlen von Verona», nicht umhin gekonnt habe, auszurufen: Warum gibt man es nicht? so frag ich dasselbe auch schon hier. Jede Bühne, die über drei, vier gute Komiker (dies ist unerläßliche Bedingung) Verfügung hat, sollte sich an dies Stück machen. Ob die zugrunde liegende Geschichte, die Schürzung und Lösung des Knotens besonders ansprechen würde, weiß ich nicht; fast möchte ich es bezweifeln, wenngleich die Fabel nicht ohne Reiz und Lieblichkeit ist. Aber der Faden, der sich hindurchzieht, ist verhältnismäßig ohne Bedeutung, und die komischen Szenen, die wie Schmucksteine demselben angereiht sind, erscheinen (versteht sich, neben der Charakterzeichnung, ohne welche jene Szenen nicht wären, was sie sind) entschieden als die Hauptsache. Der Malvolio, dieser *ernste* Narr, übergeschnappt vor Eitelkeit, ist eine Figur ganz einzig in seiner Art und, wie mir's schien, durchaus populär beim englischen Volk. Wieviel Leute haben wir, die diese Rolle kennen? Die drei anderen komischen Figuren des Stückes bleiben kaum hinter dem Malvolio zurück. Der Gegensatz zwischen dem derb-martialischen, flaschenfreundlichen Onkel Toby und dem feigen, weichlich-flachshaarigen Sir Andrew Aguecheek, ferner das Sichunterordnen beider unter die superiore Narrheit des Narren von Fach und schließlich die alle drei als Freundschaftsband umschließende Lust am Spaß, ihr gemeinschaftlicher ungeheurer Jubel bei jedem guten Witz, das alles kam trefflich zur Erscheinung und riß den Zuschauer mit in den Strom beständiger guter Laune hinein. Die ausübenden Künstler waren: Mr. Chippendale (Malvolio), Mr. Rogers (Onkel Toby), Mr. Buckstone (Sir Andrew Aguecheck) und Mr. Compton (Narr). Alle vier ganz vorzüglich.

Das Prinzeß-Theater

Wir nähern uns nun dem eigentlichen Shakespeareschen Grund und Boden immer mehr, ja wir sind hier bereits auf seinem eigentlichsten Terrain, wenn wir diese Bezeichnung und das Lob, das darin liegt, von der bloßen Zahl der Aufführungen abhängig machen wollen. Das möcht ich aber nicht gern, aus Gründen, die sich sehr bald herausstellen werden, und so betrachte ich denn das Prinzeß-Theater als eine Übergangsstufe zum Sadlers-Wells-Theater, worin ich, im Einklang mit der öffentlichen Meinung, die *eigentliche* Shakespeare-Bühne erblicke. Im Sadlers-Wells-Theater ist nämlich der *ganze* Shakespeare zu Haus, und wiewohl es nicht selten vorkommt, daß acht oder vierzehn Tage lang ausschließlich Sheridansche Komödien oder französische Lustspiele gegeben werden, so darf man doch annehmen, daß im Verlauf der sechs Wintermonate wenigstens zwölf bis fünfzehn Shakespearesche Stücke daselbst zur Aufführung kommen. Diese Mannigfaltigkeit, diesen Reichtum in der

Zahl der *Stücke* (im Gegensatz zu der Zahl der *Aufführungen*) finden wir auf dem Prinzeß-Theater nicht. Es bietet uns den Shakespeare beinahe ohne jegliche Unterbrechung, aber viele Monate lang immer dasselbe Stück, so daß «Heinrich VIII.» z. B. hundertundfünfzig Vorstellungen hintereinander erlebte. Dies hängt genau mit den Prinzipien zusammen, nach denen Charles Kean, der Direktor des Prinzeß-Theaters, die Shakespeare-Aufführungen («*Wiederbelebungen*», wie er sich auszudrücken liebt) leitet. Er verfährt dabei mit einem Aufwand von Pracht und Wissenschaftlichkeit, wie er vielleicht nie der Darstellung irgendwelchen Stückes zugute gekommen ist. Dies Studium aber und die Fülle kompliziertester Vorbereitungen lassen es für jeden, der solcher Aufführung einmal beiwohnte, als selbstverständlich erscheinen, daß mit Rücksicht auf die Zeit sowohl wie auf die Kosten, die von solcher Inszenierung unzertrennlich sind, die monatelange Wiederholung eines und desselben Stückes gar nicht vermieden werden kann. So kommt es, daß, während Mr. Phelps vom Sadlers-Wells-Theater bereits die Darstellung des *dreißigsten* Shakespeare-Stückes angekündigt hat, Mr. Charles Kean vom Prinzeß-Theater während ziemlich derselben Zeitdauer nicht über einen Kreis von fünf oder sieben Shakespeare-Stücken hinausgekommen ist. Diese Stücke sind die folgenden: «König Johann», «Heinrich VIII.», «Richard II.», «Sommernachtstraum» und «Wintermärchen». Auch «Hamlet», «Macbeth» und «Richard III.» gehören hierher; doch sind dieselben innerhalb der letzten zwei Jahre, soviel ich weiß, im Prinzeß-Theater *nicht* gegeben worden. ...

Was nun diesen mit Ballett- und Opernpracht hergerichteten, diesen *verkeanisierten* Shakespeare angeht, so ist derselbe, wie sich von selbst versteht, sehr verschieden beurteilt worden. Bei Hofe, wie bereits erwähnt, schätzt man Kean außerordentlich, aber es fehlt auch nicht an solchen, die ihn wie einen Baumbeschädiger oder Palastbeschmutzer in Anklagezustand versetzen möchten.[1]

[1] Es ist übrigens noch sehr die Frage, ob sich das «Elisabethische Drama» in jeglicher Beziehung durch Einfachheit ausgezeichnet hat. Das Gegen-

Was mich anbetrifft, so hab ich mich zu einer Würdigung des Mannes allmählich durchgearbeitet. Sein «Heinrich VIII.», überhaupt alle von ihm in Szene gesetzten *historischen* Stücke sind meisterhaft arrangiert und müssen selbst den mäkligsten Shakespeare-Puristen befriedigen. Aber dies selbige Prinzip peinlich historischer Treue hat Kean auf Stücke übertragen, auf die es, milde gesprochen, nicht recht paßt und die dadurch aus dem Leichten und Phantastischen ins einigermaßen Philisterhafte und aus dem Innerlichen ins Äußerliche gezogen worden sind. Dies gilt namentlich von seiner Inszenesetzung des «Wintermärchens», bei dem noch hinzukommt, daß er sich erst eine *historische Basis willkürlich schuf* (indem er aus Bohemien Bithynien machte), um hinterher historisch-gewissenhaft sein zu können. Nichtsdestoweniger stehe ich jetzt, nachdem ich mich lange dagegen gesträubt habe, entschieden auf seiten der Keanschen Partei und rechtfertige, auch was die *nicht*historischen Stücke angeht, durchaus ein Prinzip, das neben dem Streben, zu fesseln und die *Sinne zu bestechen*, darauf aus ist zu belehren. Halb Staatsdame, halb Gouvernante, so wird uns die Shakespearesche Muse vorgeführt. Mißbillige das wer mag, ich habe nicht den Mut dazu. Alle Versuche englischer Dramatiker, sich *neben* Shakespeare zu behaupten, sind, mit Ausnahme von einem halben Dutzend Stücken, total gescheitert; so blieb denn für alle diejenigen, die des Shakespeare satt waren, nichts übrig als das französische Machwerk. Gerade die Gebildeten, wie überall, griffen nach diesem Marzipan. Eine Reaktion dagegen zu schaffen war unmöglich, wenn es

teil ist sehr wahrscheinlich. In einem zu Anfang des 19. Jahrhunderts geschriebenen Buche über englisches Theater find ich die Bemerkung: «In Kleidung und überhaupt in allen Äußerlichkeiten (versteht sich, mit Ausnahme der Dekorationen) scheint die Shakespeare-Bühne reich genug gewesen zu sein, um den Vergleich mit der Gegenwart nicht scheuen zu brauchen», und aus dem Jahre 1672 berichtet ein Tagebuch, daß bei Aufführung von Lord Orrerys *(nicht von Shakespeares)* «Heinrich V.» die Schauspieler Harris, Betterton und Smith die wirklichen Staatsroben und den Krönungsschmuck Karls II., des Herzogs von York und des Grafen von Oxford trugen.

nicht glückte, den Shakespeare oder richtiger das Interesse, die Begeisterung an ihm wieder zu beleben. Diesem unterzog sich Kean, und er hat seine Aufgabe glänzend gelöst. Der Shakespeare, den er gibt, ist ein *neuer* Shakespeare; Großes und Kleines muß ihm dienen: Archäologen und Theaterschneider; Britisches Museum und Feuerwerker; Heraldik, Numismatik und die neuen Gesetze über Farbenzusammenstellung – alles wird herangezogen, um die Apathie der Gebildeten zu überwinden und den Shakespeare, auch in den höheren Kreisen der Gesellschaft, aufs neue zu popularisieren. Es ist geglückt. Wie verändert er sich auch den Zuhörern präsentieren mag, *es ist immer noch Shakespeare*, immer noch das Beste, was die moderne englische Bühne hat, und jedenfalls schon dadurch ein Gewinn, daß es das englische Theater national erhält und es vor der totalen Überschwemmung durch französische Pointiertheiten oder gar noch Schlimmeres schützt. ...

Das Sadlers-Wells-Theater

Hier haben wir die eigentliche Shakespeare-Bühne, den Platz, wo wir ihm am echtesten begegnen. Das Theater selbst ist seinen Baulichkeiten wie seiner ganzen Lage nach höchstens zweiten Ranges, und auch die Mitglieder der Bühne, mit Ausnahme von Mr. Phelps, Miss Atkinson und den Komikern, stehen auf keiner höheren Stufe. Dennoch paßt und klappt hier alles; man merkt die geschickte Hand, die das Ganze leitet und durch kluge Benutzung untergeordneter Kräfte zu verdecken weiß, daß sie untergeordnet sind. Die Rollen von Bedeutung sind immer in besten, wenigstens in ausreichenden Händen, und die Nebenpartien werden in einer schlichten, anspruchslosen Weise gegeben, die oft kaum irgendwelche «Kunst» verrät, aber in ihrer Kunstlosigkeit wohltuender wirkt als eine prätentiöse, am rechten Ziel noch weiter vorbeischießende Gekünsteltheit.

Im großen und ganzen ist «Sadlers-Wells» (wie man der

Kürze wegen gemeinhin zu sagen pflegt) eine Volksbühne, etwa wie das Surrey-Theater, und das keineswegs elegante Publikum von Islington, das am Ende ebenso gern ein französisches Melodram wie den «Hamlet» sehen würde, muß den Unternehmer auf seine Kosten bringen. In den Logen des ersten Ranges indes sieht man auch Köpfe und Toiletten, die Islington nicht ihre Heimat nennen; und diese sind es, die den Ruf des Theaters über ganz England verbreitet oder aber, herbeigelockt von diesem Ruf, eine zweifelhafte Gesellschaft nicht gescheut haben, um einen unzweifelhaften Genuß an derselben Stelle zu finden.

Mr. Phelps gilt jetzt als der beste Shakespeare-Spieler. Er ist dem Charles Kean ebenso gewiß an Talent überlegen wie dieser ihm an Studium und Wissenschaftlichkeit. Bedeutender als beide scheint mir Miss Atkinson zu sein, die Momente großer Künstlerschaft hat! ...

«*Der Sturm*». Lassen Sie mich mit einer Frage beginnen: Warum haben wir dies Stück nicht seit lange auf unseren Bühnen? Warum ist man bei unseren Shakespeare-Erwekkungen gerade an dieser Arbeit vorbeigegangen? Es sind Schwierigkeiten da, aber ich denke, nicht unüberwindliche. Auf der englischen Bühne war dies Stück zu allen Zeiten und in allen Formen heimisch. Mr. Shadwell (unter Karl II.) hatte eine Oper daraus gemacht, die 1673 im Dorset Gardens-Theater aufgeführt wurde.

Über die hiesige Darstellung des Stücks zu schreiben ist insoweit schwer, als für die Mehrheit Ihrer Leser die Möglichkeit des Vergleiches fehlt. Unter allen deutschen Bühnen hat neuerdings keine den «Sturm» zur Aufführung gebracht.[1]

Ich helfe mir, so gut ich kann. Die Aufführung blieb unzweifelhaft hinter der des «Hamlet» zurück. Nur zwei besondere Mitglieder der Bühne feierten auch heute wieder Triumphe – der Dekorationsmaler und der Maschinist. Die Darstellung des Schiffbruchs (womit das Stück anfängt) war ganz vortrefflich. Die Bühne ist als Schiffsdeck gedacht, auf der

[1] Mit Ausnahme Münchens...

wir nun die bunte Bemannung hin und her stolpern und in dem vollen Graus einer Sturmnacht sehen. Im Hintergrunde nimmt der elegante, reichvergoldete Kajütenüberbau die ganze Breite der Bühne ein. Aus ihm heraus treten die fürstlichen Personen, aufgeschreckt durch die drohende Gefahr. Das Schwanken des Schiffs wird durch eine sehr einfache Vorrichtung hervorgebracht. Zu beiden Seiten der Bühne, und zwar bis ganz in den Hintergrund, zieht sich, in Mannshöhe, eine elastische Stange, an der rechts wie links eine graue Leinwand hängt. Dies gleicht täuschend der Holzverkleidung, die sich bekanntlich auf dem Deck jedes Schiffs um dasselbe herumzieht. Durch Auf- und Niederdrücken der elastischen Stange, mal hinten, mal vorn, werden die Schiffsschwankungen hervorgebracht, und das Ganze ist so täuschend, daß man mitten darunter zu sein glaubt. – Der Effekt der unmittelbar folgenden Szene ist fast noch größer. Die Insel ist gedacht; auf der Bühne liegt Graus und Nacht, und immer schwärzere Schleier fallen. Endlich schweigt der Sturm, und ein schmaler Streifen Land wird im Vordergrunde sichtbar. Prospero und Miranda erscheinen, und das halb weiße, halb rosafarbene Gewand der letzteren hebt sich in malerischer Weise von dem dunklen Hintergrunde ab. Nun aber, in rascher Folge, rollen die schwarzen Schleier wieder auf, und das sonnenbeschienene Meer, hohe Klippen ringsum, liegt glitzernd vor dem Auge des Publikums.

Wenn andres hier und da nicht genügte, so hat das seinen Grund darin, daß alles das, was Sadlers-Wells besitzt, sich wenig geltend machen konnte, und alles das, was es *nicht* besitzt, dringend erheischt wurde. Prospero (Mr. Phelps) ist keine Rolle, in der man sein Publikum mit fortreißen kann. Es sind drei Dinge, worauf sich alle Teilnahme konzentriert: das *Liebesverhältnis* zwischen Fernando und Miranda; das *Grotesk-Komische* in den Szenen zwischen Trinculo, Stephano und Caliban und das *Phantastische* in den Zauberkünsten und Geistererscheinungen, vor allem die Gestalt Ariels. Das Liebesverhältnis, lieblich wie es ist, wurde auch demgemäß gegeben; nirgends lächerlich, nirgends langweilig; – mir erschienen diese Szenen wie ein heiteres Seitenstück zu «Romeo und Julia». – Über die komischen Partien sprech ich weiter unten. An dem phantastischen Teil des Stückes scheiterte die Aufführung in einem gewissen Grade. Kleine Theater können gelegentlich nicht dem Drange widerstehen, ein Dutzend Trikots anzuschaffen und auch eine «große Oper» haben zu wollen. Diese kleine, liebenswürdige Schwäche hat schon viel Unheil angerichtet. Auch die Aufführung, von der ich spreche, hatte darunter zu leiden. Über alle Kirchtürme des Dekorations- und Maschinenwesens war Mr. Phelps wie ein Mann, der sein steeple-chase versteht, glücklich hinweggeritten, aber die Kehlen seiner Johanna Wagners und die Fußspitzen seiner Taglionis ließen ihn im Stich. Der ganze vierte Akt (die Erscheinung der Iris, Ceres und Juno) kam dadurch um seine Bedeutung.[1] Der *Ariel* tat sein Möglichstes und sang die Schlußarie mit dem immer wiederkehrenden «merrily, merrily» in allenfalls genügender Weise, überzeugte mich aber zu gleicher Zeit, daß diese Partie, von einer wirklichen, graziösen Sängerin vorgetragen (etwa wie die Sontag in den zwanziger Jahren war), einen unglaublichen Effekt hervorbringen und die Gestalt des Puck im «Sommernachtstraum» durchaus in den Schatten stellen müsse.

Was mir noch übrigbleibt, das ist die Aufforderung an unsere Bühnen, den hoffentlich nicht geschlossenen Kreis ihrer Shakespeare-Vorstellungen durch die Aufführung des «Sturm» zu erweitern.

[1] Ich muß hier auf das hinverweisen, was ich bei Besprechung des «Hamlet» über den Gesang der Ophelia gesagt habe. Wir können unsre Ansprüche nicht *mit Gewalt* zurückschrauben und können es am wenigsten da, wo alles andre die höchsten Ansprüche wenn auch nicht herausfordert, so doch erträgt. Neben einen Phelpsschen Hamlet gehört eine Ophelia, die, wenn sie singen *will*, auch singen *kann*, und wenn eine Juno auf ihrem Pfauenwagen aus den Wolken steigt und einen Königsmantel trägt comme il faut, so verlangen wir mit Recht, daß ihre Stimme nicht hinter ihrem Mantel zurückbleibt. Es wird dadurch das, was ich andrerseits über die Brauchbarkeit Shakespeares für die eigentliche Volksbühne (bei Gelegenheit des Standard-Theaters) gesagt habe, durchaus nicht aufgehoben.

Dieser Hinweis geschieht freilich nicht ganz ohne Bedenken. Zwei Bursche, die fünf Akte lang betrunken sind, und als Dritter im Bunde ein rotbraunes, haariges Scheusal, ein Monstre-Ideal, das einem der beiden Trunkenbolde zu verschiedenen Malen die Füße leckt – das ist freilich mehr, als wir auf unserem heutigen Theater zu sehen gewohnt sind. Wir haben keinen Dichter, der solche Szenen schreiben *kann*, aber wir haben auch keinen, der sie schreiben *darf*. Nichtsdestoweniger bin ich der Meinung, daß wir die Vorführung dieser Szenen wagen müssen. Was mich diesen Ausspruch tun läßt, ist noch etwas anderes als die bloße *Pietät* gegen Shakespeare und ist jedenfalls mehr als die oberflächliche *Neugier*, die teils das Repertoire durch ein neues Stück bereichert sehen, teils eine Probe auf den Geschmack des Publikums machen will. Nein, was mich trotz aller Bedenken diese Forderung stellen läßt, das ist der Glaube an die wirkliche Autorität Shakespeares und die Besorgnis, daß wir mit unserm Raffinement auf falschen Wegen des Geschmackes sind. Mal prüde, mal frivol, haben wir den Sinn für das Humoristisch-Derbe verloren, das wie ein gesundes Stück Schwarzbrot zwischen den Extremen liegt. Auch Shakespeare ist kein Gott und war ein Kind seiner Zeit. Es mag eine Zeit kommen, die größer ist als das Jahrhundert der Reformation, als das Jahrhundert Luthers und Shakespeares; aber es wäre Verblendung, anzunehmen: unsere Zeit sei diese Zeit. Beugen wir uns vor dem Größeren und respektieren wir seine Gesetze.

Vielleicht bin ich bedenklicher als nötig. Wir haben die Rüpelszenen im «Sommernachtstraum» nicht nur ertragen, sondern belacht und beklatscht.

Wohlan denn, machen wir den Versuch! Ich fürchte nicht, daß er scheitern wird, und wenn unsre Direktionen sichergehen wollen, so seien sie weise bei Besetzung der Caliban-Partie und verabsäumen es nicht, die Rolle an einen jener Auserwählten zu geben, die, statt den «Herodes zu überherodessen», die schwierigere Kunst des Mäßigens gelernt haben. . . .

«*Macbeth*». «Macbeth», neben «Othello», ist das Lieblingsstück des englischen Volkes; es ist populärer als «Hamlet». Diese Vertrautheit mit der Sache ist hübsch zu beobachten. Man merkt, wie das Publikum auf gewisse Lieblingsstellen wartet, um dann mit donnerndem Applause einzufallen. Dies hat freilich auch Nachteile im Gefolge. Es verleitet den Schauspieler nicht nur, es *zwingt* ihn fast, die schönsten Stellen in einer Weise vorzutragen, die bloß auf die Ohren der Galerie, aber nicht auf das Verständnis einer feinfühligeren Minorität berechnet ist. Das berühmte:

> I dare do all that may become a man. Who dares
> do more, is none

wurde von Macbeth-Phelps geschrien, und Macduff (Akt 5, Szene 1) folgte später mit einem donnernden:

> I shall do so;
> But I must also feel it as a man

dem gegebenen Beispiel seines Direktors.

Im Text ist wenig geändert, nur einiges gekürzt.

Unmittelbar nach der Besiegung Macbeth' fällt der Vorhang.

Die Szene mit dem Pförtner nach Ermordung König Duncans fällt fort; ebenso die Szene zwischen *Rosse* und dem alten Manne am Schluß des zweiten Akts.

Lady Macduff tritt nicht auf; ihre Ermordung wird nur berichtet (Schluß des vierten Akts.)

Alle Äußerlichkeiten: Arrangements, Kostüme, Dekorationen, ganz vortrefflich. Keine Entfaltung bloßer Pracht, sondern *Wahrheit*, oder wenigstens das, was unsrer gegenwärtigen Kenntnis als Wahrheit gilt. Alle Räume und Baulichkeiten im *Normannen-Stil*, dessen Ernst und Schwere zu dem ganzen Stücke stimmt und dessen erste Anwendung in England (nach 1066) ungefähr in die Macbethsche Regierungszeit fällt.

Noch ein paar Nebensächlichkeiten möcht ich hervorheben, wenn es bei einer «Macbeth»-Aufführung Nebensächlichkeiten gibt. Nie hab ich das Rollen des Donners und das Klatschen des Regens so naturwahr nachahmen hören. Wir hatten den Donner direkt über unsren Köpfen. Im zweiten Akt, während der Ermordung Duncans, werden die Schrekken des Moments durch diese klein erscheinende Äußerlichkeit nicht wenig gesteigert.

Von kaum mindrem Belang ist die häufige Anwendung einer Art schottischer Kriegsmusik. Sooft Truppen angekündigt werden oder aber faktisch vorübermarschieren, ebenso beim Einzug König Duncans in Macbeth' Schloß – immer hört man eine aus *Trommel* und *Violine* (wohl anstatt des Dudelsacks) zusammengesetzte Musik, die trefflich zu dem Ganzen paßt.

Geh ich nun zu den einzelnen Szenen über.

Zuerst die Hexenszenen. Ihr Wert ist sehr ungleich; die betreffenden Szenen im *ersten* Akt sind geradezu unübertrefflich. Die drei Hexen werden von den drei Komikern der Bühne dargestellt. Ihr erstes Erscheinen ist wirklich nur eine *Erscheinung;* alles bleibt in Dunkel und Unbestimmtheit; man hat nichts deutlich erkannt, dunkle Gestalten auf dunklem Hintergrund, nur ein paar graue Locken wehen im Winde. Eh man sich auch nur annähernd orientiert, ist alles vorbei. Das Ganze ist wie eine Ouvertüre des Schreckens. Man ahnt, daß etwas Entsetzliches folgen muß. Bei ihrem zweiten Auftreten (Akt 1), wo sie dem Macbeth auf der Heide begegnen, erkennt man sie deutlicher. Die Dekoration ist sehr gut; eine kahle, triste Landschaft, wie sie den schottischen Hochlanden eigentümlich ist, schimmert durch die Dämmerung. Auf einem Erdhügel, unter zwei alten Fichten, die die ganze Vegetation der Heide bilden, stehn die drei Hexen. Der Mißklang ihrer heiseren Stimmen ist zu einer Art Melodie gestimmt und ergänzt sich wie das Geschrei alter und junger Raben. Der Zuruf jeder einzelnen: «all hail Macbeth» usw., ist von höchstem Effekt, der sich bis zum Schauerlichen steigert, wenn sie unerwartet (es ist nicht vorgeschrieben) die Worte «that shalt be king here after» zusammen sprechen.

Nach dem Verschwinden der Hexen wird es hell, alle Nebel sinken, und man übersieht die schottische Landschaft in aller Klarheit. Truppen, im Sonnenschein, rücken an, während man die oben beschriebene wundersame Musik vernimmt. Die Hexenszene im vierten Akt ist verhältnismäßig schlecht. Hekate, eine wohlgenährte, stattliche Dame mit einem Maria-Stuart-Hut und einer blinkenden Agraffe dran, macht nichts weniger als einen dämonischen Eindruck, und ihr Gesang, der von unsichtbaren Geistern erwidert wird, streift ans Lächerliche. Die ganze Szene – verfehlt.

Zweitens: Das Auftreten der Lady Macbeth mit dem Brief in der Hand. Ich werde diesen Moment so leicht nicht vergessen. Nicht sinnend, tiefinnerlich über einem Mordgedanken brütend, sondern furienhaft, zur Tat bereits entschlossen, und in einer Weise, als schwänge sie bereits den Dolch, um die Tat zu vollführen, so stürzt die *englische* Lady Macbeth auf die Bühne. Die diesem Spiel zugrunde liegende Auffassung ist meiner Meinung nach falsch. Aber es ist das Wesen eines bedeutenden Künstlertums, von der ihm innewohnenden Gewalt auch seinen Irrtümern ein gut Teil zu leihen und diesen Irrtümern ebensosehr den Stempel des Genies aufzudrücken wie seinen vollendeten Schöpfungen. Der Irrtum hört dadurch nicht auf, ein Irrtum zu sein, und wenn er uns dennoch bezwingt, so ist *er* es nicht eigentlich, sondern nur die Genialität, die ihn begleitet. Dies Auftreten Lady Macbeth' ist ein Fehlgriff, aber ein genialer Fehlgriff, so daß man das Bild nicht wieder loswerden kann und, ohne in seinen Ansichten erschüttert zu werden, bezwungen von der Macht der Erscheinung, zugibt: Nun ja, man kann es allenfalls auch *so* spielen. – Wie muß dies dämonische Auftreten der Lady Macbeth erst gewirkt haben, als Mrs. Siddons, die Schöpferin *dieser* Lady Macbeth, auch zugleich *darstellte*, was sie im Geist geboren hatte! Miss Atkinson ist selbst eine ausgezeichnete Darstellerin, aber in *dieser* Partie doch nur die Trägerin einer Type und Gesetz gewordenen Auffassung. Sie kopiert nicht sklavisch, sie ist mit Leib und Seele dabei, aber dennoch spielt sie im wesentlichen *nach der Tradition*. Solche Tradition gilt hier so lange als heilig, bis ein neuer Genius kommt und eine neue Type schafft. Da Miss Atkinson ein solcher Genius nicht ist, so bleibt sie der herrschenden Auffassung treu. Das ist recht, daß sie das tut. Da sie an Mrs. Siddons nicht hinanreicht, so geziemt ihr Unterordnung, und um den Preis kleiner Fehler bleiben uns die großen und genialen Züge[1] des Vorbilds erhalten, die mit verlorengehen würden, wenn es einmal erst an das Ändern und selbständige Gestalten ginge.[2]

Drittens: Die Ermordung König Duncans usw. Die Szene bietet manches, was von dem bei uns Üblichen abweicht. Wir sehen eine weite Halle; *nicht im Hintergrund derselben geschieht der*

[1] Die *Siddons* (eine Schwester der Kembles) war ein echtes Genie, denn sie schuf diese große Rolle lediglich nach einem dunklen Drange, nach Instinkt, und war unfähig, sich Rechenschaft darüber abzulegen. Sie war ihr, auch eine Kemble, die ich vor Jahren kennenlernte, sagt mir angesichts eines, wenn ich nicht irre, von Sir Joshua Reynolds gemalten prächtigen Bildes dieser großen Künstlerin: she was profoundly dull. Dies ist ebenso wahr wie schwer zu übersetzen. Es drückt aus: sie war eigentlich langweilig und apathisch, aber dahinter steckte eine Prophetennatur.

[2] Ich habe, seitdem ich diese Zeilen schrieb, Madame Ristori als Lady Macbeth gesehn. Die Leistung ist in ihrer Art so ausgezeichnet, daß es mir hinterher nicht leid tun konnte, 27 sh. (9 Taler) für mein Billett gezahlt zu haben. Aber ebenso genial wie die Lady Macbeth der Ristori unzweifelhaft ist, ebenso verfehlt und unladymacbethhaft scheint sie mir zu sein. Das Ganze ist, in Erscheinung, Stimme und Mienenspiel, die Transponierung einer Tragödie des Ehrgeizes in eine Tragödie südlich-sinnlich-verbrecherischer Liebe. Wenn ich «Macbeth» nicht gekannt und statt der Worte nur das Spiel der Ristori zum Leitfaden und Verständnis gehabt hätte, so würd ich sie für eine junge Frau gehalten haben, die, an den alten König Duncan verheiratet, sehr unbefriedigt und voll glühender Leidenschaft zu Macbeth ist. Sie kommt mit ihrem Buhlen überein, den Alten aus dem Wege zu räumen und dadurch ihre Vereinigung möglich zu machen. Die Krone ist ein zufälliges Nebengeschenk. Die Ristori scheint in alten und neuen italienischen Trauerspielen, in denen durchaus haarsträubend geliebt oder gehaßt werden muß, so vorzugsweise zu Hause zu sein, daß ihr ganzes Spiel bereits eine entsprechende Type angenommen und sie zur Darstellung einer Lady Macbeth verhältnismäßig unfähig gemacht hat.

Mord, sondern in unsrer allernächsten Nähe. Die Halle hat Gemächer zu beiden Seiten; wir sehen einzelne Türen halb offenstehend. Links, *hart am Orchester* (aus dem übrigens die paar Fiedler jedesmal verschwinden und nicht störend wirken durch ihre fatiguierten Gesichter), ist das Schlafgemach Macbeth' und seiner Lady; gegenüber in derselben unmittelbaren Nähe des Publikums das Schlafgemach König Duncans. Nachdem Macbeth die kleine Tür geöffnet und in das Gemach des Königs getreten, bleibt die Bühne wohl eine halbe Minute lang leer. Dann endlich huscht Lady Macbeth aus ihrem Gemach. Nach den ersten zwei Zeilen (wie übrigens vom Dichter vorgeschrieben) unterbricht sie sich mit einem «Horch, still!» und schreitet dann auf die Tür zu, durch die Macbeth eine Minute vorher verschwunden ist. Sie öffnet sie ein wenig, und durch die schmale Spalte *fällt ein trüber Lichtschein auf die Bühne.* In diesem Augenblick flüstert sie die furchtbaren Worte: «*He is about it*» (er ist drüber her). Alles wirkt zusammen, um die Seele bis auf die Höhe des Schrekkens zu heben. Kunst und Bühne können darüber nicht mehr hinaus. Die Tat ist endlich getan, das markerschütternde Klopfen wiederholt sich *(kein Pförtner tritt auf)*, Macduff erscheint, eilt in das Gemach des Königs und findet ihn ermordet. Er stürzt auf die Bühne, ganz Entsetzen. Dies wird (von einem sonst mittelmäßigen Schauspieler) ganz vortrefflich gespielt. Es ist nämlich kein Theaterentsetzen, kein Theaterlärm, den er macht, es ist ein Lärm, wie Philoktet auf der griechischen Bühne nicht gewaltiger geschrien haben kann. Das Geschrei ist furchtbar wie die Tat. Er rüttelt und schüttelt an dem alten Mauerwerk, reißt am Glockenstrang und ficht mit dem Schwert um sich her, während er unablässig die Schläfer aus ihrer Ruhe schreit. In wenigen Augenblicken hat sich die Halle gefüllt, alles blaß und voll Schrekken. Im Vordergrunde, den bleichen Kopf in die entblößten Schultern gezogen, steht regungslos Lady Macbeth, überwältigt von der eigenen Tat, *alt geworden in einer einzigen Stunde.*

Viertens: Die Gastmahlsszene im dritten Akt. Die Art der Erscheinung Banquos weicht in Einzelnheiten von dem bei uns Üblichen ab. Das neue Königspaar hat auf erhöhten Plätzen, zur Linken der Bühne, Platz genommen und überschaut die Gäste, die an sechs oder acht gedeckten Tischen sitzen, von denen immer zwei eine in der Mitte unterbrochene gerade Linie bilden. Die ganze Bühne ist gefüllt, und man hat den Eindruck eines wirklichen Gastmahls, eines wirklichen Geladenseins zahlreicher Thane. Zwischen der ersten und zweiten Tischreihe, gegenüber dem Königsthrone und genau inmitten der Bühne, erhebt sich ein aparter Sitz, ein Ehrenplatz für den erwarteten Banquo. An dieser Stelle erscheint er in voller Figur, bevor er sich in den Stuhl niederläßt. Das Gesicht ist todblaß, aber unentstellt. Sein zweites Erscheinen machte noch einen mächtigeren Eindruck auf mich. Macbeth, um sich zu vergewissern, ob ihn seine Sinne getäuscht oder nicht, *hat jetzt neben dem erhöhten Stuhle Banquos Stand genommen, und die Lehne krampfhaft fassend*, spricht er zum zweiten Male den Namen des Gemordeten. Statt abermals aus der Tiefe emporzusteigen, tritt dieser leise, aber rasch aus der Kulisse hervor und postiert sich vor den ersten Tisch in unmittelbarer Nähe der Lampen. Jetzt erst erkennt man die tiefe Halswunde. Zurücktretend verschwindet er, wie er gekommen. (Ich habe seitdem gesehen, daß das *zweite* Erscheinen Banquos auf der Berliner Bühne in sehr ähnlicher Weise dargestellt wird, wie ich es in Vorstehendem geschildert habe.) Das Spiel Macbeth' sowohl wie der Lady Macbeth ist in dieser ganzen Szene vortrefflich. Schon hier empfinden wir ein tiefes Mitgefühl mit beiden. Die blassen, rasch gealterten Gesichter beider sagen uns, wie teuer sie diese Krone und diesen Königsmantel erkauft. Wenn Lady Macbeth von den «Anfällen» des Königs spricht, so glauben wir daran. Seine ganze Erscheinung ist die eines Schwerkranken, den nur ein mächtiger Wille aufrechterhält. Die Morde, die er aufeinanderhäuft, erfüllen uns nicht mehr mit Abscheu, sondern nur noch mit Trauer um den, der sie begeht; sie erscheinen uns wie die Strohhalme, nach denen ein Ertrinkender greift. Der Phelpssche Macbeth ist *von Anfang an* ebensosehr eine Gestalt der *Schwermut* als ein

Träger dämonischen Ehrgeizes. Dies gibt der Rolle einen eigentümlichen Reiz. – Die Lady Macbeth war auch an dieser Stelle bedeutend. Das Fliegen ihrer Glieder, während sie auf dem Throne sitzt und Macbeth zum Banquo spricht, ihr Aufstehen, ihr Schreiten von Tisch zu Tisch, ihre Beschwichtigungsversuche, endlich die grandiose Art, wie sie die Gäste entläßt – alles vortrefflich. In allem eine wunderbare Mischung von Angst und Majestät.

Fünftens: Die Nachtwandelszene. Im ganzen untadelhaft, nur durch zuviel Licht (das der Szene und der weißen wandelnden Gestalt das Geisterhafte nimmt) wesentlich beeinträchtigt. Der Gesichtsausdruck Lady Macbeth' weniger grausig als vielmehr unendlich elend, ohne jedoch durch einen sentimentalen Zug das Charakterbild zu verwischen. Es bleibt Lady Macbeth. Ihr Kopf ist in die Schultern gezogen, als ob sie fröre, und die dunklen Schatten unterm Auge verraten ihre schlaflosen Nächte. Das Händewaschen konnte mit mehr Maß geschehen.

Schließlich der Kampf zwischen Macbeth und Macduff brillant wie immer. Kein Geklapper mit den Blechschilden, kein Sieg hinter der Kulisse, sondern wirkliche, sichtbare Klingenarbeit, bis wir Macbeth unter dem Jubel der Galerie zusammensinken und den Vorhang fallen sehen. ...

Die Antwort auf die Frage

Wohin neigt sich nun die Schale? Wo steckt das Bessere? Wer hat zu lernen? Haben wir bei den Engländern in die Schule zu gehen oder umgekehrt? Ich will versuchen, auf diese Fragen zu antworten. Um das zu können, hab ich zunächst Äußerliches und Innerliches, Szenisches und Persönliches, Theaterapparat und Schauspielkunst zu trennen.

Wer meinen Auslassungen bis hierher gefolgt ist, wird wahrgenommen haben, daß ich durch gewisse Bühnenarrangements vielfach überrascht, gemeinhin befriedigt worden bin. Ich verweise auf das, was ich bei Gelegenheit des «Hamlet» und «Macbeth» in Sadlers-Wells und vorher bei Besprechung «Heinrichs VIII.» und des «Sommernachtstraums» im Prinzeß-Theater gesagt habe. Ich muß auch jetzt mein vergleichendes Urteil dahin abgeben, daß ich bis diesen Augenblick nichts praktischer Arrangiertes als die drei ersten Akte des «Macbeth», nichts szenisch Wirksameres als das Auftreten des Geistes in «Hamlet» und nichts Reizenderes und Geschmackvolleres als den Elfentanz in «Sommernachtstraum» oder den Fackeltanz in «Heinrich VIII.» gesehen habe. Unsere Hoftheater besitzen zwei Dinge, mit denen sie nicht recht wissen, was sie anfangen sollen: Raum und Reichtum, zwei Kräfte, die sich abwechselnd verzehren. Reichtum in zu vielem Raum hört auf, er selbst zu sein, und macht den entgegengesetzten Eindruck (ich erinnere an die Gastmahlsszene im «Macbeth»); andererseits macht auch der Reichtum den Raum tot, und es pflegt eine intendierte Reichtumsentfaltung, die Vorbereitung zu einem Tableau, einem Tanz oder Festzug, den allernötigsten Raum oft in unverantwortlicher Weise zu beschränken. Eine wichtige Szene wird auf sechs Fuß breitem Terrain, mit einer wackligen Leinwand im Hintergrund, trostlos abgehaspelt, nur damit hinterher einige Kronleuchter mehr den gotischen Dom erhellen und ein magisches Licht verbreiten können. Wo man weniger Wachslicht und eine minder prächtige Kirchendekoration hat, gönnt man der armen Szene vorher ihr Recht und ihren – Raum. Ich glaube, daß wir nach dieser Seite hin sehr wohl von den Engländern lernen können; ihre Arrangements sind zweckentsprechender und kulturhistorisch-gewissenhafter, darüber bin ich mir völlig klar. An Pracht, Glanz und dekorativer Kunst mögen wir ihnen im allgemeinen überlegen sein; aber an Wirkung auf Sinn und Gemüt bleibt unsre Pracht und unsre Kunst hinter dem zurück, was eine Privatbühne wie das Prinzeß-Theater leistet. Ich bin kein regelmäßiger Besucher unsrer Opern und Balletts gewesen; indes ich kenne doch die Mehrzahl – nichts hab ich in ihnen gesehen, was sich an poetischer, tief ergreifender Wirkung dem Herabschweben jener lichtumflossenen Engel vergleichen ließe, die der sterbenden Königin Katharina (in «Heinrich VIII.») die Palme des Friedens bringen. Aber irrt ich auch hierin, hätten wir wirklich Gleiches und Besseres selbst, soviel muß stehenbleiben, daß wir uns nicht in den bedenklichen Glauben des durchaus Fix- und Fertigseins hineinzuleben, vielmehr anzuerkennen haben, daß sich auch auf diesem, mit der *bildenden* Kunst eng zusammenhängenden Gebiete allerlei Nachahmenswertes von jenseits des Kanales holen läßt.

Was nun die *Schauspielkunst* selber angeht, so ist es Pflicht und Schuldigkeit, einzuräumen, *daß unsre Besten im großen und ganzen besser sind als die Besten hier.* Edmund Kean und die Kembles sind tot, Macready hat sich von der Bühne zurückgezogen, und Charles Kean und Mr. Phelps, diese Epigonen jener großen Epoche, bleiben (einzelne Vorzüge unbedenklich zugegeben) teils an natürlicher Begabung, teils an künstlerischer Vertiefung hinter Emil Devrient, Dawison und in einzelnen Partien selbst hinter Dessoir zurück. Greif ich noch um fünfundzwanzig Jahre weiter in unser Bühnenleben rückwärts, so stellt sich das Urteil noch klarer und unzweifelhafter heraus: das moderne englische Theater hat keinen Ludwig Devrient und keinen Seydelmann, und selbst seine Chancen sind geringer als die unsrigen, solche Männer und Kräfte neu erstehen zu sehen.

Die Gründe sind einfach die, daß erstens die in andrer Beziehung nicht genug zu preisende Macht der Tradition die *eine* Schattenseite hat, alles selbständige Streben mehr oder minder im Schach zu halten, und daß zweitens die mit den englischen Lebens- und Erwerbsverhältnissen zusammenhängende Sucht, Theaterunternehmer und erster Akteur zugleich zu sein, den besten Mann, das energischste Streben notwendig halbieren muß und da zur Zersplitterung führt, wo vollste Konzentration zu wünschen wäre. ...

Was das englische Theater bis diesen Augenblick noch vor dem unsrigen voraushat, das ist *seine Tradition mit Bezug auf die großen und seine Kunstlosigkeit mit Bezug auf die kleinen Rollen.* Seine Traditionen mögen gelegentlich der Entfaltung eines

Talents hinderlich gewesen sein, im großen und ganzen haben sie das Talent vor bedenklichen Kreuzundquersprüngen bewahrt und ihm den Weg vorgezeichnet, auf dem es sich versuchen mag. Seine Kunstlosigkeit auf der andern Seite, das geringe Maß von Ansprüchen, das Direktion und Publikum allen untergeordneten Partien gegenüber erheben, hat wenigstens dahin gewirkt, den *Menschen* auf der englischen Bühne nicht aussterben zu lassen, und während wir der *Umkehr* vor allen Dingen bedürfen, genügt hier die *Fortentwicklung*.

[1858/60]

Aus Manchester

Erster Brief
Erste Eindrücke. Die Stadt im Festkleid. Der Einzug der Königin

Manchester, auch abgesehn von dem Festschmuck, den es heute trägt, ist nicht voll ein so trostloser Platz, wie er mir in London geschildert wurde. Der erste Eindruck freilich, den zumal die Vorstädte machen, die man passiert, ist traurig genug. Ähnlich wie beim Vorüberfahren an dem nachbarlichen Stockport hat man eine Häusermasse unter sich, von der man nicht weiß, was niederdrückender wirkt, die Unabsehbarkeit oder die Uniformität.

Einen ähnlichen unerquicklichen Eindruck wie die Arbeitervorstadt am Bahnhof macht Salford, die Schwesterstadt Manchesters, und überhaupt alle jene Stadtteile, drin nur der Fabrikschornstein gen Himmel zeigt und die Dissenterkapelle des Turmes entbehrt. Der Irwellfluß, eine Art Halbinsel bildend, umgrenzt dies Gebiet, und wenn man ihn hinab- oder hinauffährt, so erscheint einem die ganze Umgebung wie ein grau und farblos gewordenes Venedig. Statt der schwarzen Gondeln gleiten Kohlenschiffe auf und ab; zahllose Brücken, die keiner Mittelpfeiler bedürfen, springen von einem Ufer zum andern, und wie Paläste der Nüchternheit (mit eisernen Kranen statt der Balkons und mit Gossen und Röhren statt jeglichen Fassadenschmucks) erheben sich am Wasser entlang die fünf und sechs Stock hohen Etablissements. Der Fluß zeigt jene unaussprechliche Farbe, die ein Glas Wasser annimmt, wenn ein Knabe seinen neuen Tuschkasten durchprobiert hat. Es ist kaum noch Wasser zu nennen, es ist selbst wieder eine Farbe geworden, wenn auch eine häßliche. Aber Manchester hat auch seine hübschen Partien und verfuhr nicht eben allzu anmaßend, als es einzelnen seiner bessern Straßen die Namen Oxford und Regent Street, Piccadilly und Portland Place in der Taufe beilegte. Der hübscheste Teil der Stadt ist der, wo Market Street und Piccadilly zusammentreffen und sich zu einem geräumigen Platz erweitern. In der Mitte erhebt sich ein neuerbautes stattliches Krankenhaus, dessen Kuppelbau dem Ganzen einen Anblick leiht, der wenigstens leise an den Invalidendom oder das Greenwicher Hospital erinnert. Vor dem Hause, in weiten Zwischenräumen, sind vier Erzbilder aufgestellt, und zwar die Statuen von Wellington, Watt, Peel und Dr. Dalton, letzterer ein berühmter praktischer Chemiker, der in Manchester geboren wurde. Zwischen dem Hospital und den Statuen befinden sich einige Springbrunnen, die noch geringeres leisten als ihre älteren Londoner Vettern auf Trafalgar Square. Der ganze, ziemlich große Platz ist von stattlichen, zum Teil von schönen Baulichkeiten eingefaßt, aber der Umstand, daß eben die besten unter ihnen bloße Hotels oder Warenhäuser sind, raubt dem Ganzen den Charakter wirklicher Vornehmheit. Manchester, trotz seiner 400000 Einwohner, macht völlig den Eindruck eines Parvenüs unter den Großstädten Europas; sein Reichtum, seine hohe Bedeutung sind unbestreitbare Tatsachen, aber die vornehme Haltung fehlt selbst da, wo die unverkennbare Absicht vorwaltet, sie zu zeigen. York und Oxford haben das Ansehen einer Residenz, nicht Manchester, das ihnen an Größe und Reichtum zehnfach überlegen ist.

Seit gestern nun hat Manchester ein Festkleid angezogen, um seine Königin würdig zu empfangen. In früher Morgenstunde hab ich durch die bereits dichtbesetzten Straßen meinen Umgang gehalten, um ein Bild von all der Herrlichkeit zu gewinnen. Ich darf nicht sagen, daß ich etwas ganz Besonderem begegnet wäre; nur durft ich auf Schritt und Tritt die Wahrnehmung machen, daß ich mich an der Quelle des Calicot befände. In den Straßen zeigte sich ein Reichtum an Flaggen und Fahnen, wie ich ihm selbst in London bei ähnlichen Gelegenheiten nicht begegnet bin, und einzelne Häuser präsentierten sich dem Auge geradezu in einer Zeug-

Emballage. Dies sah zum Teil sehr reizend aus, namentlich da, wo man nicht bloß lange rote Lappen einfach zum Fenster hinaushängen ließ, sondern wo ein feinerer Geschmack die Zeugstücke shawlartig zusammengelegt und alles Mauerwerk, sowohl unter wie neben den Fenstern, hinter rote und weiße Fahnen versteckt hatte. An Inschriften und Devisen herrschte wieder Mangel, und doch ist ein kurzer Spruch oft besser als eine lange Fahne.

Gegen zehn nahm ich meinen Stand auf der höchsten Spitze eines Omnibus ein und hatte einen passabel guten Überblick über Platz und Straße. Alle Häuser mit Hunderten und Tausenden dicht besetzt und überall hochaufgetürmte Wagenburgen, die der Invention ihrer Besitzer ebensoviel Ehre machten wie dem Mute derer, die ihre Glieder und selbst ihr Leben solchem erbärmlichen Baue anvertrauten. Am meisten amüsierte mich eine reizende Gruppe von Knaben, die die Statue Wellingtons erklettert und auf dem Schoße des Mars, der eine der vier Eckfiguren bildet, Platz genommen hatten. Sie saßen zu je zwei auf seinen Schenkeln, und der Erzarm des alten Kriegsgottes hielt den einen Jungen wie zum Schutz umspannt.

Ein Schreien und Hüteschwenken riß mich jetzt aus meinen Gemütlichkeitsbetrachtungen und mahnte mich, daß es Zeit sei, meinem Auge und meiner Aufmerksamkeit eine andere Richtung zu geben. Einige Zivilbeamte zu Pferde säuberten den Weg, dann kam eine Abteilung Dragoner, endlich die Königin selbst, von den Jubelrufen des Volks empfangen und begleitet, solange noch die weiße Feder ihres Hutes sichtbar war. In einer Minute war alles vorbei, und anstelle der Königin, die wie ein Sonnenschein gewesen war, erschien jetzt der Platzregen wie ein mürrischer rücksichtsloser Polizeibeamter und fegte den Platz. Was eben noch in beinah schwindelnder Höhe auf den Kisten und Kasten der Wagenburgen gestanden hatte, kroch jetzt zwischen die Räder und duckte sich unter den Bauch der hier walfischartigen Omnibusse. Auch ich befand mich inmitten solcher Schutzsuchenden, und während sich alles anlachte über die Dukatenmannposition, die selbst dem Kürzesten unter uns auferlegt war, sagte mir mein Nebenmann, ein schlichter alter Hausvater: «Die Königin bringt immer gutes Wetter, und sie hat es auch heute gebracht. Lancashire braucht Regen, und siehe da, die Königin bringt ihn uns. God bless our gracious Queen.»

Zweiter Brief
Eine Omnibusfahrt von der Stadt bis zum Ausstellungsgebäude. Das Ausstellungsgebäude selbst

Das Ausstellungsgebäude liegt nicht in der Stadt, sondern vom Mittelpunkt derselben eine halbe deutsche Meile entfernt. Wer von London eben ankommt und nur die Ausstellung, nicht aber Manchester besuchen will, der wird auf einer Verbindungsbahn direkt ans Ziel seiner Wünsche gebracht. Auch Personen, die in den angrenzenden Vorstädten und nicht in dem eigentlichen Manchester wohnen, benutzen dieselbe. Die Hauptkommunikation aber zwischen Stadt und Ausstellungsgebäude wird durch die Omnibusse unterhalten, die in Market Street, besonders aber an der Börse ihren Stand haben. Diese führen mich täglich zweimal bis an die Tore des großen englischen Kunstspeichers. Man kann sich nichts Unterhaltenderes und nichts spezifisch Englischeres denken als diese Fahrt; selbst London bietet nur Ähnliches, nichts Gleiches.

Die Omnibusse selbst sind wahre Leviathans, und ihre Londoner Kollegen nehmen sich dagegen aus wie zierliche Privatequipagen für einen beschränkten Familienkreis. Der hiesige Omnibus ist eine Arche Noah, und seit gestern, wo der Himmel seine Schleusen geöffnet hat, ist er in der Tat zu einem großen Rettungskasten geworden, in dem, unter Schreien und Winken, jeder Fußgänger, der leichtsinnig genug war, seinem Regenschirm zu vertrauen, Hilfe sucht. In der Regel vergeblich, denn wiewohl diese Omnibuskondukteure in Heringspackereien ihr Geschäft gelernt zu haben scheinen, so scheitert dennoch schließlich an dem physikalischen Gesetz von der Undurchdringlichkeit der Körper selbst der beste Wille, einen wohlbeleibten Farmer in den Raum einer Türklinse hineinzuzwängen.

Diese Omnibusse sind nach amerikanischem Muster für ungefähr fünfzig Passagiere gebaut, von denen die größere Hälfte außerhalb des Wagens, die kleinere drinnen ihre Plätze hat. Bei gutem Wetter geht alles vortrefflich; sowie aber der Regen niedergießt, sind die Außenplätze natürlich wertlos, und Selbsterhaltungstrieb von seiten der Obdachsbedürftigen und Erwerbstrieb von seiten der Kondukteure beginnen nun einen Wettlauf, dessen Resultat zu sein pflegt, daß auf zwanzig Plätzen vierzig Personen untergebracht werden. Die englischen Damen bei dieser Gelegenheit zu beobachten verlohnt allein eine Reise hierher.

Wäre das Wetter gleichmäßig schlecht, so wäre der Spaß nur halb oder verlöre ganz und gar seinen Charakter; die Omnibusse würden dann am Stationsplatz einfach vollgepackt werden und ohne jegliches Intermezzo ihre Fahrt machen. Die Sache ist aber die, daß wir Aprilwetter haben, daß alle Stunden die Sonne einmal zum Vorschein kommt und in Seide und Sammet herausstaffierte Ladies zu einem *Spaziergange* nach der Ausstellung auffordert. Die Ladies, nehmen wir an eine Alte und drei Töchter, können dem verbindlichen, einschmeichlerischen Lächeln der Sonne nicht widerstehen und machen sich, hoffnungsvoll wie Damen immer sind, auf den Weg. Alles läßt sich trefflich an; da plötzlich, halb noch aus heiterm Himmel, fallen die ersten Tropfen, und eh man noch einen Entschluß gefaßt, einen Plan gemacht, stürzt der Regen in Strömen herab. Man bindet die Batisttaschentücher über den Hut, man ficht mit Sonnenschirmen gegen Jupiter pluvius, so gut es geht, aber was sind gemalte chinesische Leinwandfestungen gegen die reellen Breitseiten eines Linienschiffes! Da endlich schnauft es hinter ihnen und rasselt und knirscht – der Omnibus kommt und trabt über das Kiespflaster hinweg. «Stop! Stop!» ruft die

Alte und schwenkt ihr Taschentuch und ihren Sonnenschirm zugleich, wie Schiffbrüchige alles flattern lassen, was sie um und an sich haben, sobald ein Schiff am Horizont erscheint. Der Kondukteur, der die drohenden Blicke seiner bereits hinreichend gequetschten Fahrgäste sieht, zuckt die Achseln und ruft: «No room inside, M'am», doch mit einem festentschlossenen «Never mind» schicken sich Mutter und Töchter zum Sturm auf den Wagen an. Die Pferde traben, aber die Damen traben besser, und im nächsten Augenblick huschen sie alle vier in den offenen, türlosen Omnibus hinein. Da stehen nun die drei Schwestern mit ihren lang herabhängenden blonden Locken und sehen aus wie die Meerfrauen, die eben aus dem Wasser gestiegen sind. Mit der Linken halten sie sich an der dicken Messingstange fest, die sich an der Decke des Wagens hinzieht, während sie sich mit der Rechten das Haar und die Regentropfen aus dem Gesicht streichen. Alles lacht jetzt, die Neuangekommenen mit, und ein paar junge Bursche, ihre Beine vorstreckend, soweit es die Platzlosigkeit gestattet, sprechen mit größter Seelenruhe: «Take seat.» *Es wird nicht abgeschlagen.* Im nächsten Augenblick sitzen Jung und Alt, und weiter geht es, bis Neuhinzukommende dieselbe Szene wiederholen. An Unschicklichkeit wird dabei von keiner Seite gedacht. Der seine Beine vorstreckende junge Bursche beabsichtigt nichts als eine Dienstleistung, und wie es geboten wird, so wird es genommen.

Die reizendste Szene aber bleibt mir noch zu beschreiben übrig. Wenn der Omnibus ungefähr die halbe Tour gemacht hat, tritt der Kondukteur in den Wagen hinein und schreit: «Fares, fares!» (Geld, Geld, eigentlich *Fahr*geld). Alle Börsen werden gezogen, und das Einkassieren beginnt. Das kostet natürlich Zeit, und vielleicht fünf Minuten lang ist die Rückseite des Omnibus, die ganz mit Leitersprossen und Treppenstufen bedeckt ist, jedem Angriff bloßgestellt. Dieser Moment wird von der Straßenjugend benutzt, deren Anzahl hier wie überall den Beweis übernimmt, daß die angelsächsische Rasse noch nicht im Aussterben begriffen ist. Heimlich und leise, wie Schmuggler, die auf Augenblicke die Grenze unbewacht wissen, sind sie da, und ehe der Kondukteur (der ihnen den Rücken zukehrt und mit Schnelligkeit weder vor- noch rückwärts kann) den zweiten Sixpence einkassiert hat, sitzt schon auf jeder Sprosse und Stufe so ein kleiner, schlauer, barfüßiger Teufel und kichert und schneidet Grimassen und jubiliert und lugt verstohlen in den Wagen hinein, jede Bewegung des Kondukteurs verfolgend. Endlich ist dieser fertig und wendet sich. Da stehen sie jetzt angesichts des Feindes, aber zur Flucht ist es noch zu früh; die ganze Länge des Wagens, eine Art bein- und schenkelverfahrenes Defilee, ist noch zwischen ihnen. Jetzt erst beginnt das eigentliche Grinsen, das Zungezeigen, das Schnippchenschlagen – der eigentliche Spaß. Nun will er zugreifen, da springt die ganze Schar von ihren usurpierten Plätzen mit einem Geschrei, als ob es junge Indianer wären, in den Straßenschmutz zurück und verschwindet hinter einer Ecke, um bei dem nächstfolgenden Omnibus das Spiel zu wiederholen. Die Sache hat neben ihrer bloß unterhaltenden auch noch eine ernste Seite. Der Ausspruch Nelsons ist bekannt, «daß er die großen Siege Englands mit dem Straßengesindel (rabble) von London gewonnen habe». Wer längere Zeit in großen englischen Städten gelebt hat, dem muß es sich allerdings aufgedrängt haben, daß die Art und Weise, wie die Straßenjugend, namentlich die Londoner, ihre Tage verbringt, eine praktische Vorbereitung ist für jene *fast graziöse Sicherheit auf Tau und Mast*, die den englischen Seemann charakterisiert. An etwas lernen und in die Schule gehen ist nicht zu denken; statt dessen erklettern sie jede Stange und jeden Baum, stehen auf den Spitzen der überall vorhandenen Gitter, hängen minutenlang mit dem einen oder anderen Knie an den Eisenstangen, springen mit und ohne Anlauf über die Steinpfosten hinweg und schlagen halbe Viertelmeilen lang Rad auf dem Trottoir um eines einzigen farthings willen. Ihre ganze Jugend ist ein selbsterteilter, ununterbrochener Turnunterricht und um so praktisch verwendbarer, als er keine Künste und Regeln kennt und überall sein Terrain findet. Auch die Omnibusjagd in den Straßen von Manchester ist eine der vielen Disziplinen zur Herstellung eines zugleich zähen und gewandten Körpers. Diese Dinge sind wichtiger, als sie erscheinen.

Eh ich noch mit diesen Betrachtungen zu Ende war, hielt der Wagen vor dem Ausstellungsgebäude. Versuch ich es, dem Leser ein Bild desselben zu geben. Die Grundform ist ein Kreuz und besteht aus einem 700 Fuß langen Hauptschiff, das durch das Querschiff in zwei ungleiche Hälften geteilt wird, so daß die Halle unterhalb des Transepts sehr lang, der Raum oberhalb desselben (dem hohen Chor einer gotischen Kirche entsprechend) aber sehr kurz ist. Die Decke vom Haupt- und Querschiff ist gewölbt und unterscheidet sich nicht bloß durch diese überall beibehaltene Bogenform von dem Sydenham-Palast (wo, wenn ich nicht irre, der rechte Winkel vorherrscht), sondern namentlich auch dadurch, daß nur das oberste Drittel der Wölbung von Glas ist, während die beiden Seitenstücke, rechts und links, die also das oberste Dritteil tragen, von Holz sind. Die Decke des Hauptschiffs, richtiger vielleicht als Haupt*halle* zu bezeichnen, besteht nicht aus einem einfachen Halbbogen, sondern hat so ziemlich die Form eines griechischen Ω. Dadurch entstehen zwei Seitenschiffe, so daß die große Haupthalle in Wahrheit aus drei Schiffen besteht, von denen das Hauptschiff auf eisernen Säulen ruht, während die Decken der Seitenschiffe zur Hälfte von einer Mauerwand getragen werden. Diese Decken sind flach, mit leiser Abdachung nach der Außenseite hin. In bezug auf Zulassung des Lichts hat man das bei dem Hauptschiff befolgte Prinzip adoptiert, und das Licht fällt ebenfalls nur durch einen in der Mitte laufenden Glasstreifen, während rechts und links eine Holzbekleidung ist. Die ganze dreigeteilte Halle besteht also aus zwei Säulenreihen und zwei soliden Wänden rechts und links, an welchen letzteren sich die dreihundertsechsundachtzig Nummern starke unvergleichliche «*Britische Porträtgalerie*» befindet. An jeder der beiden Säulenreihen entlang zieht sich eine *Doppel*reihe von Statuen und Marmorgruppen, und zwar in solcher Aufstellung, daß man beim Durchschreiten des Hauptschiffs Skulpturen zu beiden Seiten, beim Durchschreiten der Nebenschiffe aber Skulpturen nach innen und die porträtbedeckten Wände nach außen hat. Ohngefähr in den Zwischenräumen, die die Säulen untereinander bilden, stehen aufbewahrt in schrankartigen Glaskästchen die Kuriositäten der Soulage-Sammlung. Das Transept und überwiegend auch die beiden Flügel des Querschiffs sind mit Bänken für die Zuschauer besetzt, teils der Konzerte halber, die täglich von 2 bis 7 (in den letzten zwei Stunden Orgelspiel) in dem amphitheatralisch hergerichteten hohen Chor stattfinden, teils um dem Publikum Gelegenheit zu geben, bei etwaigen Festlichkeiten, die immer im Transept aufgeführt werden, möglichst in der Nähe sein zu können. An dem äußersten Ende des Chors und der ganzen Halle überhaupt erhebt sich eine schöne mächtige Orgel, zur Rechten und Linken eingefaßt von lebensgroßen Bildern der Königin und des Prinzen Albert. Dieser meist von den Musikern eingenommene Teil des Gebäudes ist vielfach mit Fahnen und Flaggen geschmückt, unter denen sich *sechs* befinden, die die Namen der berühmtesten Maler aller Länder (mit Ausnahme Englands) aufweisen. Diese sechs Fahnen sind folgende: *Italien* (gelb; mit dem ziemlich unverständlichen österreichischen Doppeladler): Giotto, Raffael, Tizian, Paul Veronese und Benvenuto Cellini. *Frankreich* (blau, mit dem napoleonischen Adler in Gold): David, Gérard, Ingres, Delaroche und Horaz Vernet. *Bayern* (blau und weiß): Kaulbach, Schnorr, Schwanthaler, Heß, Müller. *Preußen* (weiß, mit dem schwarzen Adler): Cornelius, Veit, Overbeck, Lessing, Rauch. *Spanien* (gelb): Murillo, Ríbera, Velasquez, Zurbaran und Al Cano. Die *Niederlande* (rot, mit dem niederländischen Löwen): Quentin Massys, Rubens, van Dyck, Snyders, Teniers, van Eyck. Österreich ist eben nur durch den oben angeführten Doppeladler vertreten.

Hiermit hätt ich im wesentlichen den Hauptteil des Gebäudes beschrieben; die bedeutendsten Schätze der Ausstellung indes befinden sich nicht in diesem Kreuzbau, sondern in zwei ebenfalls sehr großen, aber doch wesentlich kleineren Hallen, die sich saalartig drapiert in jene zwei rechten Winkel hineinschieben, welche durch die Haupthalle und das Querschiff gebildet werden. Sie entsprechen den Kapellen an einer gotischen Kirche. Diese zwei Hallen sind ebenfalls gewölbt, so daß wir einen Gesamtbau haben, dessen Durchschnitt etwa drei aufrecht stehenden, mit ihren Seitenwänden zusammenhängenden Hufeisen gleichen würde, von denen das mittlere wesentlich breiter und etwas höher ist als die beiden andern. In diesen beinah selbständigen Seiten*hallen*, die mit den Seiten*schiffen* der Haupthalle nicht zu verwechseln sind, befinden sich die größten Schätze der Ausstellung: in der links gelegenen Halle die alten italienischen, deutschen und spanischen Meister, in der rechts gelegenen Halle die modernen englischen Maler von Hogarth, West, Reynolds und Gainsborough bis zu den neuesten Kraftgenies des Präraffaelitentums.

Die Miniaturen und Kupferstiche befinden sich auf den Galerien des Transepts; die berühmte Hertford-Sammlung füllt den Winkel aus, den der linke Flügel des Querschiffs und der hohe Chor bilden, und die nahe an tausend Nummern zählende Kollektion von Gemälden in Wasserfarben nimmt einen schmalen Gang ein, der sich in Form eines bloßen Anbaues an die äußerste Spitze des Gebäudes lehnt.

Das wär es. Ob es möglich sein wird, sich nach dieser Beschreibung ein Bild des ganzen Baues zu entwerfen, muß ich dahingestellt sein lassen. In meinem nächsten Briefe werd ich mich dem überreichen Inhalt zuwenden und das Wichtigste herausgreifen.

Dritter Brief
Ein Wolkenbruch. Ausflug nach Liverpool. Besuch auf der Fregatte «Niagara»

Wie ich Ihnen schrieb, hatt ich vor, in diesem Briefe mit der Besprechung der Ausstellung selbst, d. h. des *englischen* Bruchteils derselben, zu beginnen. Das Material ist aber so mächtig, daß ich, nach neuntägiger Arbeit, es noch immer nicht bezwungen habe, und so gönnen Sie mir wohl Raum für eine Erzählung sonstiger kleiner Erlebnisse.

Von dem furchtbaren Unwetter am letzten Sonnabend, das auf Augenblicke den ganzen Bau ertränken zu wollen schien, haben Sie bereits erfahren. Es war ein höchst interessanter Moment, ein Ausdruck, den man jetzt unbekümmert gebrauchen kann, da sich herausgestellt hat, daß der angerichtete Schaden gleich Null gewesen ist. Dennoch hat dies Unwetter und die wirkliche Gefahr, in der die ganze Sammlung minutenlang schwebte, jene als engherzig verschrieenen Familienbestimmungen zu Ehren gebracht, die testamentarisch den Verbleib der Sammlung an einem bestimmten Ort festsetzen und jedes Ausleihen, auch zu den besten und humansten Zwecken, verbieten. Ich befand mich gerade in dem Lese- und Schreibzimmer (unmittelbar neben dem Transept), als das Gewitter begann. Ziemlich emsig mit Schreiben beschäftigt, hatt ich nicht bemerkt, wie dunkel es um mich her geworden war, bis plötzlich rasch aufeinanderfolgender Blitz und Donner und ein selsames, anhaltendes Getöse über mir mich aufschreckten. Eh ich noch die Situation recht begriffen und mir das dumpfe Rauschen und Brausen erklärt hatte, brach bereits das Wasser überall hindurch. Die Eisenpfeiler, die das Mittelschiff tragen, sind hohl und darauf berechnet, zugleich als Abzugsröhren für den Regen zu dienen, aber die niederströmende Wassermasse war viel zu mächtig, um hinreichenden Abfluß zu haben. Die Röhren waren gefüllt, und der Regen stand zollhoch auf den flachen Glasdächern, die sich rechts und links zwischen dem Hauptschiff und den zwei Seitenschiffen hinziehn. Durch alle Ritzen und Spalten drang das Wasser ein und lief an den Wänden der großen Halle herab, die die Britische Porträtgalerie tragen; wo aber wirkliche Öffnungen waren (wie ich vermute: um der Ventilation willen), brach der Regen in Strömen durch. Es war, als ob Kannen ausgegossen würden. Der kleine Buchhändler, der das Schreib- und Lesekabinett eingerichtet hat, floh mit seinem Hab und Gut unter Tisch und Stühle, um wenigstens soviel und so lange wie möglich zu retten, und alles drängte in die Seitenhallen, wo die Gefahr geringer schien. Einige Damen fielen in Ohnmacht, weil sie, wie sich später ergab, den Zusammensturz des ganzen Gebäudes erwartet hatten; die Mehrzahl aber stand blaß und verlegen da und gaffte sich an, die stumme Frage im Auge: Ist das der verspätete 13. Juni vielleicht?, wo man den Untergang der Welt erwartet hatte. Andere waren ganz Dienst und Tätigkeit, und Lord Ward z. B., der sich zufällig im Hause befand, vergaß über dem gefährdeten Wert seiner Bilder (er hat viel und treffliche Sachen beigesteuert) jede andere Gefahr. Er nahm noch ab und packte vorsichtig beiseite, als das Unwetter bereits einem blauen Himmel Platz gemacht hatte. Während der ganzen Katastrophe (die übrigens kaum länger als fünf Minuten gedauert haben kann) bewahrte nur *einer* seine Ruhe und hielt aus wie jener römische Soldat, den man nach achtzehnhundert Jahren *auf seinem Posten* neben dem pompejanischen Schilderhäuschen vorfand. Dies war der Orgelspieler. Wie jenen die niederstiebenden Aschenflocken nicht wankend machten oder zur Flucht trieben, so ließ dieser den Regen hereinbrechen und spielte weiter. Er war gewiß ein Engländer und hatte einfach das Gefühl, daß er bezahlt werde für Orgelspiel und nicht für Schaustellung seiner Angst. So spielte er denn. Wenn der Engländer bezahlt wird, so kann man sich auf ihn verlassen, und wenn er selbst ein Künstler wäre.

Am Sonntag fuhr ich nach Liverpool. Es zog mich eigentlich nichts Besonderes hin, ich hatte nur das Gefühl: Wer mal in Manchester ist, der muß auch in Liverpool gewesen sein. Die Entfernung schätz ich auf acht deutsche Meilen, man fährt sie in einer, auch in zwei Stunden, je nachdem. Die meisten Züge gehen langsam, weil, mit Ausnahme des express trains, auf dieser verhältnismäßig kurzen Strecke mehr denn zehnmal angehalten wird. Die Landschaft, die man passiert, ist reizend, wiewohl flacher, als englische Landschaft in der Regel zu sein pflegt. Nur in der Ferne erblickt man Berg- und Hügelreihen. Das Ganze erinnerte mich lebhaft an unser Oderbruch, das eingeschlossen von Hügeln und künstlichen Dämmen zwischen Frankfurt und Freienwalde liegt. Dieselbe Fruchtbarkeit hier wie dort, Weizen- und Gerstenfelder, Dorf an Dorf und Gehöft an Gehöft gereiht, so daß quadratmeilengroße Flächen mehr einer von Gartenland unterbrochenen Riesenstadt als einem freien Felde mit eingestreuten Dörfern und Wohnungen gleichen.

Die letzte viertel und vielleicht halbe Meile vor Liverpool ist ein Riesentunnel, durch den man mit Hilfe einer stationären Dampfmaschine (anstelle der Lokomotive) gezogen wird. Hat man ihn passiert, so fährt man unmittelbar in die Bahnhofshalle; nur ein offener Raum von vielleicht fünfzig Schritt Länge und Breite liegt zwischen beiden. Diese ganze Partie ist außerordentlich malerisch und macht einen prächtigen Eindruck. Man steht unter der Halle und sieht in den dunklen Schlund des Tunnels zurück, den man eben passiert. Der Raum, der zwischen ihm und uns liegt, gleicht einem in den Fels gehauenen Becken, einem Steinbruch, dessen Wände man noch zur Rechten und Linken hat, und das Ganze gibt sich vollständig als das zu erkennen, was es sein soll, als eine Art Fensteröffnung, um von oben her Licht zu verschaffen. Der Himmel blickt in das Becken hinab, auf dessen Boden sich die Eisengeleise ziehen, und während wir nach oben schauen, um seinen Gruß zu erwidern, gewahren wir auf der Höhe des Berges, durch den sich der Tunnel zieht, eine reizende, aus braunem Sandstein gebaute gotische Kirche, die mit ihrem Turm und ihren Fenstern in die Tiefe und auf die Wagenzüge, die unablässig kommen und gehen, herniedersieht. Als wir um sechs Uhr abends zurückfuhren, läutete die Glocke zum Gebet, und unter ihren feierlichen Klängen lenkten wir in die Tiefe des Tunnels ein.

Von der St. Georges-Halle (einem prächtigen, höchst noblen Gebäude), der Börse und der eleganten Lord-Straße will ich Sie nicht unterhalten; jede große und reiche Stadt hat eine Reihe solcher Sehenswürdigkeiten, und nur das Besondere kann interessieren. Dies *Besondere* bietet sich erst am Liverpooler Hafen. Das Bild, das sich einem hier entrollt, erinnert an Hamburg und London, aber es übertrifft beide bis zu einem gewissen Grade. Was Hamburg bietet, ist mit Hilfe der Landschaft lieblicher, freundlicher, malerischer, und London wirkt durch die endlose Häusermasse, die sich zu beiden Seiten der Themse hinzieht, durch den historischen Zauber alter Baulichkeiten, die in dem Fluß sich spiegeln, und durch die Welt von Brücken, Türmen, Kuppeln, die man märchenhaft durch den Nebel ragen sieht. Aber weder Hamburg noch London hat diese imposante Wassermasse des Mersey, der hier bereits vom Meere gespeist und zu einer länglich gezogenen Bucht gemacht wird. Zu gleicher Zeit ist diese Wassermasse belebt und zeigt einem auf Schritt und Tritt, daß es der zweite Handelsplatz der Welt ist, an dem man sich befindet.

Dennoch ist es weniger vielleicht dieser breite flaggen- und segelbedeckte Fluß, der so bedeutend wirkt, als vielmehr die endlose Reihe der Docks (Bassins mit Warenhäusern rundum, in die die Schiffe einlaufen, um ihre Ladung zu löschen oder neue Ladung einzunehmen), die sich am Flusse entlangziehen. *In London verteilen sich diese Docks;* die einen sind in der Nähe des Towers, die anderen weit flußabwärts bei Blackwall, noch andere jenseits der Themse in Southwark, so daß es von keiner Stelle aus möglich ist, einen Überblick über das Ganze zu gewinnen. Anders in Liverpool; hier haben wir eine ununterbrochene Reihe, und während wir im steamer den Fluß hinabgleiten, begleitet uns am Ufer stets dasselbe Bild: ein Bollwerk mit Warenhäusern, dahinter ein Wald von Masten, die über die Häuser hinwegragen, und dahinter wieder die Stadt mit ihren Türmen, die nun das alles zu ihren Füßen sieht.

Unsere Fahrt flußabwärts galt nicht bloß diesem Anblick, sondern besonders noch einem Besuche auf der amerikanischen Fregatte «Niagara». «She is the greatest ship afloat.» (Sie ist das größte Schiff, das zur Zeit auf dem Wasser schwimmt.) Ihre Länge ist 365 Fuß; ihr Tonnengehalt 5700; ihre Maschine 2000 Pferde stark. Wie ich vernehme, sind selbst die größten Linienschiffe wesentlich kleiner; nur der «Great Eastern», der in diesem Augenblick auf den Werften von Millwall (bei London) gebaut wird, ist von so ungeheuren Dimensionen, daß selbst der «Niagara» dagegen zu einem bloßen Boot zusammenschrumpft. Nachdem wir die Fregatte umfahren, legten wir bei und kletterten an Bord; unser Dampfer lag wie eine Jolle neben dem eleganten, langgestreckten Schiff. Oben angekommen, hatten wir völlig freie Bewegung, aber auch nicht viel mehr; niemand kümmerte sich um uns, und was wir wissen wollten, mußten wir mühsam und auf die Gefahr hin, keiner Antwort gewürdigt zu werden, erfragen. Ein junger Engländer, der unsere Partie führte, wandte sich an den wachhabenden Offizier und fragte nach dem Maschinenraum. Der blonde Yankee ging drei Schritt weiter, ohne Antwort zu geben, dann wandte er sich um, wie jemand, der rasch einen andern Entschluß gefaßt hat, und sagte kurz, auf eine Treppe zeigend und mit dem Ausdruck allerhöchster Überlegenheit: «Down there!» (runter da!). Wir stiegen treppab, und es folgte nun eine Maschinenbesichtigung, die mich nicht interessierte, weil ich nichts davon verstehe. Der Maschinenmeister in seiner schwarzen Sammetkappe sprach ganz leise, langsam und affektiert. Dasselbe Gefühl der Superiorität wie der junge Offizier auf Deck, nur die Äußerung etwas verschieden. Aus dem Maschinenraum begaben wir uns in die Offizierskajüte oder ihr gemeinschaftliches Eßzimmer. Wir fragten einen midshipman nach der Kajüte des Kapitäns, worauf dieser nicht zu antworten wußte; ein Offizier aber, der in einem offenstehenden Seitenzimmer Briefe schrieb, rief, ohne vom Papier aufzusehn, «is engaged». Dies schnitt weitere Versuche ab, und so begnügten wir uns damit, den Blaujacken im Zwischendeck unseren Besuch zu machen. Das Ganze gewährte einen traurigen Anblick. Zwei junge Burschen standen an einer Tischklappe und schrieben Briefe in die Heimat, ein dritter las «Illustrated London News», ein vierter flickte seine Jacke, alle anderen, gegen zweihundert meiner Schätzung nach, lagen da und schliefen oder spuckten ihren Kautabak in die überall umherstehenden Holzwannen. Die Mannschaft war der Art, wie man ihr nur auf amerikanischen Schiffen zu begegnen pflegt. Neben dem zähen, hageren Yankee mit dem kleinen, verschmitzten, fuchsartig aussehenden Gesicht lag ein krausköpfiger Landsmann von Onkel Tom, und zu den Mischrassen jeglichen Grades und jeglicher Schattierung gesellten sich angelsächsische Rotköpfe und deutsche Stubsnasen. Der Koch war ein Mulatte wie gewöhnlich und trug ein Hemd, das weniger blank war als seine Kochmaschine. Nachdem wir noch in der Mitte des Schiffs den großen Raum in Augenschein genommen hatten, drin man am andern und den nächstfolgenden Tagen den vierhundert deutsche Meilen langen elektrischen Draht (submarine cable) zu placieren hoffte, mit Hilfe dessen die *halbe* Verbindungslinie[1] zwischen England und Nordamerika hergestellt werden soll, stiegen wir wieder an Deck, um daselbst die Rückkehr unseres steamers und unsere Erlösung von der Fregatte abzuwarten. Der junge Schiffsleutnant schlenderte noch immer auf und ab, unverändert die Hand in der Tasche und unverändert die Süffisance im Gesicht. Auf dem Hinterdeck stand eine Gruppe von Offizieren; ich zählte sechs oder sieben, was mir auffallend viel erschien. Inzwischen hatten meine Gefährten eine Unterhaltung mit den auf Deck befindlichen Matrosen angefangen. Das Gespräch drehte sich um den «Great Eastern», alles grinste. «Es ist alles Schwindel», meinte der eine; «er muß entzweibrechen», rief ein zweiter; «wir werden die Planken und die sieben Masten des großen Humbug-Schiffes in Gestalt von drei Schiffen wiedersehen», schloß ein dritter; «schade um's Geld», meinte ein vierter und schob den letzten Rest seines Tabaks in den Mund. Die Eifersucht der beiden Nationen ist groß und äußert sich bei nichts so sehr als bei allen Dingen,

[1] Zwei Schiffe empfangen den submarine cable, ein englisches und ein amerikanisches. Zwei Fabriken haben ihn geliefert, eine Londoner und eine Liverpooler Firma. Beide Schiffe segeln zusammen bis zur Mitte des Ozeans, *beginnen* dort mit der Legung des Drahts und fahren dann, in entgegengesetzter Richtung, ihren beiden Ländern zu. Auf dieser *Rückfahrt* legen sie den Draht. – N. B. Daß das ganze Unternehmen seitdem gescheitert und vielleicht auf Jahre hinaus aufgegeben ist, ist männiglich bekannt.

die auf Schiffbau, Segelkraft und Marine überhaupt Bezug nehmen. Endlich war unser steamer da. Wir umkreisten die Fregatte nochmals und fanden dabei Gelegenheit zu bewundern, wie amerikanische Marinesoldaten (von Kopf bis Fuß hellblau uniformierte Kerle von wenig empfehlendem Äußern) abgelöst werden. Auf einem an der *äußeren* Schiffswand entlanglaufenden breiten Brett schritt der wachhabende Posten, Gewehr im Arm, auf und ab. Plötzlich voltigierte ein anderer über den Schiffsrand, riß dem Posten das Gewehr aus der Hand, gab ihm einen Klaps, als dieser jetzt Miene machte, mit Hilfe eines ähnlichen Bocksprungs über die Wandung zu kommen, und begann nun auf und ab zu laufen, ganz in der Weise seines Vorgängers. Einem so vereinfachten Verfahren war ich bis dahin noch nicht begegnet.

Die interessanteste Seite des ganzen Besuchs war die Haltung der mich begleitenden Engländer. Die amerikanische Macht imponiert ihnen als ein Ganzes, und die Unverschämtheit des einzelnen Amerikaners verwirrt sie fast noch mehr. Sonst so sicher und überlegen, fühlen sie sich, den transatlantischen Vettern gegenüber, gedrückt und werden erst wieder heiter, wenn sie die unheimliche Gesellschaft hinter sich haben. Sie erkennen instinktmäßig die Gefahr, die ihnen von jenseits des Wassers droht, und wenn sie sich auch zur Stunde noch mehr denn ebenbürtig und durch den Ton Bruder Jonathans nur eben *geniert* fühlen, so können sie sich doch gegen die Wahrnehmung nicht verschließen, daß die junge Kraft rascher wächst als die alte, und die bange Frage drängt sich auf: Was ist das Ende davon?! ...

Sechster Brief
Englische Porträtmaler. Reynolds. Gainsborough. Lawrence etc.

Wir kommen nun zu den englischen Porträtmalern. Die bildende Kunst dieses Landes, wenn sie überhaupt exzelliert hat, hat es unbestritten auf dem Gebiet des Porträts. Obenan steht Sir *Joshua Reynolds*, der Vater der englischen Porträtkunst, der Porträtmaler par excellence. Die Vertretung, die er in den Ausstellungssälen gefunden hat, ist im Einklang mit dem Umstand, daß sich von ihm ab erst eine englische Kunst, eine englische Malerschule, datiert. Hogarth wird mehr als genialer Zeichner wie als großer Maler gefaßt. Während auf dem Kontinent Tausende leben, die mit Hogarth vertraut sind und von Reynolds nichts wissen, überflügelt hier der Reynoldssche Ruhm den Hogarthschen bei weitem. Es ist ein sehr ähnliches Verhältnis wie zwischen Walter Scott und Lord Byron. Jener beugte sich selbst vor dem größeren Genie des letzteren; aber die Nation ist seinem Beispiel nicht gefolgt, und Sir Walter ist der Liebling geblieben. Es ist gar keine Frage, daß diese Erscheinungen großenteils in dem puritanischen Geiste der Nation wurzeln und in dem jüngsten Töchterchen desselben – der Prüderie. Kein Maler tritt dem Besucher der Ausstellung in gleicher Vollständigkeit entgegen wie Joshua Reynolds: Er ist durch *neunundvierzig* Bilder vertreten und schlägt William Turner und Edwin Landseer, die ihm am nächsten kommen, um volle vierundzwanzig Nummern. Zehn von den neunundvierzig hängen in der großen «Britischen Porträtgalerie» des Mittelschiffs; lauter Berühmtheiten wie Warren Hastings, Garrick, Gibbon und Sir Joshua selbst.

Die hohe Schätzung, die Reynolds in seiner Heimat genießt, überrascht den Fremden und, wenigstens teilweis, mit Recht. Ich werde weiterhin hervorheben, worin mir diese Überschätzung ihren Grund zu haben scheint. Niemand, der im Antwerpener Museum den Glasschrank gesehen hat, drin man den Arbeitsstuhl des Rubens wie eine Reliquie aufbewahrt, wird über diese Pietät gelächelt haben; aber die unter Glas und Rahmen gebrachte Palette Sir Joshuas, die sich in einem der kleineren Ausstellungssäle befindet, begegnet schwerlich einem ähnlich ungemischten Gefühl. Nur die Engländer finden diese Auszeichnung ganz in der Ordnung. Er ist eine jener fest etablierten Größen geworden, über die das Publikum nicht mehr denkt, sondern an die es einfach *glaubt*. Erst in allerneuester Zeit, also nach Verlauf von sechzig Jahren (er starb 1792), sind Zweifel gegen seine Unübertrefflichkeit laut geworden; junge künstlerische Kräfte, die sich fühlen, haben den Reynoldsschen Grundsätzen und der Reynoldsschen Praxis den Krieg erklärt. Es sind dies die sogenannten Präraffaeliten (worunter man in England etwas anderes als bei uns zu verstehen hat), die ihr Fragezeichen hinter die Traditionen der Akademie und das ausschließliche Recht derselben gesetzt haben. Die Präraffaeliten ihrerseits sind in die größtmöglichsten Exzentrizitäten verfallen und haben bis dato noch keinen Namen aufzuweisen, der es verdiente, neben Sir Joshua genannt zu werden; aber der Umstand halber Erfolge und selbst augenscheinlicher Unzureichendheit darf nicht blind machen gegen die Wahrheit gewisser Grundsätze, die von ihnen vertreten werden. Sie predigen Rückkehr zur Natur statt des beständigen und ausschließlichen Ausharrens bei italienischen Vorbildern. «Raffael ist groß, aber die Natur ist größer.» Diesen Satz haben sie auf ihre Fahne geschrieben und dadurch mit allen Akademiegrößen, auch mit Sir Joshua Reynolds, gebrochen, der, wenn er sich hätte entscheiden sollen, das obige Losungswort mutmaßlich umgekehrt haben würde. In seinen Akademiereden kommt immer wieder und wieder die Wendung vor: «Studiert die alten Meister; studiert auch die Natur, aber studiert sie in Begleitung und unter Anleitung jener.» Diese Reden und Vorträge, die er ex officio zu halten hatte, führen mich auf die literarische Seite des Mannes, der er, durch Verkettung und Wechselwirkung von Umständen, vielleicht die Hälfte seines Ruhms verdankt. Er war nicht nur ein ausgezeichneter Maler, er war ein Mann von vielseitiger Bildung und ästhetischem Sinne überhaupt. Sein Interesse an literarischen Dingen brachte ihn mit den bedeutendsten Geistern seiner Zeit in Berührung, und die Feinheit und Selbständigkeit seines Urteils, ebensosehr wie die seltene Schmiegsamkeit und Umgänglichkeit seines Wesens, wurden der Grund, der diese Berührungen in Freundschaften umschuf und sie ein ganzes Leben lang unterhielt. *Auf diese Weise wurden*

Samuel Johnson und Eduard Burke die Verbreiter seines Ruhms. Wie wichtig diese nahen persönlichen Beziehungen zu den literarischen und politischen Größen des Tages für ihn gewesen sind, läßt sich am besten dann erkennen, wenn man einen Blick auf Gainsborough wirft. Niemand wird jetzt bezweifeln, daß dieser dem Reynolds ebenbürtig war. Er lebte mit ihm zu gleicher Zeit und am selben Ort. Dennoch kann die Popularität seines Namens mit der von Reynolds nicht wetteifern, und was schlimmer ist als das, man weiß herzlich wenig von Gainsborough, während die Reynoldsschen Freunde durch ihre Tagebücher, Revue-Artikel, Biographien und Nekrologe dafür gesorgt haben, daß man ihren Liebling auf Schritt und Tritt von Tag zu Tag begleiten kann. Gainsborough hatte eine begeisterte Vorliebe für Musik, und ein guter Cellospieler ging ihm weit über den Dr. Johnson und all seinen Witz. Aber diese Vorliebe hat er mit der Hälfte seines Ruhms bezahlen müssen. Cellospieler schreiben keine Bücher und finden nie Gelegenheit, ihre Freunde der Nachwelt zu empfehlen. Jede Großtat aber, gleichviel auf welchem Felde, bedarf ihres Apostels. Was nicht gemeldet wird, ist so gut wie nicht geschehen. Bilder sprechen zwar für sich selbst, aber sie sprechen lauter, wenn Boswell und Burke ihren Ruf miteinstimmen lassen. Auch Stimmen *gegen* Reynolds wurden laut, aber es waren die Stimmen des Neides, und anstatt ihm zu schaden, unterstützten sie nur seinen Ruhm und seine Herrschaft. Der Neid wurde wie immer als solcher erkannt und machte es hinterher der Wahrheit unmöglich, sich hören zu lassen, wenn sie sich nicht der Gefahr aussetzen wollte, auch für Neid gehalten zu werden. Gainsborough unterhielt allerlei Bedenken, aber er hütete sich, sie anders als im vertrauten Kreise zu äußern. Das Gros seiner Angreifer bestand aus Leuten, die ihm weniger seinen Ruhm als seine alleräußerlichsten Erfolge beneideten. Zu diesem Brotneid war allerdings Grund genug vorhanden. Als er, zur Zeit seiner Blüte, einen Bedienten engagierte, sagte er zu diesem: «Ich gebe nur 20 Pfd. Lohn; aber du wirst 100 Pfd. Trinkgelder erhalten, ich garantiere sie dir.» Er hatte ein Talent, mit allen Leuten auf einem guten Fuß zu leben; nur wo er sah, daß ein gutes Einvernehmen unmöglich war, tat er seinem Benehmen nicht länger Zwang an. Seine talentlosen und brotneidischen Kollegen fertigte er öffentlich mit folgenden Worten ab: «Sie haben ein für allemal ein halbes Dutzend Porträt-Attitüden in Bereitschaft, und in dies Prokrustes-Bett wird ihr Opfer eingespannt, es mag wollen oder nicht. Ihre Bilder sehen sich so ähnlich wie die Robin Hoods oder die nacktbeinigen Hochländer auf unseren Wirtshausschildern. Wenn sie ein historisches Bild oder eine Familiengruppe zu malen haben, so schlagen sie in ihren Musterbüchern nach, nehmen heraus und stellen zusammen, aber nie und nimmer wird es ihnen einfallen, selber über die Dinge nachzudenken.» Ich zitiere diese Worte, weil sie heute noch so gut passen wie damals. Im allgemeinen bewahrte ihn die Feinheit seines Wesens vor einem unbilligen und absprechenden Urteil. Er stand mit Gainsborough niemals auf bestem Fuß, aber er war zu klug, um ihm seinen Beifall geflissentlich vorzuenthalten. Nur gegen Lely und Kneller (der in demselben Jahre starb, in dem er geboren wurde) war er ungerecht. Es erschien ihm unwürdig, daß man die Kunst dazu erniedrigt habe, jede prinzliche Mätresse mindestens als Juno oder Diana erscheinen zu lassen. Die letztere Gottheit war freilich so unpassend wie möglich gewählt. Sei dem wie ihm wolle, er übersah die großen Verdienste, die diesen Junos und Dianas bis auf den heutigen Tag nicht abzusprechen sind. Was jene Damen im Leben gehabt haben, das haben auch diese ihre Bilder noch – *Reiz*. Wer sonntags die Galerien von Hampton Court durchwandert, kann sich überzeugen, wie diese reizvolle Schönheit, trotz ihrer Uniformität, immer noch ihre Wirkung übt und Hunderte von Augen zu fesseln weiß. Reynolds' Abneigung gegen die beiden Maler der Restaurationsepoche hatte in persönlichen Erlebnissen ihren Grund. Er hatte so unausgesetzt und in so stupider Weise das Lob dieser beiden Männer hören müssen, daß sein Selbstgefühl dagegen aufgestachelt und bis zur Ungerechtigkeit hingerissen wurde. Als er aus Italien zurückkehrte und sein erstes Meisterporträt auf der Staffelei hatte, trat Hudson, sein alter Lehrer, ins Zimmer und rief nach langer Musterung: «Das wird nichts, das ist anders gemalt, wie Sir Godfrey (Kneller) malte.» – «Allerdings!» antwortete Reynolds lakonisch. «Unsinn!» fuhr Hudson fort, «Shakespeare für die Poeten und Kneller für die Maler, so ist es, und so soll es bleiben.» Solche Szene ist freilich dazu angetan, den Widerspruch wachzurufen.

Die neunundvierzig Bilder, die die Reynoldssche Kunst in Manchester repräsentieren, sind fast samt und sonders Porträts. Nur sechs gehören dem Genre an. Seine Porträts sind alle vortrefflich, aber für das Auge des Laien nicht von jener frappanten Vollendung, daß man sie sieht, um sie nie wieder zu vergessen. Der Blue Boy von Gainsborough und Master Lambton von Thomas Lawrence sind für alle Zeit meinem Gedächtnis eingeprägt, ebenso einige Reynoldssche Porträts, denen ich früher in London begegnete (z. B. Sir William Hamilton in der Nationalgalerie). Aber unter diesen vierzig und mehr Porträts in Manchester ist keins, von dem ich nicht fürchten müßte, es nach Jahr und Tag aus meiner Erinnerung verwischt zu sehen. Es ist wahrscheinlich, daß das Urteil eines Malers sich anders stellt, doch ich kann nur sagen, was ich selbst empfinde. Wenn eine Ausnahme stattfindet, so ist diese – sein eigenes Porträt. Es versteht sich von selbst, daß Gemälde, die einer beinah fünfzigjährigen Tätigkeit angehören, untereinander von großer Verschiedenheit sind. Nicht nur ihr Wert, der Grad ihrer Meisterschaft ist verschieden, auch die ganze Art und Weise, der Stil, in dem sie gemalt sind.

Die Porträts seiner früheren Epoche zeichnen sich durch Korrektheit und sehr bestimmte Umrisse aus, während er später eine vertuschende, vaporöse Manier ausbildete, die bis zu einem gewissen Grade an Rubens erinnert. Er wendete aber auch in späteren Jahren diese Manier nicht durchgehends an, und wenn ich richtig beobachtet habe, so macht er es von der Wahl der Hintergründe abhängig, ob das Porträt in seinen Linien bestimmter oder unbestimmter hervortreten soll. Bei verschwommen landschaftlichen Hintergründen haben auch die Porträts ein gewisses vertuschtes Wesen, das übrigens von sehr angenehmer Wirkung ist; zieht er es aber vor, seinen Mann in eine Studierstube zu setzen oder seine Dame an die bekannte unvermeidliche Säule sich lehnen zu lassen, so präsentieren sich die Porträts in durchaus scharfer und bestimmter Weise.

Reynolds hat sich als Historienmaler versucht, aber so entschieden ohne Erfolg, daß man es vorgezogen hat, ihn nach der Seite hin in Manchester unvertreten zu lassen. Das Bedeutendste, was die Ausstellung von ihm aufweist, ist eine Figur des Puck. Er malte dies Bild für die Boydellsche Shakespeare-Galerie; aus dieser kam es in den Besitz des Poeten Rogers (der als Bankier größer war wie als Dichter) und wurde im vorigen Jahre, bei der Versteigerung der Rogersschen Sammlung, für 980 Guineen, also für fast 7000 Taler, an Lord Fitzwilliam verkauft. Der Katalog tut dieser ungeheuren Summe eigens Erwähnung. Im ersten Moment fühlt ich eine starke Enttäuschung und würde das Bildchen auf keine 50 Louisdor taxiert haben. Mit Unrecht; dieser Puck ist wirklich ein Kabinettstück. Die anfängliche Enttäuschung erklärt sich aus den *Vorzügen des Bildes*. Ich habe auf deutschen und englischen Bühnen alle möglichen Pucks gesehen, wohlentwickelte Jungfrauen und klapperdürre Kinder, lauter *theatralische* Robin Goodfellows, die nichtsdestoweniger von meiner Seele Besitz nahmen und ein Puck-Bild darin zurückließen, das eigentlich eine an vier, fünf Orten zusammengeborgte Lappenpuppe war. Wäre Reynolds dieser meiner Vorstellung einigermaßen nachgekommen, so hätte er mir eine Enttäuschung erspart, aber ein mittelmäßiges Bild geliefert. Sein Puck ist unter Anlehnung an die Volkssage und an jene prächtige Schilderung entstanden, die Shakespeare von ihm entworfen hat; Reynolds ist an die rechte Quelle gegangen und hat sich nicht Rats erholt bei der Laune und Weisheit eines Ballettmeisters. Es ist ein wirkliches, echtes *Teufelchen*, das er gemalt hat; ein Schalk, der mal beglückt aus Laune und weil es ihm Spaß macht; in Wahrheit aber

Der Kleinen einer
Vom großen Verneiner,

ein Tückebold, der an Weisheit noch hinter dem Alten zurückbleibt, aber an Spott und Schadenfreude ihm bereits gleichkommt.

Wir wenden uns nun zu *Gainsborough*, dem Zeitgenossen und Rivalen Joshua Reynolds'. Es ist sehr interessant, diese beiden Männer zu vergleichen. Charakteristisch für Reynolds ist seine allgemeine Bildung, sein weltmännisches Lächeln, sein feiner Sinn, seine brillante Technik – aber nirgends begegnen wir einem genialen Zug. Gainsborough ist ein Genie und nichts weiter. An Kenntnis, an Geschmacksbildung, an feiner Sitte dem Reynolds untergeordnet, überragt er ihn doch in allem, was den großen Künstler macht. Kleine Züge sprechen in solchen Dingen am deutlichsten. Reynolds kaufte die wertvollsten Tizians, nahm die Farbendecken vorsichtig ab, prüfte und forschte und zerstörte jene kostbaren Werke, um sich danach die Kunstrezepte zu aller*privatestem Gebrauch* zu schreiben. Zu gleicher Zeit versicherte er seinen Schülern (und zwar den talentvollsten, deren Konkurrenz er zu fürchten hatte, am meisten), daß Raffael alles sei, der Anfang und das Ende aller Kunst, und daß die Venezianer, mit Tizian an der Spitze, wohl zur Bewunderung, aber nicht zum Vorbild taugten. Die Ungeschmälertheit von Ruhm und Gewinn lag ihm beständig am Herzen. Solch Sorgen und Bangen kam nicht in die Seele Gainsboroughs. Offen wie sein Herz war seine Hand; er kargte nie. Oberst Hamilton, mit dem er befreundet war, war ein brillanter Violinspieler. «Spielen Sie weiter, Oberst», rief er ihm einstmals zu – «ich geb Ihnen das Bild, das Sie seit lange zu haben wünschen!» Der Oberst fuhr fort, und Gainsborough nahm unter Dank und Rührung das Bild von der Wand. Eine andere Anekdote hat Sheridan aufbewahrt. Dieser traf mit Gainsborough bei Sir George Beaumont zusammen; alle drei waren Freunde. Die Unterhaltung stockte, weil Gainsborough, sonst ein witzsprudelnder Tischgenoß, einsilbig und verstimmt dasaß. Endlich nahm

Gainsborough
Holzschnitt, nach einem Selbstbildnis

dieser den Sheridan bei der Hand, führte ihn in ein Nebenzimmer und sagte: «Sheridan, ich werde bald sterben. Ich habe viel Bekannte, aber wenig Freunde; ich bin nicht sicher, daß auch nur ein einziger anständiger Mensch meinem Sarge folgen wird. Wollen Sie? Versprechen Sie's mir.» Sheridan, überrascht und bewegt, sagte: «Ja.» Man kehrte zur Tischgesellschaft zurück, und Gainsborough floß über von Heiterkeit und guter Laune. Das sind Einfälle und rätselhafte Stimmungen, die bei nervösen Leuten nicht viel bedeuten wollen. Man hat solche Erscheinungen nicht zu überschätzen, aber man kann andererseits nicht leugnen, daß der Alltagsmensch von Visionen der Art nicht heimgesucht zu werden pflegt. Der Gegensatz, die Kühle, die ein ganzes Leben lang zwischen Reynolds und Gainsborough herrschte, kann bei der Verschiedenheit ihres Wesens nicht überraschen. Erst das Sterbebett des letzteren führte zu einer Versöhnung.

Gainsborough ist durch zwanzig Bilder in Manchester vertreten. Die Mehrzahl derselben sind Porträts; das mag es rechtfertigen, daß ich diese Seite seiner Kunst zur maßgebenden gemacht und ihm unter den britischen Porträtmalern unmittelbar neben Reynolds seinen Platz angewiesen habe. Gemeinhin zählt man ihn unter den Landschaftsmalern auf und sieht in ihm, im Gegensatz zu Wilson, der sich an Claude anlehnte, den Begründer einer nationalenglischen Schule. Ich glaube, mit vollstem Recht. Auch nach dieser Seite hin, ich meine *als Schöpfer einer neuen Richtung*, überragt er Reynolds.[1] Es will wenig bedeuten, wenn man Reynolds den Vater der englischen Porträtmalerei nennt; es fehlt allen seinen Schöpfungen jener Stempel des Besonderen, der allein das Recht hat, eine Schule zu bilden und ihr den Namen zu geben. Er hatte, um ein Goethesches Wort zu gebrauchen, «überall zu Tische gesessen». Was man die Reynoldssche Manier nennen kann, war eine geschickte Mischung anderer Manieren. Er stand nicht selbständig da wie Tizian oder Rubens. Anders Gainsborough; selbst als Porträtmaler ist er (wenigstens in den hervorragendsten seiner Bilder) seinen eigenen Weg gegangen; als Landschafter ist seine Selbständigkeit unbestritten. Zum Teil resultiert diese Selbständigkeit aus der Wahl des Stoffes. Er holte seine Vorbilder weder aus Italien, noch entschied er sich für Landschafts*komposition;* er nahm die Landschaft, wie er sie fand. Die englische Landschaft war bis dahin noch nicht auf die Leinwand gebracht worden; statt der Sonnenauf- und -untergänge im Stile Claudes entschied er sich für das Erlen- und Birkengebüsch seiner

[1] Reynolds, der den Gainsborough nicht liebte, aber den Wilson geradezu haßte, brachte in Gegenwart des letzteren einen Toast aus: «Es lebe Gainsborough, *der erste Landschaftsmaler* unserer Zeit!» Wilson erhob sich und rief lakonisch: «Es lebe Gainsborough, der erste *Porträtmaler* unserer Zeit!» Reynolds, wie immer, suchte einzulenken.

heimatlichen Grafschaft Suffolk, für nordische Farbentöne und einen verschleierten Himmel. Dies allein würde ausreichen, ihm als einem Bahnbrecher eine Bedeutung beizulegen. Aber mit der Selbständigkeit in der Wahl der Stoffe geht eine Selbständigkeit in der Behandlung fast immer Hand in Hand. So auch bei Gainsborough. Ich mag seiner Art, das Baumlaub zu behandeln, und dem graublauen Ton seiner Hintergründe nicht geradezu das Wort reden, beides aber leiht seinen Bildern den Reiz der Eigentümlichkeit und ist überhaupt nicht ohne Zauber. Selbst Reynolds konnte sich nicht dagegen verschließen. Er scheint geschwankt zu haben, ob er die Gainsboroughsche Manier als ein Resultat wohlberechneten Studiums oder bloß genialer Liederlichkeit anzusehen habe. Er schreibt darüber: «Gainsboroughs Bilder zeigen uns oft ein wahres Chaos wirrer, gestaltloser Linien und Striche, die selbst der erfahrenste unter uns nicht umhin kann als ein Produkt des Zufalls anzusehen. In gewisser Entfernung aber, wie durch plötzlichen Zauber, nehmen alle diese Linien Gestalt an und machen uns wieder glauben, daß wir die Wirkung höchstens Fleißes gerade da vor uns haben, wo wir eben noch einer hastigen Nachlässigkeit zu begegnen glaubten.»

Unter den zwanzig anwesenden Bildern befinden sich sieben Landschaften, keine allerersten Ranges, aber alle gut und charakteristisch. Die ihnen gemeinschaftlichen Züge glaube ich hervorgehoben zu haben; eine genaues Bild seiner Behandlungsart, besonders des Laubes, zu geben liegt jenseits der Macht der Beschreibung. Eine unter dem Namen Der Marktkarren angeführte Landschaft scheint mir besonders gelungen. Es ist eine vortreffliche Verschmelzung *des bloß Landschaftlichen mit dem Genre*, worin er überhaupt Meister war. Unsere Landschafter sind oft weiter nichts als ein in engster Wortbedeutung – sie selbst. Zu Gainsboroughs Zeiten verstand man es noch allgemeiner, sich eine menschliche Figur an den Waldabhang oder zwischen das Riedgras lagern zu lassen.

Als Porträtmaler ihn durchweg höher, vielleicht auch nur

neben Reynolds zu stellen wäre ungerecht. Sein Porträt der Mrs. Siddons ist trefflich, aber behauptet sich doch nur mühsam neben den besseren der Reynoldsschen Köpfe. Dennoch, wie bereits oben hervorgehoben, gebührt auch nach dieser Seite hin der Gainsboroughschen Genialität der Preis. Reynolds war der bessere Schütze im *allgemeinen* und traf öfter ins Schwarze als sein Nebenbuhler; aber den eigentlichen Meisterschuß tat doch Gainsborough. Das Bild, was ich dabei im Sinne habe, ist der berühmte Blue Boy, für gewöhnlich eine Zierde der Galerie des Marquis von Westminster. Gainsborough hat hier gezeigt, welcher Kraftfülle er (wenn durch eine ungewöhnliche Aufgabe angespornt) auch als Porträtmaler fähig war. Es ist eins der Kennzeichen des Genies, daß seine Kräfte mit den Schwierigkeiten wachsen. Unter gewöhnlichen Umständen ist die gewöhnliche Kraft dem Genie nicht nur ebenbürtig, sondern oft siegreich über dasselbe; aber seine Stunde kommt. Hunderte können Frühlingslieder schreiben, die um kein Haarbreit schlechter sind als ein Rückertsches Frühlingslied; wenn aber die Aufgabe lautet, dies Frühlingslied in Form einer *Siziliane* zu schreiben, so würde Rückert mit einem Male sich selbst übertreffen, während seine Konkurrenten zu stolpern begönnen und die ganze ungeheure Kluft plötzlich sichtbar machten zwischen der Nachtigall und einem pfeifenden Starmatz. So Gainsborough in diesem merkwürdigen Bilde. Reynolds hatte sich dahin geäußert (und man muß bekennen, daß viele der Gainsboroughschen Bilder ihm guten Grund dazu gaben), daß das Vorherrschen von Blau mit einer guten Farbenwirkung unvereinbar sei. Gainsborough, ganz im Einklang mit seinem Wesen, nahm den Handschuh auf und versicherte das Gegenteil. Dieser Blue Boy ist die blaue Antwort auf Reynolds' Behauptung. Der hübsche, frisch und blühend aussehende Knabe ist, mit Ausnahme von Gesicht und Halskragen, blau von Kopf bis zu Fuß; Seidenwams, Beinkleid, Strümpfe, Schuhschleifen – alles *blau*. Die Erwiderung liegt nah: Ja, das Bild ist ein Meisterstück, aber es würde ein größeres und gefälligeres sein, wenn Gainsborough seine Kraft an eine lohnenswerte Aufgabe statt an eine Laune gesetzt hätte. Möglich, aber nicht wahrscheinlich. Das Bild ist ein so glänzender Sieg, daß einem der Gedanke fernbleibt, es habe sich dabei um nichts als eine geniale Marotte gehandelt; man bewundert einfach und findet alles natürlich. Die Schwierigkeit wirkte nicht lähmend, sondern fördernd; latente Kräfte wurden wach; die Not wurde produktiv wie immer und schuf Momente, die eine gewöhnliche Aufgabe nie geboten hätte. Der Reim zeigt auch hier am besten, was ich meine. Wer ihn nicht beherrscht, der unterliegt; wer ihn aber bemeistert, der siegt nicht nur, der siegt *doppelt* und löst nicht bloß eine Aufgabe, sondern löst sie in einer so frappanten und glänzenden Weise, wie eine leichtere Aufgabe nie gelöst worden wäre. Ein Finden und Entdecken kommt hinzu, dessen Zauber den Dichter selbst und dann seine Hörer ergreift. Für Maler muß das Bild vom höchsten Interesse sein. Das Geschick, mit dem Gainsborough in scheinbar ungesuchtester Weise verstanden hat, dem Hintergrund einen wechselnden Farbenton zu geben (untergehende Sonne, also viel Rot und Gelb zwischen dunklem Laub), einen Farbenton, der stets zu dem Blau der Hauptfigur harmoniert und doch die Monotonie gefällig unterbricht, dies Geschick, sag ich, ist erstaunlich. Der Südsaal der Ausstellung hat nur noch *ein* Porträt, das an Frappantem und nahezu auch an Berühmtheit mit diesem Blue Boy wetteifern kann, das ist Master Lambton (Familienname der Grafen von Durham) von Thomas *Lawrence*.

Das führt mich auf diesen talentvollsten Schüler Sir Joshuas. Das Verhältnis zwischen beiden ist ein sehr ähnliches wie das zwischen Rubens und van Dyck. Im ganzen ist der Meister eben Meister, aber im einzelnen wird er vom Schüler überragt. Master Lambton ist ein Porträt, das an Auffassung und Zeichnung den besten Reynoldsschen Arbeiten gewachsen ist und im Kolorit sie übertrifft. Es verlohnt sich, eine kurze Beschreibung des Bildes zu geben. Lambton Castle ist die an der Seeküste gelegene Residenz der Grafen von Durham. Wir sehen zwei mächtige Felsblöcke, einen niedrigeren zur Linken, auf dem ein etwa sechsjähriger Knabe sitzt, während die dunklere Steinmasse zur Rechten den Knaben und den kleineren Felsblock hoch überragt. Im Hintergrunde das leise bewegte Meer. Wasser und Fels, in einem grauen, unbestimmten Ton gehalten, lassen das kirschrote Samthabit des Knaben in wunderbar schöner Färbung erscheinen. Dazu das dunkeläugige blühende Kindergesicht, vornehm ohne eine Spur von Affektation – man muß bekennen, daß die Kunst des Porträtmalens, seit den Tagen der Venezianer, ihre Aufgabe nie glänzender gelöst hat. Übrigens ist dies treffliche Bild in zahlreichen Stichen über England verbreitet, ein Umstand, der am schlagendsten für den besonderen Reiz desselben zeugt. Porträtbilder werden im allgemeinen nur populär, wenn es der *Gegenstand* derselben bereits ist; was weiß aber England von Master Lambton? Das Ganze gleicht einem jener italienischen Genrebilder, die den Namen unseres Riedel (in Rom) mit Recht so gefeiert gemacht haben. Lawrence hat sich in diesem Bilde selbst übertroffen. Selbst die besten seiner übrigen Arbeiten verraten wenig Selbständigkeit und sind «Reynoldssch», wenn auch die Technik des Schülers gelegentlich noch über die des Meisters hinausgeht. Obenan, nach dieser Seite hin, steht das Porträt der Schauspielerin Miss Farren, später Gräfin Derby. Es befriedigt vollkommen, aber es fehlen ihm die charakteristischen Züge; nur eine vieljährige Vertrautheit mit den Werken der englischen Porträtkunst seit Reynolds würde dem Beschauer die Entscheidung leicht machen, wem diese und ähnliche Arbeiten zuzuschreiben seien. Im Jahre 1814 begab sich Lawrence nach dem Kontinent, um die Porträts der Fürsten und Herren anzufertigen, die in demselben Jahre, nach der Besiegung Napoleons, ihren Besuch in England gemacht hatten. Diese Bilder haben ihn auf dem Kontinent vorzugsweise bekannt gemacht; die Manchester-Ausstellung enthält keines derselben. Sie bilden den Schmuck und das Hauptinteresse des Waterloo-Saals in Windsor Castle. Thomas Lawrence starb 1830. Es wäre übertrieben, seitdem von Rückschritten in der englischen Porträtmalerei zu sprechen, aber jedenfalls ist nichts da, was einen Fortschritt bewiese. Sie erhält sich auf dem Niveau des Hergebrachten. Grant, Frith, Gordon, Phillips, Pikkersgill – sie alle haben nichts verdorben, aber auch nichts gebessert. Man spricht vom Überhandnehmen des Konventionellen, aber dieser Tadel besagt nichts andres, als daß eine originale und reformatorische Kraft noch immer auf sich warten läßt. Der Meister schafft eine Manier; dann kommt die Schule und macht sich die Manier zu eigen; hat die Schule ein langes Leben, so spricht man zuletzt von «Konventionellem». Die Sache selbst ist aber nicht schlechter geworden; sie *lebt nur zu lange*, und das ermüdete Auge des Publikums sehnt sich nach etwas Neuem. Die Präraffaeliten würden die Leute sein, von denen gerade nach dieser Seite hin eine heilsame Reform ausgehen könnte. Daß sie den Mut haben, ihre eignen Wege zu gehn und, statt an hergebrachte Formen sich anzuschließen, es vorziehen, an Wahrheit und Natur, nach ihrem besten Wissen und Können, sich anzulehnen, wird selbst von ihren Feinden nicht bestritten. Eine neue Ära könnte durch sie beginnen; aber sie werden scheitern, wie Hogarth gescheitert ist, und einsehen lernen, daß die Eitelkeit der Menschen ihnen entgegensteht und entschlossen ist, ihre Bestrebungen auf keinem Gebiete mehr zunichte zu machen als auf dem – der Porträtmalerei. Wir wollen alle keinen Wahrheits-, sondern einen Schönheitsspiegel. ...

Elfter Brief
Abschied. Ausflug nach Chester. Rückkehr nach London

Vierzehn Tage waren just vergangen, seit ich, nach langem Fragen von Gasthaus zu Gasthaus, zum ersten Male vor dem Blackfriars Hotel vorfuhr, und die immer kleiner werdende Frühstückstafel mahnte mich allgemach an meine eigne Abreise. Der alte rüstige Gentleman-Farmer aus Norfolk, mit dem ich die erste Tasse Tee getrunken und den ersten Spaziergang durch die sonntagsstillen Straßen der Stadt gemacht hatte, war längst in seine heimische Grafschaft zurückgekehrt; Mr. Angus Fletcher, der deutsche Lieder sang und lange Stellen aus Niebuhrs Schriften zitierte, saß wieder daheim in Ambleside, wo der Lake-Distrikt beginnt und die blauen Seen von Westmoreland das endlose Grün der englischen Landschaft unterbrechen; die indischen Offiziere von der Madras-Armee, die von Brahminen und Radschputen so ruhig sprachen wie unsere Leutnants vom letzten Rekrutentransport, waren nordwärts gegangen über Glasgow nach Inverness, und der murilloschwärmende irische Geistliche vom katholischen Seminar in Maynooth hatte sich eben heut empfohlen und die gemeinschaftliche Tafel um ihr letztes interessantes Element gebracht. Andere Gestalten tauchten auf, ältliche Männer, die mit ihren spitzen Nasen lange Auktionsverzeichnisse lasen und aus allen drei Königreichen nicht um der Ausstellung, sondern vielmehr um der *Versteigerung* willen herbeigekommen waren, die seit acht oder vierzehn Tagen in der Nähe von Manchester stattfand und die Bilder und Kostbarkeiten des letzten Grafen von Shrewsbury unter den Hammer brachte. Ich hatte keine Berührungspunkte mehr mit dieser neuen Tischgesellschaft und beschloß, mich ihr so rasch wie möglich zu entziehen. Noch einmal eine Omnibusfahrt durch die Straßen, noch einen Abschiedsblick in die langen, reichen, unvergeßlichen Säle dieser Ausstellung, dann fuhr ich der Victoria-Station der großen Nordwestbahn zu, löste mein Billett und war, in wenigen Minuten schon, auf dem Wege nach – Chester.

Chester ist ungefähr zehn deutsche Meilen von Manchester entfernt, und hätt ich es mir nie verzeihen können, so nah gewesen und doch einer abzustattenden Huldigung aus dem Wege gegangen zu sein. Ein Besuch in Chester erschien mir wie eine Pflicht der Pietät. Tagtäglich, seit Verlauf von Jahren, postiert der schwarzbefrackte Kellner das Riesenviertel eines Chesterkäses vor mich hin und leitet durch diesen stillen Schlußakt seiner Tätigkeit die eigentliche Blütezeit des Diners ein. Da steht der Käse vor einem wie ein Bild der guten Zeit, fett, mild und mit der Farbe der Gesundheit. Sein bloßer Anblick erweckt Gemütlichkeit und verbreitet sie über den halben Tisch. Die Nachbarn von rechts und links, die bis dahin geschäftig auf ihren Tellern klapperten, neigen sich jetzt zu mir herüber und sprechen von Lord Palmerston oder dem heißen Wetter. Ich widerspreche, und so macht sich die Konversation. In der rechten Hand die lange Selleriestaude, während die Finger der linken auf dem Rande des Portweinglases spielen, so fliegen die Worte hin und her, und der Chesterkäse steht dabei, fest, sicher, unbeweglich wie eine Wand, die gegen die Außenwelt abschließt, und zugleich wie ein Banner, um das alle Heiterkeit des Tisches sich schart. Wem die Bedeutung des Chesterkäses in dieser Weise aufgegangen ist, der kann nicht an Chester vorbeifahren, ohne dem Platze seine Reverenz zu machen.

Es finden sich freilich allda noch andere Dinge, und wer die Pietät nicht gelten lassen will, die sich an Frühstücks- und Mittagstische knüpft, den mag es beruhigen, daß Chester als die interessanteste Stadt in ganz England gilt. *Chester ist das englische Nürnberg.* Man pflegt Nürnberg gewöhnlich mit Oxford zu vergleichen, was so unpassend ist wie möglich. Beides sind freilich mittelalterliche Städte, aber das eine von so entschieden *aristokratischem* Gepräge, daß es mit der deutschen *Bürger*stadt kaum irgendwelche Züge gemein hat. Oxford ist eine Anhäufung von Kirchen, Klöstern und Palästen; Nürnberg ist eine Stadt wie andere Städte, eine *Häuser*stadt, so interessant die einzelnen Häuser auch sein mögen. An Oxford hat der Reichtum eines reichen Landes gebaut, an Nürnberg die Liebe seiner Bewohner. Was Oxford hat und ist, *verdankt es England*, was Nürnberg ist und hat, *verdankt es sich selbst.* Oxford ist groß in Entfaltung des Großen, Nürnberg ist groß in Entfaltung des Details. Oxford *wurde* gebaut, Nürnberg *hat sich* gebaut. Das Wesen zweier Nationen spricht sich in diesen beiden Städten aus: der äußere Reichtum hier, der innere dort; Glanz und Einförmigkeit auf der einen, Reiz und Mannigfaltigkeit auf der andern Seite. Auch in England hat es Nürnbergs gegeben; sie sind dahin. Chester ist ein Überbleibsel aus jener Zeit.

Es war gegen Mittag, als der Zug auf dem Bahnhofe der Stadt hielt. Ein riesiges Gebäude, das einem auf den ersten Blick begreiflich macht, daß hier sieben Bahnlinien zusammentreffen! Von Chester aus läuft dann, über Bangor, jene *eine* große Westbahn bis Holyhead, die, an der Menaistraße das Meer überspringend,[1] einem Eisenarm gleicht, den England nach Irland hinüberstreckt. – Auf dem Wege zur Stadt, die einige hundert Schritt vom Bahnhofe entfernt liegt, laß ich mir erzählen von der Geschichte und den Wundern des alten Platzes, dem wir zuschreiten. Er soll nach einigen bis auf Magus, den Sohn Japhets, des Sohnes Noä, zurückreichen, eine Annahme, die begreiflicherweise nicht über die Tore von Chester hinausgeht. Es ist indes allen Ernstes ein beglaubigt alter Platz; schon die Römer hatten hier eine Stadt, und zu den Zeiten der Heptarchie war Chester bereits der Heer- und Waffenplatz, von wo aus die angelsächsischen Könige ihre Kriegszüge gegen Wales und die zurückgedrängten alten Briten unternahmen. Von allerhand Besuch in seinen Mauern will ich nicht sprechen, *nicht* von Richard II., der, als Gefangener Bolingbrokes, auf einer schlechten Mähre durch Tor und Straßen ritt, auch *nicht* von Heinrich Percy, der hier sein letztes Nachtlager hatte, bevor der Tag von Shrewsbury ihn ein für allemal zur Ruhe bettete. Es ist ein größeres Jahrhundert, in das die *eine* Großtat Chesters fällt – es nahm rühmlich teil an dem Kampf zwischen Königtum und Parlament. Brauch ich meinen Lesern noch zu sagen, auf welcher Seite es stand? Eine Stadt, die so viele Könige in ihren Mauern gesehen und den Sherry liebenden Kavalieren ihren Chesterkäse als natürliches Zubrot geliefert hatte, mußte loyal sein vom Wirbel bis zur Zeh. Und so war es auch. Drei Jahre lang lag das Parlamentsheer davor; man hatte gehofft, es auszuhungern, und ganz vergessen, daß Chester eben Chester war. Man hungerte nicht in Chester. Endlich unterlag

[1] Dies ist die berühmte Tubularbrücke, die von Wales nach der Insel Anglesey führt.

es doch. Vor seinen Toren wurden die Royalisten aufs Haupt geschlagen; von einem der Mauertürme aus sah König Karl die Niederlage der Seinen. Weiterer Widerstand wäre nutzlos gewesen; der König selbst gab seine Sanktion, und die Cromwellschen Ironsides, die schon bei Marston Moor den Ausschlag gegeben hatten, zogen ein in das königliche Chester. Mit dieser *einen* Tat beginnt und stirbt die Geschichte dieser Stadt. Es ist ein einsamer Felsen in einer flachen Sandgegend. Die Geschichte Chesters gleicht auf ein Haar der Geschichte jener alten Familien, die sechzehn Generationen hindurch lauter Ehrenmänner, aber nur ein einziges Mal einen *großen* Mann hervorgebracht haben.

Chester hat eine sehr malerische Lage am Nordufer des Dee, der hier durch Sandsteinfelsen bricht und der Südseite der Stadt eine doppelte Festigkeit gibt. Die offenen Seiten sind durch eine hohe Mauer eingefaßt, zu der der benachbarte rote Sandstein ein bequemes und treffliches Material lieferte. Wo die Felsenpartie beginnt, wird der Felsen selbst zur Mauer. Das Terrain ist im übrigen völlig eben, so daß man von keinem «Kessel» sprechen kann, in dem die Stadt gelegen sei; sie liegt vielmehr da wie ein Kuchen in einer Tortenform. Die Sandsteinmauer entspricht dem Blechrand, der den Inhalt überall um ein bedeutendes überragt. Nachdem ich so, in kulinarisch-anschaulicher Weise, ein Bild des Ganzen gegeben habe, wend ich mich jetzt einer Beschreibung der einzelnen Teile, zuerst des Randes und dann des Inhalts zu. Diese prächtige Sandsteinmauer, die im Zirkelschlag die Stadt einschließt, wird zum größeren Teil den Römern zugeschrieben. Gleichviel wem; wie sie da ist, ist sie ein Unikum und vielleicht die größte Zierde der Stadt. Sie hat jetzt nichts mehr zu verteidigen und ist zu einem Spaziergange hergerichtet. Einen schöneren sind meine Füße kaum je zuvor gewandelt. Auf der Höhe der etwa zwölf Fuß breiten Mauer hat man, nach außen und innen, ein halbmanneshohes Steingeländе errichtet und dadurch dem Ganzen den Charakter einer schmalen Brücke gegeben, über deren Einfassung hinweg man nach beiden Seiten hin einer freien Aussicht genießt. Zur Rechten die Stadt, zur Linken die Landschaft. Man kann kein bunteres, wechselvolleres Panorama sehen, als sich einem auf diesem Spaziergange darbietet. Beginnen wir von dem sogenannten Wassertor. Wir haben die Steintreppe erstiegen und sind oben. Links dehnen sich Weiden und Triften aus, die fetten Marschen der Grafschaft Chester, während zur Rechten die alten Gassen und Plätze sichtbar werden, darin das letzte Resultat dieses Triftenreichtums, rund und golden und mühlsteingroß, zu ganzen Bergen aufgespeichert liegt. Aber die Szene wechselt bald. Eben noch sahen wir das flache Land, hier und dort von Eisenlinien durchzogen, und folgten dem grauen Rauch der Lokomotive, und siehe da, schon türmt sich eine Felsenmasse vor uns auf, nur durch den schäumenden Dee von uns und unsrer Mauer getrennt. Auf der Höhe dem Felsen gegenüber ragt Chester Castle. Wir schreiten weiter und haben wieder flaches Land um uns, weite Kornfelder zur Linken, umfriedete Gärten zur Rechten. Schon röten sich die Äpfel an den Bäumen, und die Pfirsichsträucher ranken sich die Wand des Hügels hinan, auf dessen Höhe die berühmte Kathedrale von Chester steht. Fast tausend Jahre vergingen, seit dort die ersten Christen vor dem Kreuze knieten. Unter dem Schall der Glocken, der eben von dort herüberklingt, setzen wir unsere Wanderung fort, bis wir uns aufgehalten sehn durch einen alten Mauerturm, der plötzlich unsern Weg hemmt und unsere Beachtung erzwingt. Das ist der Phönixturm; an seinem Fuße sitzt friedlich eine alte Frau und bietet die Früchte feil, die seit Mittag in der Sonne brieten, während wir, an der Mauerkrone oben, eine Tafel bemerken und folgende Inschrift lesen: «Auf diesem Turme stand König Karl am 24. September 1645 und sah sein Heer vernichtet bei Rowton Moor.» Bald rechts, bald links die Stadt- und Landschaftsbilder musternd, von Zeit zu Zeit durch ähnlich alte Türme: den Water Tower, den Caesar Tower, in unserem Wege aufgehalten, vorüber endlich an Ruinen und der efeuüberspponnenen Pracht der Trümmerkirche von St. John, so gelangen wir wieder zu lieblicheren Bildern, zum River Dee, der weithin Wassermühlen treibt, und zu dichten Lindengruppen, deren Blütenwipfel über die Stadtmauer reichen. Wir pflücken uns einen Zweig, und den Duft einsaugend, während das Sonnenlicht auf dem Flusse schimmernd liegt, nähern wir uns unserem Ausgangspunkte wieder und haben jetzt in lachendstem Grün jene Wiesenfläche vor uns, um welche sich die berühmte Chester-Rennbahn wie ein breiter, brauner Streifen zieht.

Unser Umgang ist geschehen, und die Mauertreppe niedersteigend, treten wir jetzt durch dasselbe Wassertor, von dem wir ausgingen, in die eigentliche Stadt ein. Über den Charakter derselben habe ich bereits gesprochen: alte, bürgerliche Giebelhäuser, die sich von einem Tor zum anderen ziehen. Das erste Haus von Interesse, dem wir begegnen, heißt Bishop Lloyd's House und ist, trotz seiner zweihundertfünfzig Jahre, wohlerhalten. Die großen Querbalken, die die Basis der Stockwerke bilden, sind in Felder geteilt und jedes Feld mit Schnitzwerk reichlich versehen. Gute und plumpe Ideen mischen sich durcheinander, und das Ganze versetzt uns, wie auf Zauberschlag, in unsere liebe deutsche Heimat und läßt uns auf Augenblicke vergessen, daß wir in England sind, wo die uniformen Dutzendhäuser der Spielzeugschachtel eines Riesenkindes entnommen und über das Land gestreut zu sein scheinen. Das Nachbarhaus des Bischofs Lloyd ist ähnlich alt und trägt die Inschrift: «God's Providence is my inheritance», ein hübsches Reimwort, das sich etwa mit

Gottes Gnade ist mein Erbe,
Stützt mich, daß ich nicht verderbe

dem Sinne nach übersetzen ließe. Das ist nun freilich hübsch und fromm, und alles, was sich dagegen sagen läßt, ist nur das eine, daß die augenblicklichen Bewohner des Hauses die «Stütze», von der die Rede ist, hausbacken-wörtlich statt christlich-symbolisch genommen zu haben scheinen. Das Haus war das einzige in der Stadt, das im Jahre 1652 von der Pest verschont wurde, und erhielt um deshalb seine fromme Inschrift. Sein gegenwärtiger Besitzer aber scheint gewillt, der Gnade Gottes das Höchste zuzumuten und eine Stütze von oben auch da zu erwarten, wo eine Stütze von unten das Einfachere und Geratenere wäre. Die krachenden Balken werden ihn bald belehren, daß es ein Gottvertrauen gibt, das wenig besser ist als Blasphemie und just die Gefahren heraufbeschwört, gegen die es glaubt gesichert zu sein.

Wenige Schritte weiter in die Stadt hinein beginnt, zu beiden Seiten, die eigentliche Sehenswürdigkeit derselben, die sogenannten Rows (Gänge). Diese sind es, die der Stadt Chester ihr eigentümliches Gepräge leihen; es findet sich dergleichen an keinem andern Ort der Welt. Was sind Rows? Es sind die uralten Vorläufer der Arkaden, der Kolonnaden, der «Stechbahnen» und erinnern außerordentlich lebhaft an die alten, baufälligen Partien unseres *Mühlendamms*. Denke sich der Leser ganze Straßen, ja eine ganze Stadthälfte in der Art und Weise dieser Mühlendammpartie, so hat er, wenn er sich oben die nötigen Giebeldächer und unten, *innerhalb* der Kolonnade, einen acht Fuß hohen Quaderdamm hinzudenkt, ein völlig getreues Abbild der berühmten Chesterschen Rows. Woher und wie sie entstanden, weiß niemand; sie sind da, das genügt. Die archäologischen Vereine des Landes haben Preise auf eine erträglich gute Hypothese gesetzt; alles vergeblich – die Rows von Chester bleiben ein ungelöstes Rätsel. Mögen sie entstanden sein, wie sie wollen; wie sie da sind, sind sie nicht nur eine Absonderlichkeit, sondern zugleich ein malerischer Reiz. Die Chesterschen Straßen bestehen mit Hilfe derselben aus *zwei Etagen;* auf ebener Erde fahren die Wagen, während der Bürgersteig, rechts und links, unter bedeckten Gängen hinläuft und vornehm, von seiner Anhöhe, auf die unten fahrenden Fuhrwerke hinabblickt. Der Bürgersteig und mit ihm das Bürgertum hat es nie und nirgends zu einem vollständigeren Triumphe gebracht. Chester ist die einzige Stadt, wo der Fußgänger nicht umhin kann, den Reiter beständig über die Achseln anzusehen. Wer sich als Bürger und Fußgänger *fühlen* will, der ziehe nach Chester.

Ich könnte noch weiter plaudern über die Rows und ihre

Wunder, über die Fleischer zum Beispiel wie über die Lichtzieher und Seifensieder, die, den Felsen aushöhlend, sich unterhalb des Bürgersteiges eingenistet und, je nach Auffassung der Verhältnisse, entweder eine *Keller-* oder eine *Parterre*wohnung bezogen haben, während die Glas- und Porzellanhändler, die Apotheker und Galanteriearbeiter acht Fuß höher in einer Art von *Beletage* wohnen; doch ich hörte bereits die Eisenbahnglocke zum ersten Male läuten, und ich habe den cab-Kutscher zu höchster Eile anzutreiben, um den nächsten Zug, der mich in fünf Stunden nach London bringt, nicht zu versäumen. Wie abgepaßt husch ich noch rechtzeitig in die offenstehende Waggontür hinein, und im nächsten Augenblick keucht der Zug unter dem hohen Eisendach ins Freie hinaus und beginnt seinen rasselnden Flug durch die schöne, reiche, aber ermüdende Landschaft. Schwatzend, lesend, schlafend verbring ich mühsam nach altem Reisebrauch die langen, nicht enden wollenden fünf Stunden, bis endlich der Zug hält und das halbverschlafene Auge in jenen rotdurchglühten Nebel starrt, der allnächtlich wie der Schein einer Riesenfeuersbrunst über dem Riesen London liegt.

Wenig Minuten später rollt ich wieder den New Road entlang und hörte jenen dumpfbrausenden, wunderbaren Ton der Weltstadt, der auf Dinge deutet, größer als alle Kunstschätze von Manchester und rätselhafter als die Chesterschen Rows. . . .

[1857/60]

Essays zur englischen und schottischen Literatur

1842 bis 1871

John Prince

England gilt als das Land höchster politischer Freiheit oder doch als Musterstaat, wenn es sich anderen Ortes um die Begründung einer freieren Verfassung handelt. Welche Bewandtnis es überdies mit dem großbritannischen Königtum hat, weiß jedermann. Die konstitutionelle Monarchie besteht dorten, wie in den meisten deutschen Staaten, nur dem Namen nach. – Dort ist's ein Schritt bis zur Republik, hier bedarf es nur eines *halben* Rückschritts bis zur unumschränkten Monarchie. Das ist der einzige Unterschied; ob er bedeutend ist?! –

Dennoch leidet das englische Volk. Der Vollgenuß politischer Freiheit schützt Tausende von Arbeitern zu Manchester und Liverpool oftmals kaum vor dem Hungertode, es muß also ein anderes, tiefer liegendes Übel sein, was das Wohlergehen, die Gesundheit des Staatskörpers untergräbt. Tiefer liegend? – O ja, wenn wir die eigentliche Quelle, den Grund der Krankheit suchen; sie selbst jedoch liegt offenkundig da – es ist die *Not*.

England und Frankreich sah seit einem halben Jahrhundert Männer erstehen, denen das Elend der niederen Volksklassen nicht nur tief zu Herzen ging, nein, deren Streben auch dahin gerichtet war, rettend, hilfeleistend einzuschreiten. Man faßte die riesige Idee, die Gesellschaft zu reformieren, der Sozialismus ward geboren. Es kann derselbe füglich nur Anfeindungen von denjenigen ausgesetzt gewesen sein, welche die ihm zugrunde liegende Idee entweder nicht richtig erkannten oder absichtlich verkennen wollten. Vielfach haben auch der Kommunismus und namentlich verschobene Gleichheitsprinzipien dazu beigetragen, den Sozialismus zu verketzern, der mit diesem oder jenem nur allzuoft verwechselt worden ist!

Ziemt es sich aber, Bestrebungen hindernd in den Weg zu treten, deren Ziel – Glück, Freud und Friede der Gesellschaft ist? Namentlich wenn man nur den Geist berufen glaubt, jenes hohe Ziel zu erreichen, und jedes gewaltsame Einschreiten a priori verwirft! Freilich, seitdem man der freien, geistigen Forschung (zum Beispiel der Hegelschen Philosophie) mit weltlicher Macht entgegentritt und zürnend ein «Bis hierhier und nicht weiter!» spricht, seitdem mag man auch Systemen, die eine sozialere Form bezwecken, auch nicht zu sehr gewogen sein, da jeder wahre «*Gedanke*» einmal «Tat» zu werden berechtigt ist; und es würde mich dieser Umstand auch für das Schicksal meines Buches zittern lassen, wenn es nicht eben außerhalb des Bereichs der Dichtung läge, Systeme aufzustellen und zu entwickeln.

J. Prince ist geradezu ein Sänger des Sozialismus; seine besten Schöpfungen sind soziale Gedichte. Selbst da, wo er der Freiheit Lieder singt, handelt es sich nicht um Sicherstellung persönlicher, nicht um Gewährung politischer Freiheit – in *deren* Besitz *ist* der Brite bereits; nein, den Armen will er die Ketten nehmen, in die sie durch Not und Elend oft fester geschlagen werden als durch die eiserne Fessel der Tyrannen. ... Unpassend wäre es mir erschienen, meinen Ansichten über ihn ein vollständiges Glaubensbekenntnis betreffs des Sozialismus oder auch nur einen längeren Aufsatz über ihn hinzuzufügen. Wer sich in diesem Punkte zu belehren wünscht, dem bietet Steins Werk über «Sozialismus und Kommunismus» eine ebenso reichhaltige als interessante Quelle dar. ...

Leser, so dir's behagt, nimm mich am Arm und laß uns mitsammen an den lachenden Ufern des Irwell wandeln. Es ist Mai, kaum braucht ich es dir zu sagen, – die duft- und klangerfüllten Lüfte, das frische Grün an Baum und Strauch, der klare, glatte Strom, in dem sich die tiefe Bläue des Frühlingshimmels spiegelt – sie hätten's dich fühlen lassen: es ist Wonnemond.

Horch! Die Vesperglocke tönt zu uns herüber, selbst die Vögel schweigen und lauschen still den feierlichen Klängen, nur das Bächlein uns zur Seite murmelt leise vor sich hin, als verricht es sein Abendgebet im Tempel der Natur, Friede, Gottesfriede ringsumher. Die Sonne scheidet; wenig Augenblicke noch weilt sie am Horizont, und eine Milde ruht auf der Sterbenden hoheitsstrahlendem Antlitz, als ob der Gleichmacher «Tod» die Sonne sogar des Glanzes beraube, der unser Auge geblendet. Ein Segenswunsch – ihr letzter, warmer Blick – so ging sie dahin, und wie die schwächer werdende Erinnerung an unsere Toten verblaßt allgemach die rosige Abendröte und weicht der Nacht wie das Gedächtnis dem Dunkel der Vergessenheit. – Komm, laß uns schnell den Hügel dort erklimmen, ich hoffe, der Anblick wird unsere Mühe, unsere Eil belohnen. Da wären wir! Siehst du dort unten am Ufer des Irwell die rauchumwölkte Stadt im Glanze des Abendgoldes!? Es ist Manchester. Präg ihn tief in deine Seele – diesen Anblick, denn er ist bezeichnend für die Pracht und den Reichtum, der drinnen herrscht; der trügerische Schein, der jetzt die Kathedralen und Türme vergoldet, er könnte zur Wirklichkeit werden, sollte man sie mit den Schätzen beider Indien schmücken, die jene Nebelmasse in sich schließt. Aber ach, der blasse Mond, der sie dir jetzt in anderem Lichte zeigt, so daß Wehmut urplötzlich ins Herz dir zieht – die Dunkelheit, die ihm folgen wird, wenn er bald nach Mitternacht am Horizonte verschwunden –, sie sind nicht minder bezeichnend für Not und Sorge, für Hunger und Elend, die vieler Tausend Antlitz dorten bleichen; es nachtet tiefer dort in mancher Seele als je auf dieser Flur, und mehr der Tränen sind darin vergossen, als hier Tautropfen an den Halmen hängen.

Schau dich noch einmal um, laß dein Aug in vollen Zügen noch einmal die Schönheit der Abendlandschaft trinken und stärke die Seele für so manchen Anblick, der sich dir bald –

ach minder lieblich eröffnen wird. Laß uns diesen Pfad verfolgen, er führt uns schnell zur Stadt; – so, schreite rüstig mir zur Seite, noch diese Brücke hier, die Biegung dort am Saume des Gehölzes, und du erblickst das Tor. Es wär erreicht! Bist du ermattet schon? Warum hältst du dich zur Rechten, wo sich groß und prächtig Paläste erheben? Der dickbäuchige Türhüter, der, glücklich über die neubetreßte Livree, jedem Vorüberziehenden mit edlem Selbstbewußtsein zuzurufen scheint: Schau her, ich bin ein Sklave! – Er würde dir schwerlich ein Nachtquartier vergönnen, oder wolltest du gar, bedenke! nach Untergang der Sonne noch Seiner Lordschaft selbst die Ehre deines Besuches geben? Wenn ich dir raten darf: laß das bis morgen, und folge mir heut Straßen auf und Straßen ab, bis wir freilich ein minder prächtiges Ziel erreicht. Sieh! nicht ferne mehr kann's sein; die breiten hellerleuchteten Straßen werden allgemach zu schmalen, dunklen Gassen; statt wohlgenährter Bediente stehen blasse, dürftige Handwerker in den Türen ihrer baufälligen Wohnung. Finsterer, rauchgeschwärzter werden die Häuser; ha! hörst du es rollen? doch wähne nicht, es sei das Geräusch vorüberfahrender Karossen, – nein, das Klappern der Räder, das Sausen und Brausen rastlos tätiger Maschinen ist diesmal die Ursach des Lärmens und ruft uns zu: Ihr seid am Ziel! –

Laß dich's die späte Stunde nicht etwa fürchten: du folgtest vergebens die dunklen Stiegen mir nach; – ach, oft wenn im Arme des Schlafes wir traulich uns wiegen und liebliche Traumgestalten an unser Lager treten, schaltet und waltet hier emsiglich für Weib und Kind ein Ehrenmann – Nicht für ungut! – besser vielleicht als du und ich. Pfingsten ist morgen – das Fest der Freude; wohl möcht er es feiern, aber die Mittel daheim hat der traurige Winter erschöpft. Drum hält es ihn heut noch länger als sonst bei der Arbeit; emsiglich wirkt und schafft er, vielleicht ist es möglich, daß dennoch der Lohn eine Feier des Festes erlaubt, still und einfach, aber auch tief ergreifend wie immer, am Busen, im Schoß der Natur, deren liebendes Kind er ist.

Sieh! dort sitzt er am Webstuhl; aber freilich du erkennst

ihn kaum; die qualmende Lampe gibt dem Arbeiter selbst nur eine spärliche Beleuchtung und hüllt ihn uns, nebst anderen Dünsten, die der Wangen Rot dort bleichen, in eine Wolke, selbst meinem Auge undurchdringlich fast. Laß uns näher treten! Du rümpfst die Nase; freilich es ist kein Blütenduft, der in diesen Bäumen weht; aber schau den bleichen Weber an, dem die Seele gleich dir im Frühling aufgeht, wenn er «am wilden Rosenstrauch sinnen und träumen» und «Nachtviolen und Geisblattdüfte einatmen darf», ach, er muß wochenlang ertragen, was auf Minuten schon dein ästhetisches Näschen verletzt. Ja, Freund, der Mann ist ein Dichter, ein begeisterter Sänger der Natur, dessen Herz Raum hat für alles Große und Schöne auf Erden, dem das Unglück des Armen tief in die Seele schneidet, der für Erhebung des Volks durch Wort und Tat nach besten Kräften wirkt. – Wahrlich, er ist nicht schön! Das dicke, struppige Haar sticht wunderbar zu dem dünne gewordenen Stoff des fadenscheinigen Rockes ab; seine Hand ist weder weich noch weiß, und doch – streckte er sie dir zum Gruß entgegen, du dürftest sie drücken und vor ihren Schwielen nicht erschrecken. Glaub mir's, es ist etwas Schönes um den warmen Handdruck eines ehrlichen Mannes, *der* ist auch heute noch ein Wunder unter viel Tausenden, und noch manch Jahrhundert mag in die Lande gehen, eh Hamlets Wahrheit zur Lüge wird.

Gern spräch ich ihn an; doch du zupfst mich am Rocke, dir behagt dieser Duft, die traurige Gesellschaft nicht; du, der Sichere, der Gewandte, wird ängstlich in deinen Bewegungen, die Lampen hier an Wand und Pfeiler könnten freilich der sauberen Kleidung leicht gefährlich werden, und sind doch manchem schwarze Seelenflecken um vieles lieber als ein Fleck am Rock. Sieh, auch ihm, dem Armen, behagt's gar wenig hier; sieh, wie er traurig den Blick auf das halboffene Fenster richtet; der Mond entbietet ihm seinen Gruß und lockt ihn hinaus in Gottes freie Natur. Er springt auf, er will der süßen Mahnung gehorchen, da denkt er der Seinen daheim und beginnt kopfschüttelnd aufs neue die wenig erfreuliche Arbeit. Morgen ist das Fest der Freude, mag er denken, sei's das mindestens für Weib und Kind, vielleicht daß *ihre* Freude auch zur meinigen wird.

Komm, wir wollen uns von hinnen schleichen; lassen wir ihn allein, der Schmerz ist kein Freund der Neugier.... Du scheinst bewegt? Wie, hätt ich dir Unrecht getan? Ging auch dir des armen Dichters Elend tief zu Herzen? O überlaß dich dieser Stimmung nicht; denn, im Vertrauen gesagt: Ich habe dich ein wenig mystifiziert; der Kerl ist im Grunde genommen nichts als ein Lump. Und fragst du mich: Warum?, so darf ich antworten: Überflüssige Frage – er hat kein Geld! – Das war dir lange kein Geheimnis mehr; aber deshalb «ein Lump»? Das ist für dich ein Stein des Anstoßes, und du setzt mich wohl gar in Verlegenheit und forderst Beweise.

Da muß ich dich denn zu jenen Christen schicken, die Armut und Erbärmlichkeit, Jammer und Jämmerlichkeit durchaus nicht unterscheiden können; führen *sie* dir den Beweis, so bitt ich dich dringend: teil ihn mit mir; ich bin begierig, ihn kennenzulernen.

Bleibt man ihn dir aber schuldig, so verfluche mit mir solche Willkür, und kämpf und streb auch du, jenen Armen in der Gesellschaft Genuß am Leben zu erringen: Güter, die sie mit Fug und Recht fordern dürfen, wenn Gott der Vater *aller* Menschen ist und als gemeinschaftliches Gut die Erde *allen* anvertraut.

Doch lassen wir dies Grab der Lebendigen, diesen Kerker, der Not und Elend statt der Ketten nimmt und seine Opfer mehr zu Sklaven macht, als Fron und Zwingburg jemals es vermocht....

Wenn es sich um die politische Bedeutsamkeit eines armen Webers handelt, der durch das Machtwort seiner Vorgesetzten zu jeder Zeit dem höchsten Elend überantwortet werden kann, versteht es sich fast von selbst, daß ich mehr seinen mittelbaren als einen augenblicklichen Einfluß, mehr die Zukunft als die Gegenwart im Auge habe. Freilich steht es oft in der Macht des Geringsten, durch eine rasche Tat scheinbar ins Rad des Schicksals einzugreifen, seinem Lauf eine andere

Richtung zu geben, und selbst der arme Weber würd imstande sein, auf das Geschick seines Vaterlandes einen plötzlichen Einfluß auszuüben, wenn er nicht durchaus geeignet wäre, die Dunkelheit seines Namens einer herostratischen Unsterblichkeit vorzuziehen. Sir Robert und der Ersatzmann des unglücklichen Drummond würden in seinem Schoß so sicher ruhen wie der alte Eberhard je im Schoße seiner Schwaben.

Ich selbst hab ihn nur aus seinen Liedern kennengelernt, weshalb es mir nur zukommen kann, an ihnen die politische Bedeutsamkeit des Verfassers [zu zeigen], eine Wichtigkeit, deren er sich kaum bewußt sein würde, selbst wenn die Bescheidenheit kein Hauptzug seines Charakters wäre. – Er hat keine neuen Systeme geschaffen, hat nie durch die Strahlen seines Geistes geblendet, keine neue Dichterschule begründet, keine politische Partei ins Dasein gerufen, und dennoch nenn ich sein Erscheinen wichtig, weil es ein mit Not und Hunger und Elend kämpfender Weber ist, der sich freilich weder zu einem Byron noch zu einem R. Burns – aber doch zu einem Mann von Bildung und Geschmack emporgeschwungen hat.

Gott sei Dank, die Welt ist eine Welt des Fortschritts, und ob auch noch Jahrhunderte vergehen mögen, bevor der große Schritt geschieht, zu dem die Welt bereits den Fuß erhoben hat – ob spät, ob früh, geschehen wird er doch. Was frommt es, daß so mancher die Augen schließt, um nichts wahrzunehmen, was seine Bequemlichkeit, seine Ruhe beeinträchtigen könnte? Ist denn etwa nichts *geschehen*, weil er in erzwungener Blindheit nichts *bemerkt?* Diese Strauße oder doch ihre Enkel – denn das Geschlecht stirbt noch so bald nicht aus – werden ihren Irrtum einst gewahren, wenn es zu spät, und staunend den Mund vielleicht ebenso lange aufsperren, wie die Augen sie geschlossen hielten. – Keiner meiner Leser wird mehr in Zweifel sein, worum es sich handelt. Es gilt die Emanzipation vieler Millionen, deren Leben voll Entbehrungen und Sorgen aller Art, einer ewigen Nacht zu vergleichen, während sich die Reichen im Sonnenschein des Glücks ergötzen. Das Gesetz erkennt ihnen Menschenrechte, aber nicht jene *Berechtigungen* zu, deren Vollgenuß dem Adel, deren Nießbrauch wenigstens dem Bürger wurde, und ihre bescheidenen Ansprüche an Glück und Freude und Wohlleben werden nur zu oft als «freche Forderungen» unberücksichtigt gelassen.

Traurig schon ist der Anblick, der sich hierzulande unserem Auge darbietet; entsetzlich ist er in England, gehoben durch das Riesige des Kontrastes. (Ich verwahre mich hier gegen die Ansicht, als sei ich nur um solcher Mängel willen ein Gegner des englischen Regierungssystems. Diese Schattenseiten berechtigen den Redakteur einer deutschen Zeitung keineswegs, in seinen leading-articles uns unwiderleglich beweisen zu wollen: die Deutschen nur säßen in Abrahams Schoß, während sich's anderenorts kaum der Mühe verlohne, noch länger zu leben.) Was frommt gesetzliche Sicherstellung *persönlicher Freiheit*, was frommt Unantastbarkeit des Individuums! Derlei Gerechtsame, wie hoch sie tausendmal zu preisen, werden zu Floskeln, wenn es im Fall der Not an Nahrungsmitteln fehlt, fehlt – nur um die Säckel einzelner zu füllen. Der Hunger und der Tod stehen über dem Gesetz. Jener packt das Individuum trotz seiner Unantastbarkeit mit allgewaltiger Kraft, und der Tod erdrosselt es, dem Gesetz zum Trotz, und kerkert es ein sechs Fuß unter der Erde, die Freiheit der Person verlachend. – Hier verwettet der reiche Lord eine halbe Million auf die Unübertrefflichkeit seines Renners, auf die Überlegenheit jenes kampfgespornten Hahns, und wenige Schritte von ihm entfernt schmachten Hunderte, die der hundertste Teil einer im Übermut verwetteten Summe allesamt beglücken könnte.

System auf System ward erdacht, das Schneidende solcher Kontraste zu mildern; – weit davon entfernt, eine Ausgleichung zu bezwecken, galt es nur Abstellung der augenscheinlichsten Gebrechen, der höchsten Not. Umsonst! Jeder Versuch scheiterte, hauptsächlich an der Habsucht, am unheilbaren Egoismus der Großen, aber unzweifelhaft auch an der Roheit der niederen Volksklassen und ihrem Mangel an Bildung des Geistes wie der Seele. So gewiß es ist, daß

«Korngesetze» und demnach besteuertes Brot ein himmelschreiendes Unrecht bilden, worunter der Arme – gleichviel ob mehr, ob minder klug und gesittet – leiden wird, solange sein Organismus einen Magen enthält – so gewiß ist's, daß das Treiben der niederen Volksklassen, ihre Zügellosigkeit jeglicher Art nicht imstande ist, jene Achtung zu beanspruchen, die Tugend und Bildung – auch des Ärmsten – stets zu erzwingen vermag. Wild und unvernünftig würde der große Haufe selbst einen sieggekrönten Aufstand nur zum Verderben aller auszubeuten wissen. Zunächst also handelt es sich darum, die Scheidewand niederzureißen oder richtiger auszugleichen, die Kunst und Wissenschaft unleugbar zwischen den Mitgliedern der Gesellschaft zieht. Seit langem schon ist das Streben wahrer Menschenfreunde (Locke, Bentham u. a.) dahin gerichtet gewesen. – Zusammenkünfte und Vorlesungen haben die Männer, Schulen aller Art die Jugend, Schriften und Bücher jene wie diese heranzubilden gesucht, und wie gering auch der Fortschritt, wie wenig auch gewonnen sein mag, die Erscheinung solcher Männer wie Prince, die gleichsam die erste segensreiche Folge (Man wolle mich hier nicht mißverstehen! Jene Vereine werden den Weber freilich nicht zum Dichter gemacht haben, sind aber auf die Richtung, die er als solcher eingeschlagen, zweifelsohne von Einfluß gewesen.) so tausendfacher Mühen sind, läßt uns von der Zukunft mit Recht das Schönste erwarten. Schon ist er nicht der einzige, der das Herannahen eines sonnigen Tages verkündet, nicht der einzige Prediger in der Wüste, der, viel Volk um sich versammelnd, das Erscheinen eines Heilands prophezeit, und ihr gemeinsames Wirken und Streben mag wohl geeignet sein, den Erlöser aus den Banden der Knechtschaft – «die Freiheit» – dort früher erscheinen zu lassen, als es ohne ihr schönes, der Nachahmung wertes Beispiel der Fall gewesen wäre. ...

[1842/43]

Die alten englischen und schottischen Balladen

Die altenglische Ballade

Der *altenglischen Ballade* war es beschieden, auf unsere eigene Literatur einen großen und, wie ich hinzufügen darf, segensreichen Einfluß auszuüben.

Es war in England wie anderswo: neben der Kunstdichtung, die von der Mode, von Zufälligkeiten und beständig wechselnden äußeren Einflüssen abhängig war, lief eine Volksdichtung her, die zum Teil in ihren Stoffen, noch mehr aber in ihren Klängen durch zwei Jahrhunderte hin so ziemlich dieselbe blieb. Bis zur Reformation stand ihr die Kirche (die oft eine rivalisierende Macht in der Volksdichtung sah), dann der Puritanismus, später die französisch höfische Literatur der letzten Stuarts und der Klassizismus unter Königin Anna feindlich oder doch fremd gegenüber, und es bedurfte der Zähigkeit, die jedem echten Volksleben eigen ist, um sich durch alle diese Gegnerschaften nicht beirren zu lassen.

In der Mitte des vorigen Jahrhunderts kam eine Wandlung; als die Not am größten war, war die Hilfe am nächsten, und in demselben Augenblick, wo es schien, daß die Volksdichtung im Munde des Volks ersterben und in den paar fliegenden Blättchen, die noch existierten, höchstens bestäubten Bibliotheksbrettern zugute kommen würde, in demselben Augenblick, sage ich, erschien ein Buch, das nicht nur alle Gefahr des Aussterbens und Verlorengehens beseitigte, sondern der Volksdichtung plötzlich einen Sieg und ein Ansehen eroberte, von dem sie selbst am wenigsten geträumt haben mochte.

Sie, die so lange Aschenbrödel gewesen war, überstrahlte

jetzt alle neidischen Schwestern an Schönheit und Glanz, und Prinz Publikum schloß sie in sein Herz.

Das Buch, das solche Wunder schuf, war die Sammlung altenglischer Gesänge, die Bischof *Percy*, der übrigens mit der berühmten Familie Percy nichts gemein hat, ums Jahr 1765 unter dem Titel «Relics of Ancient English Poetry» (Überbleibsel altenglischer Dichtung) herausgab.

Die Welt mag bessere Bücher in Fülle gesehen haben, aber wenige literarische Erscheinungen sind seit vierhundert Jahren veröffentlicht worden, die einen ähnlich bedeutenden und mit gleicher Bestimmtheit nachweisbaren Einfluß auf die Weltliteratur gehabt hätten. Es war das Samenkorn, aus dem inzwischen der alte Wunderbaum der Romantik neu aufgewachsen ist.

Die Percy-Sammlung wurde das Lieblingsbuch Gottfried August Bürgers, und die innige Vertrautheit mit dem Inhalt dieses Buches schuf in dem Herzen des deutschen Dichters die «Lenore», jene glänzende, nicht genug zu preisende Dichtung, die, um August Wilhelm Schlegels eigene Worte anzuführen, die Zauberformel enthielt, bei deren Erklingen wie auf einen Schlag gleichsam der Vorhang von einer wunderbaren, seit lange vergessenen Welt hinweggezogen wurde. Das romantische Bedürfnis war wieder in den Herzen geweckt; man grub wieder nach den Schätzen, die in der romanischen und germanischen Welt, in Spanien und Frankreich, in England und der Normandie, in Deutschland und Skandinavien seit drei Jahrhunderten verschüttet lagen, und die Literatur aller Länder gewann einen neuen Gehalt.

Man überschlug sich in der Siegesfreude; die romantische Doktrin mit ihren Auswüchsen und Verkehrtheiten wurde geboren, aber das Unkraut, das unter dem Weizen wuchs und gelegentlich die vollen Halme zu überwuchern schien, konnte im großen und ganzen den Segen nicht zunichte machen, der sichtbarlich dastand, und dieser Segen, dieser neugewonnene Inhalt unserer und jeder Literatur, hatte die erste Anregung aus jener Percyschen Sammlung empfangen, aus jenen alten Gesängen, deren ewig frischer Geist wie ein mit Blütenstaub erfüllter Frühlingswind über die kahlen, keimbedürftigen Felder hingezogen war.

Die Percysche Sammlung also bietet das willkommene Material und da, wo sie als *Material* nicht ausreicht, wenigstens einen bequemen Leitfaden und Anknüpfungspunkt für die folgende Ausführung.

Beim Durchblättern des Buchs finden wir zunächst, daß sich sein Inhalt – wenn auch aus beiden Elementen beständig gemischt – in eine englische und eine schottische Hälfte teilt. Beide Schwesterkönigreiche haben ungefähr zu gleichen Teilen beigesteuert. Bei aller Verwandtschaft unterscheiden sich nun die schottischen Beiträge doch wiederum wesentlich von den englischen (z. B. schon dadurch, daß die besten schottischen Balladen immer eine Hinneigung zu lyrischem Ton und lyrischer Kürze haben, während die englischen Balladen in aller Breite verlaufen), und so mag es gerechtfertigt sein, wenn ich, größerer Klarheit und Übersichtlichkeit halber, den nationalen Unterschied, den die Percy-Sammlung ignoriert, schärfer ins Auge fasse und zunächst über die spezifisch *englischen* Balladen und dann ausschließlich über *schottische* Volkspoesie spreche.

Welcher Art sind nun die spezifisch englischen Balladen, die die Percy-Sammlung enthält, und in wie viele Unterabteilungen teilt sich die *englische* Hälfte des Buchs? Wir unterscheiden mit aller Bestimmtheit vier Gruppen, und zwar *komische*, *erotische*, *romantische* und *historische* Balladen. Die Charakterisierung dieser vier Zyklen behalte ich mir bis zur Besprechung jeder einzelnen Gruppe vor.

Zuerst also ein Wort über die *komischen* Balladen. Bischof Percy gibt nur sechs oder sieben; ihre Gesamtzahl aber, wie sie sich in verschiedenen andern Sammlungen findet, zählt noch immer nach Hunderten, wiewohl man annehmen darf, daß der größere Teil verlorengegangen ist. Die meisten dieser komischen Balladen, mit Ausnahme jener Hauptgruppe, zu der wir gleich übergehen werden, schildern die Begegnung zwischen irgendeinem vornehmen Herrn und einem Mann aus dem Volk. «Der Herzog und der Kesselflicker», «Der König und der Müller von Mansfeld», «Der König und der Gerber von Tamworth», so lauten gemeinhin die Titel. Die hübscheste dieser Begegnungs-Balladen, wie ich sie nennen möchte, ist die von «König Johann und dem Abt von Canterbury». Sie ist einem jeden unter uns bekannt; denn es ist das sehr alte englische Original, nach dem Bürger seine berühmte Ballade vom «Abt und dem Kaiser» gedichtet hat; in Wahrheit ist die letztere nur eine freie Übersetzung. Das alte englische Original beginnt folgendermaßen:

Nun heb einen lustigen Schwank ich an,
Ein Märchen von unserm König Johann.
Mutwillig hat er im Lande regiert,
Ob's recht war oder nicht, hat ihn wenig geschiert.

Und erzählen auch will ich zur Stelle hie
Von dem hochweisen Bischof zu Canterbury.
Die Küche voll Wildbret, der Keller voll Wein
Und Früchte von London – so mußt es sein.

Und hundert Diener tagein, tagaus,
Die warteten seiner in Hof und Haus;
Sie trugen Kleider von Sammet schwer
Und goldne Ketten darüber her.

Das hörte der König: «He, Bischof, sprich,
Du hältst ja glänzender Haus als ich!
Ich wett, du betrügst mich um Steuer und Zins
Und beraubst meinen Säckel seines Gewinns.»

«Herr», seufzte der Bischof, «vor Gott ich bekenn,
Ich hab nur vertafelt, was mein ich nenn,
Und Ihr könnt und werdet mir krümmen kein Haar,
Weil ich Wein getrunken, der meine war.»

Man erkennt leicht die Ähnlichkeit zwischen diesem und dem Bürgerschen Gedichte. Der König stellt nun die bekannten drei Fragen, und das Gedicht verläuft dann so ziemlich in der uns allen bekannten Weise.

Der Hauptzyklus der komischen Volkslieder in England besteht aber aus den Balladen von Robin Hood. Robin Hood ist ebenfalls ein alter Bekannter von uns; wir kennen ihn alle aus der reizenden Schilderung, die Walter Scott in seinem «Ivanhoe» von ihm entworfen hat. Demnach mögen, bevor ich die Robin-Hood-Balladen selbst zu charakterisieren suche, ein paar historische Bemerkungen über den Helden selbst hier Platz finden.

Dr. Ritson, der in zwei Bänden mit enormem Aufwand von kritischer Forschung sämtliche Robin-Hood-Balladen herausgegeben hat, sagt von dem Helden selbst: «Wir müssen seine Geschichte nehmen, wie wir sie finden, ohne vieles Mäkeln und geflissentliches Hervorsuchen von Widersprüchen. Er wurde, aller Wahrscheinlichkeit nach, 1160 zu Locksley in Nottinghamshire geboren. Auf seinem Grabstein (richtiger auf einem Steine, der als sein Grabstein *gilt*) wird er Graf von Huntingdon genannt, unter Hinzufügung, daß sein populärer Name Robin Hood gewesen sei. Es scheint in der Tat, daß er in naher Verwandtschaft zu dem alten gräflichen Hause gestanden habe; einige sagen, er sei ein jüngerer Sohn gewesen. Seine Jugend verbrachte er wild, und als das Vermögen hin war, ging er in die Wälder. Barnsdale in Yorkshire und der Sherwood-Wald in Nottinghamshire waren seine Lieblingsplätze. Die Zahl seiner Genossen wechselte, in seiner Glanzzeit mochten es Hunderte sein; der Kern seiner kleinen Armee aber bestand aus sechs Personen, deren Namen in den alten Balladen vielfach wiederkehren. Es waren dies Little John, William Scadlock, George Green, der Büttel von Wakefield, Much, der Müllerssohn, Tuck, der Mönch, und Jungfer Marion, die einzige Dame der Gesellschaft. Alle diese hatten ihm feindlich gegenübergestanden und waren dann, bestochen durch das Frische und Jägerhafte seiner Erscheinung und seiner Worte, aus Feinden seine Freunde geworden. Er war sicherlich kein Rebell oder ein Hochverräter in unserm Sinne und aller Wahrscheinlichkeit nach nichts weiter als ein Wilddieb aus Passion. Er trieb sich, als ein Geächteter, in den Forsten des Königs umher und lebte von dem, was der Wald bot und was er gelegentlich einem reichen Reisenden aus der Tasche nahm. Er glich auf ein Haar den Rinaldos einer späteren Epoche; armen Leuten nahm er nichts, im Gegenteil gab er ihnen von dem, was er hatte; daher seine große Popularität.»

Dr. Ritson, beiläufig bemerkt ein politischer Radikaler, geht weiter und rühmt ihm nach, daß er in einer Zeit der Tyrannei einen Geist der Freiheit und Unabhängigkeit bekundet habe und *dadurch* der Held des Volkes geworden sei; «denn», fügt er hinzu, «alle Opposition gegen Tyrannei wird Sache des Volks». Nach dem Inhalt der Balladen zu schließen, waren der Abt von St. Marien in York und der Sheriff von Nottinghamshire seine vorzüglichsten Feinde. Die Belohnungen, die auf seinen Kopf gesetzt wurden, hatten nie ein Resultat. Er starb an einem Aderlaß, den er bei einer verräterischen Nonne hatte vornehmen lassen; sie weigerte sich, ihn zu verbinden, und so verblutete er sich, nachdem er zuvor, wie der sterbende Roland im Tale von Roncesvall, mit einem Horn um Hilfe gerufen hatte.

Die Zahl der Robin-Hood-Balladen, wie schon angeführt, ist außerordentlich groß; man könnte sagen, so viele Stände und Gewerbe es gibt, so viele Robin-Hood-Balladen gibt es auch: Robin Hood und der Sheriff, R. Hood und der Bischof, der Mönch, der Abt, der Franziskaner etc.; daran schließen sich dann in endloser Reihe seine Begegnungen mit Schäfer, Büttel, Fleischer, Müller, Töpfer, Gerber, Waldhüter, Kesselflicker und allen möglichen andern. *Einzelne* dieser Sachen lesen ist eine Freude und Herzstärkung, sie alle lesen ist eine Qual. Der ganze Zyklus ist auf sechs oder höchsten zwölf Normalballaden zurückzuführen, die dann je nach Bedürfnis, d. h. dieser oder jener Zuhörerschaft zuliebe, zahllos variiert worden sind. Im Grunde ist es immer wieder dasselbe, eine Mischung von Jägerlust, Unternehmungsgeist, Derbheit und Eulenspiegelei.

Scheidet man die zahllosen Varianten aus und begnügt man

sich mit der Lektüre der guten alten Originale, die unschwer zu erkennen sind, so wird man die Popularität dieser alten Gesänge begreifen. Es gibt kaum etwas Zweites, aus dem einem das merry old England, das England, wie es vor Puritanismus und Dissentertum war, so echt, so lachend, so waldduftig, so unwiderstehlich heiter, so unangekränkelt von der leidigen Respektabilitätssucht, entgegenträte. Alles ist frisch, naiv, ungekünstelt und erzeugt jene behagliche Stimmung, die doch am Ende höher steht als all jener moderne Komfort, der die Behaglichkeit in den Körper statt in die Seele legt. In manchen alten Londoner Tavernen, wo man noch auf Bänken sitzt und mit Sägemehl bestreute Stuben statt der Teppiche hat, hat man noch eine Ahnung von diesem Unterschied.

Um aber anschaulich zu machen, welcher Art der Geist ist, der in den besten dieser alten Balladen lebt, lasse ich hier aus einer derselben ein paar Dutzend kurzer Strophen folgen. Robin Hood ist im elterlichen Hause großgezogen, hat jagen und schießen gelernt und reitet nun, als ein Bursch von sechzehn oder achtzehn Jahren, mit seiner Mutter nach Gamwell Hall, um seinen Oheim, den alten Gamwell, zu besuchen. Die Strophen selbst lauten wie folgt:

Liebe Herrn, horcht auf und habt mal Geduld,
Und lauf mir keiner davon: –
Ich will euch erzählen von Robin Hood
Und vielleicht auch von Little John.

Robins Mutter, die war John Gamwells Kind,
Der 'nen Wolf mit der Hand erwürgt;
(Zu Coventry der Ochsenwirt
Hat mir's hundertmal verbürgt.)

Und ihr Bruder hieß Gamwell von Gamwell Hall,
Und sein altes Herz war frisch;
Das weißeste Brot in Nottinghamshire,
Das kam auf seinen Tisch.

Und sieh, Jung Robin wuchs heran,
Zählte siebzehn Jahre bald;
Er hatte Vater und Mutter lieb,
Doch noch lieber den Sherwood-Wald.

Robins Mutter zu Robins Vater sprach:
«Mein Liebster, der du bist,
Gern ritt' ich heute gen Gamwell Hall
Und feierte heiligen Christ.

Ich hab eine Lust, in Keller und Küch
So recht zur Hand zu gehn;
Auch hab ich den lieben Bruder mein
Seit Pfingsten nicht gesehn.»

Vater Robin drauf: «Lieb Hanna, gewiß!
Meinen Braunen geb ich gern;
Nur nimm mir unsern Robin mit
Und zeig ihn dem alten Herrn.

Und grüß den Alten und küsse dazu
Die Kinder groß und klein,
Und wenn ihr alle recht lustig seid,
Lieb Hanna, so denke mein.»

Er sprach's. Alsbald der Braune kam,
Gestriegelt und aufgestutzt;
Nur Robins Mutter und Robin selbst,
Die waren noch mehr geputzt.

Jung Robin trug eine blaue Kapp
Und ein Schwert an seiner Seit,
Und die Mutter gar, die bauschte daher
Im Vierzigfaltenkleid.

Es war ein selbstgesponnenes Stück,
Und sie wußte sich was darin,

Und sie sah beinah so stattlich aus
Wie zu London die Königin.

Jung Robin schwang in den Sattel sich,
Seine Mutter kletterte nach;
Sie sah den Braunen ängstlich an,
Vater Robin aber sprach:

«Lieb Hanna, laß, ich kenne sein Kreuz,
Zwei Reiter ist ihm Spiel,
Er trug schon sieben Scheffel Korn,
Und die wiegen doppelt soviel.»

Er sprach's. Jung Robin ritt im Schritt
Bis dicht an das Stadttor hin.
Das Händeschütteln nahm kein End
Von Nachbar und Nachbarin.

Nun aber ging's auf den Braunen los
Zugleich mit Peitsch und Sporn,
Und Robin rief: «He, lauf einmal
Und verdiene dein Weihnachtskorn!»

Sie kamen an. Das ganze Haus
Geriet wie außer sich;
Der Alte rief in einem fort:
«Lieb Schwester, wie freu ich mich!»

Am andern Morgen ging's in die Meß,
Dann aber ging's wieder nach Haus;
Sechs Tische standen da wohlgedeckt,
Drauf dampfte der Weihnachtsschmaus.

Jede Tafel trug eine braune Gans,
Mit Pflaumen und Äpfeln gefüllt,
Daneben Wildbret und Schinken zumal,
In Eierteig gehüllt.

Sechs Lichter brannten; der Pfarrer vom Dorf
Sprach den Segen kurz und fromm; –
Dann aber rief Squire Gamwell selbst:
«Lieben Gäste, Gott willkomm!

Willkommen mir all in Gamwell Hall,
Und nun seht, was die Küche briet;
Wer aber mein Märzbier trinken will,
Der singe zuvor ein Lied.»

Da sangen sie all (denn das Bier war gut)
Aus voller Kehle und Brust;
Squire Gamwell schlug den Takt dazu
Und weinte beinah vor Lust.

Er rief: «Hört nur, wie draußen der Wind
Den Regen ans Fenster schlägt!
Das ist die Zeit, wo das Menschengemüt
Einen Humpen mehr verträgt.

Lieb Hanna, hol uns den Stachelbeerwein;
Er zählt schon manchen Tag,
Und wirf mehr Holz noch in den Kamin,
Daß es lustiger knistern mag.»

Und sie brachte das Holz, und sie brachte den Wein,
Und sie tranken wacker davon;
Und der Alte rief: «Nun kommt das Best,
Nun hol ich den Little John.

Little John, das ist der flinkeste Bursch
Zehn Meilen in der Rund,
Kopfstehn, Radschlagen und Gliederverdrehn
Versteht er aus dem Grund.»

Diese Verse, die in derselben leichten Weise noch zwanzig bis dreißig Strophen weiter klingen, mögen für sich selber sprechen. Ihre *Frische* muß wirken; mißglückt das, so ist ihr Reiz hinterher niemandem mehr zu beweisen.

Ich gehe nun zu den *erotischen* oder den *Liebes*balladen über. Die Percy-Sammlung enthält davon ein Dutzend oder mehr, worunter wir wieder lieben alten Bekannten begegnen. Die Ballade, die im Englischen den Namen «Child Waters» führt, hat Bürger unter dem Titel «Graf Walter» übersetzt, und zwei andere, «The Child of Elle» und «The friar of Orders Gray», haben ihm den Stoff zu zweien seiner allerpopulärsten Balladen, zum «Bruder Graurock und die Pilgerin» und zur «Entführung oder Ritter Karl von Eichenhorst und Fräulein Gertrude von Hochburg» gegeben. Auch zwei andere altenglische Liebesballaden gehören noch hierher. «Das nußbraune Mädchen» und «Die Bettlerstochter von Bednal Green». Beide sind populär bis auf diesen Tag und werden in den Straßen und Tavernen Londons gesungen. Ob dies auch der Fall sein würde, wenn Bischof Percy seine Sammlung nie herausgegeben hätte, mag dahingestellt bleiben. Alle diese altenglischen Liebesballaden sind sehr lang und deshalb ungeeignet, zitiert zu werden; nur eine kurze Probe will ich aus *einer* derselben geben, um die Innigkeit des Tons, die Unschuld der Sprache fühlbar zu machen. Zu dieser Innigkeit des Tons, zu diesem im besten Sinne Rührenden pflegt sich in vielen Fällen noch eine Feinheit des Ausdrucks, ein *ästhetisches Maßhalten* zu gesellen, das mit Rücksicht auf die Zeit, in der diese Dichtungen geboren wurden, den Leser in Erstaunen setzen muß.

Bürger – seine Manen mögen mir das verzeihen – hatte nur ausnahmsweise ein Gefühl für diese Vorzüge und glaubte durch jene Kraftsprache, worin er nur allzusehr Meister war, nachhelfen zu müssen. Es sei mir gestattet, als Beleg für diesen Ausspruch eine Parallele zu ziehen zwischen den ersten Strophen der alten Ballade «The Child of Elle» und *dem*, was Bürger in seinem «Karl von Eichenhorst» daraus gemacht hat. Bürger beginnt:

«Knapp', sattle mir mein Dänenroß,
Daß ich mir Ruh erreite.
Es wird mir hier zu eng im Schloß;
Ich will und muß ins Weite!»
So rief der Ritter Karl in Hast,
Voll Angst und Ahnung, sonder Rast.
Es schien ihn fast zu plagen,
Als hab er wen erschlagen.

Er sprengte, daß es Funken stob,
Hinunter von dem Hofe,
Und als er kaum den Blick erhob,
Sieh da! Gertrudens Zofe!
Zusammen schrak der Rittersmann,
Es packt ihn wie mit Krallen an
Und schüttelt ihn wie Fieber
Hinüber und herüber.

«Gott grüß Euch, edler junger Herr,
Gott geb Euch Heil und Frieden!
Mein armes Fräulein hat mich her
Zum letztenmal beschieden,
Verloren ist Euch Trudchens Hand;
Dem Junker Plump von Pommerland
Hat sie, vor aller Ohren,
Ihr Vater zugeschworen.

Der Vater schwur bei Schwert und Spieß:
‹Wo Karl dir noch gelüstet,
So sollst du tief ins Burgverlies,
Wo Molch und Unke nistet.
Nicht rasten will ich Tag und Nacht,
Bis daß ich nieder ihn gemacht,
Das Herz ihm ausgerissen
Und das dir nachgeschmissen.›

Jetzt in der Kammer zagt die Braut
Und zuckt vor Herzenswehen

Und ächzet tief und weinet laut
Und wünschet zu vergehen.
Ach, Gott der Herr muß ihrer Pein,
Bald muß und wird er gnädig sein.
Hört Ihr zur Trauer läuten,
So wißt Ihr's auszudeuten.»

Das sind die ersten fünf Strophen der Bürgerschen Bearbeitung. Ohne den unsterblichen Verdiensten unseres großen Balladendichters zu nahe zu treten, darf man doch dies alles (unter Anerkennung einzelner Schönheiten) eine völlige Renommiersprache nennen, und wie einfach innig klingen im Vergleich damit die Worte des Originals!

Jung Willy streifte durch Wald und Feld,
Es war noch früh am Tag,
Da sah er Schön Ellens Pagen
Herkommen über den Hag.

Jung Willy ging entgegen ihm
Und reicht ihm seine Hand;
Es war auf einem Hügel,
Wo blühender Ginster stand.

«Nun grüß dich Gott, lieber Page mein,
Und sei willkommen allhier!
Was macht meine liebe Lady,
Und welch Zeichen sendet sie mir?» –

«Deine Lady sitzet im Kämmerlein
Und weinet tagein, tagaus,
Sie weinet ob der Feindschaft
Zwischen ihrem und deinem Haus.

Und sie schickt dir dieses seidene Tuch
Und viel Grüße nebenher
Und bittet dich ihrer zu denken,
Die dich geliebt so sehr.

Und sie schickt dir diesen goldenen Ring,
Daß du nimmer ihrer vergißt,
Wenn auch ihr Herz gebrochen bald
Und unterm Rasen ist.

Denn ach, Jung Willy, es bricht ihr Herz,
Seit ihr Vater im Zorne schwur:
Sie müsse deiner vergessen
Und Sir Johns gedenken nur.

Den plumpen Sir John aus dem Norderland,
Jung Willy, den muß sie frein,
Und zwischen heut und dem dritten Tag
Soll fröhliche Hochzeit sein.»

Diese wenigen Strophen, die überhaupt als eine Probe für den einfachen und innigen Klang dieser Liebesballaden dienen mögen, werden zur Genüge zeigen, wie sehr die Bürgersche Hyperkraft darauf aus war, von der schönen Simplizität des Originals abzuweichen.

Wir wenden uns nun der dritten Abteilung, den sogenannten *romantischen* Balladen zu. Da alle diese altenglischen Balladen mehr oder minder in der Romantik des Mittelalters wurzeln, so sollte man glauben, unter den romantischen Balladen einer Art Quintessenz, dem Allerechtesten und Allerschönsten zu begegnen; das ist aber keineswegs der Fall. Als, vielleicht mit Ausnahme der Robin-Hood-Balladen, *das* entstand, was man gemeinhin unter «altenglischer Ballade» zu verstehen pflegt, Dichtungen also, wie z. B. die Chevy-Jagd, die allerfrühestens um 1490 geschrieben sein kann, war es mit dem Zeitalter echter Romantik, deren eigentliches Leben mit den Kreuzzügen beginnt und abschließt, längst vorbei, und wer sich an *ihren* Klängen erfreuen will, der muß weiter zurückgehen, als die «altenglische Ballade» rückwärts reicht, und muß nachforschen, was ihm die guten alten Ritterbücher des zwölften und dreizehnten Jahrhunderts in Prosa und in Versen bieten. Soweit der Inhalt dieser Bücher Mut und ritterliche Gesinnung war, hielt sich, wie wir bei der vierten und letzten Abteilung alsbald sehen werden, der ehrliche, unaffektierte Sinn dafür bis spät ins sechzehnte Jahrhundert hinein; alles andere aber, besonders der speziell so genannte romantische Apparat, das Drachentöten, das Übernatürliche, das Wunder- und Zauberwesen, alles, was die Devise trug: «Du sollst und mußt gruslig werden», verbrauchte sich schneller, blieb zwar Mode und wurde nachgemacht, hatte aber sein eigentliches Leben eingebüßt, weil der Glaube daran dahin war.

Die *romantischen* Balladen der Percy-Sammlung gehören, ihrer Entstehung nach, einer Zeit an, wo der romantische *Geist* längst tot war und nur noch nach der alten Schablone weitergedichtet wurde. «Die Geburt Sankt Georgs», «St. Georg und der Drache», «Die Hochzeit Ritter Gawains», «König Arthurs Tod», «Sir Guy von Warwick» und viele andere, ähnlich klingende Balladen gehören hieher, aber sie haben alle nur ein literarhistorisches Interesse. Sie sind meist leblos und langweilig, weil ihnen gerade das fehlt, was die Balladen der andern Gruppe so anziehend macht: Naivität, Glauben, Natur. Die Romantik der Ritterbücher war damals überall in Westeuropa bereits der Satire verfallen, und eine alte Ballade, die ebenfalls die Percy-Sammlung bringt, und zwar unter dem Titel «Der Drache von Wantley», ist, wenigstens ihrer satirischen Intention nach, ein englisches Seitenstück zum Don Quixote des spanischen Meisters.

Die letzte Gruppe, die *historische*, besteht aus den altenglischen Balladen par excellence, und wiewohl nur wenige Nummern umfassend, so ist sie doch die bei weitem gefeiertste und berühmteste geworden. Hieher gehört die Ballade von der Chevy-Jagd, von der der alte Sir Philipp Sidney zu sagen pflegte, daß sie sein Herz immer mächtig wie Drommetenklang berührt habe, und hierher gehören auch jene beiden späteren Balladen, die sich unter dem Namen «Der Aufstand in Northumberland» und «Der Verrat des Douglas» in der Percy-Sammlung ebenfalls vorfinden.

Die Chevy-Jagd ist oft übersetzt worden; ich ziehe es

daher vor, die Leser mit jenen andern beiden Balladen bekannt zu machen, die, neben einer Fülle von Schönheiten, noch die Eigentümlichkeit besitzen, daß sie, mit alleiniger Ausnahme des Komischen, so ziemlich alle die Klänge zusammenfassen, die in der altenglischen Ballade überhaupt heimisch sind. *Echt* romantische Episoden gesellen sich zu den Worten einfachster, aber innigster Empfindung. Liebe und Kampfesmut, Vasallengefühl und Aberglaube, Treue und Verrat, alles klingt hier noch einmal wunderbar zusammen, um dann auf lange hin verklungen und tot zu sein.

Zu besserem Verständnis schick ich in kurzen Worten eine Schilderung der damaligen politischen Lage und eine kurze Aufführung jener Tatsachen voraus, die den sachlichen Inhalt, das historische Fundament beider Balladen bilden.

Maria Stuart war gefangen. Ein Plan wurde ausgedacht, demzufolge sie den englischen Herzog von Norfolk heiraten und dadurch ihre Freiheit wiedererlangen sollte. Königin Elisabeth selbst sollte mit diesem Plan bekannt gemacht werden; man hielt sich ihrer Zustimmung für sicher. Durch ein Ohngefähr indes erhielt sie eher Kunde von diesem Vorhaben, als die Planmacher selbst gehofft hatten, und die Heimlichkeit, mit der man bis dahin vorgegangen war, ließ den Plan selbst wenig besser als wie ein Komplott erscheinen. An der Spitze derer, die den Heiratsplan ausgedacht hatten, standen die Grafen Percy von Northumberland und Nevil von Westmoreland, und beide wurden an den Hof berufen, um sich zu rechtfertigen. Statt indessen zu erscheinen, sammelten sie Truppen und eröffneten die Feindseligkeiten. Die erste Ballade beginnt mit einem Zwiegespräch zwischen Graf Percy und seiner Gemahlin, worin diese ihn beschwört, der Einladung der Königin Folge zu geben. Diese dialogischen Strophen lauten wie folgt:

Graf Percy ging in den Garten sein,
Sein junges Gemahl geleitet ihn;
Er spricht: «Mir singt ein Vogel ins Ohr:
Du mußt fechten, Percy, oder fliehn.»

Lady Percy spricht: «Verhüte das Gott!
O sei nicht so stolz, o sei nicht so scheu!
Nach London geh an der Königin Hof
Und beug ihr dein Knie und leist ihr die Treu.» –

«Zu spät, zu spät, liebe Lady mein!
Es ist nicht mehr, wie sonst es war;
Meine Feinde gelten bei Hofe jetzt,
Ich kann nicht gehn, mir droht Gefahr.» –

«Und doch und doch! – sonst reut es dich noch!
Leg ab deine Scheu, leg ab deinen Trutz!
Nimm all deine besten Mannen mit,
So hast du Schirm und so hast du Schutz.» –

«Zu spät, zu spät, liebe Lady mein!
Der Hof ist klug, ist fein verstrickt,
Und wenn ich morgen zu Hofe ging,
So hätt ich dich heut zuletzt erblickt.» –

«Und doch und doch! – sonst reut es dich noch!
Laß satteln! ich will ja mit dir gehn
Und will bei Hofe, so Tag wie Nacht,
Meinem lieben Herren zur Seite stehn.» –

«Halt ein, halt ein, liebe Lady mein!
Es ist zu spät, ich bin nicht blind;
Der Vogel hat recht, und mein Herz hat recht,
Und fechten muß ich für Weib und Kind.»

Graf Percy ist also zum Kampf entschlossen. Es folgt nun der Zug der Lehnsleute, darunter Squire Norton mit seinen sieben Söhnen; schließlich vereinigen sich Graf Percy und Graf Nevil und dringen siegreich vor. Endlich rückt ihnen der Graf von Warwick mit königlichen Truppen entgegen und schlägt sie völlig. Beide Grafen fliehen, und die Ballade schließt mit folgenden drei Strophen:

Graf Percy floh gen Schottland hin,
Graf Nevil floh weit über die See;
Die Nortons aber wollten nicht fliehn,
Sprach jeder: «Ich falle, wo ich steh!»

Sie fielen nicht, nicht Vater, nicht Sohn,
Und litten doch alle blutigen Tod;
Vergebens war seine Locke so weiß,
Vergebens war ihre Wange so rot.

Sie fielen nicht auf ehrlichem Feld,
Sie fielen, wo der Dreibaum stand;
Der Würger ging von Tür zu Tür,
Und ein Schrei ging über Northumberland.

Die zweite Ballade, die ich, etwas abweichend vom Original, *Percys Tod* (statt «Der Verrat des Douglas») genannt habe, gebe ich hier in voller Ausdehnung. Der Inhalt ist kurz der, daß Percy auf seiner Flucht nach Schottland kommt, dort Schutz beim Grafen Douglas sucht und endlich von diesem Douglas verraten wird.

Percys Tod

«Mein Dach ist der Himmel seit manchem Tag,
Mein Lager zur Nacht des Waldes Streu:
Zu William Douglas will ich gehn,
Sein Schloß ist fest, sein Herz ist treu.

Als einst er floh, wie jetzt ich flieh,
Da fand er Schutz am Herde mein;
Die Douglas waren immer treu,
Auch William Douglas muß es sein.»

Graf Percy spricht's. Sein müdes Roß,
Er treibt es an mit Sporn und Schlag;

Er reitet gen Loughleven Schloß
Und hält davor am dritten Tag.

Die Brücke rasselt niederwärts,
Graf Percy tritt zur Hall hinein;
Graf Douglas pricht: «Willkomm, willkomm!»
Und reicht ihm Hand und reicht ihm Wein.

Es geht der Tag, die Monde gehn,
Am Fenster rüttelt Herbsteswind;
Des Percy Herz wird bang und schwer,
Er denkt an Weib und denkt an Kind.

Graf Douglas sitzt zu seiten ihm
Und ruft ihm zu: «Was trübt dich so?
Wir fahren morgen über See:
Lord Murray jagt bei Linlithgow.

Und bist du krank, so heil dein Herz
Durch grünen Wald und raschen Ritt;
Zudem, ich gab dem Lord mein Wort,
Du wärst dabei, du jagtest mit.»

Der Douglas spricht's. Graf Percy drauf:
«Du gabst dein Wort, ich bin bereit,
Und rittst du bis zum Heil'gen Grab,
Ich ritte mit, an deiner Seit.»

Er spricht's und reicht ihm rasch die Hand;
Rot wird des Douglas bleich Gesicht,
Er senkt sein Aug und geht hinaus;
Maria Douglas aber spricht:

«Hab acht! mein Bruder spinnt Verrat;
Unstet seit lang sein Auge rollt;
Das macht, er hat verkauft die Treu,
Verkauft um englisch Sündengold.

Er führt dich statt nach Linlithgow
Nach Süden, wo Schloß Berwick ragt;
Nach *England* geht's, wohl gibt es Jagd,
Du bist es *selbst*, auf den man jagt.

Bleib hier und sprich, du seiest krank,
So helf, mit Gott, ich dir hindurch
Und führ dich auf verborgnem Pfad,
Durch Wald und Nacht nach Edinburgh.

Und bring dich zu Lord Hamilton,
Das ist ein echter Schotten-Lord;
Der ließ wohl lieber Land und Leib,
Als daß er ließ von seinem Wort.»

Graf Percy hört's, sein Aug wird feucht,
Er spricht: «Schwer trifft mich Gottes Hand;
So vielen Freunden bracht ich Tod,
Dem letzten bring ich Schimpf und Schand.

Ich hab gedacht, es sei vorbei,
Und hab gedacht, das Maß sei voll;
Weh mir, daß Schlimmres nun als Tod
Auf Freundes Haupt ich laden soll!

Die Treue bring ich in Verdacht,
Sie sei *nicht* treu, sei falsches Spiel;
Ich trage Fluch in jedes Haus, –
Es ist zuviel, es ist zuviel!

Und sprichst du auch: ‹Hab acht! hab acht!›
Ich sprech doch nur: ‹Halt ein, halt ein!
Die Douglas waren immer treu,
Auch William Douglas muß es sein.›»

Graf Percy spricht's; die Lady drauf:
«Und schätzest du mein Wort gering,

Komm mit mir an den Leven-See
Und schau hinein durch diesen Ring.

Den Ring mir meine Mutter gab,
Die konnte Wind und Wald verstehn; –
Und blickst du auf des Sees Grund,
So wirst du deine Zukunft sehn.

Komm mit, komm mit! Und willst du nicht,
Und glaubst du nicht, Gefahr sei nah,
So gib mir deinen Diener mit,
Der mag dir sagen, was er sah.»

James Swinnard mit der Lady ging.
Sie kamen an den Leven-See;
James Swinnard spricht: «Das sind von York
Die Türme, die ich drunten seh.

Doch, Lady, sprich: auf offnem Platz
Was soll von Brettern das Gerüst?» –
«Das ist der Altar, drauf dein Herr
Zum letztenmal den Heiland küßt.» –

«Und, Lady, sprich, wer steht dabei,
Gehüllt in Mantel schwarz und dicht?» –
«Das ist von York der Lord-Wardein,
Der deinem Herrn das Stäbchen bricht.» –

«Und, Lady, sprich, wer steht dabei,
Gehüllt in Mantel, rot wie Blut?» –
«Das ist von York der Meister Hans,
Der deinem Herrn das Letzte tut.»

James Swinnard trat vor seinen Herrn,
Er sah ihn an und weinte laut;
Er sprach: «Bleib hier, mein teurer Lord,
Ich hab nichts Gutes da geschaut!»

Er schwieg; Graf Percy aber schnell:
«Und kostet's Leben mir und Leib,
Ich bau auf Mann und Manneswort,
Und nicht auf Spuk und Zauberweib.

Und wär's kein Spuk und würd es wahr,
Ich spräche doch: 's ist Trug und Schein;
Die Douglas waren immer treu,
Auch William Douglas muß es sein.»

Der Morgen kam, der Wind war gut,
Die Pfeife rief: an Bord, an Bord!
Man stieg zu Schiff – James Swinnard auch,
Der ließ kein Aug von seinem Lord.

Und Douglas rief: «Setzt Segel bei,
Kein Handbreit Linnen sei gespart!»
Hell lag die Sonn auf Land und Meer,
Und rasch gen Süden ging die Fahrt.

Sie fuhren fünfzig Meilen schon,
Der Percy aber ward's nicht froh,
Er sprach: «James Swinnard, frag den Lord,
Wie weit es noch bis Linlithgow.»

James Swinnard vor Lord Douglas trat;
Der lacht und spricht: «Wir sind noch fern!
Ein Narr, wer schönen Worten traut! –
Und nun empfiehl mich deinem Herrn.»

Und wieder fünfzig Meilen ging's,
Rings offne See, kein Land zu sehn;
Da trat Graf Percy selbst heran.
«Douglas, sag an, was soll geschehn?»

Der lacht und spricht: «Setz dich zu Roß
Und spring ins Meer und such dein Glück,

Und willst du noch nach Linlithgow,
So reit den halben Weg zurück.»

Und wieder fünfzig Meilen ging's, –
Da blinkt's wie Türme über See;
Graf Percy spricht: «Nun helf mir Gott,
Das ist Stadt Berwick, was ich seh!»

Sie legten an bei Abendschein,
Frühmorgens hat er fortgemüßt,
Und als der dritte Morgen kam,
Stand er in York am Blutgerüst.

Er stieg die Stufen fest hinan,
Das blanke Beil – er sah es nicht,
Sein Auge schweifte ringsumher
Und traf des Douglas bleich Gesicht.

Noch einmal klang's ihm durch das Herz,
Und bitter lächelnd schaut er drein:
Die Douglas waren immer treu,
Auch William Douglas muß es sein.

Dann ließ er nieder sich aufs Knie
Und gab das Zeichen mit der Hand;
Ab flog sein Haupt; – das war das End
Des Percy von Northumberland.

Ich glaube nicht, daß es noch eine zweite altenglische Ballade gibt, in der alle Klänge, über welche die Volksdichtung jener Jahrhunderte verfügte, so voll und harmonisch zusammenklingen. Es war dies die letzte und zugleich die *schönste* alte Ballade, wie ein aussterbendes Geschlecht sich noch einmal zu einem Helden zusammenrafft.

Im ersten Abschnitte haben wir einiges über die englischen Balladen vorgetragen, heute soll uns die *schottische* Volkspoesie beschäftigen.

Die altenglische Ballade, d.h. die Zeit, in der die Klänge derselben blühten, umfaßt einen Zeitraum von etwa dreihundert Jahren. Die frühesten Robin-Hood-Balladen mögen etwa ums Jahr 1300 entstanden sein, und der «Aufstand in Northumberland» und «Percys Tod», jene letzten beiden Gesänge, die der altenglischen Balladendichtung zugehören, fallen in den Regierungsausgang der Königin Elisabeth, also etwa in das Jahr 1600.

Wie man die Zeit der eigentlichen altenglischen Ballade von 1300 bis 1600 festgesetzt hat, so hat man auch die Zeit der echten *schottischen* Volksdichtung auf eine bestimmte Periode begrenzt, auf die Periode von 1315 bis 1745, oder mit andern Worten, auf den Zeitraum, der zwischen Robert Bruce und dem letzten Stuartaufstand oder zwischen Bannockburn und dem Tage von Culloden liegt.

Diese Zahlenangaben – und hier sei mir eine kleine Abschweifung gestattet – sind richtig, sobald man glaubt, bei der alten Definition von Volksdichtung beharren zu müssen, bei jener Definition, die keinen bestimmt nachweisbaren Verfasser statuiert und das Fehlen oder Vorhandensein eines *Namens* zum maßgebenden und unterscheidenden Merkmal macht. Es wäre aber vielleicht an der Zeit, diese alte Definition ein für allemal aufzugeben und die Frage nach dem, was Volksdichtung sei, lediglich vom Klang, von der Art und Weise und allenfalls vom Faktum der Popularität oder Nichtpopularität eines Liedes abhängig zu machen. «Befiehl du deine Wege», «Das Ännchen von Tharau», «Üb immer Treu und Redlichkeit» und «Gott grüß Euch, Alter, schmeckt das Pfeifchen» sind, trotzdem wir die Namen ihrer Verfasser kennen, ebensogut deutsche Volkslieder wie das altdeutsche Lied vom Mädchen und der Haselstaude oder die alte Ballade vom Junker von Falkenstein. Niemand hatte diese Wahrheit klarer erkannt als unsere große Autorität in Sachen des Volkslieds – Herder; aber man ist dem Beispiele, das er mehr angedeutet als vorgezeichnet hat, *nicht* gefolgt. Andere Anschauungen haben die Oberhand gewonnen und gelten noch.

Es hat eine grenzenlose Verwirrung angerichtet, daß man sich, zum Teil unter Anleitung Walter Scotts, daran gewöhnt hat, von echten, wirklichen und von bloß nachgeahmten Volksliedern zu sprechen. Ein solcher Unterschied existiert nicht. Auch die wirklichen Volkslieder sind nachgeahmte Volkslieder; denn jeder, der ein Lied gesungen hat, gleichviel ob heute oder vor drei Jahrhunderten, hat immer irgendwelchen Klang eines bekannten oder unbekannten Vorgängers im Ohre gehabt, und gerade die echtesten und unbestrittensten Volkslieder treiben diese Anlehnung an überkommene Klänge bis zum Unglaublichen. Der Gegensatz zwischen Volks- und Kunstdichtung ist uralt, aber in derselben Weise, wie bei allen Kulturvölkern Volks- und Kunstdichtung *immer* nebeneinander existierten, so existieren sie auch *jetzt* nebeneinander, und man sollte sich endlich dazu bequemen, die alte, Verwirrung stiftende Vorstellung aufzugeben, daß in einem beliebigen Jahrhundert, bei dem einen Volke früher, bei dem andern später, die Volksdichtung aufhöre und die Kunstdichtung anfange.

Die Kunstdichtung fängt an und hört, wenn Ereignisse wie die Völkerwanderung hereinbrechen, auch auf; aber die Volksdichtung ist das ewig Dauernde. Sie hat verschiedene Zeiten, sie ist gut und schlecht, sie glänzt und verfällt, sie herrscht und sie dient, aber immer lebt sie, immer ist sie da, und es ist fast töricht, von ihrem Sterben zu sprechen. Am törichtsten aber ist es, die Personalfrage zu betonen und das, was Volkslied sei oder nicht, von der Frage abhängig zu machen, ob wir den Verfasser kennen oder nicht. Dieser Umstand ist von äußerster Gleichgültigkeit. Die Lieder des Robert Burns und des Allan Ramsay sind so gut Volkslieder wie die alten Sangesweisen aus Queen Marys Zeiten; es ist einerlei, ob ein Lied hundert Stunden alt ist oder hundert Jahre, und diese berechtigte Anschauung zugrunde gelegt, blüht die schottische Volksdichtung bis diesen Augenblick noch, allen Versicherungen zum Trotz, daß sie 1745 gestorben sei und gleichsam auf dem Felde von Culloden mit unter den Toten gelegen habe. Die Burnsschen Lieder von 1785 sind dieselben Klänge wie die Jakobitenlieder von 1745; wir wissen, wer jene geschrieben, und wir wissen *nicht*, wer diese geschrieben hat, das ist der ganze Unterschied. Volkslieder die einen und Volkslieder die andern; mit Willkürlichkeit hat man einen Strich gezogen und eine Scheidung vorgenommen, die sachlich nicht existiert.

Ich habe diese Abschweifung gemacht, um meine persönliche Ansicht über das Dauernde, der Zeit nach Unbegrenzte der Volksdichtung hier auszusprechen; aber ich leiste darauf Verzicht, diese meine Ansicht meiner Betrachtung des schottischen Liedes zugrunde zu legen. Ich folge vielmehr der zur Tradition gewordenen Annahme, daß die schottische Volksdichtung um etwa 1300 beginne und um 1745 schließe und lege mir nun, angesichts des Gesamtmaterials, wie es die Sammlungen Bischof Percys und namentlich Walter Scotts, Motherwells und Cunninghams bieten, die Frage vor: *Was sind die charakteristischen Merkmale schottischer Volksdichtung überhaupt, und in wie viele Gruppen scheidet sich das gesamte Material?*

Das Charakteristische der schottischen Volksdichtung gegenüber der englischen, mit der sie andererseits so viele Züge gemein hat, ist einfach das, daß in ihr ebenso ein lyrischer Klang vorherrscht wie in der englischen ein epischer. Die schottische Volksdichtung ist vorwiegend liedartig, sie singt und klingt; die englische Volksdichtung ist rezitativisch, sie berichtet und erzählt. Es scheinen sich darin nationale Unterschiede auszusprechen. Die Engländer haben sich zu keiner Zeit in der Lyrik ausgezeichnet und tun es auch jetzt nicht; die Schotten aber sind ein Volk des Gesanges und haben den Ton des Liedes in einer Weise getroffen wie kaum ein anderes Volk. Alle die Züge, die unsere deutsche Lyrik so vorteilhaft charakterisieren, finden sich auch bei ihnen: Kürze, Knappheit des Ausdrucks, der Zauber des Halbdunkels, Simplizität und Wohlklang, Tiefe der Empfindung, natürliche Grazie und Schelmerei. Es braucht nur, den Robert Burns zu lesen (den man durchaus als eine Inkarnation der schottischen Volksdichtung betrachten darf), um alle diese Züge beieinander zu finden.

Befragen wir die schottischen Lieder nach ihrem Inhalt, um sie demgemäß zu sichten und zu scheiden, so treten uns ziemlich selbstverständlich wiederum die vier Gruppen entgegen, die wir schon bei der englischen Volksdichtung zu unterscheiden hatten: *komische, romantische, erotische und historische Lieder und Balladen.*

Über die beiden ersten Gruppen gehen wir rasch hinweg, freilich aus sehr verschiedenen Gründen. Über die komischen Balladen, weil sie, trotz aller Vorzüglichkeit, die ihnen Witz, Humor und liebenswürdige Schelmerei verleihen, doch fast ausnahmslos an einer Ungeniertheit leiden, die eine Mitteilung ziemlich unmöglich macht; man kann sie singen, aber nicht lesen. Bei den romantischen Balladen verweilen wir nicht, weil sie im großen und ganzen schwach sind, der Naivität des Volkslieds entbehren und in einem Gespensterapparat einherstolzieren, der uns mehr abstoßend als zauberhaft berührt und mehr ärgerlich als bang und ängstlich macht.

Wer liebte nicht Gespenstergeschichten, wenn sie gut sind? Aber wer fände sie nicht albern und langweilig, wenn sie wirkungslos verpuffen? In der Ballade, auf dem Gebiete der Dichtung, wird die Sache noch schwieriger und der Hörer unwissentlich noch kritischer. Es gibt wenige Balladendichter, vielleicht überhaupt wenige Dichter, die nicht irgendeinmal versucht hätten, durch ein gewisses romantisch gespenstisches Element zu wirken; in Erwägung der Häufigkeit dieses Versuchs muß es aber überraschen, wie wenigen es geglückt ist, wirklich diese Wirkung hervorzubringen. Es scheint, daß es nur den größten Dichtern vorbehalten war, auf diesem glatten Boden *nicht* zu fallen. Shakespeare ist *nie* gescheitert; Bürger hingegen, der eine Zeitlang wie ein Spritzenmeister den Schlüssel zu haben glaubte, um das Pumpwerk des Schreckens jeden Augenblick in Bewegung setzen zu können, hatte eigentlich keine Ahnung davon, worauf es dabei ankam. Am glänzendsten hat er dies durch die total verunglückte Übersetzung des Hexenspruchs in «Macbeth» bewiesen, eine Übersetzung, zu der man ihn eigens aufgefordert hatte, weil man glaubte, daß er bei dieser Gelegenheit etwas unwiderstehlich Haarsträubendes leisten werde. Nur in den Einleitungsstrophen zu des «Pfarrers Tochter von Taubenhain» und, wie sich von selbst versteht, in der «Lenore» ist es ihm geglückt, den Ton des gespenstig Grausigen zu treffen, wiewohl auch in der «Lenore» schon die Anfangsstrophen der zweiten Hälfte, in denen der Gespensterapparat leise und mit einer gewissen Dezenz auftritt, ungleich mächtiger wirken als die Strophen, die den Leser durchaus mit Entsetzen erfüllen wollen. Bürger war kein Meister im Maßhalten und bekannte sich leicht zu dem Grundsatz, der nirgends falscher ist als in der Kunst: viel hilft viel. Man braucht nur die Schluß- und Ausgangsstrophen des «Wilden Jägers» mit dem Goetheschen «Erlkönig», ja selbst nur mit entsprechenden Sachen Uhlands, Heines und Mörikes zu vergleichen, um sofort zu erkennen, wie mißlich es ist, mit Schwefelschein und verwandten Dingen zu operieren.

Ähnliches gilt von der romantischen Gruppe der altschottischen Balladen: sie erreichen ihren Zweck nicht; statt unser Herz zu bewegen, machen sie uns nur seekrank und erzeugen ein Unbehagen. Als Ausnahmen gelten nur wenige Sachen, die durch Kürze und den geheimnisvollen Reiz des nur Angedeuteten zu wirken wissen. Dahin gehört die Ballade «Edward, Edward», dahin gehören ferner die beiden kurzen Lieder, die zwei Gegenstücke bilden und die Überschriften führen, das eine: «Die drei Raben», das andere: «Die zwei Raben». Sie behandeln das Thema von der Treue und der Untreue. Beide Balladen sind alt; welche die älteste ist, ist nicht mehr nachzuweisen. Das Lied von der *Treue* lautet wie folgt:

Drei Raben saßen auf einem Baum,
Drei schwärzere Raben gab es kaum.

Der eine sprach zu den anderen zwein:
«Wo nehmen wir unser Frühmahl ein?»

Die andern sprachen: «Dort unten im Feld
Unterm Schilde liegt ein erschlagener Held.

Zu seinen Füßen liegt sein Hund
Und hält die Wache seit mancher Stund.

Und seine Falken umkreisen ihn scharf, –
Kein Vogel, der sich ihm nahen darf.»

Sie sprachen's. Da kam eine Hinde daher;
Unterm Herzen trug sie ein Junges schwer.

Sie hob des Toten Haupt in die Höh
Und küßte die Wunden; ihr war so weh.

Sie lud auf ihren Rücken ihn bald
Und trug ihn hinab zwischen See und Wald.

Sie begrub ihn da vor Morgenrot,
Vor Abend war sie selber tot.

Gott sende jedem Ritter zumal
Solche Falken und Hunde und solches Gemahl.

Das Seitenstück dazu, das Lied von der *Untreue*, ist das folgende:

Ich ging übers Heidemoor allein,
Da hört ich zwei Raben kreischen und schrein;
Der eine rief dem andern zu:
«Wo machen wir Mittag, ich und du?»

«Im Wald drüben liegt unbewacht
Ein erschlagener Ritter seit heute nacht,

Und niemand sah ihn in Waldesgrund
Als sein Lieb und sein Falke und sein Hund.

Sein Hund auf neuer Fährte geht,
Sein Falk auf frische Beute späht,
Sein Lieb ist mit ihrem Buhlen fort –
Wir können speisen in Ruhe dort.

Du setzest auf seinen Nacken dich,
Seine blauen Augen, die sind für mich,
Eine goldene Locke aus seinem Haar
Soll wärmen das Nest uns nächstes Jahr.

Manch einer wird sprechen: ‹Ich hatt ihn lieb›,
Doch keinen wird's kümmern, wo er blieb,
Und hinziehn über sein bleich Gebein
Wird Wind und Regen und Sonnenschein.»

Wir wenden uns nun der *dritten* Gruppe, den erotischen Volksweisen, den Liebesliedern, zu. Die Schotten zeichnen sich nach dieser Seite hin ganz besonders aus; jeder Ton, jede Nuance der Empfindung ist ihnen hier gelungen, vom leichten, heitern Liede an bis zum Ausdruck des Zornes, des Bangens und des Schmerzes. Zartheit, Innigkeit und dementsprechend eine hinreißende Melodie der Sprache fast überall. Mögen die Dinge für sich selber sprechen. Ich beginne mit den Einleitungsstrophen einer alten Ballade, die den Titel führt: «*Die vier Marien*». Die vier Marien gehörten zu dem Hofstaat Maria Stuarts. Es scheint, daß die schöne Königin in den ersten Jahren ihrer Herrschaft ausschließlich von Marien, und zwar in bestimmten Kreisen und Abstufungen, umgeben war. Ihre vier Hofdamen waren Marien aus alten schottischen Geschlechtern, Marie Flemming, Marie Livingstone, Marie Beaton und Marie Seaton. Das war der Marienkreis ihrer Hofdamen; sie scheint aber auch einen Marienkreis von Kammerjungfern gehabt zu haben, junge Mädchen, die sie von Frankreich aus mit nach Schottland herübergenommen hatte. Eine *dieser* vier Marien war Marie Duchatel, die wegen eines Liebesverhältnisses mit dem Könige (das die Ballade beschreibt) später enthauptet wurde. Die Einleitungsstrophen aber, die nur den Reiz des jungen Mädchens in aller Heiterkeit schildern, lauten wie folgt:

«Welchen Hofstaat bringt unsre Königin mit?» –
«Sie bringt mit ihre vier Marien,
Ihre vier Marien von Frankreich her,
Die müssen mit ihr ziehn.

Die müssen ihr plätten und glätten das Bett
Und warten auf der Schwell.
Ich kenne die jüngste, die schönste,
Das ist Marie Duchatel.»

Marie Duchatel sprang ans Ufer,
Im Winde flog ihr Haar,
Der König sah Marie Duchatel
Und wie schön und wie schlank sie war.

Marie Duchatel stieg in den Bügel,
Und sie sprengten zur Stadt hinein,
Der König sah Marie Duchatel
Und sah nur *sie* allein.

Marie Duchatel sprang aus dem Sattel,
Und zur Kirche schritt sie hin,
Der König sah Marie Duchatel
Viel mehr als die Königin.

Und eh drei Wochen waren ins Land,
Da sangen sie laut und hell:
«Was sind alle Mädchen am Hofe
Gegen Marie Duchatel.»

Und eh drei Monde waren ins Land,
Da sangen sie, groß und klein:

«Ach, ohne Marie Duchatel
Könnten wir gar nicht sein!»

Hieran schließ ich die Ballade von «Barbara Allen», in der sich, so kurz sie ist, viele der besten Eigenschaften schottischer Volksdichtung vereinigt finden:

Es war im Herbst, im bunten Herbst,
Wenn die rotgelben Blätter fallen,
Da wurde John Graham vor Liebe krank,
Vor Liebe zu Barbara Allen.

Seine Läufer liefen hinab in die Stadt
Und suchten, bis sie gefunden.
«Ach, unser Herr ist krank nach dir,
Komm, Lady, und mach ihn gesunden.»

Die Lady schritt zum Schloß hinan,
Schritt über die marmornen Stufen,
Sie trat ans Bett, sie sah ihn an.
«John Graham, du ließest mich rufen.»

«Ich ließ dich rufen, ich bin im Herbst,
Und die rotgelben Blätter fallen.
Hast du kein letztes Wort für mich?
Ich sterbe, Barbara Allen.» –

«John Graham, ich hab ein letztes Wort:
Du warst mein all und eines;
Du teiltest Pfänder und Bänder aus,
Mir aber gönntest du keines.

John Graham, und ob du mich lieben magst,
Ich weiß, ich hatte dich lieber;
Ich sah nach dir, du lachtest mich an
Und gingest lachend vorüber.

Wir haben gewechselt, ich und du,
Die Sprossen der Liebesleiter,
Du bist nun unten, du hast es gewollt,
Ich aber bin oben und heiter.»

Sie ging zurück. Eine Meil oder zwei,
Da hörte sie Glocken schallen;
Sie sprach: «Die Glocken klingen für ihn,
Für ihn und Barbara Allen.

Liebe Mutter, mach ein Bett für mich,
Unter Weiden und Eschen geborgen;
John Graham ist heute gestorben um mich,
Und ich sterbe um ihn morgen.»

Als Schlußbeispiel für die schottischen Liebeslieder geb ich das schöne Lied, das den Titel führt: «Lord Maxwells Goodnight». Da dieses Lied eine geschichtliche Grundlage hat, so sind einige Vorbemerkungen nötig. Zwischen den Familien der Johnstons und der Maxwells herrschte seit lange Streit und Fehde. Lord Johnston, als Beauftragter König Jakobs VI., hatte die Maxwells mit Krieg überzogen und den alten Lord Maxwell, wiewohl er um Gnade gefleht hatte, im Kampf getötet. Der junge Maxwell gelobte Rache, erschlug, nach Jahr und Tag, den Lord Johnston bei einer nächtlichen Begegnung und mußte nun fliehen, um dem Zorn des Königs zu entgehen. Er floh nach Holland, und die Ballade «Lord Maxwells Lebewohl» schildert den Moment und die Worte seines Abschieds. Diese Ballade ist das Muster, nach dem Lord Byron bekanntermaßen das schöne Lied im «Childe Harold»: «Adieu, adieu, my native chore fades o'er the waters blue» gedichtet hat. Die alte Lord-Maxwell-Ballade selbst lautet wie folgt:

«Leb wohl, leb wohl, liebe Mutter mein,
Und leb wohl, meines Vaters Haus,
Leb wohl, es soll geschieden sein,

Ich muß in die See hinaus!
Leb wohl, du Garten im Sonnenschein,
Drin die Maienglöckchen stehn,
Und leb wohl, lieb Lady, du Rose mein,
Denn ich muß von dir gehn!

Lord Johnston erschlug ich am Wege hier,
Es war eine dunkle Nacht,
Lord Johnston erschlug meinen Vater mir,
Und so hab ich's quitt gemacht.
Drei Jahre harrt ich, bei Nacht, bei Tag,
Meinen Vater gerächt zu sehn;
Ich habe nicht Reu, was kommen mag,
Aber von dir muß ich gehn.

Und hätt ich Reu, ich dächt an den Tag,
Der wie gestern vor mir steht,
Wo mein Vater auf seinen Knien lag
Und die Johnstons um Gnade gefleht.
Sie hieben ihm ab die flehende Hand,
Geschehn ist, was geschehn;
Nun muß ich lassen Lieb und Land
Und, lieb Lady, von dir gehn.

Leb wohl, Carnarvon, mein Fels, mein Schloß,
Leb wohl, auf manches Jahr,
Und leb wohl, du Wald, du stiller Genoß,
Darinnen ich glücklich war!
Leb wohl, Lochmabens Birkenhain,
Und du Platz, wo die Tannen stehn,
Und vor allem leb wohl, lieb Lady mein,
Denn ich muß von dir gehn.» –

Sie hielt ihn an ihr Herz gepreßt,
«Bleib hier und bleibe *mir!*
Meines Bruders Schloß ist stark und fest
Und doppelt fest mit dir.

Die Hamiltons und die Douglas beid,
Sie werden zu uns stehn.» –
«Es bricht mein Herz in Weh und Leid,
Aber von dir muß ich gehn.»

Er nahm einen Ring, am Ringe hing
Ein Kreuz von rotem Stein.
«Nimm hin den Ring und trage den Ring,
Und vor allem gedenke mein;
Denn ach, vergäßest du mich je,
Um nach anderem Glück zu sehn,
Rück flög ich über die schäumende See,
Und um alles wär es geschehn.»

Die Luft war grau, das Deck war klar,
Lord Maxwell ging zu Schiff,
Der Wind in allen Segeln war,
Die Bootsmannspfeife pfiff;
Ein Streifen schwand das Ufer jetzt.
«Ade», die See ging hohl,
Und Wind und Wogen verschlangen zuletzt
Lord Maxwells Lebewohl.

Soviel von den Liebesliedern. Die vierte Gruppe besteht aus den historischen Balladen. Sie ist der dritten Gruppe vielleicht ebenbürtig an poetischer Kraft und Bedeutung und ihr überlegen an Zahl. Vom Tage von Bannockburn an bis zum Tage von Culloden hat so ziemlich jede Schlacht, jedes hervorragende geschichtliche Ereignis seinen poetischen Ausdruck, sein Lied gefunden. Ich gedenke aus dem überreichen Schatze des Vorhandenen einige der allerfrühesten und einige der allerspätesten Lieder zu geben. Ich beginne mit der oft übersetzten Ballade von «Sir Patrick Spens». Man nimmt an, daß das Ereignis, das dieser Ballade zugrunde liegt, unter König Alexander III., dem letzten keltischen Könige von Schottland, stattgefunden habe. Seine Tochter war an den König von Norwegen vermählt, und er schickte den Sir Patrick Spens im Monat November, d. h. in der Sturmzeit, nach Norwegen ab, um Botschaft zu bringen oder die Tochter zu holen. Der Sturm kam, und alle Schiffe scheiterten bei Aberdour an der schottischen Küste. Einige sagen (gestützt auf Andeutungen, die die Ballade selber gibt), es sei ein Komplott gewesen, um Sir Patrick Spens aus dem Wege zu schaffen. Das alte Lied klingt wie folgt:

Der König sitzt im Dumferlin-Schloß,
Er trinkt blutroten Wein.
«Wer ist mein bester Segler?
Er muß in See hinein!»

Sprach da ein schottischer Ritter
(Er saß an des Königs Seit):
«Der beste, das ist Sir Patrick,
Im Lande weit und breit.»

Der König schreibt einen offenen Brief,
Einen Brief mit eigener Hand. –
Sir Patrick schritt am Meere
Über den knirschenden Sand.

Er las die erste Zeile
Und lachte, als er sie sah;
Er las die zweite Zeile,
Nicht weiter las er da.

Sein Auge stand in Tränen.
«Wem tat ich also weh,
Zu schicken in dieser Sturmzeit
Mich über die weiße See?

Zu Schiff nun, liebe Mannen,
Wir segeln vor Tagesschein!»
Da sprach ein alter Matrose:
«Lieb Herre, das kann nicht sein!

Ich hörte in meiner Koje
Die Windsbraut, wie sie gelacht,
Und der Neumond hielt den alten
Im Arme die letzte Nacht.»

Es kam der nächste Morgen,
Sie gingen all an Bord,
Sir Patrick und die Seinen
Und mancher schottische Lord.

Im Winde flaggten die Wimpel,
Hoch tanzten Schiff und Flut; –
Drei Tage, da schwamm auf dem Meere
Nur noch ein bebänderter Hut.

Nun sitzen viel schöne Frauen
Mit blitzenden Fächern am Strand
Und stützen die weiße Stirne
Auf ihre weiße Hand.

Sie tragen goldene Kämme
Und starren hinaus aufs Meer,
Doch sie erharren keinen
Und sehen keinen mehr.

Fünfzig Faden tief und tiefer,
Da pflegen sie alle der Ruh:
Sir Patrick und die Seinen
Und die schottischen Lords dazu.

An diese allerälteste historische Ballade der schottischen Volksdichtung, die etwa um 1300, etwas früher oder später, entstanden sein mag, schließe ich das Klagelied, das die Stimmung wiedergibt, die nach der Unglücksschlacht bei Flodden 1514 ganz Südschottland durchzog. Dieses schöne Lied führt die Überschrift: «Die Blumen des Waldes». «Wald» ist hier in dem Sinne zu nehmen wie in Schwarzwald oder

Thüringer Wald und bezieht sich besonders auf den Ettrickforst oder Ettrickwald, dessen Bewohner während der Schlacht und nach derselben vorzugsweise schwer gelitten hatten. Das Lied zeigt uns neben der *allgemeinen* Trauer, die es schildert, auch speziell noch das tiefe, persönliche Ergriffensein des Dichters selbst, der sich dem Landvolk, zumal den Töchtern und Mägden, überall zugesellte, aber nirgends Spuren jener Lust und Heiterkeit fand, die sonst unter ihnen heimisch war. So klagt er denn selber:

Sonst hört ich sie singen, wenn morgens sie gingen,
Die Herde zu melken, die draußen steht.
Nun hör ich ihr Wehe, wo immer ich gehe –
Die Blumen des Waldes sind abgemäht.

Vorüber das Necken an Wegen und Hecken,
Still eine neben der andern geht;
Sie können nicht scherzen mit Trauer im Herzen,
Und was sie sprechen, ist leises Gebet.

Kein Erntereigen; es schweigen die Geigen,
Kein Tänzer, der fröhlich im Tanze sich dreht;
Auf Märkten und Messen die Lust ist vergessen –
Die Blumen des Waldes sind abgemäht.

Kommt Dämmerstunde, nicht mehr in die Runde
Das Haschen und Pfänderspielen geht;
In stiller Kammer verbirgt sich ihr Jammer –
Die Blumen des Waldes sind abgemäht.

Dahin unsre Kränze! Wir zogen zur Grenze,
Wo Englands Banner im Winde geweht,
Unsre Blumen vom Walde, sie ruhn auf der Halde,
Die Blüte des Landes ist abgemäht.

Ich hörte sie singen, wenn morgens sie gingen,
Die Herde zu melken, die draußen steht,

Nun klingt ihre Klage von Tage zu Tage:
Die Blumen des Waldes sind abgemäht.

Wir wenden uns nun den interessantesten Vorgängen des vorigen Jahrhunderts, den Stuart-Aufständen, zu, die bekanntermaßen von Frankreich aus unternommen, immer in den schottischen Hochlanden zuerst festen Fuß faßten, um dann von Norden her England zu erobern. Diese Stuart-Aufstände von 1689, 1715 und 1745 haben eine ganze Literatur geschaffen, zumeist lyrischen Inhalts, die man, weil König Jakob III. und sein Sohn, Prinz Charlie, den Mittelpunkt derselben bildeten, unter dem Titel Jakobitenlieder zusammenzufassen pflegt. Es finden sich hierunter teils sehr originelle, teils sehr vortreffliche Sachen. Ich beginne mit einem merkwürdigen Liede, das eigentlich nur ein Aufzählen der Clane und Stuartschen Streitkräfte ist und doch einen so kräftigen, hinreißenden Schwung hat, daß es wie eine lyrische Dichtung wirkt:

Die Duncans kommen, die Donalds kommen,
Die Colins kommen, die Ronalds kommen,
Es kommen die Kenmures Sohn und Vater,
Lord Foster und Lord Derwentwater,
  Und Jack und Tom und Bobby kommen
  Und haben die blaue Blume genommen.

Die Intosh kommen, die Quarries kommen,
Die Söhne Lord Glengarrys kommen,
Es kommen die Douglas und MacGregore
Mit kurzem Schwert und langem Rohre,
  Und Jack und Tom und Bobby kommen
  Und haben die blaue Blume genommen.

Die Phersons kommen, die Kenzies kommen,
Die Grants, die Leans, die Menzies kommen,
Es kommen die Bursch aus allen Clanen,
Die Mädchen selbst zu unsern Fahnen,

Und Jack und Tom und Bobby kommen
Und haben die blaue Blume genommen.

Die Camerons kommen, die Gordons kommen,
Die stolzen Söhne des Nordens kommen,
Es kommen die Enkel der alten Thane,
Die Crabies und die MacFarlane,
  Und Jack und Tom und Bobby kommen
  Und haben die blaue Blume genommen.

Sie kommen mit Pfeifen und Dudelsäcken
Und suchen das Volk mit den roten Röcken,
Bald werden die Schöße im Winde fliegen,
Bald werden die Whigs auf der Nase liegen,
  Denn Jack und Tom und Bobby kommen
  Und haben die blaue Blume genommen.

Hieran schließe ich das Spottlied auf die Schlacht am Sherifmuir, die unentschieden blieb, da auf beiden Seiten die rechten Flügel gesiegt und die linken Flügel sich zur Flucht gewandt hatten. Es lautet:

Die einen sagen, *wir* haben gewonnen,
Die andern sagen, *sie* haben gewonnen;
Ich aber sage das eine nur:
Es ward viel gelaufen bei Sherifmuir;
Wir sind gelaufen, und sie sind gelaufen,
Gelaufen einzeln und in Haufen.

Wir haben den linken Flügel geschlagen,
Der rechte Flügel hat uns geschlagen,
Eine Rennbahn war die ganze Flur,
Es ward viel gelaufen bei Sherifmuir,
Wir sind gelaufen, und sie sind gelaufen,
Gelaufen einzeln und in Haufen.

Rob Roy, o wärst du zu Hilf uns gekommen,
Es hätt ein anderes Ende genommen;

So aber war das Ende nur,
Es ward viel gelaufen bei Sherifmuir,
Wir sind gelaufen, und sie sind gelaufen,
Gelaufen einzeln und in Haufen.

Diese Lieder sind wahrscheinlich beide aus dem Jahre 1715; wir kommen nun zu dem wichtigeren Jahre 1745. Das Volk seufzt unter dem englisch-whiggistischen Regiment, hat von der Liebenswürdigkeit des Prinzen Charlie gehört, auch wohl von den Planen eines neuen Einfalls und sehnt nun den Augenblick herbei, wo Hilfe und Befreiung kommen mag.

O käm er wieder, mit Waffen scharf,
Der Bursch, den ich nicht nennen darf!
O käm er wieder und käm er schnell!
Hier ist sein Platz und seine Stell.
  Ich wollt ihn schützen, wo immer er wär,
  Und wären zehntausend um ihn her.

Von Tartan der Rock und die Hose dazu,
Die Mütze blau und geschnürt die Schuh,
Ein Hochlandsbursch vom Wirbel zur Zeh,
Das ist der Bursch, mit dem ich geh;
  Ich wollt ihn schützen etc.

O ging es wieder ins grüne Feld!
Er ist ein König und ist ein Held,
Auf seiner Brust der goldene Stern,
Wo der uns leuchtet, da folgen wir gern,
  Und ich wollt ihn schützen etc.

O säß er wieder, der Erb einer Kron,
Auf seiner Väter heiligem Thron,
Da wären vorüber Weh und Streit,
Und wir lebten wieder die goldne Zeit,
  Und ich wollt ihn schützen, wo immer er wär,
  Und wären zehntausend um ihn her.

Nun kommt Prinz Charlie wirklich, der Ersehnte, der Hochlandsbursch, der Erbe einer Krone. Alles ist Jubel und Freude, und das Volkslied klingt, wie folgt:

An einem Montagmorgen war's,
Kaum schlug die Glocke vier,
Da zog er ein in unsre Stadt,
Der junge Kavalier.
  O Charlie ist mein Liebling,
  Mein Liebling, mein Liebling,
  O Charlie ist mein Liebling,
  Der junge Kavalier.

Und als er zog die Straß hinauf,
Und grüßte dort und hier,
Da lief das Volk ihm jubelnd nach,
Dem jungen Kavalier.
  O Charlie ist mein Liebling etc.

Viel tausend Bursche bracht er mit,
Das halbe Hochland schier;
Mit Kilt und Plaid so folgten sie
Dem jungen Kavalier.

Sie ließen Weib und Kind zurück
Und, Charlie, stehn zu dir,
Sie baun auf Gott und gutes Glück
Und auf den Kavalier.

Sie ziehn entlang mit Pfeifenklang,
Die Distel als Panier,
Mit Hochlandsschwertern blink und blank,
So siegt der Kavalier.
  O Charlie ist mein Liebling,
  Mein Liebling, mein Liebling,
  O Charlie ist mein Liebling,
  Der junge Kavalier.

Aber noch hat man nicht gekämpft. Da fordert General Sir John Cope, der Anführer der englischen Truppen, den Prätendenten und seine Hochländer übermütig zum Kampf heraus, und die Schlacht bei Preston Pans wird geschlagen. Die Engländer fliehen, und ein Spott- und Siegeslied ist rasch geboren:

Cope schrieb einen Brief an den Kavalier:
«So du Mut hast, komm und ficht mit mir,
Und bist du nicht in zwei Stunden hier,
So komm ich früh am Morgen.»

Prinz Charlie sah hinein in den Brief,
Er zog sein Schwert und lacht' und rief:
«Und sind deine Gräben noch so tief,
Ich komme früh am Morgen.»

Auf, Hochlandsbursche, auf ins Feld!
Grau-Dämmrung schon die Nacht erhellt,
Und wo John Cope uns hinbestellt,
Da stehn wir früh am Morgen.

Wie? Was? Ob Cope noch schlafen mag?
Wach auf, es ist schon heller Tag!
Hörst du nicht Pfeif und Trommelschlag?
Wir kommen früh am Morgen.

Halt, Cope, was läufst du schon von fern?
Wir schüttelten dir die Pätschchen gern.
Du läufst? Nun, grüß uns deinen Herrn,
Und grüß ihn früh am Morgen.

Cope lief bis Leith mit rotem Gesicht;
«Wo sind deine Leute?» der Sheriff spricht.
«Zum Teufel», spricht Cope, «ich weiß es nicht,
Ich sah sie zuletzt heut morgen.»

Sieg reiht sich an Sieg, aber der Rückschlag bleibt nicht aus, und endlich fallen die Würfel der Entscheidung auf dem Blachfeld von Culloden. Die Niederlage ist vollkommen, Prinz Charlie flieht, die Ächtungen beginnen und zu gleicher Zeit die Verfolgungen durchs ganze Land. Einer der Flüchtigen aber, der auf den öden Inseln des Nordens einen vorläufigen Zufluchtsort gefunden hat und noch schwankt, ob er das befreundete Schiff besteigen soll, das eben anlegt, um ihn in die Fremde zu führen, dieser Flüchtling spricht das Elend und die Bitterkeit seiner Lage in folgenden Worten aus:

Wetternacht und Sturmesgrollen
Hab ich um mich für und für,
Und der Gießbach, angeschwollen,
Klopft an meine Felsentür.
Ach, von jenen stillen Quellen,
Dran die blaue Blume blüht,
Von des Westwinds leisen Wellen
Labt nicht eine mein Gemüt.

Rechtes willen, Ehre wegen
Kämpften wir den Kampf der Pflicht,
Doch der Himmel war entgegen,
Und die Götter wollten's nicht.
Sieg und Ruhm entsank im Streite
Uns auf Hochlands Moor und Moos,
Vor uns liegt die Welt, die weite,
Aber freund- und freudelos.

Mit diesem Liede schließe ich. Nur die Bemerkung sei noch gestattet, daß vielleicht niemals ein kurzer historischer Vorgang – wie dieser letzte Stuart-Aufstand es war, der kaum sechs Monate dauerte – von einer ähnlichen Liederfülle begleitet und umrankt worden ist. Nur das Jahr 1813 bietet in Deutschland eine ähnliche Erscheinung. Körner, Schenkendorf, Arndt haben mächtigere Klänge angeschlagen, der

Strom der deutschen Dichtung ging tiefer; aber an Breite, an Fülle und Reichtum der Erscheinung, an Mannigfaltigkeit der Klänge stellen sich die Jakobitenlieder allem an die Seite, womit ein sangreiches Volk jemals einen wichtigen Abschnitt seiner Geschichte begleitet hat.

[1861]

Zum Shakespeare-Fest 1864
(Eine Rede im «Tunnel über der Spree»)

Fast fünf Jahre sind es, daß wir uns in diesen Räumen zur Begehung eines ähnlichen Festes wie heute versammelten; unsre Schiller-Feier vom 9. November 1859 ist noch dankbar in unsrer aller Erinnerung. Wenn unser festliches Beisammensein damals dem Lieblingsdichter unsres eignen Volkes galt, so gilt unsre heutige Feier dem Gedächtnis eines noch gewaltigeren Genius, den wir nicht das *Glück* haben im besondren den unsrigen nennen zu dürfen, den wir aber den *Ruhm* haben durch hingebendste Beschäftigung mit ihm uns erobert und zu eigen gemacht zu haben; – Shakespeare ist unser, und unsre Liebe zu ihm gibt uns ein Recht zu diesem Fest.

Erwarten Sie nicht von mir, in allem, was ich zu sagen haben werde, ein Aufwerfen der alten Frage: «Wer war William Shakespeare? Was war er? Wie war die Art seiner Dichtung? Was das Wesen seines Genius?» – die Antwort auf alle diese Fragen, da, wo sie Neues zu bringen gedächte, würde wahrscheinlich scheitern, und wo sie das Richtige träfe, Allbekanntes nur eben wiederholen.

Nur wenige allgemeine Betrachtungen seien mir eingangs gestattet.

Uns allen sind die tiefsinnigen Dramen dessen, dem unser heutiges Fest gilt, seine Weisheits- und seine Königsworte, die sprudelnden Quellen seines Humors, die Sprühfunken seines Witzes gegenwärtig, und jede Betrachtung des Dichters, auch die kürzeste, ruft uns sofort den lebens- und wechselvollen Reigen seiner Gestalten vor die Seele: Polonius mit dem Stabe vorauf, Hamlet und Lear in trüber

Zwiesprach folgend, Lady Macbeth sich abwendend von Regan und Goneril, König Johann und der mißgestaltete Gloster flüsternd, wie man Neffen aus dem Leben schafft, in langer Reihe die Kronenträger von York und Lancaster, der Narr und der Totengräber plaudernd über das alte Thema von der Nichtigkeit der Dinge, bis endlich, als gält es, die ernste Reihe mit einem Satyrspiel zu schließen, Falstaff auftritt, umlacht von Puck und allen neckischen Elfen.

So – bei flüchtigster Betrachtung, fast bei bloßer Nennung des *Namens* Shakespeare – dringen die Gestalten auf uns ein, und gegenüber der Fülle derselben, die alle leben, wie vielleicht nie Gebilde der Kunst ein Leben hatten, gegenüber einer Kraft, die, gleichsam eine Kluft ziehend zwischen allem von *ihr* und allem von *andern* Geschaffenen, die Gestalten der Bühne fast in zwei Rassen, in eine höh're und eine niedre, zu teilen scheint, gegenüber dieser Kraft, die unser Gemüt wie mit der Gewalt des Außerordentlichen berührt, haben die Nachlebenden nach einer Erklärung dieser Erscheinung gesucht und die Frage aufgeworfen: Was war es, das diese *potenzierte* Kraft erschuf, diese Kraft, die, wenigstens innerhalb der Kunst, durch Jahrhunderte hin, weder vorher noch nachher, ihresgleichen hatte. Und diese Frage ist beantwortet worden. Aber statt einfach eine höhere Begabung, eine Begnadigung, ein Licht von oben anzunehmen, haben zumal die Deutschen den Grund und die Ursach davon, daß England einen Shakespeare hervorbringen durfte und Deutschland *nicht*, zum guten Teile darin erkennen wollen, daß Deutschland ein Zersplittertes und England ein Ganzes war, daß der englische Dichter auf dem Boden gemeinsamen Lebens, gemeinsamer Traditionen stand und aus diesem festen Boden unter den Füßen eine Kraft zog, die der schwankende Boden deutscher Geschichte *unsren* Dichtern nicht bieten konnte. Die Volkskraft Englands, so sagen sie, strömte wie *ein* Strom in Leib und Seele dessen, der auf dem gefesteten Boden *einer* Kirche, *einer* Geschichte, *einer* Lebensanschauung stand, Deutschland aber, *zweien* Richtungen das Leben gebend, die wie die elektrischen Ströme *entgegen-*

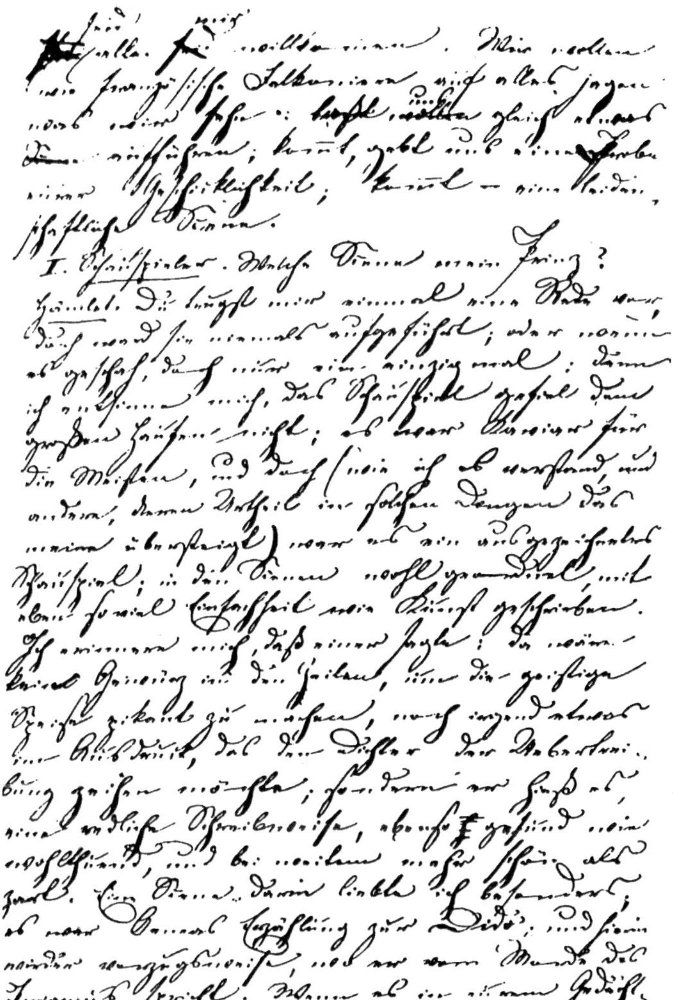

Aus Fontanes Übersetzung von Shakespeares «Hamlet»

gesetzter Pole in die Geister einströmten und sich dort aufhoben oder doch befehdeten, hemmte eher die individuelle Kraft des Geistes, als daß sie dieser Kraft aus dem allgemeinen Denken und Empfinden des Volkes ein gesteigertes Kraftmaß zugeführt hätte. Es liegt ein Teil Wahrheit in diesem Satze, aber auch nur ein Teil. Die großen Vorgänge, die Deutschland in zwei Lager teilten, brachten uns vielleicht für immer um die Möglichkeit einer *nationalen Bühne*, aber es verdient doch andrerseits darauf hingewiesen zu werden, daß es, wohl ziemlich unbestritten, *nicht* der spezifisch nationale, *nicht* der die glänzenden und erschütternden Bilder englischer Geschichte uns vorführende Shakespeare, daß es vielmehr der von allem spezifisch Englischen *losgelöste* Dichter (wie er in «Macbeth», «Hamlet», «Lear», «Othello» uns entgegentritt), ich sage, daß es der *über* dem Nationalen stehende Dichter ist und war, der zu allen Zeiten in erster Reihe seine eignen Landsleute sowohl wie die Zuhörerschaft der ganzen gebildeten Welt mit sich fortzureißen wußte. Nicht in der Darstellung der Geschichte oder der Sitten seines Landes, sondern in der Darstellung des Menschenherzens überhaupt, seiner verschwiegensten Tiefen und seiner wild ausbrechenden Leidenschaften, steht er unerreichbar da, und wir können in der nationalen Basis, die das englische Drama allerdings zeitweilig hatte, keinen Grund erkennen, warum es dem unnationalsten deutschen Dichter, seine sonstige dichterische Gottesgnadenschaft vorausgesetzt, hätte unmöglich sein sollen, die Gestalten Romeos und Juliens, Othellos und Desdemonens, Hamlets und Opheliens an uns vorüberzuführen. *Nicht* das Nationale gab den Ausschlag, ein weitaus andres war es; die Gabe tiefsten Schauens und Erkennens fiel einem halben Naturkind zu, das in den Straßen Londons nie ein Studium daraus gemacht hatte, kunst- und schulgerecht psychologische Probleme zu lösen, und der Umstand, daß diese völlig naive Kraft es dennoch vermochte, und zwar tiefer, besser, gewaltiger als je ein Dichter vor ihm, das eben weist darauf hin, daß ihm das Können zu allem, was er konnte, nicht aus dem *Boden* zuströmte, auf dem er stand, sondern ihm von oben her kam, von wo alle gute und alle vollkommene Gabe kommt. Er war eben ein Wunderkind, ein Geist, der allerorten Wunderbares gewirkt hätte, unabhängig davon, wo seine Wiege stand, ob in England oder Deutschland, ob in Dorf oder Stadt, ob in London oder Stratford.

«London oder Stratford» – diese Namen leiten mich auf das hinüber, was mein eigentliches Thema ausmachen sollte, auf die Schilderung nämlich von etwas Äußerlichem und Lokalem an Stelle innerlich-geistiger Betrachtung. Zufällig vertraut geworden mit den Stätten, auf denen sich einst das Blackfriars- und das Globe-Theater erhoben, umhergereist, am Avon entlang, in der schönen Grafschaft Warwickshire, sind mir die Plätze zu Gesicht gekommen, die für immer mit dem Namen Shakespeares verknüpft, ja *durch* ihn erst Weltnamen geworden sind, und dies speziell Gesehne und Erlebte (wenig, wie es sein mag) Ihnen so zu bieten, wie es sich meinem Auge darstellte, ist der eigentliche Zweck, den meine Ansprache verfolgt.

London selbst, der Ort, dem Shakespeare, seine erste Jugend und sein späteres Alter abgerechnet, durch beinah dreißig Jahre hin angehörte, bietet verhältnismäßig wenig, was, mit dem Namen und dem Leben Shakespeares verwoben, auch zugleich in diese Shakespeare-Zeit selber zurückreichte.

Von Bauten und Häusern, die man, im weitesten Sinne des Worts, als Shakespeare-Häuser bezeichnen könnte, existiert nichts mehr. Die Theater, auf denen er spielte, für die er schrieb, sind längst verschwunden, und nur annäherungsweise lassen sich die Stellen nachweisen, wo beide gestanden. Dasselbe gilt von den Shakespeare-Tavernen, von den lustigen Wein- und Wirtshäusern, in denen sich alles, was zur «Truppe» gehörte, bei Claret und Malvasier, bei Lachen und muntrer Rede zu versammeln pflegte – schlichte Plätze, ein für allemal unsterblich gemacht durch den adelnden Humor, der sie belebt und beschrieben. Noch jetzt führen einige City-Tavernen die entsprechenden, berühmten Namen, noch immer gibt es eine Straße Eastcheap und *in* Eastcheap, als lebten die alten Tage noch, eine Boar's Head

Tavern, also ein «Gasthaus zum wilden Schweinskopf», aber diese Taverne wie manche andre noch, die in dem Leben und Dichten Shakespeares eine Rolle spielen, sind Nachwuchs, der sich günstigstenfalls an alter Stelle niedergelassen hat, und fast alle sind darauf aus, mit dem berühmten Namen all das viele decken zu wollen, was ihnen sonst gebricht. – Die originalen, die echten Shakespeare-Stätten sind alle dahin – das große Cityfeuer von 1666, das bis an die Londonbrücke, bis an Holborn und Ludgate Hill vordrang, ging auch an den Shakespeare-Tavernen nicht vorüber und legte sie, wie alles andre, in Asche. Unter diesem andren auch sein *Wohnhaus*, das er, laut noch vorhandenem Kaufkontrakt, ums Jahr 1612 erstand und wenigstens noch zwei Jahre lang vor seiner Rückkehr nach Stratford bewohnte. Die Spezialitäten dieses Kaufkontrakts haben die Möglichkeit an die Hand gegeben, wenigstens genau die Stelle zu bestimmen, wo das Haus gestanden haben muß. Diese Stelle, auf der auch jetzt noch ein Häuschen steht, gehört dem Kirchhof der St.-Andreas-Kirche (malerisch am Fuß von Holborn Hill gelegen) an, derselben Kirche, die außer dem Namen ihres Schutzheiligen, des St. Andreas, auch noch den Namen der *Poetenkirche* führt. *John Webster*, ein zeitgenössischer Dramendichter Shakespeares, war Kirchenvorstand hier; *Richard Savage* (neuerdings zum Helden eines Dramas gemacht) ward hier getauft; *Thomas Chatterton*, der viel beklagte, der mit achtzehn Jahren seinem Leben bereits ein Ende machte, ward hier begraben, und der Grabstein *Henry Neeles*, der gleich Savage und Chatterton in Elend hinstarb, liegt auf dem engen Friedhof, der die Kirche umzirkt. Diese Erinnerungen, wenig erhebend an sich, am wenigsten für das Poetentum Englands, machen es doch, daß Einheimische und Fremde vielfach die «Poetenkirche» auf Holborn Hill besuchen, aber die wenigsten, die hier kommen, um nach dem Grabstein des «Wunderknaben», das ist Chattertons, zu forschen und zu fragen, wissen davon, daß ihre Neubegier sie an der alten Hausstätte eines Wunderbaren vorüberführt, der hier lebte und dichtete.

Das Shakespeare-*Haus* ist hin, aber der Kontrakt, das Stück

Pergament, ist *nicht* hin, wie wir gesehen haben, das über den Kauf und Verkauf dieses Hauses entschied. Dies Stück Pergament ist eine Sehenswürdigkeit geworden. Es ist nach Art und Form einer Urkunde abgefaßt und trägt die Unterschrift des großen Poeten, das *einzig Handschriftliche*, das von ihm existiert. Diese Unterschrift ist sehr wahrscheinlich das wertvollste aller vorhandenen Autographen. Die City-Corporation, der es früher gehörte, kaufte es bereits im Jahre 1843 für 145 Lstr., so daß jeder Buchstabe der Namensunterschrift etwa dem Werte von hundert Talern entspricht. Seitdem sind Kontrakt und Unterschrift in die Hände des *Britischen Museums* übergegangen, in dessen berühmten, mit hundert ähnlichen Schätzen reich ausgestatteten Glasschränken nunmehr auch dies einzige Shakespeare-Autograph als ein unveräußerlicher, jedes Angebots und jeder Preisstellung längst enthobener *nationaler* Schatz gehütet wird.

Shakespeare-Bilder und Shakespeare-Statuen sind reichlich vorhanden in London, aber, mit Ausnahme eines einzigen Bildes, gehören sie einer spätren Epoche an. Der Shakespeare seiner eignen Zeit war eben nicht der Mann, um dessen Bild, in Farbe oder Stein, es der mitlebenden Generation im großen und ganzen besonders zu tun gewesen wäre. Er war ein Schauspieler und ein Schauspieldichter, und beides, in zurückliegenden Jahrhunderten ohnehin nicht hoher Geltung voll, galt am wenigsten in einer Zeit, deren immer mächtiger werdender puritanischer Geist bei Hof und City-Magistrat gegen Schauspieler und Balladensänger förmlich Protest einlegte. Wir müssen es unter diesen Umständen als ein besondres Glück ansehn, überhaupt noch ein echtes Shakespeare-Bild zu besitzen.

Zu diesen echten Bildern gehören aber *nicht* jene drei bekannten Statuen des großen Poeten, wie wir ihnen zunächst in der Vorhalle des Britischen Museums, dann am Frontispiece der ehemaligen Shakespeare-Galerie in Pall Mall, endlich drittens in dem Poet's Corner oder dem Poetenwinkel der Westminsterabtei begegnen. Alle drei Statuen haben ihre Verdienste, besonders der Westminster-Shakespeare, der, den Kopf sinnig gedankenvoll zur Seite lehnend, wenn nicht auf die Klänge seines eignen Herzens, so doch auf die Klänge unsres deutschen Landsmanns Händel zu lauschen scheint, der, mit Allongeperücke und Taktstock, mächtigen Hauptes ihm gegenübersteht – aber alle drei Statuen, durch zahllose Stiche über die Welt hin verbreitet und abwechselnd den verschiednen Ausgaben der Shakespeareschen Dramen als Titelbilder vorgedruckt, alle drei sind Arbeiten einer nachshakespeareschen Zeit und gehören erst der Mitte und dem Ausgang des vorigen Jahrhunderts an.

Echt unter allen Shakespeare-Bildern, die London aufweist, ist nur das sogenannte Chandos-Bild, das Original aller oder doch der meisten jener Nachbildungen, denen wir jetzt in den Schaufenstern unsrer Kunstläden begegnen. Dieses Bild gehört zu der Reihe jener bevorzugten Kunstwerke, die eine *Geschichte* haben; Horace Walpole, der ästhetisierende englische Kunstmäzen des vorigen Jahrhunderts, hat diese Geschichte erzählt; in kurzen Notizen aber ist sie auf der Rückseite des Bildes selbst verzeichnet. Es wurde (dies Bild) höchstwahrscheinlich von einem Mitschauspieler Shakespeares, entweder von John Taylor oder – wie andre meinen – von Richard Burbage gemalt und wechselte alsbald von Generation zu Generation seinen Besitzer. Gegen Ende des 17. Jahrhunderts besaß es der Schauspieler Betterton, der berühmte Vorläufer des berühmteren Garrick, bis es vor etwa 80 Jahren in den Besitz des irischen Grafen von Carnarvon, des spätren Herzogs von Chandos, kam. Nach diesem erhielt es den Namen. Der Stich, den jeder kennt (schwarzes Kleid mit weißem Überfallkragen, kurzer Hals und darüber der leuchtend kluge Kopf), überhebt mich einer eingehenderen Beschreibung; der Wert des Bildes aber – weit über seinen *Kunstwert* hinaus – hat sich im Laufe der Jahrhunderte verzehn- und verzwanzigfacht, und das Wachsen dieses Wertes wird Schritt halten mit dem Wachsen der Begeistrung, die immer neue Tausende in die Schule und in den Bann dieses Genius zwingt.

London, die Stätte, wo sein Leben und die ganze Zeit seines

Schaffens verlief, bietet außer diesem Chandos-Bilde und jener einfachen Namensunterschrift im Britischen Museum nichts mehr, das, mit dem *Namen* Shakespeares verknüpft, auch zugleich in die Shakespeare-*Zeit* zurückreichte, aber verhältnismäßig reich daran ist der Ort seiner Geburt und seines Todes, ist Stratford am Avon.

Die Grafschaft, in der es gelegen ist, ist Warwickshire, ein köstlich Stück Land, das den Namen «Das Herz von England» aus mehr als einem Grunde führt. Damals lag das eigentliche England noch nicht an den Küsten wie jetzt, es lag landeinwärts auf Hügelgrund, an Schluchten und Flüssen hin, am Rande der Wälder, in den Wäldern selbst. England hat längst keinen Wald mehr; Handel und Wandel haben es seines alten Charakters vielleicht mehr entkleidet als irgendein andres Land Europas; das Volk, das jetzt in beiden Indien herrscht und die Reichtümer beider am eignen Herd zusammenhäuft, war damals, zu den Zeiten Elisabeths, noch halb das Volk aus den Zeiten Robin Hoods, heiter, sangesreich, ackerbautreibend, humoristisch und chevaleresk. Und das Herz dieses alten, sang- und sagendurchklungenen Englands hieß Warwickshire. Das war die Grafschaft, drin schon Guy von Warwick, der Lindwurmtöter, gelebt hatte, dessen eiserner Suppentopf von der Größe eines 100pfündigen Mörsers noch jetzt in Warwick Castle gezeigt wird; das war die Grafschaft, drin Königin Godiva (ein immer neu besungener Balladenstoff), um dem hungernden Volk Erlösung zu schaffen, der tyrannischen Laune des Siegers nachgebend, nackt durch die Straßen von Coventry ritt; das war die Grafschaft jenes *Grafen* Warwick, des Königsmachers, des «letzten der Barone»; das endlich war die Grafschaft, drin Schloß Kenilworth lag, das schöne Leicester-Schloß, das von Lampen glühte, wenn der Herr des Schlosses seiner Herrin, der Königin, hier wunderbare Feste gab.

In dieser Grafschaft lag Stratford, und hier im Herzen Englands wurde Shakespeare geboren.

England ist nicht mehr «merry old England» aus den Tagen von Königin Elisabeth her, aber wenn es auf der ganzen reichen Insel noch eine Grafschaft gibt, wo einem das alte, heitre Land mindestens in starken Anklängen, in hundert lebendig erhaltenen Dingen und Erinnerungen entgegentritt, so ist es hier.

Die Chaussee entlang, den Windungen des Avon folgend, läuft unser leichtes Gefährt; unter alten, prächtigen Parkbäumen hervor schimmert Charlecote House rot und weiß, in jenem alten, anheimelnden Tudorstil; ein poetischer Friedenshauch liegt über Park und Schloß, und bis an den Gitterzaun kommen uns die Rudel eingehegter Hirsche entgegen – es ist, als müsse Squire Lucy aus dieser lachenden Parklandschaft hervortreten, derselbe Thomas Lucy, dem wir wohl oder übel die Wilddiebgeschichte Shakespeares und, wenn sie richtig ist, vielleicht den ganzen Dichter überhaupt verdanken. Denn ob er in Stratford selber, in unglücklicher Ehe seine Tage hinbrütend, der William Shakespeare vom Globe und vom Blackfriars geworden wäre, wer mag es behaupten?

Stratford ist noch eine Viertelstunde von Charlecote-Haus; wir biegen jetzt in die Hauptstraße des Städtchens ein und halten wie billig vor dem *Shakespeare*-Hotel. Aber was ist uns wiederum das moderne Shakespeare-*Hotel* im Vergleich zu dem Shakespeare-*Haus!* – *ihm* eilen wir zu. Vielverbreitete Bilder und Stiche, in Büchern und Bilderwerken, haben wohl manchem schon eine Anschauung von diesem Hause zu geben versucht, in dem, nach allgemeiner Annahme (denn es ist nicht über jeden Zweifel erhaben), der große Poet geboren wurde; aber wie immer bescheiden die Vorstellung gewesen sein mag, die durch die Anschauung solcher Bilder in uns geweckt wurde, die Wirklichkeit gibt uns noch ein Geringeres als das, was unsrer Vorstellung das Geringste zu sein schien. Ein wurmstichiges, mühsam in den Fugen erhaltenes Fachwerkhaus; das eine Fenster zu einer Art Fleischerscharren verbreitert, ein dunkler Flur, eine schmale Treppe, endlich im ersten Stock das Shakespeare-Zimmer selbst, die Wände, drin der «immortal William» das Licht der Welt erblickte. Die vier Wände, aber auch nicht mehr. Wenn etwas an diesem Zimmer imponiert, so ist es seine äußerste Schlichtheit.

Elisabeth I. von England

Shakespeares Geburtshaus in Stratford-on-Avon

Freilich ein andres noch – die unverkennbare Wahrnehmung, daß wir uns hier an einer Pilgerstätte der ganzen gebildeten Welt befinden. Wie uns an berühmten Wallfahrtsorten die abgeschliffnen Granitstufen von den Hunderttausenden erzählen, die hier auf den Knien treppenstiegen, so sind es hier die an Decke und Wänden überallhin eingeschnittenen und angekritzelten Namen, die von Zeit zu Zeit, wenigstens strichweis, übertüncht werden müssen, um neuen Raum für neuen Enthusiasmus zu schaffen. Washington Irving hat seinerzeit angesichts dieser Sammelstätte berühmter und unberühmter Inschriften geäußert: «Hier *muß* William Shakespeare geboren sein, auch wenn er an anderer Stelle geboren wurde.» Und er hatte recht. Der Glaube der Jahrhunderte ist das Bestimmende und siegreich selbst über das Faktum, wenn dieses bloß *nachhinkt* auf Krücken der Kritik und der Forschung.

Stratford und seine Umgebung haben noch andre Shakespeare-Plätze: *Wilmcote*, wo Shakespeares Mutter, *Shottery*, wo seine Frau geboren wurde, endlich New Place, jenes schön gelegene, halb ländliche, leider seiner alten Erinnerungen völlig beraubte Besitztum, das Shakespeare während seiner letzten Lebensjahre innehatte. Aber wir lassen es bei bloßer Aufzählung dieser Namen und wenden uns lieber derjenigen Stelle zu, wo wir dem Dichter am sichersten und in poetisch-wundervollster Umgebung begegnen – der *Kirche* von Stratford.

Der Weg zu ihr hin ist selber wie ein Gedicht. Prächtige alte Lindenbäume, in deren dichtem Laubwerk es singt und klingt, werfen Schatten über die Straße, und wer hier im Juli seines Weges kommt, schreitet, wie in einem Feenlande, unter Duft und Liedern hin, während der über ein Wehr fallende, nahe Fluß melodisch eintönig mit einklingt.

Die Kirche selbst ist ein schöner, mittelalterlicher Bau, durch sich selbst zu Andacht und Erhebung stimmend. Aber was sind diese Pfeiler, diese gotischen Linien an Decke und Fenster, verglichen mit jenem erhöhten Estrich vor dem Altar, in dessen Fliesen eingelassen drei Grabsteine den Namen Shakespeare tragen: *sein* Grabstein und neben ihm die Steine seiner Frau und seiner Tochter. Etwa mannshoch über dem Estrich, von der linken Pfeilerseite her, blickt, aus einer nischenartigen Mauerblende, die Büste Shakespeares, halbe Figur, auf die unten liegenden Steine, ein unbewußt burleskes Arrangement, das nahezu den Eindruck macht, als stehe ein Begrabener ruhig am Fenster und sehe auf seinen eignen Grabstein nieder.

Diese Büste Shakespeares war ursprünglich bunt bemalt, und hundertfünfzig Jahre lang lugte der Dichter hier aus seiner Nische hervor, braunen Auges, in rotem Wams und schwarzem Oberkleid – mehr ein *Wächter neben* dem Grabe als ein Denkmal *auf* demselben. Erst 1793 änderte sich plötzlich Kostüm und Kolorit. Mr. Malone, der berühmte Shakespeare-Forscher, empört, die Büste seines Helden in bunter Bemalung zu erblicken, die seinem Auge (in einer Zeit, wo nur das Farblose galt) als Inbegriff alles Häßlichen und Barbarischen erscheinen mußte, ließ eine weiße Kalktünche auf dieselbe auftragen und glaubte seine und seines Helden Ehre gerettet zu haben. Aber mitnichten; was ihm, dem Begeisterten, als ein Akt gebotener Pietät erschien, das hat ihm die Nachwelt als einen Akt der Impietät gedeutet, und die Büste, nachdem sie 60 Jahre lang in Weiß gegangen, ist wieder in ursprünglicher Buntheit hergestellt worden. Wohl mit Recht. Überall, wo es sich um Erinnerungsstücke handelt, die fast den Charakter der Reliquie tragen, geht die Echtheit über die Schönheit, jedenfalls aber über die *mißverstandene* Schönheit und jene modische Laune, die sich nur Schönheit *dünkt.*

Die Büste selbst, von Gerard Johnson herrührend, wurde wenn nicht zu Lebzeiten Shakespeares, so doch unmittelbar nach seinem Tode gefertigt. Sie ist echt.

Dennoch aber, mächtiger als diese Büste des Dichters berührt uns der Stein, unter dem er selber ruht. Seine Inschrift lautet:

Laß, Freund, um Jesu willen du
Den hier verschloßnen Staub in Ruh!
Gesegnet, wer verschont den Stein,
Verflucht, wer rühret mein Gebein.

Viel ist an dieser Inschrift herumgedeutelt worden; man hat ihr den Sinn untergeschoben, daß Shakespeare schon die feindliche Hand des Puritanismus erblickt habe, begierig, seinen Staub in alle Winde zu streun. Ich bezweifle die Richtigkeit dieser Auslegung. Es sind Worte, die nichts andres ausdrücken wollen als die tiefe Sehnsucht nach *Ruhe.* Gleichviel indes, was sie tieferen Sinnes meinen mögen und was nicht, sie haben alle Zeit über, schützend wie ein Cherubim, über seinem Grabe gestanden und werden es ferner. Aber verschwänden sie auch oder höbe sich der Stein von seiner Stelle – den Staub unter ihm würde hinfort keine schändende Feindeshand, sondern immer nur die Hand der Verehrung berühren, demütig, andächtig, bewundernd, guter Vorsätze voll, wie wir heute an ihn selber herantreten und sein Gedächtnis feiern.

William Shakespeare

Walter Scott

Am 15. August werden es hundert Jahre, daß zu Edinburgh der große Romandichter unseres Jahrhunderts geboren wurde: *Walter Scott*. Diese Zeilen sollen seiner gedenken. Es kann nicht meine Absicht sein, *Neues*, sei es über den äußern Gang seines Lebens, sei es über seine Werke oder seinen Charakter, sagen zu wollen; – selten ist ein Dasein so liebevoll beobachtet, so ausführlich, bis zum Minuziösen, dargestellt worden; mir verbleibt nur, zurückzublicken, zusammenzufassen und dem Gefühle des Dankes darüber, daß er der Welt geschenkt wurde, Ausdruck zu geben. Wenige haben gelebt, die so viele Herzen gelabt, erheitert, erhoben haben. Er konnte es, weil er vor allem eine unendlich liebenswürdige Natur war und Großes und Kleines, das er schuf, den gleichmäßigen Ausdruck einer reinen und schönen Seele darstellte. Er reiht sich jenen Auserkorenen an, zu denen die Décadencezeiten zurückzukehren haben, um sich Gesundheit zu trinken.

Walter Scott, wir rekapitulieren, erblickte am 15. August 1771 das Licht der Welt. Seine Mutter war eine Rutherford. Der Knabe schien kerngesund; mit anderthalb Jahren indes bekam er das «freiwillige Hinken». Alle angewandten Mittel (beispielsweise Einwicklung in die Haut eines frischgeschlachteten Kalbes) schlugen fehl; so traf es sich denn später, daß die beiden großen zeitgenössischen Poeten Englands und Schottlands Hinkefüße waren: Lord Byron und Walter Scott.

Von Jugend auf zeigte er eine eminente Begabung. Geschichten und Gedichte übten eine wunderbare Wirkung auf ihn; die alte Ballade von Hardyknut, so lang sie war, konnte er in seinem sechsten Jahre auswendig, und wenn er später

Dichtungen rezitierte oder las, fühlte er sich jedesmal inmitten der Aktion und zitterte, weinte, lachte, je nach dem Inhalt. Als er, durch einen Zufall, die Bekanntschaft einiger Bände Shakespeare machte – er mochte damals elf Jahre sein – sah er, um mit Schlegel zu sprechen, den Vorhang von einer neuen Welt «hinweggezogen»; im Hemd am Kaminfeuer sitzend, las er beim Schein der Flamme bis in die Nacht hinein – entzückende Stunden, die ihm immer in Erinnerung geblieben sind.

Walter wurde für die juristische Karriere bestimmt. Auch der Vater bekleidete ein Amt beim schottischen Gerichtshofe. Es scheint nicht, daß der Sohn mit eigentlichem Widerstreben in diesen Beruf eintrat, trotzdem er in späteren Jahren, humoristisch wie immer, schrieb: «Eine schottische Eigentümlichkeit ist es, daß jeder glaubt, Jurist werden zu müssen. Ist er dumm – die Juristerei wird ihn klug machen; ist er arm – so wird er reich werden; ist er leichtfertig – so wird er sich Würde aneignen; ist er begütert – so kann ihm der Posten eines Grafschaftsrichters gar nicht entgehen. So wird *alles* Jurist, und keiner kommt zu etwas.» – Es ist andernorts ziemlich ebenso.

Wir gehen über das nächstfolgende Jahrzehnt seines Lebens schnell hinweg; sechsundzwanzig Jahr alt vermählte er sich, zwei Jahre später wurde er Sheriff von Selkirk; er war beliebt, er prosperierte, ein weiteres Emporklimmen auf der Rangstaffel schien ihm gesichert. Der Gedanke einer *literarischen* Laufbahn lag ihm damals noch fern, um so ferner wohl, als er, bei einem starken aristokratischen Gefühl (übrigens darin ganz mit der öffentlichen Meinung übereinstimmend), eine Schriftstellerexistenz nicht als voll und ebenbürtig ansehen mochte. Er ahnte nicht, daß sein Poetentum, das er bis dahin nur «comme amateur» und nach Art eines höher potenzierten Gelegenheitsdichters geübt hatte, ihn innerhalb zweier Jahrzehnte über alle Lordoberrichter seines Landes erheben würde. Wenn es nach Ablauf dieser Epoche vielleicht noch *einen* gab, der dies bezweifelte, so war dieser eine er selbst.

Ich sagte, er betrieb die literarischen Dinge comme amateur; ich hätte auch sagen können, er betrieb sie als Sammler. Eine *alte* Ballade entdecken stand ihm noch höher als eine neue schreiben; er suchte, er forschte, er reiste im Lande umher, und noch um zehn Jahre früher, als die Gebrüder Grimm auf sehr ähnliche Weise jene Märchen sammelten, die seitdem wohl unbestritten eins der gefeiertsten Bücher aller Zeiten und Literaturen geworden sind, hatte Scott ein verwandtes Sammelwerk zusammengetragen: «Die alten Balladen des schottischen Grenzlandes» (The Minstrelsy of the Scottish Border). War dies ein Schatz in sich, so lag doch sein größter Wert darin, daß ein viel größerer noch aus ihm emporwuchs, ein Schatz, der damals von niemandem, am wenigsten von dem Sammler selbst geahnt wurde. Nur ein einziger Kritiker, der das Werk besprach, machte die prophetische Bemerkung, «daß in dieser Minstrelsy der Stoff zu hundert historischen Romanen enthalten sei». Er hatte wahr gesprochen.

Diese «hundert historischen Romane» ließen freilich noch auf sich warten, wenigstens in *der* Form auf sich warten, in der der moderne Roman zu uns zu sprechen pflegt; aber doch begann diese Kollektion von Balladen sofort ihre Frucht zu tragen, und zwar, wie billig, zunächst beim Sammler selbst. Walter Scott, durch andauernde, hingebendste Beschäftigung mit diesen Dingen, hatte sich die Geschichte seines Landes, dabei gleichzeitig die scharf gezeichneten Lokalitäten, die den Hintergrund oder die Bühne für all dies Geschehene bildeten, und endlich, als Wichtigstes, den in seiner Simplizität so tief treffenden Klang der alten Balladen so ganz zu eigen gemacht, daß er, schöpferisch von Grund aus, in demselben Augenblick, wo er zu produzieren begann, nun auch im Einklang mit allem, was jahrelang auf ihn eingestürmt war, an die Gestaltung des in ihm Lebenden herantreten mußte. So entstanden seine «Poetischen Erzählungen», jene glänzenden Arbeiten, die, die Mitte seines Lebens ausfüllend, ein Nachklang sind aus der Balladenfülle seiner Jugend und ein Vorklang aus der Romanfülle seiner reiferen Jahre. Dieser poetischen Erzählungen waren im ganzen neun, doch haben nur die drei ersten, die übrigens in großen Pausen erschienen, ein tiefergehendes Interesse. Es waren dies: «Das Lied des letzten Minstrel» (The lay of the last Minstrel), «Marmion, eine Erzählung aus der Schlacht bei Flodden» und «Die Jungfrau vom See» (The lady of the Lake). Auf die Bedeutung dieser drei Dichtungen, auf die Wertstellung, die sie untereinander einnehmen, komme ich zurück.

1810 war die «Jungfrau vom See» erschienen, 1814 erschien «Waverley», sein erster *Roman*. Hiermit fing ein neuer Lebensabschnitt für ihn an. Den Dichter ließ er fallen, der «novel-writer» trat an seine Stelle. Er erzählte, vielleicht wie nie vorher erzählt worden ist, wahr, schlicht, ohne Anstrengung, vor allem unerschöpflich, ganz wie jener Kritiker prophezeit hatte, daß «in jener Sammlung alter Balladen der Stoff zu hundert Romanen stecke». Der glänzenden Leistung entsprach der Erfolg. Es gab keinen Erdenwinkel, wohin die mit unglaublicher Schnelligkeit sich folgenden Werke des Waverley-Verfassers nicht gedrungen wären; in alle Sprachen übersetzt, wurden sie begehrt wie das tägliche Brot. Eine eigene Form des Enthusiasmus wurde geboren, hier und da ans Krankhafte streifend, so daß auch Werke erschienen, die diese Begeisterung zu ironisieren und auf ein verständiges Maß zurückzuführen suchten. Aber dies waren Vorgänge innerhalb abgegrenzter literarischer Zirkel; das große Publikum stand außerhalb solcher Einflüsse und las und – staunte weiter. Einzelnes kam zu geringerer Geltung; die Produktion indessen war so rapid, daß, eh noch Mut und Überzeugung gefunden worden waren, um festzustellen, daß das eine oder andere die Erwartungen *nicht* befriedigt habe, schon wieder die Kunde von einem neuen Werke herüberdrang, dessen Schönheit und fesselnder Reiz alles Frühere überstrahlte.

Hatte die «Braut von Lammermoor» einige Enthusiasten enttäuscht, so hob ein Vierteljahr später «Ivanhoe» den sinkenden Enthusiasmus wieder auf schwindelnde Höhen, ließen das «Kloster» oder der «Abt» einzelne Ansprüche

Walter Scott

unerfüllt, so riß «Kenilworth» wieder alles glänzend heraus. Der Waverley-Verfasser, wie in seinem Namen, so war er auch in dem Reichtum seines Geistes vollkommen rätselvoll; er war ein Zauberer, der die Gemüter im Bann seiner Kunst hatte.

Dies dauerte zwölf Jahre. Das Erscheinen «Waverleys» fiel mit dem Sturz der napoleonischen Herrschaft zusammen, und man darf ohne Übertreibung sagen, der Name Walter Scott fing an, den Namen Napoleon im Munde des Volkes, wenigstens der Gebildeten aller Völker, abzulösen. Unsere Zeit besitzt jetzt wieder einen Namen, der «Haushalt-Wort» über die ganze Welt hin geworden ist – es gibt keine Südseeinsel, wohin nicht der cri de guerre Bismarck gedrungen wäre. Der Weltname *jener* Epoche war Scott.

So gingen die Dinge bis zum Jahre 1826. Da brach es plötzlich über den bis dahin vom Glück Getragenen herein. Eines Tages wußte er, der gastfrei gewesen war wie ein Patriarch, der gelebt hatte wie ein Fürst – er wußte, daß er ein Bettler sei. Die Firma Ballantyne, in der seine Werke steckten, hatte Bankrott gemacht. Dieses Ereignis traf ihn anders, wie sonst wohl Schriftsteller von solchen Vorgängen betroffen werden. Er hatte nach den ersten glänzenden Erfolgen seines «The lay of the last Minstrel» der Versuchung nicht widerstehen können, an dem Gewinn, den das Gedicht brachte, über das bloße Honorar hinaus teilnehmen zu wollen, er war stillschweigender, aber erster, tonangebender Partner des Geschäftes geworden, hatte zwanzig Jahre lang alle erdenklichen Vorteile aus dieser Sonderstellung gezogen (er betrachtete die Ballantynes wie ein Bankhaus, auf das er nach Gutdünken Wechsel zog) und mußte nun den furchtbaren Rückschlag kennenlernen, der ihm aus dieser Sonderstellung erwuchs. Er verlor nicht bloß ausstehende Honorare, er verlor auch sein Vermögen, und er verlor nicht bloß dieses, sondern hatte auch mit seiner Person, mit Ehre und Leben aufzukommen für das, was *fehlte*, für die Summe *unter* Balance. Diese Summe war enorm. 117000 Lstr., nahe an 800000 Taler! Wenn uns schon jetzt diese Zahlen erschrecken, wie anders damals, wo der Wert des Geldes, auch in England, mindestens das Doppelte betrug von dem heutigen.

Über diesen Bankrott ist innerhalb der Scott-Literatur noch wieder eine Spezialliteratur erschienen, in der, von zwei verschiedenen Lagern aus, die Frage erörtert worden ist: wem die eigentliche Schuld zuzuschieben sei, den Ballantynes oder aber Scott selber. Ich vermute, daß beide daran zu tragen haben. Soll denn aber durchaus abgewogen werden, so möcht ich vermuten, daß auf Seite Scotts die größere Schuld zu suchen sei. Scott, peinlich-ordentlich in Aufzeichnung von Sixpenceausgaben, kümmerte sich um das, woran seine ganze äußere Existenz hing, nicht im geringsten; nie hat er Rechnungsablage verlangt oder auch nur einen flüchtigen Blick in den Gang des Geschäftes getan. Fast könnte man annehmen, er unterließ es absichtlich, um nicht in *dem* behindert zu werden, was seinen zweiten, größeren Geschäftsfehler ausmachte: beständiges Ziehen auf das Haus Ballantyne. Die Ballantynes ihrerseits hinwiederum begingen die Schwäche, nie ein wohlmotiviertes «Nein» zu sagen, nie eine Warnerstimme hören zu lassen. In Verehrung gegen Scott ließen sie's gehen und glaubten sich zu diesem Gehenlassen um so mehr berechtigt, als sie gleichzeitig ein unbegrenztes Vertrauen in die Unbegrenztheit seines Könnens und in das Wachsen seines Ruhmes setzten. Sie sagten sich: Haben wir 50000 Exemplare von «Ivanhoe» in die Welt geschickt, warum nicht 100000 von dem eben erscheinenden «Kenilworth»? So gaben sie endlos, wie endlos gefordert wurde. Charakteristisch ist es übrigens, daß nie ein Wort der Anklage über Scotts Lippen gekommen ist. Zur Hälfte wurzelte das in seiner nachsichtigen, durchaus nobel angelegten Natur, zur andern Hälfte aber wohl darin, daß er selber den Ballantynes die *kleinere* Schuld beimaß.

117000 Lstr.! Dies war die Summe, für die er aufzukommen hatte, und er trat für sie ein, wie ich absichtlich mich ausdrückte: mit «Ehre und Leben». Diese Schuld zu tilgen war ihm von diesem Augenblick an noch die große «Ehrensache», die ihm oblag, und an ihre Ausfechtung setzte er das Leben selbst. In Überarbeit opferte er sich hin. Er fiel kämpfend wie ein Krieger in der Schlacht. Sein Fleiß überstieg jedes begreifliche Maß, tagelang saß er wie angekettet an seinem Schreibtisch, nur das *eine* Ziel im Auge: die Schuld zu tilgen. Vier Jahre lang hielt seine eiserne Gesundheit dieses Martyrtum aus, zwei Drittel (80000 Lstr.) war heruntergearbeitet; er hätte das Ganze geleistet – da brach er zusammen.

Das große Werk dieser Epoche war das «Leben Napoleons» gewesen; anderes: Romane, historische Abhandlungen, kürzere Erzählungen mischten sich mit ein. Nicht alles stand auf der Höhe seiner *freien* Jahre, aber auch noch in dieser geistigen Frone blieb er der große Mann, und einzelnes, wie die «Erzählungen eines Großvaters», reihte sich seinem Besten und Vollendetsten an.

Im Winter 1830 zeigten sich Spuren einer mehr und mehr zunehmenden Lähmung. Die Ärzte hofften Besserung von Luft- und Ortswechsel, von einem südlichen Klima; vor allem sollte er der Arbeit entrissen werden. So ging er nach Italien, erst nach Neapel, dann nach Rom, sein Zustand indessen verschlimmerte sich, und im Juli kehrte er nach London, von dort nach seinem geliebten Abbotsford zurück.

Sein baldiges Hinscheiden schien gewiß; aber sein kräftiger Körper, seine Lebensenergie schoben den Tod länger hinaus, als zu erwarten stand. Es verflossen noch Monate, eh der letzte Funke erlosch. Nichts ist schöner und rührender als ein Blick auf diese letzten Lebenswochen. Auch die letzten Schlacken fielen ab. Wir verweilen mit Vorliebe gerade bei diesem Hinscheiden, weil es den *Menschen* Scott am schönsten zeichnet.

Etwa am 10. oder 11. Juli war er wieder in Abbotsford eingetroffen, nach dem er, während der letzten Wochen in Italien, eine krankhafte Sehnsucht gehabt hatte. War es, daß er von der heimatlichen Luft Heilung, Trost erwartete oder daß er an dem Orte sterben wollte, der ihm der liebste war?

Am andern Morgen verlangte er, daß man ihm etwas vorlese. Sein Schwiegersohn Lockhart fragte: «Aus welchem Buche?» – «Welche Frage», antwortete Scott, «es gibt nur eins.» So wurde das 14. Kapitel des Evangeliums Johannis gelesen. Es erhob ihn ersichtlich.

Einige Tage später äußerte er den Wunsch zu arbeiten. Man mußte ihm willfahren. «Nun gebt mir meine Feder und laßt mich einen Augenblick allein.» Die jüngste Tochter legte die Feder in die Hand, aber die Finger vermochten sie nicht festzuhalten – sie fiel aufs Papier. Da sank er zurück in die Kissen des Stuhls und weinte still.

Er wurde schwächer, Tage und Wochen schwanden, er schien apathisch, sprach nicht, nur dann und wann konnte man vernehmen, daß er Bibelsprüche murmelte oder die Anfangszeilen des Stabat mater eintönig sprach.

So kam der 17. September. Er wußte nun, daß er sterben müsse, und um Abschied zu nehmen, ließ er Lockhart rufen. Als dieser kam, sagte der Scheidende ruhig: «Lockhart, ich habe vielleicht nur noch eine Minute Zeit, mit dir zu reden. Mein lieber Freund, sei gut, sei brav, sei fromm – das allein wird dir Trost gewähren, wenn du einst daniederliegst, wie ich jetzt liege.»

Dies waren seine letzten Worte. Aber er lebte noch vier Tage. Am 21. September hauchte er, umgeben von seinen Kindern, seine Seele aus. Sein Biograph schreibt: «Es war ein klarer warmer Tag und die Luft so still, daß man im Sterbezimmer das Rauschen des Tweed vernehmen konnte, ein Ton, der des Dichters Herz zu allen Zeiten mit immer neuer Freude erfüllt hatte.»

In Dryburgh Abbey wurde er begraben.

Scott war tot; seine Werke blieben. Zunächst ein Wort über diese.

Seine Produktion umfaßt alle Formen der Dichtung, ja mehr, der schriftstellerischen Tätigkeit überhaupt. Lieder, Balladen, Dramen, Erzählungen in Vers und Prosa, Romane, Abhandlungen, Historien, alles floß aus seiner Feder. Nicht auf jedem Gebiet war er ein Meister. Im Schauspiel scheiterte er, seine Lieder und Balladen sind nur «gut mittel», bis zur eigentlichen Historie (schon weil er zu *rasch* produzierte) arbeitete er sich nicht durch, aber unübertroffen war er und *ist* er als Erzähler. Nur auf *diesen*, den Erzähler, richten wir unsern Blick, also auf den Verfasser jener drei epischen Dichtungen («Last Minstrel», «Marmion», «Lady of the Lake») und jener langen Reihe unsterblicher Romane von «Waverley» bis «Woodstock».

Was nun zuvörderst die drei epischen Dichtungen angeht, mit denen er seine glänzende Laufbahn einleitete, so stehen sie, bis diesen Tag, einzig da im *Deskriptiven*. Welche Beschreibung beispielsweise von Melrose Abbey!

Und willst du des Zaubers sicher sein,
So besuche Melros' bei Mondenschein;
Die goldne Sonne, des Tages Licht,
Sie passen zu seinen Trümmern nicht.
Wenn die Bögen und Nischen im Schatten stehn,
Die Ecken und Pfeiler wie Silber sehn,
Wenn das weiße, kalte, zitternde Licht
Um den Mittelturm seine Girlanden flicht,
Wenn die Strebepfeiler sich wechselnd reihn,
Halb Ebenholz, halb Elfenbein,
Wenn's schneeig auf allen Gräbern liegt
Und die weißen Figuren noch weißer umschmiegt,
Wenn das Rauschen des Tweed, weitab gehört,
Wie Summen die nächtige Stille stört, –
Ja, *dann* tritt ein! Bei Mondenschein
Besuche Melros' und – tu es *allein.*

Hier ist etwas *Architektonisches*, das er schildert; wenn es möglich ist, gehen seine *Landschafts*-Schilderungen (wir erinnern an die ersten Strophen der «Lady of the Lake») noch darüber hinaus. Vor allem unübertroffen erwies er sich in diesen Dichtungen in dem, was man als «romantischen Ton» zu bezeichnen pflegt, ein undefinierbares Etwas, das, allem Verstand, aller Korrektheit, aller Historie zum Trotz, oft in direktem Gegensatz gegen diese drei, den innersten Menschen gefangennimmt; ein Klang, eine allen Gesetzen der Logik entrückte höhere Sprache, die bezaubert, ohne daß man sich Rechenschaft davon zu geben vermag, weshalb und woher; ein Nichts, ein weniger als Nichts, eine belächelnswerte Torheit und doch immer wieder siegreich, vorausgesetzt, daß sich ein Band geheimnisvollen Verständnisses zwischen dem Dichter und seinem Hörer webt, denn es gibt freilich (unbeneidenswerte) Sinne, die diesem Zauber für immer verschlossen sind.

Dieser romantische Ton erscheint uns wie als der größte Zauber so auch als das größte Verdienst dieser drei Dichtungen, und weil dem so ist, so muß uns wiederum «The lay of the last Minstrel» als das wertvollste unter den dreien berühren, weil in ihm dieser Ton am entschiedensten klingt.

Nine-and-twenty knights of fame
Hung their shields in Branksome Hall;
Nine-and-twenty squires of name
Brought them their steeds to bower from stall;
Nine-and-twenty yeomen tall
Waited, duteous, on them all:
They were all knights of mettle true,
Kinsmen to the bold Buccleuch.

In freier Übersetzung, die sich selbstverständlich vor allem die Aufgabe stellt, den *Ton* zu treffen, etwa wie folgt:

Neunundzwanzig Schild und Wappen
Hingen die Ritter in Hall und Schloß,
Neunundzwanzig Edelknappen
Hielten im Hof das gesattelte Roß,
Neunundzwanzig Bogenschützen
Warteten ihrer in schottischen Mützen,
Alle tapfer und treu dazu
Und Vettern alle vom Hause Bucclù.

Ich gebe noch ein zweites Beispiel, und zwar aus derselben Dichtung. Wenige Strophen weiter heißt es:

Why do these steeds stand ready dight?
Why watch these warriors, armed, by night?

They watch, to hear the blood-hound baying,
They watch, to hear the war-horn braying,
To see St. George's red cross streaming,
To see the midnight beacon gleaming;
They watch against Southern force and guile,
Lest Scroop or Howard or Percy's powers
Threaten Branksome's lordly towers
From Warkworth or Naworth or merry Carlisle.

In der Übertragung etwa:

Was ist es, das bei Tag, bei Nacht
Sie satteln heißt und wachen macht?
Das macht, sie horchen von Stunde zu Stunde
Auf des Hornes Klang, auf den Anschlag der Hunde,
Sie lugen, ob nicht vom Tau gefeuchtet
Von Süden her ein Banner leuchtet,
Das *englische* Banner, das Kreuz in Rot,
Das Scroop und Howard und Percy führen,
Da heißt es: «Sei fertig, oder – sei tot»,
Da heißt es sich wahren, sich tummeln, sich rühren.

Gegen die Schönheit solcher Stellen wird sich niemand verschließen können, der eben das Organ hat für solche Klänge; aber (und ein Glück, daß es so ist!) man hält diesen Ton nicht lange aus. Er darf nicht andauern.

In Strophen wirkt er bestrickend; werden diese Strophen aber zu Gesängen, wird aus der Ballade ein Buch, so erlahmt das Interesse. Bei wem es nicht erlahmt, der ist krankhaft organisiert, während einzelne maßhaltende Akkorde gerade über die gesundesten Herzen Gewalt gewinnen. Bekannt ist der schöne Ausspruch des tapfern Sir Philipp Sidney: «Die Chevy-Chase-Ballade habe sein altes Herz immer wie Trompetenklang getroffen», aber – Chevy-Chase ist eine Ballade, kein Epos. Von allem Feinsten und Besten kann man nur ein bescheidenes Teil ertragen; daher kommt es denn auch, daß diese Scottschen Dichtungen erst zu voller Geltung kommen, wenn man sie seitenweise liest, wie man etwa nur ein Spitzglas voll Zyperwein trinkt. Als *Ganzes* und ohne zeitweilige Unterbrechung gelesen, ermüden sie zuletzt; und weil eine Erzählung doch im großen und ganzen geschrieben wird, um in ihrer Totalität genossen und gewürdigt zu werden, so liegt hier etwas vor, das immerhin auf einen Kardinalfehler, auf ein gewisses Mißverhältnis zwischen Form und Inhalt deutet. Nichts ist deshalb falscher, als diese Dichtungen, wie es eine Zeitlang Mode war, über Scotts spätere Prosaerzählungen erheben zu wollen. Der *Mensch* bleibt in aller Kunst doch immer die Hauptsache; das bloß beschreibende Talent verschwindet neben der Gabe der Charakterzeichnung, und Fergus MacIvor («Waverley»), Jonathan Oldbuck («Altertümler»), Jenny Deans («Kerker von Edinburgh») sind Figuren, die alles, was an Deskriptivem im «Letzten Minstrel» und der «Jungfrau vom See» geleistet ist, wie eine Feder in die Luft schnellen.

Der große, unsterbliche Dichter, der Shakespeare der Erzählung – als ein solcher tritt er uns allein in seinen Romanen entgegen. Man kann sagen: in *allen.* Sie haben, wie alles Irdische, ihre Unvollkommenheiten, ihre Mängel, die zum Teil aus einer gewissen Hast des Produzierens, zum Teil aus seiner Sammelwut und Kuriositätenkrämerei hervorgegangen sind, aber auch noch die schwächeren dieser Arbeiten sind entzückend durch Liebe und Kenntnis der Heimat, durch Reinheit des Empfindens und der Gesinnung, durch rührende Simplizität und vor allem durch einen sich immer gleichbleibenden Humor, der alles trägt, alles durchdringt und durchleuchtet. Welchem unter seinen zahlreichen Romanen die Palme gebührt, das ist schwer zu beantworten, viel schwerer als die oben angeregte und für uns wenigstens leicht zu entscheidende Frage: ob den Erzählungen in Versen oder den Prosaerzählungen (den Romanen) der Vorzug gebühre? Es wird die Antwort auf die Frage jedesmal davon abhängen, welchen Punkt man geneigt, oder sagen wir lieber, der eignen Natur nach *gezwungen* ist am meisten zu betonen. Der Romantische wird für «Ivanhoe», der historisch Beanlagte für «Kenilworth» oder «Woodstock», der Humoristische für den «Altertümler», der Rührendes oder dramatisch Erschütterndes Verlangende für das «Herz von Midlothian» eintreten; wer aber, so meinen wir, den schönen Zusammenklang aller dieser Elemente haben will, der wird es wie wir machen und sich für den «Waverley» entscheiden. Er tritt bei dieser Gelegenheit in gute Gesellschaft. Der Prinzregent, der nicht bloß in Jabots und Hemdknöpfen einen feinen Geschmack hatte, stellte, bei aller Verehrung für *alles*, was von Scott kam, doch «The lay of the last Minstrel» und «Waverley» in den Vordergrund. In beiden, so meinen wir, hatte er recht.

«Waverley» war Scotts erster Roman. Und das erste hat meistens die Präsumtion, auch das Beste zu sein. Der Brunnen ist am Morgen am frischesten. Das trifft auch bei «Waverley» zu. Selbst das Unreife und Ungewandte, was sonst ersten Arbeiten anzuhaften pflegt, es fehlt hier, weil Scott, als er diesen seinen ersten Roman schrieb, zwar noch ein Neuling auf diesem Gebiet, aber kein Neuling im Leben und Schaffen überhaupt war. Er stand in der Mitte seiner Tage, gereift und frisch zugleich. Einige haben den «Waverley» weniger interessant, noch andere ihn geradezu langweilig finden wollen. Nur vom Standpunkte allermodernster Sensationsromantik aus ist dies richtig. Wer, wenn er sich auf diese Weise streckt, nicht das kühle Labsal des Grases, sondern das Stechende eines Nesselbusches verlangt, nur *der* kann sich gelangweilt von dieser liebenswürdigen Schöpfung finden. Welche Fülle lebenswahrster Gestalten: Fergus MacIvor und seine Schwester, der alte Bradwardine und seine Tochter, der stupide, aber selbstbewußte Lord von Balmawhapple, Evan Maccombich, Callum Beg, der Räuber Donald Bean Lean, alles nach dem Leben porträtiert und doch alles verklärt, in eine zauberische höhere Sphäre gezogen, die uns völlig gefangennimmt und uns Seite um Seite bedauern läßt, unsern eigentlichen Beruf verfehlt zu haben, der natürlich auch darin bestanden haben würde, statt der Beinkleider den Kilt und statt des Rockes den Tartanplaid zu tragen. Dazu, während sich alles so natürlich zu geben scheint, gerade in *diesem* Romane, welche Kunst der Komposition, welche diplomatisch geschickte Überwindung politischer Schwierigkeiten! Mit jener feinen Fühlung, jenem das Richtige treffenden Instinkt, wie er sich nahezu bei allen großen Poeten findet, ist hier das Torytum, der alte Stuartstandpunkt glorifiziert, ohne doch dem Hause Hannover oder dem whiggistisch-englischen Gefühl zu nah zu treten. Sehr geschickt ist hier poetische und politische Berechtigung getrennt worden und zwischen beiden vermittelt. Die Gestalt des «Waverley», meist einfach als nichtssagend beiseite gestellt, ist für den, der scharf zusieht, ein Meisterstück. Diese hier angeregte Seite des Romans ist deutscherseits selten ausreichend gewürdigt worden, weil den wenigsten Lesern vorschweben konnte, welche heiklen Fragen hier zu berühren waren.

Der großen schöpferischen Periode Walter Scotts, die den Zeitraum von 1814 bis 1826 umfaßte, gehört noch ein anderes Werk an, das ihm nahezu mehr Herzenssache war als alle seine anderen Hervorbringungen, ein Werk, das alles verschlang, was diese einbrachten, und die traurige Katastrophe, über die ich bereits berichtet, mit vorbereiten half. Diese seine teuerste Schöpfung, die er selbst als eine «Romanze in Stein und Mörtel» bezeichnete, war *Abbotsford*.

Ich verweile dabei wenigstens vorübergehend, weil das, was er hier herstellte, ebenso charakteristisch für Scott ist, wie es verhängnisvoll für ihn wurde.

Er kaufte *Abbotsford* 1811 von den glänzenden Erträgen, die er aus «Marmion» und der «Lady of the Lake» gezogen hatte. Das Gut, am Tweed in der Nähe von Melrose gelegen, hieß bis dahin Cartley Hole; er gab ihm den poetischen Namen, unter dem es berühmt geworden ist. Er verwendete große Summen auf Ausbau und Ausschmückung, dabei von dem doppelten Wunsche geleitet, sich selbst eine Art Altertümermuseum, ein schottisches Reliquienhaus zu gründen, seiner Familie aber ein schönes Besitztum zu hinterlassen. Er hat beides erreicht, aber ein drittes, das sich anscheinend so natürlich hier hätte geben müssen, ist ausgeblieben. Der Ort, mit all seiner Schönheit, seinen reichen Erinnerungen und seinen direkten Hinterlassenschaften interessiert weniger, als man annehmen sollte, er übernimmt vielmehr wider Willen die Beweisführung, daß sich «eines nicht für alle schickt» und daß die Wiederbelebung des Vergangenen, das Ausschmükken einer modernen Schöpfung mit den reichen poetischen Details des Mittelalters auf *einem* Gebiet (nämlich in der Poesie) bezaubern und hinreißen und auf dem andern Gebiet, in der Architektur also, zu einer bloßen Schnurre und Absonderlichkeit werden kann. Diese «Romanze in Stein und Mörtel» nimmt sich, um in *dem* Vergleiche zu bleiben, den der Dichter selbst gewollt hat, nur etwa aus, als habe er in einem seiner Schreibtischkästen hundert hübsche Stellen aus allen möglichen alten Balladen gesammelt, in der bestimmten Erwartung, durch Zusammenstellung solcher Bruchstücke eine eigentlichste *Musterromanze* erzielen zu können. Es fehlt aber der Blitz, der stark genug gewesen wäre, die widerstrebenden oder doch mindestens durcheinandergewürfelten Elemente zu etwas Einheitlichem zusammenzuschmelzen. Wie man Gesellschaftsgedichte nach Endreimen macht und das Papier umklappt, um völlig außer Zusammenhang mit *dem* zu bleiben, der vor uns seine Zeile geschrieben hat, so ist Abbotsford einem halben Hundert Schlagwörter zuliebe, die in der Gestalt alter Hinrichtungsblöcke, Gefängnistüren, Riesenschwerter etc. sich präsentieren, gebaut worden. Es tritt einem, wovon gerade die eigentlichen Geisteswerke Scotts so frei sind, etwas *Gesuchtes* in dem Ganzen entgegen, das durch eine gewisse vornehme Sauberkeit, fast möcht ich sagen, durch eine Art aristokratischer Patentheit, den Besucher noch weniger wohltuend berührt, als es ohnehin schon der Fall sein würde. Ein späteres Jahrhundert wird das Urteil freilich günstiger gestalten; dann wird die Poesie des Verfalls in aller Echtheit über das Ganze gekommen sein, und der Efeu wird es umspinnen, der eben über alles Tote hinwachsen muß, um es zu verklären. Das Putzen, Harken und Abzirkeln ist das letzte, was diese Dinge vertragen können.

Wir sind bis hierher dem Leben und den Werken Scotts gefolgt; auch noch ein Wort über den Mann selber. Er war der liebenswürdigsten Sterblichen einer, die je gelebt haben: brav, gütig, gastfrei; keusch ohne Prüderie, fromm ohne Langeweile und Himmelsanmaßung; ein feuriger Patriot, ein rücksichtsvoller Gatte, ein zärtlicher Vater; leichtlebig, heiter, gesund, ohne «Nerven» und ohne Sentimentalität; ein guter Esser, ein noch besserer Trinker, ein unerreichter Anekdotenerzähler; im besten Sinn eine aristokratische Natur, wahr, voll Selbstbeherrschung, vor allem *bescheiden*. Es kamen zu diesem Schatz gewinnendster Qualitäten noch einige hinzu, die speziell den Romantiker machten: eine Vorliebe – um der Malerei einen Ausdruck zu entnehmen – für das «historische *Genre*», eine Hinneigung zum Abergläubischen, zur Gespensterseherei; dazu Sammeltrieb, Passion für Tiere und Vorliebe für Kuriositätenkram.

Es sei mir gestattet, einige dieser Eigenschaften durch Beispiele zu illustrieren. Zunächst ein Wort über seine großartige *Beherrschungskraft*, die ihn physischen und seelischen Schmerz gleich siegreich überwinden ließ. Als er die «Braut von Lammermoor» schrieb, litt er an täglich (oft mehrmals) wiederkehrenden Anfällen von Magenkrampf. Diese Anfälle dauerten immer Stunden und waren so heftig, daß er laut aufschreien mußte. Trotzdem stellt er in jenen Wochen und Monaten die Arbeit nicht ein; er diktierte an dem genannten Romane weiter; wenn die Anfälle kamen, sprang er auf, rang mit den Schmerzen sich ab, wartete, bis sie vorüber waren, setzte sich dann in totaler Erschöpfung wieder nieder und diktierte weiter. Als er mit der Arbeit zu Ende war und die Drucker erschienen, um ihm die Korrekturbogen vorzulegen, wußte er von dem Inhalt seines eigenen Romans nicht das geringste. Er las in beständiger Sorge, etwas durchaus Verfehltem oder geradezu Unsinnigem zu begegnen, und war schließlich erstaunt, alles in guter Ordnung zu finden. – Ein vielleicht noch größeres Beispiel von moralischer Kraft gab er, als er die Nachricht empfing, daß die Ballantynes, will also sagen *er selbst*, Bankrott gemacht hätten. Er setzte sich nieder, schrieb einige pressante Briefe und dann ein Kapitel an «Woodstock», mit dem er gerade damals beschäftigt war.

Die Art, wie er Gastlichkeit übte, wie er die «honours for all Scotland» machte, ist bekannt. In allem zeigte sich der chieftain, der Häuptling eines Clans. Nichts Kleinliches, immer aus dem vollen, voll Vertrauen zu Gott und zu sich selbst. Dabei freiheitlich, auf sich selbst gestellt in Fühlen und Denken, fertig mit dem ganzen Plunder eines überlieferten Konventionalismus. Wo er britisch-nationale Vorurteile hegte, tat er es nicht im Gehorsam gegen die Disziplin der Mode, sondern weil sich das nationale Empfinden mit seinem persönlichen völlig deckte. Alles Zwangwesen war ihm verhaßt. Seinen Kindern lehrte er vor allem zwei Dinge: die Wahrheit sagen und gut zu Pferde sitzen. Ihm selber waren Sauberkeit und Adrettheit in seiner äußern Erscheinung ein stetes Bedürfnis. «Nichts hasse ich mehr», so pflegte er zu sagen, «als das Schlafrock- und Pantoffelwesen, dem Gelehrte sich so leicht ergeben.» In einem Reitfrack saß er bereits um sechs Uhr früh am Schreibtisch, alles, was er an Nachschlagebüchern gebrauchte, in bester Ordnung um sich her. Einer seiner Lieblingshunde war stets bei ihm.

Seine erstaunlichste Eigenschaft, bewundernswerter fast als sein Talent und seine produktive Kraft, war seine *Bescheidenheit.* Hierin war er eine ganz große Natur, ausgerüstet mit dem unerschütterlichen Sinn für das *Einfache* und Wahre. Das ist es ja auch, was seinen Romanen, neben der humoristischen Durchdringung (die übrigens im innigsten Zusammenhang damit steht), ihren Hauptzauber leiht. Wir verweilen hierbei noch in der Kürze.

In seinen letzten Lebensjahren empfing er unter andern Besuch von Miss Edgeworth. Ein Gespräch entspann sich, und Lockhart machte eine Bemerkung, die nach Scotts Meinung viel zuviel Gewicht auf die *literarische Produktion* legte. Scott wurde fast ungeduldig und sagte dann: «Du beurteilst alles viel zu sehr von Literatur wegen. Ich habe Bücher genug gelesen, um zu wissen, daß die tiefsten Aussprüche, die ich gehört habe, von den Lippen armer ungebildeter Männer und Frauen kommen. Da kamen oft Dinge zutage, die erhabener und ergreifender vielleicht nur noch in der Bibel gefunden werden. Auch der Dichter wird seinen wahren Beruf nur erfüllen, wenn er alles als *eitel* und *wertlos erkennt, was nicht wahre innere Herzensbildung ist.*» Nichts war seinem gesunden Sinn lächerlicher als die Lionschaft literarischer oder künstlerischer Größen, worin London auch damals schon das Unglaubliche leistete. «Ich wurde einst» – so erzählte er über Tisch dem Capitain Hall – «von einem bekannten Londoner Löwenjäger zugleich mit einer berühmten Schauspielerin eingefangen, und man zeigte uns die Gärten und Umgebungen des Landsitzes, wo wir unsere Vorstellungen geben sollten. Mit einem Male befanden sich der Löwe und die Löwin in einem vergitterten Gärtchen. Und nun sagte ich: ‹Wenn ihr ein Vorlegeschloß bei der Hand habt, so können wir nicht mehr entwischen. Ihr könnt nun eine Stange mit einer Flagge aufstecken lassen; die ganze Stadt kommt, zahlt Entree, und dann, mein Fräulein, dann wollen wir, wie es uns zukommt, in großem Stile brüllen.›»

In Paris, ich glaube 1816, lernte er Wellington kennen. Er schrieb über diese Begegnung: «Es war mir in seiner Nähe stets das Gefühl lebendig, daß meine paar Gedichte und Romane seinen Taten gegenüber keinen Sixpence wert seien, wie es mir denn überhaupt nie in den Sinn gekommen ist, die Auszeichnung auf dem Gebiete der Literatur mit der im Staate und im Felde vergleichen zu wollen, ja nicht einmal mit den Leistungen auf anderen Gebieten praktischer Tätigkeit. Neben Watts Dampfmaschine und Davys Sicherheitslampe verschwinden meine Produktionen.» Ähnliches sprach er sehr oft aus. Vielleicht ging er darin weiter als nötig.

Man darf überhaupt sagen, daß er eine Neigung hatte, alles Eigene zugunsten anderer zu unterschätzen. So schreibt er über «Waverley» an einen Freund: «Ich habe in diesem Buche versucht, einige schottische Sitten und Charaktere zu schildern, wie sie in meiner Jugend noch hin und wieder vorkamen. Daß diese Schilderungen im eigentlichen England Freunde finden werden, möchte ich kaum glauben, da die

Scherze und Anspielungen zu großem Teile lokaler Natur sind. Hier in Edinburgh hat es viel Aufsehens gemacht.» Wie ruhig, wie anspruchslos! Und wie feurig war er in seinem Lobe, wenn es die Verdienste eines andern galt. Als einst bei Ballantynes die Frage an ihn gerichtet wurde, wie er wohl glaube, daß seine eigene Begabung sich zu der von Robert Burns verhalte, antwortete er lebhaft: «Zwischen uns ist gar kein Vergleich anzustellen; mit Burns darf ich an ein und demselben Tage gar nicht genannt werden.»

Am glänzendsten zeigte sich seine selbstsuchtlose Bescheidenheit in seinem Verhältnis zu Lord Byron. Dieser war nicht nur der jüngere von beiden, sondern tat dem bis zum Jahre 1810 hin herrschenden Dichter von «Marmion» und «Lady of the Lake» auch das Leid an, ihn durch das Erscheinen «Childe Harolds» in den Schatten zu stellen. Dennoch war und blieb Scott all sein Lebtag eitel Bewunderung für Lord Byron und gab dieser Bewunderung, die sich eigentlich auf all und jedes an ihm bezog, bei jeder Gelegenheit Ausdruck. «Dichter», so sagte er, «sehen selten so aus, wie man sie sich denkt; nur Byron machte eine Ausnahme. Seine Bilder geben uns keine Vorstellung von ihm. Das Licht ist wohl da, aber es ist nicht angezündet. Byrons Gesicht war etwas, wovon man träumen konnte.» Dieselbe Begeisterung hegte er für Byrons Werke. «Er trifft ins Schwarze», so schreibt er, «wenn ich noch nicht einmal meinen Pfeil befiedert habe.» Alles Neue, was von Byron erschien, las er sofort, und zwar laut und mit einer Hingebung, die selbst wieder hinreißend war. Dabei hatte er ein tiefes Mitgefühl mit den Irrwegen, die sein großer Nebenbuhler ging. «Hatte ich Ursache, es unangenehm zu empfinden, daß die Entfaltung seines Genius meine Ansprüche in Schatten zu stellen schien, so konnte ich mich damit trösten, daß die Natur mich selbst mit weit mehr Anlage zu wahrem Glücke gebildet hatte als ihn.»

Selbstverständlich, wir hoben es schon hervor, hatte diese reich und glücklich beanlagte Natur auch ihre Schwächen und Mängel, aber sie verschwanden nicht nur nahezu, sie waren auch vor allem von jener eigentümlichen Art, daß sie dem Gesamtbilde wiederum wie zur Zierde gereichten. Man kann sagen, auch seine Fehler kleideten ihn. Seine geschäftlichen Unkorrektheiten, seine Vorliebe für Anekdoten und Gespenstergeschichten (die ihn mitunter «erfinderischer» machten als nötig), seine *Geheimtuerei*, die ihn bis zuletzt das Bekenntnis seiner Autorschaft hinausschieben ließ, der Hang, wie ein Häuptling zu glänzen, endlich die kleine Eitelkeit, sich in Kilt und Plaid so anziehend zu finden, daß er eine Zeitlang geneigt war, den hochländischen Ursprung seiner Familie nachzuweisen – all dies, wie es mit der poetisch-romantischen Grundlage seiner Natur im innigsten Zusammenhang war, konnte uns den ganzen Mann nur noch menschlich näher führen.

Und wie uns, so seiner Zeit überhaupt! So waren denn die letzten fünfzehn Jahre seines Lebens, trotz jenes Zwischenfalles, der sein äußeres Glück scheitern machte, ein ununterbrochener Triumphzug. *Alles* huldigte ihm: die Heimat, die Fremde, die Fürsten, das Volk. Kam er nach London, so war er Gast des Prinzregenten, der eine ungeheuchelte Verehrung für ihn hegte; alle Minister waren seine Freunde oder seine Gönner – Pitt, Fox, Canning, Castlereagh, wie verschieden sonst, *einig* waren sie in der Liebe zu dem Dichter des «Letzten Minstrel» und des «Herz von Midlothian». Zu allem, was seine Epoche in Kunst oder Wissenschaft Hervorragendes aufwies, stand er in freundlichen Beziehungen: Lord Byron, Thomas Moore, David Wilkie; mit Goethe wechselte er Briefe; Washington Irving beschrieb in einem sketch-book seinen Besuch in Abbotsford; ja der Kosakenhetman Platow umarmte ihn und küßte ihn in einer der Straßen von Paris.

Wenn so die *Welt* ihn feierte, wie erst Schottland! Als die «Jungfrau vom See» erschien, kam auch ein Exemplar, in einem Postfelleisen, nach Spanien zu Capitain Adam Fergusson, der eben damals mit einer Kompanie Hochländer in den Trancheen vor Badajoz lag. Er sammelte seine Leute um sich, und, den hellen Sternenhimmel zu Häupten, las er ihnen die Schilderung der Schlacht im sechsten Gesange.

Immer wenn von der Festung her eine Kugel einschlug, antwortete ein Hoch auf den heimischen Dichter.

Das war 1811. Vierzehn Jahre später stand sein Ruhm auf der Höhe. Es war am Krönungstage des Prinzregenten; Scott war in London und suchte einen Platz in Westminster-Abtei zu gewinnen; aber spalierbildende schottische Füsiliergarde schloß alle Zugänge ab. «Laßt uns gehen, *Sir Walter Scott*», sagte endlich sein Begleiter mit lauter Stimme und suchte den Dichter, dem das lange Stehen seines Fußes halber schwer wurde, aus dem Gedränge zurückzuziehen. Aber bereits hatte der diensttuende Offizier den Namen des Angeredeten gehört. Er sprang vor: «Füsiliere, Platz für Sir Walter Scott!», und unter dem Hurra seiner Landsleute und dem immer erneuten Zurufe «God bless you, Sir Walter» schritt der überraschte und tiefbewegte Dichter auf die Kirche zu.

Solche Huldigungen begleiteten ihn durchs Leben; die größte war vielleicht die, daß ihm, als ihm im Herbst 1831 die Ärzte den Süden angeraten hatten, eine der schönsten englischen Fregatten zur Verfügung gestellt wurde. Es war der «Barham», auf dem er dann auch wirklich, wie ein Inkognitofürst, die Reise machte.

Auch noch ein Wort über die *Bedeutung* des Mannes, die ja oft im umgekehrten Verhältnis zu dem momentanen Erfolge steht. Hier nicht; hier deckte sich beides. Seine Einwirkung ist vielfach eine direkt nachweisbare gewesen. Natürlich gründete er eine Schule; auch geringere haben *das* getan. Cooper, James, Ainsworth, Willibald Alexis, Spindler, Tromlitz – sie stehen alle, ohne dadurch ihre Sonderverdienste einschränken zu wollen, in den Schuhen Walter Scotts. *Viele hundert andere mit ihnen.*

Er war ein Hauptpfeiler echter, *gesunder* Romantik gegenüber jener falschen und *krankhaften* romantischen Richtung, die sich die eigentliche nannte und zu deren Bekämpfung und Verdrängung nichts geeigneter sein konnte als ein völliges Sichvertrautmachen mit der Einfachheit, der durchsichtigen Klarheit der Walter-Scottschen Darstellungsweise.

Der *Nationalitätsidee* hat er vorgearbeitet und Ausdruck gegeben wie kaum ein zweiter. Die Wirkung war um so tiefer, als er völlig unsystematisch verfuhr. Nichts Prinzipielles; die lebendigen Gestalten wirkten, nicht die tote Abstraktion. Was uns jetzt, wo wir im Vollbesitz der Resultate sind, als ein Natürliches, immer Dagewesenes erscheint, war vor kaum siebenzig Jahren ein Neues, ein Werdendes. Er wirkte in diesem Sinne reformatorisch. Dreißig Jahre lang war er vor Europa der «*Sprecher* Schottlands», und man darf sagen, er hat dies Land zu dem gemacht, was es ist oder doch bei anderen Völkern gilt und bedeutet. Es gibt wohl kaum ein anderes kleines Land, vielleicht mit alleiniger Ausnahme der Schweiz, an dessen Schicksalen die Welt seit Beginn dieses Jahrhunderts so lebhaften Anteil genommen hätte und noch nähme als an Schottland. Wenn es möglich wäre, einen Gebildeten aus den neunziger Jahren des vorigen Jahrhunderts über die Highlands und Lowlands, über die Länderstrecken «jenseits des Tweed» zu befragen, so würden wir *sehr* unvollkommenen Vorstellungen begegnen, im günstigsten Falle solchen, wie wir sie jetzt von Jütland oder Finnland oder Norwegen hegen. Erst Walter Scott war es, der uns die Geschichte, die landschaftlichen Schönheiten, die Sagen und Sitten Schottlands bis zu einem Grade erschloß, daß man behaupten darf, die Schicksale der Stuartprätendenten von 1715 und 1745 zählen zu den bekanntesten und beliebtesten Kapiteln, die die Weltgeschichte aufzuweisen hat. Das liegt nicht in dem Gewicht der Dinge selbst, das liegt lediglich in der *poetischen* Bedeutung, die ihnen der nationale Dichter gab. – Kein Wunder, daß die Liebe seines Volks seinen Tod überdauert hat. Zahlreich sind die Erinnerungsmale, die ihm errichtet wurden – unter diesen, als schönstes, das Spitzbogenmonument auf der Prinzenstraße in Edinburgh. Sein eigentlichstes Denkmal aber, jedes andere überdauernd, werden doch immer die Berge und Seen Schottlands bleiben, an deren Namen unveräußerlich der seine sich knüpft wie an den Rütlinamen der Name Schillers oder der Name Shakespeares an den Birnamwald und die Plattform von Helsingör. [1871]

Gedichte
Englisches und Schottisches

1842 bis 1859

Originaldichtungen

In Westminster

Inmitten der Kapelle
(Der halbverfallnen schon)
Von Edward dem Bekenner
Steht Englands Königsthron.

Plump ist sein Holz; sein Linnen
Nicht sauber und nicht klar,
Und doch, bei seinem Anblick
Ergriff's mich wunderbar.

Ich schloß mein Aug; im Geiste
Sah ich an seiner Lehn
Den löwenherz'gen Richard
Und Richard Gloster stehn;

Ich sah die beiden Rosen
An dieser heil'gen Stätt,
Ich sah den achten Heinrich
Und dich, Elisabeth.

Auf schreckt ich aus dem Traume;
Da saß, zu Spott und Hohn,
Ein Leipz'ger Eisenkrämer
Auf Englands Königsthron.

Er freute sich des Witzes,
Und pflegte sein Gebein;
Bei Gott, es kann die Dummheit
Oft recht ironisch sein!

[1844]

In den Docks

Wir kamen von Westminster,
Von William Pitt und Fox;
Voll Spinnweb sind und finster
Die Keller in den Docks.

Bei Lampenflackerscheine
Begann die Bergmannsfahrt;
Da gab es Edelsteine
Gar wunderbarer Art.

Gleich flüssigem Rubine
Sprang aus dem Faß der Port,
Als wir die erste Mine
In seine Wand gebohrt.

Im goldnen Strahle spritzte
– Gleich flüssigem Topas –
Und schimmerte und blitzte
Der Sherry in das Glas.

Wohl schenkte mir kein Teufel
Statt Weines – Flammen ein,
Doch war es sonder Zweifel
Ein rechter Feuerwein.

Wohl war's auch nicht die Hölle,
Die solchen Trank gebraut;
Doch fiel ich über die Schwelle
Und lacht und schwatzte laut.
[1844]

Auf dem Brightoner Kirchhof

Ich stand auf der Höhe des Friedhofs
Und schaute hinaus auf das Meer,
Still unter mir schliefen die Toten,
Laut spielten die Kinder umher.

Und über mir blaute der Himmel,
Es war ein wonniger Tag,
Wo jeder des Lebens sich freuen
Und's nimmer missen mag.

Und eines der Kinder rief ich
Und küßt es in stiller Lust
Und preßte Jugend und Leben
Mit ihm an meine Brust.
[1844]

Rückkehr

Und wieder in die Heimat
Nahm unser Schiff den Lauf
Und kämpfte sich stromaufwärts
Den Elbefluß hinauf.

Die Nacht war still; vom Ufer
Kein Gruß, kein Vivat scholl,
Und doch – mein Herze pochte
So laut, so freudevoll!

Kühl ging die Luft; mir aber,
Mir war so wohl, so warm;
Ich sah ja meine Mutter
Mir öffnen schon die Arm.
[1844]

Der Tower-Brand

Wenn's im Tower Nacht geworden, wenn die Höfe leer
und stumm,
Gehn die Geister der Erschlagnen in den Korridoren um,
Durch die Lüfte bebt Geflüster klagend dann,
wie Herbsteswehn,
Mancher hat im Mondenschimmer schon die Schatten
schreiten sehn.

Vor dem Zug, im Purpurmantel, silberweiß von Bart
umwallt,
Schwebt des sechsten Heinrichs greise,
gramverwitterte Gestalt,
Lady Gray dann, mit den Söhnen König Edwards an der
Hand –
Leise rauscht der Anna Bulen langes seidenes Gewand.

Zahllos ist das Heer der Geister, das hinauf,
hinunter schwebt,
Das da murmelt: «Fluch dir, Tower, dran das Blut
der Unschuld klebt;
Schutt und Trümmer sollst du werden!» Aber machtlos ist
ihr Fluch,
Ehern hält den Bau zusammen böser Mächte Zauberspruch.

Wieder nachtet's, wieder ziehn sie durch die Räume still
und weit,
Plötzlich stockt der Zug und schart sich um ein glimmend
Tannenscheit,
Dann geschäftig tragen Schnitzwerk, Fahnen, Fransen
sie herzu,
Und zur hellen Flamme schüren sie die matte Glut im Nu.

Wie das prasselt, wie das flackert! Einen sprühnden
Feuerbrand
Nehmen sie zum nächt'gen Umzug jetzt als Fackel
in die Hand,

Weithin wird die Saat der Funken in den Zimmern
ausgestreut,
Flammen sollen draus erwachsen; hei, der Fluch
erfüllt sich heut!

Alles schläft; doch auf vom Lager springt im Nu
der rasche Sturm,
Und er wirft sich in das Feuer, und das Feuer
in den Turm,
An des Towers Felsenwände peitscht er schon
das Flammenmeer,
Und den Segen drüber sprechend, wogt auf ihm
das Geisterheer.

Doch, als ob das Salz der Tränen feuerfest die Wände
macht,
Wie wenn Blut der beste Mörtel, den ein Meister je
erdacht –
Seht, wie durstig auch die Flamme sich von Turm
zu Turme wirft,
Hat sie doch, als wären's Becher, nur den Inhalt
ausgeschlürft.

Wieder, wenn es Nacht geworden, wenn's im Tower leer
und stumm,
Gehn die Geister der Erschlagnen in den Korridoren um,
Durch die Lüfte weht Geflüster, klagend dann wie
Herbsteswehn,
Mancher wird im Mondenschimmer noch die Schatten
schreiten sehn.

[1844]

Karl Stuart

Whitehall, 30. Januar 1649

Ich kann nicht schlafen! Ist's das Hämmern draußen
An meinem letzten Throne, dem Schafott –
Wie, oder ist's das Bangen vor dem Tode,
Was um die letzte, süße Rast mich bringt?
Sei's, was es sei, der schlummerlosen Nacht
Folgt mit dem frühsten ja – der ew'ge Schlaf.

Die Schildwacht schreitet draußen auf dem Gange,
Als wär ich noch der König, auf und ab;
Ein Unterschied: sonst schützte sie mein Leben,
Und jetzt bewacht sie ängstlich meinen Tod.

Welch wechselvolles Spiel ist unser Leben!
Betracht ich, wer ich war und wer ich bin,
So treibt mich's, vor den Spiegel hinzutreten
Und unter Furchen nach mir selbst zu suchen;
Kopfschüttelnd steh ich vor dem fremden Bilde
Und frage zweifelnd: «Bist du denn du selbst?»

Hier, wo als Kind ich schon gebieten lernte,
Wo meinen Schwächen selbst man Weihrauch streute,
Am Quell hier meiner königlichen Gnade,
Bin jetzt ich ein todwürdiger Verbrecher.
Wie, wenn ich's wirklich wäre? Wenn der König
Trotz Kron und Reich ein Mensch gleich andren Menschen
Und wenn dies Haupt, das gottgesalbt sich dünket,
So lang nur heilig, als man's eben glaubt?
Wär's möglich, daß des Volks gesamter Wille
Doch schwerer noch als meine Stimme wöge
Und daß im Volk Gott selber ich beleidigt,
Als ich das Schwert in meine Schale warf?

Nie hat in Tagen meiner Macht solch Zweifel
Voll Ungestüm an meine Brust gepocht;

Jetzt aber, wo mein Thron ein bloßer Schemel
Und mein Reichsapfel schier ein Spielball worden,
Jetzt frag ich mich: «Warst du mit deinen Flittern
Nicht auch ein bloßer König der Komödie,
Der, spielt er schlecht, gleich jedem andren Spieler
Trotz seines Purpurs ausgepfiffen wird?»

Ich spielte schlecht; der Herrschaft Zügel mußte
Mit des Tyrannen Faust ich fest ergreifen,
Mit scharfem Sporn mußt ich den Renner zähmen,
Der nun den Reiter in den Sand gestreckt.
Ich aber, schwankend zwischen Sucht zu herrschen
Und zwischen Lust, dem Volke zu gewähren,
Ich hieß Tyrann, wenn ich den Zügel straffte,
Und Schwächling nur, wenn ich ihn nachgelassen.
Der Mensch in mir befehdete den König;
Der eine riet: den Strom zurückzudrängen,
Der andre: sich ihm mutig zu vertrauen;
Und dieser Streit bringt mich um Kron und Leben.
Die Halbheit bahnt den Weg mir zum Schafott.

Schon graut der Tag; in Demut knie ich nieder;
«Leih Gott mir Kraft zu diesem letzten Gang;
Es war mein Los, als König kaum zu leben,
Als König sterben ist mein letzter Wunsch.»
[1846]

Wie König Heinrich Rosamunden findet

Der König Heinrich jagt im Wald
Mit Hof- und Jagdgesinde,
Es führt sein Ritt ihn alsobald
Auf eine weiße Hinde;
Und nach, durch Ginster und durch Porst,
Spornt er sein Roß, bis tiefer Forst
Das Tier in Schutz genommen.

Des Weges bar, durch Strauch und Dorn
Lenkt Heinrich jetzt den Schecken
Und ruft Hallo und stößt ins Horn,
Um Gegengruß zu wecken;
Wohl hört er, wie das Birkhuhn schwirrt,
Wie über ihm die Taube girrt,
Doch nichts von Hornesklängen.

Der Tag ist heiß. Es weht kein Hauch,
Und Roß und Reiter dürsten,
Kein Quell ist da, kein Brombeerstrauch
Beut seine Frucht dem Fürsten;
Der denkt wohl: Wenn ich Wasser hätt,
So wahr ich ein Plantagenet,
Ich wög es auf mit Golde.

Da schnaubt sein Scheck, und noch einmal,
Wie wenn er Obdach wittert –
Und sieh, ein Schloß im Sonnenstrahl
Hell durch die Zweige zittert.
Schon halten Roß und Mann davor,
Und gastlich öffnet sich das Tor
Dem ungekannten Ritter.

Und in die Hall voll Waffenprunk
Ist Heinrich jetzt getreten
Und hat um Wasser, einen Trunk,
Den Graubart drin gebeten;
Der aber spricht: «An Cliffords Schwell
Labt man den Gast mit andrem Quell –
Schaff Wein uns, Rosamunde!»

Und alsobald die junge Maid
Ergreift die güldnen Kannen,
Sie grüßt den Gast in Sittsamkeit
Und schwebet leicht von dannen;
Ihr Haar ist blond, ihr Wuchs ist schlank,

Und Heinrich weiß der Irrfahrt Dank
Um solchen Findens willen.

Und jetztund wieder in den Saal
Tritt sie nach kurzem Gange,
Rot glüht der Wein im Goldpokal,
Und rot glüht ihre Wange;
Sie beut den Trunk mit Sitten dar,
Dem König aber wird fürwahr,
Als hätt er schon getrunken.

Und als er trinkt, da trinkt er nicht
Mit Lippe nur und Kehle,
Da trinkt sein Aug ihr Angesicht
In seine tiefste Seele;
Und eh die Maid sich abgewandt,
Ergreift er ihre weiße Hand,
Zum Danke sie zu küssen.

Da schau, von Simses Stuck und Kalk,
Gespornt an jedem Hacken,
Schießt Rosamundens Edelfalk
Auf seiner Herrin Nacken;
Er bläht sich auf in Tück und Trutz
Und hebt den Sporn zu Schirm und Schutz,
Voll Eifersucht im Herzen.

Doch ob er zürnt und ob er wetzt,
Den Kühnen zu verjagen –
Die Hand, sein Todfeind küßt sie jetzt
Trotz seiner Flügel Schlagen;
Schön Rosamunde schenkt ihm ein,
Und selig blickt der König drein,
Wie nie in seinem Leben.

Und auch dem Alten wird so warm,
An hebt ein tapfres Zechen,

Es zuckt ihm schier durch Herz und Arm,
Als sollt er Lanzen brechen,
Den Goldpokal, er stampft ihn auf,
Als wär's ein alter Degenknauf
Und Blut statt Wein im Becher.

Der König schaut's und lohnt ihm drauf
Mit festlichen Turnieren
Und gibt noch Schlachten in den Kauf
Mit Schotten und mit Iren;
Und wie so Strauß an Strauß sich drängt,
Da wohl an jedem Worte hängt
Die schöne Rosamunde.

Der alte Clifford aber längst
Den Becher still umkrampfte,
Er hört's nicht mehr, wie Heinrichs Hengst
Den Douglas einst zerstampfte;
Wohl aber, als der König schweigt,
Murrt er, sein Haupt in Gram geneigt:
«Daß einen Sohn ich hätte!»

Da auf vom Sitze springt sein Gast
Und ruft: «Der ist gefunden!
Gib mir das Kleinod, das du hast,
Die Hand von Rosamunden!
Zu gutem Schwert und gutem Roß
Ein junges Herz und altes Schloß,
Das ist es, was ich biete.»

Der Alte sieht sein Kind erglühn
Vor Scham und Freud im Bunde;
Er weiß, wenn so die Rosen blühn,
Ward's Lenz im tiefsten Grunde.
So spricht er denn: «Mein Kind sei dein,
Und morgen soll die Hochzeit sein –
Wir brauchen keine Gäste!»
[1847]

Maria und Bothwell

König Darnley liegt erschlagen,
Graf Bothwell hat es getan;
Sechs Lords von Schottland tragen
Die Leiche nach Sankt Alban,
Sie stellen bei Fackelscheine
Den Sarg an den Altar hin –
Von Trauernden fehlt nur *eine*,
Maria, die Königin.

Die sitzet daheim im Schlosse,
In funkelnder Nische des Saals,
Auf dem Sammetpfühl ihr Genosse
Ist der Mörder ihres Gemahls;
Dem Lande kleidet die Trauer,
Der Königin kleidet die Lust,
Kalt-heiße Wonneschauer
Durchrieseln ihre Brust.

Sie spricht verlockenden Schalles:
«Nun komm und küsse dich rot,
Ich danke dir alles, alles,
Mein Leben und – *seinen* Tod;
O schau nicht so fragend und bange,
Schau lieber wie sonst mich an,
Leg ab die blasse Wange –
Getan ist, was getan.»

Die Kerzen brennen wie lüstern
Und geben schwülen Hauch,
Immer leiser wird das Flüstern,
Nun schweigt das Flüstern auch,
Ihr Atem lodert zusammen,
Wie Glut und Glut sich mischt,
Bis mählich in Flackerflammen
So Lust wie Licht erlischt.

Still wird's; nur Mondeslichter
Durchhuschen noch bleich den Saal,
Es schlummern, wie Totengesichter,
Graf Bothwell und sein Gemahl.
Sie schlummern; des Windes Weise
Erstirbt im hohen Kamin,
An den Wänden, hastig-leise,
Schatten vorüberfliehn.

Und hastiger wird ihr Treiben,
Schon graut und dämmert der Tag,
Da schlägt's an die klirrenden Scheiben
Wie flatternder Flügelschlag;
Auf fahren die zwei vom Kissen,
Verstört an Haar und Sinn;
Im Traume ward wach ihr Gewissen,
Und es murmelt die Königin:

«Hilf, Himmel, ich sah die Meinen
Landflüchtig, der Zügel beraubt,
Der fallenden Krone des einen
Nach rollte sein fallendes Haupt,
Und wie Donner durch meine Seele
Ging zürnend das alte Lied:
Ich räch alle Schuld und Fehle
Bis in das vierte Glied.»

Maria hat es gesprochen,
Graf Bothwell hörte es kaum,
Seine Schläfe pulsen und pochen,
Er denkt an den eigenen Traum,
Er spricht unter Starren und Stocken:
«Sie grüßte, dann betete sie,
Ab schnitt ihr der Henker die Locken -
Ach, *deine* Locken, Marie.»

Graf Bothwell hat es gesprochen,
Maria hört ihn kaum,
Ihre Schläfe pulsen und pochen,
Sie denkt an den eigenen Traum,
Stumm blicken die Buhlergatten
Sich an so blaß, so bang –
König Darnleys blutiger Schatten
Schreitet den Saal entlang.
[1851]

Die Hamiltons
oder
Die Locke der Maria Stuart

Lord William kam zu sterben,
Lord William Hamilton;
Er spricht zu seinem Sohne:
«Nun höre mich an, Sir John!

Ich lasse dir Land und Leute,
Unsren Namen und unsren Ruhm,
Und ich lasse dir, mehr als alles,
Dieser Locke Heiligtum.

Ich sah die Locke fallen,
Ich hörte der Schere Schnitt –
Und als Maria gebetet,
Da betete leis ich mit.

Da hab ich still geschworen:
Zu tragen in Leid und Lust,
Zu tragen in Jubel und Tränen
Diese Locke auf der Brust.

Ich hab sie in Tränen getragen
Und laß erst im Tode davon –

Für die Stuarts zu leben und sterben,
Das schwör auch du, Sir John.»

Lord William hat es gesprochen,
Sir John hat's treu gemeint:
Erst barg er still die Locke,
Dann hat er still geweint.

Er trug sie zwanzig Jahre,
Und als sein Stündlein kam,
Er mit des Vaters Worten
Die Locke vom Herzen nahm.

Er gab sie seinem Sohne
Und der Sohn dem Enkel dann,
Ihr Erbteil war die Treue
Und der Locke Talisman.

Und als auf blinkendem Zelter
König James gen London zog
Und als auf schwarzem Schafotte
Karls Haupt vom Rumpfe flog

Und als an der Boyne wieder
«Stuart» das Feldgeschrei, –
In Lust und Leid, die Locke
Und die Hamiltons waren dabei.

Und waren dabei zuletzt auch,
Als auf Cullodens Plan
Ihre Augen das Distelbanner
Noch einmal flattern sahn.

's war wieder ein Lord William
Und wieder ein Sir John,
Ein Alter und ein Junger,
Doch jeder ein Hamilton.

Der Junge focht zu Fuße,
Der Alte focht zu Roß,
Bis eine englische Kugel
Ihn aus dem Sattel schoß.

Hin reicht' er seinem Sohne
Die Locke, rot von Blut,
Er hatte nicht Zeit zu sprechen,
Er sprach nur: «Wahre sie gut!»

Er wahrte sie gut, der Junge,
Manchen Mond und manches Jahr,
Der Junge ward ein Alter –
Das Herz blieb, wie es war.

Und als in letzten Tagen
Ihm Kunde kam ins Haus:
«Sie trugen im fernen Süden
Den *letzten* Stuart hinaus»,

Da sprach er, als er sterbend
Seinem Sohne die Locke gab:
«Die Stuarts sind gestorben,
Doch die Treue kennt kein Grab.»

Und siehe, die Hamiltons wahren
Bis heut ihren alten Ruhm,
Doch eines mehr als alles:
Der Locke Heiligtum.
[1851]

Archibald Douglas

«Ich hab es getragen sieben Jahr
Und kann es nicht tragen mehr,
Wo immer die Welt am schönsten war,
Da war sie öd und leer.

Ich will hintreten vor sein Gesicht
In dieser Knechtsgestalt,
Er kann meine Bitte versagen nicht,
Ich bin ja worden alt.

Und trüg er noch den alten Groll,
Frisch wie am ersten Tag,
So komme, was da kommen soll,
Und komme, was da mag.»

Graf Douglas spricht's. Am Weg ein Stein
Lud ihn zu harter Ruh,
Er sah in Wald und Feld hinein,
Die Augen fielen ihm zu.

Er trug einen Harnisch, rostig und schwer,
Darüber ein Pilgerkleid –
Da horch, vom Waldrand scholl es her.
Wie von Hörnern und Jagdgeleit.

Und Kies und Staub auf wirbelte dicht,
Her jagte Meut und Mann,
Und ehe der Graf sich aufgericht',
Waren Roß und Reiter heran.

König Jakob saß auf hohem Roß,
Graf Douglas grüßte tief,
Dem König das Blut in die Wange schoß,
Der Douglas aber rief:

«König Jakob, schaue mich gnädig an
Und höre mich in Geduld,
Was meine Brüder dir angetan,
Es war nicht meine Schuld.

Denk nicht an den alten Douglas-Neid,
Der trotzig dich bekriegt,

Denk lieber an deine Kinderzeit,
Wo ich dich auf den Knien gewiegt.

Denk lieber zurück an Stirling-Schloß,
Wo ich Spielzeug dir geschnitzt,
Dich gehoben auf deines Vaters Roß
Und Pfeile dir zugespitzt.

Denk lieber zurück an Linlithgow,
An den See und den Vogelherd,
Wo ich dich fischen und jagen froh
Und schwimmen und springen gelehrt.

O denk an alles, was einsten war,
Und sänftige deinen Sinn,
Ich hab es gebüßet sieben Jahr,
Daß ich ein Douglas bin.»

«Ich seh dich nicht, Graf Archibald,
Ich hör deine Stimme nicht,
Mir ist, als ob ein Rauschen im Wald
Von alten Zeiten spricht.

Mir klingt das Rauschen süß und traut,
Ich lausch ihm immer noch,
Dazwischen aber klingt es laut:
Er ist ein Douglas doch.

Ich seh dich nicht, ich höre dich nicht,
Das ist alles, was ich kann,
Ein Douglas vor meinem Angesicht
Wär ein verlorener Mann.»

König Jakob gab seinem Roß den Sporn,
Bergan ging jetzt sein Ritt,
Graf Douglas faßte den Zügel vorn
Und hielt mit dem Könige Schritt.

Der Weg war steil, und die Sonne stach,
Und sein Panzerhemd war schwer,
Doch ob er schier zusammenbrach,
Er lief doch nebenher.

«König Jakob, ich war dein Seneschall,
Ich will es nicht fürder sein,
Ich will nur warten dein Roß im Stall
Und ihm schütten die Körner ein.

Ich will ihm selber machen die Streu
Und es tränken mit eigner Hand,
Nur laß mich atmen wieder aufs neu
Die Luft im Vaterland.

Und willst du nicht, so hab einen Mut,
Und ich will es danken dir,
Und zieh dein Schwert und triff mich gut
Und laß mich sterben hier.»

König Jakob sprang herab vom Pferd,
Hell leuchtete sein Gesicht,
Aus der Scheide zog er sein breites Schwert,
Aber fallen ließ er es nicht.

«Nimm's hin, nimm's hin und trag es neu
Und bewache mir meine Ruh,
Der ist in tiefster Seele treu,
Wer die Heimat liebt wie du.

Zu Roß, wir reiten nach Linlithgow,
Und du reitest an meiner Seit,
Da wollen wir fischen und jagen froh
Als wie in alter Zeit.»
[1854]

Der letzte York

Lancaster herrscht, der Kampf ist aus,
die rote Rose hat gesiegt,
Die weiße Rose, Blatt um Blatt, auf zwanzig
blut'gen Feldern liegt,
Ein einz'ger nur, des Clarence Sohn, des Herzblut
nicht zu Boden floß,
Im Tower sitzt *Graf Edward York*, des alten Hauses
letzter Sproß.

Er sitzt im Tower Jahre schon, am selben Gitterfenster
schier,
Wo seinen Vater man ertränkt (er wollt es so)
in Malvasier,
Der Junge hat vom Alten her ererbt den immer leichten Sinn,
Er rechtet mit dem Leben nicht, und wie es fällt,
so nimmt er's hin.

Die Drehbank kürzt ihm seinen Tag, es surrt das Rad,
es klingt sein Lied,
Des Morgens ist er arbeitsfroh, des Abends ist er
arbeitsmüd,
Er wirft sich auf sein Lager hin, hat festen Schlaf
und guten Traum –
Daß er ein Sproß vom Hause York, der *letzte* Sproß,
er weiß es kaum.

Es surrt das Rad; da rasselt's drauß und klirrt im
Schloß, Flurlicht fällt ein,
Sieh, der Lancasterkönig selbst, Herr Heinrich Tudor,
tritt herein.
Er spricht: «Grüß Gott dich, Vetter York, nimm
dieses Schwert und diesen Helm,
Und drunten nimm mein bestes Roß – der Perkin Warbec
ist ein Schelm!

Der Perkin Warbec ist ein Schelm, die blöde Menge läuft
ihm zu,
Das macht, er nennt sich *Edward York* und lügt und prahlet:
er sei du;
Der Dieb, er stiehlt mir meinen Schlaf, doch ich zerreiß
ihm seine List.
Komm mit und sprich zu allem Volk und zeig,
daß du – du selber bist.»

Sie reiten durch das Tower-Tor, auf Platz und Straße
wogt es rings,
Das ist er! raunt die Menge rechts, das ist er! raunt
die Menge links,
Er hört es nicht – das Puppenspiel trieb ihm ins Antlitz
Grimm und Glut,
Mit eins lebendig worden ist in ihm das alte Königsblut.

Er grüßt nicht rechts, er grüßt nicht links, er starrt
nur schweigend vor sich hin –
Graf Edward York, wo blieb dein Erb, des Vaters immer
leichter Sinn?
Sie reiten still bis Ludgate Hill, der König flüstert:
«Vetter, hier!»
Der aber schweigt und murmelt erst am Tower-Tor:
«Das denk ich dir.»

Und eh die Nacht am tiefsten sinkt, ist seines Kerkers
Zelle leer,
Ein Strick, aus Tüchern festgeknüpft, weht weiß
im Winde hin und her,
Und eh des andern Tages Schein noch hell
in seine Zelle fällt,
Da tritt er schon, Helm auf dem Haupt, in Perkin Warbecs
flatternd Zelt.

Er spricht: «Du nennst dich Edward York, und Edward York
so nenn ich mich,

Wer von uns zwein der rechte sei, beim ew'gen Gott,
das findet sich,
Doch, daß du meinen Namen stahlst und mit ihm würfelst
um den Thron,
Heut dank ich's dir aus voller Brust, 'genüber diesem
Tudor-Hohn.

Entgegen ihm! Und siegen wir, so trägst du Englands
Krone mit!» –
Sie zogen aus und stritten gut, doch Heinrich Tudor
besser stritt,
Er schlug zurück die Stürme all, Graf Edward tat
den letzten Sturm,
Und eh die Nacht am tiefsten sank, saß er aufs neu im
Tower-Turm.

Der Morgen kommt; da rasselt's drauß und klirrt im Schloß,
Flurlicht fällt ein,
Sieh, des Lancasterkönigs Freund in rotem Mantel
tritt herein.
Er spricht: «Grüß Gott dich, Edward York. Was ich dir
tuen muß, vergib,
Doch will ich's tun mit fester Hand und treffen dich
auf *einen* Hieb.»

Sie schreiten durch das Tower-Tor, auf Platz und Straße
wogt es rings,
Das ist er! raunt die Menge rechts, das ist er! raunt
die Menge links,
Er grüßt nach rechts, er grüßt nach links, er starrt
nicht länger vor sich hin,
Graf Edward York hat wieder ganz des Vaters
immer leichten Sinn.

Sie schreiten still bis Ludgate Hill, auf ragte da
das Blutgerüst,
Graf Edward York, zum letzten Mal hat er das Kruzifix
geküßt,

Die Lerchen stiegen himmelan, die Glocken klangen
dumpf und matt,
Und rot von Blut zu Boden fiel der weißen Rose letztes Blatt.
[1854]

Die Stuarts

Puritaner-Lied

Sie dünken nach Gnad und göttlichem Recht
Sich dieses Landes Erben
Und sind doch ein verloren Geschlecht
Und müssen alle sterben.

Sie machten von je den sündigen Leib
Zum Herrscher ihrer Seelen –
Ihre Ahnfrau war das Babelweib,
Von dem die Bücher erzählen.

Sie mußten zweimal das Schafott
Mit ihrem Blute färben,
Doch unversöhnt ist unser Gott:
Sie müssen *alle* sterben.

Sie konnten errichten Jehovas Thron,
Sie sind zu schwach befunden,
Nun klopfen an Tür und Tore schon
Ihres Hauses letzte Stunden.

Es kommt ein Wetter, es braust ein Strom,
Die Lüge muß verderben –
Die Stuarts stehen all zu Rom
Und müssen alle sterben.
[1854]

Lied des James Monmouth

Es zieht sich eine blutige Spur
Durch unser Haus von alters,
Meine Mutter war seine Buhle nur,
Die schöne Lucy Walters.

Am Abend war's, leis wogte das Korn,
Sie küßten sich unter der Linde,
Eine Lerche klang und ein Jägerhorn –
Ich bin ein Kind der Sünde.

Meine Mutter hat mir oft erzählt
Von jenes Abends Sonne,
Ihre Lippen sprachen: «Ich habe gefehlt!»
Ihre Augen lachten vor Wonne.

Ein Kind der Sünde, ein Stuartkind,
Es blitzt wie Beil von weiten:
Den Weg, den alle geschritten sind,
Ich werd ihn auch beschreiten.

Das Leben geliebt und die Krone geküßt
Und den Frauen das Herz gegeben
Und den letzten Kuß auf das schwarze Gerüst –
Das ist ein Stuart-Leben.
[1854]

Goodwin-Sand

Das sind die Bänke von Goodwin-Sand,
Sie sind nicht Meer, sie sind nicht Land,
Sie schieben sich, langsam, satt und schwer,
Wie eine Schlange hin und her.

Und die Schiffe, die mit dem Sturm gerungen
Und die schäumende Wut der Wellen bezwungen

Und die gefahren über die Welt,
Unzertrümmert, unzerschellt,

Sie sehen die Heimat, sie sehen das Ziel,
Da schiebt sich die Schlange unter den Kiel
Und ringelt Schiff und Mannschaft hinab,
Zugleich ihr Tod, zugleich ihr Grab.

Die See ist still, die Ebb ist nah,
Mastspitzen ragen hier und da,
Und wo sie ragen in die Luft,
Da sind es Kreuze über der Gruft;
Ein Kirchhof ist's, halb Meer, halb Land –
Das sind die Bänke von Goodwin-Sand.
[1857]

England

Du Land der «Times» und Land der Großen Charte,
Du Land voll Löwenherz in jedem Strauß,
Besiegrin du des Kaisers Bonaparte,
Erbweisheitsland, der Freiheit Hort und Haus;
Ach, frag ich mich, was schließlich ganz aparte
Du hast vor uns und andrem Volk voraus,
So ist es das: Es fehlen dir die Semmeln,
Doch bist du groß in Rindfleisch und in Hämmeln.
[1857]

Übertragungen und Bearbeitungen

Schön, schön ist die Erde

[Nach John Prince]

Auf Erden ist Schönheit! Und was wir erschauen,
Ein Gott verkündete Wunder zumal;
Wie prächtig die Himmel, wie herrlich die Auen,
Wie Lieblichkeit atmend der Strom und das Tal!
Doch wehe dem Armen! Daß alles ihm fehle,
Hat selbst die Natur keine Reize für ihn.
Blind ist er; der Gram umhüllt seine Seele,
Wie Schatten des Winters die Sonne umziehn.

Auf Erden ist Reichtum! Es lohnt unsre Mühen
So reichlich der Fleck, den betritt unser Fuß,
Voll goldener Früchte die Felder erglühen,
Daß teilen wir könnten den Überfluß.
Doch wehe dem Armen! Vergebens sein Streben,
Das Pflanzen, das Säen, das Bebauen der Flur,
Die Güter, die Gott der Menschheit gegeben,
Sie mästen doch einzelne wenige nur.

Auf Erden ist Freiheit! Frei regen die Schwingen
Die lustigen Vögel, wo immer sie sind,
Frei seh ich das Licht seiner Quelle entspringen,
Frei flutet das Wasser, frei wehet der Wind.
Doch wehe dem Armen! Gefesselt fürs Leben,
In Wort und in Tat der Freiheit beraubt,
So ist ihm die Not zur Gefährtin gegeben,
Und, ach, nur zu hoffen noch ist ihm erlaubt.

Ich fühl es im Herzen: Schon nahen die Stunden,
Wo all unser Jammer sein Ende erreicht,

Erkenntnis die Wege zum Geiste gefunden,
Und Schönheit wie Wohlklang die Herzen erweicht.
Wo Segen die Mühen des Ärmsten belohnt
Und Freude und Lust jede Stunde uns schafft,
Wo endlich die Freiheit auf Erden thronet,
Die Menschheit jubelnd in Mut und in Kraft.
[1842]

Child, is thy father gone?

[Nach Ebenezer Elliott]

«Kind, ist dein Vater tot?»
«Starb gestern eh.»
«Fluch dir, besteuert Brot!»
«Gotts Will gescheh!
Mutter verkauft aus Not,
Was ihr ein Lager bot,
Weint sich die Augen rot –
Hunger tut weh!

Vater hat tagelang
– Gotts Will gescheh! –,
Bis ihn der Schmerz bezwang,
Tragen sein Weh;
Was aus dem Auge drang,
Was aus der Brust sich rang,
Sprach mehr als Worteklang – –
Gotts Will gescheh!

Doktor sprach: Luft sei gut!
(Brot war nicht da)
Vater, in Fieberglut,
Starr um sich sah;
Seit er in Frieden ruht,
Spricht Mutter: Tod sei gut;

Ach, ohne Hort und Hut,
Glaub ich's beinah.»
[1842]

Der Trinker

(Nach Rob. Nicoll)

Sie schicken sich zum Festmahl an
Und schenken jubelnd ein,
«Vergnügen» suchen sie, doch ich
«Vergessen» nur im Wein.
Von Not und Elend will ich frei
Und frei von Sorgen sein,
Von Armut, Frost und Hunger frei, –
Und darum schenk ich ein.

Durch meine Lumpenkleidung pfeift
Der rauhe, kalte Wind,
Seit ich mein letztes Brot verzehrt,
Zwei Tag vorüber sind; –
Ein einzig Glas, und sieh! – ich bin
Mit Purpur angetan,
Und seh den leeren Tisch besetzt
Wohl gar mit Goldfasan.

Mein Weib, zerlumpt, erbettelt sich
Ihr Brot von Haus zu Haus
Und ruht auf bloßer Erde nachts
Bei ihren Kindern aus;
Sie trinkt wie ich; warum? – es frommt
Der Trank ihr ebenso,
Die blassen Kinder scheinen ihr
Statt hungrig – satt und froh.

Was *auf* dem Leib, was *in* dem Leib,
So habt gut reden ihr,

Doch anders kläng es, – wärt ihr so
Halbnackt und arm wie wir.
Daß elend ich, was liegt daran!
Drum lebt ja unserein,
Brot ist nicht da; – komm, Weib, und trink
Und laß uns lustig sein!
[1843]

Chevy-Chase
oder
Die Jagd in Chevy-Forst

[Nach Percys Sammlung]

Gott schütz den König, unsren Herrn,
Und unser aller Leben;
Im Chevy-Walde hat sich einst
Wehvolle Jagd begeben.

Graf Percy von Northumberland,
Vor Taue noch und Tage
Zog aus er heut, mit Hund und Horn,
Daß er den Hirsch erjage.

Er schwur es jüngst an heil'ger Stätt
– Sorglos um Groll und Knirschen –,
Er woll drei Sommertage lang
Auf schott'schem Boden pirschen.

Er woll, was lebt im Chevy-Forst,
Mit Speer und Pfeil erlegen.
«Lord Douglas schütze, wenn er kann,
Den Hirsch in den Gehegen.»

Lord Douglas, der in Schottland lag,
Als er das Wort vernommen,

Dem Percy-Grafen schwur er da
Ein blutiges Willkommen;

Der aber ist im Walde schon
Mit fünfzehnhundert Mannen,
Wohlausgesucht und wohlerprobt,
Den Bogen straff zu spannen.

Schon, von der Meute aufgeschreckt,
Flieht, was die Schlucht geborgen;
Ein Montag war's, noch halbe Nacht,
Es graute just im Morgen.

Und eh der Mittag kam, da lag
Haufweis das Wild erschlagen,
Doch rastlos, nach getanem Schmaus,
Begann ein neues Jagen.

Aufs neu durch Schlucht und Dickicht hin
Stob Huf und Hund nach Beute,
Und neuer Angstschrei mischte sich
Dem Lustgeheul der Meute.

Graf Percy nun war satt des Spiels
Mit Hirschen und mit Hinden,
Er sprach: «Lord Douglas gab sein Wort,
Hier soll ich heut ihn finden.

Bei Gott, nicht länger harrt ich sein,
Dächt ich, er könn es brechen.»
Da tät alsbald ein Ritter jung
Also zum Grafen sprechen:

«Schau, Herr, dort blitzt es durch den Wald,
Das ist er mit den Seinen,
Schau, wie im Mittagssonnenglühn
Die blanken Speere scheinen.

Zweitausend sind's vom Lauf des Tweed,
Aus Tälern und aus Glennen,
Und der vorauf ist Douglas selbst,
An Roß und Helm zu kennen.»

«. . . Nun denn, wohlan!» rief Percy da,
«Dies Feld sei unsre Schranke,
Noch schlüpfte keiner mir hindurch,
Sei's Schotte oder Franke.

Das ist der Hirsch, den ich gesucht,
Nun lohnt es sich, zu jagen,
Es brennt mein Herz, Mann gegen Mann
Die Schlacht mit ihm zu schlagen.»

Lord Douglas hört's und ruft ihm zu:
«Da soll mich Gott verderben,
So wahr ein Lord ich bin wie du,
Du oder ich muß sterben.

Doch hör mich, Percy, Schande wär's
Und Schimpf an unsrem Leben,
So vieler Mannen schuldlos Blut
Mit in den Kauf zu geben.

Es sei all unser Streit gelegt
In unsre beiden Speere . . .»
«Verdammt sei der», rief Percy da,
«Der andren Sinnes wäre . . .»

Da trat ein Rittersmann herfür,
Withrington hieß der Degen,
Der sprach: «Hier müßig zuzuschaun,
Dran ist uns nicht gelegen.

Wir wollen nicht, dieweil ihr kämpft,
Hier Psalm und Lieder singen

Und unsrem König Heinrich dann
In London Botschaft bringen.

Wohl seid ihr Lords und edle Herrn
Und wir nur Knapp und Ritter,
Doch dächt ich traun, auch unser Schwert
Macht Wunden oder Splitter.»

Da tat alsbald all englisch Volk
Den Eschenbogen biegen,
Und achtzig Schotten sanken hin
Von ihrer Pfeile Fliegen.

Lord Douglas aber, unbewegt,
Sitzt fest im Eisenbügel
Und kehrt zu seinen Mannen jetzt
Hoch auf des Waldes Hügel.

Schon stehn sie da, nach Kriegesart,
Geteilt zu dreien Rotten,
Und nieder wie ein Hagel jetzt
Fährt Douglas mit den Schotten.

Das gab ein Stechen und ein Haun,
Manch breite Wunde klaffte,
Längst unser englisch Bogenvolk
Nicht mehr den Bogen straffte.

O Christ, es war für Herz und Sinn
Ein Leid, nicht auszusagen.
Wie stöhnend da in Sand und Blut
Die Menschenknäule lagen.

Und immer schwankte noch die Schlacht,
Da endlich – mit Gestampfe –
An sprangen wie zwei Löwen jetzt
Die Führer selbst zum Kampfe.

Sie kämpften, bis vernehmbar fast
Ihr Herz im Busen klopfte,
Bis Blut und Schweiß von Brust und Stirn
Wie Regen niedertropfte.

«Ergib dich, Percy!» Douglas rief's,
«Ganz Schottland soll dich preisen,
Und König Jakob Ehr und Gunst
Am Throne dir erweisen.»

Doch Percy stolz: «Da wollt ich eh
Wie Kraut am Sumpf verrotten,
Mein Wort ist nein und dreimal nein
Genüber jedem Schotten.»

Da kam ein Pfeil aus unsern Reihn
Verrätrisch durch die Lüfte
Und bohrte tief in Douglas' Herz
Durch Rippe sich und Hüfte.

Er sank vom Roß, ein stiller Mann,
Graf Percy sah ihn enden
Und faßte dann des Toten Hand
Mit seinen beiden Händen.

«O Douglas», rief er, «solchen Siegs,
Des hat mein Herz nicht Labe,
Hin gäb ich für dein Leben jetzt
Mein Land und meine Habe.»

Er sprach es kaum, da kam's wie Sturm
Durch Freund und Feind gestoben,
Den Leib zum Stoß weit vorgebeugt
Und hoch den Schild gehoben.

Wer ist's? Sir Ralph Montgommery.
Er sah den Douglas sinken,

Nun soll auch Percys Helmbuschzier
Nicht länger drohn und winken.

Und schleudernd jetzt den wucht'gen Schaft
Mit Hasses Kraft und Schnelle,
Durchfuhr die Lanze Percys Leib
Um eine Weber-Elle.

Hin sank der ritterlichste Held
Auf hufgestampfte Tenne,
Schon aber griff ein Bogenschütz
Nach Köcher und nach Senne.

Er spannte straff des Bogens Seil,
So straff, wie nie er's spannte,
Und drückte seinen längsten Pfeil
Scharf an die Eschenkante.

Lang zielt' er so, daß sichren Flugs
Der Pfeil zum Herzen dringe,
Und feucht vom Blut des Schotten jetzt
Bebt' in der Brust die Schwinge.

So fiel Sir Ralph Montgommery,
Und mit ihm sind gefallen
Auf beiden Seiten männiglich
Die Ritter und Vasallen.

Von zwanzighundert schott'schen Volks,
Die Schild und Speer genommen,
Kaum fünfundfünfzig, weh und wund,
Sind norderwärts entkommen.

Und unser Volk, nicht siegesfroh
Trug es den Sieg von dannen,
Nur dreiundfünfzig kehrten heim
Von fünfzehnhundert Mannen.

Die andern schliefen fest im Wald
Nach heißem Kampfgewühle,
Und Nachtwind nur und Mondenlicht
Glitt über ihre Pfühle.

Das war die Jagd im Chevy-Forst,
Wo Herr und Hirsch gefallen.
Gott schütz den König, unsren Herrn,
Und sei uns gnädig allen.
[1848]

Edward, Edward

[Nach Percys Sammlung]

«Was blinket dein Schwert so rot von Blut, Edward,
Edward?
Was blinket dein Schwert so rot von Blut
Und macht so trübe dich schreiten?»
«Ich hab erwürgt meinen Falken gut, Mutter, Mutter,
Ich hab erwürgt meinen Falken gut
Und hatte doch keinen zweiten.»

«Deines Falken Blut war nimmer so rot, Edward, Edward,
Deines Falken Blut war nimmer so rot,
Dein Schwert ist dunkler gerötet –»
«Ich hab erstochen mein rotbraun Roß, Mutter, Mutter,
Ich hab erstochen mein rotbraun Roß,
Im Zorn hab ich's getötet.»

«Dein Roß war alt, das kann es nicht sein, Edward,
Edward,
Dein Roß war alt, das kann es nicht sein,
Was tät deine Wang entfärben –»
«Ich hab erschlagen den Vater mein, Mutter, Mutter,
Ich hab erschlagen den Vater mein,
Und mir ist weh zum Sterben!»

«Und so du büßest, was du getan, Edward, Edward,
Und so du büßest, was du getan,
Wo hoffst du Sühne zu finden?»
«Ich geh an den Strand und steig in den Kahn,
Mutter, Mutter,
Ich geh an den Strand und steig in den Kahn
Und gebe mein Schiff den Winden.»

«Und was soll werden aus Hall und Turm, Edward, Edward,
Und was soll werden aus Hall und Turm,
Wenn Wind und Wellen dich wiegen?»
«Laß stehn, laß stehn, bis sie fallen im Sturm,
Mutter, Mutter,
Laß stehn, laß stehn, bis sie fallen im Sturm,
Ich hab sie zum letzten bestiegen.»

«Und Weib und Kind, die du lässest zurück, Edward,
Edward,
Und Weib und Kind, die du lässest zurück,
Was soll aus den Weinenden werden?»
«Laß sie betteln gehn nach Brot und Glück, Mutter,
Mutter,
Laß sie betteln gehn nach Brot und Glück,
Ich seh sie nicht wieder auf Erden.»

«Und deiner Mutter, was lässest du ihr, Edward, Edward,
Und deiner Mutter, was lässest du ihr,
Die dich unterm Herzen getragen?»
«Den Fluch der Hölle, den laß ich dir, Mutter, Mutter,
Die Tat war mein, doch du rietest sie mir,
Wir haben ihn beide erschlagen!»
[1848]

Rückblick und Ausblick

1895 bis 1898

Erinnerungen an den dritten englischen Aufenthalt

Streifzüge durch London

Eines Tages, als wir das Betasche Haus in Pratt Street verließen, sagte Faucher zu mir: «Kennen Sie London?»

«Ja, was heißt kennen! Ich könnte vielleicht sagen ‹ja›, denn ich flaniere viel umher. Aber es ist doch wohl richtiger, wenn ich sage ‹nein›.»

«Nun, präzisieren wir die Frage. Kennen Sie die Matrosenkneipen in Old Wapping?»

«Nein.»

«Oder die Werbekneipen in Westminster?»

«Nein.»

«Oder Punch und Judy?»

«Nein.»

«Nun, dann weiß ich, wie's steht und daß Sie sich noch im Stande der Unschuld befinden. Ich bin übrigens, wenn es Ihnen paßt, jeden Augenblick bereit, Ihren Führer zu machen. Können Sie morgen abend? Man muß doch mal anfangen.»

Ich sagte ihm, daß mir nichts Lieberes passieren könne, und nun begann ein völliger Kursus, der sich über einen ganzen Winter hin ausdehnte. Wir wechselten dabei mit «hoch oben» und «tief unten». Wenn wir uns an einem Tag zum Ship Hotel in Greenwich oder gar bis zu Star und Garter in Richmond verstiegen hatten, waren wir am andern Tag in den tollsten Spelunken, wohin uns dann ein Polizeibeamter von mittlerem Rang, ein Bekannter Fauchers, zu begleiten pflegte. Den Verkehr zu sehen zwischen diesem Faucherschen Bekannten und den Verbrechern, die seine geliebte Herde bildeten, war immer ein Hochgenuß. Ein noch größerer bestand darin, die – verglichen mit unsren Berliner Radaubrüdern – oft feinen und dabei humoristischen Formen zu beobachten, die in dieser Verbrecherwelt anzutreffen waren. Eigentlicher Knotismus ist nur bei uns zu studieren.

Diese Fahrten durch die sehr unoffizielle Welt von London währten eine geraume Zeit. Als wir schließlich Schicht damit machten, kamen Landpartien an die Reihe, richtiger vielleicht, weite Spaziergänge in die Londoner Umgegend. Eines Tages, nachdem wir den Vormittag in einer Werbekneipe dicht bei Downing Street–Straße, darin die sehr unscheinbaren Baulichkeiten des Auswärtigen Amtes gelegen sind – zugebracht hatten, nahmen wir unsren Weg über die Westminsterbrücke nach Süden und schritten auf Kennington Common und dann auf Norwood und jene reizenden Wald- und Wiesengründe zu, die den Crystal Palace einfassen. Leise, durchsichtige Nebel lagen über der Landschaft, zugleich aber war es frühlingsfrisch, so daß uns die Luft beinah trug und das Marschieren keine Mühe machte. Faucher hatte seinen besten Tag und sprudelte nur so, wobei mir, nebenherlaufend, die Bemerkung gestattet sein mag, daß ich, mit Ausnahme von Bismarck – von diesem dann freilich in einem guten Abstand –, keinen Menschen zu nennen wüßte, der die Gabe geistreichen und unerschöpflichen Plauderns über *jeden* Gegenstand in einem so eminenten Grade gehabt hätte wie Faucher. Er schwatzte nie bloß darauflos, jeder Hieb saß. Ein paar Sätze sind mir noch von jenem Spaziergange her in Erinnerung geblieben. Wir sprachen von Berlin, und ich erzählte grade von einem neuen «volkstümlichen Unternehmen», von dem ich den Tag vorher in der «Vossischen Zeitung» gelesen hatte. «Das kann nichts werden», replizierte Faucher, *«in Berlin glücken immer nur Sachen, die 'n Groschen kosten.»* Ein Satz von stupender Weisheit, der au fond auch heute noch richtig ist. – Im weitren Lauf unsres Gesprächs vom Hundertsten aufs Tausendste kommend, kamen wir auch auf das Thema: Kunstdichtung und Volkslied. Faucher, ganz seiner Natur entsprechend, schwärmte selbstverständlich für alles Volksliedhafte, besonders auf dem Gebiete des Kriegs- und Soldatenliedes, und plötzlich seinen Schritt anhaltend und sich in Positur setzend, hob er mit Aplomb und ganz strahlend vor Vergnügen an:

«Und wenn der große Friedrich kommt
Und klopft bloß auf die Hosen,
Reißt aus die ganze Reichsarmee,
Panduren und Franzosen, – –

sehen Sie, Fontane, das ist was, das hätte selbst unser großer Maron nicht gekonnt! Und wenn ich dann gar erst an Vater Gleim denke! Gott, was würde der alte Halberstädter Kanonikus für'n Gesicht gemacht haben, wenn man ihm vor hundert Jahren gesagt hätte, dieser eben von mir zitierte Gassenhauer würde seine sämtlichen Grenadierlieder um etliche Menschenalter überdauern. Und doch ist es so. Gleim ist vergessen. Volk, Volk; alles andre ist Unsinn.»

Unsre Spaziergänge bis weit in Surrey hinein dauerten durch das ganze Frühjahr siebenundfünfzig hin, und als wir endlich auch damit abschlossen, wandten wir uns *dem* zu, was Fauchers recht eigentlichste Domäne war, den über die ganze City hin verbreiteten debating clubs. Die meisten befanden sich in Fleet Street und ein paar engen Nachbarstraßen, also in dem verhältnismäßig kleinen Quartier zwischen Temple Bar und Ludgate Hill – ein paar andre waren in Grays Inn Lane. Wie's da herging, das war überall dasselbe. Tisch' und Stühle sehr primitiv; man bestellte sich stout oder pale ale oder Whisky und dazu einen mutton-chop oder welsh rabbit – walisisches Kaninchen. Dieses «walisische Kaninchen» entsprach unserm «falschen Hasen». Denn von Kaninchen stand nichts drin, vielmehr war es eine mit Chesterkäse belegte Weißbrotschnitte, die aber derart gebacken war, daß Käse und Weißbrot eine höhere Einheit bildeten. Es schmeckte sehr gut, war aber ungesund. Und während man sich's schmecken ließ, erschien in Front der Gesellschaft der Kneipenredner von Metier, um die Debatte des Abends einzuleiten. Ich bin diesen Rednern immer sehr aufmerksam und sehr teilnahmsvoll gefolgt, denn es waren immer gescheiterte Existenzen, die sich durch diese ihre stets mit Würde, ja manchmal sogar mit «sittlicher Empörung» vorgetragenen Reden ihren Lebensunterhalt verdienen mußten. Manchem sah man an, daß er, der vielleicht drauf und dran gewesen war, ein berühmter Advokat oder ein Parlamentarier zu werden, nun sich dazu hergeben mußte, bloßen Durchschnittsphilistern ein Stücklein ihm selber lächerlich erscheinender politischer Weisheit vorzutragen. Wie sich denken läßt, modelte sich der Vortrag dieser Leute sehr nach dem Publikum, das sie vor sich sahen. War ich beispielsweise mit ein paar Spießbürgern aus der Nachbarschaft ganz allein da, so war ich Zeuge, wie leicht der Redner es nahm; von dem Moment an aber, wo Faucher erschien und sich neben mich setzte, belebte sich das Gesicht des debaters, und es war sichtlich, daß er sein Lied «auf einen höheren Ton» zu stimmen begann. Nur sehr ausnahmsweise war Faucher in der Laune, das zur Debatte stehende Thema seinerseits aufzunehmen und weiterzuspinnen, wenn es aber geschah, so war es jedesmal ein Triumph für ihn, und der mehr oder weniger in die Enge getriebene Fachredner war klug genug, sich dem Enthusiasmus der Versammlung anzuschließen. Faucher sprach bei diesen Gelegenheiten immer sehr gut und witzig, aber *das* war es doch nicht, was ihm den Sieg in diesem Kreise sicherte; was man am meisten an ihm bewunderte, war sein großes Wissen. Er wußte das auch und fuhr deshalb gern das schwere Geschütz auf. Einen kleinen shopkeeper, der mir einmal bewundernd zuflüsterte: «He knows everything», seh ich noch deutlich vor mir.

Ich hielt in diesen debating clubs einen ganzen Winter lang aus, dann wurde es mir aber langweilig, was mir Faucher so wenig übelnahm, daß er mir umgekehrt, zur Belohnung für meine bis dahin bewiesene Ausdauer, etwas «Höheres» versprach. «Einige Fremde haben da neulich einen internationalen Verein gegründet, auch ein paar Engländer sind mit dabei; da werde ich Sie einführen. Ich denke mir, es muß Ihnen Spaß machen.»

«Wie heißt denn der Klub?»

«Es ist kein Klub; wir haben das Wort absichtlich vermieden. Es ist, wie ich schon sagte, eine internationale Gesellschaft, Menschen aus aller Herren Länder; Sprachwirrwarr. Und danach haben wir denn auch den Namen gewählt. Die Gesellschaft heißt ‹*Babel*›.»

Ich fand das sehr hübsch, ließ mich einführen und habe, was mir in *deutscher* Sprache nie passiert ist, auch einmal, englisch, einen Vortrag in ebendieser Gesellschaft gehalten. Worüber, weiß ich nicht mehr, ist auch gleichgültig. Aber das weiß ich, daß die Gesellschaft überhaupt sehr interessant war, vielleicht weil das Hamlet-Wort «Thou comest in such a questionable shape» auf jeden einzelnen in dieser Gesellschaft wundervoll paßte. Manche weiß ich noch mit Namen zu nennen, und ihr Bild steht mir noch deutlich vor der Seele. Da war Mr. Heymann, der, «Schlesien, sein Heimatland», ganz vergessend, zum Engländer geworden war oder sich wenigstens daraufhin ausspielte; da war Mr. Dühring, Perpetuum mobile-Sucher und Tiftelgenie; da war Mr. Bernard – Franzose –, der, wie man sich erzählte, dem Orsini die Bomben angefertigt hatte; da war ein Mr. Blythe, der Leitartikel für «M. Herald» oder «M. Advertiser» schrieb; da war Mr. Mosabini, ein bildhübscher griechischer Jude; da war schließlich ein blasser, harmloser, zwischen Wener- und Wettersee geborener Schwede namens Dalgreen, seines Zeichens ein Gärtner, der sich, gleich mir, in diese zum Teil sehr kühne Gesellschaft nur verirrt hatte.

Ich will ein paar Details aus der Babel-Gesellschaft mit ihm (Dalgreen) beginnen. Es wurde von einem in Italien vorgekommenen, aber ergebnislos verlaufenen politischen Verbrechen gesprochen. Dalgreen sagte: «Schändlich, dieses ewige Bombenwerfen; ich ließe den Kerl mit Zangen kneifen.» Der Orsini-Mann, Mr. Bernard, der ihm gegenübersaß, sah ihn eine Weile an. Dann sagte er: «Merkwürdig. Immer wieder dieselbe Erscheinung. Alle harmlosen Menschen sind für Köpfen und Rädern, während wir, von Fach, uns die Sache doch jedesmal sehr überlegen.» Es machte auf uns alle einen großen Eindruck, denn mit Mr. Bernard, so fromm und mild er aussah, war, seiner ganzen Vergangenheit nach, nicht zu spaßen.

Von Mr. Blythe (Engländer) lebt mir ein andres Wort in der Seele fort, ein noch viel wahreres. Einer von den vielen Deutschen, die zugegen waren, stritt sich mit Blythe in sehr rechthaberischer Weise über die Aussprache eines englischen Wortes und wurde dabei immer heftiger. Zuletzt sagte Blythe: «Wenn ich Sie so streiten sehe, bestätigt sich mir der oft gehörte Satz, daß die Deutschen das eingebildetste Volk sind.» – «The Germans are the most conceited people of the world.» Ich halte diesen Satz für richtig und stelle die kleine Geschichte nur deshalb hierher, weil die Deutschen das nie glauben. Sie halten sich ganz aufrichtig für kolossal bescheiden. Dies ist aber grundfalsch. Die Bescheidensten, ja lächerlicherweise die einzig Bescheidenen, sind die Engländer. Sie haben freilich einen ungeheuren nationalen Dünkel, aber in dem, was sie *persönlich* leisten, ordnen sie sich gern unter. Bei den Deutschen ist es umgekehrt, war wenigstens so, eh man «Deutschland, Deutschland über alles» sang. Und *seit* man es singt, ist es in dieser Beziehung wohl nicht viel besser geworden.

Am meisten Vergnügen habe ich von Mr. *Heymann* und Mr. *Dühring* gehabt. Ich nenne sie immer noch «Mister», weil ich sie mir unter einem einfachen «Herr» gar nicht vorstellen kann. Heymann war ein kleiner Citykaufmann, immer in Geschäften und immer in Schulden. In diesen noch tiefer als in jenen. Er hatte eine Breslauer Majorstochter zur Frau, wodurch es einigermaßen gerechtfertigt wird, daß er seinen ältesten Sohn auf den Namen «Percy» hin hatte taufen lassen. Also Percy Heymann. Es war mir diese Namenszusammenstellung eine Quelle beständiger Erheitrung, was ich dem genialen Erfinder auch offen aussprach. Während meiner Londoner Tage ward übrigens, worauf ich später zurückkomme, dem «Percy» noch ein Brüderchen geboren. Ob er «Douglas» getauft wurde, weiß ich nicht mehr. Ich muß es übrigens Heymann lassen, daß er ein gescheites Kerlchen war, und kann ihm nur vorwerfen, daß er von seiner Gescheitheit einen etwas weitgehenden Gebrauch machte, sowohl in den Künsten der Debatte wie in seinen Spekulationen. Beide waren von einer seltenen Unverfrorenheit getragen. Am größten aber erwies er sich in der Zeit, wo Mr. *Dühring*, unser Tiftelgenie, den ganzen Babel-Kreis durch eine von ihm gemachte «großartige» Erfindung in Aufregung und Staunen versetzt hatte. Diese Erfindung bestand in den seitdem allerdings mehr oder weniger berühmt gewordenen Kohlenfiltern. Die Herstellung erfolgte, wenn ich nicht irre, so, daß er faustgroße, aus Sägemehl und Teer oder Pech gemischte Kugeln formte und diese Kugeln bis zur Verkohlung glühte. Für den Hausgebrauch haben sich diese Kugeln, soviel ich weiß, auch leidlich bewährt. Aber solch ein Erfolg im kleinen war nicht, wonach ein Mann wie Dühring, der die Welt aus den Angeln heben und dabei vor allem viel Geld verdienen wollte, dürstete, weshalb er auf den ungeheuerlichen Gedanken kam, die *Desinfizierung der Themse* mit Hülfe seiner porösen Kohlenkugeln durchzusetzen. Wie man hundertfünfzig Jahre früher vor Gibraltar flache schwimmende Batterien errichtet hatte, so sollte jetzt, am Themse-Kai hin, eine ganze Flotte von Filterflößen aufgefahren werden, und zwar immer an den Mündungsstellen des großen Kanalisationsnetzes. Auf die Weise, so hieß es, komme nur ein wasserklarer Zustrom – einige Begeisterte sprachen sogar von der Möglichkeit des Trinkens – in den Fluß, und alle Lästigkeiten und Fährlichkeiten bei Cholera und ähnlichen Epidemien wären ein für allemal beseitigt. Heymann, ganz aus dem Häuschen, sah auch für sich persönlich endlich die Zeit gekommen, durch einen großen Coup die Citywelt in Erstaunen zu setzen, und übernahm die geschäftliche Seite des Unternehmens. Das nächste war, das government von der epochemachenden Wichtigkeit der Sache zu überzeugen, und Beta, wie immer, wurde heranbeordert, um den nötigen Begeisterungsartikel in die Presse zu lancieren. Er tat es auch mit der ihm eignen Begeisterungsfähigkeit. Ich sah kopfschüttelnd dem allem zu, und als es mir zu arg wurde, raffte ich mich zu dem Satze zusammen, «daß ich dies alles für einen großen Unsinn hielte». Aber da kam ich schön an, alles drang heftig auf mich ein, am meisten natürlich Heymann, der werdende Massenmillionär, der dann auch auf dem Punkte stand, alle Beziehungen zu mir abzubrechen. Indessen er besann sich wieder, alles klang wieder ein, und als der schon erwähnte zweite «junge Heymann» – seine Geburt war gerade in die «allergrößte Zeit» gefallen – getauft werden sollte, wurden meine Frau und ich, desgleichen Faucher und Frau und, wenn ich nicht irre, auch Mr. Blythe zur Taufe geladen. Diese fand in Savoy Street – dicht am Strand –, wo sich die deutsche Kapelle befand, statt, und nach dort vollzogenem feierlichen Akt fuhren wir nach einem reizenden Square in Camden Town, wo Heymann seine Wohnung hatte. Das Mahl war glänzend, und es erschienen Delikatessen, wie sie mir nie wieder vor Augen gekommen sind; ich ließ es mir gut schmecken und war in glänzendster Stimmung. Die ganze Gesellschaft nicht minder. Nach Tisch aber – es dämmerte schon –, als wir uns eben in einen vorgebauten Erker, von dem aus man über den ganzen Square sah, zurückgezogen hatten, zeigte Faucher auf ein paar Gestalten, die mit ernsten Gesichtern vor dem Hause auf und ab schritten. «Das sind beadles», sagte er leise zu mir. Denn er hatte, wie fast auf jedem Gebiet, so auch auf *diesem*, eine feine Sachkenntnis. «Beadle?» fragte ich, stutzig geworden, «ein beadle ist doch soviel wie ein Exekutor.» – «Allerdings», antwortete Faucher und lachte. «Ja, gilt das *uns?*» – «Nein, uns nicht, wenigstens nicht Ihnen und mir. Aber unsrem Freunde Heymann. Der arme Kerl ist eingeschlossen; er hat heute nur den einen Trost: My home is my castle, *heraus* aber darf er nicht.» Es dauerte denn auch nicht lange mehr, so war alles, was um uns her vorging, in der kleinen Taufgesellschaft ruchbar geworden, und meine Frau kam in ein leises Zittern. Bleiben wollte sie nicht länger, und gehen – ja, dessen getraute sie sich erst recht nicht; sie konnte ja aus Versehen mit verhaftet werden. Schließlich indessen, was half es! Und so durchbrachen wir denn, halb in Schreck und halb in

Heiterkeit, den um unsren Freund Heymann gezogenen Kordon.

Dieser Vorgang und fast nicht minder der trotz seiner Verrücktheit eifrig weitergesponnene Plan der «Desinfizierung der Themse» machte es, daß ich mich von der Babel-Gesellschaft etwas zurückzog und eine Zeitlang keines ihrer Mitglieder mehr sah. Auch die befreundeteren nicht. Das wurde denn auch Grund, daß ich einer Festlichkeit nicht beiwohnte, die Freund Faucher gerade damals gab und die seinen ohnehin vorhandenen Ruf als «decidedly clever fellow» in der ganzen deutschen Kolonie noch erheblich steigerte. Diese damals viel besprochene Festlichkeit, die halb – und noch über halb hinaus – ein politischer Akt war, entsprang der mehr und mehr bei Faucher heranreifenden Vorstellung, daß seine Redakteurschaft – er war Redakteur am «Morning Star» – etwas zu Kleines für ihn sei und daß irgend etwas geschehn müsse, seine gesellschaftliche Position zu verbessern. Nach einigem Nachsinnen darüber, was sich da wohl tun lasse, kam er zu dem Resultat, daß nur der *Bischof von Oxford*, ein Sohn oder Enkel des berühmten Wilberforce, ihm diesen Dienst gesellschaftlicher Erhebung leisten könne, weshalb all sein Trachten danach ging, ebendiesen Bischof – der in einer Weise, wie wir uns das hierlandes kaum vorstellen können, als ein gesellschaftliches non plus ultra galt – in sein Haus einzuladen, um ihn hier an einer zu gebenden Soiree teilnehmen zu sehn. Um diese Sache drehte sich nun mehrere Wochen lang Fauchers Hoffen und Bangen. Allem vorauf stand ihm fest, daß eine Soiree, wie die von ihm geplante, in dem mehr als bescheidenen Hause, das er zu jener Zeit bewohnte, nicht gegeben werden könne, weshalb sich als erstes Erfordernis das Mieten einer neuen, in einem möglichst fashionablen Stadtteil gelegenen Wohnung herausstellte. Das Gewünschte fand sich denn auch. Er mietete auf vier Wochen eine glänzend eingerichtete Flucht von Zimmern in Westbourne Terrace und schritt nun zur Einladung des Bischofs. Und richtig, der Bischof sagte zu. Galonierte Diener wurden engagiert, eine deutsche Sängerin fand sich wie immer, und ein «confectioner» – Konditor und Traiteur – in Regent Street übernahm die Versorgung mit Speis und Trank. Um neun brannten alle Kronen, cabs fuhren vor, Frau Faucher stand im ersten Stock auf dem Vorflur zwischen Treppenmündung und Salon und empfing ihre Gäste, das Gesicht etwas ängstlich verzerrt, denn *der*, um den das alles inszeniert wurde, war noch immer nicht da. Da, wer beschreibt das Glück, erschien der Bischof von Oxford mit dem ihm eignen wohlwollenden Lächeln, begrüßte die Dame des Hauses, verneigte sich kurz, sowohl gegen Faucher wie gegen die zunächst Stehenden, und schritt dann langsam durch die drei Festräume, die er, nach Ablehnung einer Erfrischung und unter erneuten Verneigungen gegen die Versammlung, in langsamem Tempo wieder verließ. Seine Anwesenheit hatte keine fünf Minuten gedauert, der Zweck aber war erreicht, denn am andern Morgen stand in allen Zeitungen: «Yesterday took place a splendid evening party at Mr. and Mrs. Faucher, Westbourne Terrace; the Bishop of Oxford was present.» Nach diesem Tage wurde Faucher, erdrückt von Verbindlichkeiten, nicht mehr im Bereich seiner von ihm auf vier Wochen gemieteten Prachtwohnung gesehn; er zog vielmehr weit, weit fort, in eine ganz andre Himmelsgegend. Das war im Januar achtundfünfzig.

Um diese Zeit kamen wir uns wieder näher, denn es rückten jetzt die Tage der Vermählung zwischen Kronprinz Friedrich Wilhelm und Prinzeß Victoria heran. Ich hatte darüber für eine Berliner Zeitung zu berichten, und da Faucher vorhatte, sich ebenfalls als own correspondent – ich weiß nicht mehr, für welch deutsches oder französisches Blatt oder vielleicht auch bloß für seinen «Morning Star» – zu installieren, so kam er täglich auf die Gesandtschaft, wo wir uns trafen und unsre Hoffnungen oder Befürchtungen austauschten. Alles drehte sich darum, ob es möglich sein würde, Plätze für uns zu beschaffen. Graf Bernstorff, wie immer die Güte selbst, drang schließlich bei dem Hofmarschallamte durch, und so bekamen wir unsere Tickets. Aber hinsichtlich dieser Tickets selbst waltete doch ein großer Unterschied; Fauchers

Ticket war, glaub ich, viel vornehmer, aber meines viel bequemer. So hatte der Zufall uns beiden geholfen, denn so gewiß ich jederzeit für Bequemlichkeit war, so gewiß war Faucher jederzeit für grande représentation, und wenn er zu diesem Zweck auch in spanische Stiefel geschnallt worden wäre. Ein wenig davon war nun wirklich der Fall, denn die ihm gewordne Eintrittskarte legte ihm die Verpflichtung auf, in Hofkostüm zu erscheinen: schwarzseidne Strümpfe und Schnallenschuhe, Frack Louis quinze, Dreimaster und Galanteriedegen. Mich hätte das finanziell ruiniert, für Faucher aber, den Mann von Westbourne Terrace, war das alles Bagatellkram, und auf einer Schauprobe sah ich ihn denn auch in pontificalibus. Er machte sich sehr gut und wußt es auch. Tags darauf war die Trauung in St. James; ich saß, Gott weiß durch welches Glück oder welchen Irrtum, dicht hinter der pompösen Herzogin von Sutherland und ihren zwei Töchtern, alle drei durch ihre Schönheit berühmt, und vergaß darüber meinen Faucher, den ich dann auch während der ganzen Festlichkeit nicht wieder zu sehen bekam. Den andern Nachmittag aber, ich hatte eben meinen Festbericht beendet, kam er von seiner Redaktion aus zu mir herausgefahren, und meine Frau ließ sich verleiten, ihm das, was ich über die Vermählungsfeier geschrieben hatte, vorzulesen. Er wiegte den Kopf dabei hin und her und sagte: «Ja, ja, man kann es auch so machen; ganz gut.» Es war aber ersichtlich, daß es ihm wenig gefallen hatte, was ich ihm zwar nicht übelnahm, aber in seiner vollen Berechtigung doch nicht ganz erkannte, ja, nach meiner damaligen Stellungnahme zu solchen Dingen auch nicht einmal erkennen *konnte*. Denn mir steckte zu jener Zeit der unter Glaßbrenner und Beckmann und unter beständiger Lektüre schrecklicher Wortwitze herangewachsene Spree-Athener noch viel zu stark im Geblüt, um solchen Bericht überhaupt schreiben zu können. Alles war vermutlich ohne rechte Manier. Ich ging davon aus, daß es darauf ankäme, die patriotischen und loyalen Wendungen mit soviel «Geist» wie möglich aufzuputzen, wozu mir die Hervorhebung kleiner scherzhafter Zwischenfälle ganz besonders geeignet erschien. Das ist nun aber, wie ich jetzt weiß, grundfalsch. Nicht feierlich sein, was, aufs Ganze hin angesehn, vielleicht ein Vorzug ist, kann auch zum Verbrechen werden, jedenfalls zur Unpassendheit, und der kluge und feine Faucher, der trotz all seiner Zynismen, Tollheiten und Eitelkeiten immer wußte, wo diese Dinge hingehören und wo nicht, hatte bei Anhörung meines Festberichts diesen Kardinalfehler gleich herausgefunden.

Die Wochen, die der kronprinzlichen Vermählung voraufgingen und folgten, hatten Faucher und mich wieder nähergeführt, so nahe, daß von jener Zeit ab, durch fast dreiviertel Jahr hin, eine Art Haus- und Familienverkehr entstand. Ich verdanke dem einige ganz besonders interessante Tage, trotzdem es an Schwierigkeiten und Sonderbarkeiten nicht fehlte.

Zunächst ein Wort über die Schwierigkeiten. Diese hatten ihren Grund schon in der räumlichen Entfernung, die so groß war wie nur möglich. Unsere Wohnung, mit dem Blick auf Hampstead und Highgate, lag im äußersten Norden, während sich Faucher umgekehrt am äußersten Südrande der Stadt niedergelassen hatte, noch über Camberwell hinaus, in einem schon ganz ländlichen Vorort, der Denmark Hill hieß. Bis dorthin war ungefähr so weit wie von Berlin bis Spandau. Die Blackfriarsbrücke bildete genau die Hälfte, und mit zwei Omnibussen konnten wir jedesmal den Heimweg zwingen, wenn wir nicht bei Fauchers die richtige Abfahrtszeit versäumten.

Denmark Hill, eine Art Faubourg des Blanchisseuses, wo beständig Wäsche flatterte, war in seiner Ländlichkeit sehr reizend, und ebenso reizend präsentierte sich die kleine Villa, die Fauchers bewohnten. Frau Faucher, in vielen Stücken eine kluge Frau, war ein wenig zu sehr aufs Große hin angelegt, was, einem Ondit zufolge, damit zusammenhing, daß ihr in der achtundvierziger Zeit eingeredet worden war, «sie würde als Frau Präsidentin des Reichs durchs Brandenburger Tor ihren Einzug halten». Hätte sie gewußt, daß mir wenigstens drei, vier Damen bekannt geworden sind, die sich alle mit demselben «Einzug« schmeichlerisch beschäftigt haben, so hätte sie vielleicht manches von der grande dame fallenlassen. Sie spielte übrigens diese Rolle gut genug, trotzdem ihr Faucher und die häuslichen Verhältnisse dies nicht gerade erleichterten. Einmal erschienen wir, um gleich in den ersten fünf Minuten mit der Mitteilung überrascht zu werden, daß in der Nacht vorher bei ihnen eingebrochen und beinah sämtliches Silberzeug weggeräubert sei. Wir möchten also entschuldigen. Dann gingen wir zu Tisch und behalfen uns mit zwei Papplöffeln und ein paar neusilbernen Bestecken, die die «Diebe» wegen Minderwertigkeit zurückgelassen hatten. An allem ließ sich erkennen, daß ein schweres Gewölk, sehr ähnlich dem, das bei Gelegenheit der Heymannschen Taufe heraufgezogen war, unmittelbar vorher zu Häupten der Familie gestanden haben müsse, ja vielleicht noch stehe; beide Eheleute aber hatten ein seltenes Talent, solche Fatalitäten unter Lächeln und Freundlichkeiten verschwinden zu lassen.

Der Sonnenschein des Hauses, der einzige wohl ganz echte, war die schöne Lucie, ein reizendes Kind an der Backfischgrenze. Sie wußte, was um sie her vorging, und wußt es auch wieder nicht. Elfenartig, dem Wirklichen halb entrückt, bewegte sie sich unbefangen in einer Welt von Widersprüchen und Wunderlichkeiten, von Zank und Streit, von schönen Kleidern und silbernen Löffeln, gleichviel ob diese noch existierten oder über Nacht in etwas rätselvoller Weise verlorengegangen waren. Alles war ihr dasselbe, traumhaft zog der bunte Reigen an ihr vorüber. Vieles im Faucherschen Hause war nur plattiert, aber die Liebe zu dieser reizenden Tochter, in der sich alles Gute der beiden Eltern vereinigt fand, war echt und aufrichtig, und der Zauber, der ihr eignete, war es denn auch, der sie schon früh ihr Lebensglück finden ließ. Sie wurde die Gattin eines ausgezeichneten Mannes und hat, wenn ich recht berichtet bin, im Südosten, in den großen See- und Handelsstädten des Mittelmeeres, ihre jungen Tage verbracht.

Der letzte Besuch, den wir, meine Frau und ich, in Denmark Hill machten, schloß für uns mit einem kleinen Abenteuer ab. Es hatte den Tag über geregnet, und erst zu später Stunde, weil wir das Wetter abwarten wollten, brachen wir, so gut es ging und die Wasserlachen es zuließen, in Geschwindschritt auf, um noch den letzten Camberwell-Omnibus zu fassen. Aber wir kamen trotzdem zu spät, er war schon fort, und so stapften wir denn aufs neue durch die Tümpel hin, eine ganze deutsche Meile weit, bis wir die Blackfriarsbrücke glücklich erreicht hatten. Da standen cabs.

«Wir sind nun doch mal naß», sagte ich. «Ich glaube, es ist das beste, wir marschieren weiter.»

«Ich kann nicht mehr; ich bin todmüde.»

So winkte ich denn einen cab heran – cabs, im Gegensatz zu Berlin, *kommen*, wenn man winkt –, und wir stiegen ein. Und ehe wir noch über die Brücke waren, schlief meine Frau schon.

Es ging nun in grader Linie nördlich auf Holborn Hill zu, wo wir links einbiegen und dann, in abermaliger Biegung, durch Grays Inn Lane hin, auf unsre Wohnung in Camden Town zufahren mußten. Aber dies links Einbiegen bei Holborn Hill wurde versäumt, und unser cab-Kutscher zog es statt dessen vor, in grader Linie zu bleiben. Nun wußt ich sehr wohl – denn ich kannte London besser, als ich Berlin kenne –, daß man auf diesem Wege gradesogut nach Norden kam wie durch Grays Inn Lane, aber ebensogut wußt ich auch, daß die cab-Kutscher nie so fuhren, denn dieser gradlinige Weg führte durch eins der schlechtberufensten und zugleich engsten und winkligsten Quartiere von London, durch Clerkenwell. Wie oft, wenn wir, auf unserm täglichen Wege zur Post, Holborn Hill passierten, hatten wir nach diesem übelberufnen Stadtteile scheu hinübergeblickt; denn man konnte nicht leicht etwas Trostloseres und Beängstigenderes sehn als dies Clerkenwell. Daß es aus halbverfallenen elenden Häusern bestand, hatte nicht viel zu sagen, solche heruntergekommenen Quartiere gab und gibt es in London überall, aber *das* war das Schlimme, daß man vor etwa zwanzig oder dreißig Jahren den Versuch gemacht hatte, das Alte hier niederzureißen und Neues an seine Stelle zu setzen, in welchem Versuche man, weil die Baugelder ausgingen, steckengeblieben war. Als Folge davon ergab sich nun ein furchtbares mixtum compositum von Spelunken und unfertigen Neubauten, von welch letztren man nichts sah als zehn oder fünfzehn Fuß hohe Mauern mit halbfertigen Fensteröffnungen. Denn auch diese schnitten wieder in der Mitte ab. Ich wußte, daß dieser Stadtteil meiner Frau jedesmal ein ganz besondres Grauen einflößte; was aber, weit darüber hinaus, die Lage ganz besonders heikel machte, war der Umstand, daß wir kaum acht Tage vorher von einem cab-Kutscher gelesen hatten, der, in seiner Eigenschaft als Mitglied einer Diebs- und Mörderbande, sich durch prompte Fahrgastablieferung in Quartieren à la Clerkenwell nützlich gemacht hatte. Mir selbst war, dem allem gegenüber, auch ziemlich ängstlich zu Sinn, aber dies Angstgefühl verschwand doch neben der Schreckensfrage: Wenn deine arme Frau jetzt gerade aufwacht! Und natürlich keine halbe Minute mehr, so gab es einen Stoß, und aus ihrem Schlaf in die Höh fahrend, sah sie jetzt durch das herabgelassene Fenster auf die ihr nur zu wohl bekannten, aus hellgelben Ziegelsteinen aufgeführten Ruinen.

«Um Gottes willen, er fährt ja –»

«Ja, ja Kind. Aber beruhige dich nur; es wird schon wieder besser; wir sind ja gleich heraus –»

«Nein, nein. Laß halten.»

«Ich bitte dich. Um alles in der Welt, mach hier keine Szene. Wir blamieren uns unsterblich. Unter allen Umständen, wir können nichts ändern. Außerdem, sieh nur, er jagt ja wie toll, es ist, als ob er sich selber graule.»

Wirklich, eine halbe Minute später, so lag Clerkenwell hinter uns; das mußte Somers Town sein und das der Eisenbahnbogen. Und eine kleine Weile noch, so hielten wir vor unsrem Haus, und Betty, die sich schon geängstigt hatte, leuchtete uns, den Blaker in der Hand, die kleine Treppe hinauf.

[1895]

Briefe nach London

31. Januar 1896 bis 30. August 1898

An Dr. James Morris

Berlin, 31. Januar 1896. Potsdamer Straße 134 c Schönsten Dank für Brief und Zeitungssendungen, unter welchen mich die «Daily News»-Nummern von 1846 und 1896 am meisten interessiert haben. Ein halbes Jahrhundert hat viel geändert, was nicht bloß aus dem Format, sondern auch aus den Bildern zu ersehen. Charles Dickens wirkt sehr gut – besser als im Leben –, aber zugleich doch etwas komisch; so stark hat die Mode gewechselt. Freilich ist in Rechnung zu stellen, daß er persönlich etwas Theaterhaftes hatte, so daß nicht alles auf die Zeit, sondern ein gut Teil auch auf ihn *selbst* und seine Eigenart zu schieben ist.

Und nun Ihre freundlichen Zeilen! Ich glaube, daß eine Stelle meines letzten Briefes – allerdings wohl durch meine Schuld – mißverstanden worden ist. Die letzte Rolle, die zu spielen ich geneigt sein könnte, ist die des Kriegsberserkers. Abgesehen von dem Entsetzlichen jedes Krieges, stehe ich außerdem noch allem Heldentum sehr kritisch gegenüber. Es gibt ein ganz *stilles* Heldentum, das mir imponiert. Was aber meist für Heldentum gerechnet wird, ist fable convenue, Renommisterei, Grog-Resultat.

Aber meine falsch verstandene Briefstelle! Ich hatte mit dem, was ich sagte, nicht einen kriegerischen *Wunsch*, sondern nur eine kriegerische *Situation* – als nun mal leider vorhanden – aussprechen wollen. Daß diese «Situation» da ist, steht mir allerdings fest. Daran können weder wir zwei beide noch die Zeitungen noch die Regierungen irgendwas ändern. Die Schicksale nehmen ihren Lauf, und etwa am Säkulartage von Trafalgar [Oktober 1805] oder nicht sehr viel später werden wir einen großen Krach haben. England wird dann noch einmal glänzend siegen, aber es wird sein Höhepunkt sein. Verzeihen Sie mir diese Gastrolle als second-sight-highlander.

An Dr. James Morris

Berlin, 22. Februar 1896. Potsdamer Straße 134c Besten Dank für Verschiedenes, darunter – mir ganz neu – «The Labour Leader».

In «Daily Graphic» und «Illustrated London News» fand ich viele Bilder, die sich auf das Begräbnis von Lord Leighton bezogen; er war gewiß ein vorzüglicher Herr, und alle Ehren sind ihm zu gönnen; sie erscheinen uns hier aber ein wenig übertrieben. Wenn Millais stirbt, dann paßt es; Millais ist eine neue und zugleich bedeutende Nummer, war es von Anfang an; aber Leighton ist bloß highly respectable, und das besagt eigentlich gar nichts. Ich habe ziemlich viel Bilder von ihm gesehn, weil er derjenige englische Maler war, der am regelmäßigsten unsre Ausstellungen beschickte. Das letzte, was ich von ihm sah, war das Beste: der Schlaf oder der Traum, Rundbild, eine schöne weibliche Gestalt (oder zwei) ruhend unter einem klaren Abendhimmel, an dem matt die Mondsichel steht. Sehr schönheitsvoll; aber für die «reine Schönheit» haben die Menschen allerorten den Sinn verloren; es grenzt immer an Langeweile.

Sehr interessant sind die von Melton Prior herrührenden Skizzen aus Transvaal.

Mit besondrem Vergnügen habe ich Keir Hardies «Labour Leader» durchgesehn. Alles Interesse ruht beim vierten Stand. Der Bourgeois ist furchtbar, und Adel und Klerus sind altbacken, immer wieder dasselbe. Die neue, bessere Welt fängt erst beim vierten Stande an. Man würde das sagen können, auch wenn es sich bloß erst um Bestrebungen, um Anläufe handelte. So liegt es aber nicht; *das*, was die Arbeiter denken, sprechen, schreiben, hat das Denken, Sprechen und Schreiben der altregierenden Klassen tatsächlich überholt, alles ist viel echter, wahrer, lebensvoller. Sie, die Arbeiter, packen alles neu an, haben nicht bloß neue Ziele, sondern auch neue *Wege*. Die «Times» ist nach wie vor die erste Zeitung in der Welt, aber doch eigentlich nur durch ein gewisses stilles «Übereinkommen» der sogenannten Gebildeten. In Wahrheit ist alles tot und eingefroren, keine neuen Ideen, kein neuer Stil, nicht einmal (ganz äußerlich) ein neues Zeitungsarrangement. In dem «Leader» ist die Schablone durchbrochen.

An Dr. James Morris

Berlin, 4. November 1896. Potsdamer Straße 134c Ich habe Ihnen für einige «Daily Graphic» zu danken, die verschiedene Skizzen vom ägyptischen Kriegsschauplatz brachten. Als Bilder sind sie gut, als Belehrungsmaterial sind sie Null. Das Beste, was man aus dunklen Gegenden erhalten kann, sind Karten. Vor etwa einem Jahr erhielt ich eine «Daily Graphic»-Nummer von Ihnen mit einer Karte von Transvaal; diese Karte, in meinen Augen ein Ideal (ich bin nämlich ein *Karten*mensch, was etwas sehr Wichtiges ist, weil das Orientierungsbedürfnis, der Hang nach Klarheit damit zusammenhängt) – diese Karte habe ich beständig vor Augen und bin mit Hilfe derselben allen meinen Freunden an Südafrikakenntnis weit überlegen. Es wird wohl auch gute *deutsche* Karten geben, aber ich persönlich kenne keine, und jedenfalls sind sie sehr rar. Dies hängt mit einer mir unerträglichen philiströsen Gründlichkeit zusammen, an der all unser deutsches Lernen laboriert. Auf einer Karte braucht man in der Regel nur fünf, sechs Punkte – auf die richtige Placierung und Namensgebung *dieser* kommt es an, alles andre ist nicht bloß gleichgültig, sondern in hohem Maße störend. Das Wesen deutscher Karten besteht darin, daß die fünf Namen, auf die es ankommt, unter fünfhundert indifferenten Namen versteckt werden und nun nicht gefunden werden können. Alle deutschen Karten werden nicht für Personen mit freiem Überblick, sondern für Kurzsichtige gemacht, die sich daran gewöhnt haben, immer zu suchen. Solche Menschen, und wenn sie noch so gescheit sind, sind immer borniert. Die Dongola- und Sirdar- und Truppeneinschiffungsbilder im «Daily Graphic» erinnern mich an die Bilder unsrer illustrierten Zeitungen. «Begegnung des Kaiser Wilhelms II. mit Kaiser Nikolaus II. auf dem Bahnhof zu Wiesbaden.» Es könnte aber auch ebensogut eine Begegnung mit dem König Karl von Rumänien oder mit dem Schah von Persien sein. Außerdem, ob Wiesbaden oder Ems oder Darmstadt macht nicht den geringsten Unterschied.

Ich bin froh, daß die Friktionen zwischen England und Deutschland ihr Ende erreicht zu haben scheinen. Leider wohl nicht auf lange. Unsre Politik ist wie der Springer auf dem Schachbrett, ja schlimmer, weil völlig unberechenbar. Gewiß, man kann es *so* machen, und man kann es auch *so* machen, das eine ist oft ebensogut wie das andere, aber man muß aushalten, stetig sein, in bestimmter Richtung vorgehn. Daran fehlt es bei uns, was höchst beklagenswert ist. Dies gibt einen gewissen Schwächezustand.

Aber wenn dieser Schwächezustand auch noch viel größer wäre, als er ist, so hebt er die große vorhandene *Volkskraft* (im Gegensatz zu den Schwächlichkeiten der Regierung) nicht auf. Ich kann nicht anders, als wie in meinen Briefen dies immer wieder zu betonen. Mit der Vorstellung von einem schwächlichen Deutschland darf nicht mehr gerechnet werden, es ist umgekehrt ganz außerordentlich stark (auch viel stärker als Rußland) und verdankt diese Stärke, neben seiner Zahl, ganz besonders dem Ordnungsmäßigen, dem *Systematischen*, das Lord Rosebery in seiner neulich gehaltenen Rede recht eigentlich als das *Unterscheidende* bezeichnet hat, zugleich *als das*, worin unser Übergewicht liegt. Das alles ist richtig. Nicht durch große Gaben, auch nicht durch Mut und Kraft sind in den letzten großen Kriegen unsre Siege errungen worden, sondern durch etwas ganz Prosaisches und Inferiores, durch unsern *Ordnungs*sinn: *da*durch, daß jeder und jedes im richtigen Moment immer an der richtigen Stelle steht. ...

An Dr. James Morris

Neubrandenburg, 13. Juli 1897. Augusta-Bad ... Anknüpfend an meinen diesjährigen mecklenburgischen Aufenthalt möchte ich noch sagen dürfen, daß der Zug nach dem Norden, der sich dann oft bis nach Skandinavien hin ausdehnt, immer größer wird.

Italien ist halb entzaubert (mit Ausnahme der Riviera), weil man die Hitze, die Moskitos, die Malaria und die Bettelei nicht mehr aushalten mag und weil sich der «Bourgeois» – und der wirklich Gebildete erst recht – nachgerade eingesteht, daß er von Kunst *doch* nichts versteht, auch wenn er dreitausend Bilder noch so beharrlich angeglotzt hat. Der Norden ist klimatisch angenehmer, dabei sauberer und appetitlicher, und die Bevölkerung weniger Räuberbande.

Ihre Güte hat seit zwei Monaten eine Menge Kunst- und Lesestoff an mich gelangen lassen, wofür ich bestens danke. Den Anfang machten drei Photographien nach frühesten Jugendarbeiten von Sir John Millais. Die sich darin aussprechende Begabung ist stupend; auch ein marvellous boy. Die verschiedenen Bilder und Skizzen aus Griechenland in den «Illustrated London News» haben mich weniger interessiert, weil mir dieser ganze griechische Krieg widerlich geworden ist. ...

Mit Schrecken sehe ich die «englischen Rüstungen» und daß das so welt- und lebenskluge England schließlich auch in diesen modernen Unsinn verfällt. Die Kultur, die dadurch geschützt werden soll, geht darin unter. England, weil es reich ist, kann die Sache eine Weile aushalten, aber wir in Deutschland, die wir durchaus eine große Flotte haben wollen (oder sollen), um sie nach vier Wochen verbrannt zu sehen, wir könnten unser bißchen Geld besser anlegen. Alle Staaten müssen erst wieder den Mut kriegen, vor dem Besiegtwerden nicht zu erschrecken. Es schadet einem Volke nicht, weder in seiner Ehre noch in seinem Glück, mal besiegt zu werden – oft trifft das Gegenteil zu. Das niedergeworfene Volk muß nur die Kraft haben, sich aus sich selbst wieder aufzurichten. Dann ist es hinterher glücklicher, reicher, mächtiger als zuvor.

An Dr. James Morris

Berlin, 26. Oktober 1897. Potsdamer Straße 134c Ich habe lange nicht von mir hören lassen; Grund war eine große Arbeit (wohl meine letzte, wenigstens *der* Art), die ich, nach Stuttgart hin, an eine dort erscheinende Zeitschrift abzuliefern hatte. Das liegt nun seit drei Tagen alles glücklich hinter mir.

Eine Anzahl «Daily Graphics» ließ mir Ihre Güte zugehn. Sehr amüsiert hat mich ein einem holländischen Blatte entnommenes Bildchen: William the Crusade. In unsern illustrierten Witzblättern findet man selten dergleichen, woran man vielleicht demonstrieren kann, daß das sinnlich Wahrgenommene stärker wirkt als das zum Verstande sprechende Wort. Denn an Kritik übenden *Witzworten* fehlt es in unsrer Journalistik keineswegs, nur das Kritik übende *Bild* tritt spärlicher auf.

In unsern deutschen Zeitungen verfolge ich mit großem Interesse die englischen Kämpfe in Indien und am Nil.

Die ersteren sind natürlich die wichtigeren, denn sie sind das Vorspiel zu dem Großen und Entscheidenden, *was kommt* und worüber sich einer aus den Reihen Ihrer Hocharistokratie – wenn ich nicht irre, war es der Herzog von Hamilton – mit erfrischender Offenheit und Unbefangenheit ausgesprochen hat. Wenn ein Fremder dergleichen sagt, so stößt er leicht an; wenn er sich aber Ansichten, die er vorfindet, nur anschließt, so geht es eher.

Die englische Herrschaft in Indien *muß* zusammenbrechen, und es ist ein Wunder, daß sie sich bis auf den heutigen Tag gehalten hat. Sie stürzt, nicht weil sie Fehler oder Verbrechen begangen hätte (all das bedeutet wenig in der Politik), nein, sie stürzt, weil ihre Uhr abgelaufen ist, weil ein «andres» mächtig in die Erscheinung drängt. Dies «andre» heißt zunächst Rußland, aber auch Rußland wird nur eine

Episode sein, und ein sich auf sich selbst besinnendes nationales, religiöses und dem uralt Überlieferten angepaßtes Leben wird schließlich triumphieren und einigen Anspruch auf Dauer haben.

Dieser hier angedeutete Werdeprozeß vollzieht sich, wohin man blickt, in der ganzen Welt, und es ist ein ungeheurer Segen, *daß* er sich vollzieht.

Die Konquestadorenzeit, wo zwanzig Räuber, weil sie Knallbüchsen hatten, viel gesittetere Leute zu Paaren trieben und die Könige dieser besseren Leute auf den Rost legten – diese brutale Zeit ist vorbei, und gerechtere Tage brechen an. Die ganze Kolonisationspolitik ist ein Blödsinn; «bleibe zu Hause und nähre dich redlich». Jeder hat sich *da* zu bewähren, wohin ihn Gott gestellt hat, nicht in einem fremden Nest. Mit Schaudern lese ich jetzt täglich von den verzweifelten Anstrengungen, die England machen will, um den alten Zustand à tout prix zu bewahren.

Bis jetzt konnte man sich, wenn man auf England sah, daran aufrichten, daß es wenigstens *ein* Volk in Europa gab, das noch an ein anderes Ideal als an eine «Million Soldaten» glaubte. Wenn England sich dieses kolossalen Vorzugs, der gleichbedeutend ist mit gesundem Menschenverstand, freiwillig begibt und nun auch anfängt, jedem Menschen eine Flinte in die Hand zu zwingen, so steigt es von der Höhe herab, die es bis heute innehatte. Außerdem wird nicht mal *das* dadurch erreicht, was damit erreicht werden soll. Die Menschheit hat zu natürlichen Zuständen zurückzukehren; das aber, womit am ehsten (weil unerträglich geworden) gebrochen werden muß, ist der Militarismus.

An Dr. James Morris

Berlin, 6. Januar 1898. Potsdamer Straße 134c Wofür ich mich bei Ihnen zu bedanken habe, hab ich im Detail schon wieder vergessen, so mannigfach war es; nur die Christmas-Nummer ragt in ihrem Bunt aus dem großen Grau hervor.

Diese Christmas-Nummer («Graphic») hatte die alten Vorzüge und Schwächen. Alles Technische – wohin ich auch die Versemacherei, soweit sie «Macherei» ist, rechne – vorzüglich; im übrigen aber alles erfindungsarm, alles die alte, herkömmliche Geschichte. Unsre ganze moderne Produktion krankt daran; alles ist Nachahmung, und *das*, was *nicht* Nachahmung ist, was sich à tout prix auf die eigenen zwei Beine stellen will, das ist – mit verschwindenden Ausnahmen – vollends nicht zu brauchen.

Ich kann mit Ausnahme des Technischen und Naturwissenschaftlichen (wiewohl auch da die ganz großen Dinge der Vergangenheit angehören) nirgends einen Weltfortschritt wahrnehmen. Die Kanonen und die Gewehre werden immer besser und scheinen die Fortdauer europäischer «Zivilisation im Pizarrostil» vorläufig noch verbürgen zu wollen; aber es geht auch damit auf die Neige, die nichtzivilisierte Welt wird sich ihrer Kraft bewußt werden, und der große Menschheitsauffrischungsprozeß wird seinen Anfang nehmen. Eigentlich sind wir schon in der Sache drin.

Am bedrohtesten ist England, weil es seine Flügel über die Erde hin am weitesten ausgebreitet hat. Überall schwere Gefahr. Aber wie immer, wenn die Gefahren sich mehren, ja wenn decay and fall als Möglichkeiten am Horizonte sichtbar werden, raffen sich die Völker noch mal zu größten Leistungen auf, und so finde ich denn auch die Haltung Englands im gegenwärtigen Augenblicke geradezu bewundernswert. Daheim in einer schweren, in ihren Folgen ganz unberechenbaren Krisis, in Indien, in Afrika, in China entweder in seiner Herrschaft und seinem Besitzstand oder doch in seinem Prestige bedroht, von allen beargwohnt und gehaßt, von keinem geliebt oder sekundiert, zeigt es trotzdem in seiner Haltung keine Spur von Unruhe, teilt die Fragen nüchternen Sinnes in «große und kleine», schiebt die kleinen beiseit oder bequemt sich zu Konzessionen, ist aber bereit, für die großen Fragen zu kämpfen und seine Existenz an die Fortdauer seiner gegenwärtigen Machtstellung zu setzen.

Das hat auch für den Fremden etwas Erhebendes und in

dem großen Stil des Vorgehens ein Etwas, das einen mit Neid erfüllen kann.

Ist mein Blick in die Zukunft richtig, so zieht das Gewitter diesmal noch vorüber; die Wolken sind noch nicht geladen genug, die Regierungen führen noch das Wort, nicht die leidenschaftlichen Volksempfindungen; sprechen aber erst *diese* mit, so werden wir furchtbare Kämpfe haben, nach deren Abschluß die Welt und die Landkarte anders aussehen wird wie heut.

An Dr. James Morris

Berlin, 5. Februar 1898. Potsdamer Straße 134c Unter Ihren letzten freundlichen Zusendungen, für die ich bestens danke, haben mich zwei ganz besonders interessiert: die «Star»-Nummer zum zehnjährigen Jubiläum und die vor ein paar Tagen empfangene Nummer des «Morning». Dieser «Morgen» wirkt schon dadurch, daß er jeden ordinären Zusatz, wie beispielsweise «Advertiser» oder «Chronicle», verschmäht und in grandioser Einfachheit auftritt – *nur* «Morgen».

Zunächst der «Star». Es berührte mich doch ganz eigentümlich, meinen alten Bekannten Marcus Stone bildnerisch die Hauptrolle darin spielen zu sehen. Die Familie Merington, mit der wir vor gerade vierzig Jahren in Camden Town freundschaftlich verkehrten, war mit der Malerfamilie Stone (auch schon der Vater war Maler) aufs herzlichste befreundet. Der Alte, ein wenig eitel, ließ sich nicht oft sehn; desto häufiger die drei Kinder: zwei Töchter und ein Sohn. Die zwei Töchter waren bildschön, beide typisch englisch, trotzdem sie grundverschieden waren (die eine schwarz, die andre feuerrot); der Sohn war Marcus, damals zwanzigjährig. Er ist also jetzt ein Sechziger, und wenn er sich in seinem Selbstporträt nicht absichtlich verjüngt hat, so muß ich sagen, er hat sich brillant konserviert. Was noch wichtiger ist, er sah in seinem Bilde mit der Palette in der Hand auch heiter und glücklich aus. Ich weiß, daß er zu den besten

Malern gehört; dann und wann seh ich hier Bilder von ihm ... Jedenfalls war ich hocherfreut, ihm im «Star» zu begegnen.

Und nun geht der «Morning» auf. Ich denke mir, Sie haben mir diese Nummer wegen des Artikels «The Hungry Hohenzollerns» geschickt, und ich bin Ihnen dankbar dafür, weil mir der Artikel wieder ein Musterbeispiel ist, wie weit sich nationale oder – was mir viel wahrscheinlicher ist – wie weit sich *Partei*gegensätze verirren können. Ich glaube nämlich nicht, daß diesen Artikel ein *Engländer* – gleichviel ob er die Hohenzollern haßt oder nicht – geschrieben haben kann. Ein Engländer, weil ihn die ganze Geschichte doch schließlich nur mäßig in seinem Gemüte beschäftigt, wird sich durch ein bestimmtes Maß von *Unbefangenheit* am Niederschreiben solchen boshaften Unsinns immer gehindert sehn. Etwas, was so falsch und so gehässig ist, kann nur von einem gegen Preußen und die Hohenzollern gereizten *Deutschen* geschrieben werden, also mutmaßlich von einem hannöverschen Welfen. Ich darf Ihnen versichern, der jetzt in unserm Lande blühende Borussismus ist sehr wenig nach meinem Geschmack, und wenn ich Reden lese, wie sie Kaiser Wilhelm und nun gar erst (als Antwort) sein Bruder Heinrich in Kiel gehalten hat, so wird mir bei diesem Rückfall in Anschauungen, die noch über die Stuart-Anschauungen Jakobs II. hinausgehn, himmelangst. Aber *das* nehme ich auf den Diensteid, daß der Große Kurfürst, der sogenannte Soldatenkönig (Friedrich Wilhelm) und der Alte Fritz nicht bloß famose Kerle gewesen sind, sondern daß ihr Tun, weit über alles Selbstische hinaus, auch im Dienste großer Ideen, vor allem der Bekämpfung des Katholizismus, gestanden hat. Nirgends in der Welt weiß man dies besser als in England, und nirgends in der Welt ist dies in höherem Grade *(selbst mehr als bei uns)* anerkannt worden als in England. Denn es deckte sich mit den Grundsätzen der englischen Politik. Ich darf dies um so mehr hervorheben, als ich persönlich *gegen* alle antikatholische Politik bin, aber jedenfalls, falsch oder richtig, war immer eine *Idee* da, nach der die Hohenzollern zwei Jahrhunderte lang ihre Politik getrieben haben.

An Dr. James Morris

Karlsbad, 30. August 1898. «Stadt Moskau» Seit ein paar Wochen bin ich hier in Karlsbad und kann mir wieder die Häuser ansehen, wo der alte Goethe gewohnt, desgleichen auch die Hotels, wo die Kaiser und Könige in den, Gott sei Dank, verschwundenen Tagen der Polizeialliance, die in der Geschichte den anspruchsvollen Namen «Heilige Alliance» führt, ihre Karlsbader Tage verbracht haben.

Vielleicht kommen ihre Thronnachfolger nun *wieder* hier zusammen, um über die Abrüstung und den Weltfrieden zu beraten. Es wird nicht viel draus werden, aber es bleibt doch eine große Sache, daß der mächtigste Mann der Erde [der russische Außenminister Graf Murawjew] solch Wort aussprechen konnte, und zwar, wie ich fest überzeugt bin, nicht phrasenhaft oder gar mit Hintergedanken, sondern grundehrlich. Und weil ich an diese Ehrlichkeit und an das großartig Edle, das sich darin ausspricht, glaube, kann ich mich mit dem Ton, in dem einige englische und französische Zeitungen darauf geantwortet haben, nicht einverstanden erklären. Einige englische Blätter wollen erst die Chinafrage(!!) geregelt sehen, und einige französische wollen ganz gemütlich Elsaß-Lothringen wiederhaben. Kleinlicher Standpunkt einer großen Menschheitsfrage gegenüber. Was die Franzosen angeht, so wundere ich mich über nichts mehr. . . .

Was England angeht, so finde ich, daß Lord Salisbury der einzig Vernünftige ist. Die andern renommieren alle nach einer bestimmten Seite hin, der eine so, der andere so. Die Schlimmsten sind die, die im American style nur ihre Geldinteressen kennen. Salisbury weiß, daß es nur einen einzuschlagenden Weg gibt: sich nach Möglichkeit mit Rußland gut stellen. Alles andere führt zum Verderben. Die englische Flotte kann England vor einer Invasion schützen und andere Flotten vernichten. Das scheint viel, in Wahrheit ist es gar nichts.

DREI WOCHEN SPÄTER STARB FONTANE.

Anhang

Anmerkungen
Personenregister (Band 1 und Band 2)
Ortsregister (Band 1 und Band 2)
Abbildungsverzeichnis
Karte von Schottland
Inhalt

Anmerkungen

Abkürzungen und Siglen

D: Druckvorlage. – *ED:* Erstdruck. – *VD:* Vorabdruck in einer Zeitung oder Zeitschrift.

NFA: Theodor Fontane, Sämtliche Werke (= Nymphenburger Fontane-Ausgabe). 3. Abteilung, Band XIV bis XXIV: Fontane als Autobiograph, Lyriker, Kritiker und Essayist. München 1961 bis 1975.

NFA, «Von Zwanzig bis Dreißig»: NFA, Band XV, Von Zwanzig bis Dreißig. Autobiographisches. Nebst anderen selbstbiographischen Zeugnissen. Hrsg. von Kurt Schreinert und Jutta Neuendorff-Fürstenau. München 1967.

NFA, «Aus England und Schottland»: NFA, Band XVII, Aus England und Schottland. Unter Mitwirkung von Kurt Schreinert hrsg. von Charlotte Jolles. München 1963.

NFA, «Unterwegs und wieder daheim»: NFA, Band XVIII, Unterwegs und wieder daheim. Gesammelt von Kurt Schreinert, fortgeführt und hrsg. von Jutta Neuendorff-Fürstenau. München 1972.

NFA, «Politik und Geschichte»: NFA, Band XIX, Politik und Geschichte. Unter Mitwirkung von Kurt Schreinert hrsg. von Charlotte Jolles. München 1969.

NFA, «Balladen und Gedichte»: NFA, Band XX, Balladen und Gedichte. Hrsg. von Edgar Groß und Kurt Schreinert. München 1962.

NFA, «Literarische Essays und Studien» I/II: NFA, Band XXI/1, Literarische Essays und Studien. Erster Teil. Gesammelt und hrsg. von Kurt Schreinert. München 1963. – NFA, Band XXI/2, Literarische Essays und Studien. Zweiter Teil. Unter Heranziehung der von Kurt Schreinert gesammelten Materialien hrsg. von Rainer Bachmann und Peter Bramböck. Nachwort und Mitarbeit am Kommentar Hans-Heinrich Reuter. München 1974.

NFA, «Causerien über Theater. Dritter Teil»: NFA, Band XXII/3, Causerien über Theater. Dritter Teil. Unter Mitwirkung von Kurt Schreinert hrsg. von Edgar Groß in Verbindung mit Rainer Bachmann. München 1967.

NFA, «Aufsätze zur bildenden Kunst. Erster Teil»: NFA, Band XXIII/1, Aufsätze zur bildenden Kunst. Erster Teil. Gesammelt von Kurt Schreinert und Wilhelm Vogt, fortgeführt und hrsg. von Rainer Bachmann und Edgar Groß. München 1970.

Hanser VI: Theodor Fontane, Sämtliche Werke. Romane, Erzählungen, Gedichte. Sechster Band. Hrsg. von Walter Keitel. München 1964.

Nürnberger: Helmuth Nürnberger, Der frühe Fontane. Politik, Poesie, Geschichte, 1840 bis 1860. Hamburg 1967.

Jenseit des Tweed: Theodor Fontane, Jenseit des Tweed. Bilder und Briefe aus Schottland. Hrsg. von Gotthard und Therese Erler. Berlin 1974.

Briefe II: Briefe Theodor Fontanes. Zweite Sammlung. Hrsg. von Otto Pniower und Paul Schlenther. Zweiter Band, 3. Auflage. Berlin 1910.

Lepel II: Theodor Fontane und Bernhard von Lepel. Ein Freundschafts-Briefwechsel. Hrsg. von Julius Petersen. Zweiter Band. München 1940.

Propyläen I: Theodor Fontane, Briefe I. Briefe an den Vater, die Mutter und die Frau. Hrsg. von Kurt Schreinert; zu Ende geführt und mit einem Nachwort versehen von Charlotte Jolles. Berlin (West) 1968.

Propyläen III: Theodor Fontane, Briefe III. Briefe an Mathilde von Rohr. Hrsg. von Kurt Schreinert; zu Ende geführt und mit einem Nachwort versehen von Charlotte Jolles. Berlin (West) 1971.

Erler I/II: Fontanes Briefe in zwei Bänden. Band I/Band II. Ausgewählt und erläutert von Gotthard Erler (Bibliothek deutscher Klassiker). Berlin und Weimar 1968.

Reise nach Schottland. 1858

Das schottische Hochland und seine Bewohner

D: Jenseit des Tweed, S. 343–371. – ED: «Europa. Chronik der gebildeten Welt», Leipzig 1860, Nr. 16. – Zwischen dem 11. Januar und dem 14. März 1860 hielt Fontane in Arnims Hotel Unter den Linden in Berlin zehn Vorträge über England und Schottland. Den Vortrag über «Das schottische Hochland und seine Bewohner» vom 8. Februar 1860 wollte er ursprünglich in «Jenseit des Tweed» aufnehmen, verzichtete aber dann darauf. Eine Reinschrift des Vortrages ist überschrieben: «Eine Reise durchs schottische Hochland (Geographisches. Historisches. Kirchliches. Der Clangeist. Hochschottische Trachten.)».

7 *mit kaum mehr Bewohnern* – Am 1. Januar 1861 wurden in Berlin 547571 Einwohner gezählt.
daguerreotypisch – Nach Art der Daguerreotypie, dem von dem französischen Maler Louis-Jacques-Mandé Daguerre 1837 erfundenen Lichtbild-Verfahren, der Vorläuferin der Fotografie.
8 *detachiert* – vorgeschoben.
9 *Stirlinger Schloß* – Nordöstlich von Glasgow, zur Hauptstadt der Grafschaft Stirlingshire gehörig.
Falkirk – Dort siegten am 22. Juli 1298 die Engländer über die Schotten und am 23. Januar 1746 der Kronprätendent Charles Edward (Stuart) über die Engländer.
Bannockburn – Dort siegte 1314 der jüngere Robert Bruce über Edward II. von England, der Schottlands Unabhängigkeit anerkennen mußte.
11 *Loch* – (gälisch) See.
Glen – (gälisch) Enges, pflanzenloses Tal.
Clans – Schottische Stämme, Volksgruppen.
vor der normannischen Eroberung – Im Jahre 1066 schlugen die Normannen die Angelsachsen bei Hastings.
12 *fast um dieselbe Zeit* – Die historischen Vorgänge, die Fontane hier umreißt, spielten sich vom 5. bis zum 9. Jh. ab.
13 *mit den drei Eduards* – Edward I. (1239–1307), seit 1272 König von England, nannte sich auch König von Schottland, nachdem er 1292 die Oberlehnsherrschaft übernommen hatte. Sein Sohn

Edward II. (1284–1327), englischer König seit 1307, wurde 1314 bei Bannockburn von Robert Bruce geschlagen und mußte die Unabhängigkeit Schottlands anerkennen. Edward III. (1312–1377), seit 1327 englischer König, unterwarf Schottland 1333 wieder.

Robert Bruce – (1274–1329) Als Robert I. König von Schottland von 1306 bis 1329.

Montrose – James Graham, 5. Earl und 1. Marquess of Montrose (1612–1650).

die Douglas... – Berühmte schottische Adelsfamilien.

14 *bei Floddenfield* – Entscheidender Sieg der Engländer über die Schotten am 9. September 1513.

an der Seite des Königs – Jakob IV. (1473–1513), König von Schottland von 1488 bis 1513.

das Stuarttum – Angehörige des schottischen Geschlechts der Stuarts kamen 1371 auf den schottischen Thron und waren von 1603 bis 1649 sowie von 1660 bis 1714 zugleich englische Könige.

15 *Graham von Claverhouse* – John Graham of Claverhouse (1649–1689), schottischer Nationalheld, Anhänger Jakobs II., des letzten Stuartkönigs.

Prinz Charlie – Charles Edward (1720–1788), gen. «der junge Prätendent», Sohn des Kronprätendenten Jakob III. und Enkel des durch die «Glorreiche Revolution» 1688 gestürzten Stuartkönigs Jakob II., versuchte den Thron zurückzuerobern, besiegte die Engländer am 23. Januar 1746 bei Falkirk, wurde aber am 27. April 1746 bei Culloden entscheidend geschlagen. Er entkam nach Frankreich und starb in Rom.

16 *Columban* – Der irische Mönch St. Columba (521–597); nicht Columban (534–615), der in Frankreich missionierte.

Adamnan – Adamnanus (um 624–704), Abt des von Columba 563 begründeten Klosters auf Iona, beschrieb Columbas Leben.

Druidentempel – Druiden hießen die keltischen Heidenpriester.

17 *Abercrombies Kirchengeschichte* – «The Martial Achievements of the Scots Nations» (Die Kriegstaten der schottischen Völker; 1711/15) von Patrick Abercromby (1656–1716).

18 *die Frage Rosses* – Vgl. «Macbeth», II/3.

Anglikanismus und Puritanismus – Die Hauptrichtungen der reformierten Kirche Englands. Während der Anglikanismus als Staatskirche die Lösung vom Papst vollzog, jedoch den katholischen Kultus großenteils beibehielt, verlangten die Puritaner eine Reinigung der Kirche im Sinne der lutherischen Reformation.

19 *Presbyterianer* – Anhänger des Kalvinismus in England; sie vertraten eine strenge Trennung von Kirche und Staat.

Whiggismus – Politische Strömung in der englischen Aristokratie, die seit dem Ende des 17. Jh. mit wechselndem Erfolg mit den Tories um die Vorherrschaft rang.

die Namen Schloß Dunsinan . . . – Vgl. «Macbeth».

unter dem Prätendenten – Siehe Anm. *Prinz Charlie* zu S. 15.

Oberst Stuart – David Stewart (1772–1829), Angehöriger eines schottischen Hochlandregiments, verfaßte im Auftrag seiner Militärbehörde «Sketches of the characters, manners and present state of Highlanders of Scotland with details of the Military Service of the Highland Regiments» (Skizzen über die Merkmale, die Sitten und den gegenwärtigen Zustand der Hochländer von Schottland mit Details über den Militärdienst der Hochlandregimenter; 1822). Das Werk wurde zur Grundlage aller späteren Forschungen über die Clans.

24 *Monmouth-Aufstand* – James, Duke of Monmouth (1649–1685), führte 1685 einen Aufstand gegen Jakob II. an; vgl. Fontanes Ballade «Lied des James Monmouth» aus der Erzählung «James Monmouth» (1854).

Drei der chieftains – Vgl. «Ein Sommer in London», Kap. «Der Tower» (hier Bd. 1, S. 246).

Freunde des Hannoverschen Königshauses – Auf Grund der sog. Thronfolgeakte von 1701 kam 1714 das Haus Hannover auf den englischen Thron; Kurfürst Georg von Hannover, von 1714 bis 1727 als Georg I. König von Großbritannien und Irland, war ein Urenkel des englischen Königs Jakob I.

25 *Lord Chatham* – William Pitt d. Ä. (1707–1778), Earl of Chatham; der rhetorisch sehr begabte britische Staatsmann vertrat die Auffassungen der Whigs.

26 *Deszendenz* – Abstammung.

Tartan – Buntkarierter Wollstoff, aus dem der gleichnamige Umhang der schottischen Nationaltracht angefertigt wird.

prävalieren – vorherrschen.

Kilt – Schottischer Trachtenrock.

Plaid – Mantel oder Umhang der Bergschotten.

27 *Cameron* – Cameronianer: Anhänger des antimonarchisch und

presbyterianisch gesinnten Schotten Richard Cameron, der 1680 im Kampf gegen die königlichen Truppen gefallen war.
steamer – Dampfer.

28 *halb phrygische Mütze* – Zipfelmütze mit nach vorn geneigter ausgestopfter Spitze (benannt nach den kleinasiatischen Griechen des Altertums); in der Französischen Revolution Freiheitssymbol der Jakobiner.
Royal Blues – Angehörige des Londoner Königlichen Gardekavallerieregiments.

29 *Coldstream-Garde* – Englisches Gardeinfanterieregiment, benannt nach der schottischen Stadt Coldstream am Tweed.

30 «*Was ewig im Gesang soll leben...*» – Freies Zitat aus Schillers Gedicht «Die Götter Griechenlands» (1788; Vers 127f.).

Jenseit des Tweed
Bilder und Briefe aus Schottland

D: Jenseit des Tweed, S. 7–342. – ED: Buchausgabe Verlag Julius Springer, Berlin 1860. – VD: «Von London bis Edinburgh» bis «Ein Gang nach St. Anthony's Chapel»: Sonntagsbeilage der «Vossischen Zeitung», 29. Mai bis 14. August 1859; Gesamttitel: «Bilder und Briefe aus Schottland». – «Floddenfield»: «Berliner Revue. Sozial-politische Wochenschrift», Bd. 18, 3. Quartal, Nr. 4, 23. Juli 1859. – «Von Edinburgh bis Stirling» bis «Ein Sonntag in Perth» und «Der Kaledonische Kanal» bis «Von Oban bis zum Loch Lomond...»: Cottas «Morgenblatt für gebildete Leser», Stuttgart, 9. Oktober 1859 bis 1. Januar 1860; Gesamttitel: «Eine Reise ins schottische Hochland». – «Von Perth bis Inverness» bis «Der letzte Hochlandshäuptling»: «Neue Preußische (Kreuz-) Zeitung», Berlin, 30. August bis 24. September 1859; Gesamttitel: «Das Macbeth-Land». – «Lochleven Castle»: «Die Presse», Wien, 23. Dezember 1859. Dieser Vorabdruck war bei der Vorbereitung der Buchausgabe nicht mehr zu beschaffen, so daß das Kapitel zu Fontanes Bedauern nicht aufgenommen werden konnte, da das Manuskript im Verlag abhanden gekommen war; das Kapitel wurde in der vorliegenden Ausgabe an der ursprünglich vorgesehenen Stelle eingefügt. – «Melrose Abbey» und «Abbotsford»: «Neue Preußische (Kreuz-) Zeitung», Berlin, 8. und 22. April 1860; Gesamttitel: «Aus Südschottland». –

Am 9. August 1858 reiste Fontane von London nach Edinburgh, sechzehn Tage später kehrte er aus Schottland zurück. (Vgl. Fontanes Brief an seine Mutter vom 17. September 1858.)
Erst nach seiner Rückkehr nach Berlin zu Beginn des folgenden Jahres schloß Fontane die Niederschriften seiner schottischen Reiseberichte ab. Im Frühjahr 1859 begannen Vorabdrucke zu erscheinen; einzelne Kapitel las Fontane 1859 im «Tunnel» vor. Erst die Buchausgabe der gesammelten Stücke stellte er unter den Haupttitel «Jenseit des Tweed», wobei er in einem Brief an den Verleger auf die alte Form «jenseit», «wodurch die Leichtigkeit des Aussprechens sehr gewinnt», ausdrücklichen Wert legte: «Es ist ein bißchen apart, ohne prätentiös zu sein.»

31 *Bernhard von Lepel* – (1818–1885) Preußischer Offizier, Dichter, langjähriger Freund Fontanes. Lepel hielt die wichtigsten Stationen der gemeinsamen Schottlandreise in einer Reihe von Landschaftsskizzen fest.
Gutshaus Deines Vaters – Landsitz Bellevue bei Köpenick; Lepels Vater starb 1847. Vgl. auch die Schilderung von Wuthenow in «Schach von Wuthenow» (Kap. 14).
33 *Beatrice Cenci* – (1577–1599) Römische Adlige; sie ließ ihren Vater ermorden, der sie häufig mißhandelt hatte, und wurde hingerichtet. Das Bild war vermutlich die Kopie einer Studie von Guido Reni.
34 *das beatus ille des Dichters* – Der Vers «Beatus ille, qui procul negotiis» (Glücklich, wer dem Treiben der Geschäfte fern ist) von Horaz (Epoden II, 1).
36 *Dschamna...Pandschab* – Nebenfluß des Ganges; indische Provinz. Schauplätze des Sepoyaufstandes (1857/59) gegen die britische Kolonialmacht. Vgl. auch Fontanes Brief an Henriette von Merckel vom 20. 9. 1857 (Erler I, S. 232).
37 *fifteen minutes* – fünfzehn Minuten.
Percy – Thomas Percy, 7. Graf von Northumberland, wurde 1572 in York als Führer der katholischen Verschwörung gegen Königin Elisabeth hingerichtet. Vgl. Fontanes Balladen «Der Aufstand in Northumberland» (S. 417ff).
40 *cab* – Droschke.
diskretionär – dem Gutdünken überlassen.
Commercial and Temperance Hotels – Hotels, die von Geschäftsreisenden bevorzugt wurden, ohne Alkoholausschank.

43 *Dundee-Marmelade* – Orangenmarmelade aus der schottischen Stadt Dundee.

während des spanischen Krieges – Englische Truppen hatten 1808 den nationalen Befreiungskampf der Spanier gegen die Napoleonische Unterdrückung unterstützt. Astorga war 1810 gegen die Franzosen verteidigt worden.

Frenchmen – Franzosen.

44 *Crag* – Fels, Klippe.

45 *Karton* – Zeichnung als Vorlage für große Gemälde.

48 *David I.* – König von Schottland von 1124 bis 1153.

50 *Maria Stuart und Darnley* – Maria Stuart (1542–1587), von 1542 bis 1567 Königin von Schottland, heiratete 1565 den ehrgeizigen und gewalttätigen Lord Darnley (1545–1567). Darnley wurde 1567 auf Veranlassung des Grafen Bothwell ermordet, mit dem Maria Stuart wenige Monate später ihre dritte Ehe schloß. Vgl. Fontanes Romanzenzyklus «Maria Stuart», zu dem auch «Maria und Bothwell» (S. 497) gehört.

ihres ersten Gemahls – Franz II. (1544 1560), König von Frankreich von 1559 bis 1560. Maria Stuart, seit 1558 mit ihm verheiratet, kehrte nach seinem Tod nach Schottland zurück und vertrat dort die katholische Reaktion gegen Elisabeth von England, auf deren Thron sie Anspruch erhob.

52 *Queen Victoria* – Alexandrine Victoria (1819–1901), Königin von Großbritannien und Irland von 1837 bis 1901.

Zitz – Baumwollgewebe.

Rizzio – David Rizzio (1533–1566), Sänger und Dichter, Geheimsekretär der Maria Stuart. Lord Darnley ließ ihn unter dem Verdacht, der Liebhaber der Königin zu sein, am 9. März 1566 umbringen.

53 «*Maria Hamilton*» – Vgl. Fontanes Ballade «Marie Duchatel» (S. 432).

Karl Stuart – Charles I. (1600–1649), von 1625 bis 1649 König von Großbritannien und Irland. 1848/49 hatte Fontane an einem «Karl Stuart»-Drama gearbeitet; es blieb Fragment.

Jakob de Witt – Der niederländische Maler Jacob de Wet d.J. (1640–1697), um 1685 in Edinburgh tätig, Hofmaler Jakobs II.

54 *Lord Ruthven* – Patrick Ruthven (1520–1566), Anhänger Darnleys.

55 *Prestonpans* – Sieg des Prätendenten über die Engländer am 21. September 1745.

Herzog von Cumberland – William August Herzog von Cumberland (1721–1765) führte die englischen Truppen bei Culloden.
John Knox – (1505–1572). Der Reformator Schottlands.
im Genfer Käppchen – Knox vertrat die Lehre des Genfer Reformators Calvin und hatte zeitweise in Genf im Exil gelebt.

57 *Fall des Phaëthon* – Phaëthon, in der griechischen Mythologie ein Sohn des Sonnengottes Helios, verlor die Herrschaft über die Pferde, als er den Sonnenwagen lenken wollte, und der von der Bahn abweichende Wagen setzte große Teile der Erde in Brand. Um das Unheil zu bändigen, schleuderte Zeus Phaëthon mit einem Blitz in den Eridanos (Po).
Königin Elisabeth – (1533–1603) Seit 1558 Königin von England.
Jakob VI. – Geboren 1566, König von Schottland von 1567 bis 1625, als Jakob I. von 1603 bis 1625 König von Großbritannien und Irland, ein Sohn Maria Stuarts und Darnleys.

59 *das Gewissen der Lady Macbeth* – Vgl. «Macbeth», V/1.

60 *faubourg* – (franz.) Vorstadt.

61 *politische Beziehung zu Frankreich* – Durch die Heirat Maria Stuarts mit Franz II.

62 *in einem späteren Kapitel* – S. 82–84.

63 *Adam Smith* – (1723–1790) Verfasser der ersten systematischen Darstellung der politischen Ökonomie («Untersuchung über das Wesen und die Ursachen des Reichtums der Nationen», 1776), lebte von 1778 bis 1790 als Mitglied der obersten Zollbehörde Schottlands in Edinburgh.
Sic itur ad astra – (lat.) So geht man zu den Sternen (So wird man berühmt, unsterblich).

64 *Temple Bar* – In London.
Porte St-Martin – In Paris.

66 *en face* – (franz.) von vorn.

68 *closes* – Höfe.
courts – Höfe.

70 *Breakfast* – Erstes Frühstück.

71 *Erechtheus* – Altgriechischer Landesgott, legendärer Stammvater der Athener.

72 *Allan Ramsey* – (1686–1758) Schottischer Dichter, Buchhändler und Volksliedsammler.

73 «*Britische Grenadiere*» – Ein altes Marschlied.

74 *Randolph* – Sir Thomas Randolph, Earl of Murray (auch: Moray), gest. 1332, kurze Zeit Regent Schottlands.

Der vielbesungene Schwimmer – Leander, der einer antiken Sage zufolge nachts von Abydos über den Hellespont schwamm, um Hero, die Priesterin der Aphrodite in Sestos, zu besuchen.

75 *Unionsakte* – Die Urkunde über den Zusammenschluß Englands und Schottlands vom 1. Mai 1707.

Königstein – Bergfestung in der Sächsischen Schweiz.

Jane Grey – (1535–1554) Englische Königin, die 1553 nach nur zehntägiger Herrschaft der rechtmäßigen Thronerbin Maria weichen mußte und hingerichtet wurde.

76 *Episkopalkirche* – Die anglikanische Kirche.

78 *closet* – Kabinett, kleines Zimmer.

79 *cockney* – Der geborene Londoner.

80 *Freund B.* – Bernhard von Lepel.

southrons – Südländer.

83 *die Königlichen unter Montrose* – Im Bürgerkrieg zwischen den Anhängern Charles I. und Oliver Cromwells kämpfte Montrose 1644/45 auf der Seite des Königs. Unter seiner Führung gewannen die Royalisten einige Schlachten, unterlagen dann jedoch, und Montrose floh ins Ausland. Nach Schottland zurückgekehrt, wurde Montrose 1650 wieder geschlagen und hingerichtet.

Argyle – Archibald Campbell, Marquess und 8. Earl of Argyll (1598–1661), Anhänger Cromwells, wandte sich später ebenfalls der Königspartei zu und wurde hingerichtet. Sein Sohn Archibald (geb. 1629) wurde 1685 enthauptet.

85 *das «schottische Einhorn»* – Das Einhorn ist das Wappentier Englands.

86 *der beiden ersten George* – Georg I. (siehe Anm. *Freunde des Hannoverschen Königshauses* zu S. 24) und sein Sohn Georg II. (1683–1760), seit 1727 König von Großbritannien und Irland.

Jakobiten – Die Anhänger des 1688 aus England vertriebenen Stuart-Königs Jakob II. und seiner Nachkommen; vgl. Fontanes Nachdichtungen der sog. Jakobitenlieder (S. 440f.)

Einstens zu Kana... – Anspielung auf die im Neuen Testament beschriebene Hochzeit zu Kana (Evangelium des Johannes, Kap. 2).

87 «*Marmion*» – Scotts 1808 veröffentlichtes Versepos schildert die Schlacht bei Floddenfield; die erwähnte Beschreibung findet sich im 5. Gesang.

Haushaltsworte – Alltagsworte.

87 *vom Papste* – Clemens VII. (1523–1534).

88 *mosstrooper* – Räuberbanden, die ihre Schlupfwinkel im Moor (engl. moss) des englisch-schottischen Grenzgebietes hatten.

Nachrichter – Scharfrichter.

89 *Graf Schlabrendorff* – Gustav Graf von Schlabrendorff (1750–1824) lebte in Paris und stand den Girondisten nahe. Er wurde ins Gefängnis geworfen, nach dem Sturz Robespierres wieder freigelassen.

90 *Rye House-Komplott* – Eine Verschwörung, deren Mitglieder 1683 versuchten, König Charles II. und seinen Bruder Jakob im sog. Rye House nördlich von London umzubringen. Zu den Verschwörern gehörte auch Robert Ferguson (1637–1714).

Prätendent – Charles Edward.

91 *Graf von Arran* – James, 2. Lord Hamilton, 1. Earl of Arran (gest. 1529).

abgetreten – abgestiegen, eingekehrt.

Jakob V. – Er lebte 1512–1542, kam schon 1513 auf den schottischen Thron. Um die Regentschaft stritten eine Partei, der die Douglas angehörten, und eine von den Hamiltons unterstützte französische Partei. 1528 übernahm Jakob V. selbst die Herrschaft. Er verbannte alle Mitglieder der Familie Douglas, deren Macht während der Regentschaft stark angewachsen war.

92 *Erzbischof von Glasgow* – Beaton (auch Bethune, 1494–1546), Erzbischof von St. Andrews, 1538 Kardinal, wurde später der mächtigste Berater Jakobs V.

Angus – Archibald Douglas, 6. Earl of Angus (gest. 1557); vgl. Fontanes Ballade «Archibald Douglas» (S. 501).

Gawin Douglas – (gest. 1522) Bischof von Dunkeld, auch als Dichter und Übersetzer bekannt.

94 *Archibald Bell-the-Cat* – Archibald Douglas, 5. Earl of Angus (gest. 1514).

Jakob III. – Er lebte 1451–1488, kam 1460 auf den schottischen Thron, übernahm 1469 selbst die Herrschaft und unterlag dem aufrührerischen Adel 1488 bei Bannockburn.

Mignon-Wirtschaft – Mignon: der geliebte Vertraute eines Herrschers.

Ludwig XIII. – Er lebte 1601–1643, war seit 1610 König von Frankreich, stand hauptsächlich unter dem Einfluß des Kardinals Richelieu.

95 *I will bell the cat!* – Ich will der Katze die Glocke umhängen!

sein eigener Sohn – Der spätere Jakob IV. (1488–1513); er fiel in der Schlacht bei Floddenfield.

96 *der Tag von Floddenfield* – Die Niederlage der Schotten am 9. September 1513.

98 *Unter allen Lords in meinem Reich...* – Die Verse wurden mit dem Titel «Schwertspruch» unter Fontanes Gedichte aufgenommen.

Stuart-Insurrektion – Der von Prinz Charles Edward geführte Aufstand.

Lord Douglas – Der letzte Vertreter der Familie starb 1857

100 *Hare und Burke* – Der Edinburgher Schuhmacher William Burke (1792–1829) brachte mit Hilfe seines Nachbarn William Hare fünfzehn Menschen um und verkaufte ihre Leichen an einen Anatomen.

102 *Huntly* – John Gordon, Earl of Huntly, sollte mit Maria Stuart vermählt werden. Der von seinem Vater geplante Anschlag mißlang, und Huntly wurde 1562 enthauptet.

Hauptmann Porteous – Fontane folgt hier dem Bericht in Walter Scotts Roman «Das Herz von Midlothian» (1818).

105 *Oxhoft* – Altes Flüssigkeitsmaß; Oxhoft = etwa 245 Liter.

108 *Brownies* – (schott.) Heinzelmännchen.

Die Geisterwelt ist ihm verschlossen – Anspielung auf «Faust» I, Vers 443.

Burns – Der schottische Dichter Robert Burns (1759–1796).

109 *Pitt* – William Pitt d.J. (1759–1806), englischer Staatsmann, mehrmals Premierminister.

Lord Melville – Henry Dundas, Viscont Melville (1742–1811), englischer Staatsmann, Lordadvokat von Schottland.

Georg IV. – Geboren 1762, König von Großbritannien, Irland und Hannover von 1820 bis 1830.

110 *Dunbar* – Hier besiegte Cromwell am 3. September 1650 die Schotten.

111 *genius loci* – (lat.) Geist (Schutzgeist) des Ortes.

113 *Henrik Steffens* – (1773–1845) Norwegisch-deutscher Philosoph, Naturforscher und Publizist.

Schelling – Friedrich Wilhelm Joseph Schelling (1775–1854), Philosoph. Er veröffentlichte unter dem Namen Bonaventura 1802 in einem «Musenalmanach» u.a. die von Fontane erwähnte Ballade.

114 *Temperanzprediger* – Temperenz: Mäßigkeit.

115 *John Bull* – Von John Arbuthnot erfundener und von Jonathan Swift populär gemachter Spottname (nach engl. bull: Bulle) für die Engländer als Gesamtheit (vergleichbar dem «deutschen Michel»), vor allem auf deren skrupellose Geschäftstüchtigkeit gemünzt.

«Punch» – Satirisches Londoner Wochenblatt, gegründet 1841. Zu seinen Mitarbeitern gehörten Thackerey und Dickens. Fontane, der den «Punch» sehr schätzte, widmete ihm 1860 in seinem Buch «Aus England. Studien und Briefe über Londoner Theater, Kunst und Presse» einen eigenen Abschnitt. Vgl. u. a. auch «Frau Jenny Treibel», Kap. 6.

Hahnemann – Samuel Friedrich Christian Hahnemann (1755–1843), Begründer der Homöopathie.

«nichts darüber ging» – Anspielung auf eine Zeile in Goethes Ballade «Der König in Thule».

116 *«young hands»* – Vgl. S. 80.

Money lent here... – Hier wird Geld verliehen; wir zahlen höchste Preise für Schmuck, Uhren.

Berloques – Kleine Schmuckgegenstände, die an der Uhrkette getragen werden.

117 *John Wroe* – (1782–1863) Begründer der Bewegung der Christ-Israeliten.

«Liebet eure Feinde» ... «Segnet, die euch fluchen» – Neues Testament, Matthäus, Kap. 5, Vers 44.

119 *Dugald Stewart* – (1753–1828) Philosoph, Professor in Edinburgh.

Playfair – John Playfair (1748–1819), Mathematiker und Geologe, Professor in Edinburgh.

120 *Alter Dessauer* – Leopold I., genannt der Alte Dessauer (1676–1747), seit 1693 Fürst von Anhalt-Dessau; preußischer Feldmarschall unter Friedrich Wilhelm I. Fontane widmete ihm 1847 eine seiner sog. Feldherrenballaden.

Beuth – Peter Christian Wilhelm Beuth (1781–1853), preußischer Beamter, 1818/45 Leiter der Abteilung Handel, Gewerbe und Bauwesen im Finanzministerium, erwarb sich große Verdienste um die industrielle Entwicklung Preußens; vgl. Fontanes Gedicht «Du Adlerland» (1861).

Hamiltons... Locke Maria Stuarts – Vgl. Fontanes Gedicht, S. 499.

123 *Schottland hat Schlösser...* – Die Übersetzung der Verse aus dem 4. Gesang von Scotts Epos stammt von Fontane.

5. Dezember – Richtig: 8. Dezember.

126 *in Brand gesteckt* – Das Heidelberger Schloß wurde 1689 und 1693 von französischen Truppen zerstört.

127 *Covenanter* – Name der schottischen Presbyterianer, die 1581 zur Verteidigung ihres Glaubens ein Bündnis schlossen (Covenant), das 1638 gegen Charles I. erneuert wurde.

128 *Rosamunde Clifford* – Es wird angenommen, daß die sagenumwobene Geliebte König Heinrichs II. von England (1154–1189) im Nonnenkloster Godstow begraben wurde. Fontane behandelte den Stoff in dem Romanzenzyklus «Von der schönen Rosamunde» (1847/50), einer seiner ersten Buchpublikationen.

129 *Heinrich VIII.* – Geboren 1491, König von England von 1509 bis 1547.

130 *Thronbesteigung Jakobs IV.* – 1488.

132 *«heilige Ligue»* – Ein 1511 zur Vertreibung der Franzosen aus Italien begründetes Bündnis.

Ludwig XII. – Louis XII d'Orléans (1462–1515), seit 1498 König von Frankreich.

133 *König Robert* – Robert Bruce (Robert I.). Siehe Anm. zu S. 13.

...werde ich jetzt zu erzählen haben – Fontane folgt hier wieder Scotts «Marmion».

134 *Sir David Lindsay* – Er lebte 1490–1555 und wurde auch als Dichter bekannt.

135 *«Vernimm, König Jakob...»* – Frei nach Scotts «Marmion».

136 *Surrey* – Thomas Howard, Earl of Surrey (gest. 1524).

137 *Pitscottie* – Robert Lindsay of Pitscottie (um 1500 – um 1565) verfaßte eine «Geschichte Schottlands von 1436 bis 1565» (Erstdruck 1728), die Scott vielfach zitierte.

140 *Viereck* – Alte Schlachtordnung der Fußtruppen.

142 *«The Flowers of the Forest»* – Fontane fand das Gedicht in Scotts Volksballadensammlung «Minstrelsy of the Scottish Border» (1802/03) und nahm die Nachdichtung unter dem Titel «Die Blumen des Waldes» 1861 in seine «Balladen» auf.

144 *«Rob Roy»* – Spitzname des berühmten schottischen Freibeuters Robert MacGregor (1671–1734); Titel eines Romans von Walter Scott (1817).

145 *Fehrbellin* – Dort siegten am 28. Juni 1675 die brandenburgischen Truppen über die Schweden.

Tage der Quitzows – Die Quitzows führten zu Beginn des 15. Jh. einen Aufstand der reaktionären märkischen Junker gegen den neuernannten Statthalter der Mark Brandenburg an. In Fontanes Werk finden sich zahlreiche Anspielungen auf diese Vorgänge.

Zieten – Hans Joachim von Zieten (1699–1786), preußischer Reitergeneral; vgl. Fontanes Ballade «Der alte Zieten» (1847) und «Meine Kinderjahre» (Kap. 5) sowie das Wustrau-Kapitel in den «Wanderungen durch die Mark Brandenburg. Die Grafschaft Ruppin.»

Knesebeck – Karl Friedrich Freiherr von dem Knesebeck (1768–1848), preußischer General, während der Erhebung von 1813 Generaladjutant Friedrich Wilhelms III. von Preußen.

146 *Abukir* – Dort schlug Sir Ralph Abercromby (1734–1801), seit 1800 Kommandeur der britischen Mittelmeerflotte, 1801 die Franzosen.

147 *very bad, indeed* – sehr schlecht, in der Tat.

shocking – empörend.

shameful – schändlich.

scandalous – skandalös.

148 *Go on...!* – Mach weiter, Bobby, wir wollen es nochmals hören!

instigieren – antreiben.

«*Was kann ein jung Mädel...*» – Fontane nahm die Burns-Übertragung unter seine Gedichte auf.

149 *Can we have...* – Können wir ein Doppelbettzimmer haben?

150 *mutatis mutandis* – (lat.) mit den notwendigen Abänderungen.

152 *Interimsjacke* – Überrock der Offiziere, außer Dienst getragen.

156 *die Omnibus* – Im 19. Jh. noch gebräuchlicher Plural.

158 *William Douglas* – Der 8. Earl of Douglas wurde am 21. Februar 1452 von Jakob II. erdolcht.

160 *There ist something...* – Da ist etwas von Bannockburn.

161 *Anne, please...* – Anne, komm bitte herauf, einige Herren wollen dich sprechen.

Herzog von Nassau – Adolf (1817–1905), seit 1839 Herzog von Nassau, berüchtigt durch seine reaktionäre Politik nach der Revolution 1848/49.

162 *Oak- oder Derby-Day* – Zwei berühmte Pferderennen, die jährlich im Mai/Juni stattfinden.

164 *Huldigung gegen den Dichter* – Walter Scott, dessen Versromanze «The Lady of the Lake» (1810) Fontane im folgenden nacherzählt.

the country – das Land.

170 *sächsisch* – angelsächsisch.

173 *And when the Brigg...* – Und als die Türkenbrücke erreicht war, / Ritt der vorderste Ritter allein.

Then through the dell... – Dann durch das Tal sein Horn erschallt, / Um die Hunde von der vergeblichen Verfolgung zurückzurufen.

175 *beautiful* – prächtig, herrlich.

178 *stage-coach* – Postkutsche.

180 *Forbes Mackenzie* – Der schottische Politiker (1801–1862) war von 1837 bis 1852 als Unterhausabgeordneter in London tätig und hatte für Schottland ein Alkoholverbot und die Schließung der Gaststätten an Sonntagen veranlaßt.

Scott – Seine historische Erzählung «Sankt Valentinstag oder Das schöne Mädchen von Perth» war 1828 erschienen.

182 *Jakob I.* – Geboren 1394, König von Schottland von 1406 bis 1437.

183 *Trophäen von Sebastopol* – Anspielung auf den Krimkrieg.

Stockhaus – Gefängnis.

184 *Brücke...über den Tay* – Vgl. Fontanes Gedicht «Die Brück am Tay» (1880).

185 *Wallace-Schloß* – Angeblicher Aufenthalt des schottischen Nationalhelden Sir William Wallace (um 1270–1305), der 1297 eine erfolglose Erhebung der Schotten gegen Edward I. von England geführt hatte.

186 *If you please...* – Wenn es Ihnen recht ist, meine Herren, das Essen ist fertig.

Kossuth – Lajos Kossuth (1802–1894), Führer der ungarischen Unabhängigkeitsbewegung gegen Österreich und Organisator des ungarischen Freiheitskampfes 1848/49, mußte nach der Niederschlagung der Revolution fliehen und erlangte unter den in England lebenden Emigranten große Popularität. Fontane veröffentlichte am 5. Dezember 1856 in der «Kreuz-Zeitung» einen Aufsatz über «Kossuth in Edinburgh».

190 *das den Birnam-Wald auf sich zukommen sah* – In Shakespeares Drama vertraut Macbeth auf eine Weissagung, derzufolge er nicht besiegt werden könne, ehe der Wald von Birnam zu seinem Schloß hinaufsteige. Am Ende des Stückes «kommt» der Wald, da die Krieger Macduffs, Zweige vor sich hertragend, heranrücken («Macbeth», IV/1 und V/5).

192 *deer stalking* – Pirschjagd.

grouse shooting – Moorhuhnschießen.
Repositorium – Büchergestell.
She is his sister... – Sie ist seine Schwester... sie ist seine Frau.
194 *Scherbeutel* – Rasierbeutel.
They are kind beasts... – Es sind artige Tiere, Sie können sie als Fußbänke benutzen.
195 *die blutige Schlacht* – Sieg der stuarttreuen Hochländer unter John Graham of Claverhouse (um 1649–1689) über Truppen Wilhelms III. von Oranien (1650–1702), der nach dem Sturz Jakobs II. im Februar 1689 König von England, Schottland und Irland geworden war.
196 *Look*... – Sehen Sie, da ist das Schlachtfeld.
Oblong – Rechteck.
197 *bonnie* – (schott.) schön, hübsch.
200 *Prinzessin Friedrich Wilhelm* – Prinz Friedrich Wilhelm von Preußen, der spätere Kaiser Friedrich III., hatte am 25. Januar 1858 Victoria (1840–1901) geheiratet, die älteste Tochter der englischen Königin Victoria. Sie zog am 8. Februar 1858 in Berlin ein.
«Illustrated London News» – Die Wochenschrift «Illustrierte Londoner Nachrichten» erschien seit 1842.
New-town – Newtonmore.
201 *James Macpherson* – Der schottische Dichter lebte 1736–1796. Er veröffentlichte 1760/63 drei Liedersammlungen, die er als Übersetzungen aus dem Werk des legendären gälischen Sängers Ossian ausgab, während es eigene Dichtungen Macphersons waren. Diese «Ossianischen» Gesänge beeinflußten die zeitgenössische englische und deutsche Literatur sehr stark. Die Mystifikation wurde erst im 19. Jh. aufgeklärt, obwohl sich schon nach dem Erscheinen der Sammlungen Zweifel an ihrer Echtheit eingestellt hatten.
Balaklawa – Englische Stellung im Krimkrieg; am 25. Oktober 1854 wurde hier ein russischer Angriff zurückgeschlagen. Colin Campell (1792–1863) nahm als britischer Generalmajor am Krimkrieg teil.
Flotows «Martha» – Die Oper «Martha oder Der Markt zu Richmond» (1847) von Friedrich von Flotow (1812–1883).
202 *Stop*...! – Halt, das Rad brennt!
203 *all safe* – alles in Ordnung.
Look – Schauen Sie.

204 *Sir Charles Metcalfe* – (1785–1846) Britischer Politiker, 1835/36 Generalgouverneur von Indien.

Bentinck – William Cavendish, Lord Bentinck (1774–1839), britischer General und Politiker, 1827/35 Generalgouverneur von Ostindien.

205 *Quincailleriesachen* – Kurzwaren.

206 *jenes Schloß Macbeths* – Fontane folgt hier und weiterhin Shakespeare, der seinerseits historische und legendäre Überlieferungen vermischte. Der schottische König Macbeth (1040–1057) besiegte und tötete seinen Vorgänger Duncan I. (1034–1040) in Bothgowan und wurde selbst bei Lumphanon besiegt und umgebracht.

Prätendent – James Edward, auch Jakob III. genannt (1688–1766), Sohn des gestürzten Jakob II., Vater von «Prince Charlie». Er gelangte nie auf den Thron.

210 *Macduff* – In Shakespeares Drama vertraut Macbeth einer Weissagung, derzufolge ihn kein «vom Weibe Geborner» töten könne. Macduff, der ihn umbringt, kann jedoch von sich sagen, daß er «vor der Zeit ... geschnitten ward aus Mutterleib» («Macbeth», V/7).

«hail Macbeth...» – «heil dir, Macbeth, der König werden soll» («Macbeth», I/3).

212 *Cumberland* – William August, Herzog von Cumberland (1721–1765), ein Sohn Georgs II. von England. Er schlug die Schotten unter Charles Edward am 27. April 1746 auf dem Felde von Culloden Moor.

in Deutschland – während des Österreichischen Erbfolgekrieges.

Falkirk – Sieg der Schotten unter Charles Edward über die Engländer am 23. Januar 1746.

214 *befleckte den Namen des Herzogs von Cumberland* – Bei Fontenoy hatte Cumberland 1754 eine Schlacht gegen den französischen Marschall Moritz Graf von Sachsen (1696–1750) verloren. Die Grausamkeiten nach der Schlacht von Culloden trugen ihm den Namen «der Schlächter» ein.

Die schöne Maid von Inverness – Fontane nahm die Burns-Übertragung unter seine «Jakobitenlieder» auf.

216 *in einem früheren Kapitel* – Siehe S. 1–11 und 25.

221 *Chelsea-Pensionäre* – Kriegsinvaliden, die im Londoner Chelsea-Hospital untergebracht waren.

224 *from the Highlands* – von den Hochlanden.

237 *Let us try it...* – Wir wollen es bei Frau MacKay versuchen, etwas weiter unten; ich kenne sie gut, es sind freundliche Leute.

238 *Tabagiecharakter* – Kneipencharakter.

If you please... – Wenn es Ihnen recht ist, meine Herren, der Tee ist fertig.

239 *Malcolme Canmore* – Malcolme III. Canmore (gest. 1093), Sohn Duncans I., tötete dessen Mörder Macbeth und war von 1057 bis 1093 König von Schottland.

nach dear old Newcastle – nach dem lieben alten Newcastle.

kind people... – nette Leute, diese Deutschen, und ich mag sie, aber, entschuldigen Sie, Herr, sie sind alle verweichlicht.

241 *Traum von der Himmelsleiter* – Anspielung auf Altes Testament, 1. Buch Mosis, Kap. 28.

243 *Roßkämme* – Pferdehändler.

244 *Doktor Johnson* – Der englische Schriftsteller und Lexikograph Samuel Johnson (1709–1784) veröffentlichte eine Beschreibung seiner 1773 unternommenen «Reise nach den westlichen Inseln Schottlands» (1775).

Fingalshöhle – Der legendäre Fürst Fingal gilt als Vater Ossians (3. Jh.).

246 *Kapelle Heinrichs VII.* – Zwischen 1503 und 1520 erbaut für Heinrich VII. (1457–1509), König von England 1485–1509.

248 *Schüler St. Patricks* – Patrick starb bereits sechzig Jahre vor Columbans Geburt.

249 *starb 595* – Richtig: 597.

Jamieson – Der schottische Kirchenhistoriker John Jamieson (1759–1838) verfaßte eine «Abhandlung über die alten Culdees von Iona» (1811). Fontane zitiert vermutlich aus zweiter Hand.

250 *ad oculos zu demonstrieren* – vor Augen zu führen.

254 *Exhortation* – Ermahnung (anläßlich des Abendmahls).

um 1590... um 1594 – Monro starb 1550; die westschottischen Inseln bereiste er 1549.

256 *bis zum Jahre 1073* – Malcolme III. Canmore starb 1093.

es heißt in «Macbeth» – II/3.

257 *Get up...!* – Stehen Sie auf, meine Herren, oder Sie werden den Dampfer verpassen!

258 *Make haste...!* – Beeilen Sie sich...!

die alte Waschfrau (keine Chamissosche) – Anspielung auf «Die alte Waschfrau» von Adelbert von Chamisso (1781–1838).

sovereign – Englische Goldmünze im Wert von 20 Shilling.

Give me change! – Geben Sie mir Wechselgeld heraus!

I have no change... – Ich habe kein Wechselgeld, aber ich werde zum Fleischer schicken.

259 *die dunkeln Lose...* – Anspielung auf Schillers «Lied von der Glocke», Vers 53 f.

260 *Treckschuite* – Kleines Boot, das vom Ufer aus gezogen wird.

266 *bei Inkerman* – Hier vereitelten Engländer und Franzosen am 5. November 1854 einen Versuch der Russen, die Belagerung Sewastopols zu durchbrechen.

Currer Bell – Pseudonym der englischen Schriftstellerin Charlotte Brontë (1816–1855).

Macaulay – Thomas Babington Macaulay (1800–1859), englischer liberaler Politiker und Historiker; seine «Geschichte Englands» erschien 1849/61.

268 *Nymphäenblätter* – Teichrosenblätter.

Erin – Alter keltischer Name für Irland.

269 *aus Thomas Moore* – Aus den «Irish Melodies» (1808) des englischen Dichters Thomas Moore (1779–1852).

«*Erin, thy silent tear...*» – «Irland, deine stummen Tränen werden nicht versiegen, / Irland, dein schwaches Lächeln wird sich nicht verstärken...»

«*Till, like the rainbow's light...*» – «Ehe nicht wie der Schein des Regenbogens / Sich deine verschiedenen Farben vereinen / Und vor dem Angesicht des Himmels / Einen Bogen des Friedens bilden.»

You are a poet – Sie sind ein Dichter.

He is – Er ist einer.

270 *Deceiver...* – Leugner, leugnen Sie es nicht länger, / Sie sind ein Dichter so gut wie er.

272 *plain Scotch dinner* – schlichtes schottisches Mittagessen.

273 *Die Fackeln längst erloschen...* – Aus dem Gedicht «Lochleven» des Schotten Michael Bruce (1746–1767). Fontane nahm die Teilübertragung 1861 unter dem Titel «Die Ruinen von Lochleven Castle» unter seine «Balladen» auf.

275 *Murray* – James Stuart, Earl of Murray (um 1533–1570).

Entrepreneurs – (Reise-) Unternehmer.

276 *die süße Gewohnheit des Daseins* – Freies Zitat aus Goethes «Egmont», 5. Akt (Szene «Gefängnis»).

277 *«Sir Patrick Spens»* – Siehe S. 437 und die Anmerkungen.
Campo Santo – Friedhof; eigtl. (ital.) Heiliges Feld.
280 *aus jener alten Ballade* – «Percys Tod».
282 *Walter Scott... «Der Abt»* – Der Roman erschien 1820.
285 *Scottsche Version* – In «Der Abt».
286 *Langside* – Bei Langside nahe Glasgow unterlagen am 13. Mai 1568 die Anhänger Maria Stuarts den von Murray geführten Truppen der protestantischen Gegenpartei. Maria Stuart mußte daraufhin nach England fliehen. Vgl. auch Fontanes Ballade «Der sterbende Douglas» (1846).
«The Lay of the last Minstrel» – Scotts «Lied vom letzten Spielmann» erschien 1805. Fontane übernahm die Teilübertragung aus dem Versepos in seine Gedichte.
291 *Alexander II.* – König von Schottland, regierte von 1214 bis 1249.
schottische Version – Beide Fassungen der Ballade finden sich in den von Thomas Percy (1728–1811) gesammelten und 1765 herausgegebenen «Reliques of Ancient English Poetry» (Überreste alt-englischer Dichtung).
292 *der historische Percy* – Henry Percy, genannt Heißsporn (engl.: hotspur), fiel 1403 bei Shrewsbury.
Shrewsbury – Hier schlugen die Truppen Heinrichs IV. von England am 21. Juli 1403 die von Henry Percy geführten, mit Schotten und Walisern verbündeten adligen Aufständischen.
an der Seite eines Douglas – Archibald, 4. Earl of Douglas (gefallen 1424).
293 *Froissart* – Der französische Dichter und Historiker Jean Froissart (1337 – um 1410) verfaßte eine Chronik der Jahre 1322–1400.
294 *abermals eine Douglas-Geschichte* – Der treue Gefährte des Robert Bruce war Sir James de Douglas, genannt der Gute; er fiel 1330 in Spanien im Kampf gegen die Mauren.
295 *Hic jacet...* – (lat.) Hier ruht König Robert.
an anderer Stelle zitiert – Siehe S. 98.
Erde gleißt auf Erden... – Fontane nahm die Übersetzung der 1761 datierten Verse unter dem Titel «Grabschrift» in seine Gedichte auf.
296 *seinen selbsterrichteten Wohnsitz* – Vgl. auch Fontanes Gedicht «Walter Scotts Einzug in Abbotsford» (1889).
297 *Lockhart* – John Gibson Lockhart (1794–1854) verfaßte u. a.

eine Biographie seines Schwiegervaters Walter Scott, die 1837/38 erschien.

Kapitel des «Piraten» – Der Roman erschien 1822.

298 *«Thomas der Reimer»* – Aus Scotts Balladensammlung, besonders durch die Vertonung von Karl Löwe (1796–1869) bekannt geworden. Fontane nahm die Teilübertragung nicht in seine Gedichte auf.

301 *Up with the sutors of Selkirk* – Auf, ihr Schuster von Selkirk.

«Das Herz von Midlothian» – Titel eines 1818 erschienenen Romans von Scott.

302 *Wimpfen* – In der Schlacht bei Wimpfen besiegte Tilly am 6. Mai 1622 den Markgrafen Georg Friedrich von Baden-Durlach. Einer Legende zufolge sollen sich dabei 400 Pforzheimer geopfert haben, um den Markgrafen zu retten.

303 *«Die Schuster von Selkirk»* – Fontane nahm die sehr freie Übersetzung 1861 in seine «Balladen» auf.

304 *unkomplaisant* – unhöflich.

306 *Lord Nelson* – Horatio Viscount Nelson (1758–1805), britischer Admiral und populärer Seeheld, befehligte am 21. Oktober 1805 bei Trafalgar die britische Flotte. Mit dem Sieg über die spanisch-französische Flotte wurde die Vorherrschaft Großbritanniens auf den Weltmeeren gesichert.

all newly washed – alles frisch gewaschen.

Leserotunde des Britischen Museums – 1857 eröffnet.

307 *von der Hand Chantreys* – Sir Francis Chantrey (1781–1841), englischer Bildhauer.

Marie von Guise – Eine Tochter des französischen Herzogs Claude von Guise; sie lebte 1515–1560, war als Gemahlin Jakobs V. Königin von Schottland und nach dessen Tod von 1542 bis 1560 Regentin für ihre Tochter Maria Stuart.

308 *Hinrichtung Karls I.* – Am 30. Januar 1649.

nolens volens – (lat.) wohl oder übel.

Briefe.
21. Juli 1858 bis 7. Dezember 1859; 16. Mai 1888

310 *An Bernhard von Lepel, 21. Juli 1858* – D: Lepel II, S. 226, 227.

Riester – Flicken.

pro patria – (lat.) für das Vaterland.

meines Chefs – Ludwig Metzel (1815–1895), der Direktor der preußischen «Centralstelle für Presseangelegenheiten».

311 *Spener* – Die «Berlinischen Nachrichten von Staats- und gelehrten Sachen» (1740–1874), begründet von den Buchhändlern Ambrosius Haude und Johannes Karl Spener, 1872 umbenannt in «Spenersche Zeitung».

Voß – Die «Vossische Zeitung» (1704–1934), eigtl. «Königlich privilegierte Berlinische Zeitung von Staats- und gelehrten Sachen», benannt nach der Buchhändlerfamilie Voß, die das Privileg 1751–1795 besaß. Fontane arbeitete zuerst 1856, dann als Theaterkritiker 1870/90 an der liberalen Zeitung mit; die «Vossin» brachte auch Vorabdrucke von «Schach von Wuthenow» und «Irrungen, Wirrungen».

Lübke – Der Kunsthistoriker Wilhelm Lübke (1826–1893), Freund Fontanes.

An die Mutter, 17. September 1858 – D: Propyläen I, S. 43.

Staatshämorrhoidarien – Franz Graf von Pocci (1807–1876) schuf für die «Fliegenden Blätter» den Staatshämorrhoidarius als satirische Figur des Verwaltungsbürokraten.

312 *An Paul Heyse, 28. November 1859* – D: Erler I, S. 280.

Eins meiner Bücher über England – «Aus England. Studien und Briefe über Londoner Theater, Kunst und Presse», erschienen 1860 bei Emil Ebner in Stuttgart.

meine «Schottische Reise» – «Jenseit des Tweed»; über Vorabdrucke und Buchausgabe vgl. S. 558f.

Hertz – Wilhelm Hertz (1822–1901), langjähriger Korrespondenzpartner Fontanes, verlegte dessen «Gedichte», die «Wanderungen durch die Mark Brandenburg» und «Vor dem Sturm».

An Paul Heyse, 7. Dezember 1859 – D: Erler I, S. 281f.

313 *An Mathilde von Rohr, 16. Mai 1888* – D: Propyläen III, S. 228.

Das interessanteste Blatt – Eine der Landschaftsskizzen, die Lepel während der Schottland-Reise gezeichnet hatte.

Studien über Theater und Kunst in England. 1855 bis 1860

Die Londoner Theater (Insonderheit mit Rücksicht auf Shakespeare)

D: NFA, «Causerien über Theater. Dritter Teil», S. 12f.; 18f.; 19f.; 25; 25–29; 29; 31–33; 34f.; 35–37; 38f.; 46f.; 73; 81–84; 95–101; 110–113. Ausnahme: siehe einleitende Anm. zum Kapitel «Aus Manchester» (S. 580). – Die Berichte, aus denen hier eine Auswahl wiedergegeben wird, entstanden hauptsächlich während Fontanes drittem Englandaufenthalt. Einige erschienen unter dem Titel «Shakespeare auf der modernen englischen Bühne» in: «Deutsches Kunstblatt. Zeitschrift für bildende Kunst, Baukunst und Kunstgewerbe», Beilage «Literaturblatt des Deutschen Kunstblattes», redigiert von Friedrich Eggers, Berlin (Leipzig 1850–1858), November und Dezember 1855, Oktober 1856, April und Juni 1857. Fontane sah diese Veröffentlichungen als eine Vorstufe an für die Artikelserie, die er unter dem Titel «Die Londoner Theater mit Rücksicht auf Shakespeare» im Januar und Februar 1858 in «Die Zeit. Neueste Berliner Morgenzeitung» abdrucken ließ. Eine erste Zusammenfassung erschien als Broschüre im März 1858. Erst 1859 in Berlin wurde die Arbeit an den Kritiken abgeschlossen, die 1860 in die Buchausgabe «Aus England. Studien und Briefe über Londoner Theater, Kunst und Presse» eingingen.

317 *Mr. Phelps* – Samuel Phelps (1804–1878), Journalist, dann Schauspieler und Theaterdirektor in London.
Sadlers-Wells-Theater – Siehe Anm. zu S. 336.
Devrient – Philipp Eduard Devrient (1801–1877), Schauspieler in Berlin und Dresden, seit 1852 in Karlsruhe.

318 *Das Astley-Theater* – Astley's Royal Amphitheatre, 1770 als Zirkus aus der Reitschule von Philip Astley (1742–1814) hervorgegangen, wurde 1863 Königliches Theater Westminster (Schauspielhaus).
Elßler – Die Tänzerin Fanny Elßler (1810–1884), die in Europa und Amerika Triumphe feierte. Berühmt war u. a. ihr Ballett in Goethes «Faust».

Taglioni – Berühmte italienische Tänzerfamilie. Paul Taglioni (1808–1883) war zeitweise Ballettmeister und Choreograph an der Berliner Hofoper.

«Il Trovatore» – Verdis Oper «Der Troubadour» (1852).

320 *à cheval* – (franz.) zu Pferde.

«ein Pferd...» – Vgl. «Richard III.», V/4.

General Elliott – George Augustin Elliott, Lord Heathfield (1718–1790), verteidigte Gibraltar 1782 gegen spanische und französische Angriffe.

William Cooke – Er war bis etwa 1863 Direktor des Astley-Theaters.

Das Soho-Theater – Kleines, selten bespieltes Theater, in den vierziger Jahren des 19. Jh. eröffnet.

321 *Kamelot* – Wollener Umhang.

«Tancred» – Oper (1813) von Gioacchino Rossini (1792–1868).

322 *Das Standard-Theater* – The Royal Standard Theatre, 1835 eröffnet, wenig bespielt.

323 *Sydenham-Palast* – Der Glaspalast, 1854 in den Londoner Vorort Sydenham verlegt.

die Trinkszene – In Shakespeares «Antonius und Kleopatra», II/7.

die alten Triumvirn – Antonius, Octavian und Lepidus, die sich im römischen Bürgerkrieg 43 v. u. Z. zum sog. 2. Triumvirat zusammenschlossen.

324 *Scherenberg-Schule* – Der Epiker und Balladendichter Christian Friedrich Scherenberg (1798–1881) war wie Fontane Mitglied des «Tunnel». Vgl. auch Fontanes Buch über «Christian Friedrich Scherenberg und das literarische Berlin von 1840–1860» (1884).

caviar for the people – Kaviar für das Volk; aus Shakespeares «Hamlet», II/2 (eigtl. «caviare to the general»).

325 *im Charles Keanschen Prinzeß-Theater* – Vgl. S. 333–336 und die Anmerkungen.

Das Surrey-Theater – The Royal Surrey Theatre, 1782 als Königlicher Zirkus, 1806 als Theater eröffnet.

326 *Aufzeichnung über «Othello» vom 27. Oktober 1855* – D: NFA, «Fragmente und frühe Erzählungen. Nachträge». Herausgegeben von Rainer Bachmann und Peter Bramböck. Nachwort Hermann Kunisch. München 1975, S. 618–620. – ED: Deutsche Allgemeine Zeitung Nr. 326, 13. Juli 1924 (Beiblatt), unter

dem Titel «Theodor Fontane in London. Unveröffentlichte Theaterbriefe».

327 *Penny each* – Ein Penny das Stück.

328 *Das Lyceum-Theater* – 1765 eröffnet, seit 1810 Musiktheater.

Portikus – Säulenvorhalle.

329 *Maniertheiten* – Manieriertheiten (Schreib- oder Druckfehler).

330 *Das Erscheinen des Geistes* – Vgl. «Hamlet», I/1, I/4, I/5, III/4.

331 *Miss Woolgar* – Sarah Jane (genannt Bella) Woolgar (1824–1909).

Das Haymarket-Theater – 1720 gegründet, um die Mitte des 19. Jh. eines der angesehensten Theater Londons.

Buckstone – John Baldwin Buckstone (1802–1879).

332 *Sheridansche Komödien* – Richard Brinsley Sheridan (1751–1816), englischer Dichter irischer Herkunft, war auch als Politiker, zeitweise als Leiter des Drury Lane-Theaters tätig.

«Twelfth Night» – Shakespeares Komödie «Was ihr wollt».

die «Beiden Edlen von Verona» – Shakespeare, «The two Gentlemen of Verona».

333 *Onkel Toby... Aguecheek* – In August Wilhelm Schlegels Übersetzung der Komödie die Junker Tobias von Rülp und Christoph von Bleichenwang.

Compton – Berühmte englische Theaterfamilie, hier vermutlich Henry Compton (1805–1877).

Das Prinzeß-Theater – 1837 in der Oxford Street eröffnet.

334 *Charles Kean* – Die von Charles Kean (1811–1868) veranstalteten Shakespeare-Inszenierungen wurden als Shakespeare-Revivals (Wiederbelebungen) bezeichnet. Vgl. auch Fontanes Aufsatz «Charles Kean» in «Männer der Zeit» (II, Leipzig 1862) sowie «Unwiederbringlich», Kap. 31.

335 *Bohemien* – Ort der Handlung im zweiten Teil von Shakespeares «Wintermärchen», nach August Wilhelm Schlegel Bezeichnung für «die Ferne».

336 *Das Sadlers-Wells-Theater* – 1772 als Theater eröffnet.

337 *Warum haben wir das Stück nicht...* – Außer der deutschen Erstaufführung von 1761 sind deutsche «Sturm»-Inszenierungen erst ab 1890 nachweisbar.

eine Oper – «The Enchanted Islands» (Die Zauberinseln; 1671) von dem englischen Dramatiker Thomas Shadwell (1640–1692).

Dorset Gardens-Theater – Es bestand von 1661 bis 1706.

339 *steeple-chase* – Englisches Pferderennen, ursprünglich mit einem Kirchturm (steeple) als Ziel, dann Hindernisrennen auf abgesteckter Bahn.

Erscheinung der Iris... – In Shakespeares «Sturm», IV/1.

die Sontag – Die Sängerin Henriette Sontag (1806–1854), vor allem 1824/30 in Berlin.

341 *I dare do all...* – Ich wage alles, was dem Menschen ziemt; wer mehr wagt, der ist keiner («Macbeth», I/7, Schlegel-Tieck).

I shall do so... – Das will ich auch. Doch ebenso muß wie ein Mann ich's fühlen («Macbeth», IV/3, Schlegel-Tieck).

Szene mit dem Pförtner – II/2.

am Schluß des zweiten Akts – II/3.

342 *Ermordung Duncans* – II/1.

Hexenszenen...im ersten Akt – I/1 und I/3.

«all hail Macbeth...king here after» – «Heil dir, Macbeth... dir künft'gem König Heil» (2. Hexe im I/3).

343 *im vierten Akt* – IV/1.

Auftreten der Lady Macbeth – I/5.

Mrs. Siddons – Sarah Siddons (1755–1831), eine der berühmtesten englischen Schauspielerinnen ihrer Zeit; wirkte 1782–1812 als tragische Heldin in London. Lady Macbeth galt als eine ihrer Glanzrollen, die vielfach nachgeahmt wurde.

345 *fatiguiert* – gelangweilt.

Macduff erscheint – II/2.

Philoktet – Gestalt aus dem Sagenkreis um den Troianischen Krieg, Held einer Tragödie von Sophokles.

Gastmahlsszene – III/1 und III/4.

347 *Nachtwandelszene* – V/1.

der Kampf – V/7.

Die Antwort auf die Frage – Vgl. Fontanes Einleitung zu den Theaterberichten, S. 317f.

349 *in «Heinrich VIII.»* – IV/2.

Edmund Kean – (1787–1833) Vater von Charles Kean.

Macready – William Charles Macready (1793–1873), neben den Keans einer der berühmtesten englischen Schauspieler der Zeit.

Emil Devrient – Gustav Emil Devrient (1803–1872), Bruder von Philipp Eduard, 1831/72 in Dresden.

Dawison – Bogumil Dawison (1818–1872), 1841/47 in Berlin.

Dessoir – Ludwig Dessoir (1810–1874), 1849/72 in Berlin.
Ludwig Devrient – (1784–1832) 1815/32 in Berlin.
Seydelmann – Karl Seydelmann (1793–1843), 1838/43 in Berlin.

Aus Manchester

D: NFA, «Aufsätze zur bildenden Kunst. Erster Teil», S. 51–66 (Erster bis Dritter Brief), S. 85–98 (Sechster Brief), S. 147–154 (Elfter Brief); auf der Grundlage von ED. – ED: «Aus England. Studien und Briefe über Londoner Theater, Kunst und Presse», Stuttgart 1860. – VD: «Die Zeit. Neueste Berliner Morgenzeitung», Jg. 1857. Nr. 156 vom 3. Juli («Aus Manchester. Der Einzug der Königin»); Nr. 161 vom 7. Juli («II. Die Fahrt nach dem Ausstellungsgebäude. Das Ausstellungsgebäude selber»); Nr. 169 vom 11. Juli («III. Der Wolkenbruch. Ausflug nach Liverpool. Besuch auf der Fregatte ‹Niagara›»); Nr. 301 vom 26. September und Nr. 306 vom 29. September («Die Galerie englischer Porträts», I/II); Nr. 307 vom 30. September, Nr. 309 vom 1. Oktober, Nr. 311 vom 2. Oktober, Nr. 327 vom 11. Oktober, Nr. 341 vom 20. Oktober, Nr. 343 vom 21. Oktober, Nr. 345 vom 22. Oktober, Nr. 349 vom 24. Oktober und Nr. 367 vom 4. November («Neue Meister und ihre Bilder», I–VIII); Nr. 373 vom 7. November («IX. Abschied. Ausflug nach Chester. Rückkehr nach London»). –
Am 5. Mai 1857 wurde in Manchester eine Kunstausstellung eröffnet, in der Kunstschätze im Werte von etwa 40 Millionen Talern gezeigt wurden. Die Ausstellung war ohne Mitwirkung der Regierung zustande gekommen und aus privaten Mitteln finanziert worden. Sie war bis zum 17. Oktober geöffnet und hatte außerordentlichen Erfolg zu verzeichnen. Das neu errichtete und nach dem Ende der Ausstellung wieder abgerissene Gebäude faßte 40000 Menschen.
In der «Neuen Preußischen (Kreuz-) Zeitung» hatte Fontane bereits am 24. Juni 1857 anonym einen informierenden Artikel über die Ausstellung veröffentlicht. «Die Zeit» brachte vom 3. Juli bis zum 7. November 1857 eine Artikelserie, in der Fontane ausführlich über die Ausstellung berichtete. «... der behandelte Gegenstand ist neu und ist ziemlich gründlich, wie ich glaube, nicht ohne ein paar Gedanken und jedenfalls mit großer Vorliebe von mir behandelt worden», schrieb Fontane am 20. September 1858 aus London

an Wilhelm von Merckel. In überarbeiteter Form nahm Fontane die Berichte 1860 in sein Buch «Aus England...» auf. Im Vorwort dazu schrieb er u. a.: «Nicht die gesamten Bilderschätze der Manchester-Ausstellung..., sondern nur das kleinere Drittel derselben, das ausschließlich die Werke *englischer* Meister umfaßte, hab ich zu beschreiben und zu gruppieren gesucht. Ich bekenne, daß ich mich dieser Arbeit, an die ich völlig als Laie, im besten Falle als Amateur herantrat, nicht ohne Bedenken unterzogen habe. Bedenken, die in verstärktem Maße wieder lebendig wurden, als es sich jetzt darum handelte, die damals geschriebenen Briefe zu überarbeiten (einzelne Kapitel mußten, später in London gemachten Studien zuliebe, völlig umgeschrieben werden), zu erweitern und zu einem Ganzen zusammenzustellen. Die Erwägung indes, daß, ein paar Namen und Kupferstiche abgerechnet, englische Kunst und Malerei eine völlige Terra incognita für uns sind..., diese Erwägung war es, die für mich entscheidend wurde und mich an die oft selbst gemachte Erfahrung erinnerte, daß in einem fremden Lande jeder wohlmeinende... Führer besser sei als gar keiner, selbst auf die Gefahr hin, daß er gelegentlich den rechten Weg verfehle.»

351 *Königin* – Victoria (1819–1901), seit 1837 Königin von Großbritannien und Irland.
Dissenterkapelle – Dissenter: die Anhänger der verschiedenen protestantischen Sekten, die nicht der anglikanischen Hochkirche angehören.

352 *Invalidendom* – In Paris, 1675–1706 erbaut.
Wellington – Sir Arthur Wellesley, Duke of Wellington (1769–1852), englischer Staatsmann und Feldherr, Oberbefehlshaber der englischen Truppen bei Waterloo 1815.
Watt – James Watt (1736–1819), der Erfinder der Dampfmaschine (1765).
Peel – Sir Robert Peel d. Ä. (1788–1850), englischer Politiker.
Dalton – John Dalton (1766–1844), Mathematiker und Chemiker in Manchester.
Calicot – Kaliko: dichtes Baumwollgewebe, hier für Fahnentuch.

353 *Emballage* – (franz.) Verpackung.
Invention – Erfindungsgabe.

354 *God bless our gracious Queen* – Gott segne unsre gnädige Königin.

355 *Türklinse* – Türspalt.

355 *Jupiter pluvius* – Jupiter in seiner Eigenschaft als Regengott.

356 *No room inside* – Es ist kein Platz drinnen.

Never mind – Das macht nichts.

Take seat – Nehmen Sie Platz.

357 *Ausspruch Nelsons* – Vgl. auch den Abschnitt «Wapping» in Fontanes Artikelserie «Von der Weltstadt Straßen», Bd. 1, S. 546.

farthing – Kleine Münze; der Wert entspricht einem viertel Penny.

358 *Transept* – Querschiff.

359 *Soulage-Sammlung* – Sammlung von Bronzen, Schnitzereien, Geschirren und Zieraten aus dem 16. Jh., von M. Soulage zusammengetragen und erst 1857 nach England gekommen.

des Prinzen Albert – Prinz Albert zu Sachsen-Coburg (1819–1861), Gemahl der Königin Victoria.

360 *Kraftgenies des Präraffaelitentums* – Die 1848 begründete englische «Präraffaelitische Brüderschaft» bestand bis 1853. Sie war aus dem Protest einer Malergruppe gegen die zeitgenössische Verflachung der englischen Kunst hervorgegangen und suchte naturgetreue Darstellung bei Ablehnung akademischer Regeln durchzusetzen. Ihre Bestrebungen wirkten auch auf Literatur und Kunstgewerbe ein. Vgl. S. 369 sowie «Der Stechlin», Kap. 25.

Hertford-Sammlung – Die berühmte Sammlung des Grafen Richard Hertford (1800–1870).

362 *der verspätete 13. Juni* – Für den 13. Juni 1857 war der Weltuntergang durch Zusammenstoßen der Erde mit einem Kometen vorausgesagt worden.

Lord Ward – Der englische Historienmaler Edward Matthew Ward (1816–1879).

jener römische Soldat – Szenen wie die hier beschriebene fanden sich bei den Ausgrabungen von Pompeji.

364 *«Great Eastern»* – Vgl. «Ein merkwürdiger Stapellauf», Bd. 1, S. 516.

365 *midshipman* – Seekadett.

is engaged – ist beschäftigt.

366 *Onkel Tom* – Anspielung auf den Roman «Onkel Toms Hütte» (1853) von Harriet Beecher-Stowe (1812–1896).

submarine cable – Unterseekabel. 1857–1865/66 wurde das erste Telegraphenkabel zwischen Europa und Amerika im Atlantik verlegt. Viel später wurde auch die hier genannte «Great Eastern» als Verlegungsschiff verwendet.

367 *voltigieren* – springen.

Bruder Jonathan – Spottname für Nordamerika und seine Bewohner.

Reynolds – Sir Joshua Reynolds (1723–1792), von 1768 bis 1790 Präsident der neu gegründeten Londoner Akademie der Künste, seit 1784 Hofmaler Georgs III.

368 *William Turner* – (1775–1851) Wichtigster Vertreter der englischen Landschaftsmalerei.

Landseer – Der Maler und Bildhauer Sir Edwin Henry Landseer (1802–1873).

369 *Reden und Vorträge* – Reynolds' 15 Akademiereden («Discourses», 1768/90).

ex officio – (lat.) von Amts wegen.

370 *Eduard Burke* – Richtig: Edmund Burke (1729–1797), englischer Politiker und Publizist.

Gainsborough – Thomas Gainsborough (1727–1788).

Boswell – James Boswell (1740–1795), schottischer Schriftsteller, Freund Samuel Johnsons.

371 *Prokrustes-Bett* – Unbequeme Lage (nach Folterbetten, in denen die Opfer des legendären antiken Räubers Prokrustes von ihm gestreckt oder in die sie gezwängt wurden).

Lely – Sir Peter Lely (eigtl. Peter van der Faes; 1618–1680) aus den Niederlanden, seit 1641 in London, Hofmaler von Charles II.

Kneller – Godfrey Kneller (eigtl. Gottfried Kniller; 1646–1723) aus Lübeck, seit 1675 in London, nach Lelys Tod Hofmaler.

so unpassend wie möglich – Die römische Göttin Diana wurde u. a. als Hüterin der Ehe und der Keuschheit verehrt.

Restaurationsepoche – Nach der Wiedereinsetzung der Stuarts 1660.

372 *Hudson* – Der Maler Thomas Hudson (1701–1779).

Lawrence – Sir Thomas Lawrence (1769–1830).

vaporös – nebelhaft, verschwimmend.

373 *Puck* – Kobold aus Shakespeares «Sommernachtstraum».

Boydellsche Shakespeare-Galerie – Die von dem englischen Publizisten, Radierer und Verleger John Boydell (1719–1804) von 1802 bis 1804 in Pall Mall gezeigte Sammlung, deren Hauptteil aus Illustrationen zu Shakespeareschen Dramen bestand.

Rogers – Der englische Schriftsteller und Bankier Samuel Rogers (1763–1855).
Robin Goodfellow – Kobold.

374 *Der Kleinen einer* ... – Anspielung auf Goethes «Faust» I, Vers 1626f.
Beaumont – Sir George Howland Beaumont Baronet (1753–1827), englischer Kunstsammler und Maler, Stifter der Londoner Nationalgalerie (1826).

376 *Wilson* – Der Maler Richard Wilson (1714–1782).
Claude – Der französische Maler Claude Lorrain (1600–1682).

378 *Marquis von Westminster* – Lord Robert Grosvenor. 1. Marquis of Westminster (1767–1845), englischer Politiker.
Rückertsches Frühlingslied – Vgl. den «Liebesfrühling» und die «Sizilianen» von Friedrich Rückert (1788–1866); Siziliane: aus Sizilien stammende achtzeilige Strophenform mit fester Reimfolge.

380 *unseres Riedel* – August von Riedel (1802–1883), vor allem durch seine Genrebilder aus dem römischen Volksleben bekannt.
Miss Farren – Die Schauspielerin Elizabeth Farren (um 1759–1829).
Besiegung Napoleons – Bei Waterloo am 18. Juni 1815.

381 *Blackfriars Hotel* – In Manchester; Fontane hatte dort am 28. 6. 1857 Quartier bezogen.

382 *Niebuhr* – Der deutsche Politiker, Staatsbeamte und Historiker Barthold Georg Niebuhr (1776–1831).
Madras-Armee – Stationiert im vorderindischen Unionsstaat Madras (seit 1639 unter englischer Herrschaft).
Brahminen – Angehörige der obersten Kaste des Hinduismus.
Radschputen – (Sanskrit) Königssöhne.
aus allen drei Königreichen – England, Schottland, Irland.

383 *Palmerston* – Henry John Temple, 3. Viscount Palmerston (1784–1865), von 1855 bis 1858 englischer Außenminister, von 1859 bis 1865 Premierminister.

384 *des Sohnes Noä* – Anspielung auf die Geschlechterfolge im Alten Testament, 1. Buch Mosis, Kap. 6–10.
schon die Römer – Sie landeten erstmals 55 v. u. Z. an der Südostküste Englands; 43 u. Z. wurde das Gebiet zur römischen Provinz erklärt.
Heptarchie – Die sieben Königreiche, die die Angelsachsen vor der Christianisierung im 5./6. Jh. gründeten.

Richard II....als Gefangener Bolingbrokes – Vgl. Shakespeares «Richard II.», II/3.

Tag von Shrewsbury – Vgl. S. 292 und die Anmerkungen.

Kampf zwischen Königtum und Parlament – Im Bürgerkrieg 1642.

385 *König Karl* – Charles I.

Ironsides – «Eisenseiten»; Ehrenname der Revolutionstruppen Cromwells.

Marston Moor – Schlachtfeld 1644.

388 *«Stechbahnen»* – Ursprünglich mittelalterliche Turnierplätze.

Essays zur englischen und schottischen Literatur. 1842 bis 1871

John Prince

D: NFA, «Literarische Essays und Studien» II, S. 275f., 277–280, 288–291. – ED (nach einer Abschrift des verschollenen Manuskripts): Herbert Knorr, «Theodor Fontane und England» (Dissertation Göttingen 1961, Band 2). Wiederabdrucke: Helmuth Nürnberger, «Der frühe Fontane. Politik, Poesie, Geschichte 1840 bis 1860» (Hamburg 1967); «Der junge Fontane. Dichtung, Briefe, Publizistik», hrsg. von Helmut Richter (Berlin und Weimar 1969). – In der Leipziger liberalen Wochenschrift «Die Eisenbahn» erschien im Dezember 1841 ein Aufsatz mit dem Titel «Die geistigen Vorkämpfer des Radikalismus in England». Ludwig Köhler (1819–1862), den Fontane in Leipzig kennengelernt hatte, schilderte darin hauptsächlich das Leben und Schaffen des englischen Webers und Arbeiterdichters John Critchley Prince (1808–1866), dessen Gedichtsammlung «Hours with the Muses» (Stunden mit den Musen) 1841 in England erschienen war. Der Aufsatz enthielt auch Proben aus dieser Sammlung in deutscher Übersetzung.

Fontane erhielt aus dieser Veröffentlichung nachhaltige Anregungen für seine Beurteilung der sozialen Entwicklung, sozialistischer Ideen und entsprechender literarischer Aktivitäten. Er übersetzte zunächst ebenfalls einige Gedichte von Prince (sie erschienen 1842/43 in der «Eisenbahn»; ein weiteres 1843 in Cottas «Morgenblatt für gebildete Leser») und verfaßte 1843 einen Aufsatz über den Dichter.

Dieser Aufsatz – einer der wichtigsten Beiträge Fontanes zur Literatur des deutschen «Vormärz» – blieb ungedruckt. In «Von Zwanzig bis Dreißig» berichtete Fontane mit indirekter Beziehung auf Prince, wie der Verleger «plötzlich wieder abgesprungen» sei («Mein Leipzig lob ich mir», 7. Kap.). Im Zusammenhang mit der Aufforderung, eine Charakteristik des Engländers zu dem «Deutschen Museum» beizusteuern, das Robert Prutz und Wilhelm Wolfsohn herausgaben, schrieb Fontane am 22. Februar 1851 an den letzteren: «So wie die Sache jetzt liegt», könne Prince bereits nur noch «in der *Masse* wirken. Es gibt nämlich jetzt eine spezielle Arbeiterliteratur, deren Wesen und Bedeutsamkeit... in einem dicken Buche dargetan werden müßte; ein Tropfen in diesem Ozean würde – John Prince sein...» Erst in «Vor dem Sturm» (1878) griff Fontane noch einmal auf Prince zurück. Unter dem Namen des englischen Philantropen William Wilberforce (1759–1833), der sich vor allem für die Abschaffung des Sklavenhandels eingesetzt hatte, wird dort Princes Gedicht «The Poet's Sabbath» wiedergegeben – als Werk eines «Fabrikarbeiters», der «selber noch in einer Art von Sklaverei steckt» (Bd. 3, Kap. 7).
Ein Teilabdruck aus dem Prince-Aufsatz gab hauptsächlich Fontanes Übersetzung aus der Einleitung zur 3. Auflage der «Hours with the Muses» von 1843 wieder («Die Glocke», Oktober 1924).

393 *Dennoch leidet das englische Volk* – Die Auswirkungen der Wirtschaftskrise von 1842 hatten die Lage der arbeitenden Klassen in England unerhört verschlechtert. Daraufhin nahm die Bewegung der Chartisten beträchtlichen Aufschwung, die um eine Vertretung der besitzlosen Klassen im Parlament kämpften. Eine weitere Hauptforderung war die Abschaffung der Korngesetze (vgl. Anm. zu S. 401). Im Zusammenhang mit diesen Kämpfen entstand in England eine Arbeiterliteratur, die auch auf dem Kontinent bald bekannt wurde.

394 *a priori* – von vornherein.

mit weltlicher Macht – Anspielung auf die Verfolgung der Junghegelianer, insbesondere auf die seit 1842 verschärften Zensurbestimmungen, in deren Folge z. B. die «Deutschen Jahrbücher» 1843 verboten wurden.

Steins Werk – Lorenz von Stein, «Der Sozialismus und Kommunismus des heutigen Frankreich. Ein Beitrag zur Zeitgeschichte». Das im September 1842 in Leipzig erschienene Buch machte die Theorien des utopischen Sozialismus und Kommunismus erstmals einem größeren Leserkreis in Deutschland bekannt.

397 *«am wilden Rosenstrauch...» ... «Nachtviolen...»* – Zitate aus Princes Gedicht «Des Gefangenen Traum», das Fontane übersetzte.

Hamlets Wahrheit – «...ehrlich sein heißt, wie es in dieser Welt hergeht, ein Auserwählter unter Zehntausenden sein» («Hamlet», II/2).

399 *herostratische Unsterblichkeit* – Der Grieche Herostrat zündete 356 v. u. Z. den Artemistempel in Ephesos an, um berühmt zu werden.

Sir Robert – Vermutlich ist Sir Robert Peel gemeint, von 1841 bis 1846 englischer Premierminister.

Ersatzmann des unglücklichen Drummond – Die Anspielung ist nicht geklärt.

der alte Eberhard – Vermutlich ist Eberhard II. Graf von Württemberg (gest. 1392) gemeint, den Uhland in seinen Balladen als «Graf Eberhard der Rauschebart» verherrlichte.

400 *leading-articles* – Leitartikel.

401 *«Korngesetze»* – Die 1815 in England erlassenen Korngesetze setzten strenge Einfuhrbestimmungen und hohe Einfuhrzölle für Getreide fest. Diese Gesetze hatten katastrophale Auswirkungen für die arbeitende Bevölkerung. Unruhen und Streiks betrafen auch die Bourgeoisie, die daher ebenfalls in den Kampf gegen die Korngesetze eingriff. 1846 wurden die Gesetze aufgehoben. Entscheidenden Anteil daran hatte die «Anti-Corn-Law-League» (Anti-Korn-Gesetz-Liga) unter der Führung von John Bright u. a. Auch die Arbeiterdichter beteiligten sich an diesem Kampf unter dem Namen «Anti-Cornlaw-Rhymers». Fontane übersetzte einige ihrer Gedichte (vgl. die Gedichte von Elliott und Nicoll, S. 512f.).

Locke – John Locke (1632–1704), englischer Aufklärungsphilosoph.

Bentham – Jeremy Bentham (1748–1832), englischer Jurist und Philosoph, entwickelte eine Gesellschaftsethik mit dem Ziel «größtmöglichen Glückes für die größtmögliche Zahl» und trat für entsprechende soziale Reformen ein.

Die alten englischen und schottischen Balladen

D: NFA, «Literarische Essays und Studien» I, S. 347–388. – VD: Cottas «Morgenblatt für gebildete Leser», Jg. 55, 1861: Abschnitt I in Nr. 6 und 7 (5. 2., 12. 2.), Abschnitt II in Nr. 9 und 10 (26. 2., 5. 3. 1861). – Dieser Aufsatz ist identisch mit dem sechsten der zehn Vorträge, die Fontane im Frühjahr 1860 in Berlin hielt.

403 *Einfluß auf die Weltliteratur* – In Deutschland begründete Johann Gottfried Herder (1744–1803) diese Wirkungen. Über den nachhaltigen Einfluß, den Percys Sammlung auf Fontane erlangte, vgl. «Von Zwanzig bis Dreißig» («Der Tunnel über der Spree», Kap. 2).

August Wilhelm Schlegels eigene Worte – In seinem Aufsatz «Über Bürgers Werke» (1801).

romantische Doktrin – Hier die ästhetische Theorie der deutschen Romantik, im Unterschied zu dem international und typologisch bestimmten Romantik-Begriff, den Fontane hier wie auch sonst meist vertritt.

405 *Nun heb einen lustigen Schwank ich an...* – Fontanes Nachdichtung trägt den Titel «König Johann und der Bischof von Canterbury»; sie entstand 1855. – ED: Theodor Fontane, «Balladen» (1861). – Der Aufsatz enthält die ersten fünf von insgesamt 27 Strophen.

406 *Ritson* – Der englische Literaturkritiker und Sammler Joseph Ritson (1752–1803) veröffentlichte 1795 «Robin Hood, eine Sammlung aller noch vorhandenen alten Gedichte, Lieder und Balladen über den berühmten englischen Geächteten»; den 2. Band gab Walter Scott heraus.

407 *Rinaldo* – Anspielung auf den «edlen Räuber» Rinaldo Rinaldini, den Titelhelden des 1789 erschienenen, außerordentlich erfolgreichen Romans von Christian August Vulpius (1762–1827).

der sterbende Roland – Ritter aus dem Sagenkreis um Karl den Großen. Das französische Rolandslied (11./12. Jh.) wurde zur Quelle für zahlreiche Nachdichtungen.

408 *das merry old England* – das fröhliche alte England.

Dissentertum – Sammelbezeichnung für alle nicht der Anglikanischen Staatskirche angehörenden Protestanten (Presbyterianer, Methodisten u. a.).

Liebe Herrn, horcht auf... – Erster Teil von Fontanes Ballade «Robin Hood» (außer sechs hier weggelassenen Strophen), die der Dichter am 1. Februar 1852 im «Tunnel» vortrug. – ED: «Argo. Belletristisches Jahrbuch für 1854». – Noch am 22. November 1897 schrieb Fontane an Friedrich Spielhagen, beim Wiederlesen seiner Balladen nach englischen Mustern habe er festgestellt, «halb zu meinem Entsetzen, halb zu meiner Freude, daß mich nicht mehr die Liebes- und Heldenballaden interessierten, sondern nur noch Robin Hood, der seinen Onkel Gamwel besucht, zusieht, wie Festkuchen gebacken wird, ungeheuer viel ißt und trinkt und zuletzt mit einer schwarzköpfigen Jenny zur Stadt hinauswalzt, wieder in seinen Sherwoodwald hinein. Da haben Sie meine Stimmung, meinen gegenwärtigen Geschmack.» Fontane gab dem Erstdruck der Ballade ausführliche Erläuterungen bei.

414 *Jung Willy streifte durch Wald und Feld...* – Die ersten acht Strophen des umfangreichen Gedichts «The Child of Elle», das Fontane etwa 1855 übertrug, aber nicht publizierte. – ED: «Ungedruckte Ballade Theodor Fontanes: Child Harry (um 1855)», 16. März 1928, für den Berliner Bibliophilen-Abend gestiftet von Hans Sternheim.

416 *Sir Philipp Sidney* – (1554–1586) Englischer Dichter. Fontane zieht hier dessen häufig zitierte «Defense of Poesy» (Verteidigung der Poesie, 1595) heran.

jene beiden späteren Balladen – Vgl. S. 417–424.

417 *Herzog von Norfolk* – Thomas Howard, 4. Duke of Norfolk (1536–1572).

Nevil – Charles Neville, 6. Earl of Westmoreland.

Graf Percy ging in den Garten sein... – Fontanes Balladen «Der Aufstand in Northumberland», 1851 entstanden, am 9. November und 21. Dezember 1851 im «Tunnel» vorgetragen. – ED: «Argo. Belletristisches Jahrbuch für 1854», mit ausführlichen Erläuterungen Fontanes. – Vgl. auch «Ein Sommer in London» («Der Tower», hier Bd. 1, S. 246) und «Jenseit des Tweed» («Melrose Abbey», hier Bd. 2, S. 286).

418 *Warwick* – Ambrose Dudley, Earl of Warwick (um 1528–1590).

419 *beim Grafen Douglas* – Sir William Douglas of Lochleven, 6. oder

7. Earl of Morton (gest. 1606), lieferte Percy 1572 gegen eine Belohnung von 2000 Pfund an Königin Elisabeth aus.

Percys Tod – Vgl. Anm. *Graf Percy ging in den Garten sein...* zu S. 417.

425 *die Namen ihrer Verfasser* – Die genannten Gedichte stammen von Paul Gerhardt, Simon Dach (hochdeutsch von Herder), Ludwig Christian Heinrich Hölty («Der alte Landmann an seinen Sohn») und Gottlieb Konrad Pfeffel («Die Tobakspfeife»).

426 *Herder* – Vgl. dessen «Auszug aus einem Briefwechsel über Ossian und die Lieder alter Völker» (1773) und seine Sammlung «Volkslieder» (1778/79).

Queen Mary – Mary I. Tudor (1516–1558), «die Katholische», regierte von 1553 bis 1558.

427 *Die Burnsschen Lieder von 1785* – «Lieder, hauptsächlich im schottischen Dialekt», 1786 von Robert Burns herausgegeben.

Jakobitenlieder von 1745 – Vgl. Anm. *Jakobiten* zu S. 86.

Motherwell – William Motherwell (1797–1835) gab mehrere Volksliedersammlungen heraus.

Cunningham – Allan Cunningham (1784–1842) gab 1825 vier Bände «Songs of Scotland» heraus.

429 *Übersetzung des Hexenspruchs* – Vgl. «Macbeth», IV/1. Gottfried August Bürger verfaßte auf Anregung des Hamburger Theaterdirektors Friedrich Ludwig Schröder eine «Macbeth»-Übersetzung, die 1783 erschien.

«*Edward, Edward*» – Vgl. S. 520f. und die Anmerkungen.

«*Die drei Raben*» ... «*Die zwei Raben*» – 1853 von Fontane übertragen, 1861 in seinen «Balladen» gedruckt.

432 *Marie Duchatel* – Titel der folgenden Ballade, die Fontane am 1. Oktober 1854 im «Tunnel» vortrug und 1861 in seine «Balladen» aufnahm.

mit dem Könige – Vermutlich Darnley.

433 «*Barbara Allen*» – 1855 von Fontane übertragen. – ED: «Argo. Album für Kunst und Dichtung», 1859.

434 «*Lord Maxwells Goodnight*» – Am 3. April 1859 im «Tunnel» vorgetragen, unter dem Titel «Lord Maxwells Lebewohl» 1861 in Fontanes «Balladen» erschienen.

«*Childe Harold*» – Byrons Versepos «Childe Harold's Pilgrimage» (1812–1818).

«*Adieu, adieu...*» – «Leb wohl, leb wohl, mein Vaterhaus verblaßt über des Wassers Bläue.»

436 «*Sir Patrick Spens*» – Am 21. November 1852 im «Tunnel» vorgetragen. – ED: «Argo. Belletristisches Jahrbuch für 1854», mit Erläuterungen Fontanes. Vgl. auch die Anm. *Edward, Edward* zu S. 520.

Alexander III. – König von Schottland von 1249 bis 1285.

König von Norwegen – Hakon der Alte (1204–1263). Alexander III. besiegte ihn 1263 und gewann dadurch die Hebriden und die Insel Man für Schottland zurück.

438 «*Die Blumen des Waldes*» – Siehe Anm. «*The Flowers of the Forest*» zu S. 142.

440 *Stuart-Aufstände* – Die von Jakob II., dem Prätendenten Jakob Edward (dem sog. Jakob III.) und dessen Sohn («Prinz Charlie») angeführten Aufstände.

Jakobitenlieder – Fontane übertrug 1855 insgesamt elf dieser Lieder aus den Jahren 1715/46 und nahm sie 1861 in seine «Balladen» auf. Der vorliegende Aufsatz enthält die Stücke 1–3, 5, 6 und 9.

441 *Schlacht am Sherifmuir* – Am 13. November 1715.

444 *Schlacht bei Preston Pans* – Sieg der Schotten unter Prinz Charlie am 21. September 1745; der Prinz ließ daraufhin im nahegelegenen Edinburgh seinen Vater als Jakob III. zum König ausrufen.

Zum Shakespeare-Fest. 1864
(Eine Rede im «Tunnel über der Spree»)

D: NFA, «Literarische Essays und Studien» II, S. 439–450. – ED: Theodor Fontane, «Schriften und Glossen zur europäischen Literatur», ausgewählt, eingeleitet und erläutert von Werner Weber, Bd. 1 (Zürich und Stuttgart 1965). – Einer Tagebuchnotiz zufolge hat Fontane am Abend des 13. April 1864 seine «Shakespeare-Festrede hintereinander weg aufs Papier hingeschmissen wohl oder übel». Er hielt die Rede zur Feier von Shakespeares 300. Geburtstag, die die Berliner Dichtervereinigung «Tunnel über der Spree» am 19. April 1864 in «Mäders Lokal» Unter den Linden veranstaltete.

447 *unsre Schiller-Feier* – Feier des «Tunnel» am 8. November 1859 zum bevorstehenden 100. Geburtstag Schillers. Fontane steuerte das Gedicht «Zum Schiller-Fest des ‹Tunnel›» bei.

uns erobert und zu eigen gemacht – In der zweiten Hälfte des 18. Jh.

war Shakespeares Werk durch Übersetzer, Theaterleute und Dichter für Deutschland erschlossen und vielfältig rezipiert worden.

Shakespeare ist unser – Anspielung auf die Worte «Denn er war unser» aus Goethes «Epilog zu Schillers ‹Glocke›» (1805–1815), die auch das Motto für die deutschen Schillerfeiern von 1859 abgegeben hatten.

Polonius – Gestalt aus «Hamlet».

448 *Regan und Goneril* – Töchter des Lear.

Gloster – Richard III.

York und Lancaster – Anspielung auf Shakespeares Königsdramen.

Falstaff – Gestalt aus «Heinrich IV.».

Puck – Gestalt aus dem «Sommernachtstraum».

450 *Die großen Vorgänge, die Deutschland in zwei Lager teilten* – Die Reformation und ihre ideologischen und politischen Folgen.

451 *durch beinah dreißig Jahre hin* – Shakespeare lebte etwa 1585–1610 ständig, ab 1610 zeitweise in London.

Claret – Rotwein.

Eastcheap ... Boar's Head Tavern – Vgl. «Heinrich IV.», 1. Teil, II/4.

452 *John Webster* – (um 1580–1630) Autor von Schauerdramen.

Richard Savage – (1697–1743) Englischer Dichter, auch Titelheld des Dramas «Richard Savage oder Der Sohn der Mutter» (1839) von Karl Gutzkow.

Thomas Chatterton – (1752–1770) Englischer Dichter.

Henry Neeles – (1798–1828) Englischer Schriftsteller.

453 *Shakespeare-Galerie in Pall Mall* – Vermutlich ist die Londoner «National Portrait Gallery» am Trafalgar Square gemeint.

Poets' Corner – Vgl. das gleichnamige Kapitel in «Ein Sommer in London» (hier Bd. 1, S. 214).

454 *Horace Walpole ... hat diese Geschichte erzählt.* – In seinen «Anekdoten über die Malerei in England» (1762–1771).

John Taylor – Nicht ermittelt.

Richard Burbage – (1567–1619) Shakespeare-Darsteller, Begründer des Globe- und Mitbesitzer des Blackfriars-Theaters.

Betterton – Thomas Betterton (1635–1710).

455 *des Königmachers* – Richard Neville, Earl of Warwick (1428–1471), setzte die Krönung Edwards IV. durch, den er später bekämpfte, und war zeitweise Regent für Heinrich VI.

Herr des Schlosses – Robert Dudley, Earl of Leicester (um 1533–1588), Günstling Elisabeths I..

456 *Tudorstil* – Englischer Baustil des 16. Jh.

Wilddiebgeschichte – Einer Anekdote zufolge war Shakespeares erster poetischer Versuch ein Spottgedicht auf Sir Thomas Lucy von Charlecote, der ihn und seine Freunde wegen Wilddieberei verfolgte; dieser Händel wegen habe Shakespeare Stratford verlassen.

Fleischerscharren – Fleischerladen.

immortal – unsterblich.

458 *Shakespeares Mutter* – Mary, geb. Arden (gest. 1608).

459 *seine Frau* – Shakespeare heiratete 1582 Anna Hathaway (1557–1623).

Malone – Der Shakespeare-Herausgeber Edmond Malone (1741–1812).

Walter Scott

D: NFA, «Literarische Essays und Studien» I, S. 399–419. – VD: «Der Salon für Literatur, Kunst und Gesellschaft», hrsg. von Julius Rodenberg, 4. Jg., Bd. 8, H. 11, August 1871. – Fontane verfaßte den Aufsatz über seinen «Lieblings-Dichter, noch mehr Lieblings-*Menschen*» (an Rodenberg, 9. 6. 1871) auf Anregung von Julius Rodenberg, dem er das fertige Manuskript am 6. Juli 1871 zusandte.

462 *Seine Mutter* – Anna Scott, geb. Rutherford (gest. 1819).

das «freiwillige Hinken» – Begleiterscheinung einer tuberkulösen Hüftgelenkerkrankung.

Hardyknut – «Hardy-Knut. Ein schottisches Fragment» aus Percys «Reliques...».

463 *um mit Schlegel zu sprechen* – Bezug auf August Wilhelm Schlegels Aufsatz «Über Bürgers Werke» (1801).

der Vater – Walter Scott (1729–1799).

vermählte er sich – Mit Charlotte Carpenter (1797–1826).

464 *The Minstrelsy of the Scottish Border* – In «Von Zwanzig bis Dreißig» bekannte Fontane, daß die 1802/03 erschienene Balladensammlung zusammen mit Percys «Reliques...» (1765) «auf Jahre hin» seinen «Geschmack» und seine «Richtung» bestimmt habe («Der Tunnel über der Spree», Kap. 2).

465 *novel-writer* – Romanschreiber, Erzähler.
das «Kloster» – «The Monastery» (1820).
der «Abt» – «*The Abbot*» (1820), Fortsetzung des «Klosters».

466 *wie in seinem Namen* – Scott veröffentlichte zahlreiche Werke zunächst anonym; erst 1826 gab er sich als Verfasser des «Waverley» zu erkennen.
«Haushalt-Wort» – Alltagswort.
cri de guerre – (franz.) Kriegsruf.

467 *Lstr.* – Pfund Sterling.

468 *eine Spezialliteratur* – In den Jahren 1838/71 erschienen mehrere Streitschriften von Lockhart und von den Brüdern Ballantyne über den Bankrott.

469 *«Erzählungen eines Großvaters»* – 1827 erschienen, eine Geschichte Schottlands für Kinder, über die Fontane sich begeistert äußerte (vgl. den Brief an seine Frau vom 20. Mai 1868).

470 *Stabat mater* – Anfang eines Hymnus auf die trauernde Maria.
Am 21. September – 1832.

473 *Sidney* – Zitat aus Philipp Sidneys «Defence of Poesy».

474 *«Altertümler»* – «The Antiquary» (1816). Fontane beurteilte diesen Roman kritisch, wie aus seinem Tagebuch vom Sommer 1877 hervorgeht.
«Kerker von Edinburgh» – Das Talbooth-Gefängnis, Gegenstand von Scotts Roman «The Heart of Midlothian» (Das Herz von Midlothian, 1818). Vgl. Fontanes Briefe an seine Frau vom 28. August und 2. September 1868.

475 *Der Prinzregent* – Der spätere Georg IV., Regent seit 1811.
Präsumtion – Voraussetzung.
Kilt... Tartanplaid – Siehe Anm. zu S. 26.

476 *pressant* – dringend.
honours for all Scotland – die Honneurs für ganz Schottland.

479 *Miss Edgeworth* – Maria Edgeworth (1767–1849), englische Schriftstellerin. Scott nahm ihren Roman «Castle Rackrent» (1800) zum Vorbild für seinen «Waverley».

480 *Lionschaft* – Löwengehabe.
Hall – Basil Hall (1788–1844), Forschungsreisender und Schriftsteller.
ich glaube 1816 – Scott besuchte Ende Juni 1815 das Schlachtfeld von Waterloo und reiste dann nach Paris weiter, wo sich u. a. die Monarchen Preußens und Rußlands sowie Wellington zur Vorbereitung der «Heiligen Allianz» befanden.

Dampfmaschine – James Watt (1736–1819) erfand 1759 die Dampfmaschine, die 1769 patentiert wurde.

Sicherheitslampe – Der Chemiker Sir Humphry Davy (1778–1829) erfand 1815 die Grubenlampe.

482 *sketch-book* – Notizbuch.

Platow – Der Kosakenhauptmann befand sich im Gefolge Zar Alexanders I. in Paris.

Adam Fergusson – (1771–1855) Freund Scotts, Offizier unter Wellington im Spanienfeldzug gegen Frankreich 1810/11.

Trancheen – Schützengräben.

483 *am Krönungstage des Prinzregenten* – Georg IV. wurde am 19. Juli 1821 gekrönt.

Westminster-Abtei – Vgl. Fontanes Gedicht «Walter Scott in Westminster-Abtei» (1889).

God bless you – Gott segne Sie.

484 *Stuartprätendenten* – James Edward («Jakob III.») und Charles Edward («Prinz Charlie»).

Rütliname – Anspielung auf «Wilhelm Tell».

Birnamwald... Helsingör – Anspielung auf «Macbeth» und «Hamlet».

Gedichte: Englisches und Schottisches. 1842 bis 1859

Originaldichtungen

D: NFA, «Balladen und Gedichte».

487 *In Westminster* – Aus dem Gedichtzyklus «Reiseerinnerungen», den Fontane am 11. und 18. August 1855 im «Tunnel» vorlas. – ED: «Allerlei Gereimtes von Theodor Fontane», hrsg. von Wolfgang Rost, Dresden 1932.

Von Edward dem Bekenner – Der angelsächsische König (1042–1066) veranlaßte den ersten Erweiterungsbau der Benediktinerabtei von Westminster.

Ein Leipz'ger Eisenkrämer – Fontane erinnerte sich auch auf dem Friedhof von Gravelotte an den pietätlosen Eisenkrämer (vgl. «Aus den Tagen der Okkupation», 1871, Kap. 8).

488 *In den Docks* – Siehe Anm. *In Westminster* zu S. 487.

Statt Weines – Flammen – Vgl. Goethe, «Faust» I, «Auerbachs Keller in Leipzig».

489 *Auf dem Brightoner Kirchhof* – Aus dem Zyklus «Reiseerinnerungen». – ED: «Westermanns Monatshefte», 69. Jg., Bd. 138, H. 823, März 1926.

Rückkehr – Siehe die vorige Anmerkung.

490 *Der Tower-Brand* – Am 15. Dezember 1844 im «Tunnel» vorgelesen. Fontane schrieb darüber am 14. Februar 1852 an Theodor Storm: «Das Gedicht ‹Towerbrand› machte eine Art Sensation (ich schrieb es nach meiner *ersten* englischen Reise, noch voll von Londoner Eindrücken) ...». – ED: Theodor Fontane, «Gedichte», Berlin 1851. – Das Arsenal im Tower war 1841 durch einen Brand vernichtet worden.

mit den Söhnen König Edwards – Edward V. und Richard, Söhne Edwards IV., als Kinder auf Richards III. Veranlassung 1483 ermordet.

492 *Karl Stuart* – Am 4. Oktober 1848 im «Tunnel» vorgetragen. – ED: Theodor Fontane, «Gedichte», Berlin 1851.

493 *Wie König Heinrich Rosamunden findet* – Kap. 1 aus dem Romanzenzyklus «Von der schönen Rosamunde», den Fontane am 18. Juni, 15. August und 24. Oktober 1847 im «Tunnel» vortrug. – ED: Buchausgabe 1850, Dessau (Gebr. Katz). – VD: Cottas «Morgenblatt für gebildete Leser», 13.–20. September 1850.

497 *Maria und Bothwell* – Nr. 3 aus dem Romanzenzyklus «Maria Stuart», am 19. Oktober 1851 im «Tunnel» vorgetragen. Einige «Tunnel»-Mitglieder, darunter Paul Heyse, tadelten die «Sinnlichkeit» des Gedichts. Fontane gab zu Protokoll, daß er Maria Stuart in dem Gedicht nicht habe beschimpfen wollen, sondern daß er nur seine «feste Meinung ausgesprochen» habe. – ED: Theodor Fontane, «Balladen», Berlin 1861. – VD: «Deutscher Musenalmanach für das Jahr 1852», hrsg. von Otto Friedrich Gruppe.

498 *sein fallendes Haupt* – Anspielung auf die Enthauptung von Charles I. 1649.

Bis in das vierte Glied – Vgl. hierzu das 2. Buch Mosis, Kap. 20, Vers 5.

499 *Die Hamiltons oder Die Locke der Maria Stuart* – Am 28. Dezember 1851 im «Tunnel» vorgetragen. – ED: «Argo. Belletristisches Jahrbuch für 1854».

500 *König James* – Jakob VI. von Schottland, seit 1603 Jakob I. von England.

Karls Haupt – Vgl. «Karl Stuart», S. 492.

an der Boyne – Sieg Wilhelms III. von Oranien über Jakob II. am 11. Juli 1690.

501 *Den letzten Stuart* – Charles Edward starb 1788 in Italien.

Archibald Douglas – Am 3. Dezember 1854 im «Tunnel» vorgetragen. – ED: «Argo. Album für Kunst und Dichtung», hrsg. von Friedrich Eggers, Theodor Hosemann und Franz Kugler, Breslau 1857. – Fontane fand den Stoff in Scotts Sammlung «Minstrelsy of the Scottish Border». Über die Entstehung der Ballade berichtete er in einem Brief an Rudolf Werner (Januar 1893), er habe Teile des Gedichts «auf dem kalten weißgetünchten Vorflur des königlichen Schauspielhauses» geschrieben. «Ich holte meine Frau ab und seh mich noch stehn, wie ich ein kleines Blatt nach dem andern an den Wandpfeiler legte, um mit dem Bleistift, der keine rechte Spitze mehr hatte, besser schreiben oder doch das Nötigste festhalten zu können. Es ist jetzt gerade vierzig Jahre her...» Zur außerordentlichen Popularität des Gedichts trug die Vertonung von Karl Löwe (1796–1869) bei. – Vgl. S. 91 f. und die Anmerkungen. Jakob V. versöhnte sich in Wirklichkeit nicht mit den Douglas.

505 *Der letzte York* – Am 1. Oktober 1854 im «Tunnel» vorgetragen. – ED: «Argo. Album für Kunst und Dichtung», 1858. – Der Kampf der beiden Häuser Lancaster und York, nach ihren Feldzeichen die Rote und die Weiße Rose genannt («Rosenkrieg»), endete 1485 mit dem Sieg Heinrich Tudors aus dem Hause Lancaster, der als Heinrich VII. auf den Thron kam (1485–1509). Der «letzte York», Edward Earl of Warwick (1475–1499), war der Sohn des Herzogs George von Clarence (gest. 1478). Perkin Warbeck (um 1474–1499), Sohn eines Schiffers und Zollaufsehers, gab sich als Edward York aus und und trat als Kronprätendent gegen Heinrich VII. auf, geriet aber in die Hände seiner Gegner und wurde gehängt.

508 *Die Stuarts* – Aus der Novelle «James Monmouth», die in der «Argo. Belletristisches Jahrbuch für 1854» erschien; 1861 zusammen mit dem folgenden Gedicht in die «Balladen» aufgenommen.

das Babelweib – die babylonische Hure aus der Offenbarung des Johannes.

zweimal das Schafott – Maria Stuart wurde 1587, Charles I. 1649 enthauptet.

509 *Lied des James Monmouth* – Siehe Anm. *Die Stuarts* zu S. 508.

Goodwin-Sand – Am 13. Januar 1857 entstanden. – ED: «Argo. Album für Kunst und Dichtung», 1858. – Die Sandbank liegt vor der Küste von Kent.

510 *England* – Am 3. Februar 1857 entstanden. – ED: «Allerlei Gereimtes von Theodor Fontane», hrsg. von Wolfgang Rost Dresden 1932.

Charte – Die Magna Charta Libertatum, das 1215 begründete, später vielfach veränderte englische Grundgesetz.

Übertragungen und Bearbeitungen

Vgl. auch die in dem Aufsatz «Die alten englischen und schottischen Balladen» (S. 402ff.) enthaltenen Nachdichtungen Fontanes.

511 *Schön, schön ist die Erde* – Fontanes Übertragung erschien am 26. November 1842 in der «Eisenbahn» (5. Jg., Nr. 141). – D: Nürnberger, S. 323f.

512 *Child, is thy father gone?* – Die Übertragung entstand 1841/42 im Zusammenhang mit dem Aufsatz über John Prince. Im Manuskript des Aufsatzes heißt es: «Ebenezer Elliott [1781–1849], ein Mann von bedeutsamer Wirksamkeit», sei für die «geistige Entwicklung der Arbeiterklassen nicht minder wie für ihr Recht und das materielle Wohlergehen derselben rastlos tätig. Was er spricht, was er schreibt – jede seiner Handlungen zielt auf eine Verbesserung ihrer Lage, und mancher arme Teufel zu Manchester und Liverpool, der sich und die Welt verwünscht, wird dennoch den Namen dieses Mannes segnen, der mehr den Armen als sich selbst gehört.» Elliott grolle in seinen Gedichten, die ihm «speziell den Namen ‹Elliott, der Korngesetz-Dichter› verschafften – ohne geradezu Aufruhr zu predigen oder zu den Waffen zu rufen, denn doch in einer finsteren Weise», während Prince alle Hoffnung auf «Bildung des Geistes und Veredlung der Seele» richte (Nürnberger, S. 314f.). – D: Hanser VI, S. 703. – ED: «Allerlei Gereimtes von Theodor Fontane», hrsg. von Wolfgang Rost, Dresden 1932.

513 *Der Trinker* – Fontane trug die Nachdichtung am 30. Juli 1843

im «Tunnel» vor. Im Manuskript des Prince-Aufsatzes, das auch das Gedicht enthält, heißt es: «Nebst Elliott war es u. a. Robert Nicoll [1814–1837], der als jugendlicher Redakteur der Leeds-Times mit geharnischten Artikeln in Vers und Prosa gegen die Korngesetze focht...» Fontane bedauerte es, nicht mehrere Gedichte von diesem «jugendlich-frischen, überaus talentvollen» Autor kennengelernt zu haben, der, «den untersten Volksklassen angehörig, in seinem zehnten Jahre noch die Herde des Vaters im schottischen Hochland hütete» und nach raschem Aufschwung in die «politische Welt seines Vaterlandes» im Dienst des Volkes starb, «aufgerieben, verzehrt von den Gluten eines feurigen, rastlos-tätigen Geistes» (Nürnberger, S. 316ff.) – D: NFA, «Balladen und Gedichte», S. 499f. – ED: Theodor Fontane, «Gedichte», Berlin 1851.

514 *Chevy-Chase oder Die Jagd im Chevy-Forst* – Die älteste Fontanesche Bearbeitung einer Ballade aus Percys «Reliques», am 3. Dezember 1848 im «Tunnel» vorgetragen. Vgl. auch Fontanes Kommentar zu den historischen Bezügen des Gedichtes in «Jenseit des Tweed», Kap. «Melrose Abbey», S. 286. – D: NFA, «Balladen und Gedichte», S. 306–312. – ED: Theodor Fontane, «Gedichte», Berlin 1851.

520 *Edward, Edward* – Fontane trug seine Nachdichtung der altschottischen Ballade aus Percys «Reliques» am 21. November 1852 im «Tunnel» vor. Herder hatte im zweiten Teil seiner «Volkslieder» (1779) eine eigene Übertragung des Gedichts veröffentlicht, und Fontane schrieb mit Bezug darauf am 7. Oktober 1896 an Erich Schmidt: «Ich... wollte damals dem alten Herder zeigen, was 'ne Harke sei. Vor vier Jahren aber, als die jüngste Auflage meiner Gedichte erschien, war mir doch, wenn auch etwas spät, die Erkenntnis gekommen, daß meine Tamtamübersetzung neben der großartigen Schlichtheit des alten Generalsuperintendenten (oder was er sonst war) nicht bestehn könne...» Dem Erstdruck der Nachdichtungen «Sir Patrick Spens» und «Edward, Edward» hatte Fontane die Anmerkung beigegeben: «Nach einigem Schwanken hab ich mich auch für Aufnahme *dieser* beiden Balladen entschieden, die seit Herder von einem jeden übersetzt worden sind, der dem Studium der altenglischen Balladenliteratur auch nur vorübergehend seine Aufmerksamkeit zugewendet hat. Ich will also damit der Sache nach nichts Neues bieten, aber die Sache selbst hat noch

immer nicht ihren vollendetsten, endgültigen Ausdruck gefunden, und jeder Berufene mag es versuchen, die Aufgabe vieler nach seiner Kraft um einen Schritt zu fördern.» – D: NFA, «Balladen und Gedichte», S. 506 ff. – ED: «Argo. Belletristisches Jahrbuch für 1854».

Rückblick und Ausblick. 1895 bis 1898

Erinnerungen an den dritten englischen Aufenthalt

Der Rückblick findet sich in den 1894/95 geschriebenen Partien von «Von Zwanzig bis Dreißig» (Berlin 1840, Kap. 2). – D: NFA, «Von Zwanzig bis Dreißig», S. 42–56. – ED: «Von Zwanzig bis Dreißig», Berlin 1898 (Friedrich Fontane und Co.). – VD: «Pan», Jg. 1, H. 2, Juni/August 1895, unter dem Titel «Aus meinem Leben. Zweites Kapitel».

525 *das Betasche Haus* – Das Haus des Publizisten Heinrich Bettziech (Pseud. Beta; 1813–1876), der von 1849 bis 1861 in London im Exil lebte.

Faucher – Der Nationalökonom und Publizist Julius Faucher (1820–1878), Anhänger des englischen Liberalismus und der Linkshegelianer, lebte 1849–1861 in London im Exil und kehrte 1872 dorthin zurück. Fontane hatte Faucher 1840 im Lenau-Verein in Berlin kennengelernt; während seines dritten Englandaufenthaltes wurde er von ihm in die Kreise der deutschen Emigranten eingeführt und mit den Schattenseiten Londons bekannt gemacht.

Punch und Judy – In Fleet Street gab es eine «Punch Tavern».

526 *Knotismus* – Im studentischen Sprachgebrauch des 19. Jahrhunderts bedeutete Knoten: ungebildeter, grober Kerl.

Kunstdichtung und Volkslied – Fontane kam mehrmals auf die Grundsätze dieses Gesprächs zurück, so im Brief an Moritz Lazarus vom 29. März 1886 und in seiner Besprechung der Berliner Aufführung von Ludwig Anzengrubers Volksstück «Das vierte Gebot» vom 2. März 1890.

527 «*Und wenn der große Friedrich kommt...*» – Fragment eines Volksliedes aus dem Siebenjährigen Krieg (1756–1763).

Maron – Der Dichter Hermann Maron, führendes Mitglied des Lenau-Vereins; Fontane berichtete über ihn im gleichen Kapitel seiner Autobiographie, das den hier wiedergegebenen Rückblick enthält.

Vater Gleim – Johann Wilhelm Ludwig Gleim (1719–1803), Dichter und Kanonikus in Halberstadt, war vor allem durch seine «Preußischen Kriegslieder in den Feldzügen 1756 und 1757 von einem Grenadier» (anonym 1758) bekannt geworden.

debating clubs – Debattierklubs.

stout oder pale ale – Starkes Porter oder ein leichteres Bier.

mutton-chop – Hammelrippchen oder -kotelett.

Shopkeeper – Ladenbesitzer, Krämer.

528 *He knows everything* – Er weiß alles.

529 *Die Gesellschaft heißt «Babel»* – Vgl. die Tagebuchnotiz vom 3. Dezember 1857 (Bd. 1, S. 375).

einen Vortrag...gehalten – Am 26. November 1857; das Thema lautete «The Revival of the German Literature during the last Century» (Die Wiederbelebung der deutschen Literatur im letzten Jahrhundert).

«*Thou comest in such a questionable shape*» – «Du kommst in so fragwürdiger Gestalt» («Hamlet», I/4.).

dem Orsini die Bomben angefertigt – Der ehemalige französische Marinearzt Bernard hatte sich in England mit dem italienischen Grafen Felice Orsini (1819–1858) und anderen gegen Napoleon III. verschworen; Orsini verübte am 14. Januar 1858 in Paris ein Bombenattentat auf den Kaiser.

M. Herald oder M. Advertiser – Fontane behandelte die Zeitungen «Morning Herald» und «Morning Advertiser» in seinem Aufsatz «Die Londoner Tagespresse» (Kap. 4 und 5).

530 *seit man es singt* – Das von Hoffmann von Fallersleben 1841 verfaßte Lied galt seit 1870/71 in Deutschland als Nationalhymne.

531 *vor Gibraltar* – Die Spanier versuchten 1779–1782 wiederholt, Stadt und Festung von Gibraltar (seit 1704 in englischem Besitz) zurückzuerobern. Dabei verwendeten sie bombensichere flache, schwimmende Batterien, die jedoch von den Engländern in Brand gesteckt wurden.

532 *Camden Town* – Fontane wohnte in jenen Jahren mit seiner Familie im gleichen Stadtteil im Norden Londons.
My home is my castle – Mein Haus ist meine Burg. Formel für das englische Grundrecht, das den Behörden ein willkürliches Eindringen in eine Privatwohnung verbietet.

533 *decidedly clever fellow* – ausgemacht kluger Bursche.
«*Morning Star*» – Eines der sog. Penny-Blätter, die Fontane in seinem Aufsatz «Die Londoner Tagespresse» beschrieb.
Bischof von Oxford – Samuel Wilberforce (1805–1873), ein Sohn des berühmten englischen Philanthropen William Wilberforce (vgl. die einleitende Anmerkung zum Kapitel «John Prince», S. 585f.).

534 *Traiteur* – (franz.) Speisewirt.
cabs – Droschken.
Yesterday took place... – Gestern fand eine glänzende Abendgesellschaft bei Mr. und Mrs. Faucher, Westbourne Terrace, statt; der Bischof von Oxford war anwesend.
für eine Berliner Zeitung – Fontane veröffentlichte im Januar 1858 in dem Berliner Morgenblatt «Die Zeit» eine Artikelfolge über die Feierlichkeiten zur Vermählung des preußischen Kronprinzen mit der englischen Prinzessin in London. Vgl. auch Anm. *Prinzessin Friedrich Wilhelm* zu S. 200.
Bernstorff – Albrecht Graf Bernstorff (1809–1873), 1854–1861 und 1862–1871 preußischer Gesandter, ab 1871 deutscher Botschafter in London. Fontane verfaßte eine Kurzbiographie über ihn für das biographische Lexikon «Männer der Zeit» (1862).

535 *in pontificalibus* – (lat.) in vollem Ornat.
Glaßbrenner – Der demokratisch-satirische Berliner Schriftsteller Adolf Glaßbrenner (1810–1876).
Beckmann – Der Schauspieler und Komiker Friedrich Beckmann (1803–1866), von 1824 bis 1846 in Berlin, später in Wien.

536 *Faubourg des Blanchisseuses* – (franz.) Vorstadt der Wäscherinnen.
Ondit – Gerede, Überlieferung; (franz.) on dit: man sagt.
in der achtundvierziger Zeit – Faucher war 1848/49 in Deutschland als Vertreter des englischen Liberalismus publizistisch tätig gewesen und hatte nach der Niederwerfung der Revolution fliehen müssen.

537 *plattiert* – aufgelegt, unecht.

538 *Clerkenwell* – Vgl. Fontanes Brief an Henriette von Merckel, 20. September 1857 (Bd. 1, S. 436).

539 *mixtum compositum* – (lat.) Mischmasch, Durcheinander.

Blaker – Leuchter.

Briefe nach London. 31. Januar 1896 bis 30. August 1898

540 *An Dr. James Morris, 31. Januar 1896* – D: Briefe II, S. 369f. – Morris hatte 1852 in London zu den Schülern des «Sprachlehrers» Fontane gehört; in Fontanes letzten Lebensjahren war er einer seiner wichtigsten Korrespondenzpartner.

Potsdamer Straße 134c – Fontanes Wohnung in der Mansarde der «Johanniter-Ordens-Balley Brandenburg» vom Oktober 1872 bis zu seinem Tode.

fable convenue – (franz.) vereinbartes Märchen.

Trafalgar – Seesieg der Engländer über das napoleonische Frankreich am 21. Oktober 1805.

541 *second-sight-highlander* – hellsehender Schotte.

An Dr. James Morris, 22. Februar 1896 – D: Erler II, S. 395f.

Leighton – Sir Frederick Leighton (1830–1896), englischer Maler, Graphiker und Bildhauer.

Millais – John Everett Millais (1829–1896), englischer Maler.

highly respectable – sehr achtbar.

Prior – Der Zeichner und Journalist (1845–1910) war ständiger Mitarbeiter der «Illustrated London News».

Keir Hardies «Labour Leader» – Die 1850 begründete linksgerichtete englische Zeitung wurde 1887/90 von dem Arbeiterführer und Publizisten James Keir Hardie (1856–1915) herausgegeben.

542 *An Dr. James Morris, 4. November 1896* – D: Erler II, S. 411 ff.

vom ägyptischen Kriegsschauplatz – Großbritannien hatte 1882 Ägypten okkupiert und drang von dort aus in den Sudan vor. Dabei ergaben sich u. a. Konflikte mit Frankreich, so daß ein Krieg zwischen den Kolonialmächten zu befürchten war.

543 *Sirdar* – Titel des englischen Oberbefehlshabers der ägyptischen Armee.

Rosebery – Archibald Philip Primrose, 5. Earl of Rosebery (1847–1929), englischer liberaler Politiker, 1894/95 Premierminister.

544 *An Dr. James Morris, 13. Juli 1897* – D: Briefe II, S. 426f.
marvellous boy – Wunderknabe.
dieser ganze griechische Krieg – Hier ist der Griechisch-Türkische Krieg im Frühjahr 1897 gemeint, der durch Aufstände der auf Kreta lebenden Griechen veranlaßt wurde. Griechenland unterlag, aber auch die Türkei verlor die Herrschaft über Kreta. Nutznießer waren die europäischen Großmächte, die Kreta für «unabhängig unter der Schirmherrschaft Europas» erklärt hatten.
545 *An Dr. James Morris, 26. Oktober 1897* – D: Erler II, S. 429f.
eine große Arbeit – «Der Stechlin», der von Oktober 1897 an in der Stuttgarter illustrierten Halbmonatsschrift «Über Land und Meer» im Vorabdruck erschien.
William the Crusade – Wilhelm der Eroberer (engl. crusade: Kreuzfahrer).
die englischen Kämpfe in Indien und am Nil – In Indien (seit 1858 britische Kronkolonie und seit 1877 Kaiserreich unter englischer Herrschaft) kam es am Ende des 19. Jahrhunderts zu Kämpfen gegen die Kolonialherrschaft, die brutal niedergeschlagen wurden. Vgl. auch Anm. *vom ägyptischen Kriegsschauplatz* zu S. 542.
Hamilton – George Lord Hamilton (1845–1927), englischer Staatsmann, 1895–1903 Minister für Indien.
546 *Konquestadorenzeit* – Konquistadoren: die spanischen Eroberer Amerikas im 16. Jahrhundert, die mit äußerster Brutalität gegen die einheimische Bevölkerung vorgegangen waren.
à tout prix – (franz.) um jeden Preis.
An Dr. James Morris, 6. Januar 1898 – D: Erler II, S. 431f.
547 *im Pizzarrostil* – Francisco Pizarro (1475–1541), spanischer Feldherr, leitete die Eroberung des Inkareiches im «Stil» der Konquistadoren.
decay and fall – Verfall und Untergang.
Daheim in einer schweren ... Krisis – In den Jahren 1875–1895 befand sich England in einer schweren Agrarkrise. Zugleich begann die Bedeutung Englands als führender Industriestaat abzunehmen; mehrere aufeinanderfolgende Industriekrisen führten zu wachsender Verelendung der Bevölkerung.
548 *An Dr. James Morris, 5. Februar 1898* – D: Erler II, S. 433ff.
Marcus Stone – Maler und Illustrator in London, 1840–1921.
Familie Merington – Eine mit Fontane befreundete Londoner Arztfamilie.

549 *The Hungry Hohenzollerns* – Die hungrigen Hohenzollern.
von einem hannöverschen Welfen – Gemeint sind die Anhänger der 1869 gegründeten antipreußischen «Deutsch-hannoverschen Rechtspartei» (auch Welfische Partei genannt), die für die Wiederherstellung des Königreichs Hannover eintraten. Das alte welfische Fürstenhaus existierte im 19. Jahrhundert nur noch in der hannoverschen Linie.
Kaiser Wilhelm – Wilhelm II. (1859–1941), 1888–1918 deutscher Kaiser.
sein Bruder Heinrich – Heinrich (1862–1929), Prinz von Preußen, Admiral.
Soldatenkönig – Friedrich Wilhelm I. (1688–1740), 1713–1740 preußischer König.
550 *An Dr. James Morris, 30. August 1898* – D: Briefe II, S. 470f.
«*Heilige Alliance*» – Am 26. September 1815 in Paris geschlossenes konterrevolutionäres Bündnis zwischen Rußland, Preußen und Österreich; bestand bis 1856.
der mächtigste Mann der Erde – Nikolaus II. (1868–1918), 1894–1917 Zar von Rußland, hatte am 28. August 1898 den in Petersburg vertretenen Staaten im Interesse einer Stärkung der russischen Monarchie einen Vorschlag zu allgemeinen Friedensregelungen und zur Begrenzung der Rüstungen unterbreiten lassen.
Salisbury – Robert Arthur Talbot Gascoyne-Cecil, 3. Marquess of Salisbury (1830–1903), englischer liberaler Staatsmann.

Zur Textgestaltung

Rechtschreibung und Zeichensetzung wurden behutsam modernisiert; der Lautstand wurde dabei nicht angetastet. Anfangs- und Schlußfloskeln der Briefe wurden zumeist weggelassen.

Personenregister

(Band 1 und Band 2)

Ortsregister

(Band 1 und Band 2)

Die Stichworte London, Edinburgh, England, Schottland, Großbritannien wurden nicht registriert

Abbildungsverzeichnis

Sämtliche Abbildungen wurden nach Buchausgaben reproduziert.

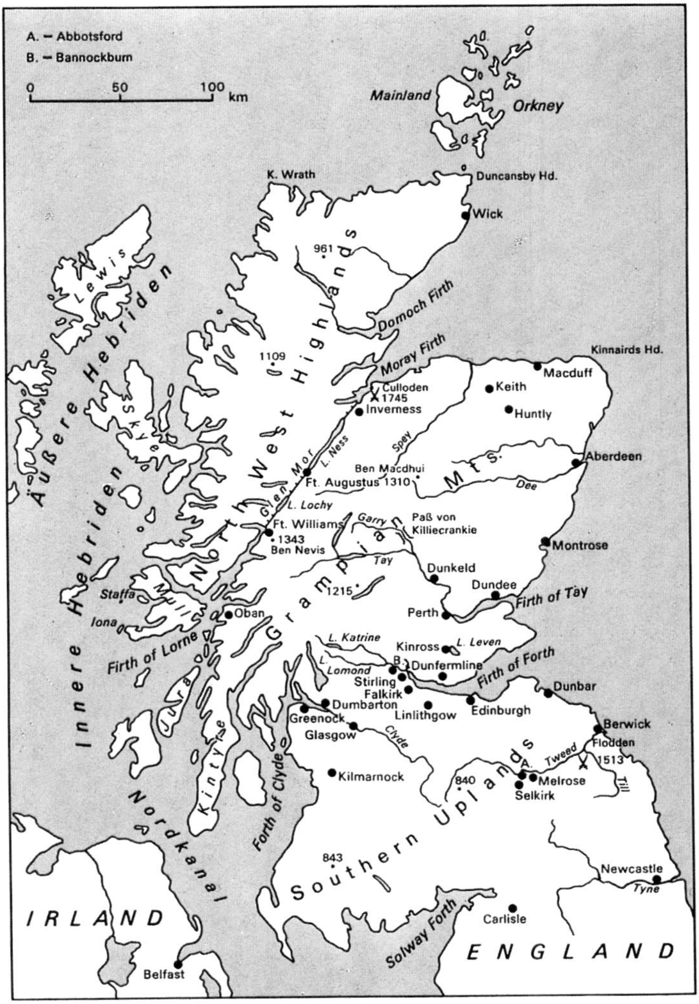

Schottland um die Mitte des 19. Jahrhunderts

Inhalt

Reise nach Schottland. 1858

Briefe. 21. Juli 1858 bis 7. Dezember 1859; 16. Mai 1888

Studien über Theater und Kunst in England. 1855 bis 1860

Die Londoner Theater (Insonderheit mit Rücksicht auf Shakespeare)

Aus Manchester

Essays zur englischen und schottischen Literatur. 1842 bis 1871

Gedichte: Englisches und Schottisches. 1842 bis 1859

Originaldichtungen

Anhang

ISBN 3-373-00474-8
Band II: 3-373-00476-4
Band I: 3-373-00475-6

2. Auflage 1991
Verlag der Nation Berlin GmbH

Einband: Heinz Handschick
Druck: Zeitschriften-Repro-Gravur GmbH
Buchbinderische Verarbeitung: Großbuchbinderei Leipzig